English-Irish phrase dictionary

Lambert McKenna

Alpha Editions

This edition published in 2019

ISBN : 9789353866938

Design and Setting By
Alpha Editions
email - alphaedis@gmail.com

ENGLISH-IRISH

PHRASE DICTIONARY.

COMPILED FROM THE WORKS OF THE BEST WRITERS OF THE LIVING SPEECH.

BY

REV. L. McKENNA, S.J., M.A.

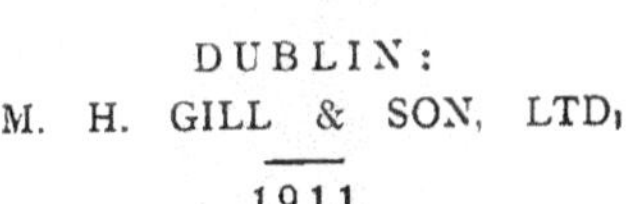

DUBLIN:
M. H. GILL & SON, LTD.

1911.

PREFACE.

This book is meant as a hand stretched out to the thousands of students, young and old, who are nobly striving to right the wrong done them by the past, and to recover the language of their forefathers. For French and German, and Italian, there exist many books of various kinds, written by practical teachers, and designed to remove many of the difficulties which the acquisition of a new language necessarily entails. The student of Irish, however, has had to rely mainly on his own enthusiasm, and to face the hard road without much help. In particular, few books exist to help to the writing of Irish. The Christian Brothers' Composition Books are excellent, but hardly comprehensive enough for general wants. English-Irish Dictionaries are of little avail. After getting a word in them one is as much at a loss as ever. The various shades of meaning, the various constructions and connections of which a word is susceptible, are given very incompletely, if at all. In the present work copious examples, none of them original, but all drawn from the most approved writers of the living tongue, will show in actual use the Irish equivalent of the English words, and will thus inspire the student with confidence in forming his sentences on good models.

The book is designed for the teaching of composition to students in all Grades of the Intermediate, in all stages of the National University, and in the Gaelic League classes through the country. It will also enable the thousands of Gaelic Leaguers who do not speak Irish as their native tongue, to more easily and readily write the papers, and join in the discussions and debates which facilitate and enliven the study of Irish in those ideal language schools, the Branches of the Gaelic League. Only the very best writers of modern Irish have been drawn on, such as an t-Aṫair

Peadar, Pádraig O Laoġaire, Dr. Henebry, Fearġus Finnbéil, Beirt Ḟear, Seandún, Tórna, Méarṫóg Guill, Conán Maol, Diarmuid O Laoġaire, etc. I have also, with the kind leave of Dr. Sheahan, drawn to some extent on the splended study he has made of Decies Irish in his book "Sean-ċaint na nDéise." Desmond Irish, in which most of our modern literature is being written, forms the staple of the book, words peculiar to Connaught, Ulster, Waterford, Clare, etc., being marked C. U. W. Cl., etc.

There can be no doubt but that the English language has influenced for fully a century past the language of native Irish speakers, even of those who know no English. To condemn all Irish that bears traces of such influence would be severe, and in many ways harmful. As far as possible, however, English turns of expression have been avoided in this book.

It has been found advisable to group the examples under the most general English synonym. Thus : if the student requires the equivalent of the words "suspect," "imagine," "expect," "suppose," where the words are used in practically the sense of the word "think," he will find himself referred to the word "think," where he will find illustrated its various shades of meaning.

The contractions will I trust cause no difficulty. Under each heading the English word is represented merely by its initial. A very elementary knowledge of Irish will enable one to distinguish for instance, under the word "PARDON," whether "p" stands for "pardon" or for "pardoned." An Irish word indicated by its initial is to be read in exactly the same form in which it appeared in the previous example. The letter "ḋ" so often occurring, always represents ḋéanaṁ.

I wish to return my sincerest thanks to Tadg O Donnċaḋa, who kindly undertook the task of reading over my MSS., his critical pen in hand. I am indebted to him for much useful advice and many valuable examples, and for the additional authority which his acknowledged accuracy and scholarship must lend the work.

L. McKENNA, S.J.

ABANDON, v. stop, leave ; he a. forsook, his wife, worldly wealth, etc. d'ḟág, do ṫréig sé a ḃean, etc. ; do ṫug sé druim, drom láiṁe, cúl le saiḋḃreas an tsaoġail ; do scar sé le etc. ; she a. her Irish name, do ċuir sí suas dá sloinneaḋ Ġaeḋlaċ ; do ċuir sí uaiṫi é ; to a. one's bad habits, etc., droċḃéas do ċur uaiḋ ; I gave up the trade, do ċaiṫeas suas an ċeárd ; I a. it (the idea), do ċaiṫeas ar mo ċeann é ; I had to a. it (project, etc), do b'éigin dom scur de glan ; I a. disown them, séanaim iad ; to a. oneself to, one's passions, é féin do ṫaḃairt suas d'ainṁian na colna, v. yield.

ABATE, v. lessen

ABBEY, mainistir, f. 5

ABBOT, ab, m. 5, 3 ; abbess, banab, f. 5.

ABHOR, v. hate.

ABIDE, v. live, stand, ; he made his bargain and must a. by it, do ḋein sé a ṁargaḋ agus do ḃí air é do ṡeasaṁ.

ABILITY, v. able, power, clever.

ABLAZE, v. blaze, fire.

ABLE, v. chance, possible, he is a., can (do it), féadann sé (é do ḋ.), tagann leis, tá sé ábalta ar, tá sé inneaṁail ar, ċun é do ḋ, tá sé i n-inniṁe a ḋéanta (C.U.) ; he is a., it is possible for him to do it, is féidir dó é do ḋ. ; he thinks it possible, that he can do it, is f. leis é do ḋ. ; he is a., it is in his power to do it, tá sé ar a ċumas é do ḋ. ; he who is not a., an t-é ná fuil ar a ċ. é do ḋ. ; no one else could do it, ní ḃeaḋ ar ċ., i gc., aoinne eile é do ḋ. ; that would enable him, etc, do ċuirfeaḋ son ar a ċ. é do ḋ. ; they are a., fit to fight daily, táid siad i gcumas troda gaċ lá ; and he hardly a., to walk, agus gan ann aċt ar éigin siuḃal ; he was not a., to speak, ní raiḃ ann laḃairt ; anyone who could walk at all, aoinne a raiḃ ann siuḃal i n-aon ċor ; I was a., managed to do it, fuaras é do ḋ. ; I should not be a., could not manage, ní ḟaġainn, ḟuiġinn (C.U.) é do ḋ., ní raiḃ gar agam é do ḋ (C) ; he said he would be there if he was a. duḃairt sé go mbeaḋ sé ann má ba ċóir máireaċ é (W) ; not a, v. fail, opportunity.

ABOMINABLE, v. fearful, horrible.

ABOUND, v. abundance.

ABOARD, v. he went, was a. do ċuaiḋ, ḃí sé ar bord na luinge.

ABOLISH, he a. the law, etc. do ċuir sé an dliġe ar neaṁní, ar gcúl (C.U.) ; do cuir sé deireaḋ leis.

ABOUT, v. near, a. £20, a week, etc. tuairim is, t. le fiċe púnt, seaċtṁain : a. a quarter of an hour, the year 8, this place, etc. timċeall ceaṫraṁa uaire an ċloig, t. bliaḋain a hoċt, t. na bliaḋna so, t. na háite seo : a. that time yesterday, um an dtaca son inḋé ; a Easter um Ċáisc. : a. the time I reached it, um an dtaca i nar ṡroiċeas é ; a. that time, this place, i dteannta an t-am son (W), i dt. na háite seo ; 4 years ago or a. ceiṫre bliaḋna ó ċoin nó isteaċ ⁊ amac leis, nó mar sin ; one day a. a week ago, lá mar adéarfá seactṁain ó ċoin ; s. ó ċoin faoi nó ṫairis, he is a. a foot taller than his wife, tá sé mar adéarfá troiġ níos aoirde ná a ḃean ; S.W. or a. that, siar ó ḋeas nó idir ḃeiṫ eatorra ; talking, thinking, etc., a. him ag cainnt, smuaineaṁ, léiġeaṁ air, mar ġeall air, i na ṫaoḃ, fá dtaoḃ de (U) ; I heard talk a. him d'airiġeas tráċt air ; a., talking of, as regards loneliness it does not trouble me, i dtaoḃ, etc., an uaignis ní ġoilleann sé orm ; a. as for the King he died, dálta an ríoġ fuair sé bás ; as for me, a. me, im ṫaobsa de ; mar liomsa de ; fa dtaoḃ ḋíom (U) ; a. that, as for that mar leis sin de ; I do not know what you are talking a, ní feadar cad atá ar siuḃal agat ; is it C. you are talking a, an é Conn atá ar s. agat ; as regards understanding him I would not say, etc., maidir le hé do ṫuigsint ní ḟéadfainn a ráḋ, etc. ; a. (on the point of), v. point, a. (around), v. around, turn a. v. alternate, bring a. v. cause.

ABOVE, a. us, overhead, os ár gcionn; his head is a. the King's h. tá a ċeann os cionn cinn an ríog; a little a. the wrist, tamall taoḃ ṫuas de ċaol an duirn; the water is a. him, tá an t-uisce taoḃ ṫuas, leaṫstuas de; he is a, tá sé ṫuas; coming down from a, ag teaċt anuas; as I said a. already, mar aduḃairt ṫuas, ċeana; to put it a. beyond all other considerations, é do ċur roiṁ gaċ ní eile; a. all things we should etc., an ċéad rud ná a ċéile is ceart dúinn, etc.; she is sorry a. every one else, tá sí brónaċ ṫar ċáċ; a. all let there be peace, ṫar, os cionn gaċ ní bíoḋ síoṫċáin; my health a. all, mo ṡláinte ṫar an saoġal; a. 20 miles from home, 20 years old, ṫar, os cionn, suas le fiċe míle ó ḃaile, fiċe bliaḋan d'aois v. more.

ABREAST, v. side, walking a. ag siuḃal taoḃ le t., guala, gualainn le gualainn; guala ar ġualainn; he came a. do ṫáinig sé suas leo.

ABROAD, to send him a. é do ċur ṫar lear, sáile, v. sea. at home and a. ag baile ⁊ ar b.; amuiġ ⁊ i mb., i mb. ⁊ i gcéin.

ABRUPT, v. sudden, rough.

ABSENCE, v. present. thinking of the a. one, ag smuaineam ar an t-é a ḃí amuiġ uaṫa; a. from Mass, ag fanaṁaint ó aifreann; in the a. of those things, v. without. I notice his a. v. miss. their a. v. want.

ABSENT-MINDEDNESS, v. careless, forget. I did it in a. do ḋeinear trí neaṁaire, ḋearmad é: do ḋeinear é trí gan aire do ṫaḃairt dó: I threw it away in an a. way, do ċaiṫear uaim é go neaṁaireaċ, neaṁṡuimeaċ, neaṁṡuimeaṁail.

ABSOLUTION, I asked him for a., d'iarras absolóid (f. 2). air: he gave me a., do ṫug sé a. dom.

ABSORB, v. drain, suck. ... the strength of the land, ag suġaḋ briġe na talṁan: the water was a. by the earth do suġaḋ an t-uisce ag an gcré: a. in the work v. engage.

ABSTAIN, I a., to a., etc., from impurity, food, etc., staonaim, staonaḋ ó ḋrúis, biaḋ, etc.; fasting and abstinence, troscaḋ ⁊ tréaḋnas (m. 1) do ḋ.

ABSTRUSE, a. questions, ceisteanna dorċa, cruaḋa, doṫuigṫe.

ABSURD, v. queer, fool, nonsense etc. the thing is so a. tá an rud ċoṁ háiḃéiseaċ son: an a. thing, rud atá bun os cionn: how a. for him to be proud, cadé mar obair dó uaḃar do ḃeiṫ air.

ABUNDANCE, v. much, many, salmon, trees are to be found there in a. tá bradáin, crainn go flúirseaċ, fairsing, líonṁar, iomadaṁail, reiḋreaṁail ann: he sends home a. plenty of money, cuireann sé a ḃaile airgead go flúirseaċ etc.: they are getting more a. daily, tá siad ag dul i ḃflúirse (f. 4), líonṁaireaċt (f. 3), ḃfairsingeaċt (f 3), (C), i n-aġaiḋ an lae; there is a. plenty of water, food, people, work, etc. tá uaṫḃás, éaċt, scáird, sceannraḋ, suaiṫeantais, neart, reiḋse, cuimse (C), iongantas (U), fairsingeaċt (C), etc. uisce, biḋ, daoine, oibre ann: he is all right now, he has a. of all he wants, tá sé ar a ṫoil anois, tá tarrac aige ċuige ar aoinní is maiṫ leis; is reiḋreaṁail an tarrac ċuige atá aige ḋíoḃ: it is not too a. this year, ní ḟuil an iomad de ann i mbliaḋna: there is a. of Irish, tobacco there, tá gaeḋealg, tobac ann le sarrabacall (C), go s. (C); there is a. of cream, tá uaċtar i na slaoḋaiḃ ann: they are a. thickly strewn, táid siad le faġáil go tiuġ v. thick.

ABUSE, I a. make bad use of it, doġním droċúsáid de, v. use: to a. ill-treat him, droċúsáid do ṫaḃairt dó, v. treat: she began to a. speak ill of: do ċrom sí ar spíodúċán ⁊ cáinteáċán do ḋ. ar an nGaeḋilg: she a. me, do ṫug sí droċċainnt dom: do spíduiġ sí me: do ṫug sí aġaiḋ a béil orm: do ṫug sí aġaiḋ na muc ⁊ na madraí orm: do ṫug sí íde a teangan, íde na madraí orm: for fear she would a. scold me, be down on me, ar eagla go mbeaḋ sí san druimsuaiḋ orm i na ṫaoḃ ; how did he take the a. he got, cionnus do ġlac sé an sciúrsaḋ, sciúrsáil, greadaḋ. a. each other, ag beárrṫóireaċt ar a ċéile. I have enough a. from him, tá mo dóṫain de ḃ. agam uaiḋ. they love to be a. scolding, is maiṫ leo ḃeiṫ ag báirseaċt, callaireaċt, cáinseoireaċt, bárduiġeaċt. stop a. me, tóg aġaiḋ do ċaoraiḋeaċta ḋíom ; the a. barging was over do ḃí an scoluiḋeaċt ṫart (C) ; they were a. speaking badly of her, do ḃíodar ag tromaiḋeaċt, cáineaḋ uirri v. detract. an a-ive person, báirseoir m. 3 ; cáinseoir m. 3 ; duine droċċainnteaċ. an a. woman, baḋb f. 2 : báirseaċ f. 2 ; a. language, droċ ḟriotal ; cainnt aiṫiseaċ, masluiġteaċ, v. insult.

ABYSS. aigéan m.1 (U) ; aiḃéis f.2 ; duiḃeagán m.1 ; dubaigéan.

ACCEDE. v. agree.

ACCENT. he has a queer foreign a. is cam, gallda greannṁar an blas (m.1) atá aige : they have " grand" a. when they come home, bíonn tuinn ar a gcainnt, ngut tar éis teaċt a ḃaile ḋóiḃ ; that word is a. ar an ḃfocal son atá bríġ an ġoṫa. a. stress of speech, beim gota. a. (in writing), síneaḋ m.4.

ACCEPT. v. take. agree. he a. the the money, do ġlac sé an t-airgead. he a. the faith, do ġ. se leis an gcreideaṁ. a. take it, g. ċúġat é. he a. her as wife do ġaiḃ sé léi mar ṁnaoi pósta.

ACCESSORY. v. share.

ACCIDENT. tionóisc f.2 ; tubaiste f.4 : mióḋ m.1 ; báirṫain f.3, báirṫan m.1 cinneaṁain f.3 ; tiompuisne, tiompuiste f.4 (W.C), tuisme (U) : ciotarainn f.2 (W) ; matalong, batalong m.1 ; iomard m. 1. an a. befell him, d'imṫiġ tionóisc etc. air ; do ṫuit t. etc, amaċ dó : do ġaiḃ bárṫan etc, é ; he brought me safe through the a. of the year, do ṫug sé saor me ó iomardaiḃ na bliaḋna. in case of any a. befalling me, i gcóir aoinní bun os cionn d'imṫeoċaḋ orm. it happened etc. by accident, accidentally, is le cinneaṁain, go cinneaṁnaċ do ṫuit sé amaċ ; le tionóisc do ḋeineas é. v. happen.

ACCOMMODATE, v. lodge, care.

ACCOMPANY, tionnlacaim. I will a. escort you, etc., tionnlaiceoċad, seolfad tamall den ḃóṫar, a ḃaile, ṫu ; raċad-sa leo ċois, etc.. ; its a. symptoms, coṁarṫaí a leanann é

ACCOMPLISH, v. end. the prophecy had been a, had come to pass, do ḃí an tairngireaċt tagaiṫe ċun cinn : do fíoraḋ í ; if it is ever a. me ṫéiḋean sé ċun cinn, críċe ; má leigtear ċun cinn i.

ACCOMPLISHED, beasaċ ; tréiṫeaċ

ACCORD, v. will, they rose with one a. d'éiriġeadar go léir d'aon toil aṁáin.

ACCORDING, a. to his means, do réir a ṡaiḋḃris. he will talk but wont act a. déanfa sé cainnt aċt ní ḋeanfa sé gníoṁ, beart dá réir, do r. a ċainnte ; a. to what he says, is said, do r. mar labrann sé, innstear ; working in or out a. to the weather, your taste, ag obair amuiġ nó istiġ fá mar ṫáinig an uain, fá mar ṫaiṫniġ leat. a. to him, etc., v. think. a. to v. proportion.

ACCORDINGLY. v. account, reason, proportion.

ACCOST, v. address, talk.

ACCOUNT, v. responsible. description, bill. to settle a. with him, cunntas (m.1) do ṡocruġaḋ leis. I read an a. of it, do léiġeas c. air. I gave an a. of how it happened, how I spent my time, etc. do ṫugas c. dó cionnus mar ṫuit sé amaċ, c. san gcuma i nar ċaiṫeas an aimsir. do not accept anyone's own a. of himself, ná glac duine coiḋċe ar a ṫuairisc (f.2) féin ; there was no trace of him, ní raiḃ a ṫ. ann v. news ; he was giving an a. of the match, do ḃí sé ag innsint cursaí an ċleaṁnais v. describe ; according to his own a. version, do réir a áiriṁ féin v. version. we cannot leave that out of a, ní féidir linn é sin d'ḟágáil leaṫsmuiġ den áireaṁ (m.1). that is not to go into the a. between us, ní ḟuil son le dul san ċoṁaireaṁ (m.1) eadrainn v. count ; God will ask an a. of him from his father, éileoċaiḋ Dia ar a aṫair é v. responsible. on. a. of my rage, not through, on a. of love for you, etc. he did it, le feirg, neart feirge, ní le gráḋ ḋuit do ḋéin sé é ; it was not on a. of want of strength he was not etc., ní le hearbaiḋ nirt ċuirp ná raiḃ sé. they died on a. of it. through it, fuaradar bás tríd; he succeeded on a. of the fine way he did it, d'éirig leis trí a ḟeabus do ḋéin sé é. you can do it on a. of your experience. is féidir leat é do ḋ. as méid do ṫaiṫiġe. they called him robber on a. of the robbery. do ṫugadar gadaiḋe mar leas-ainm air as an ngoid. his name was famous owing to that. do ḃí a ainm i n-áirde ón obair sin ; he was thankful, condemned, etc, on a. of being drunk, on a. of that, on a. of her not being there. do ḃí sé buiḋeaċ, do daoraḋ é mar ġeall ar ḃeiṫ ar meisce, mar ġeall air sin, mar ġeall air ná raiḃ sí ann, mar ġeall ar gan í do ḃeiṫ ann. on a. of her poverty. de ċeann í do ḃeiṫ boċt (C.W). I am grateful to him on a. of writing the book, táim buiḋeaċ de i dtaoḃ an leaḃair do sgríoḃaḋ. thank God on a, of that. buiḋeaċas le Dia dá ċionn son. to get satisfaction from her on a. of her doing so little work, sásaṁ do ḃaint airsti de ċ. an luiġid oibre do rinne sí (C.W). he failed on a, of that blunder do ṫeip air de ḋeascaiḃ an ḃutúin sin. I am blind owing to it. dá ḋruim sin atáim dall. sad on a. of the story, brónaċ de ḋruim, de ḃarr an scéil. on a. of, owing to thousands being there, tois na mílte daoine do ḃeiṫ ann, t. go raiḃ na m.d. ann ; I asked him to do it on a. of his love, d' iarras air é do ḋ. ar ucht an ġráḋa a ḃí aige dom. on a. of his being there, ar son go raiḃ sé ann (Cl), fá ráḋ 7 go etc, (C), siocair go etc, (U), siocair é do ḃeiṫ ann (U). angry with him for his doing it, ar buile ċuige a ráḋ gur ḋein sé é ; he could not do it on a. of thinking of his son, níor ḟéad sé é do ḋ. aċt ag cuimneaṁ ar a ṁac. on that a. therefore, dá ḃríġ sin ; ar an aḋbar son ; uime sin : dá ḃitin sin, dá ḋeascaiḃ sin ; as an tréala sin (C) v. reason ; he would not do it on any a, ní ḋéanfaḋ sé é ar aon traġar clear ná séarun ; ar ór an doṁain, ar aon dul síos ní ḋ. sé é : do not do it on any a. ar do ḃás, ar ḃás an doṁain (C) na déin é ; a. for, v. explain, responsible. a. book, leaḃar cunntais.

ACCRUE, he spent what a. from it : do ċaiṫ sé an méid a ṫáinig as.

ACCURATE. v. exact., an a. stroke. buille cruinn.

ACCUSATIVE. v. case.

ACCUSE. I a. him of it, cuirim i na leiṫ é. I have made a nasty charge against him, tá coir gráin-eaṁail agam le cur i na l., le cur air. All a. you of it, tá sé ort ag gaċ aoinne. I have no a. against him, ní ḟuil aon ċúis agam air. Without knowing the a. against her, gan fios na cúise a ḃí uirri, to a. my-self of the crime, mé féin do ḋaoraḋ san ċoir. a-er. éiliġ-ṫeoir m. 3.

ACCUSTOM. v. practise. he was a. to praise her. do ṁolaḋ sé í. I am a. to do that, that trick, etc., tá taiṫiġe, seant., cleaċtaḋ agam ar é sin. do ḋ., ar an gclear son do ḋ ; he got a., familiar to hardship, the story, go there, etc., do ċuaiḋ sé i dtaiṫiġe an ċruaḋtain, an scéil, dul ann, etc. I am getting a little a. to it, táim ag dul beagán i na ṫ., they are a. to kings, being over them ; tá t. acu ar ríġṫiḃ do ḃeiṫ os a gcionn. Avoid food you are not a. to, seaċain an biaḋ nár ṫaiṫiġis, nár ġnáṫ, gnáṫaċ leat.

ACE, a. of diamonds, etc., a haon muilleat.

ACHE, v. pain.

ACID, v. bitter.

ACKNOWLEDGE, v. admit.

ACORN. cnó (m. 4) darac ; c. na daire ; meas (m. 3) darac (collective).

ACQUAINT. v. know.

ACQUIESCE. v. agree.

ACQUIRE, v. get.

ACQUIT, he was a., do saoraḋ é ; do tugaḋ saor é. v. free.

ACRE, acra, m. 4.

ACROSS, v. over ; I went a. the field, do ċuaḋas treasna na páirce. I turned diagonally a., etc., do ṫugas casad fiar (-sceaṁ) treasna na páirce, etc. I put 2 bricks a. them on top, do ċuireas dá ḃric ar a dtreasna orra: there is a screen a. the room. tá scáil tarraingṫe le treasna an tseomra ann (W). (N.B.—In W le inserted when no motion is expressed). Before they came a. me. sul ar casaḋ im ṫreo iad. I came a. a man (e.g. sitting on road) do ṫánag ar ḟear, v., meet, happen.

ACT. gníoṁ m. 3; beart m. 1 and f. 2. by the a. of kindness, injustice, etc., leis an ngníoṁ, mbeart, daor-iaċta, daonnaċtaċ, éagcóra, éagcóraċ: his good, bad deeds, a deaġġníoṁarṫa, droċġ.: it is the a. of good men to be, etc., is é gníoṁ deaġḋaoine beiṫ, etc.: I sinned in a. deed, do ḋeineas peacaḋ le g. if it is not revealed in word it is in a., mura leigtear amaċ san ċainnt é leigtear amaċ san ġ. é: he showed it by his every a. do ṫaisbeáin sé é i ngaċ aon ċor dár ċuir sé ḋe; to perform a great a. deed, feat, éaċt éigin do ḋ.; to perform a feat of strength or agility, gaisce nirt nó lúṫa do ḋ. I caught him in the a., red-handed, do rugas san ḃroġail air; do rugas air le linn é do ḃeiṫ ag etc.: they were caught in the a. of doing a horrible thing, do rugaḋ orra go glan i ndroċḃeart ġráineaṁail; to put a thought, resolution into a. v. effect.

ACT, v. do, play, imitate. it a. v. effect, work.

ACTION, v. act, law.

ACTIVE, v. energy, strong, diligent, gníoṁaċ; oibriġteaċ (busy); brostuiġteaċ (id); spriocanta (U); luaimneaċ (nimble); lúṫṁar (id); leicṫe (id). (C.U.): scaoilte (id) (C); éasgaiḋ (free, light in movement). a. nimble limbs, etc., géaga lúṫṁara, etc.; he was very active and escaped, do ḃí sé anaicillíḋe, anéasgaiḋ, etc., ⁊ do ċuaiḋ sé saor as. they need all their a. speed, etc., ní mór dóiḃ a n-éasgaiḋeaċt; he is a strong a. boy, is buaċaill leicṫe láidir é (C.U.), they are an a. vigorous, fierce set, dream dísgir, dísgireaċ is eaḋ iad. he jumped a., lightly over the wall, do léim sé go héasgaiḋ, go héadtrom ṫar an sgloiḋe. a. voice (gram), faoiḋ ġníoṁaċ.

ACTOR, cleasuiḋe m. 4; cluiċeoir m. 3.

ACTUAL, v. present, serious.

ACUTE, v. sharp, clever.

ADAGE, seanḟocal, m. 1; seanráḋ m. 1 and 3.

ADD, without a. another word, gan focal do ċur leis. a. 2 and 3, cuir a dó le na trí., 3 others in a. extra, ⁊ trí cinn eile mar ṫuilleaḋ, mar ḋúṫraċt, mar aguisín (don méid sin) he gave me some a. extra time, do ṫug sé ḋom tamall eile aimsire sa mbreis. the a. I put to my house, an ḃreis a ċuireas lem ṫiġ. they were a great a., acquisition, ba ṁór an ḃ. iad. he put a. extra food in the boat, do ċuir sé lón sa ḃ. san ḃáḋ. I had many a. extra things in the ship, do ḃí a lán rudaí ṫar is bárr san luing agam.

ADDICTED, he is a. to drink, etc., tá sé tugṫa, tabarṫa don olaċán, etc., he is a. inclined to do it, tá sé claon ċun é do ḋ. v. incline.

ADDRESS, v. talk; he a. her and she replied do labair sé ċúiċi ⁊ do labair sí; he a. them, do ċuir sé caint, stró (a few moment's talk), speic (id), furán (C), caidréis, cearraḋ orra. I a. a letter to him, ḟeolaim litir ċuige. here is my a. seo ḋuit mo ḟeolaḋ, ṫreo, áit ċoṁnuiġṫe. pay a. to v. court.

ADEQUATE, v. enough, suit.

ADHERE, v. stick.

ADIEU, slán agat (to one being left behind): s. leat (to one departing), slán ḃeo leat, agat (more solemn). I (going off) bade him good-bye d'ḟágas slán (⁊ beannaċt) aige. I bade him good-bye (as he went off), do leigeas s. leis: good-bye (to one remaining behind), go dtugaiḋ Dia lá, tráṫnóna, oiḋċe ṁaiṫ ḋuit (answered by go dtéidir 'slán). Táim ag dul a ḃaile, slán agat ans. by go n-éirgiḋ an lá, oiḋċe, bóṫar leat; go soirḃiġiḋ Dia ḋuit; go mbuaiḋiḋ Dia duit, etc.): to bid him goodbye, ċun éiriġṫe a ḃóṫair do ṫaḃairt dó. I had said adieu to it, parted from it. do ḃí mo ṡlán tabarṫa faoi.

ADJECTIVE, aidiaċt.

ADJOIN, v. bound, next.

ADJOURN, v. postpone.

ADMIRE, v. praise, applause. I do not a. such people, such shameless p., ní ṁolaim a leiṫéid. ní ṁ. iad mar ḋaoine gan náire. a shout of p., liúġ molta. I a. its beauty, his fine appearance, etc., is deas, bréaġ, etc., liom é. to a. look up to him, feaċaint suas ċuige. I a. that music, cuirim spéis, tá s. agam san ċeol son, v. like.

ADMIT, v. let, adṁuiġim. I a. grant that much, his authority, etc. a. an méid sin, a uġdarás, go ḃfuil u. aige. I must a. ní foláir a adṁáil. According to his own a. do réir a adṁála féin. I do not a. the existence of such things, ní ġéillim a leiṫéid do ḃeiṫ ann, go ḃfuil a l. ann. They a. I was right, do leigeadar liom go raiḃ an ceart agam.

ADOPT, he a. the cause of the king, English fashions, etc., do ġlac sé le cúis an ríoġ, le béasaiḃ gallda. do g. sé ċuige iad. He a. the Catholic faith do ġaiḃ sé leis an gcreideaṁ catoiliceaċ. to a. that name, an ainm sin do ġabáil ċuige. To adopt a way of life, etc., sliġe ḃeaṫaḋ, céard do ṫarrang ċuige; dul, luiġe, claoiḋe le céird etc., to a. a prudent policy, gliocas do ṫarrang ċuige.

ADORE, aḋraim, a-ble, aḋraṁail.

ADORN, deisiġim, dearuiġim, gléasaim, v. cut, ornament, beauty.

ADULTERER, etc. fear, bean aḋaltrannaċ, a-y aḋaltrannas m.1. a-ous, aḋaltrannaċ.

ADVANCE, v. continue, to a. the cause, work, an ċúis, obair do ċur ċun cinn, ċun tosaiġ, ar aġaiḋ. he is a. in the work, tá sé ag dul ċun c. etc. san obair; tá sé ar aġaiḋ go maiṫ san obair. I do not know what a. he has made in I. ní ḟeadar caḋé an dul ar a, etc. ḋein sé san ġaeḋilg. I paid for it in a. do ḋíolas ar roiṁ ré. there is your cash in a. sin é an t-airgead roiṁ ré agat.

ADVANTAGE, v. profit, use. the a, benefits you speak of na maiṫeasaí úd. the greatest a. of this custom is etc. is í an ḃuaiḋ is mó atá ar an nós so ná etc. he thought it a great a. to have a stick, ba ṁór an ní leis bata do ḃeiṫ aige. even moderation is an a. is mór an gar an ṁeasarḋaċt féin (U) he had the a. of the comparison, is aigesean do ḃí an ceann ab ḟearr san ċompasáid. he had not much the a. over in his father (in height etc.), ní raiḃ puinn sa mbreis aige ar a aṫair. neither side had much the a. superiority (in numbers) ní raiḃ puinn sa mbreis ag aon taoḃ acu ar an dtaoḃ eile. the a. he had in size they had in cleverness, an ḃ. a ḃí acuson air i méid cuirp do ḃí sé aigesean orrason i ngéarċúis. v. superior. it is hard to get the a. of you (in argument etc.) is deacair ḃrabaḋas d'ḟáġáil ort. it is no a. to say that, ní ḟuil sé de ḃrabaċ orm é sin do ráḋ (C). the war was going on without a. to either, it was indecisive. do ḃí an cogaḋ ar siuḃal gan toraḋ, gan aon taoḃ do ḃuaḋaċtaint ar an dtaoḃ eile; cogaḋ gan ḃuntáiste (f.4) do b'eaḋ é. they have the a. (in war, game etc.) tá an ḃ. acu. I could get no a. over him in the dispute do ṫeip orm aon ḃ. do ḃreiṫ air san aiġnear. they take every a. (of ground etc.) against him do ḃeirid gaċ aon ḃ. ar air. they gave him every a. over them, do ṫugadar dó gaċ ḃ. orra. I had him at an a. v. opportunity.

ADVENT, aidḃent.

ADVENTURE, eaċtra m.4; imṫeaċt, f.3. telling his a. ag innsint a eaċtraí etc. I went through many a. is iomḋa eaċtra a ndeaċas tríd. the a. of C. scéal Cuinn. the a. told by C. eaċtra Cuinn.

ADVERB dobriaṫar. m.1.

ADVERSARY v. enemy.

ADVERSE v. against.

ADVERSITY v. accident, misery, misfortune.

ADVERTISE, v. announce.

ADVISE comairliġim. a-er comairleaċ m.1. I took, followed that a. do ġlacas, ḋeineas, leanas, ċóiṁlíonas an ċomairle (f.4) sin. he gave me good a. do ṫug sé c. mo leasa, deaġċ. ḋom. what would you a. cad a ċomairleoċá ḋom do ḋ a. me to go dom ċomairliuġaḋ ċun dul ann. he asked his son's a. about it do ċuir sé an scéal i gc. a ṁic. I asked his a. about coming with me etc. do ċuireas i na ċ. a imṫeaċt liom, cad ba ċeart dom do ḋ., an ndéanfainn é. do ċuir sé i gcead dá ṁnaoi an ndéanfaḋ sé é. he did it on his mother's a. ar ċ. a ṁáṫar is eaḋ do ḋem sé é. I took his a. do ḋeinear rud air. to give him bad a. an droċḟeolaḋ do ċur air. he asked no a. consulted no one. níor ċeaduiġ sé a scéal le haoinne. he asked their a. do ċeaduiġ sé iad (C).

ADZE. tál m.1.

AFFABLE v. please.

AFFAIR, mind your own a. déin do ġnó (m. 3.) féin. dont mind your neighbours a. ná bain, bac le g. an ḟir ṫall. I will not meddle with the a. ní bacfad é mar ġ. what a. business takes him to town, brings him here. etc.. cadé an g. a ḃeaḋ aige go dtí an baile mór, a ḃeaḋ annso i leiṫ aige ; no other a.. business could take him from home. ní ṫiubraḋ aon ġ. eile ón mbaile é. what is your a. business with me. cadé an g. atá agat díom, cadé do ġ. liom v. want. public, ecclesiastical a. ġnóṫai poiblíde, g. na heaglaise, etc. that a. circumstance reminds me. etc.. do ċuir an ni, rud son i gcuiṁne ḋom go, etc. it is a lucky, queer, sad a. business etc.. is maiṫ, ait, olc, etc. an scéal é. v. pity etc. to improve matters feabus do ċur ar an s. they spoiled the whole a. plan do loiteadar an s. go léir. to go to the root of the a. dul go bunṗréiṁ an scéil. to put off the a. an scéal do ċur ar gcúl. to examine both sides of the a. an dá ṫaoḃ den s. do ḃreiṫniuġaḋ. to introduce. refer to the business an s. do ṫarrang anuas. he explained the whole a. case to me do ċuir sé cúrsaí an scéil i dtuigsint dom. without bothering about the a.. matter of the King gan cúrsai an ríoġ do ḃac. it is not an a. of. etc. v. question. it is not my a. v. matter concern. it is his own a. v. matter.

AFFECT. v. influence. move. what a. her most is his absence is é an rud is mó atá ag cur uirri gan é do ḃeiṫ ann. what a. the King so that he is so angry. cad atá ag cur ar an ríġ go ḃfuil sé ċom feargaċ son. that a. me so keenly that. etc. do luiġ an ċainnt sin ċoṁ mór son orm, do ċuaiḋ an ċ. ċoṁ mór son i gcroiḋe orm go etc. it was thus it a. me most. do b'ar an gcuma son ba ġéire do ċuaiḋ sé i mbeo orm. he was so a. overcome. do ḃí sé ċoṁ claoiḋte sin go etc. v. sorrow, etc. he a. not to hear etc. v. pretend.

AFFECTATION, v. pride. forcomás m. 1. those airs a. na gáitsi sin. he was very a. do ḃí gáitsi an doṁain air. a man without any a. fear gan aon ċumai, ġoṫai ar doṁan air.

AFFLICT, v. trouble. misfortune, misery, sorrow. a disease is a. him. tá galar air, ag cur air, ag gaḃáil dó.

AFFORD. v. permit. power.

AFLOAT v. float.

AFRAID v. fear.

AFTER v. behind. i ndiaiḋ ; tar éis ; d'éis ; leis (C) ; i n-éis (U) ; i gcionn. running a. us ag riṫ i nár ndiaiḋ. a year a. that bliaḋain i ná ḋiaiḋ sin ; b.ón dtaca son. v next. a year a. he left. b. ó ḟág sé. a-wards i na ḋiaiḋ son. a. him i na ḋiaiḋ sin. he killed them one a. another. do ṁairḃ sé iad i ndiaiḋ a ċéile, d. ar nd., as d. a ċéile (W), i na nduine ⁊ i na nduine, i na gceann ⁊ i na gceann, i leabaiḋ a ċéile (C) a. some time tar ėis tamaill. a. killing the man t.é. an ḟir do ṁarḃaḋ. a. the tide's fall. t. é. dul ar gcúl don taoide. a. our talking for a time t. é. tamaill ag cainnt dúinn. a. all his efforts he was etc. ṫ. é. a ḋíċill do ḃí, etc. v. spite perhaps a. all it would be better. do b'ḟéidir tar éis an tsaoġail gurḃ' ḟearr é. I will go. he came a. two days, a week, raġadsa, do ṫáinig sé i gcionn dá lá, seaċtṁaine. a. he had heard that etc. ar a ċlos dó go etc. a. he had gone in ar ġaḃáil isteaċ dó. a. his coming home ar dteaċt a ḃaile ḋó. let him not have to say afterwards that etc. ná bioḋ sé le ráḋ ar ball aige go etc.

AGAIN. he did it a. do ḋein sé arís é. a and a. arís ⁊ a. eile. He was reading it a. do ḃí sé ḋá aṫléiġeaṁ. I will think over it a. déanfad aṫsmuaineaṁ air. he will not do it a. ní ḋéanfá sé an aṫuair é. To build the house a. anew. an tiġ do ċur suas ar an nuaḋ.

AGAINST. v. resist. they stood long a. the E., do ṡeasadar i bfad i n-aġaiḋ, i gcoinne, i gcoinniḃ, i n-éadan (U) na Sasanaċ; one a. twenty, duine i n-aġaiḋ, etc. fiċead. a. God's law. i n-aġaiḋ dliġe Dé. the whole world is a. him. tá an saoġal mór ceann ar aġaiḋ i na ċoinniḃ. that is all I have a. them. sin a ḃfuil i na gcoinniḃ agam. it is a reproach made a. us. is aċmusán é a ḃíonn ḋá ċur i nár leiṫ. v. accuse. the wind is a. us. tá an gaoṫ i nár mbéal, gcoinniḃ, etc. he stood up a. the gate. do ḃí sé i na ṡeasaṁ suas leis an ngeata. his back a. the wall. a ḋrom siar leis an ḃfalla. his shoulder a. the door post. a ġuala leis an ursain. she put her hand up a. him, it. do ṫug sí a láṁ leis. lying up a. the wall. i na luiġe i dteannta leis an gclaiḋe. it is a. her nature to do that. tá sé bun os cionn le na meon é sin do ḋ. v. oppose. a. her will. v. will.

AGE. in that a., epoch. san aois (f. 2) sin. the men. doings of that, our a. daoine, imṫeaċta na haoise sin, ár n-a. féin. ár n-aimsire féin. what is your a. cad is aois duit; cadé an a. ṫú; cadé an t-aos (m. 3) ṫú; an mḋó bliaḋain tú. cé'n aois ṫú (C) cadé an t-aos atá agat (W). he is 15 years of a. tá sé cúig bliaḋna déag d'aois; tá sé i n-a. a cúig bliaḋan déag; tá sé i na ċúig bliaḋna déag; buaċaill cúig mbliaḋan déag is eaḋ é. tá sé ag dul san gcúigeaḋ bliaḋain déag dá aois. he had completed his 7th year. do ḃí an tseaċtṁaḋ bliaḋain curṫa ḋe aige. before he completes his 40th y., sar a gcuiriḋ sé an daċad de before I was 11, 20 years of a. sar ar ḟásuiġeas. ḟlánuiġeas na déaga. he is over 80. tá sé imṫiġṫe amaċ ar na ceiṫre fiċid. well on in his teens. i bfad amaċ ins na déagaiḃ. getting out of her teens, ag imṫeaċt as na d. since he was a year old. ó d'aosuiġ sé bliaḋain. men of every a. fir de gaċ aon aos. aois. he is of a. to do that. tá sé i n-aois, d'a. ċun é sin do ḋéanaṁ, ċuige sin. they are of the same a., is coṁnaois. coṁnaos iad., any of his own a. aoinne dá luċt coṁnaoise, coṁaoise (C). C. is the same a. as A. tá Conn i gcoṁnaois, coṁaois (C) le hArt. is coṁnaois. etc. do Ċ. A. he came to the a. of discretion. do ṫáinig sé i mbliaḋantaiḃ na tuigsiona deisċréide. getting on in a. v. old.

AGENT. the devil and his a. an diabal ⁊ a luċt seaḋma, oibre, leanaṁna. a. (for business etc.) timṫire m.4.

AGILE v. active.

AGO v. lately, since. 2 years a. dá bliaḋain ó ċoin; ta dá ḃ. o ċoin (ann). long a. fad ó; (tá) i bfad ó ċoin; i n-allóḋ; i bfad ins na ciantaiḃ. only for him they would have been killing us long a. mura mbeaḋ é do ḃeiḋis, ḃíodar ċúġainn fad ó dár marḃaḋ. a year a. bliaḋain is, gus an taca so; b. go ham so (C); b. (is) an lá inḋiu; b. ⁊ lá inḋiu. v. last.

AGONY v. pain, death.

AGREE. I a. with you in that, so far, that he is etc. tagaim, aontuiġim, réiḋtiġim, táim ar aon aigne, intinn, ḟocal leat sa méid sin, ar an gceist sin, go bfuil sé etc; leigim leat an méid sin. they a. on the resolution, to do it, etc. d'aontuiġeadar ar an rún, cun é do ḋ. they all a. on that táid ar aon aigne, intinn, baraṁail (C.U) sin; táid ar an a. etc. ċéadna. I feel inclined to a. with you. tá mo ṫuigsint ag gabáil leat. the two stories don't a., are incompatible. ní ḟuil an dá scéal ag teaċt isteaċ le na ċéile. that a. with the facts, what he says, etc. tagann son go cruinn géar leis an ḃfírinne, le na ċainnt. he a. consented to do it, to it. do ṫoiliġ sé (ċun) é do ḋ., ċuige. they a. to do it do ṫángadar ar ṫoil a ċéile é do ḋ. they a. well, got on with each other do réiḋtiġeadar go maiṫ le na céile. v. suit. I a. came to terms with her for £6. do réiḋtiġeas léi ar sé púnt v. arrange. the a-ment was that I should give you money do b'é an margaḋ mise do ṫabairt airgid duitse. keep your part in the a. cóiṁlíon do ṫaoḃ féin den ṁargaḋ. they drew up an a. do ṫarraingeadar coinġeall eatorra.

AGREEABLE v. please.

AGRICULTURE. curadóireaċt f.3 ; saoṫruġaḋ na talṁan.

AHEAD v. before. continue. go a. déin ar t'aġaiḋ ; tiomáin, comáin leat ; gluais ort ; buail róṁat : drawing out a. of them (in race) ag bogaḋ uata.

AID v help etc.

AIM v shoot. intention. aimsiġim (a. at and hit). I a. as best I could to hit the boy in the head. do ṫugas an t-amas ab ḟearr a ḟéadas do ṫabairt fán mbuaċaill d'aimsiuġaḋ san ċeann. he seized the gun and a. do rug sé ar an ngunna ⁊ diriġ. he a. at him do ġlinn sé fá na ḋéin. I a. a blow at him do ṫugas soġa faoi v. blow, strike. a-less talk. cainnt ḟánaċ. v. useless. a. at (allude to) v. allude. miss a. v. miss.

AIR going out into the fresh a. ag dul amaċ fá'n spéir, ngaoiṫ. he left the clothes unaired. d'ḟág sé na héadaiġ gan gaoṫ (f.2) do ṫabairt dóiḃ. the a. is escaping tá an ġ. ag riṫ amaċ. v. leak. a. (appearance) v. appear. a (affectation) v. affectation, pride. a. (tune) v. tune.

AJAR leaṫdúnta ; ar leaṫoscailt.

ALARM v. fear, warn.

ALAS. v. pity. oċ ; oċón ; fóiríor (géar, dóiġte) ; mo léan ; mo brón ; mondar ; mo ċreaċ (cruaiḋ, cráiḋte, fada) ; mo ċreaċ ⁊ mo ḋíṫ ; a ċreaċ láidir é ; mo ċráiḋteaċt ; mo ċuṁa ; mo ṫruaġ ; mo léir ġoin ; mo ḋiaċair ; mo ḋá léir ; mo scallaḋ ; mo ṁairg. (go ḃfuil, gan é do beiṫ, etc. may follow).

ALDER. fearnóg f. 2 ; fearn m. 3.

ALE. beoir f. 5 ; leann m. f. 3.

ALERT. v. active, watch.

ALIGHT. the bird a. do ṫúirling, ṫáinig an t-éan anuas den ċrann ar an dtalaṁ.

ALIVE. v. life, live.

ALL. v. every, complete. a. men gaċ fear : gaċ aon, g. uile, an uile ḟ. ; na fir go léir, go huile (U), go hiomlán. he ate all the bread d'iṫ sé an t-arán go léir. he gave them a. the bread there do ṫug sé ḋóiḃ a raiḃ d'a. ann. that is a. I have to say. sin a ḃfuil agam le ráḋ. he has money and she will have it tá airgead aige ⁊ beiḋ a beag ⁊ a mór de le fagáil aici. at all, by any means (after neg.) i n-aon ċor, ar aon ċ. ; ar ċ. ar biṫ ; ar biṫ ; ar ċuma ar biṫ ; a ċuiginc (W). he is not there, does not speak at all. ní ḟuil sé ann, ní labrann sé i n-aon ċor, etc. he does not interfere with them at a. ní ḃaineann sé leo olc maiṫ ná donaiḋe. there is nothing at a. there ní ḟuil aoinní ann o. m. ná d. v bit, rag, word, etc. not know at a. v know. any at a. v. any. a. kinds v various. a.-fours v. creep. a-powerful God. Dia uileċomaċtaċ ; Dia an uile ċomaċta. a. fools' day lá na n-amadán. a. Hallows lá Saṁna. a. souls lá na marḃ.

ALLEGORY v fable.

ALLEVIATE v lessen, relief.

ALLIANCE. to form an a. with them cáirdeas (m. 1) (cogaiḋ), cairdeaṁ (m. 1) (cogaiḋ) do ḋéanaṁ, snaḋṁaḋ leo.

ALLOW v permit, let, may.

ALLUDE. I dont a. to them ní ċúċa son do ḃíos. if it is to that he a. má's ċuige sin do ḃí sé. he felt it was meant for him do ṫuig sé gur ċuige féin an uile ḟocal de. v. introduce. the man I a. to. the man in question. an fear atá ar siuḃal, i gceist agam ; an f. a ḃfuilim ag cainnt, trácht, labairt air : an f. a ḃfuilim ag teaċt ṫairis (whom I happen to mention) ; an f. a ḃfuilim ag tagairt dó ; an f. a luaiḋeas ċeana. (whom I mentioned before). v. mention.

ALLURE v deceive. to a. them to their ruin. iad do ṁeallaḋ ar a n-aiṁleas. I a. enticed him from home, to leave the house. do ṁeallas, ḃréagas ar baile e, é ċun an tiġe d' ḟáġáil. whatever a-ments he practised on you pé meallaḋ nó bréagaḋ do ḋein sé ort. I will a. coax him on a bit déanfad tamall cinnireaċta leis (W).

ALMOND, liomóid f. 2.

ALMOST, v near.

ALMS, v charity.

ALONE, v separate. he was a. do ḃí sé i na aonar, leis fein. he did it a. do ḋein sé i na aonar, leis féin é. a. I did it mé féin a ḋein é. ourselves a. sinn féin amáin. I was lonely in the world do ḃíos im ċaonaiḋe, ċaogaiḋe aonair. I was a. out of earshot do ḃíos a raon na gcluas. v range. let a. v. let.

ALONG, v edge, side. a the wall, lake, fan an ḟalla, loċa. a. a road, corridor trí ḃóṫar, póirse. going a. down the river ag dul síos le bruaċ, taoḃ na habann. a. with v company.

ALPHABET, aibġitir f. 2.

ALREADY, he had a. gone do ḃí sé imṫiġṫe ċeana, ċ. féin, roiṁe sin, roiṁe ré. as I a. said mar aduḃart ċeana, ṫuas.

ALSO, v. besides.

ALTAR, altóir, f. 3 and 5.

ALTER, v. change.

ALTERNATE, v. turn. every a. man. gaċ ré ḃfear. a. days gaċ ré, gaċ 'le lá. he drank a. with me, d'ól sé gaċ ré ndeoċ liom. they did it a. do ḋeineadar é gaċ ré dtamall. dturus, ngreas, dtreall scaiṫeaṁ (C); do ḋ. é tamall ar ṫ. raining and snowing, a. ag fearṫainn 7 ag sneaċtaḋ gaċ ré dtamall, etc. ag f. tamall 7 ag s tamall. a. between joy and sorrow, ag luascán idir gáirdeaċas 7 brón.

ALTHOUGH, cé, giḋ go: bioḋ (7) go; siúd 7 go; ar a ṡon go; i dtaoḃ 7 go: i dtaoḃ a ráḋ go; cion 7 go (U). a. he was, was not there, wished, etc. cé, etc. go raiḃ sé, ná raiḃ sé ann, gur ṁian leis, etc. I did it a., no one asked me do ḋeinear é 7 gan aoinne ḋá iarraiḋ orm. he has taken her a. I had no one but her. do rug sé uaim í 7 gan agam aċt í. I was looking for it all night 7 mé fan na hoiḋċe ġá ċuardaċ v. Mionċainnt III. p. 19. a. it is bad enough, etc. v however.

ALTOGETHER, v completely, together.

ALWAYS, v ever, constant. i gcoṁnuiḋe (Pres.. Past. Fut.) riaṁ (Pres. Past) ċoiḋċe (Pres. Fut.) I have a. heard that, etc. d'airiġeas, d'airiġinn riaṁ go, etc. I am always listening to that, táim ag éisteaċt riaṁ leis sin. he was a. braggart. scaoṫaire do b'eaḋ é riaṁ. he is, was a. running bionn, do ḃioḋ sé ag riṫ i gcoṁnuiḋe. he will a. be a fool, poor. beiḋ sé i na amadán, beiḋ sé dealḃ i gc., ċoiḋċe. a. urging her ag taṫaint uirri ċoiḋċe, riaṁ 7 ċ. he would like to be a. at it ba ṁaiṫ leis beiṫ ḋá ḋéanaṁ gaċ aon ré soluis. he a. heard the same thing do ċuala sé a dólaṁ, a dólaiṁ an rud ceádna (C) v Sean ċainnt na nDéise p. 223, etc.

AMAZE, v wonder.

AMBASSADOR, teaċtaire m. 4.; timṫire m. 4.

AMBIGUOUS, v. doubt.

AMBITION, v. pride. dúil i n-onóir, gcéim saoġalta, ngradam saoġalta.

AMBUSH, v hide, snare. they laid a. for him do ċuadar i n-oirċill air.

AMEND v correct, reparation.

AMERICA, an t-Oileán úr (C) ameiriocá: Sasana Nuaḋ.

AMIABLE v gentle, pleasant.

AMISS, v wrong.

AMONG, he was a. them, the horses, etc. do ḃí sé i na measc, i m. na gcapall, etc. to put it a. other words é do ċur isteaċ i lár focal eile. there is no smith a. them, ní ḟuil aon gaba orra, ar an mbuiḋin. a. the most important truths there is, etc. ar na fírinniḃ is mó táḃaċt tá etc. they are a. the richest men of the place, táid siad ar na fearaiḃ is saiḋḃre dá ḃfuil san áit. a. them all there is no uglier. orra go léir ní ḟuil áon tráġas níos gránda. share a. v. share.

AMOUNT v. much, many. he showed me the a. of the gold. harm do ṫaisbeáin sé ḋom méid (m.4) an óir, na díoġḃála. that a. of money etc. an m. sin, oiread son airgid. a big small a. of gold etc. roinnt (f.2). cáil (U) beag, mór óir etc. a small

a. of gold laṫairt beag óir. she has 2 days, the week's a. of bread. tá cion dá lá, na seaċtṁaine d'arán aici. v. share, enough. the a. I got was too small. ba róḃeag an faġáltas a fuaras. v. share. that is the a. of his money. sin é an ḃleaṫaċ atá aige. he made one a. of his money. do ḃailiġ sé a ċuid airgid i n-aon ḃleaṫaiġ amáin. that would a. to a pound each. do ḃuailfeaḋ san púnt an duine ḋúinn. it a. to a big sum. do ḋein sé roinnt ṁór airgid. his speech a. to this is é bun ⁊ bárr, bríġ a ċainnte go etc. half, twice that a. v. half, twice, much.

AMUSE v. fun, play. a-ment. greann m.1 ; súgraḋ m.3 ; sult m.1 ; spórt m.1 ; siamsa m.4 ; cruléis f.2 (W). he was a. them. do ḃí sé ag déanaṁ grinn etc dóiḃ. an a-ing story, man scéal, fear grinn, suilte etc v. funny. he looked a. do ṫáinig agaiḋ ġrinn etc. air. he did not find it a. ní ḟuair sé aon tsult ann v. please. they came to my father's house for an evening's a. do ṫángadar ag scoruiḋeacht etc. ċun tiġe m'aṫar v. visit. it is an a. pastime caiṫeaṁ aimsire is eaḋ é. a. of the world v. pleasure etc.

ANCESTOR. sinnsear m.1 ; my a. mo (seaċt) sinnsir ; na seaċt s. a ṫáinig róṁam. v. inherit.

ANCHOR. anncaire f.4.

ANCIENT v. old.

ANGEL aingeal m.1. a. beauty áilneaċt ainglíḋe. the fallen a. aingle, dream an uaḃair. let us say the angelus. abraimís aingeal an tiġearna.

ANGLE. cúinne f.4 ; uille f.5.

ANGER. v. fight. he was a. with them about it. do ḃí, ṫáinig fearg air leo, ċúċa, i n-a gcoinniḃ, mar geall air, i na ṫaoḃ. to look a. cros na feirge do ċur air féin. do not take it amiss ná gaḃ fearg liom dá ḃarr. to do it in, without a. é do ḋéanaṁ le, gan feirg. fierce a. words focal feargaċa, borba, taḋaḋaċa [C] he got into a rage. d'éiriġ sé ar buile ; do ṫáinig b. ḋearg air ; do ḃí sé ar caorḃuile, mire, caorṫainn (W) ar ḋearg lasaḋ le feirg ; do las blaḋm feirge air ; do ṫáinig cuṫaċ, rabarta feirge air ; do ċuaiḋ sé ar an daoire [U] ; d'éiriġ sé ar na daoraiḃ ar buile (U). do ḃí sé ar buile le taḋad [C] ; do ṫáinig cuṫaċ ⁊ taḋad air [C] ; do ṫ. fearg ⁊ báiniḋe air [C. U] ; do ḃí sé ar buile ⁊ ar báiniḋe [C.U] ; do ḃí sé ag dul le cuṫaċ ⁊ le bánuiḋe [C.U] I was raging with myself for being so generous do ḃíos ar buile ċúgam féin a ráḋ go raḃas ċoṁ fial son. in my rage against him le mire ċuige ; I was bitterly a. with him do ḃíos searḃ leis ; do ḃí seirḃtean (m. 1) orm ċuige ; I was a. disgusted with myself about that, because she would, ... do ḃíos searḃ liom féin i na ṫaoḃ ; do ḃí seirḃtean im ċroiḋe a ráḋ go mbeaḋ sí, etc. a. disgusted with himself and his work. searḃ, leaṁ de féin ⁊ d'obair an lae, I was a. disgusted listening to them. do ḃí samnas orm ag éisteaċt leo [U] he could not answer her owing to his a. disgust bad temper. mór leis an searḃas ⁊ an canncar dó aon ḟreagra do ṫaḃairt uirri. he is cranky, cross, peevish owing to that tá sé canncraċ, canncalaċ (W), canntalaċ, tá canncar air mar ġeall air sin. I was in bad humour, sullen with her. do ḃíos duairc léi. he got fierce savage with them. d'éiriġ, do ṫáinig coċall, colg air ċúċa ; d'éiriġ an conaċ air ċúċa ; do ċuir sé coċall air féin (show fight). a man in a. fear i gcolg. there was a. in his voice, look. do ḃí faoḃar ar a ġuṫ, ċainnt, i na ṡúil, raḋarc ; do ḃí bior ar a ṡúiliḃ. do ḃí ḋroċċruṫ air. his face grew dark with a. do ḋuiḃ ⁊ do ḋearg air ; do ḋuiḃ ⁊ do ṫeann air. v. dark. she burst out in a., lost control of herself do sprúċ sí. I used to get a. spiteful with them. do ṫagaḋ olc orm ċúċa. my a. spite against them lessened. do ṁaolúiġ ar m'olc ċúċa. he did it to annoy me do ḋein sé é mar olc orm-sa. do ḋein sé é le ho. orm. do not be a. with me ná tóg orm é : tá súil agam ná tógfaiḋ tú orm é. the dog was getting a. wicked with them. do ḃí an gaḋar ag cnuasaċ a droċaigne ċúċa. looking wickedly at him ag féaċaint go míċéadfaḋaċ air. the dog is wicked tá an g. go m. the people are a. dissatisfied with him tá na daoine míbuiḋeaċ de. he was a. vexed dissatisfied do ḃí sé mísásta, dóṡásta. he went off vexed disappointed d'imṫiġ sé go dúr 7 go doċraideaċ 7 go diómbáḋaċ v. sorrow. a. fierce raging sea, charge etc. fairrge foġa etc. fioċṁar, fraoċṁar, fraoċda. he spoke a. sharply do laḃair sé go haiṫsinneaċ, haranta v. sharp. he slammed the door violently. do ṫarraing sé an doras i na ḋiaid go taodaċ. he got a. haughty, his pride was offended do ġaiḃ tolaṁóire é ; d'éirig sé ċun t. v. pride. annoying teasing. ag sroċaḋ ar an madra (C) ag géarṡúgaḋ an ṁ. he was annoying, teasing me do ḃí sé ag griobairt orm, ag taḃairt cráḋnair dom (W) ag déanaṁ stainncín orm. do not make him a. provoke him (in dispute etc) ná cuir aon sprairne air (W). he is sullen. tá tormus, stailc air. she is in huff. tá spuaic, stuaic uirri. tá sí stuacaċ (W) he got sulky. wrong headed. do ṫáinig an stailc ann : do ċuir sé s. suas ; d'éirig s. ann, i n-aigne ḋó ; d'éirig sé ċun stalcuiḋeaċta, stalcuiġeala. to dispel his sullen humour an tormus, stailc do ḃaint de.

ANIMAL v beast.

ANKLE. rúitín m. 4. my a. is out of joint tá m'alt as ionad.

ANNIHILATE v destroy.

ANNIVERSARY. the a. of my landing lá cuiṁne an lae do ġaḃas i dtír. to-day, to-morrow is the a. of his death. bliaḋain is lá indiu, i mbáraċ is eaḃ fuair sé bás. v last.

ANNOUNCE. he put in an a. advertisement of it. do ċuir sé fógraḋ (m. 3.), foṙḟ., fógairt (f. 2) san ṗáipéar i n-a ṫaoḃ. a. it clearly to them ḋá ḟógraḋ go soiléir dóiḃ. he sent out an a. proclamation, etc., that. do ċuir sé scéala, fógraḋ, foláireaṁ, foláraṁ, gairmscoile, gairmscolb (C) amaċ go.

ANNOY. v angry. trouble. sting.

ANNUL, he it a. the marriage. bargain, etc. do scaoil, ḃris, scuir sé an pósaḋ, margaḋ, etc. that a. invalidated the bargain do ċuir sin an m. ar neaṁní.

ANOINT, v extreme unction.

ANOTHER. v. different, other. a. time. man. uair, fear eile from one place to a. ó áit go háit : ón ait go céile. one a. v. other. one after a. v after. going from one to a. ag dul ó ḋuine go d. acu.

ANSWER. he a. me do ḟreagair sé mé : do ṫug sé freagra (m. 4) orm : duḃairt sé dom ḟreagraḋ go raiḃ, etc. he did not a. that níor ṫug sé aon ḟreagra ar an gceist sin. there is only one a. to that ní ḟuil aċt aon ḟ. aṁáin le taḃairt ar an gceist sin. to a. that q. ċun na ceiste sin do ḟreagairt. a. their q. ag f. a gceisteanna dóiḃ. a. for v responsible. good a. v. with. a. (correspond) v correspond.

ANT. seangan, siogán (C) m.1.

ANTIC v trick.

ANTRIM. Conndae Aontruim

ANVIL. inneoin f. 2

ANXIOUS v desire. it made me a. do ċuir sé imniḋe (f. 4) (C). imṡníoṁ (m. 3), miṡuaiṁnear (m. 1), neaṁḟ. orm. he is a. about her. to do it tá imniḋe, etc. air, tá sé imṡníoṁaċ, imniḋeaċ mar ġeall uirri, i na taoḃ, ċun é do ḋ. he asked a. d' ḟiafruiġ sé go neaṁḟuaiṁnearaċ. you cause them a. tá tú ag déanaṁ anċúraim dóiḃ. the a. strain on him an sníoṁ a ḃí ar a aigne. my heart is a. tá mo ċroiḋe dá ṡníoṁ. do not be a. ná bíoḋ ceist ort. I am a. tá c. orm.

ANY. v whatever. I have not a. Irish, horses. ní ḟuil aon ġaeḋealg, ċapaill agam. a. 3 questions aon trí ceisteanna is maiṫ leat. a. one who is there aoinne, gaċ a., gaċ (aon) duine dá ḃfuil ann ; an t-é atá ann. I am as good as he a. day. táimse ċoṁ maiṫ d'ḟear leis aon lá riaṁ. a. place he could find a. food aon áit i na ḃfagad sé a ḃeag nó a ṁór de ḃiaḋ. he did not know a. Irish good or bad. ní raiḃ aon ġaeḋealg aige a ḃeag nó a ṁór, briste nó slán. ní raiḃ a ḃ. ná a ṁ. aige. I did not see a. thing ní ḟeacas rud ar biṫ, faic, dada v hit. I would do it as well as a. man. do ḋéanfainn é ċom maiṫ le các. in a. case. at a. rate v event. a. more v more. a. where v place.

APART. v. separate. aside.

APE. v. imitate. ápa m. 4.

APERIENT. purgóid f. 2.

APOLOGISE. v. excuse.

APOSTATISE. v. abandon.

APOSTLE. aspol, aspal m. 1.

APPAL v fear.

APPARATUS v instrument.

APPARITION. v spirit

APPEAL. v call. beseech. he a. to the King's word. do ġlaoiḋ sé ar ḟocal an ríoġ.

APPEAR. v think. feel. the place a. gloomy to me. tá féaċaint (f. 2) ġruamḋa ar an áit. féaċann an áit g. ḋom. you a. look bad féaċann tú go holc. tá droċ-ḟéaċaint ort. he a. 10 years old féaċann sé deiċ mbliaḋna d'aois. however weak he a. dá laige d'ḟéaċ sé. of honest a. macánta i n-a ḟéaċaint. you a. tired deallruiġeann tú go, tá a ḋeallraṁ (m. 1) ort go ḃfuil tú corṫa. that speech a. to be sensible deallruiġeann an ċaint go ḃfuil ciall léi. he does not a. better ní ḟuil aon deallraṁ feaḃusa air. there is every a. of rain tá gaċ d. air go mbeiḋ sé fliuċ. ní ḟuil aon d. fóġanta ar an lá. according to all a., apparently he was telling the truth. do ḃí sé ag innsint na fírinne do réir ġaċ deallraiṁ. nothing martial in his a. gan deallraṁ caṫa air. the fight went on without any sign of their giving in. do lean an troid gan aon d. géilleaḋ. he did not a. a bit like that (sick etc) ní raiḃ aon ṗioc dá ḋ. air. his Irish has an English a. tá d., crot an ḃéarla ar a ċuid gaeḋilge. he did not a. surprised, as if he knew it, etc. níor ċosṁail go raiḃ iongantas air (C) níor ċ. leis go raiḃ a ḟios aige (C). you a. gloomy, afraid, to be satisfied, in the best of health tá ċosaṁlact (f.3) gruamḋa, faiṫċís ort, (C) tá c. ort beiṫ sásta, (C) i dtoġa na sláinte. (C.) he a. as if he had not slept ⁊ c. air nár ċodail sé (C) she had that a. look. do ḃí sin de ċ. uirri (C) as it a. to me mar ṡaṁluiġeann dom. it a. seemed to me he was right do ṡaṁluiġeaḋ ḋom go raiḃ an ceart aige. that is how it a. to me sin é mar ṡaṁluiġeas. the day used to a. to him longer than a week do ṡaṁluiġeaḋ sé an lá níos sia ná seaċtṁain. it used to a. to them as if a wind were blowing do ṡaṁluiġdís mar ḃeaḋ gaoṫ ag séideaḋ there is an a. semblance of law in the affair tá saṁluġaḋ dliġe san scéal. beneath that a. they were full of pride leaṫstiġ fá'n s. son do ḃíodar lán d'uaḃar. she a. looks. a good woman tá leigean mná maiṫe uirri. it has only the a. of christianity ní ḟuil ann aċt l. leagaint críostuiḋe air. he has a dying a. tá crot (m. 3), dreaċ (m. 3) an ḃáis air. his whole a. changed do ṫáinig aṫarraċ crota air. she was in the a. form. etc. of a hound do ḃí sí i gcroṫ (m. 3) rioċt (m. 3) con. it assumed its real a. do cuireaḋ i i n-a rioċt féin é putting falsehood in the a. guise of truth ag cur an éiṫiġ i rioċt na fírinne. I have seen many an ugly thing under the form of a man. is mó rud gránda a ċonnac i r. duine. what made him a. so gloomy cad fá ndeara ḋó an dreaċ gruamḋa a ḃí air. he has the same a. disguise as before. tá sé san dreaċ ċéadna ⁊ do ḃí sé roimis. he has a wild. virtuous a. tá cuma fiaḋáin air (C), tá c. na maiṫeasa air (C) under the a of bread fá ġné (f.5) aráin. his a. changed do ṫáinig aṫarraċ g. air. she recovered her old a. do ṫáinig a snuaḋ féin ⁊ a g. féin dí. sickly a. an droċṡnuaḋ ⁊ an daṫ míliṫeaċ v. pale. under the a. guise of a beggar. i gcloḋ (m.3) bacaiġ. no a. sign of getting weak gan aon ċ. lagaċair. to tear the a. mask of truth off the lie. c. na fírinne do stracaḋ den ḃréig. he hid his evil deeds under an a. of piety do ċlúduiġ sé a ḋroċḃearta fá scáil na cráiḃteaċta. the ghost that used to a. sprid a ḃíoḋ ḋá ṫaisbeáint féin. a man insignificant in a. fear suarach le feicsint. the house a. looked nice do bí deaġ ċaoi ar an dtiġ (C). in the a. shape of the cross i gcumraiḋeaċt na croise. the day looks threatening tá fuadar gaoiṫe fá'n lá. he has a wicked a. tá droċstiúir air v. angry.

APPEASE, v. lessen, quiet

APPETITE, v. hunger, greed. I have a good a. tá goile (m.f. 4) agam. tá an g. go maiṫ agam. I lost my a. d'imṫiġ mo ġ. uaim. I had a better a. do ḃíos i ḃfonn ní b'ḟearr ċun an ḃíḋ.

APPLAUD v. praise, approve. he got a. fuair sé greadaḋ bas. there was great a. do tógaḋ liug (molta) 3 rounds of a. cheers for him trí liuiġ, gárṫa molta ḋó.

APPLE, v. uḃall m. 1. a. tree aḃall m. 1; crann-u.

APPLY, that answer does not a. refer to that question ní ḃaineann an freagra son leis an gceist sin. that a., has reference to priests tagruiġeann son do na sagartaiḃ. to a. that saying to myself an ċaint sin do ṫagairt dom féin. he a. himself to work. do ċuir sé i gceart ċun gnó; do luiġ sé isteaċ san obair; do ṫug sé a aigne ⁊ a ċroiḋe don obair. if he a. his mind má ċeapann sé a aigne ċuige v. attention. a. to v. put. ask. suit, concern.

APPOINT. v arrange. a man was a. to it. do ceapaḋ. cuireadh fear ċun an ġnóṫa do ḋ. the a. day an lá ceapuiġṫe. a. to meet v. meet.

APPRECIATE, v. value. think.

APPREHEND, v fear. arrest.

APPRENTICE. printíseaċ m. I; fear céirde d'ḟoġluim, he a. himself to them do ċuaiḋ sé le céird ċúca; do ḃí sé i n-a ṗrintíseaċ acu.

APPROACH. v. near. a. the place, us. ... ag druidim leis an áit, linn; ag teannaḋ linn (C). the end of the time was a. do ḃí sé ag d. le deireaḋ na haimsiré. do ḃí an t-am ag d. linn. he is a. making for the place. tá sé ag déanaṁ (i leiṫ) ar an áit. he a. me and said do ḋéin sé fa'm ḃráġaid ⁊ duḃairt. a. him in ... v. compare.

APPROVE. v. like. praise. I a. o you so far, molaim sa méid sin ṫú. I a. of the deed. war. m. an gníoṁ, cogaḋ; is ceart, ḋleaġṫaċ ... liom iad.

APRIL. Abrán. m. 1. Aibreán (C.U.) mí na gcuaċ.

APRON, aprún m.1; práiscín m 4 (smith's)

APT v. incline

ARBITRATE v judge. arrange.

ARBUTUS--tree. caiṫne f. 4

ARCH-- árd-- a. bishop árdeasbog

ARCHER. boġadóir m. 3

ARDENT, v energy. fervent.

ARGUE. v proof. fight, talk. he likes to a. that .. is maiṫ leis a áiteaṁ go ... he was a. that ... do ḃí sé ḋá á. go ... they were a. do ḃíodar ag a. ar a ċéile. the end of the a. was ... do b' é deireaḋ an áitiṁ ḋóiḃ ná go raiḃ ... he was a. with them do ḃí sé ag pleiḋe (m. 4) leo. to a. the case with him an cás do ṗ. leis. I had an a. with him do ḃí suiḃint agam leis (W). a. against him ag s. go láidir air (W) a. discussing (the question) ag cur ⁊ ag cúiteaṁ (i na ṫaoḃ, ar an gceist.) ag caint ⁊ ag cur le, trí ċéile v talk. they began. were a. disputing. wrangling d'éiriġ aiġnеas (m. 1). argóint (f. 2). aḃcóidiḋeaċt (f. 3). diaspóireaċt (f. 3) eatorra i na ṫaoḃ ... we a. answered each other back till we got angry do ḃí gaċ re seaḋ againn le n-a ċéile go rabamar feargaċ they were a. disputing ... do ḃíodar ag áiteaṁ ⁊ ag aḃċóidiḋeaċt, ag aiġneas ⁊ ag argóint le céile, ag aiġneas ⁊ ag iomaiḋ le ċ., ag dianċonspóid (f. 2) le ċ., ag cóid i ḃfaid le c., ag agaiḋeaċt ⁊ ag argúinteaċt le ċ. her a. disputing failed do ṫeip an aḃċóiḋeaċt uirri.

ARITHMETIC. eolus, ealaḋa an áiriṁ, ċomairiṁ.

ARM. my a. was broken do briseaḋ mo láṁ (f. 2) he had only one a. ní raiḃ aċt leaṫl. aigo, do ḃí sé ar a leaṫláiṁ. She lifted the child, the child was in her a. do ṫóg sé, do ḃí an leanḃ ar a baclainn (f. 5) aice. his a. was strong do ḃí a cuisle (f. 5) láidir. with all the strength of his a. ċom dian ⁊ ḃí sé i n-a ċuisleannaiḃ. the bridle thrown over his a. srian an asail ar a ċuislinn aige. a child on her a. leanḃ i n-a ċ. aici. he took me up in his a. do ṫóg sé suas mé i n-a ġaḃáil. (f. 3) the strength of his a. neart a géag (f. 2). the a. of the cross. géaga na croise. with folded a. a ġ. fillte ṫar a ċéile. a stick under his a. bata fá na ascaill aige. she gave him her a. do ċuir sí a lám fá na ascaill. an a. ful gabál f. 2 : beart m. 1 ; bacla f. 5. an a. ful of rushes beart luaċra. a. pit ascall f. 2 : poll na hascaille. coat of a. suaiṫeantas. m. 1. a. (weapon) arm m 1. fire a. a. teine. he took up a. do tóg sé a.

ARMAGH. Conndae Ardmaċa.

ARMY. sluaġ m. 1 : armáil f. 3.

AROUND. all those a. him a raiḃ timċeall air, i n-a ṫ., mórṫ. air. all a. her head morṫ. a cinn. a. about her head t. ar a ceann. all a. its lower edge mórṫ. leis an íoċtar aige. there was light all a. about. do ḃí solus mórṫ ann. he went a. the lake do ċuaiḋ sé t., mórṫ. an loċa. he looked a. him d'ḟéaċ sé t. air, ṫairis. and so they all acted all a. ⁊ mar sin dóiḃ sa t. news was sent to them all a. do cuireaḋ scéala ċúca sa t. one could not get it for 10 miles a. níorḃ ḟéidir é d'ḟaġáil deiċ míle sa t. if it were 10 m. a. or a round dá mbeaḋ d. m. de ṫ. ann. going a. ag dul ṫart (U.C) iad ag dul ṫart i na ḃfáinne (U.C) looking a. about him ag breiṫniuġaḋ faoi ⁊ ṫairis. the men a. na fir máġcuairt, fá ċuairt (U) the country a. was a desert do ḃí an dúṫaiġ uile máġcuairt i n-a ḟásaċ. he went a. all through the fair do ṫug sé cúrsa an aonaiġ. I put a rope a. his neck, a chain a. his waist. a tight knot a. across her waist ... do ċuireas téad fa n-a ṁuinéal, slaḃra fá'n gcuim air, snaiḋm doċt tarsna an ċaoil uirri. v waist etc.

ARRANGE v. ready. they have it a. already. tá sé socair ċeana acu. the whole thing is a. tá an rud go léir s. he a. with them for 1d a day do ṡocruiġ, réiḋtiġ sé leo ar ṗingin san lá. he a. settled the amount which ... do ṡ. r. sé an méid a ḃéaḋ ... to settle a. a case rud, cúis do ṡocruġaḋ (m.3), réiḋtiuġaḋ (m.3) to a. some plan in accord with justice beart do ṡ., riaraḋ do réir an ċirt. I find no fault with that a. ní ḟuil aon loċt agam ar an s. órduġaḋ son. v plan, decision. that is how they come to an a. understanding, agreement ... sin mar ṫugaid siad réiḋteaċ (m.I) ar an gceist. according to the a. agreement do réir an réiṫiġ atá (déanta) eatorra. to come to an a. teaċt ċun r. leis. a. organising the work ag gléasaḋ na hoibre. the day a. for the man's coming an lá a ḃí ceapuiġṫe don ḟear ċun teaċt. he a. the time when...do ḃeartuiġ sé an t-am. ... he a. his men for battle do ḃ. sé a ṡluaġ i gcóir an ċaṫa. the house is a. set in order for the marriage, for them. tá an tiġ gléasta, riarṫa, ceartuiġṫe feistiġṫe, slaċtuiġṫe, curṫa i dtreo ... i gcóir an ṗósta, rómpa. he got them into order do ḃailiġ sé iad i n-eagar ċóir. I put his books in order. do ċuireas a leaḃra i n-eagar, dtreo dó. they are in order for battle táid siad fá réir i gcóir an ċaṫa. ships being a., drawn up longa dá riaraḋ féin. not being a. symmetrically gan iad do ḃeiṫ do réir a ċéile. I a. got my speech in order do ċuireas mo ċainnt i ndiaiḋ a ċéile.

ARREARS riarairse m.4.

ARREST v. prison. take.

ARRIVE v. reach.

ARROGANCE v. pride.

ARROW saiġead f.2 ; ga m.4 ; gáinne f.4.

ART ealaḋa f.5.

ARTERY mórċuisle f.5

ARTICLE, alt m. 1 (in paper) ; airte m. 4 (id) airteagal m. I (gram) ball. m. 1. a. of furniture clothes... b. troscáin, éadaiġ ... v. thing.

ARTIFICIAL, ealaḋanta.

ARTISAN, ceárduiḋe m. 4; fear céirdé.

AS. (in comparison) ċom ... le (noun), ċom ... ⁊ (verb). as black.

as much out of his mind as his father ċom ḋúḃ, ċom mór ar a ċéill le n-a aṫair. he did it as well as any. do ḋein sé é ċom maiṫ le các. he as is good a man. as loyal a king as his father. tá sé ċom maiṫ d'ḟear ċom dílis de ríġ le n-a aṫair. he is as good. crazy ... as he was tá sé ċom maiṫ, ċom mór ar a ċéill ⁊ do ḃí sé riaṁ.

S. v. way. mar ; fá m. ; féiḃ m. ; do réir m. a. I have said. heard. happened to us. is right ... mar, fá m. ... ċuala, duḃart, ṫarla ḋúinn, is ceart. good men as you are daoine maiṫe mar etc. atá siḃ go léir. he did it as everyone else. as anyone would. do ḋein sé é m. các, m. ḋéanfaḋ aoinne é. he remained as he was d'ḟan sé mar ḃí sé, m. ḃí aige, m. raiḃ aige. I told it to you as a secret d'innsear duit m. rún é I got it as a reward. fuarar m. ṫuarastal é. as (for purpose of. to make ...) v. purpose. as (when) v. when. as soon as v. soon. as well v. besides. dressed ... as. v. like. as it were v. like. appear as. v. appear. as (since. for) v. because. as if. though. v. if. pretend. as for. regards v. about. in so far as, as far as. v. far. twice as big ... v. twice. time. as much. many. v. much, many.

ASCEND v mount.

ASCENSION. DAY. Dardaoin Deasgabála.

ASH. fuinnseóg f. 2 ; caorṫann, cárṫann m. 1 (mountain a.)

ASHAMED ... v shame

ASHES v coal. luaiṫreaċ m. 1. ; luaiṫreán m. 1 (small amount of) : luaiṫ f. 2 ; gríosaċ f. 2 (hot a.) grios m. 1 (id). he, it is reduced to a. tá sé i n-a luaṫreaċ ... in the hot a. embers san luaiṫ ḋeirg, san ġríosaiġ. the hot a. (in the smoke) hurt my eyes do ċuir an gríos tinneas im ṡúiliḃ she was burnt to a. a cinder. do dóiġeaḋ i n-a haiḃleóig í.

ASIDE v. separate. I put, called them a. ḋo ċuireas i leaṫtaoiḃ iad, do ġlaoḋas i l. orra. putting the remnants a. rejecting them ag cur na n-iarmarán i l. come here a. gaḃ i leiṫ.

ASK, iarraim (a. to get). fiafruiġim de (a. to know) fiosruiġim (U) Direct questions introduced by ar seisean ... I a. him for a book. to do it ... d' iarras leaḃar air. d'i. air é do ḋ. she a. to be let in d'iarr sí í do leigint isteaċ. I a. him if ... d'ḟiafruiġeas de an raiḃ ... I a. him this much d' ḟ. an méid seo ḋe. I a. that (question) d'ḟ. é sin. I a. him a question about it. d'ḟ. ceist de i na ṫaoḃ. do ċeistiġeas é. do ċeisniġ mé é (C). do ċuireas ceist air. ċuige i na ṫaoḃ. a. him questions ag ceistiúċán air. there was no end to his q. ní raiḃ aon teora leis ċun ceistiúċáin. a. money of him ag lorg airgid air. he will a. it of God loirgfiḋ sé ar Ḋia é. he a. the woman who she was do ċuir sé fairnéis ar an ṁnaoi cé hí féin (U) he a. inquired about C. of a man... do ċuir sé f. fá Ċonn ar ḟear... (U) he a. inquired for me do ċuir sé mo ṫuairisc ort. leat (C) he a. for inquired about C. do ċuir sé t. Cuinn. to a. everyone. inquire about the place. house. road to Cork ... t. na háite. an tiġe. na sliġe go Corcaiġ do ċur ar, le (C) gaċ aoinne. inquiring about ... ag cur tuairisce na háite ... orra. might I a. your name ar ṁiste tuairisc t'ainme do ċur. I should not need to a. anyone what I ought to do níor ġáḃaḋ ḋom ḃeiṫ ag cur a ṫuairisce ar aoinne cad ba ċeart dom do ḋ. to a. her way about the city eolus na caṫraċ do ḋ. v. way. a. advice of v. advise. a. earnestly v. beseech.

ASPECT v. appear. view. side.

ASS v. fool. asal m.I.

ASSAULT v. attack.

ASSEMBLE v. collect, meeting.

ASSERT v. say, effect. assure.

ASSIGN v. appoint. the cause he a. for it an ċúis a ṫug sé leis.

ASSIST v. help.

ASSIZES seisiún m.1.

ASSOCIATE ... v. company.

ASSUAGE v. lessen. relief.

ASSUME v. take, suppose.

ASSURANCE v. impudence, guarantee, certain, promise. he a. us of it do ḋeimniġ, ḋearḃuiġ sé ḋúinn é. I a. you (that ...) am ḃriaṫar, am b. móide, am b. ⁊ am bara, go deiṁin, go d. ⁊ go dearḃṫa, go d. le fírinne, mo láṁ ḋuit, fágaim le huaḋaċt duit, gaḃaimse orm, bíoḋ orm, mise im ḃannaiḃ duit (C), raċaiḋ-mé i mbannaiḃ ḋuit (C) go ...

ASTHMA múċaḋ m.4 ; plúċaḋ m4 (C); carsán m.1. people with a. live long is faḋṡaoġalaċ iad luċt múċta.

ASTONISH ... v. wonder.

ASTRAY v. mistake. he was, went a. do ḃí, ċuaiḋ sé ar seaċrán sliġe, ar a ḃóṫar. do cuireaḋ fóidin mearaiḋe air. he went a. from God d'imṫiġ sé ar fán ó Ḋia. that put me a. (in counting, judging ...) do ċuir sin amuġa me. he led her a. (from virtue) is é a ċuir bun os cionn le n-a leas í. the storm put us a. do ċuir an t-anfa bun os cionn le heolus ár sliġe sinn. to put me a., puzzle me mearḃall do ċur orm v. confuse. it had gone a. was lost. v. lose.

ASTRIDE, a man a. on the ass fear le na ḋá ċois scarṫa ar an asal. he got a. on it. do scar sé a ḋá ċois ag marcaiġeaċt air.

ASUNDER. v. separate, piece

AT, ag (in most Eng. senses). a. Xmas um Nodlaig. at C. i gCorcaig. stronger than your father was at his best níos treise d'ḟear ná t-aṫair an lá is feárr do ḃí t'aṫair. at all, most, length etc. v. all etc. at table, school, fair v. table ...

ATHLETIC. v. active, strong. athletics lúiṫċleasa.

ATONE. v. reparation etc.

ATROCIOUS. v. fearful, horrible

ATTACH, v. tie. love. his heart is a. to worldly wealth tá a ċroiḋe greamuiġṫe, daingniġṫe ar ṁaoin an tsaoġail.

ATTACK. v. abuse, beat, charge, sick. enemies a. them náiṁde ag taḃairt foġa (m. 4), amais fúṫa, ag taḃairt fúṫa, ag cur orra, ḋá n-ionnsuiḋe. Conn's sudden a. foġanna obanna Cuinn. she then a. him with her nails annsoin do ṫug sí faoi, do ḋírig sí air lé na hingniḃ. they a. one side and then the other. do ṫugadar foġa fúṫa ṫall ⁊ iarraċt fúṫa i bfus. they a. invaded the land. do ṫugadar foġa, sluaiġeaḋ, sluaiġteaċt fá'n dtír isteaċ he a. me with a stick, stones ... do ġaiḃ sé de ḃata, ċloċaiḃ orm. they are a. each other táid siad ag gaḃáil dá ċéile. ag taḃairt fá na ċ. ag cur ar a ċ., ag dul i scórnaiġ a ċ. they want to a. each other. tá fonn orra araon ċun a ċ. who wants, is going to a. us ? cé atá ar ár dtí ? a. them, lads. gaḃaiḋ ċúċa a ċlann ó. waiting a chance to a. v. opportunity.

ATTAIN v. reach.

ATTEMPT he a. tried to do it etc. do ṫug sé iarraċt (f.3) ar a ḋ. he is a. to go ... tá (gaċ aon) i. aige ḋá taḃairt ċun dul ... he did it at the first a., with one mighty effort do ḋein sé é de'n ċéad i., d'aon i. aṁáin, d'aon ṁóri. aṁáin, le hárdoi. making a desperate a. to ... ag taḃairt iarraċta báis ⁊ beaṫaḋ ar ... if he got a second a. dá ḃfaġaḋ sé an tarna hiarraċt. a. trying to go. make a match etc. d'iarraiḋ dul, cleaṁnas do ḋ. etc. ag casaḋ le cleaṁnas do ḋ. I will a. try, set about them now. taḃarfad fúṫa anois. he a. to catch them do ṫug sé fá ḃreiṫ orra, do ṫug sé amas ar ḃréiṫ orra. he made an a. at it, at carrying him off. do ṫug sé tailm faoi, fá é do sciobaḋ leis. when he thought, tried to go nuair ḟaoil, ṁeas sé dul ... he was a day a. it, at it, engaged on it do ċaiṫ sé lá ag gaḃáil dó. they make another a. at it féaċaid leis arís. I shall a., try it feicfe mé (C), buailfe me (C) le n-a ḋ. however vigorous his a. effort dá láidreaċt í a ḟéaċaint (C). however mighty his a, whatever effort he put forth he could not ... pé cos a ṫiuḃraḋ sé dó féin ní ḟéadfaḋ sé ... with the effort he put forth leis an raċt a ċuir sé air féin v. energy. he put forth a great effort to run fast d'ḟáisc sé cún an reaṫa do not a. on any account to give him wine ná bain le fíon do ṫaḃairt dó.

ATTEND, etc., v. serve, care. do not pay a. to him, mind him, bother about him na bac é, leis. I did not pay any a. to, mind him (at all). ní raiḃ beann (m.1, f.2) ná coraḋ (m.3) agam air. ní raiḃ coraḋ an ṁadra agam air. níor ṫugas aon t. ar a ċomairle. no one minded my advice etc. ní ḟuaras aon t. do not pay any a. to what he says ná déin dada, aon rud dá ċaint (W) she paid no a. to their yelling. níor ṁór léi dóiḃ ḃeiṫ ag liúiriġ. her a. will be diverted from the work iompóċar a haġaiḋ ⁊ a haigne ón obair. she paid more a. to the cat. ba ġéire a haigne ar an gcat ná ar an obair. examine, think, meditate attentively, v. care. listen a. v. listen.

ATTORNEY, atúrnae, fear dliġe.

ATTRACT, v draw.

ATTRIBUTE. v quality, power, assign. I do not a. to myself the good qualities which she a. to me ní ġaḃaim ċúgam féin a dtug sí de ṫeastaiḃ orm. the crime was a. to him do ḃí sé síos leis an gcoir. do cuireaḋ an ċ. i na leiṫ v accuse.

AUCTION, caint f. 2. he a. off the farm do ċuir sé c. ar an ḃfeirm. it was a. do cuireaḋ c. air; do ḃí c. air; do cainteálaḋ é. the man who was a. them an t-é a ḃí dá gcainteáil.

AUDACIOUS v bold

AUGER, tarraċar m. 1

AUGUST, Luġnasa. mí na L.

AUNT. deirḃḟiúr aṫar, máṫar she is my a. d. a. etc dom is eaḋ í.

AUTHENTIC v. true.

AUTHOR, úġdar m. 1 ; scríoḃnóir m. 3.

AUTHORITY v power.

AUTUMN, fóġṁar m. 1.

AVAIL v use.

AVARICE v greed.

AVENGE v vengeance.

AVOID v escape. seaċnaim. I a. him carefully, talking of it etc. s. go géar é; s. trácht air. a. that book seaċain tú féin ar an leaḃar son v care. as I can't a. it I will tell you ó ná fuil aon teact uaiḋ agam inneosad duit é. v help. he is trying to a. coming tá sé d'iarraiḋ gan teaċt. whoever might a. shirk the fight I did not think you would pé duine a tiuḃraḋ cúl le caṫ níor ṁeasas gur tusa é I was a. him do ḃíos ag fanaṁaint uaiḋ.

AWAKE, v sleep. I a. them do ṁúsclas, dúisiġeas iad. he a. do ṁúscail sé (suas). do dúisiġ sé (as a ċodlaḋ) I am fully a. táim im (lan) dúiseaċt. I a. with a start do ṗreabas im d., do ḃíoḋgas as mo ċodlad v. jump. a. at night v. watch. half-a. etc. v. sleep.

AWARD. v. judge. prize.

AWAY. go, take, far a. etc. v. go, take, far ; be a. v. absent ; eat. play a., v. continue ; do a. with v. destroy · keep a. v. separate.

AWE, etc. v. fear.

AWHILE. v. moment, time.

AWKWARD. v. slovenly, convenient. opportune. tuataċ; tuaiṫealaċ; tuaisceartaċ; ceataċ; ciotógaċ; aindeis. he will not do the work a. ní hobair ḃutúnaċ tuataċ etc. a déanfaiḋ sé. ní d. sé é go tuataċ etc. his a. clumsy English an béarla gránna tuataċ etc atá aige. I never saw such clumsiness. ní ḟeaca riaṁ a leiṫéid sin de ṫuaiṫealaċt. his bungling a ċuid tuaiṫeail. he always does the wrong, awkward thing níor ṫéir an tuaṫal riaṁ air. it is usually only a clumsy guess. ní breiṫniuġaḋ é de ġnáṫ aċt ar tuaṫal. he cannot distinguish if it is a. or not ní ḟuil a ḟios aige an tuaiṫealaċ nó deisealaċ é. the clumsy way he did it a ċeataiġe (mar) do ḋein sé é. things are in an a. way for us tá an scéal anċeataċ againn. through his clumsy a. work le haindeise láiṁ-seála. however a. a carpenter I am I could etc. dá aindeise de ṡiúinéir mé d'ḟéadfainn ... it is an a. clumsy piece of work obair a ċodail amuġa is eaḋ í. a. unwieldy object ... rud camscuaic. a. feet cosa mísṫu-aṁḋa (C). there is luck in a. ḃíonn an raṫ ar an útamáil. an a. clumsy fellow. útamáluiḋe; cuaileán; bailséar; breallsún; bostún; spreota de ḋuine gan ṁaiṫ; tuaṫ-alán; tuatalaiḋe; milleaḋ-ḃata. an a. woman gustóg. v. slovenly.

AWL, meanaiṫe m. 3 ; meana m. 4 (C)

AXE, tuaġ f. 3 & 2; biail f. 2; tál m. 1 (adze.)

AXLE, crann iomċuir

BABY. naoiḋe m. f. 4. 5. ; naoiḋeanán m. 1 ; bronc m. 1; bunóc f.2 and 3 ; leanḃ ar na cíoċaiḃ.

BACHELOR. v. marry.

BACK. druim m.3 (dróm in M. of human b.) : cúl m.1 ; muin f.2. his back was turned to her. do ḃí a ḋrom, ċúl léi. turning his b. on her ag taḃairt a ċúil léi. on flat of b. ar fleasc, flait (C) a ḋroma. to turn one's b. on. to give up a thing druim láiṁe, drom láiṁe, cúl do taḃairt le rud. looking at his b. ag féaċaint sa ċúl air. he fell on the b. of his head do ṫuit sé ar ċ. a ċinn. b. to b. le c. a ċéile. full-b in game tá sé i na ċ. báire. on horse-b. ar muin capaill on the pig's b. (well off) ar muin na muice. a basket on her b. cliaḃán aniar uirri. he is lying on his b. tá sé (i na luiġe) ar a tár i n-áirde. b.-bone cnáṁ an droma. b. door, tooth ... v door ... a b.ward out of the way place áit iargcúlḋa b. bite v. detract. calumny.

BACK(adv) ar ais; ṫar n-ais; ar m'ais, t-a., etc ; siar. I shall be b. instantly beadsa ṫar n-ais cúġat laiṫreaċ. he went b. do ċuaiḋ sé ṫar n-ais. to give it b. é do ṫaḃairt ar ais, ṫar n-ais dó. looking b. on past ag féaċaint siar. as far b. as I recall ċoṁ fada s. ⁊ is cuiṁin liom. to lie. lean b. luiġe siar. walking b. and forward, up and down ... ag siuḃal siar ⁊ aniar, anonn ⁊ anall. he fell, moved b. from them do ṫuit, ḋruid sé uaṫa ar gcúl, i ndiaiḋ a ċúil. v. behind.

BACON bagún m.1 ; soill f.2.

BAD. b. man, habit, behaviour etc droċḋuine, -ḃéas, -iomċur etc. a man of b. tongue and mind. fear d.labarṫaċ ⁊ d.intinneaṁail. rascal leading a b. life biṫeaṁnaċ d. ḃeaṫaḋ ⁊ d. ḃéas. he is a b. man. is olc an fear é. it is a b. business is olc, dona an scéal é. you are in a b. way is o, boċt an scéal agat é. he treated me b. is o. do ḋein sè orm é. b. as he, Conn, is. dá olcas (m.1) é, dá o. é Conn. the b. way he did it a o. do ḋein sé é. going from b. to worse ag dul i n-o. b. land talaṁ neaṁṫóġanta. something b. is going on. tá rud èigin n. ar siuḃal. the evil spirit. ansprioraid f.2. the b. consequences of evil. aniarsma an uilc. he is very b., sick tá sé go dona. however b. the food. dá ḋonaċt é an biaḋ. b. disposition, etc. claonrún ; mírún ; droċaigne. b. English. béarla briste, gránda. tuataċ, neaṁṡlaċtmar v. slovenly. to drive him to the b. é do ċur ar a aiṁleas. v. harm. b. (immodest) v. impure. b. (wretched). v. poor. pity. miserable. b. luck. v. luck. misfortune. go to b. v. neglect. harm. destroy.

BADGER broc m.1.

BAFFLE v. deceive, beat.

BAG v. pack. mála m.4 ; máilín m. 4 (small) ; mealḃóg f.2 ; bolg m.1. b. pipe. v. pipe.

BAIL. v. security. guarantee. to b. a boat. bád do ṫaoscaḋ.

BAILIFF, báille m. 4

BAIT. baoite m. 4

BAKE. bácaim. to b. a cake. etc. císte do ḃácáil, do ḋéanaṁ. baker. fuineadóir m. 3. bakery bacús m.1

BALANCE. scála m. 4 ; meaḋ f. 3 ; béim f. 2 (U). to b. another thing v outweigh, surpass. waver in b. v. change, doubt.

BALD. a b. forehead éadan maol. he was b. do ḃí plait, plaitinn air, do ḃí sé folṫa (W) you will never be afflicted with b. ní ḃeiḋ aiṫis maoile ort.

BALL, liaṫróid f. 2 (games) ; ceirtlín m. 4 (wool etc) ; bulla m. 4 (knob) ; siogairlín m. 4 (bead, pendant) ; bulcais f. 2 (bundle clothes, etc.) ; piléar m. 1 (bullet, etc.); mogall na súile (eye-b.); rince m. 4 (dance); damsa m. 4 (C.U) (id).

BALLAST, last. m. 3.

BALLOT v lot

BALM, íocṡláinte f. 4 ; balsam m. 1.

BAND, v. company the b. (music) an ḃuiḋean, t-aos ceoil. b. of men cutting turf ... an ṁeiṫeall (f. 2) móna ...

BAND, fonnsa m. 4 ; ceangal m. 1 a b. of gold round his head f. óir ar a ċeann. an iron b. pressing on his heart nasc iarainn ag luiġe go trom timċeall ar a ċroiḋe. v. blindfold.

BANG v shut, noise

BANISH. v. drive. wander. their b. a ndíbirt,. n-ionnarbaḋ. those in b. emigrants. exiles. luċt na himirce. a b. man, exile, wanderer. deoruiḋe. a King in exile, b. rí ar fán, deoruiḋeaċt. b. was in store for him do ḃí díbirt ċun fán i ndán dó. he is off in b. tá sé imṫiġṫe ar fán gan treo.

BANK v ditch. port m. 1. (of river etc.); bruaċ m.1 (id); oitir f. 5. (sand b). banc m. 4 (for money)

BANKRUPT v debt.

BANQUET v feast.

BAPTISE baistim. his baptism a ḃaiste (m. 4) b. by lay person b. urláir.

BAR. barra (iarainn, etc.)

BARBARIAN v wild.

BARBER bearrṫóir m. 3.

BARD v music, poet.

BARE v. mere. lom ; lomnoċta ; noċt ; (lom) noċtuiġṫe ; he sent for the poor and b. naked do ċuir sé fios ar ḃoċt ⁊ noċt. b. footed, headed. cos lomnoċtuiġṫe, ceann l., lomnoċta. his b. drawn sword. a ċlaiḋeaṁ lomnoċta. b. legged lomluirgneaċ. despite their b. dá loime iad. his teeth b. a ḟiacla noċtuiġṫe. a b., bald forehead. éadan maol. field, land b. of trees. páirc, tír ṁaol ó ċrannaiḃ. their throats were b. exposed do ḃí a mbráġaideanna rois, ros, leis. h. faced. v. shame. b. truth v. truth. barely. v. hardly, only. just.

BARGAIN. v. agree. he made a b. with me. do ḋein sé margaḋ (m.1) liom. I insist on the terms of my b. is é mo ṁ. atá uaim. be it a b. bíoḋ sé i n-a ṁ. keep your side of the b. cóiṁlíon do ṫaoḃ féin de'n ṁ. I gave him a shilling to clinch the b. do túgas scilling dó ċun an ṁargaiḋ do ġreamuġaḋ. I won't have any more b. haggling with you. ní ḋéanfad a ṫuilleaḋ malairtéireaċt, stangaireaċt (C) leat.

BARK, barc m. 1 f. 2. 3 (ship) ; coirt f.2 (of tree) ; croiceann m.1 (inner b. of tree).

BARK (of dog). aṁastar m.1 ; amastraċ f.2 ; glam m.3 (low b. yelp) ; geoin f.2 (many dogs yelping together). the dog b. do leig an gaḋar aṁastar etc as. the dog is b. at him tá an g. ag aṁastraiġ, tafann air. dogs yelping gaḋair ag sceaṁġail, sceaṁaiġ, glamġail, geonġail, glafarnaiġ. v. cry.

BARLEY. eorna f.5.

BARM. gaḃáil f.3 ; braic f.3.

BARN. scioból m.1.

BARNACLE. báirneaċ m.1 ; b. goose cadan m.1.

BARON. barun. barony barúntaċt f.3.

BARRACK. v. house. tiġ na saiġdiúirí, bríléar.

BARREL. bairille f.4.

BARREN. seasc. b. cow. bo ṡ.

BARRISTER. fear dliġe.

BARROW. barra m.4.

BARTER. v. change.

BASE. v. low. bottom. his b. of operations. áit ḃunaiḋ cún a nirt do ċruinniuġaḋ ; bunáit ċun olluṁuċáin.

BASHFUL. v. shy.

BASIN. v. vessel.

BASKET. cliaḃ m.1 ; cleiḃín m.4 ; ceis f.2 ; ciseán m.1 ; sciaṫ f.2, m.1 (shield-shaped).

BASTARD. v. illegitimate.

BAT. sciaṫán leaṫair ; mioltóg l. ; leiḋbín l.

BATH, etc., v. wash.

BATTLE. v. fight. b. axe, song. tuaġ, rosc caṫa.

BAWL. v. cry, roar.

BAY. cuan m.1 ; gaiḃlín (mara) ; aṫa (creek) ; inḃear m.1 (estuary). a b. horse. capall donn. b. of dog v. cry.

BEACH. v. shore.

BEAD v. ball. rosary.

BEAK. gob m.1.

BEAM. sail f.5 ; taoḃán m.1 (cross-b); trasnán m.1 (id.) b. of light. v. ray.

BEANS. pónaire, f. 4.

BEAR. beiṫir f. 2 ; maṫġaṁain m. 3.

BEAR. v. carry. take. suffer, resist. he was born there. annsoin do rugaḋ é, do ṫáinig sé ar an saoġal, do ṫ. sé ċun baile. a son was born to them, him do rugaḋ mac dóiḃ, dó. (except in few such phrases not usual of human beings) the cow b. brought forth a calf. do rug an ḃó laoġ. b. meaning, v. meaning. b. to do it v. heart. b.with. v. patience, humour. bearing v. conduct, appear.

BEARD, féasóg f. 2; ulċa f. 4; meigeall m. 1 (goat's); colg m. 1 (barley, etc). b.-ed. féasógaċ. he has a goatee. tá meigeall de ḟéasóig air.

BEAST. beiṫiḋeaċ m. 1; ainṁiḋe m. 4; piast f. 2 (often monster); péistín (m.4) (fly, insect, etc.) brúid f. 2 (brute). beastly v. horrible, disgust,

BEAT, v. blow, throb, surpass, conquer. buailim; sciúirsim; sciúrsáilim (scourge, etc); lascaim (whip); liúraim; leadraim etc b. in music etc. buille. m. 4. I b. him with a whip etc do ḃuaileas etc le fuip é; do ṫugas lascaḋ, léasaḋ, liúraḋ, rúscaḋ, riastáil, greasáil (C), cóiruġaḋ ("dressing") fuipe. le fuip dó. the b. he got an lascaḋ etc ċleiṫearáil (with stick) fuair sé. b. each other. ag bualaḋ, fuirseaḋ, lascad etc a ċéile. b. the iron on the anvil. ag bualaḋ, liúraḋ etc an iarainn ar an inneoin. the heavy b. of the waves blosc ḃualaḋ, blosc béimeanna na dtonn. the waves b. on the shore. na tonntaċa ag tuargain ar an dtráiġ. b. my breast, hands in grief. ag greadaḋ m'ucta, mo ḃas. the flag being b. by the shoes. (in dance) an leac dá g. leis na brógaiḃ. b. him. gaḃ air. she b. him with a stick. do ġaiḃ sí de ḃata air; do ġ. sí air le b. when he had been b. by her. nuair ḃí gaḃṫa go maiṫ aici air.

BEAUTIFUL, BEAUTY, v. nice. áluinn (in general); breáġ (fine, spendid); deas (pretty); gleoiḋte (id); slaċtṁar (neat, elegant); snasta (id); dataṁail (fine-looking); deallraṫaċ (id); maiseaċ (graceful); maiseaṁail (id); niaṁraċ (bright, pleasant looking); spéireaṁail (id.); deaġċumṫa (well formed); deaġġnúiseaċ (good features); greanta (well cut); bláṫṁar (blooming); sciaṁaċ; dóiġeaṁail (U). beauty. áilne f. 4 áilneaċt f. 3; breáġḋaċt; slaċt f. 3; snas m. 1; dataṁlaċt f. 3; maise f. 4; sciaṁ, scéiṁ f. 2; etc b. music etc ceol binn, blasta, áluinn, aoiḃinn etc her b. increased do ṁéaduiġ ar an áilneaċt, aoiḃneas, scéiṁ etc a ḃí i n-a héadan. he noticed her b. do ṫug sé fá ndeara áilneaċt a snuaḋ ⁊ a clóḋ ⁊ a pearsan. a very b. country, etc. tír ḃláṫṁar scoṫáluinn. it was done b. successfully do deineaḋ é ar áilneaċt (an doṁain). b. elegant language. cainnt ṡnoiġte, ṡnasta, ḃlasta, ṡlaċtṁar.

BECAUSE. I went b., as he came, did not come, do ċuaḋas ann mar do ṫáinig sé, mar gur ṫ. sé, mar níor ṫ. sé, mar nár ṫ. sé; as, b., things are so I will go, ós mar sin atá an scéal raġad ann; b. he is so stupid I will be, ... ó tá sé de neaṁṫuigsin air bead...: you may as well go b. he will, did not come, níor ṁisde ḋuit dul ann nuair ná tiocfaiḋ sé, nár ṫáinig sé: and b. he is not there I need not...⁊ óir ná fuil sé ann ní gáḃaḋ ḋom dul...b., seeing that he is... tráṫ ⁊ go ḃfuil sé...

BECKON, v. sign.

BECOME, v. suit, happen; it is b. late, weak, white, &c., tá sé ag éiriġe, teaċt (W), déiḋeanaċ, lag, bán. b. better, worse, angry, weak, ag dul i ḃfeaḃas, n-olcas, ḃfeirg, laige; he b. turned, is b. a protestant, d'iompuiġ, iontuig sé, tá sé ag iompáil, iontáil i n-a ṗrotestúnaċ; he has b. a sailor, priest, tá sé i n-a ṁairnéalaċ, ṡagart; my dream b. a reality, do ṫáinig mo ṫaiḃreaṁ i n-a ṫaiḋḃreaṁ súl oscailte: v. change, turn.

BED, leaba. f. 5, 3. feather b. l. ċlúiṁ (éan). b. clothes, éadaċ, clúdaċ leaḃta. b. room, seomra l., codlata. I make the b. cóiriġim an leaba. to go to b., dul do ċodlaḋ. to go to b. early, luiġe leis an uan. to get up out of b. éiriġe i n-a ṡuiḋe. he was at the b. side. do ḃí sé ag colḃa na leabṫan, cois cnaiste na l. in the outside place in the b. ar an gcolḃa. b. time, am leaḃṫaċais, v. time. b. ridden, ar luiġeaċán, v. sick.

BEE, beaċ, f. 2; meaċ (C). smeaċ (C); queen-b, máṫair áil. drone b. ṫarraingte. b. nest cuasnóg, f. 2. v. nest.

BEECH, feaḋa f. 4.

BEEF, mairtḟeoil. f. 2.

BEER, leann m. f. 3 ; beoir f. 5.

BEETLE, daol, m. 1, 3 ; darḃ daol (long black chafer) ; dearg d. (C) (id.) ; ciaróg, f. 2, 3 (cockroach) ; priompallan, m. 1 (stag-b.) ; slis, f. 2 (for washing) ; tuairgín, m. 4 (for pounding).

BEFORE, v. previously. b. Xmas, 2 o'clock, that day, the flash, roiṁ Nodlaig, a dó o ċlog, an lá soin, an splannc. the day, night b. that, an lá (inné), aréir roimis sin. since b. A. was I am, táimse ann ó roiṁ Abraham do ḃeiṫ ann. not long before the storm came I was, &c., níorḃ' ḟada roiṁ teaċt na doininne go raḃas, ... he was gone b. me, do ḃí sé imṫiġṫe róṁam. good times are b. us, ta aimsir ṁaiṫ róṁainn, i n-ár gceann (W). he went b. the car, do ċuaiḋ sé roiṁ an gcarráiste. look b. you, féaċ róṁat. how far b. him was she, cadé an ḟaid roimis amaċ do ḃí sí. she is a little, well ahead of him, tá sí buile beag, go maiṫ ar tosaċ, ċun tosaiġ, ċun cinn air. she got there b. me, do ḃí tosaċ aici orm, do ḃain sí t. díom. she will have it done b., by Sunday, dinner time, beiḋ sé déanta aici fá Ḋoṁnaċ, fá am dinnéir. b. 2 days are over, within 2 days I will go, raġad ann fá ċeann dá lá. you will not have it done, you won't be home by night, ni beiḋ sé déanta agat, ní ḃeir sa ḃaile ċun na hoiḋċe. v. less. b., opposite, in front of the house, ar aġaiḋ an tiġe amaċ. there is a tree over opposite, b. the cave, tá crann ar a. na pluaise anonn ; she put the food, question b. him, do ċuir sí an biaḋ, ċeist os a ċoṁair ; b., in presence of the people, os c. na ndaoine (amaċ). sitting b. the fire, i n-a ṡuiḋe i ḃfiaḋnaise na teine ; she threw it in front of him, do ċaiṫ si i n-a ḟ. é. opposite in front of the man, os coinne an ḟir (U W). living b., opposite my door, i na ċoṁnuiḋe i mbéal an dorais. b. in front of the boat, ar ḃéal an ḃáid. a gun b., in front of him, gunna ar a ḃéalaiḃ aige. v. face ; b., sooner, rather than, v. prefer.

BEFORE (conj.), sar a ; sul a ; sul ma ; sul fa (C, U) ; fa ; v. Grammar ; b. he came, sul, sar a dtáinig sé. do it b. he comes, déan é sul etc. a dtagaiḋ sé. b. going there, roiṁ dul ann. b. you go, r. dul duit. b. he jumped, r. an léim do ṫabairt dó.

BEG v. ask, beseech. b. alms ag iarraiḋ déarca, na déirce ; ag bacaċas ; ag iarratas. a beggar, bacaċ m.1 ; fear déirce ; f. siuḃail (tramp) ; aoiḋe m.4 (goes round of farm houses). you b. (abusive) a ṡiorṫóir.

BEGET, geinim.

BEGIN, tosnuiġim ; tosuiġim (C.U). he b. making the house, do tosnuiġ sé ar an dtiġ do ḋ. ; do t. sé ag d. an tiġe. he b. at it, do ṫ. sé air. he b. the fight, do ṫ. sé an troid. he b. started with his own people do ṫ. sé le n-a ṁuintir féin. he b. by speaking of ...., do ṫ. sé le tráċt ar ... it b. with a growl do ṫ. sé le dranntuġaḋ. she b. to pull the beard, do ċrom, ḋirig sí ar an ḃféasóig do stoṫaḋ. to b. the work luiġe isteaċ san obair ; l. ar an obair. to b. take to business, luiġe le tráċtáil. he took to drink, do luiġ, ḋiriġ sé ar ól. they b. set themselves to a course of treachery, do luiġeadar amaċ ar an ḃfeall. he b. at it do ċuir sė ċuige. I don't know how to set about it, ni ḟeadar cionnus ċur ċuige, ċun é do ḋ. I took to shopkeeping, do ċuireas siopa ċúġam to set at a work with frenzy, dul ċun gnóṫa le binibe. if he b. work in earnest, dá gcuireaḋ sé i gceart ċun gnóṫa, oibre. he will take it in hand do ġeoḃaiḋ sé de láiṁ é do ḋ. you are not going about it rightly, ní ḟuilir ag gaḃáil ċuige i n-a ċeart (W) he b. killing them do ġaiḃ sé dá marḃaḋ. the birds started to sing, do ḃioḋg na héanlaiṫe ċun cantain ceoil. how would you set about curing him cionnus do ṫiuḃrṫá fá é do leiġeas I will try, set at it now, taḃarfad faoi anois. to b. at one side of island and ... teaċt i dtaoḃ den oileán ⁊ gaḃáil tríd go dtí an taoḃ eile.

BEGINNING. in the b. ar dtúr (m.1); ar dtúis, i dtosach (m.1). in the b. of his life. i dtús a ṡaoġail. from the b. till the end, to-day. ó ṫus, ṫúis (riaṁ) (go) deireaḋ, go dtí an lá indiu. none thought at first ... níor ṁeas aoinne i dtosach barra go ... begin at the b. and tell the whole story. tar i dt., n-imeall, mbun an scéil ⁊ innis dom é tríd síos. a b. is being made at it. tá t. dá ḋ. air. that was the b. of his signs. do ḋein sin tosnuġaḋ ar na saṁlaíḋiḃ a ḋein sé. a poem b. with "fear." dán darab tosach "f."

BEGUILE. v. deceive, pass.

BEHALF. v. name, sake.

BEHAVE. v. conduct, treat.

BEHEAD. v. cut.

BEHIND. b. me leaṫstiar, taoḃ ṫiar díom.. b. my house ar cúl mo ṫiġe. his wife b. him a ḃean ar a ċúlaiḃ. looking b. him ag féaċaint ar a ċ. v. around. I heard a man coming b. me. d'airiġeas an fear ag teaċt i gcúl orm. the wind is b. us. tá an gaoṫ le n-ár gcúl. waiting for a wind from b. ag feiṫeaṁ le cúlġaoiṫ. she left it b. her d'fág sí i na diaiḋ é. walking b. us ag siuḃal i n-ár nd. v. after. falling b., losing way. ag ḋul ċun deiriḋ. 2 miles b. ḋá ṁíle ċun d. others b., in the rear. daoine eile ar deireaḋ. he got b. hand with rent. do ṫuit sé ċun deiriḋ san ċíos. a dog b. him. gaḋar le n-a ṡálaiḃ, ar a ṡ. he looked b., over the wall. d'ḟéaċ sé isteaċ de ḋruim an ċlaiḋe. to throw it over one's back. é do ċaiṫeaṁ de ḋ. a ċinn.

BEHOLD. v. look, oblige.

BELIEVE. I b. you, it creidim tu, é. I b. in God c. i nDia. I would not b. a word of it from them. ní ċreid-finn focal de uaṫa. I do not b. you when you say you did it. ní ċreidim uait gur ḋeinis é. I would not b. at all that ... ní creidfinn ón saoġal go ... I would not b. it of my father. ní ċuirfinn tar m'aṫair é. it is hard to b. is deaċair é do ċreideaṁain(t). it is easy to b. is inċreidte é. he b. in himself tá muiniġin aige as féin. v. confidence. v. opinion, think.

BELL. the b. is ringing. tá an clog (m.1) ag bualaḋ. he rang the b. do ḃuail sé an c., cluigín (m.4) (gong) b. tower cloigteaċ.

BELLOWS. builg (pl.)

BELLY. v. stomach.

BELONG. v. own. the boat b. to him. is leis an bád. if the world b. to him dá mba leis an saoġal go léir. a boat that does not b. to me. bád naċ liom féin. he who owns it is there. an t-é ar, dar, gur, darab leis é tá sé ann. to whom does it b. cé (’r) leis é. to what family do you b. cé’r díoḃ tú. the boat that b. to the ship. bád a ġaiḃ, ḃain leis an luing. those that b. to her, her family. na daoine a ḃain léi. music and what appertains to it an ceol ⁊ gaċ a mbaineann leis. he b. to us, is one of our society. tá sé páirteaċ, ceangailte linn.

BELOW. v. beneath, less.

BELT. v. band.

BENCH. v. seat.

BEND. cor, m. 1; lúb, f. 2; there is a b. in the road, tá cor san ḃóṫar, v. turn; in a b. of the wall along the road. i lúib de ċlaiḋe an ḃóṫair; he b. his knees, head, do lúb sé a ġlúine, ceann; b. your back, l. do ċaol; he b. it down to the ground. do ċrom sé síos ċun an talaiṁ é; he b. over the table, do ċ. sé os cionn an ḃúird; he inclined his head, do ċlaon sé a ċeann; he cringed before them, do lúb sé rompa; he is sore from b., tá tinneas air ó ḃeiṫ ag isliuġaḋ síos; he b. his knees, feacann sé a ġlúine; the wind is b. swaying the woods, tá an ġaoṫ ag (tréan) luascaḋ, lúbaḋ na gcoillte; the branch is b. in the wind, tá an ġéag ag lúbaḋ agus ag luascad san ġaoiṫ; the dog was huddled up, do ḃí an madra i na lúib; he is b. and weak, tá sé lag lúbaċ; he b. ducked his head, do ṡnap sé síos a ċeann; he is b. up with rheumatism, tá sé crapuiġṫe leis na doiġṫeaċaiḃ; he was walking along b. down, do ḃí sé ag siuḃal ar a ċromaḋ, ċromara, ċromaraiḃ, ċrom ruatar, ċromadaċ (C); he went down, was sitting on his haunches, do ċaiṫ sé é féin, do ḃí sé i n-a ṡuiḋe ar a ġrogaiḃ, ċorragiob, ġogaiḋe (C); he crouched, was b. up, do ḋein sé crúnca ḋe féin, do ḃí sé i n-a ċ.; he is a crouched up old fellow, c. sean-duine is eaḋ é; I saw him b., doubled up, do ċonnac é i na ċronnóig; he was b. down to the ground, do ḃí a ḋá ċeann i dtalaṁ ón ualaċ; easily b., pliable, solúbṫa; he b., bowed, v. bow; b. (humped), v. hump.

BENEATH, fá (pr. fé Munst., faoi C, U); b. the stone, fá'n gcloiċ; b. him, fá n-a ḃun; he came from under a tree, do ṫáinig sé ó ḃun crainn; b. the pot. turned upside down. fa ḃéal an ċorcáin; he is b., tá sé ṫíos; he threw it up from b., do ċaiṫ sé aníos é; b. him on the ladder, leaṫṡíos de ar an ndreimire. níos sia ṫíos ná é; b. and above him, ar gaċ taoḃ de síos ⁊ suas.

BENEDICTION, v. blessing. B. of Blessed Sacrament earṗairt f. 2.

BENEFIT, v. profit.

BERRY, caor f. 2; mónadán m. 1 (red b. on hills); monóg f. 2; m, sléibe. dúircín m. 4 (very small); fraoċan m. 1 (whortle b.).

BESEECH, v. ask. iarraim go dian, ḋlúṫ; aṫċuingim; aitċim; impiḋim; aṫġoirim. I b. you to do it. impiḋim etc. ort é do ḋ, go ndéanfá é; iarraim mar aṫċuinge, i n-aṫċuingeaċaiḃ ort ...; cuirim (mar) impiḋe ort ...; ar do ḃár, ar ġráḋ t'oinig déin é. he came to b. me not to go. do ṫáinig sé ḋá ġuiḋe, aṫġoirt gan dul ann, to b. her son in your behalf. impiḋe do ċur ċun a mic ar do ṡon. she began imploring me to go there, do ċrom sí ar ṫruaiġínteaċt, ṫruaiġineaċt, déirċínteaċt orm dul ann.

BESIDE, v. near. cois le; le cois; taoḃ le; le taoḃ; cois taoḃ (W); le hais; láiṁ le. b. him cois, taoḃ leis, la n-a ċois, ṫaoḃ. etc. b. the fire. cois taoḃ na teine.

BESIDES, d'éaġmuis; d'iongnais; i ḃfarraḋ; i dteannta; i gceann (C); leaṫsmuiġ de. b. the 600, what will come ... d'éaġmuis, d'iongnais na sé gcéad, a dtiocfaiḋ ... b. that ḋá é., ḋá í. sin. b. doing it. d'é é do ḋ. b. Mary there was another woman. leaṫsmuiġ de Ṁáire do ḃí bean eile ann. b. being a fool he is a thief. i dteannta ḃeiṫ i na amadán gaduiḋe is eaḋ é. he was struck b. being drowned i ḃfoċair é do ḃáḋaḋ do ḃuaileaḋ é (W). he was a father to her b. being a husband. do ḃí sè i n-ionad aṫar ḋí seaċas ḃeiṫ i n-a ḟear céile aici. and others b. me. ⁊ daoine eile naċ mé. he was there and others too. do ḃí sè ann ⁊ daoine eile narḃ' é. butter is there and other things also. tá im ann ⁊ tá rudaí naċ im ann. I found much b. the day very nice. do ḃí a lán neiṫe narḃ'é an lá ar áilneaċt agam. they started many bad customs b. drinking. ⁊ is mó ḋ droċ nós naċ ól a ċuireadar ar bun. our friends and our foes too. ar gcáirde ⁊ ar n-easgcáirde ċoṁ maiṫ. she was there and her husband too. do ḃí sí ann ⁊ do ḃí a fear ann ċoṁ maiṫ. (céadna). I did it too, also. ⁊ do ḋeinear ċoṁ maiṫ (cèadna). he is deaf too tá sé boḋar leis, freisin (C), fós, fósta (U), i n-a ċeann sin (C). and b., also, ⁊ rud eile ḋe; ⁊ fós, fósta (U); ⁊ faisis sin; i n-a ṫeannta soin. something to do b. that. v. instead. he did nothing b., else. v. more.

BESMEAR, v. grease, dirty.

BEST. the b. boat. an báḋ is fearr. the b. thing you could do would be ... níorḃ' ḟ. rud a ḋéanfá ná ...; níorḃ'ḟ. ḋuit rud a ḋéanfá ná ... it would have been b. for me to ... do b'é do b'ḟ. ḋom do ḋ. ná ... perhaps it was the b. thing for you. ní móide gurḃ'ḟ. tú riaṁ é. it is b. not to talk of it. ní f. ḃeiṫ ag cainnt air mar scéal. that would be the b, way. sin mar ab'ḟ. é. you are the b. hand at it. is tú do b'ḟ. ċuige. thinking how he could b. do it ag smuaineaṁ ar cionnus is f. d' ḟéadfaḋ sé é do ḋ. you are stronger than your father when he was at his b. is treise d'ḟear tu ná t'aṫair an lá is f. do ḃí t'aṫair. they made the b., most of it. do ḋeineadar an ceann ab ḟ. den ġnó i n-a gcainnt. to put up with it and make the b. of it. cur suas leis ⁊ an ceann ab ḟ. do ḋ. ḋe. he did his b. do ḋein sè a ḋíċeall, a lámdíċeall, a ċroiḋe-ḋ., a ṁíle-ḋ. doing their b. at the work. ar a nḋ., ar a lán-ḋ., ar a gcroiḋe-ḋ, ag ḋéanaṁ na hoibre. even when he has done his b. perhaps he ... b'ḟéidir tar éis a ḋíċill go mbeiḋ etc. I could not spoil your work even were I to do my b. ní ḟéadfainn ⁊ mo ṁíle-ḋíċeall do ḋéanaṁ loċ do ḋéanaṁ ar t'obair. do your very b. ná déin aon dá ċuid ded ḋ. she is the b. of women for that toġa (⁊ roġa) na mban is eaḋ í ċuige sin. 3 of the b. pink, choice, flower of their number. triúr de scoṫ a ḃfuirne. the pick etc of the men toġa (⁊ roġa), plúr, scoṫ na ḃfear. what is best for you. v. profit. they had the b. of it. v. conquer. the b. of all, to crown all v. crown. to the b. of my memory, knowledge. v, tar.

BET. I will b. you (anything) that ... cuirfeadsa geall (m.1) (do roġa ġeall) leat go ... ; bíoḋ g. go ... what would you b. on it. cadé an g. a ċuirfeá ann. the b. was made do cuireaḋ an g. ; do ḃí an g. ċíos. he did it for a wager, stake. do dein sé ar ġ. é. he played for a wager d'imir sé ar ġ. he won the b. do ḃuaiḋ sé an g. I b. you a pound that ... done ! cuirim punt leat go ... seo leat é.

BETRAY. Judas b. Him. do ḃraiṫ Iudas é. he was b. to his foes. do ċealgaḋ é i láṁaiḃ a náṁad. he b. them, gave information against them. do sceiṫ sé orra. v. reveal. something slipped from him that b. him. do ṡleaṁnuiġ rud éigin uaiḋ a leig amaċ é. no one b. the wonder that...níor leig aoinne amaċ aon ṗioc den iongnaḋ...I should have b. myself. do leigfinn amaċ orm.

BETROTHED. v. engage.

BETTER. v. best, prefer. C. is b. than A. tá Conn níos fearr ná Art ; is f. C. ná A. I did it b. than she. do ḋeinear é níos f. ná í, ná mar mar do ḋein sí é. it would have been b. for him to leave it alone. do b'f. dó dá scaoileaḋ sé ṫairis é. he is not a b. king than his father. ní f. de ríġ é ná a aṫair. no one can jump or run b. ní ḟuil aoinne is f. riṫ ⁊ léim ná é. no b. way of doing it than to go...ní ḟuil aon ċuma is f. i na ḃféadfaimís é do ḋ. ná dul, ná má ṫeiḋmíd...I wonder are they improved by what I did, by listening to it. ní ḟeadar an fearrde iad ar ḋeinear, ḃeiṫ ag éisteaċt leis. would it not be b. for us to go hunting it than to do it. cár ḃ'fearr ḋúinn é do ḋ. ná dul dá ḟiaḋaċ, would it not be b. for us to stay at home than go. cár ḃ'f. ḋúinn dul ann ná fanaṁain sa ḃaile. it would be b, for her to die than that I should marry her. ba ḟaoire ḋí bás d'ḟaġáil ná mise ḋá pósaḋ. he is improving (in health &c) tá feaḃas air ; tá sé ag dul i ḃf. ; ta bireaċ (ag teaċt) air. (C) ; tá b. fáġalta aige (C) ; tá sé ar ḃealaċ ḃisiġ. (C) ; he got b. fuair sé b. (C) ; do ċuaiḋ se i ḃfeaḃas. to improve everything. gaċ rud do ċur i ḃf. that made his health b. do ċuir sin f. sláinte air. the weather improved. do ċuaiḋ an aimsir i ḃf. there is a change for the b. coming. tá aṫarruġaḋ (síne) ar f. ag teaċt. the change is not for the b. ní ċun feaḃusa an t-aṫarruġaḋ. he wishes to b. his position. is mian leis feaḃus do ċur air fein. he is improving, becoming himself again. tá sé ag teaċt ċuige féin. to i. them. iad do ċur ar a leas. the land is getting b. tá an talaṁ ag dul i leasuiḋeaċt. I never heard a better speech. v. surpass.

BETWEEN. v. both. idir (usually does not aspirate) a fight b. two tinkers. troid i. beirt tincéirí. b. the men. i. an fearaiḃ. b. them. eatorra. b. you and me. i. mise ⁊ tusa. a child b. 7 and 8. páiste i. a seaċt ⁊ a hoċt de ḃliaḋantaiḃ.

BEWARE. v. care.

BEWITCH. v. charm.

BEYOND. v. over, side. b. the river. taoḃ ṫall, ar an dtaoḃ ṫall, leaṫ-stall den abainn. he is b. tá sé ṫall. he went b. d'imṫiġ sé anonn. he came from b. do ṫáiniġ sé anall. b. sea, tar fairrge; t. lear; t. sáile. b. measure. v. extraordinary. b. twenty etc. v. more.

BIB, bindeal.

BIBLE. bíobla m. 4; tiomna m. 4

BID, v. offer, order.
BIER, cróċar m. 1; clár m. 1.
BIESTINGS, maoṫal m. 1; nús m 1; grut buiḋe (C.U)
BIG, mór; taiḃḃreaċ; toirteaṁail; a b. man fear mór, géagaċ (b. limbed), slinneánaċ (broad-shouldered), cnáṁaċ (b. boned), téagarta (strongly built). a b. house teaċ mór, fairsing (roomy). is he not a huge man. naċ éan gaiscíḋeaċ, ṗleist é. it was so b. do ḃí sé ċoṁ toirteaṁail sin; do ḃí toirt (f.2) ċoṁ mór soin ann go ... without a town of any size. gan aon ḃaile a mbeaḋ aon toirt ann. they were not so b. ní raiḃ puinn toirte ionnta. a stone about the size of an apple cloċ tuairim toirte, taiḃḃse, úḃaill. it was awfully big níor ḃeag iongnaḋ a ṫoirt, ṫaiḃḃse, ṁéid etc. each drop was as b. as a stone. do ḃí oiread cloiċe ins gaċ braon acu. it is 7 times as big as I. tá seaċt n-o Éireann ann. a b. numerous army. arm líonmar. b. talk v. talk.
BILE, domblas m. 1
BI-, dá-. bi-lingual etc. dáṫeangaċ.
BILL, gob m. 1 (of bird); bille m. 4 (bank-b.) my bill is paid. tá mo scot (m. 1), ċunntas díolta. he put it in her b. do ċuir sé i n-a c. é v. account.
BIN. v. box.
BIND. v. tie, bond, oblige.
BIRCH-TREE, beiṫ f. 2
BIRD, éan m. 1; éanlaiṫ f. 2 (collective, birds); gearrcaċ m. 1 (fledgling)
BIRTH, v. bear. 2 sons at one b. dá ṁac san aon ḃreiṫ (f. 2) aṁáin, d'aon ġeineaṁain aṁáin. time of my b. uair mo ḃreiṫe, b. place v. native.
BISCUIT. briosca m. 4
BISHOP, easbog m. 1
BIT, blúire, brúille (Clare), sprúille (U) (m. 4); smut m. 3; miota m. 4; giota, giobta (U) m. 4; bloġa m. 4; stiall m. 1, f. 2 (strip); straic f. 2; brúscarnaċ, brioscarnaċ (thing reduced to dry or rotten bits); bealḃaċ f. 2 (horse's b.). he did not eat a b. níor iṫ sé blúire, blaise, greim. he did not see, find a b. ní ḟeaca, ḟuair sé giob, faic, dada, ruainne (lit. hair), pioc, blas, ceo, screatal. there is not a b. of affectation about him. ní ḟuil oiread na fríġde de ġáitriḃ an tsaoġal ann. I did a b., spell of work. do rinneas tamall (m. 1), sgaiṫeaṁ (m. 1), sreas (m. 3), dreas (C) oibre. we had a b. of a dance do ḃí tamall, sgaiṫeaṁ &c. rinnce againn. a b. of sense, flesh, sleep, butter, land, luck, v. sense. etc. a b. frightened v. little. a b. of the miser &c in him. v. little. a b. of clothes. v. rag. broken into b. v. piece.
BITCH, madra boinnean; saiṫ f. 2.
BITE. the dog b. me. do rug an madra orm; do ḃain sé greim (f. 3) fiacla asam. he took it at one b. d'iṫ sé d'aon ġ. aṁáin é.
BITTER, v. sharp. searḃ; géar. b.-ness. searḃas m. 1; searḃaċt f. 3; géireaċt f. 3. a b. apple &c úḃall searḃ. b. language &c cainnt ś. there was b. in his words do ḃí searḃas, seirḃtean i na ċainnt. owing to the b. way he said it. de ḃríġ a ṡearḃasaiġe adúḃairt sé é. b. words, cainnt ġéar, niṁneaċ, ṁioscaiseaċ (spiteful). I never tasted anything so b. níor ḃlaiseas a leiṫéid le géireaċt ⁊ le searḃaċt. a b. winter. v. hard. b. tears, crying, &c. v. tear, cry.
BLACK. v. dark. b. berry. sméar m. 1. f. 2; duḃ ś. b. bird, londuḃ; gobadán buiḋe. b. cap (bird) Donnċaḋ an ċaipín (cock) Máire an trúis (hen). b. guard, v. rascal. b. smith, gaḃa. m. 5. b. thorn, v. stick, thorn.
BLADDER, láṁnán, m. 1.
BLADE. lann f. 2 (of sword); brod m. 1 (straw etc); ruibe m. 4 (grass etc); tráiṫnín m. 4 (id); slinneán m. 1 (shoulder); bas f. 2 (oar).
BLAME, v. fault. I b. them for it. loċtuiġim, cáinim, milleánuiġim iad mar ġeall air. I did not b. him ní raiḃ aon ṁilleán (m. 1) agam air. was he b. for it ar tugaḋ aon ṁ. dó mar ġeall air. he leaves the blame on himself. fágann sé an m. air féin. he put the b. for the sins, affair on another. do ċuir sé m. na bpeacaí, an scéil ar ḋuine éigin eile. small b. to her ní loċt soin uirri; ní naċ l. uirri; ní tógṫa uirri é. v. fault. how could you b. a man for defending himself. cá loċt ar ḋuine é féin do

ċosaint. don't b. me if I say...ná tóg, cuir orm má deirim go...none could find anything to b. in him. ní fuigeaḋ aoinne aon ċáineas air (W). I am not b. them ní ḋá ċasaḋ leo é. he was b. his son for doing it. do ḃí sé ḋá ċasaḋ le n-a ṁac gur ḋein sé é. he reproached me because I was...do ċaiṫ sé ins na súilib orm go raḃas ... he reproached them bitterly when...do ṫug sé aċṁúsán (pr. asṁúċán) trom dóib nuair...we are open to the same reproach when...tá an t-a. le casaḋ linn nuair...they could not be reproached with having been...níorb féidir dóib a ċasaḋ i n-a a. leo go raḃadar... may God not b. punish me for it. nár agraiḋ Dia orm é. his mother was b. him. do ḃí a ṁáṫair ag pléiḋe leis. anyone who might be b. for it. who might suffer for it. aoinne a ḃeaḋ ṫíos leis. you are to b. for it. is tusa atá ciontaċ leis. v. cause, guilt.

BLANKET. pluid f. 2; súsa m. 4.

BLASPHEMOUS. naoṁaiṫiseaċ; diaṁaslaċ. he has committed b. tá naoṁaiṫis (f. 2), diaṁasla, (m. 4) déanta aige.

BLAZE. v. fire. look at the b. féaċ an blaḋm (m. 3), lasair (f. 5), glaḋraċ (m. 1) a bright blaze around him caor (m. 1); soillseaċ i n-a ṫimċeall the house was in flames. do ḃí an tiġ i n-aon ċaorainn aṁáin (W). the lightning flashed. do ḃlaḋm an splannc. his eye flashed anger. do las a súil le feirg. do ḃí coinneal i n-a ḋá súil. v. spark. the land was in a b. excitement. do ḃí an tír ar lasaḋ. set it in a b. cuir ar l. é v. fire, light.

BLEACH. v. white. the flax is being b. tá an lín ar an tuar (U).

BLEAT. b. of goats, meigeallaċ (f. 2) na ngaḃar. b. of sheep. méiḋleaċ na gcaorac. bleating. ag meigeallaiġ, méiḋliġ.

BLEED. v. blood.

BLEMISH. v. fault. disfigure, spot.

BLEND. v. mix.

BLESS. he b. the water etc. do ḃeannuiġ sé an t-uisce. he was b. it do ḃí sé ḋá ċoisreacan, ḃeannuġaḋ. the b. of the Church had been read over them. do ḃí beannaċt (f. 3) na heaglaise léiġte orra. God b. the work, you etc. bail ó Ḋia ar an obair, ort; go mbeannuiġiḋ Dia ḋuit. v. salute, good-bye. a good man God b. him fear maiṫ Dia ḋá ḃeannaċaḋ. God b. his soul (of dead) beannaċt Dé le n-a anam; slán ḃéas sé (C); go raṫuiġ an Rí é (U); v. pity. that made me b. him, thank him, do ṫug soin orm ḃeiṫ ag beannaċtaiġ leis. the b. of God between us and harm. fíoġar na croise idir sinn 7 anaċain. he b. himself do ḋein sé f. na c. air féin; do ċoisriġ sé é féin. b. of food. v. grace. it is a b. he did it. v. luck.

BLIGHT. the potatoes got b. do ṫáinig an meaṫ (m. 4), dub (m. 1), treic f. 2 (C), aicíd (f. 2) ar na prátaib; do ṁeaṫ na p.

BLIND. caoċ (half-b.); dall. b.-ness daille f. 4 he is blind from the snow. tá sé c. ón sneaċta. what b. his mind and heart cad a ċaoċ suas a aigne 7 a intinn. a b. man dall (m. 1) dallaċán (m. 1). pride b. them do ḋall t-uaḃar iad. her beauty dazzled him. do ḃí a háilneaċt ḋá ḋallaḋ, ag baint na súl as. they are so b. of heart táid siad ċoṁ dallintinneaċ, dallċroiḋeaċ soin. however b. the man is. dá ḋaille é an fear. v. sight.

BLINDFOLD, v. deceive. cuirim púicín (m. 4), dallaḋ púicín, dallaḋ mullóg, púcóg ar ...

BLISS. v. happy, glad.

BLISTER. clog m. 1; spliúċán (U); léasaċ f. 2 (C).

BLOAT. v. swell.

BLOCK, v. lump. ceap m.1 (butcher's); sail f. 2 (log); smalán m. 1 (id); b. head. v. stupid.

BLOOD. fuil f. 3; cró f. 4 (gore) he he was bleeding, do ḃí sé ag taḃairt a ċuid fola. he shed his b. for her. do ḋoirt sé a ċuid f. ar a son. his nose was b. do ḃí a ṡrón ag taḃairt, sceiṫeaḋ, sceiṫeaċtaint f. he was all b. do ḃí an fuil in-a slaodaib air; do ḃí sé i n-a ċosair cró. it was done by fire and bloodshed do deineaḋ é le faoḃar 7 le fuil 7 le teine. my b. was stirred (anger, joy etc) do ċorruiġ mo ċuid fola. a bloody nose. srón fola. a b. battle, caṫ fuilteaċ. he has good b., breeding. tá an ḟoluiġṫeaċt ann, v. nature.

BLOOM. the b. on her face. an bláṫ solusṁar, an luisne a ḃí ar a haġaiḋ. the b. of youth. bláṫ na hóige. the potatoes are in full blossom. tá na prátaí i mbárr bláṫ (W) v. flower, bright

BLOT, v. spot. b. out scriosaim : (amaċ). v. destroy

BLOW. v. breath, bloom. he b. the horn do ṡéiḋ sé an adarc. a wind is b. tá gaoṫ ag séideaḋ. it is being b. about by the wind tá sé ḋá s. leis an ngaoiṫ. it was b. sky high, do s. i ḃfeirmimitiḃ é ; do blaḋṁaḋ é (W). he b. out the bag, made it tight. do ṫeann sé an mála. b. (out of breath) v. breath

BLOW (stroke), v. beat, buille m. 4 ; pléasc f. 2 (loud) ; stiall m.1 (cut, stripe) ; paltóg, faltóg f. 2 ; léas m. 1 ; smailc f. 2 ; leang m. 3 ; leangaire m. 4 ; leandóg. f. 2 ; poc. m. 1 (hurley). he gave him a b. on the head, jaw, under the ear, between the eyes etc. do ṫug sé buille, pléasc etc. fa ċeann, fá'n ngiall, fá ḃun na cluaise, idir an dá ṡúil etc. dó. to hit them with his fist. cnap, cnag, ludaróg, leadb, buille etc. de ḋorn do ḃualaḋ orra. a b. from a friend, buille (duirn) ó ċaraid. b. are rained on him, buailtear builli etc. air. he aimed a b. with his stick at him, do ṫarraing sé buille dá ḃata air. to strike a blow for Irish. (tréan) buille do ḃualaḋ ar son na Gaeḋilge. a sore blow was given Irish. do buaileaḋ droċḃuille. droċṗoc ar an nGaeḋilg. he struck a vigorous etc. b. at them do ḃuail sé anḃuille le tréine ⁊ le neart ⁊ le fuinneaṁ orra. he gave him a b. drive in the ribs, do ṫug sé pop le n-a ḋorn ins na heasnacaiḃ dó. the loud bang he gave the gate, an plab a ṫug sé don ġeata. he hit it a dull thud do ḃuail sé plaiḋb air (C). I gave him a cut of my whip, do ḃuailear léas, stiall dem lasc air ; do ċuireas stiall air lem lasc. at one b. he took off her head, le haon ḃuille, scuab, d'aon iarracht aṁáin do ḃain sé an ceann dí. a b. of open hand leangaire etc. baise

BLUE, gorm. b. eyes, súile gorma, niaṁracha b. sky. an spéir ġlas. b. bell méaracán púca (Ar)

BLUNT, maol (of knife etc) ; reaṁar (id) ; manntaċ (gapped). v. sharp, rough

BLURT, he b. out that ... do spailp sé amaċ go ... v. reveal

BLUSH. v. red. she b. to the ears. do las sí go bun na gcluas. she b. at it. do las sí leis, mar ġeall air ; do ḃí luisne, blosgaḋ ar a haġaiḋ mar ġeall air. he b. for shame. do ṫáinig luisne le náire ann. I felt myself b. do ḃraiṫeas luisne im ċeannaiġṫiḃ. b. for myself, feeling ashamed of myself because ... ag imḋeargaḋ orm féin i dtaoḃ ...

BOAR. torc m. 1 ; cullaċ m. 1 (breeding)

BOARD. clár m. 1. b., plank. c. aḋmaid

BOAST. I b. of it. maoiḋim as. I b. that ... do ṁaoiḋeas go ... as go ... I could not b. of their beauty, níor ṁaoiḋte ḋom a ndeise. my appearance was not much to b. of. níor ṁaoiḋte mo ḋrioċ orm. after all their b. that they were Irish. tar éis ar ḋeineadar riaṁ de ṁaoiḋeaṁ (m. 1) as gur Gaeḋil iad. no need for us to b. ní gáḃaḋ ḋúinn ḃeiṫ rómaoiḋteaċ. it is no small b. for him that ... ní beag de ṁaoiḋeaṁ aige go ... there is some b. and big talk. tá m., mustar (m. 1). scaoṫaireaċt (f. 3), baoṫaireaċt (f. 3), gliogar (m.1) blaḋmann (m. 1) ar siúḃal i dtaoḃ ... b. of it ag déanaṁ áiḋḃéile (C) as. it would be nothing to b. of ní haon ġaisce ḋuit é do ḋ. (C) he is b. exaggerating. tá sé ag áiḋḃéil (C). blowing ones trumpet is far from modest worth. is fada ón stuaim an stocaireaċt (f. 3), a fellow given to b. bragging etc. scaoṫaire (m. 4) ; baoṫaire (m. 4) ; stocaire (m.4); buailimsciaṫ (m 4) ; bollscaire ; bollsaire (m. 4). boasters. luċt blaḋmainn ⁊ mórtais ⁊ mustair ; daoine gaoiṫe. he did it through braggadocio. le corp dánuiḋeaċta do ḋein sé é.

BOAT. báḋ m.1 ; corraċ, corraċán

m. 1 (canvas, hide etc) ; coite m. 4 ; púcán (C) m. 1) small sailing b) ; gleoiteóg f 2 (fishing b. yawl) ; naoṁóg f. 2. boating. ag bádóireaċt b. man bádóir m. 3.

BODY. corp m. 1 ; colann f. 3 ; cabail f. 2 (trunk) ; corpán m. 1 (generally corpse. q. v). he did not leave a sound bone in my b. níor ḟág sé cnáṁ im ċorp gan briseaḋ b. harm droċúsáid cuirp. his b. eyes food etc. ṡúile, biaḋ corpardha. God took a human b. do ġlac Dia colann daonna. there is strength in his b. and limbs. tá neart i na ċabail ⁊ i na ġéagaib. they went there in a b. do ċuadar i n-aon tsluaġ aṁáin ann. v. crowd. b. company etc v. company, member.

BOG. v. marsh. portaċ m. 1 ; móinteán m. 1 (rough boggy land). b. wood giúṁais f. 2.

BOIL. v. ulcer. she b. the meat, water etc do ḃeirḃ, ḃruiṫ (C.U) sí an ḟeoil, t-uisce. it is b. tá sé beirḃte, bruite (C.U). b. water uisce beirḃte ; u. ar (dearg) fiuċaḋ, fiuċaiġ, friuċaiġ the water is b. tá an t-uisce fá ḃeirḃiuġaḋ, ag goil (U). it is b. away, going off in steam. tá sé ag ḋul fá ḃeirḃiuġaḋ ; tá an t-uisce ḋá ġealaḋ ⁊ tá an ṁeirg ag imṫeaċt de. I will give it a couple of b. do ḃéarad cúpla fiuċaḋ beirḃte ḋó. v. steam.

BOLD. I say it b. deirim go dána, toġail neaṁeaglaċ é. he walked along b.. in dashing way do ṡiuḃail sé go rábaċ. he would be a b. man who would say...is dána an t-éadán nárḃ' ḟoláir ḃeiṫ ar aoinne adéar-aḋ go...he might take a bolder stand position. d'ḟéadfaḋ sé ceann níos dána do ċur air féin. he got more familiar with me do ċuaiḋ sé i ndánuiḋeaċt orm. I shall make free with you (to say...) déanfad an méid seo dánuiḋeaċta ort. he is very forward, presumptuous, tá sé róṫoġail. I spoke b. do laḃair mé go madraṁail (C). v. impudent, conduct, courage.

BOLT. v. shut, greedy. bólta m 4 (of door).

BOND. in the marriage b. i gcuing (f. 2) pósta. one religious b. vow holds them. ceanglann aon ċ. ċráḃ-aiḋ iad. to put him in b. é do ċur i gcuiṁreaċ (m. 1), gceangal (m. 1), ngéiḃeann ; cuiṁreaċ, geiṁeal (f. 2) do ċur air. v. tie, prison, slavery.

BONE. cnáṁ. m. 1, 3.

BOOK. leaḃar m. 1.

BOOR. v. impudent, rough.

BOOT. buatais, f. 2 ; bróg f. 2. his b. plunged in it to the ankle. a ḃróg go lascaḋ isteaċ ann. b. lace. iall f. 2.

BOOTY. creaċ f. 2 ; slad m. 3 ; seilg f. 2 (hunting).

BORDER. v. edge, boundary, fringe.

BORROW. v. loan.

BOSOM. v. breast.

BOTH. b. times etc. gaċ uair etc acu. I saw b. the cows do ċonnac an dá ḃuin. b. of them were there. do ḃí gaċ aoinne acu, an ḃeirt acu ann ; do ḃíodar araon ann. we were b. thinking of the same. do ḃíomar araon ag maċtnaṁ ar an aon rud aṁáin. there is change in both of them. tá aṫarruġaḋ ar gaċ taoḃ acu, ar an dá ṫaoḃ. b. friends and and neighbours failed. idir ċáirdiḃ ⁊ coṁarsanaiḃ do ṫeip orra é do ḋ. b. body and soul, clergy and laity, high and low. idir ċorp anam, i. ċléir ⁊ tuaiṫ, i. uasal ⁊ íseal. (the nouns may be in sing. or plur., and in nom. or dat. First noun asp. always. Second also except in Munst.)

BOTHER. v. trouble, care, interfere.

BOTTLE. buidéal m. 1.

BOTTOM. tón, f. 2 and 3 ; bun m. 1. the b. of the box. tón an ḃosca etc. the ship sunk. do ċuaiḋ an long go tóin puill. I sent to the b. do ċuir-eas síos go grinneal (m. 1) iad. the b. of the lake grinneal, íoċtar (m. 1) an loċa. round the lower edge (of cloak, etc.) mórṫimċeall leis an íoċtar. at the b., foot of tree, hill. ag bun (m. 1) an ċrainn, ċnuic. from top to b. v. head. from b. of heart. v. will. at b. of affair. v. root, cause. top or b. to story. v. sense.

BOUND. v. jump. his wealth has no b. ní ḟuil aon teora (f. 5) le n-a ṡaiḋḃreas. there are no limits to his wickedness. ní ḟuil aon t. leis le holcas. he has a b-less horror of pride. tá gráin gan teorainn aige ar an uaḃar. to go beyond the b. of justice dul tar t. an ċirt. the field which adjoins my land. gort teoranta. teorantaċ lem ċuid talṁan. the wall that borders the road. cloiḋe teorann an ḃóṫair. on the boundary of the parishes...i dteorannaċt paróiste...

BOW. v. salute. tosaċ m. 1 (boat); soc m. 1 (id); srón f. 2 (id); boġa m. 4 (weapon).

BOWELS. v. entrails, stomach.

BOWL. v. vessel.

BOX. v. blow, fight. bosca m. 4; ciste m. 4 (chest); cófra m. 5; cóṁra f. 5 (C) (bin); cóntra f. 5 (U) (id).

BOY. garsún m. 1; gasúr (C. U); malraċ m. 1; buaċaill m. 3; bioránaċ m. 1; páiste fir; aosánaċ m. 1; gearrḃodaċ m. 1 (C); diúlaċ m. 1 (U). v. child, young, youth.

BRAIN. v. clever. I knocked out his b. do ḃainear an inċinn (f. 2) as.

BRAMBLE. v. thorn.

BRAN. garḃán m. 1.

BRANCH. géag f. 2; géagan m. 1; craoḃ f. 2; buinneán m. 1 (sapling); cuailleán m. 1 (long crooked b.); camstuaic f. 2 (id). branchy. géagaċ; craoḃaċ. b. seaweed múr scoṫógaċ.

BRANDISH. v. shake.

BRANDY. branda m. 4.

BRASS. v. impudence. prás m. 1; uṁa m. 4.

BRAT. v. impudent.

BRAVE etc v. courage.

BRAVO. maiṫ an fear etc ṫu; maiseaḋ dearna leat; maiseaḋ ceol duit; mo ċeol tú; Dia go deo leat; mo ġoirm ṫú; mo ġraḋain (croiḋe) ṫú; maiṫ an áit a raḃais; nár laguiġ Dia ṫú, do láṁ, etc.

BRAY. ass b. asal ag screadaiġ, grágġail.

BREAD. v. cake. arán m. 1.

BREADTH. v. wide, extend.

BREAK. I b. the cup. brisim an cupán. it b. do ḃris, briseaḋ an cupán. I b. it in two. brisim i n-a dá leaṫ é. that b. his heart. do ḃris sin a ċroiḋe. my heart is b. with grief tá mo ċ. ag briseaḋ le brón. waves b. on the shore. tonntaċa ag b.. pléascaḋ (loudly) ar an dtráiġ.. he put it there to b. the force of the wind. do ċuir sé ann é mar ḃ. ar an ngaoiṫ. his instinct b. out. briseann a ḋúṫċas. the bargain, promise etc. had been b. by him. do ḃí an margaḋ, ġeallaṁaint briste, scaoilte, scurṫa aige. I b. it in pieces. blóġaim é. v. piece. day is b. v. morning. b. law etc v. infringe. b. in v. interrupt. b. up. v. scatter. holiday. b. out in laughter etc. v. laugh, cry etc. a b-water cíor ċosanta.

BREAKFAST. céadlongaḋ m. 1; béile maidne; bristroscaiḋ (U); céad ṗroinn (C)

BREAM. deargán m. 1; bran m. 1 (C); muc ruaḋ (C).

BREAST. brollaċ m. 1; cliaḃ, cliaḃraċ m. 1; brágaid f. 2 (upper part under throat); uċt m. 3 (bosom). pearl of the white b. péarla an ḃrollaiġ ḃáin. the b. front of his coat. brollaċ a ċasóige. he rested his chin on his b. do léig sé a ṡmeigín ar a ḃrágaid ⁊ ar a a ḃrollaċ. I was struck full in the b. chest. i mbéal mo ċléiḃ do buaileaḋ mé. the heart in my bosom. croiḋe im ċlí, ċliaḃ. b. bone clár uċta, cnáṁ an uċta. the horse's chest. uċt an ċapaill. give b. v. suck.

BREATH. he b. on them do ċuir sé a anál (f. 2, 3, 5) ṡúṫa. so as draw my b. ċun m'anála do ṫarrang. he gave me no time to b. níor ṫug sé cead m'a. ḋom. she spoke under her b. do labair sí fá n-a hanáil. I emerged to take b. d'éiriġeas ċun an uaċtair ċun m'anála do ṫaḃairt liom. she puffed on it. ḋo ċuir sí puṫ dá hanáil air. his b. is being puffed through his nostrils. tá a anál ag teaċt i n-a séideánaiḃ trí pollaiḃ a ṡróine. he blew it up with his b. do cuir sé sinneán faoi (C). he is out of b., panting (fear, running etc) tá sé ag séideaḋ (go saoṫarac); tá saoṫar anála air; tá easbaiḋ a. air; tá anaiṫe air; tá sé i n-anaiṫe an traoṫair; tá gaċ aon tréideóg aige. with b-lessness. le hanaiṫe imsaoṫair;

. le heasbaiḋ anála ; le féideógaċt. b. of wind v. wind.

BREED. BRED. v. blood, polite, nature rabbits b. fast. síolruiġeann coiníní go tiuġ. he b. good horses tógann sé ⁊ beaṫuiġeann sé capaill maiṫe. they are well-b. tá síolraċ (f. 2) ṁaiṫ ionnta. they are a bad b., poorly b. droċṡíolraċ, droċṁianaċ. is eaḋ iad : is olc an mianaċ iad ; ní ḟuil an ḟoluiġṫeaċt, puinn foluiġṫeaċta ionnta, v. nature, race.

BREVIARY. portús m. 1

BREW. braċaim. b.-er braċadóir m. 3 trouble is b. tá droċobair ag brúċtġail. war is b. tá tórmaċ cogaiḋ ar siubal.

BRIAR, v. thorn.

BRIBE, to b. the man, death etc. an fear, bás do ḃreabaḋ. he offered me a b. to go. do ġeall sé breab (f. 2) dom aċt dul ann.

BRICK, bríce m. 4. b. layer saor (cloiċe).

BRIDE, bean nuaḋṗósta. b. groom. an t-óganaċ. she was her b. maid do ṡeas sí léi.

BRIDGE, droiċead m. 1.

BRIDLE, v. restrain. srian m. 1.

BRIGHT. b. day. lá geal, glé geal. the night his face etc. b. up do ġeal an oiḋċe. a ġnúis. b. after rain gileaċt na fearṫanna. b. of sun gealán m. 1, it is so b, ⁊ a ġile atá sé. the star got bright again. do las an réiltín suas arís. the sun is b. tá an ġrian go breáġ subáilceaċ ; tá an ġ. ag taiṫneaṁ go glinn, gléineaċ, taiḋleaċ. b. shining flame, knife. etc. lasair, scian etc. lonnraċ, ḟoillseaċ, ḟolusṁar, ġleineaċ etc. his eyes are gleaming. tá a ṡúile ag cur soillse arta ; tá loinnir ionnta (C). her eyes are lively. tá sí súil-aibiḋ ; tá a súile aibeaṁail ; tá gealgáire i n-a súiliḃ v. gay. b., blooming, face ceannuiġṫe luisneaṁla. a b. lively voice, song, talk meeting etc. guṫ, aṁrán, cainnt, cruinniuġaḋ etc. aibiḋ, anamaṁail, aigeanta (U). her talk was lively do ḃí a ċainnt go haibiḋ, hanamaṁail, subáilceaċ. v. gay. b.-ness of Heaven. lóċrann (pr. lóscann) na ḃflaiṫeas (C) that b. him up v. spirit. b. night. v. night.

BRING, I b. brought the boy, dog, box to the man etc. do ḃeirim, do ṫugas an buaċaill, madra, bosca go dtí an fear, ċun an ḟir, ag triall ar an ḃfear. she b. it (with her) do ṫug sí léi é. it b. much consolation, is mór an sólás a ṫug sé leis. what b. you here, cad a ṫ. annso tú ; cad é a ċas annso tú. v. cause. it b. on me the hate of the people. a punishment etc. do ṫug, tarraing sé orm fuaṫ na ndaoine, pian. I will b. you in, home, seolfadsa isteaċ a ḃaile tú. v. accompany. he was sent, went to b. the priest, do cuireaḋ é, do ċuaiḋ sé fá ḋéin. ag iarraiḋ, i gcoinne (C.U), an tsagairt. what b. you. v. want. b. forth, v. bear. b. up, v. educate. b. one to do etc. v. cause.

BRISTLE. v. hair. guaire m. 4,

BRITAIN, Breatain f. 2 also n-pl.

BRITTLE. briosc ; soḃriste.

BROAD, v. wide.

BROOCH, biorán brollaiġ.

BROOD, v. breed, young, think.

BROOM, v. brush. scuab f. 2, 3

BROTH, anḃruiṫ m. 4,

BROTHER, dearḃráṫair. m ; bráċair (Antrim) ; bráṫair (in religion). A is C's b. d. do Ċonn Art. b. in law. d. céile. my brethren, a ṗobuil.

BROW, v. top, forehead.

BROWN, v. red.

BROWSE, v. feed.

BRUISE, v. crush.

BRUSH, v. sweep, touch, broom.

BRUTAL, v. hard, pity, beast.

BUBBLE, clog m. 1, b. on water (after shower etc), cluig ar an uisce. there are b. on it (dirty greasy water, soup, etc), tá súile air.

BUCKLE, búcla m. 4

BUD, the trees are b. tá na crainn ag scéiṫeaḋ a nduilleaḃair ; tá an d. ag séideaḋ.

BUGLE, v. horn.

BUILD, tógaim ; cuirim suas ; foirgnigim (C). the house is being built by him. tá an teaċ aige dá tógḃáil, cur suas, cur i dtoll a ċéile (C), foirgneaṁ (C). I b. hope on. v. hope, confidence.

BULL, tarḃ m. 1

BULLET, piléar m. 1

BULLOCK, bullán m. 1 ; mart m. 1 ; stoc m. 1

BULLY, buanna m. 4 ; buailim-sciaṫ m. 4. I b. them deinim smaċtúċán orra.

BUNDLE. triopall m. 1 ; dornán m. 1. (handful) ; gabáil f. 3 (armful) ; beart m. 1 (hay etc) ; punann f. 2 (sheaf) ; piṫilín m. 4 : bulcais f. 2 (clothes etc rolled up).

BURDEN, v. load, care.

BURN, v. fire. loscaim, loiscim. dóġaim. he had been b. alive. do ḃí sé loiscte i n-a ḃeaṫaiḋ. he b. the house. do ḋóiġ sé an tiġ. the house began to b. do ṫosnuiġ an tiġ ar ḋóġaḋ. v. fire. slightly burnt bárr-ḋóiġte. scorched ruaḋ-ḋ. ; greadta. the candle is burning tá an ċoinneal ar lasaḋ. anger blazing in his heart fearg ar l. i n-a ċroiḋe. v. blaze. live ashes, coal, v. ashes. coal.

BURST, his heart b. with anger. do ṗléasc, pléascaḋ a ċroiḋe le feirg. explosion of the shell. pléascaḋ an tsliogáin. his heart was bursting with horror. do ḃí a ċroiḋe ag brúctaḋ le gráin. blood etc. b. out. v. pour. burst out laughing, etc. v. laugh, cry. he b. charged on them. v. charge.

BURY, he was b. do cuireaḋ (san úir) é ; d'aḋlacaḋ é ; d'aḋnacaḋ é. he b. his wife. do ċuir sé a ḃean. the day of his b. lá a aḋlacta. the b. funeral, socraid f. 2 ; coṁmórraḋ m. 4 (C. U), he is b. v. grave.

BUSH. tor m. 1 ; tom m. 1 ; dos m. 1 ; dosán. m. 1 ; scairt f. 2 (thorn bush) ; scairteaċ f. 2 (thicket) ; fásaċ m. 1 (undergrowth) ; drisleaċ. m. 1 (briars) ; sceaṫán m. 1 (b. to temporarily close gap etc).

BUSINESS, v, affair. to take to b. luiġe ċun ceannuiḋeaċta (f. 3), tráċtála (f. 3). he is acquainted with every kind of b., commerce tá eolus aige ar gaċ gnó ceannuiḋeaċta, tráċtála. it is not a commercial language. ní teanga ċun ċ. etc. í. what b. has he here. v. want.

BUSY, v. diligent. he is very b. tá sé angnóṫaċ, angraṫálaċ (U.C), anḃruiḋeaṁail, anḟiaclaċ (Ar.) ; tá anḃruid (oibre, gnóṫa) air. a b. time. aimsir ġleiṫearánaċ, ġreiṫileánac. v. excite. he is a very b. man fear mórċúraim is eaḋ é. he is very b. doing it. tá sé ar a ḋíċeall dá ḋ. v. best. b.-body. v. interfere.

BUT. b. he was not ... aċt ní raiḃ sé ... he did not remain but went home. níor ḟan sé aċt dul a ḃaile. thing like a can b. black. rud i ḃfuirm canna aċt é do ḃeiṫ duḃ. I think he did not do it willingly but because he was angry. is dóċa naċ ó ċroiḋe do ḋein sé é aċt fearg do ḃeiṫ air. v. except.

BUTCHER, buistéir m. 4.

BUTTER, im m. 2. bit of b. briolla, goblaċ ime. a roll of b. mioscán ime. he knows what side his bread is b. ní iṫeann sé puinn ciaróga. b. cup. cam an ime ; neoinín buiḋe ; cnó an ṗréaċáin ; bainne bó bleaċtain. b. milk blaṫaċ f. 2, b.-fly peiḋleaċán m. 1 ; féileaċán m. 1 (C.U.W).

BUZZ, v. noise.

BUY. v. pay. if you had b. the cow and had paid for it. dá gceannoċá an ḃó an uair sin ⁊ airgead do ḋíol as an gceannaċ.

BY, (1) agent. a thing done by me rud atá déanta agam. (2) Instrument. he was killed by a stone, fire do marḃaḋ le cloiċ, teine é. I cut it by, with a stroke. do ġearras é le scuaib dem ċlaiḋeaṁ. I cut it by putting the sword's edge on it do ġearrás é le béal an ċlaiḋiṁ do ċur anuas air. he had a son by his first wife do ḃí mac aige leis an gcéad ṁnaoi. he succeeded by the fine way he did it. d'éiriġ léis trí a ḟeaḃus do ḋein sé é, live by v. live. v. means, account, way. (3) measure of difference. it is nearer by a mile than the town is giorra ḋúinn é de ṁíle ná an ċaṫair ; tá sé míle níos giorra ná ... he is behind by a long way tá sé ar deireaḋ de ċuid ṁór. (4) in groups of. they came by twos. do ṫángadar i n-a mbeirt ⁊ i n-a mbeirt. one by one i na nduine ⁊ i nduine, by twos and threes i na mbeirt ⁊ i na dtriúr. one by one. v. after. by (= near, beside) v. near, beside. by (= according to) v.

according. judging by. v. judge. by Sunday, etc. v. before. pass by, v. pass. by the way. v. way. by oneself, v. alone. by (in adjurations) v. swear

CABBAGE, cabáiste m. 4; cóilís f.2 (Ar). a head of c. tor cabáiste.

CABLE, cábla m. 4; téad luinge.

CACKLING (hens, ducks) gogal m. 1; gogalaċ f. 2; gíogalaċ f. 2; grágarlaċ. f. 2; cabġail f. 3 hen c cearc ag gliogarnáil, gogalaiġ etc.

CAD, v. low. impudent

CAJOLE, v. allure, flatter, coax.

CAKE, císte m. 4; bullóg f. 2 (Ar); bannóg f. 2; tuirtín m. f. 4; geataire m. 4 (small); bocaire m.4 (small griddle c.); brannḋán m. 1 (W)

CALAMITY, v. misfortune

CALCULATE, v. count

CALENDAR, féilire. m. 4

CALF, laoġ m. 1; gaṁain m. 3 (over 6 months). cow in c. bó ṫórmaiġ. colpa m. 4 (of leg)

CALL, v. name. he c. her to him, in, out, home, etc. do ġlaoiḋ sé ċuige, isteaċ, amaċ, a ḃaile uirri. I c. on him to do it. do ġlaoḋas air ċun é do ḋ. I c. for help glaoḋaim, screadaim, scairtim ar ċaḃair. v. cry. a deed c. for vengeance. gníoṁ ag glaoḋaċ ar ḋíoġaltas. I c. him by injurious name. do ġlaoḋas as a ainn é. I c. him by his name. do ġ. air as a ainm. your name was c. do glaoḋaḋ tú. you were c. do g. ort. he is within c. tá sé i ngioṙraċt glaoḋaiġ ḋóiḃ. c. at my house. glaoḋ ċun mo ṫiġe. calling. v. livelihood

CALM, v. quiet

CALUMNY (lying detraction) to c-her. éiṫeaċ do ċur uirri, i n-a leiṫ. v. detract.

CALVE, the cow c. do rug an ḃó (laoġ)

CAMEL, camall; caṁall m. 1

CAMP, camṫa, campa m. 4; long-ṗort m. 1

CAN v. able, vessel.

CANCEL, v. annul.

CANDID. v. honest.

CANDLE, coinneal f. 2; buaicear m. 1. C.-mass Féil Ṁuire na gcoinneal. c.-stick coinnleoir, m.3

CANNON. gunna (m. 4) mór. c. ba piléar m. 1.

CANTANKEROUS. v. temper.

CANVAS. v. cloth.

CAP. caipín m. 4; biréad. m. 1; caiḋp f. 2 (woman's).

CAPABLE. v. able, clever.

CAPACIOUS. v. wide, big. capacity. v. power, clever.

CAPE cába m. 4 (of cloak); ceann m. 1 (promontory); rinn f. 2 (point of land). ros m. 1 (wooded cape).

CAPITAL. v. principal.

CAPITULATE. v. yield.

CAPSIZE. v. turn.

CAPTAIN. v. commander, captaon, captaoin (C.U) (naval).

CAPTIVE. v. prison, bond, slave. c.-ate. v. please.

CAPTURE. v. take.

CAR. carr m. 1; carráiste m. 4; carbad m. 1 (C.U) c. man. v. drive.

CARBUNCLE. carbuncal m. 1 (stone); goirín m. 4 (on nose).

CARD (of wool). cíoraim; cárdáilim. cárta m. 4 (for playing).

CARE. v. matter. he left the book in my c. d'ḟág sé an leaḃar i n-a ċúram (m. 1) orm. our c. attention is devoted to it now. tá sé de ċ. orainn anois, he took good c. of them, entertained them do ċuir sé cóir (f. 3, 5) ṁaiṫ orra. none took c. entertained them, níor ḋein aoinne aon trāġas cóṙaċ díoḃ, aon imṡníoṁ ḋíoḃ; níor ċuir aoinne aon ċóir orra. you will take better c. of it beir níos mó i n-a ḟaoṫar. the doctor who attended him. an doċtúir a ṫug aire (m. 4), aireaċas (m. 1) dó. to nurse him aire, aireaċas do ṫaḃairt dó. she attended to her business. do ṫug sí aire dá ġnó. take c. of yourself, of what you say. taḃair aire, aireaċas duit féin, dod' ċainnt; aire etc ḋuit. take c. not to do it taḃair a. gan é do ḋ. I will take c. it is not a lazy girl I shall marry. do ḃéaraḋ toġa an aireaċais naċ cailín leisceaṁail a ṗósfad. he took c. they would not do it. do ṫug sé aireaċas sar a ndéanfaidís é. she no more minded them than she did the wind that blew. ní raiḃ de ṫoraḋ (m. 3) aici orra ná mar do ḃí aici ar an ngaoiṫ. is beag an t. a ṫug sí orra; ní raiḃ aon ḃeann (m. 1. f. 2) ḃinn (C). blúire binne aici orra, ar a gcainnt. I don't c. a pin about it is mise is beag beann air. we c. little about news from E. is beag a ċás orainn annso scéala na Sasana. I should not have minded had I died. níor ċás liom dá ḃfuiġinn bás; níor ṁairg liom mo ḃás. I should not c. if you were...níor ċás orm dá mbeiṫeá... little they c., scruple about killing a man is beag acu fear do ṁarḃaḋ. v. matter. they don't c. what happened him. is beag leo ar imṫiġ air. I don't care about them. bog orra atáimse. he is in charge of the horses. house. tá sé i mbun, i ḃfeiḋil, i gcionn (C), i gcúram na gcapall, an tiġe. take c. of yourself. mind yourself. seaċain fainic (C) ṫú féin. take c. not to do it. seaċain ⁊ ná déin é. take c. not to fall. fainic an dtuitfiḋ tú (C). take c. look out for the stone. seaċain an ċloċ. take c. of your feet on the thorns s. do ċosa ar na deilgniḃ. take c. of him. be on your guard against him. s. tú féin air. take c. look out. the bull is charging you. faire fút. ċúġat an tarḃ; féaċ ċúġat féin. she took good c. not to do it. ní baoġal gur ḋein sí é. I did not c. what happened to me. níorḃ ḟiú liom biorḃ (⁊) ar imṫiġ orm. I do not c. about its loss. ní mó ḃrioḃ ⁊ a ḋoċar dom. I dont c. (a bit) whether he is crooked or not, asleep or awake. is cuma liom (an doṁan, an saoġal, san anaċain) cam nó díreaċ é, i na ċodlaḋ nó i na ḋúiseaċt é. I don't c. provided he comes. is cuma liom aċt go dtiocfaiḋ sé. I don't c. a bit is róċuma liom. if it had not been C. I should not have c. so much, it would not have mattered so much. cad é an díoġḃáil dom aċt Conn; ní ḃacfainn le duine eile aċt C. (W). if they told the truth I should not have c. so much, but... ⁊ dá n-innseaḋ siad an ḟírinne cé'r ċás é aċt...(C). c., anxiety. v. anxiety. I should not c. to go etc. v. desire.

CAREFUL, he examined it, listened c. d'inḟiúċ sé é. d'éist sé go haireaċ, cúramaċ, haireaċtasaṁail (W), géar, grinn. thinking c. about it ag toiḋeadaḋ air go haireaċ, stuidéarṫa. etc: ag ḋlúṫṁaċtnaṁ air. to speak c. guardedly. tactfully on it. laḃairt go haireaċ, haṫarċaċ (= aireaċaċ), cosantaċ etc. mar ġeall air. he c., diligently avoids all that might harm his soul. seanann sé le lándúṫraċt, go dúṫraċtaċ, himṗniomaċ, díoġrais-eaċ aiṁleas a anama, lay it down gently. c. leig uait go haicillíḋe é.

CARELESS. he is c. tá sé neaṁ-aireaċ, neaṁṡuimeaṁail, neaṁ-ṡuimeaċ, neaṁċásṁar, he did it c. do ḋein sé é go neaṁaireaċ etc. said he in a c., off hand. indifferent way. ar seisean go neaṁċúiseaċ, neaṁṫuairimeaċ: neaṁċorrḃuais-eaċ, neaṁaireaċ etc.: duḃairt sé a ḃaile ṁáige ḋó féin mar ḋ'eaḋ; duḃairt sé ar nós cuma liom. I went off east with a careless air. air of indifference. do ḃuaileas an bóṫar soir a ḃaile ḃáige ḋom féin I spent my money c. do ċaiṫeas mo ċuid airgid go bog. v. spend. I am c. about my appearance. táim bog ar an ndeallraṁ atá orm. it is not idleness that causes it but c. ní leisce is cúis leis aċt neaṁ-spéis. he is c. indifferent about Irish tá sé patṡuar i dtaoḃ na gaeḋilge. c. in dress v. slovenly.

CAREER. v. life.

CARESS. v. kiss. coax.

CARNAGE. v. kill.

CARNAL. v. body. impure. c. desires mian na colna.

CARPENTER. siuinéir m. 3; saor aḋmaid.

CARPET. brat urláir.

CARRIAGE. cóiste m. 4.

CARROT, meacan buiḋe.

CARRY. I c. the boy, box to the shop beirim an garsún, bosca go dtí an siopa, ċun an ts. I c. the box to the man do rugas an bosca go dtí an fear, ag triall ar an ḃ f., ċun an ḟir. the box he was c. an bosca a ḃí aige dá iomċur. he c. her off. abducted her. d'árduiġ sé leis í, d'ḟuaduiġ sé í. in danger of being c. off by wind. i nguais a sciobṫa leis an ngaoiṫ. v. snatch. the trade they c. on. an ceárd a ċleaċtadar. v. practise. c. out. v. effect.

CART. carr m. 1 : trucail f. 5.

CARVE. v. cut.

CASE. cúis f. 2 (in court). nom., gen., dat., acc., voc. c. cás (m. 1). tuiseal (m. 1), ainmneaċ, geineaṁnaċ, tabarṫaċ, cuspóraċ, gairmeaċ.

CASE. v. like. that is the c. way with us. is mar sin duinne ; is é an cás céadna againne é ; is aṁlaiḋ sin dúinne. that was the c. with C. a ḋálta soin (díreaċ) do Ċonn ; b'ſin é d. Ċ : b' ſin é an urḋálta ag C. that was not so with I. níorḃ' a ḋálta soin d'Éirinn. it is not the same with him as with C. ní ionann d. ḋó 7 do Ċonn ; ní hé an d. céadna ag Árt 7 ag C. it is the same c. way with me as with the other. is aṁlaiḋ atá an scéal agamsa (díreaċ) mar atá ag an ḃfear eile ; is ionann scéal domsa 7 don f. e. it will be the same way with you. beiḋ an scéal céadna agat. it was not so with them. do ḃí a ṁalairt de s. acu son. the two c. are different. ní mar a céile an dá s. as in C's case mar ḃí i gcás Ċuinn. as is often in such c. mar is gnáṫ i gcás dá sórt. it is a pity in either c. is mór an scéal é mar seo nó mar siúd. effect without cause in the one c. cause without e. in the other. toraḋ gan neart taoḃ acu, n. ġan t. an taoḃ eile. a man without a name in the one c. ... fear gan ainm taoḃ acu a. gan f. an t. eile. as in the c. v. like ... the same c. with. v. same. take c. of v. suppose. explain c. v. affair.

CAST, v. throw. drive.

CASTLE, caisleán, m.1.

CAT cat m. 1

CATCH, v. take, hold. the hook, cloth got c. in the gate. do ċuaiḋ an crúca, t-éadaċ i n-aċrann, i ḃrartóḋ (C) san ġeata, den ġ. v. stick. the boats got c. in each other. do ċuaiḋ na báid i n-aċrann a céile. c. me doing it. no fear of my doing it. cas liomsa ṁá ḋeinim é. c. fire. v. fire.

CATECHISM, teagasc críostuiḋe

CATERPILLAR, máirín clúṁáin ; sníoraid neanntóg ; sníognanta (Ar).

CATHOLIC, catoiliceaċ ; caitliciḋe m. 4 : rómánaċ. m. 1.

CATTLE, eallaċ m. 1 ; áirnéis f. 2 ; stoc m. 1. to marry a woman for her c. bean do ṗósaḋ le gráḋ dá bólaċt (f. 3).

CAUSE, v. reason. it is a c. of pride, joy to me that ... to see that ... is mór an fáṫ (m. 3). fás (m. 1), t-aḋḃar (m. 1), t-uġdar (m. 1) (C. U). cúis (f. 2) mórḋála, áṫais dom, agam é go ḃfuil ..., a feicsint go ḃfuil ... my chief c., motive in speaking of it is ... is é cúis is mó ḋom trácht air ná go ... the reason he said it was ... is é c. a nduḃairt sé é ná ... the reason he did that was that he had little bread. do b'é c. a ḃí aige leis sin ná luiġeaḋ arán a ḃí aige. and they had good reason for it 7 c ṁaiṫ acu : do ḃí c. ṁaiṫ acu ċuige ; do ḃí a ċ. acu. a reason for doing it. c. ċun gan é do ḋ. what is the c. of your laugh. cad é an c. gáire sin ort. matter, subject of thought. c. maċtnaiṁ. it was done for another reason. le c. eile do deineaḋ é. he assigned a c. for it do ṫug sé c. leis. without c. gan fáṫ. that is one c of the war sin f. d'ḟáṫannaiḃ an ċogaiḋ. he gave the c. of his complaint do noċt sé f. a ċasaoide. the reason of his getting that name is ... is é f. fár tugaḋ an ainm sin air ná go ... ; is é an f. le n-a tugaḋ ... the king c. his death. is é an rí ba ṫrúig báis ḋó. many a c. might be assigned. is iomḋa t. d'ḟéadfaḋ beiṫ leis. there are two c. of drink. tá ḋá ṫ. ċun an ólaċáin. that c. him to be a drunkard. do ḋein an t. sin meisceoir de. that is how this makes them drunk. sin mar ḋeineann an t. seo iad do ċur ar meisce. and with good c. 7 a ċúrsaí aige. whether they gave me c. or not pé ṫugadar a ċ. dom nó nár ṫugadar it is no laughing matter. ní c. magaiḋ é. though I had no special c. of complaint gan aon ċ. gearáin agam seaċas aoinne eile. whoever is the c. of it. of my being put there. pé duine is bun leis, le mise do ċur ann. he had another motive for saying so. do bí b. eile aige le n-a ráḋ. what is the c. at the bottom of it. caḋé an b. atá leis an obair. the c. of your visit an toisc (f. 2) a ṫug ṫú; an t. ar ar ṫángais. for the same errand. ar an dt. ċéadna. the reason he had for it. an t-ugdar a ḃí aige le n-a ḋ. (C). they are the c. of the harm. is iad ugdar (C. U) siocair (f. 5) (C. U) ceann tsiocair (C. U) na díoġḃála go léir. many are the c. of contention, war etc is móḋ an tuar ċun spairne, cogaiḋ (W). she is the c. of it is í fá ndeara é. what c. you to be afraid cad f. nd. an eagla do ḃeiṫ ort. that c. me to be there, to have it, to do it. sin é fá nd. ḋom ḃeiṫ ann, é do ḃeiṫ agam, é do ḋ. he made her go there do ċuir sé faoi deara ḋí dul ann. (C. U) nothing would make him try it ní ċuirfeaḋ an saoġal faoi deara ḋó bualaḋ faoi (C. U). what made her so sad. cad do ḃeir ċom brónaċ í. what made her do, have it. cad do ḃeir dí é do ḋ, é do ḃeiṫ aici. what would make. c. it to be his. cad do ḃéarfaḋ gur leis é. what would c. him not to come. cad do ḃéarfaḋ ná tiocfaiḋ sé. what made him be without it. cad do ḃeir i n-a éaġmuis é. what brought C. to be walking there. cad do ḃeir Conn ag siuḃal ann. that c. made him go. do ṫug sin air dul ann. what made him cry. cad a ċuir ag gol é. I got him arrested. do ċuireas gaḃáil air. it is work which makes autumn fruitful. is é an obair a ḋeineann an fóġṁar ḃeiṫ torṫaṁail. my seeing them would not make them exist. ní misde ḋá ḃfeicfinn a ḋéanfaḋ iad do ḃeiṫ ann. that c. me to laugh, start, do ḃain sin gáire, geit asam. v. laugh, fear c.. stirring up enmity. ag séideaḋ mioscaise eatorra. he who is c. of it v. guilt, blame.

CAUSEWAY, cloċán m. 1; tóċar m. 1.

CAUTION, v. care, warn.

CAVAN, Connḋae an Ċaḃáin.

CAVE, pluais f. 2; cuas m. 1; cuais f. 2; uain f. 2 & 5 (C); uaiġ f. 2; béilic f. 2.

CAW, grácġail na bpréaċán. they began c. do ċromadar ar ġártaiġ. their hoarse c. an ciaċġlór a ċuireadar asta.

CEASE, v. end, stop.

CELEBRATE, v. feast. solaṁnuiġim. c. Xmas. ag cur comṁóraiḋ ar an Nodlaig (C).

CELL, cillín m. 4.

CENT, v. interest..

CENTRE, v. middle.

CENTURY, aois f. 2; céad bliaḋan. in the 14th c. sa ċeaṫraṁaḋ céad déag d'aois ar dTiġearna.

CERTAIN, a c. man, day. duine, lá áiriṫe, éigin. in c. places i n-áiteannaiḃ á., é. we have only a c. limited strength. ní ḟuil againn aċt neart á.

CERTAIN, v. persuade. I am c. of it, that he is ... táim cinnte deiṁniġṫeaċ ḋe, go ḃfuil sé ... táim sealḃuiġṫe air. it is sure that. is c., d. go ... I am confident about it táim socair air. I say it with c. deirim ⁊ is deiṁin liom é go ... he may be c. bíoḋ a ḋ. aige. they may be quite sure that he will. ní misde d. do ḋéanaṁ de go mbeiḋ sé ... woe to one who thinks c. what is not. is mairg doġní d. dá ḃaraṁail. that made him sure that ...do ṫug soin deiṁne ḋó go raiḃ ... they are s. of getting some. tá deiṁne acu ar ċuid de d'ḟaġáil. v. guarantee. how c. definite you are about your age. naċ léir atá tú ar t-aois (W). you have reason for that I am sure. tá cúis ṁaiṫ agat leis sin ní foláir. v. must. quite c. v. doubt. mistake. yes certainly. sead go deiṁin; go d. ⁊ go dearḃṫa; gan amras. etc. I should c. have been caught except...do ḃeaḋ beirṫe orm gan dearmad aċt gur...it c. pleased him. gan aon agó do ṫaitn sé leis. there c. would be time. ní féidir ná béaḋ aimsir. he c. did not do it. ní f. gurab amlaiḋ do ḋein sé é. c.. naturally, of course he did it. ⁊ ní baoġal ná gur ḋein se é. c., of course he did not do it. ní b. gur ḋein sé é. v. course. c. without fail. v. fail. c. I assure you. v. assure.

CERTIFICATE, teistiméireaċt f. 3.

CESS, v. rate.

CHAFF, cáiṫ, f. 3; cáṫ m. 1; cáiṫleaċ, m 1; lóċán m. 1.

CHAIN, v. bond. slabra m. 4.
CHAIR. caṫaoir f. 5.
CHALICE. cailís f. 2.
CHALK. cailc f. 2.
CHALLENGE. I c. you. cuirim ort. I c. him to fight. do ċuireas troid air; do ṫairgeas é do ṫroid; do ċuireas, ḟógras comṁrac aonḟir air. he was c. me. do ḃí sé ag tairg-sint fir dom. I accepted the c. do ṫógas suas an tairgsint comṁraic.
CHAMPION. v. defend. hero.
CHANCE, v. happen. accident. to get a chance of doing ... v. opportunity. get another c. v. attempt. that spoils my c. v. affair. to give the knife a fair chance. a ċeart féin do ṫab-airt don ḟaobar.
CHANGE. he c. the guards. d'aistrigh sé na fairí. c. that. its place aistrigh é sin. the wind c. d'a., d'iompuiġ, d'iontuiġ an ġaoṫ. do ḋruid an ġaoṫ ó ḋeas (to the south). v. turn. their joy will be c. turned to sorrow. iompóċar, iontóċar, aistreoċar a n-áṫas ċun bróin (dóiḃ). he c. his course. d'iompuiġ ... sé a ċúrsa. the wind is c. tá an ġaoṫ ag iompáil, iontáil. her form, the music c. d'aṫarruiġ, d'aṫar-ruiġeaḋ a dealḃ, an ceol. a c. in weather is coming. tá aṫarruġaḋ síne ag teaċt. he caught up the c. in the tune. do ċuaiḋ sé isteaċ ar an a. he c. his mind. d'aṫarruiġ sé a aigne; do ṫáinig sé ar aṫarraċ aigne; do ṫáinig aṫarraċ tuairime ḋó: dó ṫáinig sé ar aṫṡmuaineaṁ. he had ... do ḃí sé ar aṫarraċ aigne etc. he c. it into water d'aṫar-ruiġ sé go huisce é. it c. turned into dirty worms. d'a sé go cruṁaiḃ bréana. he c. turned into a goat. dó ḋein gabar de. he was made a goat of. do deineaḋ g. de. he c. his clothes. do ġaiḃ sé aṫarraċ culaiḋ; do ṫarrainġ sé a. c. ċuige; do ċuir sé malairt éadaiġ uime, air. a c. of work is like a rest. deallraṫaċ le suaiṁneas m. gnóṫa. I took a pound in exchange for it. do ġlacas punt mar ṁ. air, i na ṁ. I will exchange my horse for your ass. déanfad m. ar mo ċapall let asal; déanfad m. mo ċapaill ar t'asal. to c. horses with each other. m. capaill do ḋéanaṁ le ċéile; capaill do ṁalartuġaḋ le ċéile. to exchange them for gold. iad do ṁalartuġaḋ ar ór. I c. it and added to it in places. do ċuireas cor ⁊ tuilleaḋ leis annso ⁊ annsúd. there is many a c. in the wind. world is mó cor san ġaoiṫ, san tsaoġal. c. the talk. ag cur coir san ċaint; ag cur casaḋ ar an gc. c. one's house. v. move. I will c. the pound for you. sóinseálfad an púnt duit. here is a p. give me c. seo púnt, tabair dom a ṡóinseáil. he gave me that as c. of a p. do ṫug sé ḋom an méid sin mar ṡ., ṁalairt ar púnt. have you c. of a p. an ḃfuil. briseaḋ púint agat. he waited for the c. d'ḟan sé leis an mb. he went for small c. of it do ċuaiḋ sé fá ḋein airgid min air. I have no small c. ní ḟuil aon ṁionairgead agam. you will get it (the bill etc.) c. do ġeoḃair a luaċ airgid air. man's heart is changeable. tá aigne an duine go lag, guagaċ, neaṁṡeas-ṁaċ, diombuan. a c. fickle man. fear luaṫintinneaċ. his will is fickle tá a toil ag bogaḋ. ag guagaḋ gan stuaim gan daingean.
CHAPEL. v. church.
CHAPTER. caibidil f. 2.
CHARACTER, v. reputation, re-commendation, nature. inclination. characteristic. v. quality.
CHARGE, v. accuse, care, cost. he put a c. in the gun do ċur sé urċar (m. 1) san ġunna. that sudden c. attack. an ruagaḋ obann soin. they routed them at one c. do ċuireadar ruaig orra d'aon ruaṫar aṁáin. he made a c. rush at him do ṫug sé ríoṫaiḋ. (pr. roṫag) fá n-a ḋéin. c. them. press in on them. teannuiġiḋ iad. we c. do ḃrúiġ-eamar isteaċ, do ḃrúċtamar is-teaċ (orra). he c. through the gap in their lines. do ḃrúiġ sé amaċ tríd an mbearnain sin. v. attack.
CHARITY, etc. she does acts of c. tá sí carṫannaċ, daonnaċtaṁail, déirceaṁail, tabartaċ; deineann sí carṫannaċt (f. 3). to give c. alms. déarc (f. 2) do ḋéanaṁ. asking for alms. ag iarraiḋ (na) déirce. déarca, v. beg. it would be a great c. to give it to him. ba ṁór an déarc, an grá Dé, an grá Dia

é do ṫaḃairt dó. he was c. to me. rinne sé gráḋ Dé orm (U). c. begins at home is giorra do ḋuine a léine ná a ċóta.

GHARM, v. please, beauty. she lent a c. grace to the hospitality. do ċuir sí maise (f. 4) ar an ḃflúirse. that took the c. of novelty from it. do ḃain sin an taitneaṁ as nuaḋaċt na hoibre. try your c. persuasion on him. imir do ċuid deismireaċta air. a c., spell against disease. orṫa (f. 4) i n-aġaiḋ galair. he worked his spells. d'imir sé a ṗiseóga, ṗisreóga, ġeasróga (U). by his c. incantations le na ċuid salmaireaċta. I bewitched him do ċuireas fá ḋraoiḋeaċt (f. 3) é. he took the spell off it do ḃain sé an diablaiḋeaċt de.

CHASE, v. drive, hunt.

CHASTE, v pure

CHATTER, v talk, jargon. his teeth are c. tá a ḟiacla ag cnagaḋ ar a ċéile

CHEAP. I got it c. fuaras saor é. get. let off c. v free

CHEAT. v deceive. the money he c. me of. an t-airgead a ṁeall sé uaim. he was c. me. do ḃí ag déanaṁ éirġe-ḟliġe orm (W).

CHECK. v restrain, stop, prevent, interfere

CHEEK. leaca f 5 ; pluc f 2 ; gruaiḋ f 2. v impudence

CHEER. v applaud. cheerful, v gay.

CHEESE, cáise, f 4

CHEMISE. léine f 4

CHERRY. silín m 4

CHESS. fiċċeall f 2. playing c. ag imirt fiċċille. c. board, piece, set. clár, fear, foireann fiċċille

CHEST. v box, breast

CHESTNUT. cnó geanmnaiḋe ; c. capaill (C). a c. horse capall ruaḋ

CHEW. cognaim. tobacco for c. tobac le cogaint, congailt (C).

CHICKEN. sicín m 4 ; eireóg, feireóg f 2 (pullet)

CHIEF. v principal. c. of tribe etc. taoiseaċ m 1 , flaiṫ m 3

CHILBLAIN, fuaċtán m 1

CHILD, v baby. leanḃ m 1 ; páiste (m 4) fir, mná ; páistín m 4; garlaċ m 1 ; malraċ m 1 ; taċrán m 1 (C. U) ; painteaċ. m 1 (fat c.) ; clann f 2 (children) ; aos óg ; I was a c. then do ḃíos im ṁalraċ...the c. in the streets. aos óg na sráide. the c. na páistí, na haosóga. he has nine c. tá naonḃar cloinne aige. the one c. he had by her, an t-aoinne cloinne a ḃí aige léi he would like to leave a c. after him. ba ṁaiṫ leis duine éigin cloinne do ḃeiṫ i na ḋiaiḋ. how many c. have you, cá méid duine cloinne atá agat. they have c. tá cúram cloinne orra., v family. a woman in childbirth. bean i n-a luiġe seoil, i dtinneas cloinne, i bpéin leinḃ, i n-a leaba luiġe ṡeolta (W). she became confined. do ṫuit sí tinn ar duine cloinne (W). she died in c. fuair sí bás de ḃreiṫ leinḃ. as weak as a woman after c. gan neart mná seoil, seolta. in my childhood im óige (f. 4) le linn m'ó. from my very c. ó ṫosaċ m'ó. he is in his second c. tá sé sa tarna leanbaiḋeaċt. childish. v simple

CHIMNEY, simne, seimine m 4 ; simléir (C) ; simleoir, (U) simleoid (U) ; poll deataiġ (C) ; claḃar m 1 (mantle piece)

CHIN, smeig f 2 ; smeigín m 4

CHINK. v hole

CHIP, slisneóg f 2 : slisneaċ m 1

CHOICE. take your c. bíoḋ do roġa (f. 5) agat ; bíoḋ do r. de ḋá niḋ agat. do what you c. please, déin do r. ruḋ. if I got my c. dá ḃfuiġinn mo r. féin. N. was his c. is í Nóra ba r. leis. according to his c. fá mar ba r. leis é. it is hard to c. between them. is deacair r. do ḃaint asta. it is a c. of 2 evils. is é r. a ḋá ḋiġ é. I had taken the pick of the places. do ḃí r. taḃarṫa agam den áit do b'ḟearr dá raiḃ ann. to give him any two requests at his own c. aon dá ġuiḋe d' ḟáġáil aige ar a ṫoġa (f. 4) féin. I did not c. it níor ḋeineas toġa ná roġa ḋe. she has only two alternatives, to go or ... ní ḟuil aici aċt a r. den dá ṫaoḃ do ḃeiṫ aici dul nó gan dul ann ; is éigin dí ní de ḋá niḋ do ḋéanaṁ dul ... he has no other alternative. ní ḟuil a aṫarruġaḋ, aṫarraċ, malairt de roġa aige. he was chosen to command them. do togaḋ é ċun beiṫ i na ċeann orra. I will give you your c. tiúbrad breiṫ do ḃéil féin. the place he c. an áit a ċeap sé ḋó féin. c. pick. flower v best

CHOKE, he c.. strangled her. do ṫaċt sé í. the c., strangling he gave her. she got an taċtaḋ a ṫug sé ḋí, a fuair sí

CHOIR. suireann (f 2) buidean (f 2), aos (m 1) ceoil

CHOOSE, choice, prefer, desire

CHORD, (of harp etc.). téad f 2

CHRISTIAN. críostuiḋe m 4; críostaṁail (adj.)

CHRISTMAS. Nodlaig (pl.)

CHURCH, séipéal m 1; teampull m 1: teaċ pobuil (U). God's c. eaglais f 2 Dé. c. yard reilig f 2

CHURL, v rough, impudent

CHURN, cuinneóg f 2; meadar m 1, c-dash loinite m 4. c. is hard, slow to-day tá an ċuigeann (f 2) so ċruaiḋ. they are c. táṫar ag déanaṁ cuiginne, ag d. maistre, ag bualaḋ m.: tá cuigeann acu ḋá d.

CINDER. v ashes. coal

CIRCLE. v band. around, round

CIRCUMSTANCE, v affair, way. in good etc. c. v rich, poor, etc.

CITY, caṫair f 5

CIVILISATION, nósṁaireaċt f 3; deaġnósa: deaġḃéasa. civilized: nósṁaireaċ: deaġḃéasaċ, deaġ nósaċ

CLAIM, v right. he c. justice. the horse d'éiliġ sé ceart. an capall he is insisting on his part of the bargain. tá sé ag éileaṁ (m. 1) a ṁargaiḋ. he had no other c. on me. ní raiḃ a ṫuilleaḋ le hé. orm. though none had any c. on him ⁊ gan é. ag aoinne air. he has a strong c. on God in the next life. tá é. daingeán aige ar Ḋia i gcóir an tsaoġail eile. you are stiff in urging pressing your c. to it on them. is dian ṫu ḋá é. orra no one had a c. on it ní raiḃ glaoḋaċ (m 1) ag aoinne leis. to meet his c. debts. a ġlaoḋaiġ do ḟreagairt. c-ant éiliġṫeoir m 3

CLAN. v tribe. race

CLAP. v strike. applause. lay

CLARE. Conndae an Ċláir

CLASP. v press. embrace

CLASS. v set. kind. rang m 1 (in school)

CLAW ionga f 5; crúb. f 2; crob m 1

CLAY. v earth

CLEAN. c., cleanness from sin etc. glan, glaine, (f 4) ó ṗeacaḋ. however c. it is. dá ġlaine é. he c. the dirt off them do ġlan sé an salaċar díoḃ. they were cleansed from their sin do glanaḋ ó ṗeacaḋ iad. spite of the c. and sweeping. d'aiṁḋeoin an ġlanaċair ⁊ an scuabaċair. the house is swept and c. tá an tiġ scuabṫa sciomarṫa. it is rubbed, polished. tá sé sciomarṫa. he is rubbing, c. it tá sé ḋá sciomar.

CLEAR. c. eyes. súile glana. the sky was clearer in the morn. ba ġlaine an spéir ar maidin. they had that idea c. do ḃí an smuaineaṁ soin go glan ⁊ go soiléir i n-a n-aigne acu. the mist c. off, do ġlan an ceo. he is c. out of the wood. tá sé glan ar an gcoill. speak c. distinctly. labair go glanġoṫaċ it was evident he could not go. do b'ḟollus ná féadfaḋ sé dul ann. it is c. to me (from what you say) that he is there. is léir, soiléir dom (ón méid sin) é do ḃeiṫ ann, go ḃfuil sé ann. speak plainly labair léir. I understood it c. do ṫuigeas go soiléir, solusṁar, cruinn é. I explained it c. and subtly. do ṁíniġeas é go soiléir ⁊ go géarċúiseaċ. I heard saw it c. d'airiġeas, do ċonnac go gléineaċ, soiléir etc. é. it is before my eyes as c. as ... tá sé os coṁair mo ṡúl ċoṁ gléineaċ etc. ⁊ atá ... the thing is quite c. scéal réiḋ rianṫa soiléir is eaḋ é. a c. visible sign. coṁarṫa soaiṫne, soḟeicse. v. proof. he spoke out plump and plain do labair sé ge neaṁmbalḃ. v. honest. the moon rising c. in the east. an ġealaċ ag éirġe gan smúit san doṁan ṫoir. clearly he will ... v. must. c. of his enemies. v. free. the day is c. v. fine

CLENCH. v tight. fáiscim. he c. his teeth. nails etc. d'ḟáisc sé a ḟiacla, ingne; do ḃain sé fáscaḋ asta

CLEFT. v hole

CLERGY, cliar, cléir f 2

CLERK, cléireaċ, m 1

CLEVER. tuigsionaċ; géarċúiseaċ; géarintinneaċ; gléirintinneaċ;

cliste (skilful); glic (cunning); ealaḋanta (C) (id); gasta (shrewd, smart); gonta (sharp); cúinseaṁail (ingenious); stuamḋa (C); meaḃraċ. cleverness. tuigsin f 3; géarċúis f 2; géarintinn, f 2; intleaċt f 3 (aigne); géarintleaċt; clisteaċt f 3; glice f 4; gliocas m 1; gleacuiḋeaċt aigne; gastaċt f 3; gontaċt f 3, he has very great talents. tá intinn etc neaṁġnáṫaċ aige; tá buaiḋ ó Ḋia aige (W). c. in giving advice, in war etc. tuigsionaċ, géarċúiseaċ etc i gcoṁairle, i ngnóṫaiḃ cogaiḋ. to put your talents to good account an intleaċt atá agat do ċur ċun tairḃe. there is no limit to woman's c., ingenuity ní ḟuil teora le hintleaċt mná. owing to your talents and good sense. ar méid do ṫuigsiona ⁊ do ṁeaḃraċ cinn. seeing the c. skilful way he did. explained it. ⁊ a ġlice do ḋein, ṁiniġ sé é. a c. cunning trick was played him. do bualaḋ bob glic etc. air. he got it in some c. ingenious way. fuair sé é ar ċuma éigin ċúinseaṁail. he is c. skilled in all learning tá sé anṫréiṫeaċ i ngaċ saġas léiġinn; tá sé oilte, ealaḋanta (C) ar gaċ ... skilled in telling lies oilte ar an éiteaċ the most skilful musician an ceoluiḋe is oilte the weasel is very c., resourceful tá an easóg animearṫa (W) the sublety. acuteness of the reasoning caoile ⁊ gontaċt an ṁaċtnaiṁ a c. able capable woman etc. bean éirimeaṁail; bean a ḃfuil éirim (f 2), é. aigne, acfuinn (f 2) aigne aici a man without much sense or skill fear gan mórán céille na éirime n-a ċeann (C) they have a genius. talent for robbery. law-making tá éirim ċun robála, ċun dliġe do ḋ. acu your talent for doing it t'ḟeabus ċun é do ḋ. it did it out of his own brain. c. ar a stuaim féin do ḋein sé é he is c. a good hand at making tables. excuses. at it is maiṫ an sás búird, leaṫscéil do ḋ. é, ċuige é.

CLIFF. v. rock. faill, aill f. 2; splinnc f. 2. the man was let down a c. do leigeaḋ an fear síos le faill to throw him down a c. é do ċaiṫeaṁ le faill, fánaiḋ

CLIMB. v. ascend. he c. the hill do ċuir sé an cnoc de de ḋreaparadóireaċt. to c. the wall ag d. an balla (C) c. over the wall. up, etc. ag streaparadóireaċt, streapaireaċt (C) ṫar an gcloiḋe, suas

CLING. v stick. hold

CLOAK. v. hide. brat m. 1; clóca m 4; calla m 4 (U); falaing f 2

CLOCK. the c. struck (two) do ḃuail an clog (m. 1) (a dó). a stroke. tick of the c. buille cluig. keeping time with the beating of the c. ag freagairt do luascaḋ, ṫromán an ċ. what o'c. is it cad do ċlog é; cadé an t-am (agat) é. it is one. three o'c. tá sé a haon, a trí do ċ. it is half-past. ten minutes past. one. three o'c. leaṫuair, deiċ nóimit tar éis a haon, a trí do ċ. it is ten minutes to one tá sé deiċ nóimit ċun a dó, dá dó at two o'c. ar a dó do ċ. at half-past two, leaṫuair tar éis a dó one. eleven twelve o'c. buille (W), an t-aon ḃ. déag (W). dá ḃ. déag (W) on the stroke of three ar ḃuille a trí

CLOD. v lump. sod

CLOSE. v. near. shut. c. to each other dlúṫ le ċéile. c. friend. friendship dlúṫċara, d. ċáirdeas the watch was so close do ḃí an faire ċóṁ d. soin he drew them up in c. order do ċuir sé i n-aon d.ḃuiḋinn iad he follows them c. leanann sé go d. iad they followed each other c. do leanadar ar ṡálaiḃ a ċéile the hound was c. on her in chase do ḃí an ċú suas le bearraḋ an taḋaill aici the lightning passed quite c. to me. grazed me do ċuaiḋ an splannc ṫairm le b. an t. they came to c. quarters, do ṫángadar láiṁ le láiṁ ⁊ uċt le huċt leis an náṁaid. we c. up our ranks, do ḋúnamar ċun a ċéile. c., press in on them, teannuiġ leo, teanntuiġ iad. the stalks are close, tá na gais antiuġ ar a ċéile, v thick. attend, think c. v care. c. stifling. v warm, smother. c. fisted, v niggardly

CLOT. v lump

CLOTH. éadaċ, m 1; bréid f 2 (frieze) bréidín m 4 (C); cadas m 1 (any

rough c.) ; abras. m 1. (homespun) ; canfas. cnafas m 1. (canvas)
CLOTHE. v dress. suit of c. culaiṫ (f 2.) éadaiġ. he spoiled his c. do loit sé a ċuid éadaiġ. no c. v. rag
CLOUD, scamall. m 1 ; neall. m 1. (gen. metaphorical) dark c. s. modarṫa. a c. of smoke, buṫaire deataiġ. heart c. with sorrow. v sorrow. his glory is under a c. tá a ċlú fá smúit ⁊ fá scáṫ the c. broke, do ṫáinig bristeaḋ ar na béacanaiḃ (U) cloudy. v dark
CLOVER' seamar f 2. red white c. s. ḋearg, ḃán
CLOWN. v rough, impudent, funny
CLUB. v stick. society. ten, two of c. (in cards). a deiċ, a dó triuċ. c. foot. spág f 2. c. footed, spágaċ
CLUMP. c. of grass, cnapóg (f 2.) féir
CLUMSY. v awkward
CLUTCH. v hold. snatch, young
COACH. cóiste m. 4. c. man. v. drive.
COAL. v. ashes. gual m. 1. a piece of live c., burning ember. sméaróid f. 2 ; smál. smól, m. 1 ; smeacaide m. 4 (Clare) : aiḃleóg f. 2 and 3 (U) ; aiṫinne f. 4 (C)
COARSE, v rough
COAST. imeall m. 1 ; imeall-ḃórd m. 1 ; oirear m. 1 (U) ; the Irish c. imeall, foir-i. etc. na hÉireann. on the Kerry c. ar imeallaiḃ etc. Ciarraiḋe. sailing along the c. of F. ag seolaḋ ṫar ċiumasaiḃ Finne Gaill. v. shore.
COAT, casóg f. 2 ; cóta mór (top-c) ; cóirtí m. 4 (U) ; éide m. 4 (c. of mail) ; lúireaċ m. 1 (id.) ; suaiṫeantas m. 1 (c. of arms)
COAX, v. flatter, allure. he was c. her. do ḃí sé ag bladar léi, ḋá bréagaḋ. I used to c. him to find out what was ... do ḃinn ag cuimilt baise ḋe go meallfainn uaiḋ caḋ a ḃí ...
COBWEB v spider
COBBLER. gréasuiḋe m. 4
COCK, coileaċ m. 1 ; coca (m. 4) (of hay etc) the c. crew, do ġlaoiḋ an coileaċ. he c. his head do ċuir sé goic (f 2) air féin ag éisteaċt. his head c. perkily, ⁊ g. air
COCKLE, cogal m 1 (weed) ; ruacán m 1 (shell-fish) ; gruaṁán, m 1 (W) (id).

COD. trosc m 1 ; troisplín troisc (tumbling c) ; bodaċ m 1 (codling) (C)
CODICIL. aguisín m 4
COFFER. v. box
COFFIN, coṁra f 5
COIL, v. roll
COIN, v money
COLD, v cool. I am c. táim fuar ; tá fuaċt (m 3) orm. I am stone c. táim fuar marḃ ; the c. of the corpse awoke him, do ḋúisig fuaire an ċuirp é. he is perished. famished with c., tá sé leaṫta, préaċta (C), deallruiġṫe (C) leis an ḃfuaċt ; the day is rather c., tá an lá inniú pas cruaiḋ ann féin ; it is getting c., chilly, tá an lá ag dul i nglaise ; the evening was a bit chilly, do ḃí an tráṫnóna buille beag glas ann féin ; the porridge was almost c., do ḃí an leite i ndeireaḋ a ṫeasa, my fingers got numb, do ṫáinig mara-leaṫair (Beara), mara-léir (C), manna-, barra liobar (Kerry). barr liobar (Cork) ar mo ṁéarannaiḃ ; do ḃí fuarnaṁ ionnta. I have a c., tá slaġdán (m. 1) orm. I caught a c., fuaras s. v. inhospitable
COLLAPSE, v fall
COLLAR, bóna m 4 ; the c. of his coat cába (m 4) a ċasóige ; cabar a ċóirtí (U) ; c. bone, cnáṁ an ṁuinéil, na nguailann ; dealraċán, m 1 (C) ; smulgadán (U) ; brannra brágaid
COLLECT, 1 c. the men sticks, etc. cruinnigim, connluigim (W), bailiġim na fir, bataí ; cuirim le céile, i gcionn a céile, i dteannta a céile iad ; do ṫugas i gcionn a céile iad ; the people c. assembled, do ċruinnig, bailiġ na daoine ; do ṫángadar i gcionn a céile, i dteannta a céile ; do ċnuasuiġeadar i dteannta a céile ; 1 c. money, a meeting tiomsuiġim (C) airgead, cruinniuġad ; many a mickle makes a muckle, tiomsuiġeann brob beart (C) ; a c. of apples, cnuasaċ uḃall, v bundle, etc
COLLEGE, coláiste m 4
COLLUSION, v. help, co-operate
COLONISE, v settle

COLOUR, daṫ, m. 3; he has a sunburnt c., tá d. na gréine air; he is of the c. of death, tá d. an ḃáis air; I c. it, cuirim d. air; it is of the c. of dew, tá sé ar d. an drúchta; they are not of the same colour, ní ar aon d. atáid; gold-c. cloak, brat ór-daiṫe; a many-c., variegated cloak, brat ioldaṫaċ, breaċ; many-c. sails, seolta bacóideaċa, ruaiṫeantaċa; the leaves are c., tá breacaḋ ag teaċt ar an nduilleaḃar; he put a c. on the story to suit himself, do ċuir sé blas, croiceann ar an scéal mar ṁaiṫe leis féin; she changed c., v. pale; bright-c., v. bright; c. up, v. blush

COLT, bramaċ, m. 1; bramín, m. 4; searraċ, m 1

COLUMN, coluṁan, m 1

COMB, cíor, f. 2, 5; honey c., c. meala; cock's c., c. coiliġ; I c. hair, etc., cíoraim

COMBUSTIBLE, inḋóiġte; so-loiscṫe

COME: he is c. to us, tá sé ag teaċt ċúġainn, ag teaċt ag triall orainn, ag gaḃáil ċúġainn; tá sé ċúġainn; c. here, tar, gaḃ, buail i leiṫ, annso, mar seo (this way); c. home, seo leat a ḃaile; téanam ort a ḃ.; he saw them c. in, do ċonnaic sé ċuige isteaċ iad; c. to, v. reach; c. on to, near, v. approach, near; c. near in quality, v. compare; c. over, v. happen, wrong; c. about, v. happen; c. across, v. meet; c. to pass, v. happen, accomplish

COMEDY, dráma suilt, grinn

COMFORT, COMFORTABLE, v. happy; compóird, m. 1; seascaireaċt, f. 3; socraċt, f. 3; c-able, seascair, cluṫair, cluṫṁar (snug, warm); compóirdeaċ (gen. of things); compóirdaṁail (gen. of persons); a c. house, etc., tiġ seascair, cluṫṁar, teoluiḋe; he stayed in bed nice and c., d'ḟan sé slán cluṫṁar i na leabaiḋ; he was (sitting, etc.) c., do ḃí sé ar a ṡástaċt, ṡocraċt, ṡeascaireaċt, go seascair, socaṁlaċ, ceoċánta (C); the boots you sent me are c., is cneasta na bróga a ċuiris ċúġam, v. fit; they are a poor c. to me to-day, is suarach an sólás dom indiu iad, v. console, please; in c., easy circumstances, v rich.

COMIC, v. fun, queer

COMMAND, v. order; he is in command of the army, tá sé i gceannas an airm, tá sé mar ċeann air; c-er, ceannṗort, m. 1; taoiseaċ, m. 1; ceannuird; ceann airm; fear cinn riain; c-ment, aiṫne, f. 4; God's c., aiṫeanta Dé

COMMENCE, v begin

COMMEND, v praise, approve

COMMENT, v note, judge

COMMERCE, v business

COMMIT, v do, I c. sin, gluttony etc, deinim peacaḋ, craos

COMMITTEE, coiste, m. f. 4

COMMON, v habit, practise, a c. saying, food, gnáṫ ḟocal, g. ḃiaḋ, c. events of the day, gnáṫimṫeaċta an tsaoġail, the usual spelling, an litriuġaḋ gnáiṫ, gnáṫaċ, he got his usual welcome, do ḃí an ḟáilte ba ġnáṫ, ġnáṫaċ roimis, the things that usually accompany war, na neiṫe is gnáṫ ag leanaṁaint cogaiḋ, we usually do it clumsily, ní ḋeinimíd de ġ. é aċt ar tuaṫal; I generally say that ... bímse ḋá ráḋ coitċeannta go ... as regards the c., general run of people, ċóṁ fada is téiḋeann an ċoitċeanntaċt (f 3); the c., general public is free from; it tá an c. saor uaiḋ. Irishmen c., generally, Éireannaiġ i gcoitċinne; c. gossip, caint an tsaoġail ṁóir, v world; a c., usual name, ainm leaṫeadaṁail; she is c. called by her mother's name, tugtar sloinneaḋ a máṫar go hiondual uirri (C) Friday is usually wet, is iondual an Aoine ag báistiġ; it is usually impossible to do it, is i. naċ féidir é do ḋ. (C); it is a c. plain little thing, ruiḋín beag Gaeḋlaċ is eaḋ é; c. ordinary furze, aiteann Gaeḋlaċ; that is the name of the c. ancestor of the tribe, sin é ainm cóṁṡinnsir na treiḃe, v same

COMMUNICATION, v letter, talk, connexion

COMMUNION, c. of saints, cumaoin (f 2: (na naoṁ), to go to, receive Holy C., C. do ġlacaḋ, dul ċun Cumaoine

COMPANION, compánaċ m 1 ; cóṁċéile m 4 (U) ; compáduiḋe m 4

COMPANY, cumann, m 1 (society, league) ; connraḋ m 3 (id.) ; cuideaċta f 5 ; comluadar m 1 : cuallaċt f 3. he is in c. with them, tá sé i na gcuideaċtain, i gc. leo, i na gcuilleaċtain, i gc. leo, i na gcuallaċt, i na gcoṁluadar ; he came in their c. do ṫáinig sé i n-éinfeaċt leo, i n-a dteannta, i n-a bfocair, i gcuideaċtain, etc. leo ; keeping bad c., i ndroċ ċuideaċtain ; ag coṁluadar le droċċuideaċtain ; in c. with the man, i gcuideaċtain an ḟir : he is the best c. in the place, is é an ċuileaċta fir is fearr san áit ; he used to be c. for her, do ḋeineaḋ sé c. ḋí ; to put him in c. with good people, é do ċur i gcoṁluadar le daoinib foġanta : he would like to keep c. with him, ba ṁaiṫ leis c. (do ḋéanaṁ) leis ; you will have good c. in your troubles, is áluinn an cuideaċtanas a beiḋ agat ⁊ tú ag gabáil tri anró ; he fell ... by keeping bad c., do ṫuit sé le teagṁáil (pr. teangṁáil) miġeanaṁail : I do not like to keep c. with them, ní maiṫ liom cuimilt i n-aon ċor leo, v. connexion ; they like to be in each other's c., is maiṫ leo beiṫ ag teannaḋ le ċéile ; to work in c., v. co-operate

COMPARE : I c. X with Y, cuirim X i gcomórtas (m. 1), gcoiṁmeas (m. 3), gcomparáid (f. 2) le Y ; there is no c. them, ní ḟuil aon ċomórtas eatorra ; she cannot be c. to the rest (she is so superior), nára slán c. í ⁊ an cuid eile acu . in c. with the second time, i gcóṁnáird leis an tarna huair ; that is the c., simile, example used when ... sin é a ċuirtear i gcosaṁlaċt nuair ... (W), v. example ; I would not c. myself to them, ní ċuirfinn mé féin suas ⁊ anuas leo : they c. themselves to me, bíd siad ag dul s. ⁊ a. liom ; she could not be c. with either of them in knowledge, níor ḟéad sí cuimilt le haoinne acu i n-eolus ; some are lucky c. to others, bíonn áḋ ar ḋaoinib ṫar, seaċas a ċéile ; the day was nothing c. to the night, ní raiḃ san lá aċt neaṁní s. an oiḋċe ; white c. to his usual colour, bán s. mar is gnáṫ leis ; they were numerous here c. to there, do bíodar go hiomadaṁail annso s. a ġainne do bíodar annsoin : he discussed the advantages of piety and morality c. with wickedness, do ḋein sé tráċt ar ċráibṫeaċt ⁊ ar ḋeaġbéasaib s. cuirpteaċt ⁊ urcóid ; what matter five men c. to the rest, cadé an brìġ cúigear acu s. iad go léir ; his horses were useless c. to them, ní raib aon ṁaiṫeas i n-a ċapallaib i na n-aice siúd ; c. to him, le na ais (W), taoḃ leis (W), láiṁ leis (W) ; that was nothing c. to what they suffered, níorb' fiú biorán é sin i bfarraḋ 's ar ḟulaing siad (U) ; there is no blindness sorrow, etc., c. to that, ní daille, brón go dtí é, v. matter, like ; to c. the two versions, ḋá ṫaoḃ an scéil do ṫabairt dá ċéile ; there you have the two stories c., sin iad ḋá ṫaoḃ an scéil tabarṫa dá ċéile ḋuit ; degrees of c., céimeanna coimdeilge.

COMPASS, snáṫad (f 2) máirnéalaiġ, the c. turned to the south, do ḋruid an tsnáṫad ó ḋeas ; points of c. N. ṫuaiḋ ; S. ṫeas ; E. ṫoir ; W. ṫiar ; N. wards, ó ṫuaiḋ ; S. wards, ó ḋeas ; E. wards, soir ; W. wards, siar ; from N. a dtuaiḋ, a ndtuaiḋ ; from S., a ndeas ; from E., anoir ; W., aniar ; the N. point, an áird ṫuaiḋ, ó ṫ ; the S. point, an á. ṫeas, ó ḋeas ; the W., E. point, an á. ṫiar, ṫoir ; N.E., ṫoir ṫuaiḋ ; to N.E., soir ó ṫuaiḋ ; from N.E., anoir adtuaiḋ ; N.E. point, an áird ṫoir ṫuaiḋ ; to N.N.E., so.r ó ṫuaiḋ puinte ó ṫuaiḋ ; to E.N.E.: soir ó ṫuaiḋ puinte soir ; (and so of other points), coming E., ag teaċt aniar ; going E., ag dul soir ; he is in the E., tá sé ṫoir ; in the E. world, san doṁan ṫoir ; it is a little E. of Cork, tá sé tamall soir ó Ċorcaiġ, ar an dtaoḃ ṫoir de Ċ., leaṫṡtoir de Ċ. ; the N. part of I., tuaisceart (m 1), íoċtar (m 1) na hÉireann ; the S. of I., deisceart na hÉ. ; the W. of I., iarṫar ná hÉ.

COMPASSION, v pity, mercy

COMPATIBLE, v agree. piety and politeness are c., ᵹaḃann, ᴛiᵹeann cꞃáiḃṫeaċᴛ ⁊ uaiꞅleaċᴛ le ċéile

COMPEL, v force, cause

COMPENSATE, v reparation

COMPETE. I c. with him, ᴛéiḋim i ᵹcomóꞃᴛaꞅ (m 1) leiꞅ; they were c., rivalling, vieing with each other to see which would speak the most, ᴅo ḃíoᴅaꞃ aᵹ foꞃmaᴅ, aᵹ iomaiḋ aᵹ iomaꞃḃáiᴅ, aᵹ coiṁleanᵹ, aᵹ coiṁlinᴛ, le ċéile féaċainᴛ cé ba ṁó labaꞅꞅaḋ; ᴅo ḃí ᴛnúṫ, foꞃmaᴅ, etc. (aꞃ ꞅiuḃal) eaᴛoꞃꞃa féaċainᴛ ...; that caused rivalry between them, ᴅo ċuꞃ ꞅin foꞃmaᴅ ... eaᴛoꞃꞃa féaċainᴛ ... I would not c., try to rival him, ní ꞃaᵹainn i n-iomaiḋ leiꞅ; a c.-or, comóꞃᴛuíḋe m 4: iomaiḋṫeoiꞃ m 3

COMPLAIN, ᵹeaꞃánaim, c. of bread, aᵹ ᵹeaꞃán, (maꞃ ᵹeall) aꞃ an aꞃán, fá'n a (C); c. that it is not there, aᵹ ᵹ. ᵹan é ᴅo ḃeiṫ ann, ná fuil ꞅé ann: he will c. of me to him, ᴅéanfaiḋ ꞅé ᵹ. oꞃm leiꞅ, ᵹeaꞃánfaiḋ ꞅé lem aṫaiꞃ mé; I lodge a c. on him, cuiꞃim ᵹeaꞃán iꞅᴛeaċ aiꞃ; I have nothing to c. of, I can't c., ní ᵹeaꞃánᴛa ḋom; we can't complain of the road, ní ᵹ. aꞃ an mbóṫaꞃ; it is not as good as before, but we can't c. of it, ní ḟuil ꞅé ċóṁ maiṫ, ⁊ ᴅo ḃí ꞅé aċᴛ ni ᵹ. ḋó; he is c., grumbling about it etc., ᴛá ꞅé aᵹ caꞅaṁ, aᵹ cáiꞅeaṁ, aᵹ ceiꞅneaṁ, aᵹ ᴅéanaṁ ceiꞅniṁ, aᵹ cnáᴅán, aᵹ cnáiṁꞅeáil, aᵹ caṁꞃán, aᵹ cáineaċán, aᵹ ᵹláṁán (W), aᵹ ᵹluáiꞅeán, aᵹ ᴛoꞃmuꞅ, (maꞃ ᵹeall) aiꞃ, i na ṫaoḃ, i n-a ċoinniḃ, I am not c., grumbling, ní ḟuil aon ċeiꞅneaṁ ... aᵹam ḋá ḋ.; c., grumbling that it is not there, aᵹ ceiꞅneaṁ ... ᵹan é ᴅo ḃeiṫ ann; complaining people, grumblers, growlers, luċᴛ caṁꞃáin etc. caṁꞃánaí, cnáᴅánaí, cꞃáiḋᴛeáċáin, etc. a c., cranky, old woman, cailleaċ ċanncꞃaċ ċaꞅaoiᴅeaċ, ċiaꞃꞅánaċ, etc. he stopped his c., murmuring, ᴅo ċoiꞅc ꞅé an monabaꞃ

COMPLETE, v. end, exact 3 c. years, ᴛꞃí bliaḋna ꞅlán; the full 3 miles, na ᴛꞃí míle ꞅ.; I have the full sum, ᴛá an ᴛ-aiꞃᵹeaᴅ aᵹam ᵹo lom ꞅ.; before he c. his first year, ꞅaꞃ a ꞃaiḃ ꞅé bliaḋain ꞅlán, iomlán; I c. my 5th y. ᴅo ꞅlánuiᵹeaꞅ mo ċúiᵹeaḋ bliaḋain: his knowledge is as c. as when ... ᴛá a eóluꞅ ċóṁ hiomlán ⁊ ċóṁ foiꞃlíonᴛa ⁊ maꞃ... his influence more c. affects us, iꞅ iomláine ṫéiḋeánn a ċoṁaċᴛ i ḃfeiḋm oꞃainn; she thoroughly deserves it, ᴛá ꞅé ᴛuilllᴛe ᵹo hiomlán, ꞅan iomlán aici, to conquer them c. iaᴅ ᴅo ċuꞃ fá ꞅmaċᴛ ᵹo hiomlán; he gave him his full pay, ᴅo ṫuᵹ ꞅé a luaċ ꞅaoṫaiꞃ ꞅan í., ᵹo hi, ᴅó; he told the full story, ᴅ'inniꞅ ꞅé iomlán, iomláine an ꞅcéil, an ꞅcéal ᵹo hiomlán, ꞅan i; that was not the whole story níoꞃḃ'é an ᴛ-i, é; the c. full works of C. are there, ᴛá i., iomláine ꞅaoṫaiꞃ Ċuinn annꞅon; I will sell you the lot, whole thing; ᴅíolfaᴅ an i. leaᴛ; the bloom of her beauty was not perfect, ní ꞃaiḃ i. bláṫa aꞃ a hailneaċᴛ; he will not understand its full force, ni ḃeiḋ i a ḃꞃiᵹe ᴛabaꞃṫa leiꞅ aiᵹe; with full knowledge and deliberation, le hi, feaꞅa ⁊ maċᴛnaiṁ, the whole month lán na míoꞅa (U), a c. perfect fool, gentleman, amaᴅán, ᴅuine uaꞅal cꞃíoċnuiᵹṫe; a whole boat could be made from it, ᴅo ᴅéanfaiḋe báᴅ ᵹo c. ᴅe; it is c. quite cured, ripe, etc., ᴛá ꞅé cneaꞅuiᵹṫe, aibiḋ i ᵹceaꞃᴛ; he c. failed ᴅo ṫeip (ᵹo) ᵹlan aiꞃ; the attempt has quite failed ᴛá ᴛeipṫe ᵹ. aꞃ an iaꞃꞃaċᴛ: it has quite disappeared, ᴛá ꞅé imṫiᵹṫe ᵹ.; I was not quite destroyed, níoꞃ cuiꞃeaḋ éiꞃe aꞃ neaṁní (ᵹo) ᵹ.; a c., perfect confession faoiꞅiᴅin ᵹ.: to kill him, ᴅo it, etc., c., out and out, é ᴅo ṁaꞃbaḋ, ᴅéanaṁ aꞃ faᴅ, ᵹlan, amuiᵹ ⁊ amaċ; c. quite dead, maꞃḃ ᵹlan, ᵹ. amaċ, aꞃ faᴅ; to c. finish it é ᴅo ċꞃíoċnuᵹaḋ ᵹo beaċᴛ, cꞃuinn, hiomlán, baileaċ; they had the whole c. story, ᴅo ḃí bun an ꞅcéil ᵹo cꞃuinn ⁊ ᵹo baileaċ acu; it is quite dry, ᴛá ꞅé baileaċ ᴛiꞃm (C).; we have a c. account of it, ᴛá cunnᴛaꞅ cꞃuinn, etc., aᵹainn aiꞃ; how c. perfectly he kept the secret, a ċꞃuinne ᴅo ċoimeáᴅ ꞅé an ꞃún; to perfect his knowledge a eoluꞅ ᴅo ċuꞃ i méiᴅ ⁊ i ᵹcꞃuinneaꞅ; to do the work c. perfectly, gan aon lóipín d'ḟágáilt ar an obair; gan aon earnaṁ d'ḟ. ... he told them the whole story, d'innis sé dóiḃ tríd síos ó ṫosaċ go deireaḋ an scéal. they are so ignorant of their business, táid siad ċóṁ mór gan fios a ngnóṫa féin; the work is coming to c., tá an obair ag dul ċun cinn, v. advance. you are c., quite right, tá corr láir an ċirt agat, v. right; to drive them c. out of I. iad do scuabaḋ idir ċorp ceart, idir fuiṫ feaṫ as Éirinn. to give it c. up to them é do ḃreiṫ suas dóiḃ idir f. f. do not kill me c. ná mairḃ me duṫ 7 daṫ (C)

COMPLEXION. v. pale, colour

COMPLICATE. v. mix, confuse

COMPLY. v. agree

COMPOSE. I c. a story, ... cumaim, doġním, scríoḃaim scéal; a plough is c. of, consists of three things, tá trí rudaí i gceaċt

COMPRESS. v. crush, press

CONCEAL. v. hide

CONCEIT. v. pride, affectation

CONCEIVE. gaḃaim. He was conceived by the Holy Ghost, do gaḃaḋ ón Spiorad Naoṁ É. v. think

CONCERN. v matter. it c. the faith, baineann sé leis an gcreideaṁ; charity and all that c it, carṫannaċt 7 gaċ a mb. léi; that c. me no more than the other thing, ní ḃ. an scéal soin liom aċt oiread 7 do ḃain an scéal eile; as far as shamefulness was c., ċoṁ fada 7 ċuaiḋ náire; as far as our part in it is c., ċoṁ fada 7 téiḋeann ár gcuid-ne de; as far as any effect being produced is c., ċoṁ fada 7 téiḋeann toraḋ do ḃeiṫ air: v. part. concerning v. about

CONCERT. cuirim (f 2) ceoil

CONCLUDE. v. end, infer

CONCUPISCENCE. v. passion

CONDEMN. v. blame. he c. them to death, be hanged, do ḋaor sé ċun báis, ċun a gcroċta iad; he was not c. for it, found guilty, níor daoraḋ ann é.; I do not care to c., blame you in that, ní maiṫ liom ṫú do ḋ., san scéal; he was c. to a month's imprisonment, do tugaḋ mar ḃreiṫ air mí príosúntaċta do ċur de; he was c. to exile, is í ḃ. a tugaḋ air ná a ionnarbaḋ as an dtír; do tugaḋ de ḃ, air é do ḋíbirt as ...; c. to hell, damnation, damnugaḋ m 3, damaint f 3; God will c., damn them for it, do ḃéaraiḋ Dia breiṫ damanta orra mar ġeall air; thousands are damned, tá ná mílte damanta

CONDIMENT. annlann m 1

CONDITION. v. state. he will do it on c. that you go there, déanfaiḋ sé é ar ċoinġeall (m 1), ċor (m 1) go raġair ann; unconditionally, gan ċoinġeall, ċol, agó; I agreed to it without any c., restriction, do ṫoiliġeas ċuige gan aon ocó do ċur ann, gan cosc éigin do ċur leis; I will not go on those c., ní raġad ar an gcúinse sin; on c. that v. only

CONDUCE. all that c. to keep I. alive, gaċ a mbaineann leis an nGaeḋilg do ċoimeád beo

CONDUCT. v. guide, bring, accompany. c. yourself, iomċuir ṫú féin (i gceart). bad-c., droċiomċur (m. 1), míiomċur, droċḃearta. not guilty of any bad c., gan aon ḃeart míiomcuir do ḋ. a well c. man, duine deaġḃéasac, what bad c. on my son's part to do it, cadé mar obair dom ṁac féin é do ḋ.

CONFESS. v. admit; I c. to God, etc., that I have sinned, adṁuiġim do Ḋia gur ṗeacuiġeas; to go to c. to him, faoisidin (f. 2) do ḋ. leis, dul ar f. ċuige (C); dul ċun faoisidine: a general c., faoisidin ḃeaṫaḋ; to hear c., f. d'éisteaċt; a confessor, aṫair, oide faoisidine, anamċara.

CONFIDE, CONFIDENCE: I have c. in him, tá muiniġin (f. 2), ionntaoiḃ (f. 2) agam as; cuirim m. ann; I have no c. in him, distrust him, ní ḟuil aon ṁ., etc., agam as, tá droċionntaoiḃ agam as, v. suspicion; have c., glac m., v. courage; I have no source of c. except...ní ḟuil de ṁ. (an tsaoġal) agam aċt...; to have c. in him, ḃeiṫ ar a ionntaoiḃ; i. do ṫaḃairt leis. you cannot trust them when...ní hionntaoiḃ iad nuair...; they have

c. in themselves, are self-c., táid siad muiniġineaċ, ionntaoiḃeaċ asta féin ; diffident, míṁuiniġineaċ asta féin ; I say it with c., v. bold ; I have every confidence that..., v. certain, guarantee.

CONFINE, v. shut, person, prison, bond, child.

CONFIRM, v. strengthen ; they were c., do ċuadar fá láiṁ easbuig, do cuireaḋ fá l. e. iad ; the sacrament of c., sacraimint dul fá l. e.

CONFLICT, v. fight.

CONFORM, v. submit, yield, obey, according.

CONFOUND, v. curse, confuse.

CONFUSE : my mind is quite c. by you, tá m'intinn i na mearcán mearaiḋe agat. he was, got c., do ḃí, ṫáinig an m. m. air, ar a aigne ċoṁ mór soin go...; what so c. them that they should say they were... cadé an m. m. orra ċun a ráḋ go raḃadar...; that c., puzzles me, tá an rud son ag déanaṁ mearḃaill, mearcán mearḃaill dom. he was c. puzzled (as to how he...), do ḃí sé ar mearḃall (cionnus ḃeaḋ sé...). the c. in his mind, an ceo ⁊ an mearḃall atá ar a aigne. when he saw it he got c., nuair ċonnaic sé é do ṫáinig m. air. he got c. in reckoning, do ċuaiḋ sé ċun mearḃaill san ċóṁaireaṁ. my mind is c., tá an ceann mearḃallaċ agam. the same c. difficulty is before my mind, tá an mearḃall céadna os coṁair m'aigne. that is what puzzles me, sin é atá ḋom ṁilleaḋ, ḋallaḋ ; sin é atá orm ; sin é an ḟaḋb, v. difficulty. I am more puzzled than ever, táim níos daille ar an scéal ná ḃíos riaṁ. the affair has got more c. complicated than ever, tá an scéal trí na ċéile níos measa ná riaṁ. however confused I was, dá ṁéid trí na ċéile do ḃíos, v. trouble. a muddled explanation, míniuġaḋ aiṁréiḋteaċ ; the affair got entangled, muddled, do ṫáinig, ċuaiḋ an scéal i n-aiṁréiḋ orm ; that threw the work into c., do ċuir sin an obair i n-a. orm ; it was C. who caused all the c., is é Conn fá ndeara an aiṁréiḋ ⁊ an dul amuġa go léir ; his house is falling into c. owing to no one...tá cúram an tiġe ag imṫeaċt i n-aiṁréiḋ toisc gan aoinne... ; he upset all my books, do ċuir sé mo leaḃra bun os cionn orm ; the thing is getting c., tá an scéal ag dul sa ṁuilleann orm ; my head is c. reeling with it all, tá mo ċeann i na roiṫleán, tá rí-ráḋ ⁊ bulla báisín im' ċeann ; I should puzzle you with such talk, do ḋéanfainn bulla dall díot le na leiṫéid sin de ċainnt ; you never saw such bewilderment, ní ḟeacais a leiṫéid sin de ċéimaiġ-ráḋ riaṁ ⁊ do ḃí orainn ; it is all in c., tá sé i na ċimil-a-ṁáilín ; the c. turmoil in I., an cimil-a-ṁáilín atá ar siuḃal i nÉirinn ; they cause all the turmoil, is iad ġníonn an gleo ⁊ an rí-ráḋ ; you have upset my school, caused c. in it, naċ deas an rí-ráḋ a ḋeinis dom scoil ; they have everything in c. disorder, tá an teaċ, gaċ aoinní (fuaiġte, mearcta, corruiġṫe) i na ċíor ṫuaṫail (pr. tuaiḃil) acu (C.) ; he is puzzling them, tá sé ag déanaṁ cíor-ṫuaṫail díoḃ (C.) ; all I. will be in turmoil, beiḋ gnó na hÉireann i na ṗraisiġ ; he was a bit disconcerted, at a loss, do ḃí sé a ḃeag nó a ṁór as a ṫreoir (C.), beagán bainte dá ṫreoir (C.) ; you are in a great fuss, naċ orṫsa atá an foṫaraga ; that work and the c. trouble it caused, an obair sin ⁊ an toirmeasc a lean í ; whatever uproar is about him he is at peace, bíonn suaiṁneas air pé cairmisc bíonn i na timċeall, v. noise.

CONGRATULATE, I c. you on being chosen, on your marriage, on your new boots, go mairiḋ tú do ṫoġaḋ, do ṗósaḋ, na bróga nuaḋa, go n-éiriġiḋ do ṗósaḋ leat ; I c. you on your recovery, slán éirġe ċúġat I c. you on the birth of your son, molaim tú i dtaoḃ t'oiḋre ; I c. you on getting it, m. tú mar fuarais é ; I c. whoever has it, m. an t-é a ḃfuil sé aige ; I c. him on his escape, on it, do ḋeinear ċomġáirdeaċas leis as teaċt slán dó, mar ġeall air ; I am not to be c. on them, they are a doubtful acquisition, ní maoiḋte orm iad, v. boast :

I began to c. myself that ... do luiġeas ar ḃeannaċtáiġ liom féin de ḃárr go raiḃ ...

CONGREGATION, v. collect. c. in church, pobul m 1

CONJUGATION, réimniuġaḋ (gram.)

CONJUNCTION, comnasc (gram).

CONNAUGHT, Cuige Connaċt; Connaċta (pl.)

CONNECT, CONNECTION, v. unite. the close c. between music and language, an dlúṫḃaint atá ag ceol le teangaiḋ; the time and the memories c. with it are forgotten by me, tá an aimsir sin 7 an méid dá ċuimne atá ag gaḃáil léi imṫiġṫe as m'aigne; do not have any c., association, dealings with them, the affair, ná bíoḋ aon ḃaint, teagṁáil, ċuimilt agat leo, leis an scéal; c. by marriage, v. relation

CONQUER. I c., beat them, do ḃuaiḋeas orra, fuaras, rugas an buaiḋ, buaḋ (m 3, f 2) orra, do ḃí an b. agam orra; you have beaten me, tá buaiḋte agat orm, tá an buaḋ agat orm; we want to win, is áil linn an b. do ḃreiṫ linn: he has won, is leis atá b.; tá an lá buaiḋte aige; he will not let himself be beaten, ní léigfiḋ sé an b. leo; I won the land by my sword, do ḃuaiḋeas an tír lem ċlaiḋeaṁ; to c. him, the devil's temptations, an láṁ uaċtair d'fagḃáil air, ar ċaṫannaiḃ an diaḃail, an cceannsmáċ d'fagáil air; we shall win, beiḋ an báire linn; she would beat him at the stick, do ḃéaraḋ si bárr air le maide: the d. himself would not beat you, ní ḃainfeaḋ an diaḃal an ḃeárna díot; I c., subdued them, do ṫraoċas, ċlaoiḋeas iad; he is subdued by us, tá sé fá ċois againn; he c. them in three bloody battles, do ḃris sé trí caṫanna fuilteaċa orra, v. defeat.

CONSCIENCE, CONSCIENTIOUS, deceiving him sits lightly on my c. is beag luiġeann sé ar mo ċoinsias (m. 1), ċoguḃas (m. 1) é do ṁeallaḋ, v. matter; he is very c. about it, tá sé anċoinsiasaċ i na ṫaoḃ; 'pon my c., dar mo ċoinsias: it would be on my c. do ḃeaḋ sé ar m'anam; to examine my c. to find, etc., scrúduġaḋ do ḋéanaṁ orm féin ċun fios d'ḟagáil ... through great c. he did it, le neart cirteaċta do ḋein sé é

CONSCIOUS, CONSCIOUSLY, v. sense. I did not do it c., níor ḋeineas dem ḋeoin é; i gan ḟios dom féin do ḋéineas é, v. will

CONSECRATE, v. bless. c. bread, arán coisreagṫa; he is c., devoted to God, tá sé tabarṫa suas do Ḋia; they were c. bishops do cuireaḋ fá ġráḋaiḃ iad i na n-easboġaiḃ; do hoirdneaḋ i na n-e. iad.

CONSENT, v. agree, yield, permit, will

CONSEQUENCE, v. result; matter of c. v. important; to draw a c. v. infer

CONSEQUENTLY, v. sign, infer

CONSIDER, v. think. considering that, v. see

CONSIDERATION, v. account, think

CONSIST, v. compose, consistent, v. agree

CONSOLATION, it is a poor c. for me, is suaraċ an sólás (m 1) dom é; such a c., a leiṫéid de ṡ. croiḋe; that c. me, do ṫug sin s. dom

CONSPIRACY, v. whisper. there was a c. against the king, to do it, do ḃí uisce fá ṫalaṁ dá ḋéanaṁ i gcoinniḃ an ríoġ, ċun é do ḋ.

CONSTANT, v. common, often. buan- (lasting); gnáṫ- (usual); doaisṫriġṫe (immutable); a c. friend, buan-ċara; one c., continual prayer, aon urnuiġṫe ċomnuiḋeaċ; c., well-sustained music, ceol sireaċtaċ, its c. charm, a ṡíorṁaise; he is c. in spirit, tá sé seasṁaċ, buanṫseasṁaċ i na ċroiḋe; c., persevering at the work, s., buanṫs. san obair; his c. perseverance, a ṡeasṁaċt, ḃuanṫs.; he was so c. at it, do lean sé ċom síorruiḋe ḋe go ... he is c. praising her, bíonn sé de ṡíor dá molaḋ; c. working, ag síorobair, v. habit

CONSULT, v. advise, discuss

CONSUME, v. waste, eat, spend. consumption, (disease) eitinn f 2; cnaoiḋ f 2

CONTAMINATE, truailliġim

CONTEMPT, v. insult. I have c. for them, tá droċṁeas m 3), ṁí ṁeas agam orra; ní ḟuil meas maḋra agam orra ; is beag é mo ḃeann orra, v. care ; they are held in c., despised, táid siad fá ḋroċ-ṁeas etc. ; he despises you, tá seanḃlas aige ort ; he struck the ground with c. for himself, and the contemptible nature of his life, do ḃuail sé an talaṁ le seanḃlas air féin fá ḟuaraiġe a ḃeaṫaḋ ; c.-ible, v. mean, miserable. c.-uous, v. insult, pride.

CONTEND, v. fight, compete, argue.

CONTINENT, mórṫír f. 2 ; mórroinn f. 2

CONTINUED, affairs c. thus, do lean an scéal mar sin, ar an gcuma soin; he c. at, stuck to the work, do lean sé ag déanaṁ na hoibre ; do lean sé leis, air, de ; this will c., last, leanfar de seo ; she c. at it perseveringly, aċt tríd ⁊ tríd do lean sí air ; he c. at it, driving it home into their minds, do l. sé siar ar an scéal dóiḃ ; that sickness lasted 7 days, do l. an taom soin díom ar feaḋ seaċt lá ; as long as the food lasts, an ḟaid leanfaiḋ an lón ; it lasted long, for 7 hours, do lean sé i ḃfad, ar feaḋ seaċt n-uaire an ċluig ; the thought of that day did not c. long with him, ba ġearr do lean cuiṁne an lae soin de ; his memory will live, mairfiḋ a ċuiṁne ; it lasted a week, do ṁair sé seaċtṁain ; how long will it last, cá ḟaide ṁairfeas sé (C) ; cá'd a ṁairfeas sé (U) ; an fada d' ḟanfaiḋ sé ar siuḃal ; he c. talking, do ṫiomáin sé ag labairt ; he c. his evil course, do ṫ. sé leis ar an ndroċḃéas ; he c. at, stuck to the work, do ċlaoiḋ sé leis an obair, he c. kept at her until ... do ḃí sé ag gaḃáil di nó gur ... : the c. of the work depends on them, orra soin atá seasaṁ na hoibre ; continual, continuous v. constant, stop. I was there 12 days in succession, do ḃíos ann ḋá lá ḋéag ar a céile, i ndiaiḋ a ċ., ar éadan a ċ. (C. U).

CONTRACT, v bargain, agree, shrink, bend.

CONTRADICT, I c. the story, bréagnuiġim an scéal; her deeds c. belie her words, bréagnuiġeann a gníoṁ a caint ; I am sorry to c. you, I beg your pardon he was ... ní ḋod ṡáruġaḋsa, bréagnuġaḋsa é ; ní ag cur éiṫiġ id leiṫse é ; I c. him out of his own mouth, do ṫugas an t-éiṫeaċ dó as a ḃéal féin ; he c. me, do ċuir sé bréag orm ; do ġaiḃ, ċuir sé im ċoinniḃ. v. oppose. that does not c. the adage, ní ṡáruiġeann soin an seanḟocal ; no one you may be sure c. him, gave him "back-answers," ní baoġal gur ṫug aoinne gaċ ré seaḋ ḋó. v. impudent. c-ory of. v. oppose.

CONTRARY, v. oppose, hand, against

CONTRIBUTE, v. conduce, give. c-ion (money) sínteaṁas (m. 1) láiṁe

CONTRITE, v. sorry, penance. to make an act of c., gníoṁ croiḋe-ḃrúġaḋ do ḋ

CONTROL, v. restrain, power

CONTROVERSY, v argue

CONVENIENT, it is a c., handy thing, (tool, etc.) is áiseaċ an rud é ; it is a c. thing to bring, tá sé á. le breiṫ liom ; she had it (excuse) very handy, naċ á do ḃí sé aici ; everything is so c., tá gaċ aon rud ċoṁ há soin ; it would be very c. if he came, do b'á. an rud é dá dtiocfaḋ sé ; a pound would be a great c. to me, do ḋéanfaḋ púnt áise ṁór dom, ba ṁór an congnaṁ ⁊ an áiseaṁlaċt dom é ; I have not the cash c., ní ḟuil an t-airgead oireaṁnaċ, go hacraċ agam ; a. c. place, áit aḋṡáiḋeaċ, acraċ, ċaoiṫeaṁail, aṫċomair (U) ; when will it be c. for you to do it, cá ċoin beiḋ sé caoiṫeaṁail duit é do ḋ. ; whatever time is most c., pé am is feárr ṫiocfaḋ isteaċ led ċaoiṫeaṁlaċt ; is is an inconvenient thing for a man to etc., is miċoṁṫromaċ (pr. mioċrumaċ), an rud do ḋuine beiṫ ... : it will not be very inconvenient for me, ní ḋéanfaiḋ sé mórán miċoṁgar dam (W) ; I had everything c. at hand, do ḃí gaċ rud agam' uillin agam, ar mo ḋeis agam, v. near, suit

CONVERSATION, v. talk

CONVERT, v. turn, become

CONVICT, v. condemn, prisoner; c.-ion, v. persuade

COOK, v. boil, ready, cócaire m 4

COOL, v. cold, impudent. the c. air of morning, gaoṫ fionnḟuar, ionnḟuar na maidne ; it will get c. in the evening, tiocfaiḋ fionnḟuaras um ṫráṫnóna ; water to c. himself, uisce ċun fionnḟuaraḋ do ṫaḃairt dó féin ; to c. his fingers, a ṁéaranna d'ḟuaraḋ ; you are a c., unexcitable man, is fuaraiġeantaċ an fear ṫú ; it c. the soil, do ṫug sé fuarṫan ar an dtalaṁ ; the soil was the cooler for it, ba ṁóide fuarṫan na hiṫire é ná roimis sin ; that will c. his excitement, bainfiḋ sin an teasbaċ de, v. excite, keep c., v. sense

CO-OPERATE, v. unite. the men, many things c., act in conjunction to deceive her ; tá na fir, a lán rudaí ag cur le céile ċun í do ṁeallaḋ : táid siad ag obair, oibriuġaḋ ar láiṁ, acfuinn a céile ċun i...., they are in c., collusion, táid siad ag obair i bpáirt ; their c. makes me nervous, tá eagla orm roiṁ an gcur-le-céile atá dá d. acu.

COOT, cearc ċeannain (C).

COPIOUS, v. abundant ; weep, sweat c., v. cry, sweat, etc.

COPPER, uṁa, m. 4 ; c. coloured, crón.

COPY, cóip, f. 2 ; macsaṁail, m. 3 ; macleaḃair (of book) ; I c. the story, d'aiṫscríoḃas an scéal ; I made a c. of the key, do ḋeineas macsaṁail den eoċair.

CORD, téad, f. 2 ; sreang, f. 2 and 3 ; córda, m. 4.

CORE, croiḋe, m. 4 (uḃall, etc).

CORK, corc, m. 1 ; c. screw, ḃíḋís corc ; Co. C., Conndae Ċorcaiġe.

CORMORANT, broiġeall, f. 2 ; seagaḋ, m. 1 ; seanga, m. 5.

CORN, arḃar, m. 1 : c. on one's foot, faḋarcán, m. 1, farcan (C.), fartan (U.), crannra m. 4 (C. U.) ; c. grass, geaṁar, m. 1 ; c. field, gort arḃair : c. crake, gearra guirt (also quail) : traġna, m. 4 ; treiḋean, m. 1 (W.) ; treiḋneaċ, m. 1.

CORNER, cúinne, m. 4 ; clúid, f. 2 ; cúil, f. 2 ; the c. house, tiġ an ċúinne ; three c. tríċearnaċ ; in a c., v. difficulty.

CORONER, crónaire, m. 4.

CORPORAL, v. body.

CORPSE, corp, m. 1 ; c. marḃ ; corpán, m. 1 ; ablaċ, conablaċ, m. 1 (contemptuous, not of persons) ; pretending to be a c., mar ḋ'eaḋ gur corpán é.

CORRECT, v. right ; I c. the book, do ċeartuiġeas an leaḃar ; I c. the mistake, do leiġeasas an dearmad.

CORRESPOND, v. letter, write, proportion ; that disease c. to the spiritual one, freagrann an galar soin don ġalar sprioradálta ; many of our words have no c. one in French, is mó focal atá againn gan a ċoṁḟocal sa ḃFrainncís ; corresponding to each change in the tune there was a change in the movements, i n-agaiḋ gaċ aṫaruġaḋ dá dtéiḋeaḋ ar an gceol do ṫéiḋeaḋ a ċoiṁṫrom d'aṫaruġaḋ ar ġluaiseaċt na ndaoine.

CORRIDOR, póirse, m. 4.

CORRUPT, v. rot ; his heart got c., do calcaḋ a ċroiḋe ; that c. his h., doṫruailliġ sin a ċ. ; c-ion, (wickedness), v. wicked ; c. in wound, v. matter.

COST, v. price, expense ; it c. a pound, do ċosnuiġ sé púnt ; it c. nothing, ní ċosnuiġeann sé cianóg, v. money ; a thing that c. you nothing, rud nár luiġeaduiġ ṫú.

COTTON, cadán, cadás, m. 1 ; bog-c., ceannḃán móna.

COUGH, casaċtaċ, m. 1, f. 2 ; casaċt, f. 3 (C.) ; he c., do leig sé c. as ; do ḋein sé c. ; he had a fit of c., do ċur sé gread casaċtaiġ ḋe.

COUNCIL, coiste m 4

COUNT, áirṁin, áirṁiġim, I c. 20 men, d'áirṁiġeas fiċe fear ; I did not c. them in, d'ḟáġas gan áireaṁ iad ; without c., including those three, gan an triúr fear soin d'á. v. mention, I began to c., do ċromas ar ċóṁaireaṁ ; I c. them, do ḋeineas c. orra ; while I should c. two, an faid 7 ḃeinn ag c. a dó ; they were too many to c., do ċuadar ṫar ċ. orm : that is being c. against you, tá sin ag dul síos id ċoinniḃ sa ċ., v. account ; c.-less, daoine doáirṁiġṫe, ṫar ċ. v. many

COUNTRY, v. land, district, he is in the c. (not in town), tá sé ar an dtuaiṫ (f 2); he went into the c., do ċuaiḋ sé fá'n dt., sa t., d'imṫiġ sé siar amaċ; to get c. air. gaoṫ na tuaiṫe do ġlacaḋ; they have a c. house. tá ionad acu ar an dtuaiṫ; c. people. daoine na tuaiṫe, ón dtuaiṫ

COUNTY. conndae, f 4

COUPLE, v. pair

COURAGE. COURAGEOUS. misneaċ m 1; meanmna, f 5 (spirit); calmaċt f 3; cróḋaċt f 3; gaisce f 4 (heroism); sprionnaḋ m 1; uċtaċ, m 1 (U); dánaċt, f 3 (boldness); fearaṁlaċt f 3. courageous, misneaṁail; calma; cróḋa; dána; neaṁeaglaċ; míleata (knightly, heroic); curanta (id.); fearaṁail. I could not summon up c. to do it, ní raiḃ de ṁisneaċ agam, ní ḟuaras de ṁ. ionnam é do ḋ; he plucked up c., do ġlac, gaiḃ sé m., uċtaċ (U), do ġaiḃ m. é; do ġlaoiḋ sé a ċuid misniġ ċuige. that gave him c., do ṫug sin uċtaċ dó (U); do ḋein sin a ṁisneaċ do ġríosaḋ, ḃrostuġaḋ; do ċuir sin m. air; do ċuir sin sprionnaḋ (misniġ) ann; do ċuir sin sprionnaḋ i na ṁisneac; losing c., ag cailleaṁaint a ṁisniġ; he got very bold. do ṫáinig dásaċt ⁊ mórċroiḋe dó; the first thing that encouraged him. an ċéad ṫóg-ḃáil cinn a fuair sé; the man was inspired by God with high c., do ḃí meanmna ó Ḋia i gcroiḋe an ḟir; they got the spirit to do that. do ġlacadar m. ċun é sin do ḋ.; if he had any spirit. spunk, dá mbeaḋ aon sprreacaḋ, sprionnaḋ, spainng ann; he has not the spunk to smash a skull. ní ḟuil d'anam ann plaosc do ḃriseaḋ; he had a stout heart. do ḃí scairt láidir aige; deeds of heroism. gníoṁarṫa goile ⁊ gaisce; he got discouraged. do ṫuit an lug ar a lag aige; a fine c. man. scafaire, spreabaire, scriosaire, lannaire, trodaire fir, etc.

COURSE, v. direction. plan. it will fall in c. of time, tuitfiḋ sé le himṫeaċt na haimsire; in the c. of the day, etc. v. during; I was, of c., to be sure, do ḃí ar ndóiġ (U); ar ndóiġ do ḃíos (C); gan daḃt do ḃíos; you are not in a hurry of c., ní héidir. ní féidir (C) go ḃfuil ḃruid ort. v. must. of c., naturally I got a fright, níorḃ' ḃeag iongnaḋ a dtáinig de scannraḋ orm; do ṫáinig s. orm ní naċ iongnaḋ. of c. naturally there would be a change in it ní móide ná go mbeaḋ aṫar-ruġaḋ air; naturally, of c. he did not come, ní baoġal gur ṫáinig. naturally I was glad, ⁊ ní misde a ráḋ go raiḃ áṫas orm; he is glad, no wonder. of c. tá áṫas air. ní misde ḋó soin; to c. hares v. hunt.

COURT, cúirt f. 2.; into the c-house isteaċ san ċ.; it is an extraordinary courtship, is neaṁċoitċeannta an suiriġe (m. 4) é. he is c,. her tá sé ag s. léi.

COUSIN, C and A. are 1st c., clann na beirte (dearḃráṫar, deirḃśéar, an dearḃráṫar ⁊ na deirḃśeaṫar) is eaḋ Conn ⁊ Art; tá C. ⁊ A. ar an ċeaṫar a ġaol (C); is col ceaṫair do Ċ. A. (C); tá C. ⁊ A. ar an ċeaṫar de ġaol. (U). C. and A are 1st. and 2nd. c., tá C. ⁊ A. ar an ċúigear (U); is col cúigir C. d'A. (C); tá C. ⁊ A. a dó ⁊ a trí i ngaol C. and A are 2nd c., ta C. ⁊ A. ar an seisear (U); is col seisir C. d' A. (C); tá C. ⁊ A. a trí ⁊ a trí i ngaol.

COVER, clúdaċ m. 1; cuṁdaċ m. 1; solaċ m. 1. I c. the pot, do ċlúd-uiġeas an corcán; do ċ. ar an gc. I took the lid off the p. do ṫógas an solaċ den ċ.; I c. it up from the cold. do ċlúduiġeer, d'ḟoluiġ-eas go dlúṫ ón ḃfuaċt é. . c., wrap yourself up well, cluṫuiġ tú féin; that c. the cost, do ġlan sin an costas; under c. of dark. fá scáṫ na doirċeaċta. v. hide, shelter

COVET, v. greed. desire; he c. my money. cuireann sé cearb im ċuid airgid, (W); santuiġeann sé mo ċ. a.

COW, bó; b. bainne (milch c.); gaḃnaċ f. 2 (id); loiliġeaċ f. 2 (id); bó ḟeasc (dry c.); bó ṫórmaiġ (c. in calf); seafaid f. 2 (young heifer) budóg f. 2 (yearling); raosdora f. 4 (id); mart m. 1 (fat for market. usual word for cow in U.) seanfaċ f. 2 (old worn out c.); seanḃudóg (id); bólaċt f. 3 (stock, kine); colpaċ f. 2 (heifer); bearraċ f. 2 (id); ceartaos f. 2 (2 year old); samaisc f. 2 (3 year old). c. house cró na mbó. crúitín (small one). c. dung. v. dung.

COWARD. meaṫalóir m.3 ; claḋaire m. + (C); fear meaṫta ; fear sraḋánta (spiritless) ; he is a c. meaṫalóir, etc. is eaḋ é., so c. a man fear ċoṁ meaṫta, lagḃeartaċ. ; c. is rooted in his heart, tá an ṁeaṫtaċt f. 3) greamuiġṫe i na ċroiḋe. ; he is as c. timid as a deer. tá sé ċoṁ heaglaċ le heilit i na ċroiḋe, such c. letting oneself be trampled on, a leiṫéid de sraḋántaċt ; it is a c. mean thing for him to be ... beart lag is eaḋ ḋó ḃeiṫ ... v. mean

COWSLIP, bainne-bo-bainne; peiḋcán (W) ; bain ne ciċe na mbó mbleaċt

COXCOMB, v. proud. fop

CRAB, portán, m 1, crúbóg f 2 (big c.) (C).

CRACK. v. hole. noise. the bone, stick c.. do ċnag an cnáṁ, bata; do ṫug sé cnag ; brushwood, flames crackling. brosna, lasraċa ag cnagaḋ, cnagarnaiġ ; the crackling of frost (under wheel, etc.) brioscaċ an tseaca, (U.)

CRADLE, cliaḃán m 1

CRAFT. v. trade. clever

CRAMP. v. pain. bend

CRANE, corr f 2. c. móna; c. iasc

CRANKY, v. angry, temper

CRAW. iogán m 1

CRAYFISH. gliomaċ muire, (C.), g. spáinneaċ

CRAWL, v. creep

CREAK. v. noise. the old hinge c., do ġíosc seanstuirse an dorais ; do ḋein sé gioscán, díoscán ; timber of ship c.. adṁad na luinge ag díoscán le neart na dtonn

CREAM, uaċtar m 1, bárr m 1

CREATE, He c. you, do ċruṫuiġ, ċruiṫniġ Sé ṫú ; from the c. of the world. ó ċruṫuġaḋ, ċruiṫniuġaḋ an doṁain ; c.-or, cruṫuiġṫeoir, m 3 ; creature, créatuir, m 3

CREDIT. I allowed him c. (in business), do ṫugas cáirde (m +) ḋó ; I got it on c.. fuaras ar c. é ; I gave it to them on c. for a year, do ṫugas ar c. bliaḋna ḋóiḃ é ; the time of c. had expired. do ṫáinig an c. ; it is a great c., however to him to think of it, is mór an ċreideaṁaint (f 3) atá ag dul dó ⁊ cuiṁneaṁ ar a leiṫéid de ruḋ ; the thing that is to their c., an ruḋ is c. dóiḃ ; you are a c., honour to the country, is c. don tír ṫú ; you are giving him too much c. for the success of the day, tá an iomad de c. an lae agat ḋá ṫaḃairt ḋó ; I do not c., believe etc. it, v. believe ; c.-or, éiliġṫeoir, m 3 ; he has many c., is mó duine ag éileaṁ (fiaċ) air

CREED, v. religion. Apostles' C., Cré na n-aspol

CREEK, v. bay

CREEP, a bee is c. on my hand, tá beaċ ag snáṁ ar mo láiṁ ; he is c. up to the wall, tá sé ag láṁacán, láṁacán ċun an ḟalla ; I c. in on all fours, do ċuaḋas isteaċ de l.; since he was able to c., ó laeṫeantaiḃ a láṁacáin ; I c. forward, do ċuaḋas ar aġaiḋ ag lapaḋáil ; he c. stole out, etc d'éaluiġ sé amaċ, do ṡéaluiġ sé leis ; he stole towards, after them, d'éaluiġ sé i na dtreo, i na ndiaiḋ ; sleep stole on me, d'é. mo ċodlaḋ orm ; he c., stole away from us, d'é sé uainn

CRESS, biolar, m. 1.

CREST, cirín, m. + (cock's). v. wave.

CREVICE, v. hole.

CREW. fuireann, f. 2.

CRICKET, criocar, m. 1.

CRIME, coir, f. 2 ; cion, m. f. 5 ; droċḃeart, droċġníoṁ ; he committed a c., do ḋein sé c., etc.

CRINGE, v. fawn, bend.

CRIPPLE, v. bend, wound ; cláiríneaċ, m. 1 ; mairtíneaċ. m. 1 ; cioṗṗumaċ, m. 1 ; ciṫréimeaċ (C) m. 1 ; he is a c., cláirineaċ, etc., is eaḋ é; tá sé in a ċ. ; tá éalang air; he is c. some way, tá martraḋ éigin air ; no c., deformity is as bad as blindness, ni m. go dtí dalle ; a c. lame man (fear) bacaċ: bacaċán ; he had not the same energy in his c. lame leg, ní raiḃ an misneaċ céadna sa ċois ḃacaiġ aige ; a lame walk, limp, coiscéim bacaiġe ; I lamed one of them, do ċuireas bacaiġe i gceann acu.

CRISIS, v. danger ; he got over the c., fuair sé an faoiṫeaṁ, an t-aoiṫeoḋ ; tá an aiṫḃeo déanta aige.

CRISP : is it (cake, etc.) not nice and c., naċ deas brioc é.

CRITICISE, v. judge, examine; I heard it being c., d'airiġeas dá ḃreiṫniuġaḋ, scrúduġaḋ é; some praise was used to drive home the c., do cuireaḋ molaḋ ann ċun na tromaiḋeaċta do ċur i bfeiḋm, v. blame.

CROAK, v. cry, noise.

CROCK, próca, m. 4.

CROOKED, v. twist, deceit; a c. stick, eye, etc., bata, súil ċam; a c. leg, camlorga; c.-legged, bandy, camċosaċ, camluirgneaċ; he is c.-eyed, has a squint, tá sé camṡúileaċ, fiarṡúileaċ; tá fiarṡúil aige; a c. twisted stick, bata cas; my finger is a little c., tá cor beag im ṁéar.

CROP, bárr, m. 1; barra, m. 4; a c. of corn, b. arbair; there is a good c. of potatoes, tá b. maiṫ ar na prátaiḃ; cutting the crop, harvest, ag baint an ḟóġṁair.

CROSS, cros f. 2; croċ f. 2; he was tortured on a cross, do céasaḋ ar ċroiċ é; sign of c., v. bless; c. (in temper, etc.), v. angry, temper.

CROSS, v. across, over; I c. the field, do ċuaḋas treasna na páirce; I c. the sea, do ċuaḋas tar sáile; I c. the river, do ċuireas an aḃa anonn díom; I c. in over the wall, do ċuireas an falla díom isteaċ; c.-road, crosaire, m. 4; cros, f. 2; crosḃóṫar, m. 1.

CROUCH, v. bend.

CROW, the c. of the cock, glaoḋaċ an ċoiliġ; the cock c., do ġlaoiḋ an coileaċ.

CROW, préaċán m. 1, fionnóg f. 2 (scald-c.); f. liaṫ (U.) (id.); f. ċarraċ (id.); croṫóg, f. 2 (id.); corróg (C) (id.).

CROWD, sluaġ m. 1; garraḋ m. 1; scata. m. 4; scaifte (U); sealḃán m. 1 (U); scuaine. m. 4; plód m. 1 (C); baclaċ m.1 (U); sloigisc. f. 2 (of useless people); daoscar ṡluaġ (rabble, mob); gráscar m. 1 (id); gramaisc. f. 2 (id). a c. of people on the road, sluaġ, scuaine, scata daoine ar an mbóṫar. like a lot of boys, ar nós brairile buaċaillí; they are going off in c. táid siad ag imṫeaċt i na sluaiġtiḃ, ndrongaiḃ, miltiḃ, etc.; the low c. rabble. v. refuse; a c. lot of insignificant followers, camp-followers, cosamar; they c. into the room, do líonadar isteaċ sa tseomra. v run, etc; they are c. together, packed v. crush

CROWN, he c. the King, do ċuir sé coróin (f. 2, 5) ar an ríġ; do ċoróiniġ sé an rí; a c. piece, píosa ċoróineaċ; to c. the harm, his gifts etc. ⁊ mar ḃárr, ḃarra ar gaċ donas, ar gaċ ḃronntanas. and to c. all, the best of all was that he was... ⁊ raṫ an scéil go léir do ḃí sé...

CRUCIFIX, crois ċéasta

CRUEL, v. hard, pity; cruelty, cruadáil f 3

CRUMB. v. piece

CRUSH, he c.. bruised his hand, do ḃrúiġ sé a láṁ; c., press in on them, brúiġ isteaċ orra; they were c., pressed up against each other, do ḃíodar ag bruġaḋ ar a céile, brúiġte ar a ċ., dlúiṫte le ċéile; a man so c. in spirit, fear ċoṁ brúiġte aigne; c. the barley, ag meilt na heornan; it c., put a dint in the helmet, do ċuir sé stangaḋ doimin sa ċlogaḋ; to c. forward v. run; they are c.. subdued, v. conquer, to c. one's feelings, v. restrain, trample

CRUST, crústa m 4, he who will eat neither soft bread nor c., an t-é naċ n-íosaiḋ taos ná screaṁóg; it has only a c.. veneer of Irish, ní ḟuil aċt screaṁ Gaeḋilge air

CRUTCH, mada, bata croise.

CRY, (weep) she is c. tá sí ag gol, caoi, caoi-ġol; c. bitterly, ag gol, etc.. go dólásaċ, dúḃaċ, truaiġṁéileaċ, hoċlánaċ, fuiḋeaċ (copiously) v. sorrow; the c. of the children afflicts me; tá gol, golṫairt na bpáisti ḋom ċráḋaḋ. the children are c. loudly, tá na páisti ag logóireaċt, béiciġ, scréaċaiġ scréaċaireaċt, screadaiġ, liúiriġ, blaḋraiġ, gárṫaiġ le hosnas... she burst out c., do ṗléasc raċt, raċtġail goil uirri; do ḃris an toċt (oppression of grief) uirri; that fit of c. relieved him, do ṫóg an gsear goil sin ualaċ dá ċroiḋe. she is, got in a fit of c., tá sí, 'do ċuaiḋ sí ins na tritíḃ (duḃa) goil, ins na t. ag gol; do ḃris trití goil uirri ; she went from one fit of c. into another. do ċuaiḋ sí ó ṫriteaṁ go t. goil ; she began c. loud and wringing her hands. do ċas sí an dá olagón déag ⁊ í ag greadaḋ a dá bas. he is sobbing, tá sé ag osnaġail (goil). whinging. ag plubġail ; she is c. over, lamenting her son, tá sí ag caoineaḋ, éagcaoineaḋ a mic. her c. lamentation. a caoineaḋ, caointeaċán. bemoaning, etc. v. complain

CRY. (scream, etc.) v. roar. scread m 3; scréaċ f 2; liúġ m 1 ; gáir f 2 ; béic f 2 ; éiġeaṁ m 1 ; liaċ (loud wail) ; he screamed out to them. do scread, liúġ, scréaċ sé ċúċa, orra; do leig, ċuir sé scread etc. ar ċúċa, orra ; he is screaming, tá sé ag screadaiġ, liuiriġ, scréaċaiġ, béiciġ ; your screaming, do ċuid liúiġriġe etc., a shout of praise, joy, derision. liúġ molta, áṫais, magaiḋ ; gáir ṁolta, etc. a wild hunting shout. l. fiaḋaiġ ; a shrill prolonged shout. l. fuṫaig ; a loud shout. liúġ ... árdġlóraċ ; he c. out shrilly, do ḃéic sé de ċaol-scread ; they got hoarse from shouting, do ċuireadar an ciaċán orra féin ag béiciġ ; he shouted for help do scread sé ar ċaḃair; calling out to him. ag éiġeaṁ air ; the call, c. of the eagle. é. an iolair ; a shrill uncanny shriek. liaċ ; shrieking. ag liaċarnaiġ ; she uttered a loud clear c., lament, do ċas sí scol ; gulls screaming, faoileáin ag scréaċaiġ ; c. (croaking of ravens), bráċail f 3, v. caw ; a squeak (of mouse). gíog, f 2 ; mice squealing, luċa ag gíogaireaċt ; the c. of dogs, glam, glamġail na ngaḋar ; dogs c., yelling, gaḋair ag uaill (f 2), ulfartaiġ, ulfairt, ag cur uaille arta, v. bark; children shouting after him, páisti ag callaireaċt i na ḋiaiḋ ; shouting angrily at me, ag c. orm.

CUB, v. young.

CUD, cíor f 2, 5 : cows chewing the c., ba ag cogaint na círe, círeaċ, a gcíreaċ.

CULPABLE. v. guilt.

CULTIVATE. c. the land, one's mind, etc., ag saoṫruġaḋ, leasuġaḋ, na talṁan, an aigne.

CUNNING, v. clever.

CUP, v. vessel, cupán m 1.

CUPIDITY, v. greed.

CURATE. seipléanaċ ; sagart óg sagart congánta.

CURDS. the butter is in c., tá an t-im i na ġruṫ, m. 3.

CURE : leiġeasaim (internal); cneasuiġim (heal); his arm, wound is quite c., tá a láṁ, ċréaċt cneasuiġṫe i gceart ; it is healing, tá sé ag cneasuġaḋ ; he healed the bone, do ṡlánuiġ sé an cnáṁ ; I c. him of the disease, leiġeasaim ón ngalar, loċt é ; incurable disease, galar gan leiġeas ; a disease hard to c., g. doleiġeasta, doleiġis, doleiġiste.

CURIOUS, v. inquisitive, queer.

CURLEW, cuirliún, m. 1 ; crotaċ m. 1 (C).

CURL. v. hair. bend ; dog c. up in corner. gaḋar in a lúib san ċúinne.

CURRENT. the c. is with us. tá an sruṫ (m. 3), s. na mara, caise na taoide linn ; back c., caise ċúil.

CURSE. v. swear ; I uttered a c., do ṫugas eascaine, do ċuireas sí asam ; he is c. them, tá sé ag (spalpaḋ) eascainí orra, ag mallaċtaiġe orra, ag steallaḋ diarmíní leo ; c. you, bother you, etc., ciaċ léir ort; duig (niṁe) ionnat; taċtaḋ ort; greadaḋ ċúgat; ciorrḃaḋ ort ; sceiṁle ort ; míle miċoṁṫrom ort; luiġe na ḃróḋ ort; sceilimis ort gan raṫ orra mar ṁaiġistriḃ, etc. ; greadaḋ trí lár do scart ⁊ crosaim arís tú ; céad scolaḋ orra, galar niṁe i na ḃéal, etc.

CURVE. v. bend.

CUSTOM. v. practise, common.

CUT : it c. my head, do ġearr sé mo ċeann. the c. I got on the h. an gearraḋ a fuaras sa ċeann. he c., engraved an ornament on it. do ġearr, ġrean sé órnáid air. he c. off their heads do ḃain, scoṫ, ċaiṫ (U) sé na cinn díoḃ ; do ḋíċeann sé iad. I c. off his arm at the shoulder. do ġearras, ṫeascas, ḃaineas an láṁ ón nguailinn de. she said she would c. him into little bits. duḃairt sí go ngearrfaḋ sí i na miotaiḃ beaga é, go ndéanfaḋ sí mionraṁ de, go minġearrfaḋ sí é. he c. the cards do ḋeiġil sé na cártaí. cut them (cards) bearr díoḃ. it cut me to the quick do ċuaiḋ sé i mbeo orm. v. pain. short c. v. short.

DAGGER. scian f. 2 ; miodóg f. 2.

DAISY. nóinín m. 4

DAMAGE. v. harm

DAMN. v. condemn

DAMP. v. wet

DANCE. rinnce m. 4 ; damhsa m. 4 (of animals and things in M.) ; cóimṫionól, comṫalán m.1 (d. gathering) d. to music ag r. le ceol. a dancer rinnceoir fir, mná

DANDELION. caisearḃán, (na muc); bainne na n-éan.

DANDRIFF, codam, m 1; sailcneis, f 2.

DANDY. v. fop.

DANGER. DANGEROUS, v. fear, safe, etc. he is not d. to you, do not fear him, ní baoġal (m 1), duit é ; my most d. foe, an náṁaid is mó b. dom ; I put him out of d., in safety. do ċuireas ó ḃ. é ; it saves him from the d. of folly and pride, cuireann sé ó aon ḃ. baoise ná uaḃair é ; there is no d., fear of his going there, ní b. go raġaiḋ sé ann ; that exposed the man to, he was in the d. of being hanged. of catching the disease ... do ċuir sin an fear, do ḃí sé i nguais, (f 2). gcontaḃairt (f 2) a ċroiċe, a ċroċṫa, an ġalair do ṫeaċt air ; his soul was in d. from foes, do ḃí sé i gcontaḃairt a anama ó náiṁdiḃ ; no fear of any d. for me, ní baoġal dom aon ċ. do ṫeaċt orm ; many a d. threatens us. is mó c. atá os ár gcionn. there was every d. that when he wonld go he would fail. do ḃi gaċ aon ċ nuair raġaḋ sé ann go dteipfeaḋ air. to be in d. of being shot. ḃeiṫ i ḃfionntar an ṗúdair. the place. dog is d. tá an áit, gaḋar go contaḃartaċ. as a d. signal mar ḟógra gáḃatair. v necessity. he is a d. man to injure. ní hionntaoiḃ é nuair i déintear éagcóir air ; ní hi. é éagcóir do ḋ. air. v. depend. he is a d. fellow to tackle. no joke. ní haon dóiċín, dóiġ é. they are d. foes for anyone who should be ... is olc an dóiġ iad d'aoinne a ḃéaḋ ... our liberty is in d., wavering in balance. taar saoirse i gcontaḃairt, nguais, ag luascán. out of d. v. safe. in a d. pass, strait v. difficult.

DARE. v. challenge, bold, courage. láṁaim ; leoṁuiġim. he d. to do it, do leoṁuiġ sé é do ḋ. he would not presume to meddle with it ní leoṁfaḋ sé baint leis. I d. defied the king do ṫugas mo ḟlán fá'n ríġ. he defied the best of them to do it. do ṫug sé a ḋuḃḟlán fá'n nduine ab ḟearr dá raiḃ ann é do ḋ. (C). I d. you to do it. do ḃeirim do ḋ. é do ḋ (C) ; is é do ḋ. é do ḋ. (C). triall anois é. déin do ḋíċeall. I d. him. duḃart leis gan aon dá ċuid do ḋéanaṁ dá ḋíċeall. I d. say. v. likely.

DARK, v. evening, night. duḃ (black) ; ciarduḃ (jet black) ; ciar (dull-brown) ; dorċa. d.-ness doirċe f 4 ; doirċeaċt f 3 ; dorċadas m 1 ; duḃaċán m 1 (C) ; duibṫean m 1 (C) ; a d. night oiḋċe ḋorċa. wild d. night oiḋċe spéirlinn ⁊ duartain. the sky grew d. do ḋuḃuiġ, ḋoirċiġ an spéir. the sky is getting d. tá an spéir ag dorċuġaḋ, ag dul i ndoirċeaċt; tá músaḃán ag bailiuġaḋ. it has got d. tá an spéir imṫiġṫe i ndoirċeaċt. the night is pitch d. tá an oiḋċe i na sméarsaṁán le doirċeaċt, i na bróin ċiarḋuḃ. it is rather d. tá sé coṁḟolus fear le tor. the d. overtook me. do rug an duḃ, doirċeaċt orm. under cover of d. fá scáṫ na doirċeaċta. d. clouds scamaill modarṫa. his face d. with anger do ṫáinig daṫ duḃ air : do duḃ ⁊ do ḋearg air. v. angry. an object dimly. darkly seen caoġaisle.

DARLING. v. love, dear

DARN. I d. a stocking cuirim cleiṫe i stoca. d-needle snáṫad (f. 2) reaṁar

DASH. v. break. run, throw. churn d. v. churn.

DATE, v. day. dáta m. 4. ; the d. of his birth was 984, sa mbliaḋain, i mb. (d'aois an Tiġearna) a naoi gcéad ceiṫre fiċid ⁊ a ceaṫair. the d. was Palm S. do ḃí Doṁnaċ na Failme an uair sin ann

DAUGHTER. M is C's d. inġean (f.2) do Ċonn Máire ; the little d. an leanḃ ingine ; d. in law. bean mic.

DAWN, v. morning
DAY, it is a fine d. lá breáġ (is eaḋ é); is b. an l. é; tá sé go b.; tá sé i na l. b. I was there one d. do ḃíos ann lá. l. éigin. aon l. aṁáin. one d. that I was there. l. (de na laeṫeantaiḃ) dá raḃas ann; l. dem ṡaoġal. etc. v time. the other d. an l. eile; an l. fá ḋeireaḋ; an l. ċeana. v. lately. every d. gaċ (aon) l.; an uile l.; gaċ uile l. getting better daily. ag dul i ḃfeaḃus gaċ l., ó ló go ló, i n-agaiḋ an lae. what d. is to-day. caḋé an lá é seo inniu againn. v. to-day. the previous d. an lá roimis, roiṁe sin; inḋé roimis sin. the next d. v. morrow. in the course of the d. i gcaiṫeaṁ, riṫ an lae. the d. long, during the d. ar feaḋ an lae; ó ḋuḃ (go) duḃ; o ṁaidin go hoiḋċe; ó ġrian go duḃ. he got a pound a d. fuair sé púnt san lá. ló. all I spent per d. ar ċaiṫeas san lá. working by d. and night ag obair de ló ⁊ d'oiḋċe. istló is istoiḋċe. working Sunday and week d. ag obair Doṁnaċ ⁊ Dálaċ. (C. U) our daily bread, work. . ár n-arán, n-obair laeṫeaṁail. poorer than I was in my poorest d. níos boiċte ná mé an lá is dealḃa dá raḃas. he is stronger than his father was in his strongest d. is treise d'ḟear é ná a aṫair an lá is feárr do ḃí a aṫair. in the heat of the d. d'ḟinn. de teine an lae. v. heat, middle. this d. month (in fut.) mí ó inniu. this day month (in past) mí is (an) lá inniu. he died this d. last year. bliaḋain is lá i mbáraċ is eaḋ fuair sé bás. that d. a year before. bliaḋain roiṁe sin i gcóṁaireaṁ an lae ċeadna. the d. before yesterday. aṫruġaḋ, arḃ (W) inḋé. the d. after to-morrom aṫruġaḋ, arḃ (W) i mbáraċ; I shall not go there to-morrow nor the d. after nor the d after that ní raġad ann i mbáraċ ná amanarṫar (=um an oirṫear) ná amainnirir (=um an oirṫear arír). the d. after to-morrow and the d. after that anuraṫar ⁊ manaṫar (W) v last, next.
DAZE. v. wonder. confuse.
DAZZLE. v. blind.
DEAD. he is d. tá sé marḃ; tá sé tar éis báis; tá sé ar sluaġ na marḃ, ar sliġe na fírinne, ar ṫaoḃ na f.; tá sé fá'n ḃfód, san úir, ag taḃairt an ḟéir, ag taḃairt an ḟáraiġ, ar an síorruiḋeaċt; tá sé sínte go tréiṫ san reilg. he dropped d. do ṫuit sé (min) marḃ, i na ċnaipe (ṁarḃ), i na ṗleist, i na ṁeiḋ. d. and alive leaṫṁarḃ. d. numb of limb etc v. cold.
DEADLY. a d. fatal blow, sin. buille, peacaḋ marḃṫaċ, marḃuiġṫeaċ. a d. fatal disease is on her tá taom a báis uirri. he is my d. foe bioḋḃa báis dom is eaḋ é. it was a d. offense. coir ḃáis do b'eaḋ é. it will be a fatal war for one side. beiḋ sé i na ċogaḋ ḃáis do ṫaoḃ éigin. v. fate.
DEAF. DEAFEN. that d. me do ḃoḋaruiġ sin mé. it would d. you do ċuirfeaḋ sé boḋaire (f. 4), auḋall-ḃuiḋre (f. 4) (stone d.) ort. he is awfully d. tá an donas air le boḋaire etc. he is a little d. tá iarraċt de ḃ. air; tá sé pas boḋar. as d. as a post ċoṁ boḋar le sliṡ.
DEAL. v. business, connect, amount. he d. the cards do riar, leig sé amaċ na cártai.
DEAR. it is d. expensive. tá sé daor. he bought many things each d. than the other. do ċeannuiġ sé a lán neiṫe ba ḋaoire ná a ċéile. my d. brethren a ṗobuil ḋílis. my d. friend. a ċara ḋil, ḋílis. d. beloved father a aṫair ḋil ġráḋaiġ. my d. darling. a rúin; a ṁúirnín; a ṁaoineaċ; a ġráḋ (ḋil); a ġráḋ mo ċroiḋe (istiġ); a ġile mo ċroiḋe; a ċroiḋe (istiġ); a stóir (mo ċroiḋe); a ċuisle (mo ċroiḋe); a ċuid; a ċuidín; a ṫaisce; a laoġ; a ċaiṫis; a ġreinn; a ġrianáin; a téagair; a ḋuine na n-árann; a ḋuine na n-ae. d. me. a ṫiarcair. v. indeed.
DEATH. v. die. dead. to inflict d. on him. bás (m. 1) d'imirt air. é do ċur ċun báis. v. kill. to fight to the d. fód an ḃáis do ṡeasaṁ. v. deadly. they all died a violent d. níor ḟáġadar an saoġal aċt le hanḃás. d. by hanging, fire. etc. bás le córda, teine, hocras. he has the look of d. tá crot, dreaċ an ḃáis air; tá clóḋ cuirp air. at the

point, in the throes of d. i mbéalaiḃ báis; le béalaiḃ b.; le bruaċaiḃ b.; i n-udaċt ḃ.; i riocht ḃ.; i gcruṫ ḃ.; ar buille b.; ins na crotaiḃ deirinneaċa; i gcrólige ḃ.; i gcrólíniḃ ḃ.; i ndeireaḋ an anama; i nd. na preibe (C); i bpreiḃ ḋeiriḋ an ḃ. (C); ag tarrang na hanála; i gcosair cró; ag saoṫruġaḋ ḃáis the d. rattle. glutar an ḃ. d. knell. creiḋil ḃ.

DEBATE, v. argue.

DEBT, he is in d. tá fiaċa (pl.) air. he is in my d. tá f. agam air; tá sé i ḃfiaċaiḃ agam; tá ḋá púnt etc. agam air. he got into d. do ċuaiḋ sé i ḃfiaċaiḃ; do ṁéaduiġ na fiaċa air. deep in d. báiḋte i ḃfiaċaiḃ. he did not pay his d. níor ḋíol sé na fiaċa, an t-éileaṁ. the d. is paid. tá na f. díolta. money to pay his d. airgead ċun a ḟ. do ḋíol, ċun a ġlaoiḋte do ḟreagairt. he cannot pay his d. tá sé briste. he got into d. and had to give up the shop. do briseaḋ ar an siopa é.

DECAY. v. waste, fade.

DECEIT. feall m 1 (f 2. C.); cealg, ceilg f 2; calaois f 2; gangaid f 2; mealltóireaċt f 3; cluainteoraċt, cluanaireaċt f 3; lúbaireaċt f 3. (crooked ways); caime f 4 (id.); camastaġail f 2 (id.); feallḃeartaċt f 3; feallḃeart (act of treachery). d.-full. fealltaċ; feillġníoṁaċ; feallḃeartaċ; cealgaċ; calaoiseaċ; gangaideaċ; meaḃlaċ; a d. man. feallaire m 4; fealltóir m 3; cealgaire m 4; mealltóir m 3; lúbaire m 4; gleacuiḋe m 4; (trickster. cheat); slíomadóir m 3 (smooth trickster); duine an ḟeill; duine calaoise etc. the d. rascal. an ropaire feill. d. men. traitors. luċt, dream an ḟeill. d. recoils on the d. filleann an feall ar an ḃfeallaire. he d. me d'imir sé feall, calaois etc. orm. do ċealg, ṁeall sé mé. he is a crooked d.. trickster. tá sé i na lúbaire ċam ċealgaċ etc. that talk d. me do ċealg an ċainnt sin mé. he d. his conscience. do ḃréagnuiġ sé a ċoinsias. d. is in his heart tá an ḃréagaiġe ann. avoid the soft spoken trickster seaċain an gleacuiḋe milis sleaṁain. he has no guile in him ni ḟuil cor, caime etc. i na ċroiḋe. do not d. yourself, be under a delusion ná codail ar an gcluais sin. d., hood-winking them ag cur an duiḃ i na ġeal (i na luiġe) orra; ag molaḋ na duiḃeaċta leo; ag cur dallaḋ mullóg, dallaḋ púicín orra.

DECENT. v. proper, fit, modest.

DECIDE, DECISION. v. arrange, intend. he d. to go, do it. do ċeap, ċinn sé dul ann, é do ḋ.; do ḟocruiġ sé ar é do ḋ. he d. on it, made up his mind to do it. do ċeap sé a aigne ċuige; do ḟocruiġ sé a aigne ar é do ḋ. he has d. determined to go. to do it tá sé ceapuiġṫe ar ḋul ann, ar é do ḋ.; tá (sé) beartuiġṫe (i na aigne) dul ann, é do ḋ. God d., decreed he should die. do ċinn Dia leis go ḃfuair sé bás. she had d. determined on it do ḃí sí socair air; do ḃí socair aici air. she d. it was a good thing. do ċeap sí i na haigne gur ṁaiṫ an rud é. tá sé ceapuiġṫe socair i na haigne gur...; the resolution he had made to be a priest. an socruġaḋ a ḃí déanta aige ḃeiṫ i na ṡagart. they have all come to that d. tá an ceapaḋ soin déanta acu go léir. what has he d. on. cad atá beartuiġṫe aige. what had been d. on. cad ar a raiḃ socair. to d., make up his mind on some side. on what he ought to do. a aigne do ḟocruġaḋ ar ṫaoḃ éigin, ar an rud ba ċeart dó do ḋ. have you d. as to what you will do. an ḃfuil socair agat ar an rud a ḋéanfair. the d. you have settled on. an ċomairle ar a ḃfuil socair agat. he was very d. determined against it. do ḃí sé socair i na ċoinniḃ. he opposed it in a determined way. ḋo ċuir sé i na aġaiḋ go dian seasṁaċ. v. obstinate. he d. made a resolution not to go. do ġlac sé rún daingean gan dul ann. I d. to do it. níorḃ' ḟoláir liom é do ḋ. v. necessary.

DECK. v. dress. ornament. front d. clár (m. 1) tosaiġ.

DECLARE. v. say. assure.

DECLINE. the sun, evening is d. tá an ġrian, tráṫnóna ag claoċnuġaḋ. v. evening, lessen, fade, refuse. declension (gram.) ḋíċlaonaḋ.

DECREE. v. order, announce, decide.

DECREPIT. v. old waste.

DEDUCE. v. infer.

DEED. v. act.

DEEP. the water is d. tá an t-uisce (go) doiṁin. that was a d. profound remark ba ḋ. an focal é. however d. the lake dá ḋoiṁne é an loċ. I noticed how d., the depth of ... do ṫugas fá ndeara méid an doiṁis a bí san loċ. six ft. d. sé troiġṫe ar doiṁneas (m 1), doiṁneaċt (f 3) d. of mind etc. v. aigne. he went beyond his d. and was drowned do ċuaiḋ sé ṫar ḟoras ⁊ do báiḋeaḋ é (W.) the deepest roar an ḃúiṫreaċ is troime. it is only skin d. ní ṫéiḋeann sé ṫar ċroiceann isteaċ it is wonderfully d., profound. full of matter is iongantaċ an teilgean atá ann. d. sleep. thought, etc. v. sleep etc.

DEER. fiaḋ m 1 : f. fionn (yellow d.); cairrḟiaḋ ruaḋ (red d.); fearbóġ f 2 (roebuck): eilit f 2 (doe). the old stag and the fawn an seanḃoc ⁊ an laoġ.

DEFEAT, v. conquer, surpass. that d. frightened them. do ċuir an briseaḋ, brisleaċ soin sceannraḋ orra. he d. them do ċuir sé an briseaḋ orra sa ċaṫ; do ḃris sé caṫ (fuilteaċ) orra. they were d. do briseaḋ orra. they had been d. do ḃí briste orra. they have never yet been d. táid fiad gan briseaḋ fós. v. rout.

DEFECT, v. fault. want.

DEFEND, DEFENDER, v. protect. the barrister d. me an fear dlíġe atá ḋom ċosaint. he stands on the defensive tá sé ar a ċosaint féin. he assumes the d., makes excuses etc. bíonn sé ag dul ar a ċ. féin i n-aġaiḋ Dé ... the d. of the town. garrison luċt cosanta.

DEFICIENCY. v. want, short. whatever is wanting to the 3 years the d. will not grow less. pé easnaṁ atá ar na trí bliaḋna ní raġaiḋ an t-easnaṁ i luiġeaḋ.

DEFILE, v. dirty. immaculate.

DEFINE, v. mean. limit, arrange.

DEFORM, v. cripple. a d. person duine míċumṫa.

DEFY. v. dare.

DEGENERATE, v. turn. it d. do ṁeaṫ sé. his work is d. into folly tá a obair ag iompáil ċun baoise.

DEGREE. v. relate. generation. a d. of kindred glún gaoil. to such a. d. extent etc. v. so. by d. v. gradual.

DEJECT. v. humiliate. courage.

DELAY. I d. him do ċuireas moill (f 2). ríġneas (m 1) air ; do ḃaineas m. as. he returned without d. d'ḟill sé gan ṁ., r. it d. the story do ṁoill sé an scéal. do not d. ná déin aon r. there used to be d. about saying Mass do deintí m. ar an aifreann do ráḋ. why this d. cad ċuige an r. mar sin. he suffered the d. patiently. do ċuir sé an r. de go foiḋneaċ. that might d. you do ḃainfeaḋ soin siar díot. he gave it up without more d. d'éiriġ sé as gan a ṫuilleaḋ agó, aga. I d. him for a moment's talk cuirim stró air. he made no d. about ... v. soon, stop. he allowed no more d., credit for debt etc. v. credit.

DELIBERATE. a d. wilful thought. smuaineaṁ toilṫeaṁail. I did not do it d., wilfully ní lem ṫoil ṁaċánta do ḋeineas é. accidentally or d. pé acu le tionóisc nó le toil do ḋein sé é. v. purpose. will. with full knowledge and d. le hiomláine feasa agus maċtnaiṁ. d. about. v. argue. think.

DELICACIES. sóġṁlas, m. 1 ; só-ġní.

DELICATE. v. sick. she was d. reared. do tógaḋ go bog ⁊ go neaṁaṁġaraċ í. d. (tactful) v. gentle.

DELICIOUS. v. pleasant

DELIGHT. v. glad, please.

DELIRIOUS. v. rave.

DELIVER. v. give, free, save. d. us from evil. saor sinn ó olc. to set them free. iad d'ḟuascailt. he d. the speech. do ṫug sé an óráid uaiḋ. his d. (of speech) is vigorous tá fuinneaṁ i na ċainnt. v. energy. be d. of v. bear.

DELUGE. v. flood.

DELUSION. v. mistake, deceit.

DEMAND. v. ask, claim. there is a big d. for butter. tá éileaṁ (m. 1) mór ar an im. there is such a demand for my wares. tá a leiṫéid ᴅe ṫóᵹaınc aɼ m'eaɼɼaıḃ; ṫá ᵹlaoḋaċ móɼ oɼɼa. whatever demand might be made on it (purse etc) pé ṫaɼɼanᵹ a ḋéanfaıḋe aıɼ.

DEMON. v. devil, spirit.

DEMURE. v. gentle.

DEN. v. cave. each beast went to his own d. ᴅo ċuaıḋ ᵹaċ aınṁıḋe acu ċun a ġnáṫóıᵹe féın. you have made it a d. of thieves. ṫá coımıᵹéaɼ bıṫeaṁnaċ ḋéanta aᵹaıb ḋe.

DENY. v. refuse. he d. the faith. ᴅo ṡéan ſé an cɼeıḋeaṁ. he d. it stoutly. ṡéanann ſé oɼm é ᵹo láıḋıɼ. he d. his own will ſ. ſé a ṫoıl féın. he does not conceal or d. his evil deeds. ní ḋeıneann ſé ceılt ná ſéanaḋ aɼ a ḋɼoċḃeaɼtaıḃ. I do not d. it is long. ní ḟuılım ḋá éaɼaḋ ᵹuɼ faḋa é (U). d. story v. contradict.

DEPART. v. go, leave, disappear.

DEPEND. I d. on him to get food. ṫáım aᵹ bɼaṫ aıɼ ċun bíḋ ᴅ'ḟáᵹaıl. the work d., is d. on them. ıſ oɼɼaſoın aṫá an obaıɼ aᵹ b.; ıſ oɼɼaſoın aṫá ſeaſaṁ na hoıbɼe. (for success etc). having only him. it to d. on for protection. aᵹuſ ᵹan ᴅe ḃɼaṫ. ḟeaſaṁ aᵹam aċt é maɼ ċoſaınt oɼm féın. the validity of the baptism does not d. on the goodness or badness of...ní ḟuıl an ḃaıſteaḋ aᵹ bɼaṫ aɼ ḟeaḃaſ ná aɼ olcaſ an ḟıɼ...we d. on you for that. ıſ oɼaıḃ aṫá áɼ ſeaſaṁ ċuıᵹe ſın. I rely on you (in fight). mo ḟ. ınᴅıu oɼaıḃ. a reliable man. ſeaɼ ſeaſṁaċ. he has to d. on that well, son, etc. he has no other. ṫá ſé ı ᴅṫaoḃ, ı ᴅṫuɼṫaoıḃ leıſ an ᴅṫobaɼ, mac ſoın; ṫá ſé aᵹ ṫaḃaıɼt ṫaoıḃ leıſ. ṫá ſé ṫaoḃ leıſ (C). I was the only child she had to d. on. ᴅo ḃí mo ṁáṫaıɼ ı ᴅṫaoḃ lıompa ᴅe ċloınn. he cannot be d. on to do it. ní haon ıonnṫaoıḃ é ċun a ḋéanta. do not d. on, trust him. ná bí aɼ a ı no use relying on him. ní ḟuıl aon ġaɼ beıṫ aᵹ ᴅɼéım leıſ (U). do not rely on him. ná bíoḋ ᴅ. aɼ bıṫ aᵹat leıſ. (C). I will not d. on anyone for tobacco. ní beıḋ mé ı ᵹcleıṫeaṁnaſ tobac ᴅuıne aɼ bıṫ (C). If I. d. on us. ᴅá mbeaḋ an ᵹ. ı n-áɼ ᴅṫuılleamuıḋe. I would not go if my life d. on it. ní ɼaᵹaınnſe ann ᴅá mbeaḋ m'anam aıɼ. do not d. build on that fact. ná coᴅaıl aɼ an ᵹcluaıſ ſın. I am independent of you. ṫáım ᵹan ſpleaḋaċaſ (m. 1) ᴅuıt anoıſ; ní ḟuıl aon ſ. aᵹam leat. independent of everyone. ᵹan ſpleaḋ le haoınne.

DEPRECIATE. v. lessen, detract.

DEPTH. v. deep, matter

DEPUTY. ſeaɼ ıonaıᴅ (an ɼıoᵹ, etc)

DERIDE. v. laugh, scoff

DESCEND, I d. got down. ᴅo ṫánaᵹ anuaſ. ᴅo ṫúıɼlınᵹeaſ ᴅem ċapall etc. I d. the ladder, hill, ᴅo ċuıɼeaſ an ᴅɼéımıɼe. cnoc anuaſ ḋíom: ᴅo ṫánaᵹ an ᴅ. anuaſ: ᴅo ṡıuḃaıl mé an ᴅ. anuaſ (C). to d. river ᴅul le ſánaıḋ na haḃann. v. down. his d a ṡlıoċt (7 ſlıoċt a ṡleaċtaı; na ᴅaoıne a ṫáınıᵹ uaıḋ: a ṡíol. nor your posterity ná ᴅo ṡíol ıᴅ'ḋıaıḋ they were d. from him. ıſ uaıḋ ᴅo ſíolɼuıġeaᴅaɼ. as though they were d. from him ċoṁ maıṫ 7 ᴅá mba aɼ a ṡlıoċt ᴅo ṡíolɼóċaıᴅíſ. he was of kingly d. ᴅo ṡíolɼuıᵹ ſé ó ṡınnſeaɼ ɼíoᵹḋa. v. race.

DESCRIBE. v. account. to give you a d. of my journey ṫuaıɼıſc (f. 2) ṫuaɼaſᵹaḃáıl (f. 3) mo ṫuɼuıſ ᴅo ṫaḃaıɼt ᴅuıt. I cannot easily d. the fright ... ní ſuɼaſ ᴅom ṫ. ᴅo ṫaḃaıɼt uaım aɼ an eaᵹla ... that is the d. he gave of the battle, village ſın é ṫuaıɼıſc a ṫuᵹ ſé aɼ an ᵹcaṫ, ſṫáıᴅ, ſın maɼ ᴅo ċuıɼ ſé ſíoſ aɼ an ᵹcaṫ. he heard an account of the woman. ᴅ'aıɼıᵹ ſé ṫuaıɼıſc na mná. giving a d. of her person to them (police). aᵹ ṫaḃaıɼt a coṁaɼṫaí uaıḋ ḋóıḃ. no need to d. them exactly. ní ġáḃaḋ léıɼıuġaḋ cɼuınn ᴅo ḋéanaṁ oɼɼa. what d. of, etc. v. kind.

DESERT. v. leave, abandon. ſáſaċ m 1 (wilderness).

DESERVE. he has got what he d. an ɼuᴅ aṫá ṫuıllte aıᵹe ṫá ſé anoıſ aıᵹe. to d. it at your hands. é ᴅo ṫuılleaṁ uaıtſe. the respect he d. an uɼɼaım aṫá aᵹ ᴅul ḋó: an u. ıſ ᴅual ḋó. she gave him to eat and well. badly he d. it. ᴅo ṫuᵹ ſí ɼuᴅ le na ıṫe ḋó 7 má ṫuᵹ ba ṁaıṫ, olc an ḋíol, aġaıḋ (C.) uıḋe (C.) aɼɼaıḋ (Sligo), aoı (W.) aıɼ é. she d. that I should do twice as much for her.

ba ṁaiṫ an díol etc. uirri dá ndéanfainn níos dá ṁó ar a son. they d. pity etc. is díol truaiġe iad leis an eaġla atá orra. v. pity. he d. it, serve him right. a ċonáċ soin air: a ċ. air (é); c. an diaḃail air. poor fellow, he d. it (money). ṁuise c. a ḟéin ar an ḃfear mboċt. I gave him only what he d. níor ḋeineas air aċt corp an ċirt. v. right. you don't d. to get anything. ní fiú tusa aoinní do ṫaḃairt duit. v. worth. he d. to be called, may well be c. a beggar. ní miste bacaċ do ṫaḃairt air. he d., is an object of pity, charity. is naoiḋe truaiġe, déirce é.

DESIGN. v. intend. plan.

DESIRE. he has a d., love for drink, learning. tá dúil (f 2) san ól, léiġeann aige; tá sé dúlṁar san ól. he d., wanted to go. do ṫáinig dúil aige dul ann; do ḃí sé dúlṁar ċun dul ann. he is so anxious to go. tá an oiread soin dúile aige dul ann. through d. of money. le dúil, corp dúile i n-airgead. his d. of praise. an dúil atá aige go molfaiḋe é; an d. atá aige i molaḋ na ndaoine d'ḟáġáil. I do not d., wish to go, to do it. ní ḟuil a ḟonn (m 1) orm. ní ḟuil f. orm dul ann, é do ḋéanaṁ; ní ḟuil d'ḟ. orm ...; ní f. liom ...; ní ḟuilim fonnṁar ċun dul ann, ċun é do ḋ.; ní ḟuil fonn dula ann orm; ní ḟuil pioc dá ḟ. orm é do ḋ. I conceived the d. of going. do ṫáinig f. orm ċun dul ann. nothing I should d. more than to do it. ní cuid ba luġa ná a ḟ. a ḃeaḋ orm é do ḋ. those of them who perhaps would d. nothing better. an ċuid acu nár ċuid ba luġa ná a ḟ. a ḃeaḋ orra é do ḋ. I should not wish him to go at all. ní ċeadóċainn ar ċéad púnt é do ḋul...I should like him ever so much to do it. do b'ḟearr liom ná rud maiṫ, ná rud ná dearrfainn go ndéanfaḋ sé é. v. prefer. I should like, d. him to be ... ba ṁaiṫ, ṁian liom é do ḃeiṫ ... dá mbeaḋ sé etc. I l. music. is maiṫ liom an ceol. I like to listen to it. ba ṁian, ṁaiṫ, ḃréaġ liom ḃeiṫ ag éisteaċt leis. as much as he d. an méid is mian, meon leis. it is only a child's d., whim. ní ḟuil ann aċt mian leinḃ. you must indulge his d. whim, humour. caiṫfir a ṁian do leigint leis. whether he likes it or not pé olc maiṫ leis é. things, life would be as we should like do ḃeaḋ an scéal, an saoġal ar ár dtoil againn, ċun ár dtoile, do réir ar dtoile. God gave them the life they d. do ṫug Dia an saoġal ċun a dtoile ḋóiḃ. we shall not do it as you l. ní mar is toil libse ḋéanfaimíd é. at his own d. le na ṫoil ṁacánta. v. will. anything he would d. rud ar biṫ a ṫoġróċaḋ sé (C.) if you wish má ṫoġruiġeann tú (C.) I do d. like. I dislike much to sell him is beaġ orm é do ḋíol; ní ḟuil aoinní is luġa liom ná é do ḋíol. I do not l., find it hard to admit that is deacair liom é sin d'aḋṁáil. I should like you to be, you might as well be ... ní miste, níor ṁ. liom tusa do ḃeiṫ ... I should like to let you be ... ní m., níor ṁ. liom leigint duit ... I have no d., hankering after it ní ḟuil aon ċaiṫeaṁ i na ḋiaiḋ agam. I have no d. to see him ní ḟuil aon lorg agam ar é d'ḟeicsint. I should like to speak to you d'oirfeaḋ ḋom labairt leat. the women are as mad to do it as the men tá na mná ċoṁ mór buile ċun é do ḋéanaṁ ⁊ mar atá na fir. he has an eager d. for food tá flosc an domain ċun an ḃiḋ air. d. for work flosc ⁊ faġairt ċun na hoibre.

DESOLATE, v. lonely. wild.

DESPAIR. v. hope. the cry of d. on his lips. an ġáir ḃáiḋte ar a ḃéal. a d. grasp greim an fir ḃáiḋte. to defend them d. 'ad do ċosaint go himirt anama.

DESPISE. v. contempt, care. despicable v. miserable.

DESTINE, v. fate.

DESTROY, that d. me. sin é a ṁill mé. mice are destructive. tá na luċa millteaċ. he d. them, wrought havoc on them. do sgrios, ċreaċ, ḃascuig (C) sé iad; do ḋein sé éirleaċ, (m.1), foġail (f.3), argain orra. I cannot recall such d. ní cuiṁin liom a leiṫéid de sgrios. he d. them by fire and sword. do ḋein sé s., léir-s. fola ⁊ teine ⁊ gorta orra. to d. crush the faith an creideaṁ do ṁúċaḋ, ḋíscuġaḋ. the havoc wrought among them. an díscuġaḋ a deintí orra. if they were d. dá mbeidís ar neaṁní. the battle d. all that (plans). do ċuir an caṫ an méid sin ar n. we are going to ruin. táimid ag dul ar aiṁleas, ag riṫ le fánaiḋ ar ár n-a.; táimid ar ḃealaċ ár mbascuiġṫe (C). ruining men's souls. ag cur na ndaoine ar a. a n-anam. v. harm. I am ruined by him táim creaċta, etc. aige. I am done for now if ever. táim réiḋ anois nó riaṁ. the country is going to ruin. tá an donas ag teaċt ar an dtír. he utterly d. the D. do ḋein sé deireaḋ glan le Dál gCais.

DETAIL. v. exact

DETECT. v. find. notice. fear braṫa, cuardaiġ

DETERMINE, v. decide, obstinate, steady.

DETRACT, d., defaming them to their mother. ag cúlċainnt (f.2), tromaiḋeaċt (f.3) orra le na máṫair; ag biodan mar ġeall orra they like to be speaking ill of others. is maiṫ leo ḃeiṫ ag iṫe na feola fuaire. detractors. luċt na cúlcainnte, tromaiḋeaċta, an ġearraċáin, an tuaiṫleasa (U) v. calumny.

DEUCE (cards), a dó triuċ, etc.

DEVELOPE, v. increase, become, he got a cold and it d. into fever. fuair sé slaġdán ⁊ do ṫáinig, ċuaiḋ sé ċun eagcruais dó. it d. into a sore. do ṫáinig sé ċun otrais. it will d., accummulate, (money, etc.) tiocfaiḋ sé ċun suime.

DEVIATE, v. turn. he will not d. from justice, etc. ní ċlaonfaiḋ sé ón gceart i leiṫ na láiṁe deise ná i leiṫ na láiṁe clé. any d. from justice would make him sick at heart. do ċuirfeaḋ aon ċlaonaḋ ón gceart tinneas aigne air

DEVIL, v. spirit. diaḃal m. 1; aiḋḃeirseoir m. 3; mac mallaċtan; ainspiorаid f. 2. a d-ish sneer. drannġáire diabluiḋe. between d. and deep sea. roġa a ḋá ḋiġ; roġa do ḃaint as ḋá ḋiġ

DEVOTE. apply, spend, pious, earnest.

DEW. drúċt m f. 3.

DEXTEROUS. v. handy, clever.

DIAGONAL. v. across.

DIALECT. v. idiom.

DIAMOND. cloċ ṡoluis. d (in cards). a haon etc muilleat.

DIARRHŒA. buinneaċ f. 2.

DICTATION. v. order.

DIE. v. dead, death. he d. fuair sé bás; do cailleaḋ é; d'éag sé; do sclog sé (W); do ṫarraing sé an anál, scriḋ; d'imṫiġ an tréideóg deiriḋ as (C). dying of hunger. ag faġáil báis den ġorta. he d. of fright. do ṫuit an t-anam (tuit teiṫ) as. he d. of fever do cailleaḋ le héagcruas é. v. death.

DIFFER. DIFFERENCE. v. like, postpone. they d. ní mar a ċéile iad; ní cosṁail le na ċ. iad. coming out is very d. from going in. ní hionann dul ann ⁊ teaċt as. there are d., various kinds of work. tá obair ⁊ obair ann. the various fortunes of men. an t-áḋ a ḃíonn ar ḋaoiniḃ ṫar, seaċas a ċéile. I took a d. road from the one he took. do ġaḃas slíġe eile orm seaċas an tslíġe a ġaiḃ sé. something d. from all. rud naċ iadsoin go léir. something d. from a dream. rud éigin naċ taiḋḃreaṁ. they have d. rooms, work. tá seomra, obair fá leiṫ ag gaċ aoinne acu. v. separate. there is not much in the d. between them. ní ḟuil puinn sa mbreis ag aon taoḃ acu ar a céile. v. advantage. the same with this d. that...an rud céadna aċt so de ḋeifiriġeaċt idir an ḋá scéal ná go... they did not know the d., anything better. ní raiḃ fios na deifireaċ, deifiriġeaċta acu. he did not say anything else, d. from that ní duḃairt sé a ṁalairt. he put someone very d. from her in my way. do ċuir sé a m. riúd im ṫreo. we shall be in a d. position. beiḋ a ṁ. de scéal againn seaċas mar ḃí. quite d. ideas were in her mind. do ḃí a ṁ. sin ar fad de ṁaċtnaṁ i na haigne. I should prefer their case to be thus than to be otherwise. do b'ḟeárr liom go mbeaḋ an scéal mar sin acu ná ar a ṁ. de ċuma, ar aṫarraċ cuma. like her but of a

d. colour. cosṁail léi act ar atarraċ data. to put on d. clothes. v. change. you must take a d. road. caiṫfir aṫarraċ slíġe do ṫarrang ċúġat. he went home drunk, very d. from, not like the other man. do ċuaiḋ sé a ḃaile ar meisce murar ḃ'ionann ⁊ an fear eile. it is not for himself he does it very d. from the case of the cat. ní har ṁaiṫe leis féin ḋeineann sé é murab ionann ⁊ an cat. it makes no d. v. matter. it is d. with me. v. case.

DIFFICULT, v. trouble. it is d. for him to do it. is deacair, doiliġ (C.U) ḋó é do ḋ. it is not so hard for me as before. ní ḟuil sé ċoṁ deacair agam le déanaṁ ⁊ mar ḃí sé roimis sin. he is as hard to please as his father. tá sé ċoṁ d. do ṡásaṁ le na aṫair. a d. hard work. obair ċruaiḋ, ḋeacair, ḋocaṁail etc. the d. nature of the work. deacracṫ (f.3), deacras (m. 1) (C) na hoibre. telling, bewailing their difficulties, trials. ag innsint, ċásaṁ a ndeacraí. v. trouble. d. arose between her and her husband. do ṫáinig consṫaicí ⁊ barrṫuisli idir í ⁊ a fear. the d. troubles ahead. an toirmisc atá rómainnn. a d. hard question, word ceist focal cruaiḋ, cas v. confuse. in the hour of d. i n-am ár gcruaḋtain v. necessity. but for him we were in a d., lurch. mura mbeaḋ é do ḃí sé ṫiar orainn. he is in a d. "corner" tá sé i bponnc. gcás, dteannta, sáinne (C); téiḋeann an scéal go dian air. v. doubt. he never failed in any d. "tight place" níor ṁeat sé i n-aon ċuṁangaċ. ċuṁangcas, ċuṁangraċ, ċruaḋċás. it would have been hard for me to get them to do it had you not given them the money ḃa ġairid le dul mo ḋíceall orra mura mbeaḋ tusa ag tabairt an airgid dóiḃ. that is the d. sin é an ḟaḋḃ v. point. with d. v. hardly.

DIFFIDENT, v. confide, fear.

DIG, rómaraim; tóċaim (root, d. irregularly) d. the ground. ag rómar an talaiṁ. to d. a trench. clais do rómar. hens, pigs, rooting cearca, muca ag tóċ a bullet d. ploughing a hole in the sand. riléar ag tóċ claise sa ġainiṁ, ag rómar na talṁan.

DIGEST, díleaġaim

DIGNITY, v. rank, proud. his d. broke down. do ḃris ar a stuaim (f. 3) aige. she almost forgot her d. (and laughed). ba ḋóbair dó a s. do ċailleaṁaint. he spoke with calm d. do laḃair sé go breáġ réiḋ stuamḋa

DIGRESSION, it is a d. scéal táirsis is eaḋ é

DILATORY, v. lazy

DILEMMA, v. doubt

DILIGENT, v. energetic, busy, care. he is a d., hard working man. fear críoċnaṁail, saoṫaraċ, tionnscalaċ is eaḋ é. d-ence, industry. críocnaṁlacṫ f. 3

DIM, v. dark, sight, blind

DIMENSION, v. big, little

DIMPLE, srriġ an ġáire (C)

DINNER, come to d. to-morrow. tar ar dinnéar (m 1), ċun dinnéir ċúġam i mbáraċ. he is at d. tá sé ag iṫe, caiṫeaṁ a ḋ.

DINT, v. crush. by d. of. v. force.

DIOCESE, fairce. f 4.

DIP, v. plunge.

DIRECT, v. guide, way, advise, straight.

DIRECTION, in the d. of the house. i dtreo (m 4) an tiġe. from the d. of the h. a t. an tiġe. what d. did he go, is he. cad é an t. (baill), i nar ṫug sé aġaiḋ, i na ḃfuil sé; cad é an taoḃ i nár ... I saw the d. he was steering. do ċonnac treo a stiúrṫa. what d. did he go. cá háird (f 2) d'áirdiḃ an doṁain a ġaiḃ sé uaim. in every d. i ngaċ áird, ins na cúig árdaiḃ. from every d. ar gaċ aon á, ċeard (C.) going in the d. of the boat. ag dul d'ionnsuiḋe an ḃáid (U.) d'ionnsuiḋe air (U.) a ḋ'iarracṫ air (W.) all the roads from there lead in the d. of Cork. tá aġaiḋ na mbóiṫre ar Ċorcaiġ ón áit sin. two feet in every d. ḋá troiġ ar gaċ leiṫ. they went off each in his own d. d'imṫiġeadar gaċ aoinne acu ar a raon féin. running in search of it in every d. ag riṫ anonn ⁊ anall ḋá ċuardaċ. lying about in every d. i na luiġe ṫoir ṫiar ṫall. that (sign) gave them the d., course. ḋó ḋein sin an méar eolais dóiḃ. he changed his course. (boat). d'iompuiġ sé a ċúrsa (m 4); do ṫug sé aṫarraċ luirg ar a ḃád.

DIRGE, v. cry. marḃna m. 4 (elegy).

DIRT, v. mud. salaċar m. 1.; broc-amus m. 1. d.-y. salaċ, bradaċ, broċaċ, broḋaċ (C. Clare). a d. house, story. tiġ, scéal salaċ etc. you d. surly fellow. a smulcaċáin ḃréin, do not make a mess of it. ná déin sceanṗairt de. he d. it. do ṡailiġ, ṡaluiġ sé é.

DISABLE. I d. the man. do ḃaineas an fear dá ṫreoir. he is d. tá sé ar míṫreoir. limb d. v. use.

DISADVANTAGE, v. harm. it was advice for his d. comairle a aim-leasa do b'eaḋ é. it was a greater advantage than d. to him. ba ṁó an tairḃe ná an doċar dó é. that put him at a d. d'ḟág soin easnaṁ mór ⁊ leaṫlám mór air. it is a great d. to be without it. is mór an ċeataiġe ḃeiṫ i na éaġmuis.

DISAGREE, v. agree, argue. I d. with you. tagaimse id ċoinniḃ; tá m'aigne ag gaḃail id ċ. the meat d. with me. do ġoill an ḟeoil orm.

DISAGREEABLE, v. pleasant. d. weather. aimsir neaṁpleisiúrḋa.

DISAPPEAR, he d. d'imṫiġ, leaġ sé as mo raḋarc. his anger has d. tá a ḟearg imṫiġṫe; tá a ḟ. soir siar. it d. died out. do ċuaiḋ sé as neaṁní.

DISAPPOINT. he will not d. you. ní ċaillfiḋ, ṁeaṫfaiḋ sé ort. v. fail. they were d., left in the lurch. do ḃí ṫiar orra. he felt d. when...do ḃí diombáiḋ air, i na ċroiḋe nuair...v. sorrow.

DISASTER, v. misfortune.

DISCERN, v. see, notice, understand.

DISCHARGE, v. fulfill, effect, dismiss, shoot.

DISCIPLE. deisciobal. m. 1

DISCIPLINE. v. power. d. is important. is mór an ní an smaċt, m.3

DISCLOSE. v. reveal show.

DISCONCERT. v. confuse.

DISCOURAGE. he is d. tá mísmis-neaċ, droċṁisneaċ, lagspridiġe air; tá sé go duairc ⁊ go do-ṁeanmnaċ. that d. him. do ḃain sin misneaċ de. he got d. do ṫuit an lug ar an lag aige; do ṫuit an ċroiḋe air. without being d. gan ceann faoi do ḃeiṫ air.

DISCREET. v. prudence. age of d. v. age.

DISCUSS. v. argue. they d. his adventures. do ċuireadar a éaċta trí na ċéile. every deed was d. do cíoraḋ ⁊ do slámaḋ ("carded") ⁊ do cuireaḋ trí na ċéile gaċ gníoṁ... they d. the affair. do ċuir-eadar a gcomairle fá ċéile; do ċuadar i gcomairle mar ġeall air. v. advice.

DISEASE. v. sick.

DISFIGURE. v. fault. it is I who d. him. mise a ċuir an ṁáċail (f. 3) air. d-ment, blemish. ainiṁ f. 2; éalann m. 1 (C), éalaing f. 3.

DISGRACE. v. shame.

DISGUISE. v. appear, hide. he has a good d. tá ceilt ṁaiṫ air. he was there in d. fá ċ. is eaḋ do ḃí sé ann, fá aṫarraċ croṫa ⁊ éad-aiġ... d. the lie. ag cur an éiṫiġ i rioċt na fírinne. it is only a d. ní ḟuil ann aċt bréagrioċt. wolves d. as sheep. mictírí fé ċlúid na gcaoraċ.

DISGUST. v. angry. I felt d. and horror of the gold. do ġaiḃ gráin ⁊ déistean (m. 1) mé ċun an óir. I had only disgust for him ní raiḃ agam aċt d. dó. d. with myself. leaṁ, bréan díom féin. through d. for him le seirḃṫean ċuige. a d. fellow boḋaċ bréan. a d. deed. beart déistineaċ, bréan. it is a d. thing for my father to go there. is leaṁ an gnó dom aṫair dul ann.

DISH, mias f. 2; méisín m. 4.

DISHONEST, v. deceit.

DISLIKE, v. hate, please. I d., did not care to do it. ba lag, leasc liom é do ḋ.; is lag do ḃí ionnam é do ḋ.; do ḃí drugall (C), dúinn (W) orm é do ḋ.; do ḃíos leisceaṁail ċun an ġnóṫa; do ḃíos drugallaċ ar é do ḋ. v. desire. I was loath to give it up. is mór an doiċeall a ḃí orm éirġe as. we are slow to mortify ourselves. tá leisce orainn roiṁ aon tragar pionóis do ċur orainn féin. d. to do ones duty. drugall sa dualgas (C.) he d. it, does not care for it. ní ḟuil aon dúil, spéis, truim, leaṫtruim aige ann; ní aon truim leis ann.

DISMISS, he was d. (from employment) do díbreaḋ é: do briseaḋ é; do cuireaḋ ċun siubail é; do tugaḋ an bóṫar dó; fuair sé an bata ⁊ an bóṫar (summarily).
DISMOUNT, v. descend.
DISOBEDIENCE, v. obey. he was d. to God. do ḋein sé easumhluiḋeaċt, easumhlaċt i n-aġaiḋ Dé.
DISOBLIGING, v. rough. kind. neamhmaiṫeaċ; míċarṫannaċ.
DISORDER, v. confuse.
DISOWN, v. abandon. deny.
DISPENSE, v. without.
DISPLEASE, v. angry. please. like.
DISPOSE, v. incline. leave it to me to d. of. fág fúmsa é. d. of my land. ag riaraḋ críċe mo ṫalmhan. to d. of it as I should order. críoċ do ċur air fá mar órdóċainn duit. d.-ition. v. incline, nature. humour. feel.
DISPROVE, v. contradict. false.
DISPUTE, v. argue. fight. oppose.
DISRESPECT, v. insult. respect.
DISSATISFY, v. angry.
DISSENSION, v. quarrel. confusion. fight.
DISSOLVE, v. melt. annul.
DISTAFF, coigeal. f. 2 & 3.
DISTANCE, v. far. tamall m. 1; seal. m. 3; scaṫamh m. 1; stanns f. 2. a long, short d. from it. out from it. east of it. tamall etc. fada geárr uaiḋ, amaċ uaiḋ, soir uaiḋ. half a mile d. (East) from Cork. leaṫ míle sliġe (soir) ó Ċorcaiġ. owing to the d. he was from me. toisc a ḟaid (sliġe) do ḃí sé uaim. he is within a d. of 100 miles of it. tá sé i ngiorraċt céad míle de'n tiġ. at a d. of 5 yards from her. i ng., bfoigseaċt, cúig slata ḋi. off in d. i gcéin: i n-imigcéin. they are only d. related. is gaol i bfad amaċ atá eatorra, acu.
DISTINCT, v. clear. want of d. in speech. leaṫanteangaiġe (f. 4). there are three d. persons in one God. tá trí pearsanna fá leiṫ i n-aon Dia amháin. v. separate.
DISTINGUISH, you could not d. them. ní haiṫneófá ó, seaċas, ṫar a céile iad. she d. makes a d. between those two sins. cuireann sí an dá ṗeacaḋ soin ar leiṫliġ; do ḃeireann sí ionad fá leiṫ do gaċ peacaḋ ḋíoḃ. nothing more clearly d. grace from sin than ... ní ḟuil aoinni is mó ḋeiġleann amaċ grásta Dé ó ṗeacaḋ ná ... to make a d. between one man and another. idirḋealuġaḋ idir ḟear seaċas fear
DISTRACT, v. confuse, attention, mad. that was d. him in his work. do ḃí sin dá ċur amuġa ar a ġnó; do ḃí sin ag cur mearḃaill air.
DISTRESS, v. trouble. sorrow
DISTRIBUTE, v. divide
DISTRICT, ceanntar m. 1; dúṫaiġ f. 2; críoċ f. 2; trioċa céad
DISTRUST, v. confidence, respect.
DISTURB, v. trouble, interfere
DISUNION, v. fight. confusion
DITCH, ċlaiḋe m. 4 (earth-bank, also, stone wall); clais f. 2 (trench); díg f. 2 (with water).
DIVE, v. plunge. diver (bird) lapairín laċa (little grebe); fiaċ mara (great northern d.); seagaḋ m. 1 (also cormorant). diver (a man) tumaire m. 4
DIVERT, v. amuse. turn
DIVIDE, v. share. 40 d. by 10 a daċad ar ḋeiġilt fá ḋeiċ. to d. it in two. ḋá ċuid do ḋéanamh de. when I had d. it into 100 parts. ⁊ é roinnte i na ċéad cuid agam. he d. every clan. do ḋeiġil sé gaċ treaḃ. d. it as alms among them. dáil mar ḋéirc orra é.
DIVINE, diaḋa. a d. theologian diaḋaire m. 4. d-ity. theology. diaḋaċt f. 3.
DIVISION, v. share. roinn (t) (f. 2). line of d. deiġilt. f. 2
DIVORCE, deiġlim, deaġailim. they were d. do deiġleaḋ ó céile iad.
DIVULGE, v. reveal
DIZZINESS, meiḋreán m. 1; meaḃrán m. 1 (W); suaṫrán; m. 1 (C). he got d. do ṫáinig meiḋreán (cinn) air; fuair sé m., dúdán i na ċeann; do ḋein an talamh bullabáisín i na ṫimċeall. v. confuse
DO, do-ġním. deinim. what shall I d. with him. cad a ḋéanfad leis. what is d., going on there. cad atá ar siubal ann. I am d. with, rid of him now. táim bun os cionn leis anois. I am done with the sea, am set against it. táim b. o. c. leis an ḃfairrge. I am d. for, ruined. v. destroy. she is d. for, settled.

v. settle. that will do. v. enough, suit. he is d. well, etc. v succeed. it would not d. to be etc. v. suit. it will d. a week etc. v. last. do without. v. without

DOCK (plant) cupóg f. 2; billeóga sráide

DOCTOR, doċtúir m. 3; liaiġ m. 3; ollaṁ m. 1, 5 (Professor)

DOCTRINE, teagasc m. 1

DOCUMENT, scríḃeann scríḃinn f. 2; meamram m. 1; cáipéis (legal, etc.)

DODGE. v. trick.

DOE. eilit. f. 2.

DOG. madra m. 3; madaḋ m. 1 (C. U); gaḋar. m. 1 (hunting etc); cú f. 5 (hound); maistín m. 4 (fierce d. mastiff); saucy little dog maistín madra (W). cur, mongrel. maidrín droċṁiotalaċ, droċṁianaiġ, laṫaiġe. pack of d. for hunt. conairt f. 2.

DOMINION. v. power.

DONKEY. v. fool. asal m. 1.

DONEGAL. Conndae Ḋúin na nGall.

DOOM. v. fate, judgment.

DOOR. doras m. 1; comla f. 5. 4. back-d. doras iaḋta; cúldoras. he came in, went out at the door. do ṫáinig sé an doras isteaċ; do ċuaiḋ sé an d. amaċ, amaċ an d. standing before the d. i na ṡeasaṁ i mbéal an dorais. standing in the d-way. i na ṡeasaṁ idir ḋá líġ an dorais. d-keeper dóirseoir. m. 3. d-post. ursa f. 5.

DOTE. v. child.

DOUBLE. v. twice. with d. strength. le dúbailt (f. 3) nirt. their strength became d. redoubled. do ṫáinig d. nirt ionnta. a d. row of poles. falla de ċuaillib ar a nd. she got the d. of her property. fuair sí a cuid féin ar a d. they are being made with redoubled energy. táṫar dá ndéanaṁ níos tiuġa ar d. he d. it (money etc) do ḋúbail sé é. a d-tongue teanga liom leat. a d-tongued man Tadg an dá ṫaoḃ. d. a cape etc. v. turn, around.

DOUBT. I do not d. but they are there. ní ḟuil amras (m. 1) agam ná go ḃfuilid siad ann. I have no d. but that he did it. ní ḟuil a. agam ná gurb' é a ḋein é; ní ḟuil aon ṁearḃall orm ná...; ní ḟuil pioc dá ṁ. orm ná...; ní ḟuil pioc dá ṁearaiḋe orm ná...I say without d. hesitation that etc. deirim gan a. go... v. certainly. I had no d. about your recovery etc. ní raiḃ aon droċaṁras agam ort. I have no d. about it ní ḟuil pioc, aon ṗioc dá ṁearḃall orm. I am in d. I hesitate about it, as to doing it, as to what I ought to do, as to whether... táim i dteannta uime, i na ṫaoḃ, i dtaoḃ a ḋéanta, cé acu ba ċeart dom do ḋéanaṁ; táim i ngalar na gcás uime...; táim (i gcás) idir ḋá ċoṁairle uime; táim meaḋ ar ṁeaḋ (W)... I am on the horns of a dilemma. táim i n-aḋairc ġaḃair i n-a ṫaoḃ. he was thrown into d. at a loss what to say. is aṁlaiḋ do ḃí sé a ḃeag nó a ṁór ar a ṫreoir (C), bainte ar a ṫ. (C). you need have no d. v. mistake.

DOWN. he ran d. the hill, river. do riṫ sé le fánaiḋ, casaiḋ (U) an ċnuic, na haḃann. to throw them d. over a cliff. iad do ċaiṫeaṁ le faill, de ḋruim na faille, le fánaiḋ. I will let the basket d. the cliff. leigfead an cliaḃ síos le faill. with her head d. le na ceann fúiṫi. get d. v. descend, hang, flow, sweat, tear.

DOWRY. spréid. f. 2; cruḋ. m. 3 (U).

DOZE. v. sleep.

DRAG. v. pull, tear.

DRAIN. díg f. 2; clais f. 2 sconnsa m. 4. to d. a field, cup. v. empty, drink.

DRAKE. bardal. m. 1.

DRATE. dráḃ m. 1 (in cards).

DRAUGHTS. táiplis f. 2 (game).

DRAW. to d. the suspicion, attention of the people on me. droċaṁras, aigne na ndaoine do ṫarrang orm féin. you may d. on it (purse etc.) ní miste ḋuit tarrang as. his d. sword. a ċlaiḋeaṁ ar ṫ. he drew back from them. do ṫarraing sé siar uaṫa; do ḋruid sé uaṫa i ndiaiḋ a ċúil. d. near. v. approach. d. lots. v. lot.

DREAD. v. fear, fearful.

DREAM. he had a d. do deineaḋ taiḃḃreaṁ (m. 1) ḋó; do ḃí brionglóid (f. 2) aige (C). it was a false d. brionglóid ḃréagaċ do b'eaḋ í.

she d. she was there. do taiḋḃreaḋ ḋí go raiḃ sí ann. is it d. you are. an ag taiḋḃreaṁ atáoi. what are you d. of. cad é seo ḋá t. ḋuit. it was a waking d. ba t. na súl n-oscailte agam é. he started from his d., reverie. do ṗreab sé as a ṁactnaṁ. I had a bad d. nightmare. do ṫuit tromluiġe (m. 4) orm.

DREARY, v. tire, wild.

DREGS, v. refuse.

DRESS. her d. a gúna m. 4. d. yourself quickly. cuir umat, ort go tapaiḋ ; buail ort (C.) gléas ort (C). d. in fine clothes. gléasta (suas), gaḃta insna héadaiġiḃ is breáġḋa. he is well d. tá éadaċ maiṫ air ; tá sé deaġéaduiġṫe. v. cloth.

DRIFT. let the boat d. scaoil leis an mbád. v. let.

DRINK. d. water. ag ól uisce. he drank it. d'ól sé é. he is d., gulping down the wine. tá sé ag slogaḋ an ḟíona. I gulped it down. do ṡlogas é. he was d., draining a goblet of wine. do ḃí corn fíona ḋá ḋiúgaḋ aige. give me a d. of water. taḃair ḋom deoċ (f. 2) uisce. he took a d. drop. d'ól sé braon, a parting d. braon, deoċ an dorais. little d. sup of milk. scíobas bainne. they took a d. out of it. do ḃaineadar bolmac, bolgam, slogóg, tarrang as. d. song. aṁrán óil.

DRIP, v. flow. the d. of the roof, an braon anuas.

DRIPPING. to put d. in it (food) súġlaċ (m. 1) do ċur ṫríd.

DRIVE. tiománaim ; tiomáilim (C.) d. the cows. ag tiomáint na mbó. he was d. (the car.) do ḃí sé ag tiomáint. they d. on, off. do ṫiomáineadar, ġluaiseadar leo. v. go. he drove me (on car). do ḋein sé giollaḋ, giollaċt, giollaiḋeaċt, dom. the d.-r of car. an giolla m. 4 ; an tiománuiḋe, m. 4 ; an caréir m. 4. I d. forced him back. do tiomáineas, ċuireas, i ndiaiḋ a ċúil é. they d., expelled them from the place, country. do ḋíbreadar, ruagadar, ruagradar as an áit, dtír iad ; do ċuireadar an ruagairt, ruag orra ; do ḋíláiṫriġeadar é. the foes were d. off. do ruagaḋ, ruagraḋ na náiṁde ċun siuḃail. to d. him over sea. é do ruagairt an loċ amaċ. v. rout, banish. they d. the foe before them. do ḃrúiġeadar rómpa an náṁaid. he d. the devil out of his soul. do ċuir sé an t-aiḋḃeirseoir as seilḃ. she was d. out, evicted. do briseaḋ as a cuid talṁan í ; do cuireaḋ as a seilḃ í. v. possess. she was d. out on the wide world. do díbreaḋ, cuireaḋ amaċ í le fuaċt ⁊ le fán. v. wander. he d. the knife into his finger. do ṡáiṫ sé an scian isteaċ i na ṁéar. v. push, stab. I d. him to his work again. do ṡaiġiḋ mé é ċun a ċuid oibre arís (C). that d. away my sickness etc. do ċuir sin an taom bun os cionn liom. that. d. away, dispelled his anger. do ḃain sin a ḟearg de.

DRIZZLE, v. rain.

DROLL, v. funny.

DRONE, v. bee. noise.

DROOP, v. hang.

DROP. v. fall, tear. a d. of water. braon (m. 1) uisce. he has taken a d. tá braon ólta aige ; tá b. i na ṡúil aige (tipsy) v. drunk. a few d. of blood. cúpla sil (f. 2) den ḟuil. there is not a d. of milk etc. in it. ní ḟuil deor, diúir bainne ann. not a d. of it did he drink. dalla ná deor de ní ḋeaġaiḋ i na ḃéal.

DROPSY, líonaḋ m. 4 ; iorpuis f. 2. a man with the d. fear a raiḃ an l. ann.

DROUGHT. v. dry. triomaċt. f. 3,

DROVE, táin f. 2 ; tréad m. 1.

DROWN, he was d. do báiḋeaḋ é. he d. himself. do ḃáiḋ sé é féin. a d. man's grip. greim an ḟir báiḋte.

DRUG, v. medicine. he put some d. in the water. do ċuir sé pusóid (f. 2) éigin san uisce.

DRUID, draoi. m. 4. d-ism. draoiḋeaċt f. 3

DRUNK, ar meisce ; meisceaċ. drunkard. meisceoir m. 3 ; pótaire m. 4. ; d-ness. meisce f. 4 ; meisceoireaċt f. 3 ; ól m. 1 : ólaċán m. 1 ; póit f. 2. a d. man fear ar meisce ; f. meisceaċ ; fear ar mí-ṫreoir ("half seas over"). he made himself d. do ċuir sé é féin ar meisce. that made him d. do ċuir sin ar m. é. half d. or perhaps dead-d. leaṫ ar m. nó b'féidir ar deirgṁ. blind-d. caoċ ar m. slightly d. súgaċ ; go bogṁeisce ; ar bogṁeisce. strong, intoxicating drink. deoċ ḃorb láidir, ṁeisceaṁail

DRY. tirm. it is as d. as dust etc. tá sé ċom t. le sponnc. I crossed the river with d. feet. do ċuaḋas tar an abainn de ċosaiḃ tirme. he d. his face. do ṫiormuiġ sé a aġaiḋ. the wind d. the road. do ṫ. an ġaoṫ an bóṫar. the lake is going d. tá an loċ ag tiormuġaḋ, ag dul i ndísc, ag imṫeaċt. the cow ran d. do ċuaiḋ an ḃó i ndísc. d. cows ba seasca. his stomach was very d. do ḃí a ġoile t. tur. he answered d., bluntly. d'ḟreagair sé go tur. a d. answer freagra tur. to take his meal d. (no milk.) a ċuid d'iṫe tur

DUBLIN, Contae Ḃaile Áṫa Cliaṫ.

DUCK, v. bend. laċa f. 5

DUE. v. owe. just. the bill came d. do ṫáinig an cáirde. d. share. v. share. d. respect. v. owe. just.

DUEL. v. fight

DULL. v. stupid

DUMB, v. speech. a d. man. balḃán m. 1 ; duine balḃ. d-ness. bailḃe f. 4

DUN, odar

DUNCE. v. ignorant

DUNG. thrown on the d. (heap) caiṫte san aoileaċ (m. 1). d-heap carn aoiliġ. dry cow-d. bualtaċ, bualtraċ f. 2 ; boiṫreán (W). horse d. otraċ capaill. to d. manure land. leasuġaḋ (m. 3) do ċur ar an dtalaṁ ; an talaṁ do l.

DURABLE. v. lasting. constant

DURATION. v. long, time

DURING. d. in the course of the day i rit, gcaiṫeaṁ an lae. d. all that time, an hour. ar feaḋ na haimsire sin, uaire an ċloig. d. the war. le linn an ċogaiḋ do ḃeiṫ ar siuḃal. if she had awakened d. that time. dá ndúisiġeaḋ sí le linn, ar linn na huaire sin

DUSK. v. dark.

DUST. the road is all d. tá an bóṫar i na ċeo. d. the chair. ag baint an ċeoiġ den ċaṫaoir. I took the dust of the road off my boots. do ḃaineas c., smúit an ḃóṫair dem ḃróġaiḃ. he is raising dust on the road. tá sé ag déanaṁ ceoḃóṫair. a speck of d. smúit (f. 2) v. spot. we knocked the d. out of the floor (in dance). do ḃaineamar smúraċ as an urlár. he threw a little d. on it do ċaiṫ sé luaiṫreán (m. 1) beag anuas air. to sweep out the d. (mill-d. etc) an deannaċ do scuabaḋ amaċ. v. ashes.

DUTY. v. oblige.

DWARF. v. little. abaċ m. 1 ; fioṫal m. 1 (anything stunted).

DWELL. v. live, insist, house.

DWINDLE. v. lessen.

DYE. I d. the cloth. cuirim daṫ (m. 3), daṫúċán (m. 1) ar an éadaċ ; daṫuiġim é. he d. the earth with his blood. do ḃreaċ sé fód a ṫíre le na ċuid fola. dyer daṫadóir m. 3.

EACH. e. man. gaċ fear ; g. aon ḟear. e., e. one. g. aon duine ; g. aoinneaċ ; g. aoinne ; g. n-aon. a boy on e. side. buaċaill ar g. taoḃ. in e. of the kinds i ng. sáġas acu. at the bottom of e. of those hills. ag bun g. cnuic díoḃ soin. e. of them g. aoinne acu ; g. duine acu; g. n-aon díoḃ. 20 men with 2 horses e. fiċe fear agus dá ċapall ag an duine acu. he left e. of us £2. d'ḟág sé dá ṗunt (ag) an duine againn. 6d. e. réal an ceann. once e. year uair sa mbliaḋain. e. other. v. other.

EAGER. v. desire, energy, fervent. e. for food v. greed. to listen e. v. attend.

EAGLE. iolar, fiolar. m. 1 ; iolraċ m. 1 (C).

EAR. cluas f. 2. prick e. v. listen. they had e. to hear them. do ḃí cluas le héisteaċt acu dóiḃ. if he give e. to the advice. má ṫugann sé aon ċ. don ċoṁairle. e. of corn. dias, déas f. 2 ; léas f. 2 ; roiléiṫ f. 2.

EARLY. e. in the morning. ar maidin go moċ. he will be there e. in the morning. beiḋ sé ann ar maidin go deaġṁoċ. go doṫ ar m. (W). however e. I came dá ṁoiċe sa lá é nuair ṫánag. he is tired from e. rising tá sé tuirseaċ le moċéiriġe. if you got the name of e. rising you could sleep till midday. dá dtéiḋeaḋ sé amaċ ar ḋuine ḃeiṫ i na ṁoċéirige ní miste dó codlaḋ go headarṡruṫ. you have got up very e. is iongantaċ an m. a deirim. it is e. enough I think. ní beag liom a ṁoiċéirge atá sé. it is a very e. hour is moċ an tráṫ é. one m. early and two late. maidin m. ⁊ dá ṁaidin déiḋeanaċ. whether late or e. pé moċ déiḋeanaċ an tráṫ. e. the next morning go moċ maidneaċ lá ar na ḃáraċ (C). e. in the autumn. go grod sa ḃfóġṁar. e. Mass Aifreann luaṫ. e. potatoes. prátai luaṫa. it was e. in the evening. do ḃí sé in a ṫráṫnóna ṁór luaṫ. e. in the evening um ṫráṫnóna mór luaṫ. it is too e. tá sé róluaṫ sa lá. it is too e. for me to be...tá sé róluaṫ dom ḃeiṫ...

EARN. v. deserve. well you e. it. is maiṫ do ṫuillis é. he e.. made the money. do ṡaoṫruiġ sé an t-airgead. to e. a living. v. livelihood. e. disgrace. v. bring.

EARNEST. v. energy, fervent. in e. v. serious.

EARTH. cruinne. f. 4 (globe, world); talaṁ m. 1. f. 5. (land, world); úir f. 2 (clay); cré f. 4 & 5 (id.); créafóg f. 2 (id.); iṫir f. 5 (id.); fóidín m. 4 (yellow clay). I do not know on e. who ... v. world. e. quake. criṫ (f. 3) talṁan, talaiṁ; luascaḋ talaiṁ; talaṁċuṁscuġaḋ. earthly. saoġalta. an e. person, riches. duine, saiḋḃreas saoġalta.

EARWIG, gaillseaċ f. 2.

EASE, v. quiet. relief. lessen.

EAST, v. compass.

EASTER, Cáisc. f. 3. about E. um Ċ E. Sunday. Dóṁnaċ Cásca; D. na Gréine.

EASY. v. quiet. soras; uiriste; fuiriste; furasta (C). it is e. to do it, to perceive that it is ... is uiriste etc. é do ḋéanaṁ, a aiṫint go ḃfuil sé ... it is e. for you. is u. ḋuit é. would it not be as e. for you. ná beaḋ sé ċoṁ saoráideaċ agat. it does not come so e. to him. ní ṫagann sé ċoṁ s.., saorḋáideaċ (W) ċuige. the e. with which we do it. a ṡaoráidiġe ḋeinimid é. which of them (questions) is the easier. cé acu ceann is saoráidiġe. it is e. to do it. is aġsáideaċ é do ḋ. it was as e. for you to speak as it was ... do ḃí sé ċoṁ saor agat labairt ⁊ do ḃí sé ... he would not get off so e. ní raġaḋ an scéal ċoṁ saor leis. it would be easier on her if she died than that I should marry her. ba ḟaoise dí bás d'ḟaġáil ná mise dá pósaḋ. it is an e. way to get money. is ḃreáġ bog an sliġe é ċun airgid d'ḟaġáil. how e. talk comes to you. is ḃreaġ bog ṫagann an ċainnt ċúġat. it is no e. question. ní ceist ḃog í. he gave in too e. to them. do ġéill sé róḃog dóiḃ. he is very e. on, indulgent to them. tá sé anḃ. leo. so that he could do it more e., conveniently. i dtreo gur ċaoṫaṁla dé d'ḟéadfaḋ sé é do ḋ. e. comfortable shoe. bróg ċneasta. v. comfort. e. done, understood, seen etc. soḋéanta, sotuigse soḟeicse. spend money e. v. spend etc.

EAT, iṫim; alpaim (devour, gobble). he has e. his dinner. tá a ḋinnéar caiṫte, iṫte aige. he ate it. do ċaiṫ, d'iṫ sé é. he did not e. a morsel. bit. níor iṫ sé greim, blúire, blaise, pioc. v. bit. you have not e. much (to a guest). níor ċuiris aon ḟogail ṁór ar an mbiaḋ. he is sick from over e. tá masmus air.

EAVE, scibéal m. 1.

EBB. v. tide.

ECHO, getting e. from the hills. ag baint macalla (m. 4) as na cnocaiḃ.

ECLIPSE, urḋuḃaḋ m. 4. Eclipsis (gram) urḋuḃaḋ.

ECONOMICAL, ECONOMISE. v. save. teilgeaċ; coimeadṫaċ; spáráilac; tarraingeaċ; coigilteac. an e. thrifty, sparing person. duine teilgeaċ, etc. it is you and your thrift that brought that on us. tusa ⁊ do ċuid crióċe a ṫug an méid sin orainn. e. thrift and industry. crioċnaṁlaċt. f. 3. I was e. about the provisions. do ḃaineas teilgean (m.1.) as mo ċuid lóin; do ḋeineas bainistiġe (f.4.) air; do ḃíos spárálaċ air. e. that as much as possible. bain an oiread teilgin ⁊ is feidir leat as an méid sin. v. last.

EDDY, cuiliṫe guairnain. (whirlpool).

EGDE, imeall m. 1; on the e., border of her cloak. ar ḟaḃar (m.1.) ḟaḃra (m.4.) ċiuṁais (f.2.) imeall a clóca. an e., border of cloth of gold.

fabra d'éadaċ snáṫóir. e. of river, cliff. bruaċ na haḃann, faille. down in front to e. of her cloak. síos leaṫsmuiġ le himeall a clóca. it has a sharp e. tá faoḃar (m.1.) air. he was putting an e. on the scythe. do ḃí sé ag cur faoḃair ar an speil e. weapons. airm faoḃair. e. of bed, box. cnaiste (m.4) na leapṫan, an bosca. e. of knife, etc. béal na scine. the sword has left marks of its edge on him. tá an claiḋeaṁ tar éis rian a ḃéil do ċur air. a brick is on its e. tá bric ar an gcorr (C) e. of parish etc. v. bound.

EDICT v. announce.

EDIFY, v. example.

EDITION, the next e. an céad clóḋ m. 3) eile den leaḃar

EDUCATE, v. rear, teach, learn. múinim (teach); tógaim (rear). education. taḃairt suas; oideaċas m. 1 (teaching); oileaṁain f. 3 (rearing, training); oileaṁaint f. 2. (id). a man without e. fear gan oideaċas, foġluim (learning), scoluiḋeaċt (schooling). I gave him a good e. do ċuireas taḃairt suas air; do ṫugas t. s. dó. he is well brought up. tá t. s. maiṫ air: tá sé deaġṫaḃarṫa suas; tá sé deaġṁúinte (polite. etc); tá scoluiḋeaċt aige. (has had schooling). nature is stronger than e. is treise dúṫċas ná oileaṁain. that is not the training he got from his father. ni hí sin an o. fuair sé ó na aṫair. higher e. árdléiġeann

EEL. eascú f. 5. sand-e. cor (C)

EFFACE, scriosaim (amaċ)

EFFECT, v. result. often custom has greater e. than laws. is minic go mbíonn feiḋm (f. 2 and 3) an nóis mór treise ná f. na ndliġṫe. give e. to the law, your rights, your words etc. and in such a way that... cuir an dliġe, do ċeart, do ċainnt i bfeiḋm ⁊ déin an cur i bfeiḋṁ i dtreo go...to give e. to a law. promise, duty, resolution etc. to carry them out, fulfill, to put them into execution. dliġe, geallaṁaint. dualgas, rún do ċur i bfeiḋm: iad do ċur i gcríċ, i ngníoṁ; iad do ċóiṁlíonaḋ. the force has a greater e. influence on them. is iomláine ṫéiḋeann an ċoṁaċt i bfeiḋm orra. the speech had a great e. on her do ċuaiḋ an ċainnt sin i bf. go daingean uirri. speaking etc. with great efficacy. very effectively. ag labairt go feiḋmláidir. effective protection. etc. cosnaṁ feiḋmeamail, bríoġṁar (powerful). there was no efficacy in his words. ni raiḃ aon ḟeiḋm ná briġ le na ċainnt. v. use. I put into e. carried out all he said. do ċuireas críoċ ar gaċ ni dá ndubairt sé liom. to put a promise into e., execution. geallaṁaint do ḟearaṁ. keep your word déin maiṫ dod ġeallaṁaint. the medicine took e. d'oibriġ an ṗurgóid. effects. v.property

EFFIGY. fear etc. bréige

EFFORT. v. attempt. energy

EFFRONTERY. v. impudence, bold

EGG. uḃ m. 1 (f. 2. C.U). a hens e. uḃ circe. the e. shell. plaosc an uiḃ. thin end of e. ceann an u. the thick e. maol an u. the white of e. an gealaċán the yoke of e. an buiḋeaċán; an buiḋe; an duḃan. a big e. cnapán uiḃ. one of the .e is rotten tá uḃ acu i na ġliogar.

EITHER. he was not there e. time. ni raiḃ sé ann aon uair acu. with e. key. le haon eoċair acu. in e. of his feet. i n-aon ċois leis. it is not in the power of e. of them. ni ḟuil sé ar ċumas aoinne acu. I did not get the boat from e. of them. I got it from neither. ni ḟuaras an bád ó aoinne acu, ó aon taoḃ acu, ó ċeaċtar acu (C). I cannot do it without e. of them. ní ḟéadaim é do ḋ. gan taoḃ éigin acu. e. of you did it. one or other. do ḋéin duine agaiḃ é. e. of them. one or other will be there. beiḋ ceaċtar den ḃeirt ann. e. of these two things must be done. caiṫfear ní éigin den dá ní seo do ḋéanaṁ. she had neither. has not e. ni raiḃ so na súd aici: ní raiḃ neaċtar acu aici. did you ever see e. a spirit or fairy. an bfeacaís spioraid ná púca riaṁ. without e. aid or help. gan caḃair ná congnaṁ. you will e. do it or else I will beat you. déanfair é nó neaċtar acu buailfead tú (W). they were ashamed e. of you or of one another. do ḃí náire orra róṁat nó neaċtar acu roiṁ a ċéile (W). nor was I there e. v. nor.

ELAPSE, v. pass, last.

ELATE, v. glad.

ELBOW, uille f. 5.

ELDER, v. old. e. tree. trom m. 3.

ELECT, v. choose.

ELEGANT, v. beautiful, nice. e. man. duine galánta, cairéireaċ (Cl.), dearrcnuiġṫe (U). e. ways, fashions. galántaċt f. 3.

ELEGY, marḃna m. 4: tuireaṁ m. 1.

ELEMENT, dúil f. 2. King of the E. Rí na ndúl.

ELF, v. fairy

ELM, leaṁan m. 1

ELOPE, v. run

ELOQUENT v. energy. deaġlaḃarta; binnḃriaṫraċ. he spoke e. about it. do laḃair sé go binn blasta, go binn ḃriaṫraċ i na ṫaoḃ.

ELSE. no one e. was there. ní raiḃ aoinne eile ann. who e. should be blamed. cé eile gur ceart an milleán do ḃeiṫ air. nor anything e. ná eile. when e. would he come (surprise). cad eile cá ċoin do ṫiocfaḋ sé. what on earth e. could they think. cad é cad do ṁeassaidís. e. otherwise he is done for. gan soin do ḃeiṫ aṁlaiḋ tá sé réiḋ. I think he is mad, or e. that he does not know ... is dóiġ liom go ḃfuil sé ar buile nó muraḃ é sin é ná fuil a ḟios aige go ... he had nothing e. to do, no other alternative. v. choice. e. otherwise I should have been dead. mura mbeaḋ soin do ḃeinnse marḃ. v. except. something e. v. different, besides. nothing e. v. more. do it or e. v. either. elsewhere. i n-áit eile. v. place.

EMBARK. téiḋim, cuirim rud ar bórd (luinge). I e. do ċuaḋas ar b. l.; do ġaḃas long.

EMBASSY. teaċtaireaċt, f. 3.

EMBER. v. ashes, coal. e. days. v. quarter.

EMBRACE. she e. her son. pressed him to her breast. do rug sí barróg (f. 2) ar a mac; do ṫug sí b. dá mac; d'ḟáisc, do ṫeann sí a mac isteaċ le na croiḋe, huċt; d'ḟáisc sí ċúiċi é. she tightened her e. d'ḟ. sí a barróg air.

EMBROIDER. v. border, ornament.

EMIGRATE. I e. téiḋim, imṫiġim tar sáile, tar lear, tar fairrge; cuirim an loċ, poll amaċ díom. they had to e. do b'éigin dóiḃ imṫeaċt, gluaiseaċt. to stop e. cosc do ċur le himṫeaċt na ndaoine, leis an imirce (f. 4).

EMOTION. v. feeling.

EMPEROR. impire m. 4. empire. impireaċt f. 3.

EMPHASISE. v. insist. he e. his statement by using that word. do neartuiġ sé a ráḋ leis an ḃfocal soin.

EMPLOY. v. hire, spend, use.

EMPTY. the cup is e. tá an cupán folaṁ. place e. of people. áit ḟ. ó ḋaoiniḃ. he e. the box. d'ḟolaṁuiġ sé an ciste. he e. the cup. d'ḟ., do ḋiúg sé (drained) an cupán. that fills the places left e., the vacancies caused by death. líonann soin an folaṁas atá déanta ag an mbás. there is a certain emptiness, hollowness about her piety. tá folaṁas éigin i na gnóṫaiḃ creidiṁ. I e., drain the boat. tráġaim an bád, loċ; tráġaim an t-uisce ḋe; taoscaim an bád. vain. e. hope. dóċas díoṁaoin. e. talk. cainnt gan éifeaċt; blaḋmann; mustar etc. v. talk, boast. nonsense,

ENABLE, v. able. that e. him to do it. do ċuir sin ar a ċumas é do ḋ. that e. me to love him. do ṫug soin dom gráḋ do ḃeiṫ agam dó. her sense e. her to do it. a deaġċiall a ḃeir dí é do ḋ. v. cause.

ENCHANT, v. charm.

ENCOUNTER, v. meet, fight.

ENCOURAGE, v. courage, urge.

ENCROACH, v. interfere. trespass.

END, there is an e. to the fight. tá deireaḋ (m. 1) leis an stroid. I know not how it will e. ní ḟeadar cad é an d. a ḃeiḋ air. however the affair e. for him. pé d. a ḃeiḋ ar an scéal dó. that will put an e. to it, him. cuirfiḋ sin d. leis. that put an e. to the D., destroyed them. do ḋein sin d. glan le Dál gCais. it will be so at the e. of it all. beiḋ sé mar sin i nd. an scéil, i nd. scríbe ... he is at the e, (of list etc.) tá sé ar d. the e., last man (of rank etc.) an fear deiriḋ. from beginning to the e. ó ṫúis d. I have finished it. ċríoċnuiġeas é; tá sé críoċnuiġṫe agam. I have done except that I should like to add ... tá críoċnuiġṫe agam anois aċt a ráḋ go ... the e. of it all was that he ... is é críoċ (f. 2) an scéil ḋó go raiḃ sé ... such people come to a bad e. is olc an ċ. a ḃeireann a leiṫéiḋ. the affair will not e. well. ní haon ċ. ḟoġanta a ḃéaraiḋ an gnó. to put a knot on the e. of it (rope etc). snaiḋm do ċur ar a ċeann. the thin e. of the nail. ceann caol an tairnge. two e. of the stick. ḋá ċ. an ḃata. from e. to e. of the land. ó ċeann ceann na tíre. v. over. at the e. of a year i gc. bliaḋna. the right, wrong e. of the work, affair. c. cóir, tuaṫail na hoibre. why do you not come to an e. with your story. ca na ṫaoḃ ná cuireann tú c. ar do scéal. I have it on the e. tip of my tongue. tá sé ar ḃárr mo ṫeangan agam; tá sé ag riṫ im ḃéal. to the end of the street. go béal na sráide. at the end of the lane (where it comes out on the road). i mbéal an ḃóiṫrín. the letter is at the e. of the book tá an litir le fáil an leaḃair. he had e. finished with his prayers, reading. do ḃí sé réiḋ le na urnuiġṫiḃ, léiġṫeoireaċt. when I had e. with, got rid of him. tar éis ḃeiṫ réiḋ ḋom leis. the race is e. over. tá an rás i leaṫtaoiḃ. siar. v. pass. in the e. v. last. his end, object etc. v. intention. he ended. v. stop.

ENEMY. náṁa m. 5; náṁaid. he has many e. tá a lán náimde, easċáirde aige. he is my deadly e. v. deadly. inveterate foe. náṁaid fala. v. hate.

ENERGETIC, ENERGY, brostuiġṫeaċ (vigorous in work, etc.); oibriġṫeaċ; (id); dúṫraċtaċ (fervent, earnest); díċeallaċ (doing one's best etc.) energy. fuinneaṁ m. 1 (force, vigour); binibe f. 4 (vehemence); dúṫraċt f. 3 (fervour); díoġrais f. 2 (id). he ran, worked, denied it e., vigorously, hard, etc. do riṫ, d'oibriġ sé, do ṡéan sé é go dian, go géar, go tréan, go neartṁar, go fuinneaṁail, go beo bríoġṁar, go díċeallaċ. however vigorously he denied it. dá ḋéine, ġéire do ṡéan sé é. he spoke so strongly, powerfully. do ḃí an oiread nirt i na ċainnt; do laḃair sé coṁ neartṁar. he worked with mad e. d'oibriġ sé go dian cuṫaiġ. working with e. and determination. ag obair go grongallaċ (C). mowing with vigour and e. ag baint go fuirseaṁail, fuadraċ. there was e. in his speech. do ḃí neart, fuinneaṁ, anamaṁlaċt (liveliness), aibeaṁlaċt (id) i na ċainnt: do laḃair sé le hoiread binibe (virulence, vehemence); do ḃí an oiread soin buinne (impetuosity, etc) faoi: do ḃí an oiread faoḃair i na ċainnt. he is very e., excited, ardent. is mór an fuadar atá faoi. v. excite. when he recovered his e., vigour. nuair ṫáiniġ a neart ⁊ a luadar dó. that took the vigour from my limbs do ḃain sin luṫ na ngéag díom. he had not the same vigour in the lame leg. ní raiḃ an misneaċ céadna sa ċois ḃacaiġ aige. shouting with such e. ag búiṫreaḋ le na leiṫéiḋ sin de reaċt. with the e. he exerted. leis an reaċt a ċuir sé air féin. he blew it with e., vigour. do ṡéiḋ sé le r. é. half dead with the effort he exerted in shouting. leaṫṁarḃ le r. liúġriġ. I have not a bit of e. left. ní ḟuil gog ionnam. the journey, your words did not leave a bit of e. in him. níor ḟág an bóṫar, a ndubrais g. ann. they got redoubled e. do ṫáiniġ flosc eile orra. e., enthusiasm fails when fatigue comes on. imṫiġeann an flosc nuair ṫagann an tuirse. he put great e., spirit into the work., is mór an sprionnaḋ a ċuir sé san obair. there was not a spark of e. or spirit left in him. ní raiḃ preab ná sprionnaḋ ann. he jumped up with e. in a lively way. do léim sé i na ṡeasaṁ go preabaṁail. v. start. to show some e. brace oneself up crotaḋ do ċur air féin. full of e. dash. lán de sprioċ; anspreaċaṁail. v. excite. an e., vigorous, active man. v. strong. active. pray with e., fervour. v. fervent.

ENFORCE. v. effect.

ENGAGE, v. hire. they are e. to be married. táid siad luaiḋte le na ċéile, i n-áiriṫe dá ċ. she is e. to h m. tá sí l. leis, i n-á. aige, they were e.. betrothed. do sinneaḋ leabar ⁊ lám eatorra (C). e. in the work. ag gabáil don obair; i bfeiḋl, mbun na h-oibre. e., absorbed in the work. ar ṁullaċ a ċinn san obair. that left her e.. occupied with her reflections. d'ḟág soin í i mbun a smuainte. what is he e. at. cad atá ar siubal aige. I got e., involved in the quarrel. do ḃíos sáiṫte isteaċ sa mbruiġin. v. catch. he has e. a lodging. tá lóistin i n-áiriṫe aige. e. hire etc. v. hire. I e. that he ... v. assure. guarantee. e.-ment v. battle, marry.

ENGINE. v. instrument.

ENGLISH. Sasanaċ; Gallda. E. language. béarla m.4. E. man Sasanaċ m. 1; Seaán buiḋe (contempt) say it in E. abair a b. é; abair i mb. é. the E. in Ireland. an ġallḋaċt. that is E. in idiom. béarlaċas is eaḋ é sin. there is much E. idiom in his I. tá a lán béarlaċais i na ċuid gaeḋilge. v. idiom.

ENGRAVE. v. cut.

ENIGMA. v. confuse. focal dorċa; tomas m. 1. (riddle).

ENJOY. v. amuse. please, like. he e. his wealth. do ḃí sé ag baint sóiġ as a ṡaiḋḃreas.

ENKINDLE. v. light.

ENLARGE. v. increase.

ENMITY. v. enemy. easċáirdeas. she is at e. with him. tá sí i n-aimleas leis (W); tá easċáirdeas eatorra. v. fight.

ENORMOUS. v. extraordinary, monster.

ENOUGH. dóṫain; daoṫain (W). he had not e. money for it. ní raiḃ a ḋ. airgid aige ċuige. they knew English e. for that. do ḃí a ḋ. sin béarla acu. there are e. of you there. tá bur nd. agaiḃ ann. they have e., plenty of food. tá a lán-dóṫain biḋ acu; tá a nd. mór biḋ acu. he had plenty to do to get food. do ḃí a leor dóṫain aige le déanaṁ ⁊ biaḋ do ṡoláṫar. I have quite e. to bother me. tá mo ḋá ḋ. agam. he could have plenty of riches if... d'ḟéadfaḋ sé a ḋá ḋ. de ṡaiḋḃreas do ḃeiṫ aige dá mbeaḋ... she is rich e. for them. tá sí saiḋḃir a d. dóiḃ. you would be badly e. off. do ḃeaḋ an scéal olc a ḋ. agat. we are not half strong e. ní ḟuilmíd leaṫ láidir ár nd. he is good enough as a husband for her. tá a d. d'ḟear ann. I thought the meat good e. for me. do ḃí mo ḋ. d'ḟeoil ann. it is good e. food for any man. tá d. aon ḟir de ḃiaḋ ann. a load e. for a week. ualaċ bíḋ a mbeaḋ d. seaċtṁaine ann. it is e. for 9 (like you). tá d. naonḃair (ded ṡórtsa ann). e. seed for an acre. d. acra de ṡíol. it would be e. for a man to have money in order to be a king. níor ḃeag do ḋuine airgead do ḃeiṫ aige ċun ḃeiṫ i na ríġ. it would be e. to say it was made at home to put it... níor ḃeag a ráḋ gur sa ḃaile do deineaḋ é ċun é do ċur...she has e. to suffer without putting that on her. ní beag dí a ḃfuil le fulang aici gan é sin do ċur uirri. you were long enough about rising. ní beag duit a ḟaid do ḃí tú ag éirġe. you did it well e. ní beag duit a ḟeaḃus do ḋeinis é. it is e. for me to bother about. ní b. dom mar ċúram é. I thought the boat would do well e. níor ḃ. liom a ḟeaḃus mar ḃád. I think it good e. for him. ní beag liom a ḟeaḃus dó. they thought that reason e. for not going. níor ḃ. leo é sin ċun gan dul ann. I have had e. of you. ní beag liom díot. you have had e. of it ni beag duit de. e. is as good as a feast. má's maiṫ é ní beag de. that is proof e. that he is ... ní beag de ċomarṫa air sin go ḃfuil sé ...one blow was e. to do it. níor ḃeag aon ḃuille aṁáin ċun é do ḋéanaṁ you would think it long enough falling on you, you would soon get e., tired of it. níorḃ leat a ḟaide dó ḃeaḋ sé ag tuitim ort. will it not be time e. to do that when ... cá beag duit sin do ḋéanaṁ nuair ... is it not e. for you to look at me to see ... cá beag duit féaċaint orm ċun a ḟeicsint go ... is it not e. to tell you there must be 4 men to do it. cá beag duit gur ceaṫrar a ċaiṫfiḋ ḃeiṫ dá ḋéanaṁ. he was E. is not that reason e. Sasanaċ do b'eaḋ é ⁊ cá beag soin. he did it well e., pretty well. do ḋein sé maiṫ go leor é. he was pretty angry. do ḃí sé sáṫaċ feargaċ (C). v. middling. for a man to be saved is it enough for him to be ... an leor do ḋuine ċun ḃeiṫ sábálta ḃeiṫ ... it is not e. ní leor. drink e. ól do ṡáiṫ. he ate e. d'iṫ sé a ṡ. I have e. (and to spare). tá mo ṡ. (⁊ fuiġleaċ) agam. he will have e., plenty of money. beiḋ caiṫeaṁ ⁊ faġáil ar airgead aige. to store up e. ċun caiṫeaṁ ⁊ faġáil do ċur i dtaisce, he had not e. courage to go there. ní raiḃ de ṁisneaċ aige dul ann. there is not e. to feed a goat there. ní ḟuil coṫuġaḋ gabair ann. that will not be e. for so many. is gearr le dul an méid sin ar oireaḋ daoine. v. last. hot, cold, etc e. v. middling.

ENQUIRE, v. ask.

ENSIGN, v. flag.

ENTANGLE, v. catch, mix, confuse.

ENTER, v. come, go. I e. the water. tigim, téiḋim, gabaim, buailim, isteaċ san uisce. he e. by the door. do ṫáinig sé an dorus isteaċ ; do ṫ. sé isteaċ an d. I e. it in a book. do ċuireas síos i leabar é.

ENTERTAIN, v. hospitality. I e. doubt, fear etc. v. doubt etc.

ENTHUSIASM, v. energy, desire.

ENTICE, v. allure.

ENTIRE, v. complete, all, completely.

ENTRANCE, dorus m. 1. they went out at the e. to the harbour. do ġaḃadar béal an ċuain amaċ. there is no e. to the cave except over the wall. ní ḟuil de ḋul isteaċ san uaiġ aċt de ḋruim an ḟalla. I closed the e. do ḋeineas an dul isteaċ do ḋúnaḋ.

ENTRAILS, ionnaṫar m. 1 ; inniḋe (pl.) ; drólanna (pl.) ; stéiḋgeaċa (pl.) putóg f. 2 & 3. this man with the bowels of brass and heart of stone. an fear so an ċroiḋe ċloiċe ⁊ na scarṫaċa práis.

ENTREAT, v. beseech.

ENTRUST, v. care.

ENVY, ENVIOUS, v. jealous. do not e. them their lot. ná bíoḋ aon ḟormad (m. 1) agat leo. making the people e., jealous of each other. ag cur na ndaoine ag formad le ċéile. blinding them with e., jealousy of those richer. ḋá ndallaḋ le f. ċun daoine a ḃeaḋ níos saiḋḃre. full of jealousy of me. lán d'ḟ. liom. he had no e. of my happiness. ní tnúṫ (m. 3) ná f. do ġlac sé fám ṡonas. they are e. jealous of each other. tá éad (m. 3) orra le na ċéile. he was e., jealous on account of it. do ḃí éad air mar ġeall air. I do not e. him his trouble. ní ṁaoiḋim a ḋuaḋ air. I e. the blind. molaim an t-é atá dall. I do not e. you for it. ḃúr dtairḃe nár ḟagad. I do not e. the girl who marries you. ní mór liom don ċailín a ṗósfas tú. v. grudge.

EPIPHANY, Nodlaig ḃeag ; N. na mban ; an N. nár ṁeaṫ ; Oiḋċe na dtrí ríġṫe

EQUAL, v. so, same. this is e. to that. tá é seo ċóṁ mór leis sin. they are of e. length. táid siad ċóṁ fada le ċéile ; táid siad ar cóṁḟaid. they were all e. puzzled when... do ḃíodar go léir ċóṁ dall le ċéile nuair ... there was no stick here but there was an e. long one there. ní raiḃ bata annso ná raiḃ a ċóṁḟaid de ḃata annsoin. they would not let it go for an e. weight. its weight of gold. ní leigfidís uaṫa é ar a ċóṁṁeaḋaċan de ḋeargór. he should give them an e. amount, equivalent in good silver for the bad silver. bá ċóir dó cóṁṫrom an airgid ḃréagaiġ do ṫaḃairt doiḃ i n-airgead dílis. an e. good and even better trick is being played on him. tá a ċóṁṫrom ⁊ breis de bob ḋá ḃualaḋ air. I want another amount e. to what I have. a ċ. arís atá uaim. a symbol of e. justice. coṁarṫa coṁṫroim cirt. we have our e., proper share of it tá ár gc. de againn. they are e. wonderful. is ċóṁiongantaċ iad, dóiḃ. I never saw jewels of e. size. ní ḟeaċas a gcóṁṁeas de ṡeodaiḃ le méid. an e. good position must be given I. caiṫfear a cóṁṁaiṫ d'ionad do ṫaḃairt don ġaeḋilg. he had both sticks at an e. height. do ḃí an dá ḃata ar cóṁaoirde aige. the sea treats all e. cóṁuasal fear ag an muir. which is the best. they are of e. goodness cé acu is feárr. is ionann maiṫeas dóiḃ. you are e., of e. goodness at it. is dóċa gur ḋá ċéile sin. v. same. if they were e. in arms. dá mbeidís mar a ċéile i dtaoḃ arm. he divided it equally among them do roinn sé go codromaċ eatorra é. he who makes reparation should e. in dignity him to whom it is made. ní foláir an t-é a ḋeineann an leorġníoṁ do ḃeiṫ ar aon dul i n-uairleaċt leis an t-é a ndéintear an leorġníoṁ leis. C's exploit is e. to A's. tá gníoṁ Cuinn ar aon dul le gníoṁ Airt. they were e., neck to neck till the last game. do bíódar maide ar maide go dtí an cluiċe deireannac. he was e. to the occasion. ba ṁaiṫ an ṁaise ḋó é. he was unequal to the occasion. do b'olc an ṁ. ḋó é. you are a match for him. tá tú i n-iúl dó; tá tú maiṫ do ḋóṫain dó. I shall be e., quits with him. beadsa suas leis. the enemy will meet their e. match in him. ní haon ḋóiċin é don náṁaid. v. danger.

EQUIVALENT. v. equal.

EQUIVOCATION. drop that e., beating about bush. cuir uait an ċamastaġail, lúbaireaċt, lúbarnaċ, fánuíḋeaċt (cainnte) sin.

ERASE. scriosaim (amaċ) é.

ERR. v. mistake. an error in faith. earráid creidiṁ.

ERUPTION. v. burst. e. on body bruṫ m. 3.

ERYSIPELAS. ruaiḋe f. 4.

ESCAPE. v. nearly. avoid. he e. the danger. do ṫáinig sé saor ón mbaoġal; do ċuaiḋ sé saor as. you cannot e. it. me so easily. ní ḟuil aon dul as uaim. agat ċoṁ ḃog soin. he cannot e. it at her hands. ní ḟuil aon dul as aige uaiṫi. I do not let them e. ní ṫugaim dul as dóiḃ. it is hard to e. them. is deacair dul uaṫa. he hardly e. the name of rascal. is ar éigin do ċuaiḋ sé ó ainm an ḃiṫeaṁnaiġ do ṫaḃairt air. he could not e., avoid telling her. ní raiḃ aon dul aige ó ḟírinne an sceil do ṫaḃairt dí. he (prisoner etc.) e. d'éaluiġ sé. it e. ones notice. éaluiġeann sé ar ḋuine. a word might e., slip from him. do ḟleaṁnóċaḋ focal uaiḋ. he e. with difficulty. is ar éigin báis do rug sé a ċosa leis, do ṫug sé an t-anam leis ón mbaoġal. not a word of it e. him. focal ní ḋeaġaiḋ amuġa air. he had a narrow e. ba ṁaiṫ do scaip sé. v. luck. he could not e. long. ní ḟéadfaḋ dul leis i ḃfad; ní ritfeaḋ leis i ḃfad. you won't e. so easily. v. free. I narrrowly e. etc. v. near.

ESCORT. v. accompany.

ESPECIALLY. v. special. even. e. in Ireland. go mór ṁór i nÉirinn. and to you e. ⁊ duitse go sonnráḋaċ. v. more. I do not know how he did it, e. as the night was so dark. ní ḟeadar cionnus do ḋein sé é, ⁊ cadé an díoġḃáil aċt doirċeaċt na hoiḋċe. what e. surprises me is that it was Conn who ... cadé an díoġḃáil aċt Conn. v. care, seeing that.

ESTABLISH. to e. school etc. scoil do ċur ar bun.

ESTEEM. v. respect,

ESTUARY, inḃear m. 1.

ETERNAL.v.ETERNITY. ever.e.life an ḃeaṫa ṡuṫain, ṡíorruiḋe. the soul is e., immortal tá an t-anam doṁarḃṫa. immortality. doṁarḃṫaċt f. 3. he is in e. tá a anam ar an síorruiḋeaċt. for all e. v. ever.

EVAPORATE. the water is e. tá an t-uisce súiġṫe (ag an ngaoiṫ).

EVASIVE, v. equivocate.

EVE. oiḋċe f. 4. Xmas E. oiḋċe Nodlag

EVEN v. equal, just, smooth, level, quits. féin. fiú (usually with gen). the women and e. the men are afraid tá eagla ar na mnáiḃ ⁊ ar na fearaiḃ féin. we did not do it e. then. níor ḋeineamar ann soin féin é. e. if it were possible. dá mb'féidir féin é. if he were there safe or e. alive. dá mbeaḋ sé ann slán nó beo féin. without e. a word to anyone. gan fiú focail do laḃairt le haoinne. he had not e. a word to say. ní raiḃ fiú an ḟocail aige. without e. boots. gan f. na mbróg air. I did not understand e. a word. níor ṫuigeas f., aon ḟocal aṁáin. he did not remain e. an hour. níor ḟan sé f. aon uair an ċluig aṁáin. the man ... e. the very dog were gone. an fear ... fiú an ṁadra do ḃiodar imṫiġṫe. and e. that man had only a pound. ⁊ fiú aṁáin an fear soin ní raiḃ aige aċt púnt. even the walls are not to be seen. ⁊ fiú aṁáin na fallaí ní ḟuil pioc díoḃ anois ann. and e. schoolboys ⁊ fiú aṁáin buaċaillí scoile. if there were e. 50 there. dá mbeaḋ aon ċaogad aṁáin ann. I had not e. the name right. ní raiḃ aṁáin an ainm i gceart agam. they would not e. pretend. ní leigfidís orra aṁáin. e. the E. would say that ... dá mb'iad na Sasanaiġ féin iad déarfaidís go ... e. C. was persuaded that ... dá mb'é Conn féin é do ḃí sé buailte isteaċ i na aigne go... ... in this life he has only...dá mba ar an saoġal so féin é ní ḟuil aige aċt ...t. when I was asleep he did not leave me. dá mba im ċodlaḋ féin dom é níor scair sé liom. e. though he was a Dane he was not...dá mba Loċlannaċ féin é ní raiḃ sé... do not hide e. as much as a word from me. ná ceil oiread ⁊ focal orm. there was not even a rat hole that was not...ní raiḃ oiread ⁊ poll francaiġ ná go raiḃ...the time is up even exclusively of those three weeks. tá an aimsir caiṫte ⁊ gan na trí seaċtṁaine úd d'áireaṁ. I never got such a fright not e. the night of the fair. níor baineaḋ a leiṫéid de ġeit asam ón lá do rugaḋ mé ⁊ oiḋċe an aonaiġ do ċur leis. no one not e. the general is more miserable. ní ḟuil aoinne ⁊ an taoiseaċ féin do ċur leis'is mó atá brónaċ. it is to be found nowhere not even in T. ní ḟuil sé le faġáil i n-aon áird den doṁan ⁊ tír na dTurcaċ d'áireaṁ. v. mention. many a day and e. a month. is mó lá...⁊ mí dá n-abrainn é. anywhere in C. or even in I. i n-aon áit i gCorcaiġ ná dá n-abrainn i nÉirinn. v. nor. even. not counting. v. mention. e. a little. v. little.

EVENING. v. night. in the e. um tráṫnóna (m. 4). this e. t. inniu. to-morrow e. t. i mbáraċ. in the early e. um t. mór luaṫ. in the late e. ag druidim le deireaḋ an lae : i gcoṁrac lae ⁊ oiḋċe ; déiḋeanaċ san tráṫnóna ; ar tuitim ḃig na hoiḋċe ; ar tuitimin an hoiḋċe ; tráṫnóna beag ; t. déiḋeanaċ. it was late e., twilight. do ḃí tuitim, tuitimín na hoiḋċe ann ; do ḃí clapsolus, crapsolus, coṁḟeascor ann ; do ḃí crónuġaḋ na hoiḋċe ann ; do ḃí cróntráṫ, conṫráṫ na hoiḋċe ann. from morn till even. ó ṁaidin go faoi (U), go faoṫain (C), go fuinneaḋ gréine. v. sun. e. had fallen etc. v. dark.

EVENT. v. affair. the e. of the world. cúrsaí, imṫeaċta an tsaoġail. the e. of the previous day. eaċtra, cúrsai, an lae roiṁe sin. these e. happened in 1641. i mbliaḋain 1641 do ṫárla na cúrsaí seo. at all e., at any rate. pé scéal é ; pé'r doṁan é ; pé i nÉirinn é ; ar aon ċuma ; (aċt) go háiriṫe ; pé acu i na ṫaoḃ é. v. least. some of them at all e. cuid acu pé'r doṁan é. I am done for now at all e. táimse réiḋ anois murab ionann is riaṁ. v. ever.

EVENTUALLY. v. last.

EVER. for e. go deo ; go deo deo ; go deo na ndeor ; go bráṫ (na breiṫe) ; go bráṫ na beaṫaḋ ; go beo buan ; go lá an luain ; go lá na leac ; go lá an tsléiḃe ; ar feaḋ na sioruiḋeaċta ; le saoġal na saoġal ; gan ċríċ gan foirċeann ; ċoṁ fada ⁊ ḃeiḋ féar ag fás nó uisce ag ruṫ le fánaiḋ. if I wished to keep you there for e. dá mba ṁaiṫ liom ṫú do ċoimeád ann ċoiḋċe. e. urging him until he should...ag taṫant air ċoiḋċe go dtí go mbeaḋ sé... he hardly ever used to leave her. is ar éigin do scaraḋ sé ċoiḋċe léi. he used not to laugh e., he never l. ní ġáireaḋ sé ċoiḋċe, riaṁ. that is the first time I e. saw him sin é an ċéad uair riaṁ do ċonnac é. you have lost it to-day if e. do ċaillis é indiu nó riaṁ ; do ċaillis é indiu murab ionann is riaṁ. as quickly as e. I can. ċoṁ luaṫ i nÉirinn ⁊ ḟéadfad. as fast as e. he could put them in. ċoṁ tiuġ i nÉirinn ⁊ d'ḟéad sé iad do ċur isteaċ. that was established for e., for good. do cuireaḋ sin ar bun go (beo) buan, go marṫannaċ etc. v. last. I have done with the sea for e. táim bun os cionn leis an bḟairrge lem ṡaoġal. working e. since. ag obair a ḋólaim ó ċoin (C). e. green, síorġlas. e turning, praying etc. ag síorċasaḋ, síorġuiḋe, etc. v. constant.

EVERY, v. all. e. man of them. gaċ, gaċ aon, an uile ḋuine (riaṁ) acu. like e. one else. mar ċáċ. e. thing. gaċ (aon) rud ; gaċ aoinní. e. where. ins gaċ (aon) áit ; ins gaċ uile áit, ḃall. e. thing that was there. gaċ aoinni dá raiḃ ann. they are there every one. táid siad go léir, go huiliġ (C), go huile, (C) ann. tá an uile ḋuine acu ann. he killed e. one of them. do ṁairḃ sé iad go léir, an uile ḋuine acu. she promised him e. thing she had. do ġeall sí na huirc 7 na heairc dó ; do ġ. sí so 7 súd ; do ġ. sí an rud a ḃí 7 ná raiḃ aici. growing bigger e. day. ag dul i méid gaċ lá, i n-aġaiḋ an lae. he used to do it nearly e. day. do ḋeineaḋ sé é i n-aġaiḋ an lae naċ mór. e. other, second day, person. gaċ ré lá, nduine, dtamall. v. alternate. searching e. place. ag cuardaċ abus 7 ṫall. v. place, direction. there is a fair there e. 3 years. bíonn aonaċ ann i n-éadan gaċ aon tríoṁaḋ bliaḋna (C). every one, soul of them. v. one.

EVICT, v. drive.

EVIDENCE, v. proof, clear, witness.

EVIL, v. bad, harm, misfortune. the results of e. iarsma an uilc. trouble in doing e. duaḋ an uilc.

EWE, fóisc f. 2 ; máiṫreaċ f. 2.

EXACT, EXACTLY, his language is e., accurate. tá a ċainnt go cruinn, beaċt. she spoke with exactness. do labair sí go c. be as e. as you can about the words. bí ċóṁ c. 7 ḟéaḋfair ar na foclaiḃ. I do not know e. ní ḟuilim róċruinn air. or to speak more e. nó bá ċruinne a ráḋ. the name suited him e. d'oir an ainm dó go cruinn. he is scrupulous in fulfiling them (obligations). tá sé fíorċruinn i na gcóiṁlíonaḋ. he gave them an e. detailed account. do ṫug sé ḋóiḃ go cruinn 7 go mion tuairisc air. they know the whole affair so accurately. tá bun 7 bárr an scéil ċoṁ cruinn acu. we have a detailed account of it. tá cunntas c. againn air. to pronounce the word e. an focal do ráḋ le cruinneas. (m. 1). the accuracy of his I. is great. is mór é cruinneas, glaine, ceart na gaeḋilge atá aige. explain yourself e. cruinnig do ċainnt. I got an accurate idea of the thing. fuaras beaċt an scéil. to tell the e. truth. an ḟírinne d'innsint go b. to tell you my doings in detail. m'imṫeaċta do ṁionaiṫris duit. he does not know e. where she is. ní ḟuil a ḟios aige go bairinneaċ cá ḃfuil sí (C). the same day e. a year before. bliaḋain díreaċ roiṁe sin i gcoṁaireaṁ an lae ċéadna. the same day e. an lá céadna go díreaċ. e. where the eye is. díreaċ (donn) mar a ḃfuil an tsúil. yes, e. ! (go) díreaċ ! e. so, the very thing. abair é ; ṫar a ḃfeacais riaṁ. three of them e. trí cinn acu go lom slán. I followed his advice e. do leanas a ċoṁairle go dluṫ. v. close. I do not understand you e. ní ṫuigim i gceart tú. v. right. except e. 3 pence. go dtí aon trí pingne aṁáin. v. only.

EXAGGERATE, I did not e. níor ċuireas leis an ḃfírinne. even if it were e. threefold. 7 a ṫrí oireaḋ curṫa leis. he did not e. in the comparison. ní ḋeaċaiḋ sé ṫar an ḃfírinne sa ċomparáid it is not an e. that is in the gospel. ní haon iomad cainnte atá sa soiscéal. he is given to e. tá sé anaiḋḃéileaċ (C). he is e., drawing the long bow. tá sé ag fiannaiḋeaċt. v. nonsense. without understating or e. gan focal faoi ná ṫairis.

EXAMINE, etc. v. search. he e. my case carefully. do scrúduiġ sé mo ċúis go géar ; do ḋein sé mionscrúdugaḋ ar mo ċúis. e. the story and weigh it. breiṫniġ an scéal 7 meaḋuiġ é. e. the affair ag breiṫniugaḋ 7 ag insiúċaḋ an scéil. carefully sifting the case ag cíoraḋ an scéil go tiuġ. v. discuss. e. looking into it. ag féaċaint isteaċ ann. without very careful e. of it gan féaċaint ċuige puinn. he e. the ground carefully d'insiúċ sé an talaṁ. he e. the ground to find something. d'insiúċ sé ar an dtalaṁ. e. questioning the prisoner ag ceistiuġaḋ an ṗríosúnaiġ. they were under e. (at school, etc). do ḃíodar fá ċeistiuġaḋ. they were e. to see which ... do ṫréallaḋ iad féaċaint cé acu ... in the e. sa tréall. the man who conducts the e. an t-é a ḋeineann an tréall. to e. them. iad do ṫréallaḋ, tástáil. exploring the country ag déanaṁ, cur eoluis na tíre. when he is e., judged by that standard. nuair ṫoṁaisteár é leis an gcoṁarṫa soin. he e. poked into the beds and under them. do rop sé na leapṫaċa 7 do rop sé fúṫa

EXAMPLE, v. compare. that was an e. of the way he did it. samhlaoid do b'eaḋ é sin ar an gcuma i nar ḋein sé é. we have some good e., instances of that. tá samhlaoidí maiṫe againn air sin. let us follow, take the good e. glacaimís an deaġsompla (m. 4) : deinimís aiṫris ar an nd. she gives good e., is edifying. bean deaġsomplaċ is eaḋ í. he is an awful e., a "show" among the neighbours. tá sé i na ṡompla ṡaoġalta i measc na gcoṁursan. it is done after the model, fashion of an E. book. tá sé déanta ar aon dul le leaḃar béarla. he makes us take E. as model, style for our I. cuireann sé d'ḟiaċaiḃ orainn ár gcainnt do ḃeiṫ ar dul an ḃéarla againn. v. like. take I. for e. cuir i gcás an ġaeḋealg. a man, for e. fear cuir i gcás. if there were a battle for e. in Ireland. dá mbeaḋ caṫ cuir i gcás, abair i nÉirinn. v. suppose. we have our towns, for e. D., C. tá ár gcaṫaireaċa againn mar atá Corcaiġ, Áṫa Cliaṫ. e., simile. v. compare.

EXCEED. v. surpass, more.

EXCEL etc. v. surpass, excellent. v. grand, extraordinary. his e. in running. a ḟeaḃus ċun reaṫa. the e. of his language. f. a ċainnte.

EXCEPT. I have nothing e. that, e. to do that. ní ḟuil agam aċt é sin, é sin do ḋ. she rarely spoke e. when spoken to. is annaṁ do laḃraḋ sí aċt nuair do laḃartaí léi. may the next person who sits in it—e. myself—stick. an ċéad duine eile a ṡuiḋfiḋ innti aċt mé féin go ceangalaiḋ sé innti. though he has nothing but a coat. 7 gan aċt casóg aige. e. for God's help, I do not know how he will live. ní ḟeadar aċt grásta Dé cionnus ṁairfiḋ sé. I would do it e., only I have not money. do ḋéanfainnse é aċt gan an t-airgead do ḃeiṫ agam. I have eaten the apples all but three. tá na hubla iṫte agam aċt amáin trí cinn, go dtí trí cinn. I should have the money e. that I failed to do it. do ḃeaḋ an t-airgead agam aċt gur ṫeip orm é do ḋ. you are right e. for one mistake. tá an ceart agat aċt go ḃfuil aon dearmad ort. you could not distinguish between them e. that the son had no beard. ní aiṫneofá ó ċéile iad aċt gan féasóig do ḃeiṫ ar an mac. that is the best way e. it is so slow. sin í an tslíġe is fearr aċt a ṁoilleaċt...how would you attempt it e. by going...cionnus ċuirfeá ċuige aċt dul... a quiet girl e. when annoyed. cailín ciúin aċt ná cuirfí fearg uirri. they were alike e. that he was...bá ċosṁail le ċéile iad aċt gurb'é a ḃí... a thing like a can only it is black. rud i ḃfuirm canna aċt é ḃeiṫ duḃ. e. for, only for C. I should have been dead. mura mbeaḋ, meireaċ, marac (Clare) Conn do ḃeinnse, ḃíos marḃ. e. that you came, but for your coming I...mura mbeaḋ...gur ṫángais do ḃeinnse... e. they existed etc. mura mbeaḋ iad do ḃeiṫ ann. (v. Sean-Ċainnt na nDéise, p. 153). e. C. ar an dtaoḃ amuiġ de Ċonn. he would give anything e. Heaven if he was...do ṫiuḃraḋ sé gaċ aon rud leaṫsmuiġ de ḟlaiṫeas dá mbeaḋ sé... there is no real strength e. union. ní neart go cur le ċéile. no true I. e. the one who knows I. ní hÉireannaċ go Gaeḋilgeoir. v. like. we met with no song e. a book...níor casaḋ aon amrán orainn césmóite de leaḃar...(C).

EXCESS. v. too, extraordinary. through e. of joy. le bárr áṫais. in his e. of excitement. le bárr an ḟuadair a ḃi faoi. he determined in the e. of his love for us to do it. do ċeap sé ar, trí méid a ġráḋa ḋúinn é do ḋ. excessive drinking etc. ólaċán neaṁmeasarḋa, iomarcaċ. weep. e. ag gol go neaṁċuiḃeasaċ, míċuiḃeasaċ.

EXCHANGE. v. change. in e. for. v. return.

EXCITE. EXCITEMENT, v. urge etc. confusion. angry. that word e. him. do spreag, sprioc, ġrios an focal soin é. to e. oneself to sorrow. é féin do spreagaḋ, sprioċaḋ ċun doilġis ċroiḋe. that e. stirred up his spirits. do spreag, sprioc soin a ṁeanmna. as an e. stimulus for your mind. mar spreagaḋ ar do ṫuigsint. the devil e. him to a bad thought by a bad word. séideann an diaḃal droċsmuaineaṁ faoi le focal miġeanmnaiḋe. jealousy e. their mutual hatred. is é an t-éad a ḃí ag séideaḋ miosgaise (suas) eatorra. he is very e., in a fuss. tá fuadar (an domain) faoi. his e. enthusiasm for his work. an f. ċun gnóta atá faoi. he has got over his e. tá an f. imṫiġṫe. running etc. in an e. way. ag riṫ go fuadraċ v. energetic. in their e. bustle, fuss. san ġleiṫearán, ġreiṫileán (m. 1) soin dóiḃ. v. busy. to make such a fuss, e., hubbub about it. a leiṫéid sin de ġleo do ḋéanaṁ mar ġeall air. there is great e., fuss in the town. tá árdġleo sa ċaṫair. he is mad with e. tá sé ar mire, ar buile. his fierce e. cooled down. d'imṫiġ an ṁire, an ḃuirbe ḋe. v. mad, anger. e. vehement as she was. dá ṁéid buinne a ḃí fúiṫi. v. energy. said he in an e. way. ar seisean go hanaiṫeaṁail. the dogs are yelling with e. tá na madraí ag uaill le teaspaiġ. I will knock the e. out of him. bainfead an teaspaċ as. v. spirit. what caused all the e., confusion, bustle. cad fá ndearna an t-éirleaċ, an ririáḋ go léir. v. confusion. rushing about, fussing about house in e. way. ag guarnán timċeall an tiġe. he has caused much e. talk (by his book etc.) tá an saoġal trí na ċéile aige. the cares, e. of the world. mórḟaoṫar an tsaoġail. loud e. talk etc. v. talk. e. to do something. v. desire. e. in work. v. busy. e. anger, etc. v. move, cause.

EXCOMMUNICATE. coinnealḃáiḋim. he was e. do cuireaḋ fá ċoinnealḃáḋaḋ é.

EXCUSE. e. me, I beg your pardon (for its being there ...) gaḃaim párdún agat, cúgat (U), ḋuit (U), g. do p. toisc é do ḃeiṫ ann, i dtaoḃ é do ḃeiṫ ann, má tá sé ann ; gaḃ mo leaṫscéal, gaḃ agam, gaḃ leor liom toisc ... I e. myself to them for being absent. do ġaḃas a bpárdún, do ġaḃas mo leaṫscéal leo gan ḃeiṫ ann. e. my contradicting you. v. contradict. e. the expression etc. i gcead daoiḃse ; i gcead don ċuideaċtain. he invented an e. do ċum sé leaṫscéal. only an e. v. pretend.

EXECUTE v. kill, hang, effect. executor of will. seiceadóir m. 3. executioner. croċaire m. 1.

EXEMPT. a fast from which one cannot be e. troscaḋ naċ féidir ḋúinn ḃeiṫ saor uaiḋ.

EXERCISE v. practise. the e. she had taken an suaṫaḋ a ṫug sí ḋí féin.

EXERT v. attempt. he did not e. half his strength at it. níor ċuir sé leaṫ a nirt ċuige ; níor ċuir sé amaċ leaṫ a nirt.

EXHAUST v. tire, spend, use, empty, e. patience, etc. v. patience, etc.

EXHORT v. urge, encourage.

EXILE v. banish, drive. deoraiḋe m. 4

EXIST. God e. tá Dia ann. it is not that which would make them e. or not. ní hé sin a ḋéanfaḋ iad ḃeiṫ ann nó as. I do not care whether he e. or not is cuma liom ann nó as é.

EXPAND v. stretch.

EXPECT. etc. v. think, hope. I e. it tá súil, coinne agam leis ; táim ag s. leis. they were e.-ed. do ḃí s. leo. who was e. cé leis a raiḃ an ts. I did not e. him to be there. ní raiḃ aon tsúil, ċoinne agam é do ḃeiṫ ann, go mbeaḋ sé ann. he e. someone. do ḃí s. aige le duine éigin do ṫeaċt. in the e. that ... ag, le s. go ... he had no e., idea of what she wanted with him. ní raiḃ aon ċoinne aige leis an ngnó a ḃí aici ḋe. I met him though he did not e. me. do casaḋ mé air gan c. liom little you e. it. is beag dá ċoinne a ḃí agat. I no more e. him than he me. ní raiḃ de ċ. agam leis aċt oiread 7 ḃí aigesean liomsa. the hour you least e. him an uair is luġa ḃíonn c. agat leis. e. them ag dréim leoḃṫa (U). e. that he will ... ag dréim go mbeiḋ sé ... (U). he e., counted on, a rising. do ḃí sé ag braṫ ar éirġe amaċ. e. he would have luck, would get it ag braṫ air go mbuailfeaḋ seans éigin uime, go ḃfuiġeaḋ sé é v. depend. he is on tiptoe of e. tá sé ar a ḃroid (U). you would not e. want me to yield to you I hope. ni dóċa go measfá go ngéillfinn duitse. did you e. think to kill me. an aṁlaiḋ do ṁeasais mé do ṁarḃaḋ. v. want. they were caught napping. do ṫángaṫas i gan ḟios orra, aniar aduaiḋ orra. the news. death came on him unexpectedly. do ṫáinig an scéal, bás (i) gan ḟios air. to come on us from behind unexpectedly and seize us by the throat. teaċt aniar aduaiḋ orainn 7 dul sa scórnaiġ againn. in the e. intention. v. intend. beyond all e. v. extraordinary.

EXPEDITION, v. journey. turus m. 1 ; sluaiġeaċt. f. 3

EXPEL, v. drive, banish

EXPEND, EXPENSE. v. spend. after incurring some e. tar éis roinnt costais do ḋéanaṁ. he involved us in needless e. do ċuir sé costas (m. 1) orainn nár ġáḃaḋ. to do it at his own e. é do ḋéanaṁ ar a ċ. féin. expensive. v. dear.

EXPERIENCE, v. feel. accustom. practise. owing to your e. you will be ... as méid do ṫaiṫiġe (f. 4) beiḋ tú ... I have an intimate e. of them. is dlúṫ é mo ṫ. orra. I have (a long) e. of them tá (sean) taiṫiġe, tástáil agam orra. it has always been my e. that ... is é m'eolus riaṁ go ... he would have bought his e. is ciall ceannaiġ a múinfi ḋó. you have bought your e. is c. c. ḋuit é.

EXPERIMENT, v. try

EXPIATE, v. reparation

EXPLAIN, etc. v. understand. he e. song, affair to me. do ṁiniġ, léiriġ sé an t-aṁrán, scéal dom. I e. to them what was going on, how he was not. etc. do léiriġeas, ṁíniġeas dóiḃ, do ċuireas i dtuigsint dóiḃ cad a ḃí ar siuḃal, conas mar ná raiḃ sé ... I e. showed him it was for his advantage. do ċuireas ar a súiliḃ dó gurḃ é a leas. to e the whole state of affairs. cunntas cruinn do ṫaḃairt ar an scéal; bunaḋas an scéil, fios bunaḋas an scéil d'innsint dom; (fios) fáṫ an scéil do ṫaḃairt dom. if you wish to give me the e. of it má's maiṫ leat ceann do ḃaint den scéal dom. the e is that he is etc. is aṁlaiḋ atá sé ... his own e. v. version, account.

EXPLORE, v. examine. search.

EXPLODE, v. burst

EXPOSE. v. reveal. danger. he would as soon have his feet e. as wear shoes. ní fearr leis bróga do ḃeiṫ ar a ċosaiḃ ná a ċosa do ḃeiṫ leis v. bare. I covered it with sods and left the grassy side of them e.. out. do ċlúduiġeas le scraiṫeannaiḃ é 7 do ċuireas taoḃ an ḟéir leis v. bare

EXPRESS, v. speak, clear. expression v. face, saying.

EXTANT. that MS is e. yet. tá an scríbeann ann fós, le faġáil fós.

EXTEND, v. increase. the blood-marks e. over to a wall. tá an ḟuil ar an dtalaṁ anonn go claiḋe. all this country as far as it e.. reached was his. ba leis an taoḃ so den ḋúṫaiġ mar riṫ sí. the island in all its extent was mine. ba liom féin an t-oileán mar riṫ sé. his view e. for 20 miles. tá radarc aige ar feaḋ fiċe míle. to e. the field. breis fairsinge do ċur leis an bpáirc. it is e. tá sé ag dul i leiṫe 7 i leiṫead. v. wide. the privilege e. to his children. do sroiċ an dualgas a ċlann. v. reach. to e. faith. v. spread. he e. himself etc. stretch. as far as my knowledge e. v. far. extent. v. wide. to some e. v. little.

EXTERIOR, v. outside.

EXTINGUISH, he e. the fire. do ṁúċ sé an teine; do ċuir sé an t. i n-éag. he let the fire go out. do leig sé don t. dul i n-éag.

EXTRA. v. add.

EXTRACT, v. pull.

EXTRAORDINARY. v. wonderful, queer. míċuiḃeasaċ; neaṁċ; éagc; neaṁċoitċeannta; tar bárr; tar ceann (C); tar na beartaiḃ; tar meaḋon; éactaċ; éagsaṁail. it is an e. world. is éactaċ, éagsaṁail an saoġal é. an e. unusual sign. coṁarṫa éagsaṁlaċ, neaṁċoitċeannta. he has e. love for her. tá grráḋ éagcuiḃeasaċ etc. aige ḋí. he has some e. trouble on his mind. tá buaḋairt míċuiḃeasaċ etc. air. an e. misfortune had occured. do ḃí donas tar na beartaiḃ déanta. she is of e. beauty. tá áilneaċt a pearsan tar na beartaiḃ, tar meaḋon, tar bárr; ta sí tar bárr tar ceann (C), tar meaḋon le h-áilneaċt. I took e. trouble on it. ba ṁór tar meaḋon a ḃruaras dá ḋuaḋ. to be e. thankful to you for it. beiṫ buiḋeaċ tar m. díot mar ġeall air. he is e. angry. tá fearg as cuimse air (U.C.) a man of e. sound judgment. fear a ḃruil breiteaṁantas aige tar an gcoitċeanntaċt. he is very e. in size. tá sé róainspianta ar fad le méid. were it not for their e. folly. mura mbeaḋ an donas ar fad le diṫ céille do ḃeiṫ orra. there were put before her delicacies of e. sweetness. do cuireaḋ os a coṁair soġṁluistí nár ḟoġṁluistí go dtí iad. it is an e. thing if I could not talk without ... is mór an gnó mura ḃféadainn cainnt do déanaṁ gan ...

EXTRAVAGANT. v. queer, spend.

EXTREME. v. end, very. to give e. unction to her. ola an ḃáis, an ola déiḋeanaċ do ċur uirri, do taḃairt dí. giving him e. u. ag cur na hola air. he will get e. u. do ġeoḃaiḋ sé ola.

EYE. one of her e. súil (f. 2) léi. my e. sight. radharc mo ṡúl. I never saw her with my e. ní ḟeacas riaṁ im ṡúiliḃ cinn í. he never laid e. on anyone as beautiful. ní ḟeaca sé riaṁ in a ṡúiliḃ cinn aoinne coṁ háluinn. he opened his e. with astonishment when he saw...do leaṫ a ṡúile air nuair connaic sé...; do ṫáinig starracaḋ i na ṡúiliḃ le hiongnaḋ nuair...; his eyes wide open in amazement looking at them. 7 bolgṡúile air ag féaċaint orra. he had prominent e. do ḃí dá ċnapṡúile air. his e. lids fabrai a ṡúl. e. of needle. cró snáṫaide.

FABLE. fáṫscéal (parable, allegory, etc.); saṁlaoid f. 2 (id.); finnscéal. it is a mere fable. staruiḋeaċt cainnte is eaḋ é. v. nonsense.

FACE. gnúis f. 2; aġaiḋ f. 2; ceannaġaiḋ (sg. in Aran, elsewhere pl.); ceallcair f. 5 (generally fierce, wild f.). a set firm f. gnúis daingean. gladness in his face. suairceas i na ġnúis, ċeannaiġṫiḃ. her f. is bright and gay. tá a ceannaiġṫe go soluisṁar, etc. I had rather see your back than your f. do b'ḟearr liom do ċúl ná do ċ. I could not tell from his face if he understood or not. níor ḟéadas a innsint ó na ċuntanós cé acu tuig sé nó nár tuig. irregular f., features. cuntanós ceataċ. he cannot face God, the danger. ní ḟéadann sé aġaiḋ do ṫaḃairt ar Ḋia, ar an gcontaḃairt. they had f. for home. do ḃí a. taḃarṫa acu ar an mbaile. the footprints f. in. do ḃí a. gaċ rian isteaċ. the ship is f. for the shore. tá a. na luinge ar an gcladaċ; tá sí ag déanaṁ ceann ar aġaiḋ ar an gcladaċ. the field f. south. tá a. na páirce ó ḋeas. the door f. the wind. tá a. na sine isteaċ ann. they are f. to f. with the foe. táid siad a. ar a. leis an náṁaid. he threw himself on his f. do ċaiṫ sé é féin ar a béal 7 ar a a. I saw him facing me. do ċonnac é 7 a a. liom. he f. for the cliff etc. do ṫug sé fá'n ḃfaill. the stag f. the dogs. an fiaḋ ag taḃairt a aḋarc ar na maḋraiḃ. cows f. each other threateningly. na ba ag púiciuġaḋ ċun a ċéile. he laughed, smiled in my f. do ċuir sé miongáire (suas) lem béal ar. I lay f. down. do ṡíneas béal fúm. I knocked him f. forward. do leagas ar a b. faoi é. I threw down the card f. up in front of me. do ċaiṫeas an cárta ar a béal i n-áirde ar m'aġaiḋ amaċ. he has a brazen f., cheek is dána an t-éadan air. v. impudence. to f. the world. dul i n-éadan an tsaoġail (U. C). he threw my poverty in my f. do ċaiṫ sé mo ḃoċtanas insna súilib orm. he threw it in my f. that I was...do ċaiṫ sé insna súilib orm go raḃas... he pulled a face of derision. do ċuir sé meiḋl (twisted mouth) ċun magaiḋ. he pulled a face, pouted at that do ċuir sin pus air.

FACT, v. true. it is a f. is fíor é. that is a f. is f. ḋuit é; is díreaċ soin. it is no supposition but a f. ní ḋóċa aċt deiṁin. the f. of the matter is I am afraid. is é críoċ an scéil go ḃfuil eagla orm. it does not a. with the f. ní ṫagann sé cruinn géar leis an ḃfírinne.

FACTION, v. set.

FADE, v. waste. feoċaim; feoġaim; seargaim; seirgim; dreoġaim. the f., withered face, flower, stalk. an aġaiḋ, bláṫ, gas feoċta, feoiġte, seirgte, dreoiġte. the flowers f. d'ḟeoċ, d'ḟeoiġ, do ṁeaṫ etc. na bláṫanna. the potatoes are withered. tá na prátaí meatta. dreoiġte, loḃta etc. v. blight. Irish is dying, f. away. tá an ġaeḋealg ag meaṫaḋ, meaṫluġaḋ, dul i n-éag, dul i léig, dul ċun deiriḋ. he is wasting away with sorrow. tá sé ḋá ḟeoġaḋ, ag seirgeaḋ, ag meaṫaḋ, ag meaṫaireaċt, ag snoiġeaḋ, ag dul as, ag imteaċt as a ċreat 7 as a ḋeallraṁ le brón. the grass is rotting, f. etc. tá an féar ag dreoġaḋ, loḃaḋ. the wood is withered. tá an t-aḋmad curṫa as feoġaḋ. their withered. yellow throats (of old women) a mbraiġdeaċa buiḋe meirgeaċa. nothing but decay is to be seen in I. ní ḟuil aċt leiġe 7 meaṫaḋ le feicsint i nÉirinn. the colour faded. do ḋoirt an daṫ.

FAGGOTS, brosna m. 4.

FAIL, v. neglect, forget, succeed. my friends did not f. me. níor ṁeaṫ, teip, ċaill, ċlis (C.U.) loic (C.U.) mo ċáirde orm. your courage will not f. you. ní ċaillfiḋ do ṁisneaċ ort; ní ċaillfiḋ etc. as do ṁisneaċ; ní ṫiocfaiḋ claoclóḋ ar do ṁ. he failed to do it. do ṫeip, ṁeaṫluiġ, ċlis (C.U.) ċinn, ḟáruiġ (C.U.) (sé) air é ḋo ḋéanaṁ; do ḟáruiġ sé é do ḋ. (C.); do ṫeip glan air é do ḋ.; do ċuaiḋ (sé) ḋe é do ḋ. he is f. at it. tá sé ag teip air é do ḋ.; the attempt has quite f. tá teipiṫe glan as an iarraċt; tá an i. t. a disease that doctors have always f. to cure. galar atá t. riaṁ ar ḋoċtúiriḃ. she never f. to do the wrong thing. níor ṫeip an tuaṫal riaṁ uirri. there will be no f. ní ḃeiḋ aon teip. he will do it without f. déanfaiḋ sé é gan (aon) teip. I rarely f. to do it. is annaṁ do ṫéiḋeaḋ ḋíom (gan) é do ḋ. only for him I should have f., been in lurch. mura mbeaḋ é do ḃí ṫiar orm sa ġnó. without failing at the first gap. gan beiṫ ṫíos ag an gcéad ḃeárnain. my effort f. d'imṫiġ an iarraċt ar neaṁní uaim. v. useless. a name did not f. them, they were not short of one. ní raiḃ ainm ar iarraiḋ acu. without fear of its f. me, not having enough. gan eagla a easnaiṁ do ḋul orm. when it should run short. nuair ḃéaraḋ a easnaṁ orm. he was not afraid that the food would f. ní raiḃ eagla air go raġaḋ ḋá ċuid lóin. v. want.

FAILING. v. fault.

FAINT, v. sense, weak. f. hearted. lagċroiḋeaċ; lagsprideaċ. f. heartedness lagspridiġe. f. 4.

FAIR, v. white, beautiful, just. a f. haired child. páistín fionn. f. hair gruaig ḟionnbuiḋe. f. complexioned person. duine luisneaṁail. fair (just). v. just. f. (market, etc.) aonaċ m. 1. he is at, going to the f. tá sé ar an a., tá sé ag dul ar an a.

FAIRY. sioḃraḋ m. 1; púca m. 4; leipreaċán m. 1 (elf); clúracán m. 1 (id); na daoine maiṫe, beaga (U). a f. woman. siḃḃean; beansiḋe f. sweetheart. leannán siḋe. f. host sluaġ siḋe

FAITH. creideaṁ m. 1. a sin against the f. peacaḋ i n-aġaiḋ an ċreidiṁ. faithful friend cara dílis. the f. way he clung to me. a ḋílse do ċlaoiḋ sé liom. however f. his friendship dá ḋílse é a ċaradas. he did it f. do ḋein sé go dílis é. f. in God's service dílse i seirḃís Dé. he promised me f. that ... do ġeall sé go cruaiḋ, ó ċroiḋe ... go mbeaḋ ... to be f. to one's word. a ġeallaṁaint do ḟearaṁ; beiṫ seasmaċ dá ġ.

FALCON. v. hawk

FALL. v. lessen. it fell into the water. do ṫuit sé isteaċ san uisce. to f. down the hill. tuitim le fánaiḋ, le casaiḋ (U) an ċnuic. he f. over the cliff. do ṫuit sé le fánaiḋ na faille, de ḋruim na f., síos leis an bfaill. she fell in a heap. do ṫ sí i na cnaipe, cnap, malcán. he f., dropped with fatigue, etc. do ṫ. sé ar a ṡeasaṁ, ar lár, i gceann a ċos. he was staggering with fatigue, etc. do bí sé ag tuitim ar a ċosaiḃ, ar a ṡeasaṁ, ar a ṡálaiḃ, i gceann a ċos le tuirse, etc. it was a terrible f. collapse. "come down" for you do b'ḟada síos an tuitim agat é. the house was f. in ruins, collapsing do bí an tiġ ag tuitim isteaċ ar a ċéile. ag t. ar a ċ., ag t. i ngabal a ċ. tears, sweat trickling down their bodies, faces. deora, allus ag t.. ag sileaḋ leo. v. tear, sweat, etc. he had hair f. down his back. do bí gruaig air 7 í siar síos leis. the blow f. descended on his head. do ṫúirling an buille ar a ċeann. a f. knock-down, etc. v. knock.

FALLOW. f. land. branar m. 1. f. deer v. deer.

FALSE v. deceit. a f. creed. creideaṁ etc. éiṫiġ. bréagaċ. a f. step coiscéim anfocair. v. step. f. artificial. ealaḋanta. f. counterfeit money. airgead bréige.

FAME. v. reputation; glory.

FAMILIAR. v. friend, bold, accustom, practise.

FAMILY. v. child, the 3rd son of the f. an triomaḋ mac den líontiġe. that f. of children. an líontiġe sin de leanḃaiḃ. he has a large f. tá muirear (m.1.) mór cloinne air. a woman with a large f. bean ṁuirearaċ, ṁuirirġineaċ. a man with a large f. fear fá ṁuirear ṫrom. he has a young f. tá muiriġean (f.2.) óg air. he a has f. of 12. tá muiriġean dá réag air. how is your f.? cionnus atá an cúram (m.1.) they had a f. do bí c. cloinne orra. he had no f. except ... ní raiḃ de ċ. air aċt ... father and mother and f. dying. aṫair 7 ṁáṫair 7 ál cloinne ag faġáil báis. everyone of his f. household. gaċ aoinne dá raiḃ ar a teaġlaċ (m.1.) a young helpless f. connlán (C. U.W.) the the M. f. muinntear (f.2.) Ṁurċaḋa. she married one of the M. f. do ṗós sí fear de ṁuinntir Ṁurċada. I fear I am troubling you and your f. is eagal liom go ḃfuilim ag déanaṁ ceataiġe ḋuitse 7 dod ṁuinnntir tiġe. what f. do you belong to? cé'r díoḃ ṫú. v. race.

FAMINE. gorta m. 4; gábatar m.1. the time of the f. an droċaimsir; aimsir an ġanntanais (C)

FAMISH. v. cold, hunger.

FAMOUS, v. reputation, glory. clúṁail; clúiteaċ; glórṁar; paitionta (C). the name of all of them is f. through the world. is lán béil ar fúd an domain ainm gaċ fir acu.

FANCY, v. desire, think, love.

FAR, v. long, near. it spread f. do leaṫnuiġ sé i ḃfad. f. out to sea. i ḃfad amaċ ar an ḃfairrge. f. into the land. i ḃf. amaċ sa tír. f. apart. i ḃf. ó ċéile. f. before that. i ḃf. roiṁ an uair sin. f. from us be evil. i ḃf. uainn an t-olc; agaiḋ gaċ uilc i ḃf. uainn. they were not tired, f. from it. ní rabadar corrṫa aċt i ḃf. uaiḋ do ḃíodar; ní rabadar c. ná i n-aon ġiorraċt dó. I could see all, f. and near. do bí radarc agam ar gaċ ní i ḃf. 7 i ngar. the day is not f. off. ní lá fada anonn é; ní f. uainn an lá. a word or two would be f. from satisfying you. is fada go sásóċaiḋ focal nó ḋó ṫú. the joy I have is f. from complete. is f. ó áṫas iomlán an t-áṫas atá orm. she was f. from having dinner ready. do bḟ. ón ndinnéar do ḃeiṫ i gcóir aici. I put the boats as f. apart as I could. do ċuireas na báid ċoṁ f. ó ċoṁgar a céile 7 d'ḟéadas. he came as far as the door. do ṫáinig sé ċoṁ f. leis an ndorus. too far from anywhere. ró ḟada ó ḃaile ó gaċ aon áit (W). the ship was as far away as I could see. do bí an long faid mo raḋairc uaim. no house about as far as my eyes could reach. gan tiġ faid mo raḋairc. he threw it as far as he could. do ċaiṫ sé é faid a urċair. v. range. however f. N. he was dá ḟaid ó ṫuaiḋ é. however f. apart you and she are. dá ḟaid ó ċéile tu 7 í. how f. to C. an fada as so go Corcaiġ;

caḋé méid míle ar so go C.; caḋé an ḟaid ar so go C.; cá ḟaid ar seo go C. (C). it is 5 miles distance. tá sé cúig míle. have you come from f. an fada do ṫánaig. how f. ahead of him was she. caḋé an ḟaid roimis amaċ do ḃí sí I would not go that far, make such a claim, statement. ní raġainnse ċuige sin. he came from f. away. do ṫáinig sé ar imigcéin, imċéine. everywhere f. and near, at home and abroad. insa gaċ áird i gcéin 7 i gcomngar, i mbaile 7 i gcéin amuig 7 i mbaile. v. home. they agree so far. táid siad ar aon ḟocal amáin sa ṁéid sin. you are right so f. tá an ceart sa ṁéid sin agat. in so f. as he is man. sa ṁéid gur duine é. it cannot be done except in so far as ... ní féidir é do ḋéanaṁ aċt sa ṁéid go ḃfuil sé ... as f. as I know no one did it. níor ḋein aoinne é go ḃfios domsa. as far as I can understand it. ċoṁ fada 7 is féidir liom é do ṫuigsint as far as I am concerned ... v concern. farther. níos sia; níos fuide f. into the land níos sia. fuide amaċ sa tír. if they did not go f. than that it would be easier. dá mbá ná raġaḋ an scéal ṫairis sin acu do b'ḟusaide é. they were the farthest from the place. do b'iad ba ṡia ón áit

FARE. v. price, succeed. he would f. worse. is measa do ṫiocfaḋ sé ar. v. worse, better. how did he f. cionnus d'imṫig leis; cionnus do ċuaiḋ ḋó. f. well. v. adieu.

FARM. feirm, feilm f. 2; f. talaiṁ; gabáltas m. 1 (holding). f.-ing. feilmeoireaċt, feirmeoireaċt f. 3. f.-er. feilmeoir, feirmeoir m. 3; talṁaiḋe m. 4 (C). small f.-er. scológ f. 2. f. yard. clós m. 1; otrann m. 1; maċa (W).

FARTHER. v. far.

FARTHING. v. money.

FASHION. v. make, form, habit, elegant.

FAST. v. quick, firm. f. from food. ag troscaḋ ó ḃiaḋ. he f. do ṫroisc sé. he is f. tá sé in a ṫroscaḋ. he was f. since midnight. do ḃí sé ar céalacan ó oiḋċe roiṁe ré. I broke my f. do ḃriseas mo ċ. to do it fasting. é do ḋéanaṁ ar c. that was a f. day do ḃí troscaḋ ar an lá; lá troscaiḋ do b'eaḋ é. to observe f. and abstinence. troscaḋ 7 tréiḋeanas do ḋéanaṁ.

FASTEN v. tie, shut. his head f. tucked up under his belt. a ċeann feistiġṫe suas fá na ċrios. the cold f. on me do ċuaiḋ an slaġdán i n-aċrann ionnam. v. catch.

FAT. reaṁar; meiṫ. fat (noun) saill f. 2; blonog f. 2. a fat horse etc. capall reaṁar, coṫuiġṫe, beaṫuiġṫe, feolṁar. he is fine and f. tá sé reaṁar breáġ. a f. bullock mart meiṫ. he is getting f. tá sé ag dul i reiṁre, reiṁreaċt, i mbeaṫuiḋeaċt, ag reaṁrugaḋ. I will give the pig some more time to f. do ḃéarad don ṁuic greas eile reaṁruiġṫe. the cow has not much f. on her. ní ḟuil puinn blonoige sa mbuin. give me some f. tabair dom roinnt saille, blonoige. may you never grow f. gan saill ná geir ort. the fatted calf an laoġ biaḋta. that made him so f. do ċuir sin an bolg air. a f. paunchy man. bolgadán; bolgaire; fear a ḃfuil méadal air. a nice fat hare etc. pataire, páinteaċ girrḟeiḋ. a fat boy bolaistín (C).

FATAL v. deadly, fate.

FATE, etc. I told him not to do it or if he did he was f. to die. adubart leis gan é do ḋ. nó an bás do ḃeiṫ i ndán (m. 1) dó dá ndeineaḋ sé é. he was doomed to die if he did it. do ḃí an bás cinnte ḋó dá ndeineaḋ sé é. such a f. in store for him. a leiṫéid d'áiriṫe roimis amaċ. it was our f. do ḃí sé i n-á. ḋúinn. how did I know it was my f. cá ḃfios dom arḃ' á. é. whatever was to be my f. pé crioċ a ḃeaḋ i ndán dom. it was f. that...do ḃí (sé) i ndán go mbeaḋ... there is no f. for you except the f. which...ní ḟuil de ċríċ i ndán duit aċt an ċríoċ a ḃí... what was destined for him. cad a ḃí geallta ḋó. if it is death God destines for me. má's é an bás a ġeall Dia ḋom (C). It was destined for him by God. do ḃí sé gearrṫa, leagṫa amaċ ag Dia ḋó. the place destined for our Saviour's coming. an áit a bí ceapuiġṫe don tSlánuiġṫeoir ċun teaċt ar an saoġal. v. arrange. such a fate in store for him. a leitéid de ċrann, ṗlainéad do ḃeiṫ air. it was his fate to be...do ḃí (sé) de ċrann air ḃeiṫ... he was not f. to die there. ní raiḃ sód a ċaillte, ṁarḃuiġṫe, ḃáis ann. he threatened me with the same f. do ḃagair sé an ide ċéadna orm. he thought of the king's f. do ċuiṁniġ sé ar ide an ríoġ. v. treat.

FATHER. aṫair. f. in law a. ċéile.

FATHOM. feaḋ f. 3. 20 f. of water over him. fiċe feaḋ sáile os a ċionn.

FATIGUE. v. tire, rest.

FAULT, v. disfigure, blame, mistake. everyone has f. ní ḃíonn saoi gan loċt (m. 3). that is not their f. ní loċt soin orra. there is no f. to be found with them. ní ḟuil aon l. orra. finding f. with his father for it. ag loċtuġaḋ, cáineaḋ a aṫar mar ġeall air; ag faġáil sríde air (U). there is no f. in your work. ní ḟuil lúb ar lár le faġáil id ġnó. a hero, banner without stain. gaisciḋeaċ gan ḃéim (f. 2), smál (m. 1), ċáim (f. 2) ainiṁ (f. 2), toibéim (f. 2), éislinn (f. 2) through my own f. trém ċoir féin, it is he who is at f. is eisean atá ciontaċ leis. v. blame. cause. if you did it, it is your own f., take the consequences. má ḋeinis é bíoḋ ort féin.

FAVOUR. etc. v. obligation. he found f. with the king. fuair sé faḃar (m. 1) ón ríġ. all that is to be said in their f, gaċ a ḃfuil le ráḋ i na ḃf. he spoke to them in her f. do laḃair sé leo i na páirt. in f. of, on behalf of. v. good. f.-able. v. kind, suit, opportune. convenient. a f. wind. v. wind. f.-ite. v. love.

FAWN. v. deer. flatter. f. before the king. ag lútáil i láṫair an ríoġ. the f. of the dog on him. an lútáil a ḋeineann an maḋra timċeall air. the dog f. on him. an maḋra ag lútáil roimis, ag lútéis, lútréis leis (C). his f. and flattery. an plámás ⁊ ar ċuimilt baise atá ar riuḃal aige.

FEAR. eagla f. 4; eagal f. 3; criṫeagla; faitċeas m. 1 (C); scannraḋ m. 3 (great f.); scáṫ m. 3 (shy f.); anaiṫe m. 4 (excited f); uaṁan m. 1 (dread); sceon. f. 3; scárd m. 1; sceilimis f. 2; sceiṁle f. 4; neaṁaireaċt f. 3. what are you afraid of. cad is eagal duit. they f. the wet grass is eagal leo an féar fliuċ. I am afraid he is not there is eagal, baoġal, baoġalaċ liom ná fuil sé ann. he is not afraid of me. ní ḟuil (aon) eagla air, aige rómam. he is not afraid of going. ní ḟuil e. air dul ann. that made me afraid of going ... of it. do ċuir sin e. orm dul ann ... roimis. he conceived a f. of her. do ġlac sé e. roimpi. for f. of the Jews. le heagla na niúdaiġeaċ for f. he would be, etc. le he., ar e. go mbeaḋ sé ... he cannot go there without his heart being oppressed with f. ní ḟéadann sé dul ann gan lán a ċroiḋe d'e. air. I f. him tá faitċeas orm roiṁe (C). they were in great f. do ḃí scannraḋ orra. I was terrified d'éiriġ an croiḋe ionnam, mo ċroiḋe orm le scannraḋ. they would get afraid do scannróċaidís off with them in a great fright. as go ḃráṫ leo go scannraṁail. the horse was, got terrified. do ḃí, ṫáiniġ sceon, scárd san ċapall. that terrified him ḋo ċuir sin sceon, scárd ann. he could not do it for terror. níor ḟéad sé é do ḋéanaṁ le huaṁan. terror in his look ⁊ sceon, scárd i na ṡúiliḃ aige. he got a terrible fright. fuair sé an t-anaiṫe; do ċuir sin anaiṫe a ċroiḋe air. he nearly died of f. ba ġeall le bás dó an t-a. a ḃí air. fear of death kept me from going. do ċuir a. mo ṁarḃuiġṫe ó ḋul ann. he answered in a frightened way d'ḟreagair sé go hanaiṫeaṁail that was the greatest fright he gave me. do b'é seo an sceiṁle ba ṁó a ṫug sé ḋom. you would frighten them is tú a ċuirfeaḋ sceilimis i na gcroiḋe. I start with f. clisim (U). he is scared tá sé cliste (U). they were frightened. do cuireaḋ i scaoll iad (C). he stopped the panic. do ċuir sé an scaoll ar gcúl (U). she will not be afraid, nervous again. ní ṫiocfaiḋ neaṁaireaċt arís uirri; ní ḃeiḋ n.

arís uirri. for f. of men. le sgáṫ roiṁ ḋaoiniḃ. they have a kind of awe of him. tá sórt sgáṫa orra roiṁis. that gave me a start, fright. do ḃain sin geit, preab asam; do baineaḋ g., p. asam; do bíoḋgaḋ mé (U). he showed no f. níor ṁeaṫ sé v. fail. to be afraid (of him). miteaċas do ḃeit air (roiṁe). I am afraid of being there. ní ḣionntaoiḃ liom ḃeit ann. I should be afraid to annoy her. ní ḣionntaoiḃ fears do ċur uirri. he need not f. he is no danger. ní baoġal dó. you need not f. C. ní baoġal duit Conn. no f. of their following us. ní b. dúinn iad d'ár leanaṁaint. no f. of my going. I wont go. ní ḃ. dom dul ann; ní b. go raġad. no fear but that God will see them. ni b. dóiḃ ná go ḃfeicfiḋ Dia iad. no f. but that we shall have it. ní ḟuil aon ḃaoġal ná go mbeiḋ sé againn. running for f. that he might be ... ag riṫ sul, sar a mbeaḋ sé...

FEARFUL, eaglaċ; sgannraṁail; sgannraċ (C) etc. f. terrible voice, man, mishap, fight, etc., guṫ, fear, míáḋ, troid, uaṫḃásaċ, millteaċ, imeaglaċ, criṫeaglaċ. is not that f., wretched music. naċ uaṫḃásaċ an ceol é sin. the f. hour of death uain uaṫḃásaċ, ċriṫeaglaċ, etc. an ḃáis. a f. terrible satire. aor millteaċ f., awful, hate, anger, etc. fuaṫ, fearg millteaċ. an awful, awe-inspiring cry. liúġ uaṁnaċ, truaġċroiḋeaċ, millteaċ, millteanaċ, (U). it is a f. business. is éaċtaċ an sgéal é. it is a f. terrible deed. beart ċaillte is eaḋ é. f. awe-inspiring cliffs, etc. ailleaċa uaṫṁara, etc. a f. timid animal. ainṁiḋe sgáṫṁar. he spoke in a timid way. do labair sé go sgáṫṁar, go heaglaċ. v. shy. I have a f., terrible headache. tá tinneas marḃṫaċ, marḃuiġṫeaċ im ċeann; tá t. an domain, an traoġail im ċeann. the f. awful work, talk, crying. an t-éirleaċ oibre, cainnte logóireaċta atá ar siubal. he is f. sick, big, etc. tá sé millteaċ (C) iongantaċ (U), doċraċ (U) tinn, mór. v. very.

FEARLESS v. courage.

FEAST. fleaḋ f.2 (banquet); cuirm f.2 (id) cóisre. f. 5 (marriage-f.) St. Michael's f. Lá ḟéile Micíl. etc. v. celebrate.

FEAT v. act.

FEATHER. cleite m.4; clúṁ m.1 a f. bed leaba clúṁ éan. feathered clúṁṫaċ.

FEATURES v. face.

FEBRUARY, Feabra f. 4; Faoilliḋ f. 4; Mí ḟéile Briġde; Mí na bfaoilte; an ċéad mí d'Earraċ.

FEE, v. price, pay.

FEEBLE, v. weak, old.

FEED, v. eat. he f. them on oats. beaṫuiġeann, coṫuiġeann sé iad le coirce; do beireann sé coirce le n-ite dóiḃ. a horse, cow, sheep is f., grazing there. tá capall, bó, caora ag inbear, inḃiur, ingealt ar an bpáirc; tá siad ar féarach, ar cimín (C) ann. a horse, cow on grass. capall, bó ḟéaraiġ. they were grazing-cattle from Cork. ba ḟéaraiġ ó Ċorcaiġ iad. grazing-land. an talaṁ cimín (C). a deer and a horse in one feeding place. fiaḋ ⁊ capall i n-aon ḟosuiḋeaċt. they have plenty of f. there. tá inḃiur a ndóṫain acu ann. the geese are f. in the marsh. tá na géadna ag inbear sa ṁoing.

FEEL, he feels the force, hand, cold. moṫuiġeann, airiġeann sé an neart, láṁ, fuaċt. he f. as though his heart would burst. do ṁoṫuiġ sé mar ṗleasgaḋ a ċroiḋe. he f. himself getting weak. do ṁoṫuiġ, d'airiġ sé é féin ag dul i laige. you do not know what fear is till you f. it. ni ḟuil a ḟios agat cad is eagla ann go moṫuiġiḋ .tú beo é. the poor will f. her loss. moṫóċaiḋ boċt Dé amuiġ í. I felt the loss of my son very much. is géar do ṁoṫuiġeas mo ṁac uaim. v. miss. I felt it very cold yesterday. do ṫaiḋbriġeas anfuar inné é. (W). I felt the sand under my feet. do ṁoṫuiġeas an grean fám ċosaiḃ I felt he was not the same man. do ṁ. nárḃ'é an fear céadna é. I had no sense of feeling. ni raiḃ aon ṁoṫuġaḋ ionnam. my arm had no sense of f. ní raiḃ aon ṁ. im láiṁ. he let a sense of pleasure pervade his heart. do ċeaduiġ sé do ṁ.

éigin aoibnis dul fá na ċroiḋe. he f. the pleasure steal over his soul. do ṁoṫuiġ sé an séideaḋ aoibnis ag dul fá na ċroiḋe. I f. I did not do right. moṫuiġim nár ḋeineas an ceart. I felt the cold water coming ... do ḃraiṫeas an t-uisce fuar ag teaċt ... I felt weak. do ḃ. laige ionnam: do ḃ. mé féin lag I felt myself blushing. do ḃ. luisne im ċeannaiġṫiḃ. I felt a weight on my heart. do ḃraiṫeas ualaċ im ċroiḋe. I do not f. his absence. miss him. ní ḃraṫaim uaim é, a ċuideaċt. I have the same f. disposition towards you. tá an aigne céadna agam duit. the only f. I had for him was ... ní raiḃ d'aigne agam dó aċt ... v. inclination. I felt joy, anger. v. joy etc. without f. v. pity. to f. for, grope. v. grope.

FELLOW. v. awkward, stupid, impudent. a f. prisoner, etc. cóṁ-ṗríosúnaċ.

FEMALE. a f. lion. banleoṁan; leoṁan baineann. a f. teacher. beanṁúinnteoir. f. dancer. rinnceoir mná.

FEMININE. baininsgne.

FENCE. fál m. 1; claiḋe m. 4 (earth or stone).

FERMANAGH. Conndae Ḟearmonaċ.

FERN. raiṫneaċ f. 2; duḃċosaċ f. 2 (maiden hair f.) (C).

FEROCIOUS. v. fierce.

FERRY. aiseag m 1; calaḋ m. 1.

FERTILE. v. fruitful. good.

FERULE. bianna m. 4.

FERVENT. v. energy. to pray f. guiḋe go dúṫraċtaċ, go díograiseaċ, go dian, go dlúṫ, go dúlaiġṫe, le lándúṫraċt, le díoġrais. I asked him f. earnestly to go... d'iarras air go dúṫraċtaċ...dul ann. I commended my soul f., earnestly to God. do ċuireas m'anam ar ċoimirce Dé le lándíoġrais mo ċroiḋe. to f. thank. gaḃáil a ḃuiḋeaċais ó ċroiḋe amaċ go hiomlán.

FETCH. v. bring.

FETLOCK. rúitín, m. 4.

FETTER. v. bond, tie.

FEVER. v. sick. fiaḃras m. 1; éagcruas m. 1. brain-f. éagcruas cinn.

FEW, etc. v. rare. a few apples, etc. beagán, roinnt beag uball. a very f. beagáinín; fíorbeagán acu...a f. days after. beagán de laeṫantaiḃ i na ḋiaiḋ sin. on the f. people there. ar an mbeagán daoine a ḃí ann. there are few who do it. is beag, tearc duine a ḋeineann é. there are f. who would not be...is beag aoinne ná beaḋ... f. of them can do it. is beag acu ábalta ar é do ḋéanaṁ. there were few nights he did not come. is beag aon oiḋċe ná tagaḋ sé; ba ḃ. oiḋċe ná tagaḋ sé. there are f. hardly any in I. who could...is beag má tá aoinne i nÉirinn d'ḟéadfaḋ... they are very f. is suaraċ le háireaṁ iad. on account of the books being so few. mar ġeall ar an suaraċas leaḃar atá ann. he took a hold on the f. who understood him. do rug sé greim ar an suaraċas daoine a ṫuig é. they are so f. ⁊ a ṡuaraiġe, luiġeaḋ atá siad.

FICKLE. v. change.

FIDDLE. v. idle. beiḋlín m. 4. fiddler beiḋleadóir m. 3. f. stick. boġa beiḋlín.

FIDELITY. v. faithful. the f. of C. to his faith. dílse (f.4), dílseaċt f.3. Ċuinn dá ċreideaṁ. f. in God's service d. i seirḃís Dé. the f. with which he clung to me a d. do ċlaoiḋ sé liom.

FIELD. páirc f.2 (grass); gort m.1 (of corn); garrḋa m. 4 (potatoe-f.); maċa m.4 (for milking cows, lawn); maċaire, m.4 (plain); bán m.1 (lea); cluain f.3 (pasture); léana m.4 (meadow); móinḟéar m.1 (id); miodún m.1 (U) (id); bainseóg f.2 (U). f. of battle maċaire an ċaṫa; páirc an ċogaiḋ, ċaṫa; fód an ċaṫa; maċaire an ḋúḃḟláin (of duel) (C).

FIERCE, etc. v. anger. wild. energetic. fighting f. ag troid go fíoċṁar, fraoċṁar. they go for each other f. and wickedly. siúd ċun a ċéile iad go fíoċṁar ⁊ go malluiġṫe. a f. fight bruiġean ġarg ċolganta. the f. army. an t-arm dísgireaċ they are very f. tá faoḃar niṁe orra. f. for fight. faoḃar troda orra. a f. dog gaḋar cuṫaiġ, míċeadfaḋaċ; maistín colgaċ. the cow was f. ba niṁneaċ an bó í. he spoke so f. do laḃair sé le hoiread binibe v. energy.

FIERY, v. temper, anger, fire

FIFE, fideog, feadóg f. 2 ; feadán m.1

FIG, fige f. 4

FIGHT, etc. v. beat, argue. troid f. 2 ; comhrac m. 1 ; bruighean f. 2 ; caṫ m. 3 (battle); coscar m.1 (slaughter) gráscar m.1 ; (brawl) ; gleic f. 2 ; argail f. 2 (U) ; coimheascar m. 1 ; cuiṁlinn f. 2 ; clampar m. 1 (quarrel) ; impeasan m. 1 (id). let us f. him. troidimis é they f. do ṫroideadar. do ḃíodar ag troid le ċéile. the f. he had with them · an troid a ḃí aige leo. a bloody battle was fought between them. do fearaḋ caṫ fuilteaċ eatorra. the battle was fought before ... do ḃí an caṫ tugṫa sar ... I will offer them b. do ḃéarad caṫ dóiḃ. the field of f. will be my grave. is é fód an ċaṫa fód mo ḃáis, in the f., battle. san ċaṫ ; san ṗrioṫġoin ċaṫa ; san sféirlinn ; san ḃruiġin etc. the battle-field páirc, maċaire an ċáṫa ; maġ an áir (slaughter). on the battle-field. i láṫair caṫa. they faced each other to f. do ṫugadar agaiḋ comhraic ar a céile. it will be an awful f. beiḋ sé i na ḃruiḋin ċaorṫainn, ċraosaic eatorra. f. with fists. ag sceallaḋ a céile le dóirniḃ ; ag gaḃáil dá ndóirniḃ ar a céile. their fierce f. began. do ṫosnuiġ a ndlúṫḟuirse. he was picking a quarrel with them. do ḃí sé ag cur aighnis orra (W). they were f. each other. do ḃíodar ag iomaiḋ le céile, ag bruiġin le c., ag aċrann le c., i n-aċrann le c., i gcoċall a c. ; ar ċéasaiḃ a c. ; ag tnáṫaḋ a c. ; i muinéiliḃ a c. (C) ; i mullaiġiḃ a c. ; ag cocaireaċt (sharp words) (C). they came to a quarrel, fell out. d'éiriġ eatorra. there is dissension, disunion among them. tá ceannairc i na measc. it caused more quarrelling. do ḋein sé tuilleaḋ meiḋrisce eatorra. a lot of squabbling was the result. is mó coirmeasc a ṫáinig as. I told them to stop their disunion, dissension. duḃart leo scur dá n-easaontas. they had a hand to hand struggle. do ḃí gráscar lámh acu. f. a duel. v. challenge.

FIGURE, v. appearance, form. dealḃ f. 2. that was a f. type of the resurrection. samhlaoid do b'eaḋ é sin ar an eiséirġe. f. (in accounts etc.) nótaí áiriṁ.

FILE, barr-ċimeálta ; liomhán m. 1. it is f. down. tá sé snoiġte amaċ.

FILL, v, full. he f. his cup, stomach. do líon sé a ċupán, bolg. f. up with gold. líonta go béal, bárr d'ór. his heart full of greed. a ċroiḋe líonta go bárr le sainnt. the place is f. of people. tá an áit tuilte, lán de ḋaoiniḃ. the place got f. with men. do líon an áit (suas) d'ḟearaiḃ. he f. them out of it. do l. sé as iad. his heart f. with grief. do l. a ċroiḋe le brón. that f. me with wonder. do ċuir sin lán mo ċroiḋe d'iongnaḋ orm. that f. out my pocket. do ḋein sin mo ṗóca teann : do ṫeann soin mo ṗ. it remained f. do lean sé teann. f. to overflowing. v. overflow.

FILLY, cliobóg f. 2.

FILM, scannán m. 1.

FILTH. v. dirt.

FIN. cleite m. 4.

FINALLY. v. last.

FINCH. gealḃán linne (green-f.) ; g. caṫa (chaffinch) ; g. cuilinn (bull-f.)

FIND. v. get. I f. the man fuaras an fear. he f. out that it...fuair sé (amaċ) go... he was f. drunk ar meisce is eaḋ fuaraḋ é. he could not f. out the truth. níor ḟéad sé teaċt (ṫíos ná ṫuas) ar an ḃfírinne. I should like to f. out the man who was...ba ṁaiṫ liom teaċt suas leis an t-é a ḃí...I was f. out do ḃí an scéal amuiġ orm. v. reveal. he f. out. got at the house finally. d'aimsiġ sé an tiġ fá ḋeireaḋ.

FINE. (money) fíneáil f. 3 ; cáin f. 3 and 5. he was f. do cuireaḋ f. air.

FINE. a f. man, day, etc. fear, lá breáġ. he is as f. a man as ever walked. tá sé ċoṁ breáġ d'ḟear 7 siuḃail riaṁ. v. grand, beautiful. a f. time of it. v. time, life. the sky got f. bright. do ġeal an spéir ; do spailp an lá ar ġréin (C). the weather, day is getting f., clearing up. tá sé ag spalpaḋ suas (C) ; tá an aimsir, tá an lá, tá sé ag éirġe suas, ag crotaḋ suas. the day got fine (after rain) do rinne sé toradh (C); do ċuaiḋ sé i ndísc (U). v. rain. a f. (not coarse) sieve. criaṫar mín. f. grass mínḟéar; féar mín. f. rain mínḟearṫainn. I break, cut it up f. mínḃrisim, mínġearraim é. v. piece. a fine line, etc. v. thin.

FINGER. v. grope. méar m. 1. fore f. m. tosaiġ. 2nd f. an m. fada; an corrṁ. ring f. m. an ḟáinne. little f. lúidín m 4. he was f. the sword. do ḃí sé ag méaruiġeaċt ar an gclaiḋeaṁ. the f. pawing he went on with. an ġliúmáil, glámaḋ (C) a ḃí ar siuḃal aige.

FINISH. v. end, pass. f. touch. v. last.

FIR. giuṁais, f. 2; giuṁaiseaċ m. 1.

FIRE. v. blaze, burn, light, shoot. teine f. 5; dóiġteán m. 1 (conflagration of house etc.); spóirseaċ f. 2 (blazing f.); réilteán teineaḋ (id.) (W); caorġeal (craorac) teineaḋ (id.); teine cnáṁ (bon-f.); morc m. 1 (roaring f.); torc m. 1 (id.); búirṫiġeaċ m. 1 (id.); béilṫiġeaċ m. 1 (id.); léirtiġeaċ m. 1 (id.); lódáil f. 3 (id.); rósṁaċ m. 1 (pr. róspaċ) (id.); cnáṁlaċ f. 2. I set f. to it. do ċuireas teine ann; do ṫugas t. dó; do ċuireas trí ṫeiniḋ é. it went on. took f. do ċuaiḋ sé trí ṫeiniḋ, do ġlac sé teine. a house on f. tiġ trí ṫeiniḋ. f. place. teinteán m. 1: f. wood. brosna m. 4.

FIRM. v. steady, strong, obstinate, tight.

FIRST. the f. man. an ċéad ḟear (acu). the very f. attempt etc. an ċéad iarraċt ná a ċéile. the f. thing I told her was ... is é c. rud d'innseas di ná ... the f. 3 days of A. an ċ. trí lá den Aibreáin. that was my f. day from home. do b'é an ċ. lá agam é as baile. this was the f. time I swam. is é seo an ċ. uair agam ag snáṁ. that was the f. time I did it. do b'é sin an ċ. uair agam dá ḋéanaṁ. that was the f. time I thought I would do it. do b'é sin an ċ. uair agam dá ċuiṁneaṁ go ndéanfainn é. in the f. place he is ... an ċ. ponnc ná a ċéile, ar an gc. dul síos tá sé ... v. place. her f. born. a céadġein. the f. primary cause etc. an príoṁaḋḃar. for fear she might not be f. in race, &c. ar eagla ná beaḋ tosaċ aici. the f. man in class, rank etc. an fear tosaiġ. so that he might be the f. to tell the story. ionnus go mbeaḋ tosaċ an scéil aige. he has the f. claim to the price on your head. tá tosaċ éiliṁ aige ar ḟiaċaiḃ do ċuid fola. they are the f. to laugh at me. is iad is túisce ḋeineann magaḋ fúm. v. soon, at f. v. beginning.

FISH. iasc m 1 (collective or sing.); breac m. 1 (C). he is f. for salmon. tá sé ag iascaċ bradán. I do not want to go f. ní ḟuil fonn iascaiġ, iascaireaċta orm. fisherman. iascaire m. 4. f. hook. duḃán iascaiġ. f. line. doruġa (C.); doroġa (W.); doruiġe. f. net. líon m. 1. v. net. f. rod. slat iascaiġ.

FIST. v. hand.

FIT. v. sick, laugh, cry, weak, sorrow, anger etc.

FIT.(v. suit. oireaṁnaċ (C.); feileaṁnaċ (C.) I fit. oirim; feilim (C.) the boot f. me. tá an ḃróg oireaṁnaċ, feileaṁnaċ ḋom; oireaṁnuiġeann an ḃróg mé. to make the boot f. me. an ḃróg do ċur i n-oireaṁaint dom. to f. the handle to the spade. an sáṁtaċ d'oireaṁnuġaḋ don ráṁainn. it f. close to his figure. luiġ sé go dear ⁊ go hoireaṁnaċ le na ċaḃail. he is f. ready to go, to listen for the work, for doing it etc. tá sé o. ar dul ann, ar éisteaċt, ar an obair, ċun é do ḋéanaṁ ... it is f., ready for use, barter. tá sé o. le húsáid, malartuġaḋ. fit to be done, said. indéanta, inráidte. they are f. for a king. tá díol ríoġ ionnta (C.) just your f. (coat etc.) do ḋiol go díreaċ (C.) 3 can f. there. v. room. fitting. v. suitable.

FIVE, cúig. 5 in cards cinnṁáḋ m. 1

FIX. v. tie, catch, heart f. on wealth, etc. v. attach, root. in a f. v. difficulty

FLAG. leac f. 2 (stone f.); brataċ m.1 (colours, etc.); meirge m. f.4 (id).

FLAIL. súiste m. 4

FLAKE. v. snow

FLAME. v. blaze, fire

FLANK, (horse, etc) bléan f. 2 maoiṫeán. m. 1

FLANNEL. pláinín m. 4

FLASH. v. blaze, shine

FLAT, v. level. f. land. talaṁ coṁtrom réiḋ. f. nose srón íseal. he. fell, was lying on the f. of his back. do ṫuit, ḃí sé i na luiġe ar ḟleasc a ḋroma. I put the gun f. on the ground beside me. do ċuireas an gunna ar a ḟaid taoḃ liom síos. a. f. foot v. foot.

FLATTER, FLATTERY. v. allure. bladaraim. flattering bladaraċ, lustaraċ (C.U) f-y. bladar m. 1; blandar m. 1 (U); lustar m. 1 (C.U). f-er. bladaire m. 4; duine bladair, etc.; duine plámáis; plámásuiḋe. f. her ag bladar léi; ag déanaṁ plúsṫair léi (U); ag plámás. without f. gan bladar ná plás. the f. coaxing you were going on with. an plámás, bladar, an ċuimilt baise a ḃí ar siubal agat. you are wonderful at f. is iongantaċ an fear cun plámáis tú a cunning f. v. deceit.

FLAW. v. fault, disfigure. wrong.

FLAX. líon m. 1. f. seed ros m. 1; r. lín

FLAY. v. skin

FLEA, dearnait f. 2; dreannċaid f. 2 (C.U) deanṫaisc f. 2 (W)

FLEDGLING. gearrcaċ m. 1

FLEE. v. run

FLEECE, lomraḋ m. 4; l. olna. fleecy soft beard, etc. féasóg ḃog scáinneaċ

FLEET, v. quick. cablaċ m. 1. (f. of ships); loingeas m. 1 f. 2 (id)

FLESH. feoil f. 3. a bit of f. roinnt feola. he has no f. on his bones. ní ḟuil spiḋe air (of man); ní ḟuil spóla ar na cnáṁaiḃ aige (beast, generally). He took f. in the womb of the B. V. do ġlac Sé colann daonda i mbroinn na Maiġdine Muire. sins of the f. peacaí na colna. it was a thorn in his f. ba ḋealg, ṫairngne i mbeo air é. the f. was raw, exposed (of wound). ní raiḃ ann aċt an beo dearg. fall into f. v. fat.

FLEXIBLE. leaḃair (also long); so-lúbṫa (easily turned); so-ḟillte (easily folded).

FLIGHT, v. run, fly, rout.

FLINCH. v. fail, yield. he did not f. níor staon sé. the firm unflinching faces. na gnúiseanna daingeana gan staon.

FLING, v. throw.

FLINT. cloċ teineaḋ.

FLOAT. snáṁaim. a boat afloat. bád ar snáṁ. f. on water. ag s. ar an uisce. f. on wind. v. wave.

FLOCK. he has a good f. of sheep. tá tréad (m. 1) maiṫ caoraċ aige. a f. of sheep, crows etc. scata (m. 4), scaifte (U.) caoraċ, préacán. a f. (of crows etc.) gráṫain.

FLOG. v. beat.

FLOOD, tuile f. 4; díleann f. 2; díle f. 5. my room is all f. tá mo ṡeomra i na ḋílinn agam. there were f. there. do ḃí tuilteaċaí ann (C.) like a mountain f. ar nós maiḋm ṡléiḃe. on the top of the fierce f. i mbárr tulca uisce. f. tide. v. tide.

FLOOR. urlár m. 1.

FLOUR. min f. 2; plúr m. 1. a f. potatoe. práta plúraċ.

FLOURISH, v. shake. succeed.

FLOUT, v. laugh. scoff.

FLOW. as long as water shall f. down. ċoṁ fada ⁊ riṫeann uisce le fánaiḋ. the river f. to a lake. an aḃa ag snáṁ léi go loċ. the tide f. up against the height. do ṡnáiṁ an taoide suas i gcoinniḃ an árdáin. that made my tears f. do ċuir sin sileaḋ súl orm. a drop of blood was f., trickling down his ear. do ḃí braon fola ar sileaḋ le na ċluais. the rain was f. down my back. do ḃí an ḃáisteaċ ag s. síos lem ḋrom. her tears are f. tá a deora ag s. léi. v. tear. the river is f. over its banks. tá an aḃa ag sceiṫ. a f. of blood. sceiṫ fola. blood f. from my finger. do ṡ. an ḟuil óm ṁéar. v. burst. the river was not f. in either direction. ní raiḃ an aḃa ag s. i n-aon treo. the tide f. up no higher. níor ṡ. an bárr taoide níos sia isteaċ. the blood f. down. do ḃí an ḟuil ag tuitim i na sruṫaiḃ anuas ar an dtalaṁ. his hair f. down his back. a ġruaig ⁊ í siar síos leis ar ṡlinneánaiḃ.

FLOWER. bláṫ m. 3; scoṫ f. 2; paṁsaiḋ (C. W.); paṁsaor (C) in the f. of his youth i mbláṫ a óige. v. bloom. the f.. pick of. v. best.

FLUENT, FLUENCY v. energetic, eloquent. he had great f. do ḃí riṫ cainnte aige; do labair sé go pras. they are f. tagann an ċainnt go saoráideaċ ċúċa; tá an ġaeḋealg etc. go sriotalaċ acu; tá an ġ. go pras acu gan ċon lóipín (W) v. easy

FLUSH. v. red, blush

FLUTE. feadóg, fideóg f. 2; feadán m. 1

FLY, eiteallaim. the bird was f. do ḃí an t-éan ag eiteall. eiteallaiġ. it f. off. d'eiteall sé leis. flag, bird f. hovering over the ground. brataċ, éan ag foluaṁain os cionn an talaiṁ

FOAL, searraċ m. 1; bromaċ m. 1; cliobóg f. 2 (filly)

FOAM, v. splash. cúbar m. 1; cúbrán m. 1; uanán (on milk usually). f. at the mouth ⁊ cúbar le na béal. the white f. on the sides of the boat. an cúbrán bán ar ċliaṫánaiḃ an báid.

FOG v. mist.

FOLD, fillim. he f. the paper d'ḟill sé an páipéar ar a ċéile. his arms were f. do ḃí a ġéaga fillte ar a ċéile. a f., enclosure cró m. 4. sheep f. cró caorach the f. of the church. cró na heaglaise.

FOLLOW, he f. me. do lean sé mé. misfortune always f. it. bíonn tubaiste ḋá leanaṁaint. to f. up the question. l. siar ar an gceist. let us f. the good example. leanaimis, glacaimis an deaġ ṡompla. v. imitate. his followers a luċt leanaṁna. v. company. following. v. next, postpone. the f. letter. an litir ṫíos.

FOND, v. love, desire.

FOOD, biaḋ m. 1. healthy, tasty, nourishing food. biaḋ folláin, deaġblasta, buacaċ. to go for some food and a sup. dul i dtreo greama ⁊ sciobais. v. eat. working on bad f. ag obair ar ḋroċbeaṫaiḋ. to kill it for f. é do ṁarbaḋ ċun bíḋ. as long as the f., provisions lasted. an ḟaid do lean an lón.

FOOL, amadán m. 1; óinseaċ f. 2. (chiefly of woman); liopa óinsiġe; breallán m. 1; breallsún m. 1; bostún m. 1. (blockhead); (g)amall m. 1. (simpleton); (g)amallóg f. 2. (id.); búndalán m. 1 (foolish blunderer); dallacán m. 1 (blockhead); pleiḋċe m. 4 (idiot); duine le Dia (id.); baoṫán m. 1 (simpleton); simpleoir m. 3. (id.); duine simpliḋe (id.); glinncín (silly talker); béiṫe m. 4 (laughing stock). f.-ish. amadánta; amadánaċ; amaideaċ; baoṫ; leibideaċ; simpliḋe; leanbaiḋe; seabóideaċ (C.); cámasaċ; sonnta (C.) (simple, green); leaṁ; maol; moṫaolaċ. follv. v. nonsense, sense. míċiall f. 2; diṫ céille f. 4; amadántaċt f. 3; amaideaċt f. 3; baois f. 2; baosraḋ m. 3; simpliḋeaċt f. 3; leanbaiḋeaċt f. 3; óinseaṁlaċt f. 3; óinṁideaċt f. 3; leiṁe f. 4; seabóid f. 2 (C); maoṫas m. 1. he is a big f. is mór an t-amadán é. I was so f. in doing it. do ḋeineas ċoṁ hamadánaċ é. you silly f. a amadáin óinsiġe. it is a f. thing for him to be ... is amadánta, amaideaċ an rud dó beiṫ...; is mór an óinseaṁlaċt, amaideaċt duit beiṫ ... you are talking f. is amaideaċ í do ċainnt. there is not much of the f. about him. ní ḟuil aon óinseaṁlaċt ná óinṁideaċt ag baint leis. to reproach him with his folly. a óinseaṁlaċt do ċasaḋ leis. she was making a f. of herself in not doing it ... do ḃí óinseaċ ḋá déanaṁ ḋí féin nar ḋein sí é. a f. absurd business. obair áiféiseaċ. they are in a ridiculous position before the world. tá an scéal go há. acu, tá sráicín áiféis déanta díoḃ os coṁair an doṁain. f.-talk. baoṫċainnt; baoṫaireaċt cainnte. f.-ideas. smuainte baoiṫe. f.-hope. baoṫḋóċas. it is f. to do it. is obair baoṫ é do ḋ. it is f. nonsense to imagine that it ... is b. a ṁeas go bfuil sé ... the follies of the world, baosraḋ an tsaoġail. the vain pleasures of the w. aer an ts. a f., simple, childish act. beart ṡimpliḋe, leanbaiḋe. it is a f. thing for him to be ... is leaṁ an gnó ḋó beiṫ ... there is no sight more f. and disgusting than ... ní ḟuil aon radarc is leiṁe ná ... it was pure f. corp leiṁe ⁊ diṫ céille a bí ann. a f. insipid smile. leaṁgáire. that f. ass. an breallán, breallsún soin. you f. ass. a ḃreallóigín gan ċiall. you have made a f. mistake. tá breall ort. if you wish to make a f. of yourself.

ma'r maiṫ leat beiṫ id leaḃb amadáin. a f. useless fellow. leaḃbán. do not be making an ass of yourself. ná bí ag magaḋ fúṫ féin, ag déanaṁ ceap magaiḋ ḋíoṫ féin ; ná bí id ḃaileaṁar (C.) v. laugh. he was f., senseless enough to speak of it. do ḃí de ḋíṫ céille air tráċt air. I was not so completely senseless as to ... ní raḃas ċoṁ mór soin ar ḋíṫ céille ... a poor f. idiot, half witted. pleiḋce boċt ḋíṫceilliḋe a ḃí leaṫéadtrom i na ċeann. he would be a great f. who would say ... is mór an pleiḋce ⁊ an pleota an t-é adéaraḋ ... (C.) he parted f. with his horse. do scair sé le na ċapall go moṫaolaċ. he is green, simple. tá sé beagán moṫaolaċ. he made a f. mistake. do ḋein sé butún. I made a f. and fatal mistake. do ḋeineas aiṁleas butúnta ḋom féin. a senseless f. thing. rud gan ċiall, gan ṁeaḃair. a f. imprudent man. fear neaṁċiallṁar v. sense. empty. f. talk. blaḋmann. he is a f. braggart. fear blaḋmannaċ is eaḋ é. v. talk. it was f. of you to do that. is olc do ḋeinis é sin. one sent on a fool's errand. gogaille gó. youth is f. bíonn ceann caol ar an aos óg. your work is pure f. ní ḟuil aċt sraḋantas id obair. v. nonsense, useless. no more fooling, tricks ! ná fagmuis a ṫuilleaḋ ded ġáitsiḃ uait, v. trick. I was making a f. of him. v. laugh.

FOOT, cos f. 2 (and leg down from knee) ; troiġ f. 2. a hoof on one of his f. crúb ar ċois leis. he is on f. tá sé i na ċois. going to M. on f. ag dul go dtí an t-Aifreann im ċ. they used to travel on f. i na gcois do ṫéidís; de ṡiuḃal a gcos ... they put him on his f. do ṫógadar ar ḃonnaiḃ é. he got on his f. again. do ċuaiḋ sé ar a ḃ. arís. a flat f. spág f. 2 flat footed spágaċ. f. print. sataílt, cloḋ, rian coise. a. f. step coiscéim ; coisceán (U) ; coisméig (C). f. ball liaṫróid coise. game of football. peil. a f. high, etc. troiġ ar airde. f. of hill. v. bottom. from head to f. v. head.

FOP, v. proud. gaige m. 4. he is so f., neatly dressed tá sé ċoṁ piocúiġṫe sin.

FOR, f. (to oblige, suit, etc.) I corrected it for him. do ċeartuiġeas ḋó é. here is your book f. you seo ḋuit do leaḃar. I have a question f. you tá ceist agam ort. ready f. the day, fight etc. ollaṁ i gcóir an lae, ċoṁraic. lodging for the night lóistín i gcóir, le haġaiḋ na hoiḋċe a place for a bell. áit le haġaiḋ cloig. a place for the bell áit le n-aġaiḋ an ċloig (W). it is bad for him is olc ḋó é. it as well for you to go tá sé ċoṁ maiṫ ḋuit dul ann. it would be as sensible for a man to go there as it would ... do ḃeaḋ sé ċoṁ ciallṁar ag duine dul ann ⁊ ḃeaḋ sé aige beiṫ ... f. one who understood hundreds did not ... i n-aġaiḋ an aon duine aṁáin a ṫuig é do ḃí na céadta ... at, f. every blow I used to shout. do ċuirinnse béic asam i gcoinne gaċ buille dá dtugaḋ sé ḋom. I am, was sick for a year back. táim, do ḃíos im luiġe le bliaḋain. he stayed there f. a year. d'ḟan sé ann go ceann bliaḋna, ar feaḋ b. v. during. until. he had a view for 20 miles over the land. do ḃí radharc aige ar an ndúṫaiġ ar feaḋ fiċe míle. v. distance, etc. I never saw such a year f. wet. ní ḟeacas riaṁ a leiṫéid de ḃliaḋain le fliċe. look at that f. a man féaċ air sin mar ḟear. I f. one did not do it. níor ḋeineas é mar aoinne aṁáin. you are a coward f. letting him ... is meatta an fear tú ⁊ a leigint ḋó...v. account. f. (to make, etc.) v. purpose. f. (seeing it is, considering that it is, etc.) v. see. f. (in regard to, etc.) v. about. f. (in return for) v. return. f. (in reparation of) v. reparation. f. (for sake of) v. sake. f. (of price) v. buy, sell. to go f. v. bring. f. the purpose of v. purpose. too big, etc. f. v. too, proportion. enough f. v. enough. only for v. except. the more, less f. v. the. as f., etc. v. about. as f. me, etc. v. part

FORBID v. prevent. what is f. by the 2nd commandment. cad ċoisceann an dara haiṫne orainn. the law f. you to do that. c. an dliġe ort é sin do ḋ. we were f. to speak. do ḃí cosc (m.3), bac orainn laḃairt. days when meat is f. laeṫe i na gcoisctear feoil orainn; laeṫe ar a mbíonn feoil toirmiscṫe orainn. it is f. you by God. tá sé coisciġṫe ag Dia ort. within the f. degrees of kindred. insna glúinib toirmiscṫe gaoil. it is f. to do it tá sé (de) ḃac ar ḋuine é do ḋ. he f. anyone to touch them. dubairt sé gan aoinne do ḃaint leo. he f. to drink. do ċuir sé mar ġeasa orra gan ól. the prohibition of cards that day. saoire a bí ar ċártaib an lá soin. God f. nár leigiḋ Dia soin; i bfad uainn an t-olc.

FORCE v. cause. there was no f. inertia, vigour in the blow ní raiḃ aon ḟuinneaṁ (m.1) neart (m.1) leis an mbuille. the shot had spent its f. do bí an t-urċar i ndeireaḋ an ḟuinniṁ. it used to be knocked against them with 100 times as much f. do bíoḋ sé ḋá ḃualaḋ i na gcoinnib le fuinneaṁ céad uair níos mó. that is so completely against the laws of f. tá soin ċoṁ mór i gcoinnib dliġe an nirt. they yield to every f. influence. géillid siad do gaċ ṫarrac ⁊ do gaċ ṫiomáint. shouting with such f., energy ag búiṫreaḋ le na leiṫéiḋ sin de neaċt. v. energy. he brought her off by f., violence. do ṫug sé leis de láiṁ láidir í. he gave it up through f., dint of shame. do staon sé ón mbéas soin le corp, neart náire. you will succeed by dint of perseverance. éireoċaiḋ leat act leanaṁaint air. f. themselves, their way into a room. ag brúġaḋ isteaċ i seomra. we f. our way through (crowd, army). do ḃriseamar beárna róṁainn amaċ. v. break, he f. me to do it do ċur sé d'ḟiaċaib orm é do ḋ. I f. him to do it against his will. do ċuireas air é do ḋ. i na aiṁḋeoin, dá aiṁḋeoin, i n-a. a ḋíċill, i n-a. a ċúilḟiacal, d'a. a ċos, dá lom deiriḋ aiṁḋeona, i gcoinnib na gcos (U). v. cause, oblige. he came to f. me not to do it do ṫáinig sé ċúgam le béin do ċur orm gan é do ḋ. (C). I do not wish to f. my opinion on you. ní maiṫ liom mo ċainnt do ċur siar ort. if you f., put me to it I will kill you. má ċuireann tú ċuige mé marḃóċad tú. the f. of a word. v. mean. put into f. v. effect. f. body of troops. v. number.

FORD. áṫ. m. 3.

FORE-. f. mast, foot, sail, etc. crann, cos, seol tosaiġ. f. arm. riġe f. 4. f. tooth. clárḟiaċail f. 3. f. sight. fáiḋeaṁlaċt f. 3. where did you get that wonderful foresight. cá ḃfuarais an ḟ. go léir. you fell from want of f. de ċeal féaċaint róṁat is eaḋ do ṫuitis. f. tell. v. prophecy.

FOREHEAD. éadan m. 1; clár éadain; mala f. 5 (brow); uisin f. (temple).

FOREIGN. v. far, strange. iasaċta; coigcríoċaċ; cian (distant); gallda (English). a foreigner, duine iasaċtaċ; eaċtrannaċ m. 1; allṁúraċ m. 1. in f. lands i gcríoċaib ciana, coiṁṫiġeaċa, iasaċta, tar lear. he came from a f. land. as imigcéin is eaḋ do ṫáinig.

FOREST. coill f. 2.

FORFEIT. v. lose, bet.

FORGE. ceardċa. f. 5.

FORGET. v. memory. I f. it. do ḋearmadas é; do rinneas dearmad (m. 1) (C. U) dearmad de. do not f. your pipe. ná déin d. ar, de do ṗiopa. he was beginning to f. his hunger. do bí an t-ocras a bí air ag dul i nd. uaiḋ. she did not f. the name. níor leig sí don ainm dul ar d. uaiṫe (C). I f. the hardship. do leigeas i nd. an cruaḋtan. I did not f. to do it. níorḃ' é mo ḋ. (gan) é do ḋ. they are f. táid siad imṫiġṫe a cuiṁne. I shall not f. it. ní ċuirfead a ċuiṁne ḋíom; ní scarfaiḋ a ċ. liom. he did it through forgetfulness. do ḋein sé tré ḋ. é.

FORGIVE. v. pardon, excuse.

FORK. gabal m. 1, f. 2; laḋar m. 1; píce m. 4 (hay-f.); sprann m. 1 (3 or more prongs).

FORM. v. appearance, make. a shoe of the nicest shape. bróg is deise déanaṁ. they were alike in f. ba ċosṁail le ċéile i ndéantús iad. there was the f., figure of a human head on the wall. do bí dealḃ cinn duine ar an ḃfalla. the f. appearance of law was kept. do bí saṁlúġaḋ dliġe san scéal. wood shaped in the f. of a man. aḋmad

sglóḋ, sgruṫ fir. v. appearance. formless, shapeless. rud gan deallraṁ, cruṫ air. anything in the shape of a horse, virtue. aoinni i bfuirm ċapaill, subáilce. v. like.
FORMERLY. v. previously, already.
FORSAKE. v. abandon.
FORT. dún, m. 1; lios m. 3; liosaċán m. 1; ráṫ f. 3; daingean m. 1.
FORTH. v. out.
FORTIFY. v. strengthen.
FORTNIGHT, coiġċiġeas m. 1. (f. 2 C).
FORTUNE, v. luck, dowry. f. teller. v. prophecy.
FORWARD. v. advance, impudent, from that f. v. out. back and f. v. back.
FOSTER, v. rear. oilim.
FOUND, v. establish
FOUNDATION, bun m. 1; bonn m. 1. f. stone cloċ buinn. f. of the house foṫa an tiġe. f. for story. v. truth.
FOUNTAIN. tobar m.1
FOUR. f. cornered. ceiṫreċúinneaċ. f. pence teirtiún m. 1
FOWL, éan m. 1. fowling v. shoot.
FOX, sionnaċ m. 1; madra ruaḋ; f. glove lus mór
FRACTION. cuid. f. 3. ½, ⅓, ¼, ⅕, etc. leaṫ, trian, ceaṫraṁaḋ cuid, cúigṁaḋ cuid
FRAGMENT, v. piece
FRAGRANT, v. smell
FRANK, v. honest
FRAUD, v. deceit
FRECKLE. bricín m. 4. f-d bricíneaċ
FREE. v. let, loose, escape. he is f. not prisoner tá sé saor. a f. day. lá s. M. is a f. day. tá an Luan na ṡ. agam. he is f. from that fault. tá sé s. ón loċt soin. f. will v. will. to win my f. mo ṡaoirse do ḃaint amaċ give him f. taḃair cead a ċos, ċinn dó my two hands are f. for the work. tá cead mo ḋá láṁ i sgóir na hoibre. though I was f. to go over it all (the land). ⁊ c. cos ar a ṡiúḋ agam. she is f. to do, say what she likes. tá c. a cinn ⁊ c. a béil aici. to get his hand f. from the stones a láṁ do réiḋteaċ as na cloċaiḃ. I wanted to be rid of him. ba ṁian liom ḃeiṫ réiḋ leis. when I had got f. from them. nuair ḃíos scarṫa leo. it would rid me of a. burden. ba scaraṁaint le hualaċ dom é. to get rid of the trouble, fear. an trioblóid, scannraḋ do ċur de. I. will be f. from foreign influence. beiḋ Éire glan ón nGalldaċt. it came away so f., easily in his hand. riúḋ leis é ċoṁ héascaiḋ. he was set f., released do scaoileaḋ ċun siuḃail é. he goes there freely. téiḋeann sé ann gan bac, cosc. he got it f. gratis. fuair sé saor é. i n-aisce é, gan aon tragar díoluiġeaċta é. he will not get off so scot-f.. unpunished. ní raġaiḋ an scéal ċoṁ saor san leis; ní ḋéanfaiḋ sé i h-aisce é; ní leigfear i n-a. leis é. he will not get off scot-f. after insulting me. ní raġaiḋ an easonóir saor, i n-aisce leis; ní leigfear an easonóir saor, i n-aisce leis. f. at leisure v. idle. to make f. v. bold
FREEZE, FROST. it is f. hard. tá sé ag cur seaca go tiuġ; tá sé ag cur cuisne. the stalks are burnt by the f. tá na gais loiscṫe ón sioc (m. 3). the year of the f. bliaḋain an tseaca. a f. night. oiḋċe ṡeaca, ċuisne. a f. spring. earraċ reoḋaċ. hoar-f. reoitín, sioc liaṫ (C).
FRENCH. Franncaċ. a F.-man. Franncaċ, m. 1. the F. language. Fraincis f. 2.
FREQUENT. v. common, often. he is f. bad company. bíonn sé ag comluadar, ag déanaṁ comluadair le d. v. company. the places they f. áiteanna i na ngnáṫuiġeann siad. a monster haunts it. gnáṫuiġeann péist ann.
FRESH. v. new. úr. fresh and green grass. etc. féar úrġlas. seeing it was so f. ⁊ a úire do ḃí sé f. water. uisce fionnḟuar. f. breeze. gaoṫ ḟionnḟuar. anamaṁail. v. cool. there was a f., novelty in the work. do bí nuaḋaċt san obair. your head is up again as f. as ever. tá do ċeann i n-áirde arís agat ċoṁ haiḃiḋ ⁊ do ḃí riaṁ. f. of horse. v. spirit.
FRIAR. bráṫair m.; manaċ m. 1.
FRIDAY, Aoine f. 4. on F. Dia hAoine.
FRIEND, FRIENDLY. cara m. 5

(dat. often as nom.) his f. a ċara; a ḋuine muinnteарḋa. a firm f. buanċara. be he f. or foe. pé caraid nó náṁaid é. I saluted him in a f. way. do ḃeannuiġeas dó go muinnteарḋa, cáirdeaṁail. we were very f., familiar. do ḃíomar muinnteарḋa, caradaċ le ċéile; do ḃíomar anṁór le ċ.; do ḃíomar go síṫeaċ sóġaċ le ċ.; do ḃí cairdeaṁ (m. 1), cáirdeas (m. 1). muinnteardas (m. 1) eadrainn, agam leis. familiarity breeds contempt. tagann droċ ṁeas a cairdeaṁ; an iomad den aiṫne méaduiġeann sé an tarcuisne.

FRIEZE, v. cloth.

FRIGHT, v, fear.

FRINGE, a f. border of gold beads. sraiṫ de ṡiogairlíniḃ óir. a f. (of hair) úrla f. 5, glib f. 2.

FRISK. v. spirit, dance. the horse is f., fresh. tá an capall ag siumpráil. the rabbits are f. about. tá an coiníní ag damhas, léimriġ.

FRIVOLOUS. v. fool, light, talk.

FRO. v. back.

FROG, frog m. 1; lispín m 4 (C); luascán m.1 (W); lapairán m. 1 (W).

FROM, v. Grammar sub ar, ó, de etc. I got it f. him. fuaras uaiḋ é. from C. to K. ó Ċorcaiġ go Ceann Sáile. f. side to side. ó ṫaoḃ taoḃ. up f., out of the ground. aníos as an dtalaṁ. he got it out of, f. books. a leaḃraiḃ fuair sé é. f. that place. as an áit sin. where is he f. cad as é. cad as dó. to get talk f., out of him. cainnt do ḃaint as. f. this on. as so anuas. to protect. judge f. v. protect etc. f. (on account of, owing to etc.) v. account.

FRONT. v. before. face. f. of the boat. tosaċ (m. 1) an ḃáid. window in f. of the house. fuinneóg i dt. an tiġe. there he is in f. of the line, in the van. sin é annsoin ar dt. é. f. mast etc. v. fore. f. of his shirt. brollaċ a léine.

FROST. v. freeze.

FROTH, v. foam, splash.

FROWN, v. anger, gloom. he f. angrily. do ċuir sé púic air féin. frowning, gloomy. gruamḋa, dúr. he did not f. níor ċuir sé cnag i na ṁala, éadan.

FRUGAL, v. economy.

FRUIT, FRUITFUL, toraḋ (m. 3.) an ċrainn, talaiṁ. v. result. fruitful torṫaṁail. good, f. land. talaṁ maiṫ, foġanta, torṫaṁail, nádúrḋa. working with f., effect. ag obair go torṫaṁail. v. effect. fruitless. v. useless.

FRUSTRATE, v. prevent.

FRY, friíoċtaim. f.-pan. friíoċtán m.1

FUGITIVE, v. run.

FULFILL, v. effect. prophecy was f. v. accomplish.

FULL, v. fill, complete. a f. bag etc. mála lán. f. to top of gold. lán go bárr d'ór. a bag f. of gold. lán an ṁála d'ór. it was the f. of my two hands, all I could carrry. dó ḃí muirriġean mo ḋá láṁ ann. the river is f. of fish. tá an aḃa scéiṫte le hiasc. the house was f. of people. do ḃí an tiġ scéiṫte de ḋaoiniḃ. the place is f. of rabbits. tá an áit ag brúċtaiġ le coiníníḃ. fully 2 inches. ḋá órlaċ go maiṫ. f. 2 hours. ḋá uair an ċluig go maiṫ. v. complete.

FUMBLE. v. awkward, finger, grope.

FUN. v. amuse, laugh, queer. he had a f. humorous look. do ṫáinig aġaiḋ ġrinn air she is a f. humorous woman. is mór an ḃean ġrinn, suilt í. it was only in fun, he was only joking. ní raiḃ sé aċt ag déanaṁ suilt; mar magaḋ do ḃí sé; ċun magaiḋ aduḃairt é; d'aon am do ḃí sé; már spórt do ḋein sé é. it is no subject for f. ní cúrsaí suilt é. v. laugh. he found no f. in it. ní ḟuair sé aon tsult ann. a funny sight. radarc sultṁar, greannṁar. a f. answer, etc. freagra barraṁail (C). f., droll. alúineaċ (W). is it not f., how absurd cúis ġáire ċúġainn.

FUNDAMENTAL, the f. reason an ḃunċúis, an ċúis ḃunaḋasaċ

FUNERAL, v. bury

FUNGUS, púca peill m. 4; púca peilleaċ; púcán beireaċ; (C).

FUR, fionnaḋ m. 1; clúṁ m. 1; lúireaċ m. 1, f. 2

FURIOUS, v. mad, fierce, angry

FURNACE, sorn m. 1

FURNISH, gléasaim

FURNITURE, troscán m. 1; iolar m. 1

FURROW, iomaire m. 4; clais f. 2

FURTHER, v. far
FURZE, aiteann m. 1. a f. bush. tor aitinn.
FUSS, v. excite, confusion
FUTURE, v. before, ever. the f. an aimsear atá le teaċt. I will not do it for the f. ní ḋéanfad feasta, ar so suas, ar so amaċ é. the f. tense an t-am faistineaċ, oirċeasaċ
GABLE. beann (f 2) an tiġe; pinniuir f. 3
GAD-FLY, creaḃar m. 1
GAIETY, v. gay
GAIN. v. win. profit, get
GALL, domblas m. 1
GALLOGLASS, gallóglaċ. m. 1
GALLON, galún m. 1
GALLOP, horses coming at a g. capaill ag teaċt ar cos i n-áirde, ar a léimlúiṫ
GALLOWS, croċ f. 2
GALWAY. Conndae na Gaillimhe.
GAMBLE, v. play, bet. gambler. cearrḃaċ m. 1. g. and drinkers. luċt imearṫa ⁊ óil. g.-bling. cearrḃaċas m. 1. always g. ag c. i gcomhnuiḋe.
GAMBOL, v. play, frisk.
GAME, v. play. cluiċe m. 4; báire m. 4; (hurley). the g. is going against them. tá an c. ag dul i na gcoinniḃ. he lost the g. do cuireaḋ an c. air. she won the g. do ḃuaiḋ sí an c. would you like a g. of cards. an mbeaḋ tamall etc. ar ċártaiḃ agat. wait till the g. is over. fan go mbeiḋ deireaḋ imearṫa againn. we have won. (in hurley, football etc.) tá an báire linn. the day of a g., match, of hurley. lá comórtais na gcamán.
GANDER. ganndal m. 1.
GANG, v. set.
GANNET, goinian m. 1; gainéad m. 1 (C).
GAOL, v. prison.
GAP, beárna f. 5. to make a g. b. do ḃriseaḋ, leagaḋ. a gapped knife. scian ṁanntaċ, beárnáċ.
GARDEN, garrḋa m. 4.
GARLAND, fleasc m. 1 & 3; coróin f. 5.
GARTER, gairtéir m. 4; gairtnéal (U).
GASH, v. cut.
GASP, v. breath.
GATE, geata m. 4.
GATHER, v. collect. gathering etc. v. meeting.
GAUDY, ioldaṫaċ (variegated); péacaċ, péacógaċ; gréagaċ. though the peacock is g., you cannot get much flesh on it. má's gréagaċ an ṗéacóg ní pioctar a cnáṁa. a g. hat. hata péacogaċ, áiḋḃéireaċ (extraordinary). g. dressed. gléasta go haeraċ.
GAY, v. glad. aeraċ; grianaċ (bright spirits); soilḃir (bright, talkative); suḃáilceaċ (joyful. contented); sult-ṁar (given to fun); sploeḋraċ (hearty); meiḋreaċ, meiḋréiseaċ. (merry); gáiriteaċ, gealgáiriteaċ (bright, smiling); éadtroṁċroiḋeaċ (light-hearted); suairc (happy); beoḋaċ (lively) (C); spiriḋeaṁail (C) (id.); scafánta (id.) (C); gliadraċ; glionndraċ (joyous) (C.); siamsaṁail (sportive, lively); seigiléarta (id.); criléireaċ (W); barraṁail (C). gaiety. greann m. 1 (fun); sult m. 1 (id.); meiḋir f. 5 (mirth); lúṫġáir f. 2 (joy); suairceas m. 1; suḃáilce f. 4 (sense of comfort, enjoyment); suḃaċas m. 1; soilḃreas m. 1; gliadar m. 1. (gay chatter, high spirits); siamsa. m. 4 (sport, amusement); glionndar m. 1 (C); tríollaḋas m. 1 (C.U.); aer an tsaoġail (gaieties of the world).
GEM. seod m 1; cloċ uasal, c. luaċṁar, c. lóġṁar.
GENDER. inrscne f. 4. masc. g. fir.; fem. ban.
GENEALOGY. geinealaċ m. 1.
GENERAL. v. commander, common, vague.
GENERATE, geinim. generation. glún f. 2. it descended to us g. by g. do ṫáinig sé anuas ċúġainn glún ar ġlúin. from g. to g. ó ġlúin go glún; ó aois go haois; ó ṡlioċt go slioċt. for 7 g. ar feaḋ seaċt nglún. from them descended the 4 g. is uata do ṡiolruiġ na ceiṫre glúine gaoil. the present g. an líne atá ann. a man of that g. fear ar an líne sin. v. race.
GENEROUS, GENEROSITY. fial; fairsing; flaiṫeaṁail; fáilteaċ; tabarṫaċ. generosity. féile f. 4; fairsinge f. 4; flaiṫeaṁlaċt f. 3; córtas m. 1 (C. U). a g. man. fear

fial etc. that is a g. decision is fial an socrugaḋ soin. so g. to the monastery. ċoṁ fial etc. leis an mainistir. so g. in alms. ċoṁ fial etc. sa déirc leis na boċtaib. he did it in a large g. way. do ḋein sé an gnó go neaṁmion ⁊ go f. he gave out the wine more freely and g. than...do ṫug sé an fíon amaċ níos tiuġa ⁊ níos rábairniġe ná mar... v. spend. the freehanded g. men. na fir úra fiala. to give it unstintedly. é do ṫabairt gan doiċeall. his g. of mind, view. a ṁóraigne, ṁóraigeantaċt. a large-, g. minded man fear móraigeanta, mórċroiḋeaċ.

GENITIVE. v. case.

GENIUS. v. clever, extraordinary.

GENTEEL. v. polite, elegant.

GENTLE, GENTLENESS. séiṁ; caoṁ; caoin; mioċair; míonla (of women); mánla (id.); moḋaṁail; ceannsa; cneasta; réiḋ; ciúin (quiet); macánta (not wicked or treacherous esp. of animals. in M. usually "honest"); láġaċ (kind, loving). gentleness. séiṁe f. 4; ciúine f. 4; cneastaċt f. 3; ceannsaċt f. 3; mioċaire f. 4; macántaċt f. 3; grástaṁlaċt f. 3. he was g. with her. do ḃí sé go séiṁ léi. a g. quiet girl cailín ciúin ceannsa moḋaṁail socair. she was so g. and gracious. do ḃí sí ċoṁ min moḋaṁail sin. a g. gracious girl cailín míonla mánla. a very soft kindly look féaċaint ḃreaġ bog réiḋ ḋuinneanda; f. ċneasta. a g. quiet answer. freagra bog cneasta. her expression getting more g. and sweet. a béal ag dul i mísleaċt ⁊ i séiṁe ⁊ i mioċaire. by g. and suaveness. le míne ⁊ le caoine. I told him as g. mildly as... aduḃras leis ċoṁ réiḋ ⁊ ... to take him gently. é do ġlacaḋ go réiḋ. take it g., don't get excited. glac r. an scéal. a g. knock, look. buille, féaċaint réiḋ. easy! gently! go r. the breath of the g. wind. anál na gaoiṫe laige. I told it g., tactfully. aduḃart é go haicill-iḋe. I laid my hand g. delicately on it. do ċuireas mo láṁ go ha. air. submitting quietly and g. ag géilleaḋ go min macánta.

GENTLEMAN, v. noble. duine uasal; ceíṫearnaċ m.1 ("half sir") he wanted to make a match for her with some g. ba ṁian leis cleaṁnas do ḋ. ḋí le duine mór éigin.

GENUFLECT, v. kneel

GENUINE, v. true

GERMAN, Gearmánaċ; Allmánaċ. G. language Gearmáinis f. 2

GESTURE, v. sign

GET, do ġeibim. I got it. fuaras é. get me something to eat. faiġ ḋom rud éigin le n-iṫe. it is to be g. tá sé le faġáil agat; tá sé ar f. agat; tá f. agat air. all I g. from her. a ḃfuaras uaiṫe; a ḃfuil faġálta agam uaiṫi. I g. peace from her fuaras suaiṁneas uaiṫe. they g. procured a cat, some money. do soláṫruiġeadar cat, roinnt airgid he g. procured a horse and went off. d'aimsiġ sé capall ⁊ d'imṫiġ sé leis. he went and g. an apple. d'a. sé uḃall the sense they g. out of it. an ḃríġ a ḃaineadar as; an ḃ. a ṫugadar leo; an ḃ. a ḃí acu leis v. mean, understand. to g. one's freedom. saoirse do ḃaint amaċ. to get back one's land. a ċuid talṁan do ḃ. amaċ tar n-ais. I do not know how he g., managed to g. that music. ní ḟeadar cionnus do ṫáinig sé suas leis an gceol soin. I cannot g., find it. ní ḟéadaim teaċt suas leis. she g. her appetite, colour, etc. do ṫáinig a goile, luisne ḋi. she is g. sense. tá ciall ag teaċt ḋí. I should like to g. that done. ba ṁaiṫ liom dá, go ndéanfaiḋe ḋom é sin. v. cause. to g. angry, late, big, etc. v. angry, etc. go etc. to g. (bring) v. bring. g. (become) v. become. g. (come, go) v. come, go. g. down, up. v. descend, mount, rise. g. in, out. v. go, come, in, out. g. on. v. succeed, fare. g. ready. v. ready. g. on with. v. agree. g. from v. profit, harm, etc. g. a thing done, g. him to do. etc. v. cause, urge, order

GHOST, v. spirit

GIANT, v. big, monster. (f) aṫaċ m.1 foṁarach m. 1. he is a huge g. tá sé i na ṗiarda faṫaiġ. is he not a g., big man. naċ é an gaiscíḋeaċ, an ṗleist é.

GIBBET, croċ f. 2

GIDDY, v. foolish, dizzy

GIFT, v. give. tabarṫas m.1; bronntanas m. 1; féirín m. 4 (at a fair); tiodlacaḋ m. 4; sinteaṁas (m. 1) (láiṁe); sinteanas (U) (tip, contribution). a gift of wine, etc. bronntanas, etc. fíona. he sent a present of them to the King. do ċuir sé b. díoḃ ag triall ar an ríġ. I make you a present of it. bronnaim ort é. freely making you a g. of her. dá bronnaḋ suas ort. I thanked him for all his g. do ṫugas buiḋeaċas dó i dtaoḃ a ṫabarṫaisí uile. it is a g. of God tabarṫas, tiodlacaḋ ó Ḋia is eaḋ é. the g. of the Holy Ghost. tiodlacaí an Spioraid Naoiṁ. he got a present of money from her. do ḃain sé sinteaṁas airgid airsti. g. of peace, peace presents. féirín síoṫċána. a Xmas g. seacadaḋ Nodlag (C)

GIGGLE, v. laugh

GIRDLE. v. band

GIRL. cailín m. 4; maiġdean f. 2 (maiden, virgin); gearrċaile f. 4; ainnir f. 2; girrseaċ f.2; brídeaċ f. 2; bruinneall f. 2 (poet. "fair maiden," etc.); stuaire f. 4 (id.); toice f. 4 (often in contempt "hussy"); giobstéir m. 4 (bold mischievous g.); bábóg (U) (f. 2) (useless good looking g.); páiste mná (g, child).

GIVE. he g. it to me do ṫug sé dom é. g. it up at once. tabair uait láiṫreaċ é. he g. impudence do ṫug sé droċċainnt uaiḋ. he g. bestowed it on me. do ḃronn sé orm é v. gift. go on giving them raid leat iad. g. us, let us have your thoughts. scaoil ċúġainn do ṁaċtnaṁ. the language, children that God gave them. teanga, páistí a ġeall Dia dóiḃ (C). g. way v. way. g. thanks, battle, welcome. v. thanks, etc. g. in v. yield. given to. v. addicted, inclined. g. up v. abandon, turn, stop.

GLAD, GLADNESS, GLADDEN v. gay, pleasant, like. I am very g. at his being ... tá luṫġáir (f. 2) ṫar bárr orm i dtaoḃ é do ḃeiṫ ... seeing how g. I am to see you. ⁊ a lúṫġáirige atáim tú d'ḟeicsint; I am g. at that tá áṫas (m.1) orm mar ġeall air sin; cuireann soin (lán mo ċroiḋe d')áṫas orm. I am g. they please you. tá á. orm mar ṫaiṫnigid leat. it made me g. to see you. do ċur (sé) á. orm tú d' ḟeicsint. good, g. news scéal áṫais. jumping with joy. ag léimrigh go háṫasaċ, le háṫas, le haiteas (m.1) he was delighted to be there. do b'aiteasaċ leis ḃeiṫ ann he laughed for joy, g. do ġáir sé le haiteal (m.1) he is so g. joyful tá a leiṫéid d'aiteal air. that made me g. do ċuir sin áiḃéis (f.2) ⁊ bród (m. 1) orm. he was g. joyful. do ḃí sé go sáṁasaċ. g. was in his eyes. do ḃi sáṁas, suairceas in a ṡúil. that day brought them joy. do ṫug an lá soin sonas ⁊ suairceas ċúċa. they are g., joyful, gay. táid siad go súltṁar pléisiúrḋa etc. be g., rejoice with me for I have found the lamb. déin gáirdeaċas liomsa mar fuaras an t-uan. she was very g. that she...ba ṁór an stró a ḃí uirri go...(C). the boy's heart was elated with g. at the birds' music. d'éiriġ a ċroiḋe ar an mbuaċaill le haoiḃneas na n-éan. that elated me much. ba ṁór an tógaint croiḋe a ċuir sin orm. it would g. rejoice your heart to be...do tógfaḋ sé ceo ded ċroiḋe ḃeiṫ... ; ba ṁór an tógaint croiḋe duit ḃeiṫ... I never heard anything that made me so g. ní ḟuaras aon scéala ba ġile lem ċroiḋe ná soin. I am g. you came. is maiṫ liom mar ṫángais. I should be g. if you stayed. ba ṁaiṫ liom dá ḃfanfá; ní miste liom tusa d'ḟanaṁaint annso. I should be g., I should not mind letting you stay. ní miste liom leigint duit fanaṁaint ann. I should be g. not to have a hand in the thing. ní miste liom gan aon lám a ḃeiṫ agam sa ġnó.

GLANCE. v. look.

GLASS. v. spectacles. gloine f. 4. a g.-ball. liaṫróid gloine. the g. tumblers on the table. na gloini ar an mbórd. looking-g. scáṫán m. 1.

GLEAM, v. ray, shine. g. of sense. v. sense.

GLEN. v. valley.

GLIMPSE. v. look, sight.

GLITTER. v. shine.

GLOOM. v. dark. sad. dúire f. 4 (depression, sulleness). doċma m. 4 (restrained, silent humour) gruaim f. 2; lionndub. he was g., melancholy. do ḃí gruaim, lionndub air; do ḃí sé go gruamḋa, dúr etc. his g. passed away. d'imṫiġ an dúire. no fear of a company being silent or g. while he was there. níor ḃaoġal don ċuideaċtain toċt ná doċma do ṫeaċt orra ⁊ é láiṫreaċ. it would take the g. from your heart. do ṫógfaḋ sé an ceo ded ċroiḋe.

GLORY. v. famous. credit, reputation. glóir f. 2. g. to G. glóir do Ḋia.

GNAW, creimim.

GO, téiḋim etc. I went to the city. do ċuaḋas go dtí an baile mór. he w. home along the road. do ċuaiḋ sé a ḃaile an bóṫar. he knew the way she w. do ḃí a ḟios aige caḋé an bóṫar a ġaiḃ sí. he w. out this way. mar seo amaċ do ġaiḃ sé. g. out. gaḃ amaċ. while she was g. up the room towards the king. ⁊ í ag gaḃáil an t-urlár fá ḋéin an ríoġ. he went off. d'imṫiġ sé leis, air; do ṫug sé an bóṫar air; do ġluais sé ċun bóṫair; do ġ. sé air; do ġread sé air; do ġ. sé ċun bóṫair; do ċuir sé ċun bóṫair; siúd ċun bóṫair, siuḃail é; as go bráṫ leis; do ḃog sé leis; do ḃog sé an bóṫar; do ḃuail sé an bóṫar (dó féin); g. off, get away. imṫiġ leat; imṫiġ uaim; gread leat; gread ort; bailiġ leat; siúd leat as seo (U); glan leat; glan as mo radarc; glan uaim; scrios leat (as mo radarc). g., clear off home. éiriġ a ḃaile; gread, glan leat a ḃaile. he went off east. to the city. do ḃuail sé air soir, go dtí an ċaṫair; do ġluais sé air etc.; siúd soir é. I w. to the king. do ċuaḋas ag triall ar an ríġ. where are you bound for. cá ḃfuil do ṫriall. he used to go to various places. do ḃíoḋ a t. i na lán áiteanna. a place where thousands of E. go. ball a mbíonn t. na mílte de luċt an ġalldaċais ann. g. to the seaside. ag t. ċun fairrge. each w. off his own way. do ṫug gaċ aoinne acu a ḃóṫar féin air. he w. off to L. do ṫug sé bóṫar Lonndun air féin. they w. out of the house. do ṫugadar an doras amaċ orra. he w. off S. do ṫug sé an bealaċ ó ḋeas air. to go into the room. an seomra do ṫaḃairt air (C). to go to bed etc. an leaba do ṫaḃairt orm. he must go elsewhere. ní foláir dó cúrsa eile do ṫaḃairt. to go, take to the hills, country. taḃairt fá'n gcnoc, dtuaiṫ. off he w. back into the room. siúd siar sa tseomra é. g. ahead. déin ar t'aġaiḋ. v. ahead. go to the door, to confession. éiriġ go dtí an doras, ċun faoisdine. g. along the road. ag cur an bóṫair de; ag cur de. to go out of house. an doras amaċ do ċur de. we w. started off for the open sea. do ḃogamar linn ċun fairrge. we went off, started from our moorings. do ḃogamar ár mbád ó na stad. is there anything g. on, in progress. an ḃfuil rud éigin ar siuḃal. that kept him g., occupied. do ċoimeád soin ar siuḃal é. I am off. seo ċun siuḃal, bóṫair mé. g. to v. approach. going to. v. point, near. g. up, down, v. ascend, descend, sink. g. on. v. continue, happen. g. away. v. disappear. g. across. v. cross, across. g. by. v. pass. g. about. v. about. g. in. v. enter.

GOAD. v. prick, urge, excite, puck.

GOAL. we won 2 g. on them. do ċuireamar an báire (m. 4) dá uair orra; do ċ. dá ḃ. orra. a man at each g. fear i mbéal gaċ ḃ. he was a good g. keeper. ba ṁaiṫ an cúl ḃ. é. he would send it from one g. to the other at a stroke. do ċuirfeaḋ sé ó ḃoga go boga le poc é. will you have your choice of g. an mbeiḋ roga boga agat

GOAT, gaḃar m.1; poc gaḃair (he-g); pocaide gaḃair (id); minseaċ, minséog f. 2. (young she-g); mionnán (m. 1) gaḃair (kid)

GOBBLE, v. eat

GOBLIN, v. fairy

GOD, Dia; an Rí; Rí na ndúl; Rí na bḟeart; Rí na ngrás; Rí an Doṁnaiġ; an Fear i n-áirde; an F., an t-É ṫuas. God-father. cáirdeas (m. 1) críost; aṫair baistiḋe. he stood g. to the child. do ṡeas sé (ċun baistiḋe) leis an leanḃ. who is your God-mother cé is máṫair baistiḋe agatsa. G. parents cáirdeasaí

GOLD. ór m. 1. a g. chain slabhra óir órḋa g. hair gruaig ḟionnḃuiḋe. g. finch buiḋeóg f. 2

GOOD, maiṫ; foġanta; deaġ-; an- (" great " then often " good ") ; rí (" very " then often " good ") g. land talaṁ maiṫ, foġanta, torṫaṁail. nádúrṫa, meiṫ. g. man, etc. duine foġanta. g. weather aimsir ṁaiṫ, ḃreáġ; soineann. g. scholar. scoláire maiṫ, oillte, rí-s. we had a g. " great " day, season, etc. do ḃí anlá, anḟéasúir againn. g. will. etc deaġṫoil. I am as g. a man as you táimse ċoṁ maiṫ d'ḟear leatsa. however g. C. is. dá ḟeaḃus é Conn. however g. my haste dá ḟeaḃus deiṫneas a ḋeineas. to spoil the g. done by my money. maiteas mo ċuid airgid do lot. the g. (he did) is greater than the harm. is treise ar an maiṫ ná ar an ndíoġḃáil. you have done much g. with it. is mór maiṫ atá déanta agat leis. the g. a man can do. an tairḃe is féidir d'aon ḟear aṁáin do ḋ. v. profit. I can get no g. of him. bring him to reason. ní ḟéadaim ceart do ḃainnt de. the meat is good enough for me. tá mo ḋóṫain d'ḟeoil ann. the meat is g. enough for anyone. tá dóṫain aon ḟir de ḃiaḋ ann. he is g. enough as a husband for her. tá a dóṫain d'ḟear ann. do g. to etc. v. profit. what g. is it etc. v. profit. use. g. for nothing, no g. v. useless. it is as g. for you, you might as well go etc. v. well. for the g. of v. sake, profit. g. (= kind) v. kind. g. (= holy, virtuous) v. holy, virtuous. g. (= lucky) v. luck. g. at, a g. hand at. v. clever. g. humour. v. gay, pleasant, temper. for goodness' sake. v. beseech. g.-bye. v. adieu. G.-Friday. Aoine an Ċéasta. goods. v. riches, thing, property.

GOOSE. gé. m. cráin ġé (sow). wild-g. gé fiaḋáin. barnacle g. cadan m. 1.

GOOSEBERRY. spíonán m. 1 : spíonóg f. 2 (U). g. bushes. scairte spíonána.

GORE. v. blood, puck.

GORGEOUS, v. grand, extraordinary.

GORSE. aiteann m. 1 (f. 2. C.U.)

GOSPEL. soisgéal m. 1.

GOSSIP. v. talk.

GOUT. tinneas ailt; gút m. 1; gúta m. 4 the cramp of g. crampa an ġúit. afflicted by g. gabhṫa ag an ngúta.

GOVERN. GOVERNMENT. v. power. riaraim; riaġluiġim. he g. the church. do riaruiġ, riar, riaġluiġ sé an eaglais. it g. takes the genitive. riaġluiġeann sé an geineaṁnaċ. if I had the g. of the land. dá dtugtaí réim (f. 2) na tíre dom. the land was under his g., rule. do ḃí an tír fá na riaġlaċas (m. 1) riar (f. 2), ċeannas (m. 1), ṡmaċt (m. 3). a talent for g. éirim ċun forláṁais. governor. uaċtarán m. 1; ceann m. 1. he is their g. tá sé i na ċeann, mar ċ. orra.

GOWN. v. dress.

GRACE. v. beauty, favour. grás m. 3 (generally in pl. grásta). in the state of g. ar staid na ngrás, ngrásta. sanctifying g. grásta naoṁuiġṫe. I asked him to say g. at meals. d'iarras air altuġaḋ. when they had said g. tar éis altuiġṫe ḋóiḃ. graceful. maiseaċ. maiseaṁail. a g. girl, dress. cailín, gúna maiseaṁail. v. beautiful.

GRADE. v. rank.

GRADUALLY. I g. lessened it. do ḃaineas de i ndiaiḋ a ċéile, i na ḃeagán ⁊ i na ḃeagán, diaiḋ ar ndiaiḋ, i leaḃaiḋ a ċeile (C), i n-áit a céile (W), leis ⁊ leis (C).

GRAIN. v. corn. etc. a g. of oats, tea (also, small amount) gráinne (f. 4) coirce, té. the grain. an grán m. 1. the oats are getting into g. tá an coirce ag eascar. oats etc. shedding the g. coirce ⁊ é ag seilt an ṁarcaiġ (C). rub against the g. ag gabáil i gcoinniḃ an ḟionnaiḋ. v. will.

GRAMMAR. graiméar m. 1 ; gramadaċ f. 2.

GRAND. v. fine. good, big, well etc. it is g. music. anċeol etc. is ead é. we had a g. day. anlá do ḃí againn. he played g. do ṡein sé ar áilneaċt (ar fad, an doṁain). everything g. suited to its object. ⁊ gaċ rud ar áilneaċt ċun a ġnóta féin. the flowers, cows etc. are g. tá an ṗaṁṗaí. ba go calma (W). it is g. splendid, excellent v. extraordinary. he is C's g.-son. mac mic do Ċonn is eaḋ é. g.-father. mother. sean-aṫair; seanṁáṫair.

GRANT. v. give, permit, agree. God g. it, that we shall be etc. go dtugaiḋ, ndéanuiġiḋ Dia soin, go mbeimid ... God g. you are right. go leigiḋ Dia go bfuil an ceart agat.

GRASP. v. hold, hand.

GRASS, etc. féar m. 1: fionnán m. 1 (coarse g. on marshy land); ciaplaċ m. 1 (id.); geaṁar m. 1 (corn-g.) a blade of g. brob féir, tráiṫnín (féir). a horse on g. v. feed. g.-hopper. dorran m. 1, dreoilín teasbaiġ.

GRATE. v. noise. fire

GRATEFUL, v. thank

GRATIS. v. free

GRAVE. v. cut. bury. uaiġ, f. 2; feart, m. 3; tuama m. 4 (tomb). in the g. buried. san uaiġ, úir; fá'n bfód; ag tabairt an féir, fáraiġ. he would be in his g. to-day. i n-úir do beaḋ sé indiú. on the brink of the g., dying. ar bruaċ na huaiġe. g. stone. leac f. 2; leaċt m. 3. g. yard. reiliġ f. 2

GRAVEL. v. sand

GRAVY. súġ (m. 3) feola; súġlaċ m. 1

GRAZE. v. feed

GREASE. GREASY. smearaḋ m 1. he g. it with butter. do smear, bealuiġ (C) sé le him é. he was g. smeared with it. do bí sé smeartá, bealuiġṫe (C) leis. a greasy fellow, duine bealuiġṫe (C). g.-rags. ceirteaċa smeartá. g., smear that leather. cuir smearaḋ fá'n leaṫar soin.

GREAT. v. big, increase. mór; árd-; im-; an-; ri-; dian-; ró-; lán-; it is a g. wonder. is mór an iongnaḋ é. the g. people, gentry. na huaisle móra. g. mindedness. móraigne. a g. host. mórṡluaġ. it is a greater wonder than the other. is mó d'iongnad é ná na hiongnaiḋe eile. are you a greater man than A. an aṁlaiḋ is mó de ḋuine tú ná Abraham. what could be a greater loss than that. cad é an rud ba ṁó de ċailleaṁaint ná é sin. so that C's respect for him should be the greater. i dtreo gur ṁóide an urraim a beaḋ ag Conn dó. g. city, praise. árdċaṫair, árdṁolaḋ. g. fear etc. imeagla. g. blindness etc. andaille. g., full satisfaction. lánsástaċt. and I in g. sorrow. 7 brón an doṁain. trаoġail orm. getting greater. ag dul i méid. he does not realise how g. is the harm. ní ṫuigeann sé méid na díoġbála. however g. his sorrow. dá ṁéid (é an) brón atá air. however g. the cut it made. dá ṁéid gearraḋ a ḋein sé. however g. a beast he is. dá ṁéid de beiṫiḋeaċ é. the greater the desire the greater the deed. dá ṁéid é an ṁian is eaḋ is mó é an gníoṁ. the greater the number of gentry we have the better. dá ṁéid de na huaislib atá againn is eaḋ is fearr an scéal. a g. lot, v. much, many. the greater part, number. v. most. g. grand-father. sean-, sion-seanaṫair, -sean-ṁáṫair.

GREED, GREEDY, v. desire. saint f. 2: craos m 1; airc f. 2; amplaḋ m. 1; ampall m. 1; g.-y. sanntaċ (covetous); greamasaṁail (grasping, avaricious); amplaċ, amprаċ (W) (voracious); cíocraċ (id.); craosaċ (gluttonous). a g. man, glutton amplaċán m. 1; bleiṫeaċán m. 1 (C). g. covetous for food, money, etc., saint ċun bíḋ, airgid. was it covetousness, g. for my wealth that urged them an le saint ċun mo ġustail do bíodar. he is eating, gobbling it g., voraciously. tá sé dá iṫe, alpaḋ go cíocraċ, hamplac, le hairc 7 le hamplaḋ. he is very g., eager for the food. tá flosc an doṁain, tá cíocras, amplaḋ, airc ċun an bíḋ air; tá sé anċíocraċ, etc., ċun an bíd. she has a g., appetite. tá amplaḋ éigin innti. are you not g. voracious is orsta atá an airc. the gluttonous fellows na bodairí craosaċa he drank g. committed the sin of gluttony in drinking the wine. do ḋein sé craos ar an bfíon. he ate g. of them. overate himself. do ċuir sé masmus, basrus (U) air féin leo

GREECE. an Gréig. f. 2. G. language Gréigis f. 2. at the G. Calends.

Tibb's Eve. lá Pilib an ċleite
GREEN, v. field. uaine (artificial); glas (natural). a g. cloak, etc. clóca uaine, glasuaine (C). g. grass féar glas. the verdure on the woods. glaisreaċt ⁊ úireaċt ar na coilltiḃ
GREET, v. welcome
GREY, liaṫ; riaḃaċ (brownish g.) his hair is g. tá a ġruaig, ceann liaṫ. a g. cow bó liaṫ. he is growing g. tá sé ag liaṫaḋ. it grew g. do liaṫ sé. a g. horse. capall glas. a g. eye. súil ġlas. g. hound. cú f.5
GRIDDLE, greideal m. 1 (f. 2. U) g. cake v. cake
GRIDIRON, róistín (C)
GRIEF, v. sorrow, sad
GRIEVANCE, v. complaint, difficulty
GRIMACE, v. face
GRIN, v. laugh
GRIND, meilim. g. corn ag meilt arḃair. g. gnashing of teeth glaṁaiscín (generally in anger); gíoscán (gen. of grief); díoscán (id). he g. gnashed his teeth. do ḃain sé glaṁaiscín ⁊ gíoscán as a ḟiaclaiḃ; siúd ag glaṁaiscín é; do ḃain sé cnagaḋ as a ḟiaclaiḃ. there will gnashing of teeth there. beiḋ díoscán fiacal ann; beiḋ d. f. ar na daoiniḃ ann. to g. a knife. faoḃar do ċur ar scin. to g. oppress the poor. na daoine boċta do ḃruġaḋ. v. oppress. a g. stone. cloċ faoḃair (for sharpening); liaḃró f. 5 (for corn, etc)
GRIP, v. hold, hand
GROAN, cneadaim. he g. do ċuir sé cnead (f. 2, 3) as; do ḃí sé ag cneadaiġ. he g. moaned. do ċuir sé oċlán ḃróin as; do ġluais osnaḋ (m. 1) osna (f. 4) cléiḃ uaiḋ; g. sighing ag osnaġail; ag cor osnaí, oċón as. he g. with the effort. do ċuir sé glam tinnis as leis an iarraċt. death g. osnaḋ an ḃáis v. death. ships timbers g. v. creak, noise
GROOM, v. servant
GROPE, g. to get the sword ag láṁacán ċun an ċlaiḋiṁ. he went g. among the trees until he found ... do ċuaiḋ sé ag sméaraċt ar fuḋ na gcrann nó go ḃfuair sé etc. (C)
GROSS. v. rough
GROUND, v. earth, land. talaṁ m. 1 f. 3. lár m. 1 he drew a ring on the g. do ḋein sé fáinne ar an dtalaṁ. he drew it along the g. do ṫarraing sé fan an talaiṁ é. he is down (fallen, etc) on the g. tá sé ar lár. he left it on the g. d'ḟág sé ar (an) lár é. room on g. floor seomra láir. he stood his g. there (in battle, etc). do ṡeasuiġ sé an fód annsoin. under the g. in grave. v grave
GROUSE, cearc fraoiġ (red-g)
GROVEL, v. fawn
GROW. it is g. tá sé ag fás. it is g. fast (thick, fat) tá sé ag borraḋ go tiuġ. it g. into a tree d'ḟás sé i na ċrann. it is making it etc. g. tá sé ag cur an ḟáis ar aġaiḋ. he grew up d'ḟás sé i na ḟear. where they (seeds, etc) g. mar a dtáinig fás fúta. they are g. so well. tá an oiread fáis fúta. she will g. if she is fed. raġaiḋ fás dí le haimsir aċt coṫuġaḋ do ṫaḃairt dí. it is wonderful how they g. is iongantaċ an borraḋ ata fúta. they are g. up táid siad éiriġte suas, fásta (suas). a g. up man. fear fásta. he g. much wheat, etc. tógann sé a lán cruiṫneaċtan. so much land is g. grass. under grass. tá an oiread soin de ṫalaṁ ag taḃairt féir. g. stronger, bigger, etc. v. become, strong, etc.
GROWL. v. complain. ulfairt f. 3. he was g. (in anger). do ḃí sé ag cur ulfarta as. a dog g., snarling at them. madra ag dranntán, dranntaġail, dranntuġaḋ orra, ċúca. the growling of the dog. dorrán (U) dorrġail (C) an ṁadra. the dog g. do ċuir an madra dranna as. dogs snarling, showing teeth at each other. madraí ag scuṁaḋ ċun a ċéile.
GRUDGE, v. envy. I do not g. him the farm. ní mór liom dó an ḟeirm. I g. it. ní beag liom é. I do not mind. g. that. it is a small concession on my part. is beag uaim é. I did not g. you the loan of it. níor ṁaoiḋeas ort é mar iasaċt. I do not g. it to you. ní ḟuil mé i na ḋiaiḋ sin ort (C). a churlish, grudging man. fear doiċeallaċ. v. niggard. a g., hate, prejudice. v. hate.
GRUFF, v. rough, sharp.

GRUMBLE, v. complain.

GRUNT. gruṫáil f. 3; uṫ.; screádaċ f. 2; gnúsaċt f. 3 (C) (neigh of horse in M.); srann m. 1; (snore); sranntán m. 1 (id.)

GUARANTEE. v. security. urraḋas m. 1; deiṁne f. 4; urraiḋeaċt f. 3. it will be an assurance for us that he will ... beiḋ sé mar urraḋas againn. dúinn go mbeiḋ sé ... every kind of g., assurance will be given that he will not ... déanfar an uile ḟaġas deiṁne ⁊ urraiḋeaċta air naċ baoġal go mbeiḋ sé ... he gave me a document as g. of it do ṫug sé scríḃinn dom mar urraḋas air he g. to do it do ċuaiḋ sé i n-u. ar a ḋéanaṁ. those who gave g., the guarantors were called up. do glaoḋaḋ na hurraiḋe (suas). he has a g. that he will get it. tá deiṁne aige ar a ḟaġáil. that gives him a g. of going, that it is not dangerous. do beireann soin d. ḋó ar dul ann, naċ baoġal dó é. what g. will you give me of the goat. cadé an tacaiḋeaċt do béarfair dom san ġaḃar. that is g., assured to him. tá soin (curṫa) i n-áiriṫe ḋó. I g. to the boy to free him. do ċuireas mé féin fá ḃannaiḃ don ḃuaċaill a ḟaoirse do ṫaḃairt dó. I will g., go bail that ... mise im ḃannaiḃ go mbeiḋ ...; gaḃaimse orm go mbeiḋ ... a g. hostage. bráġa gill (C).

GUARD; v. protect. care. I was taken off my g. do baineaḋ dem ċosaint mé. he thought to break through his g. (in boxing etc.) do ṁeas sé a ḃuille cosanta do ḃriseaḋ. putting us on our g. dár gcur ar ár gcoimeád, súiliḃ. he was on his g. against them. do bí sé ar a ċoimeád orra. to put me on my g. mé do ċur ar m'iongain. he was on g. over them. do ḃí sé ḋá ḃfaire the g. watchman. an fear faire; an faraire. the king's g., body-g. gárda an ríoġ. guardian angel. aingeal cosanta, cuiṁdeaċta. I got him off his g. fuaras lom, faill (C) air. v. opportunity. soldier on g. v. watch.

GUESS. g.! taḃair do ṫuairim (f. 2). I can g. it. tá t. agam dó. it is only a g. ní ḟuil ann aċt buille fá ṫ. it is not easy to g. what is amiss with him. ni hurirse ḋom aon t. do ṫaḃairt don rud atá air. he could not g. the answer. níor ḟéad sé t. do ṫaḃairt fán ḃfreagra. to g. the result. t. do ṫaḃairt don rud a ṫiocfaḋ as. to g. who is the man. t. do ṫaḃairt d'ainm an ḟir. however you g. at what he was about to say what he would say would be ever so different. dá ġéire ṫiuḃrfá t. fán gcainnt a ḃeaḋ le teaċt uaiḋ nuair ṫiocfaḋ an ċainnt do ḃeaḋ sí seaċt míle ón dt. they were g. as well as they could. do ḃíodar ag caiṫeaṁ tuairminí ċoṁ maiṫ ⁊ d'ḟéadadar é. he g. what was in my mind. do ṫoṁais sé an rud a ḃí ar m'aigne. he g. rightly. do ṫoṁais sé go ceart. I am only g. ní ḟuilim aċt ag toṁas. you would not g. who else. ni ṫoṁaiseóċá cé eile.

GUEST. aoiḋe m. 4. I was his g. do ḃíos ar aoiḋeaċt aige.

GUIDE. v. way. he g. me to them. do ṫreóruiġ sé fá na ndéin mé. ask him to guide you right. for your good. iarr air ṫú do ṡeolaḋ, ċur ar do leas. can the blind g. the blind. an féidir do ḋall dall do ġiollaċt. to g. a horse capall do ġ. g. book, star. leaḃar, réalt eoluis.

GUILE. v. deceit.

GUILT. v. sin. he is guilty of sin. tá sé ciontaċ i bpeacaḋ, c. den ċoir (C). he is g. of it. cause of it. tá sé c. leis. he was found g. of it. do daoraḋ ann é. v. condemn. the guilt of your death would be on my soul. do ḃeaḋ do ḃás, t-anam orm.

GUISE, v. disguise, appearance

GULL, faoileann f. 2; faoileán m.1; faoileóg f. 2; (U); faoileadán m.1 (U); faoileanán (U): f. druimneaċ (black backed g.) (C); f. garḃánaċ (id) (C); canóg f. 2 (puffin); crosán m.1 (C) (guillemot); éan aille (fd) (C)

GULP, v. eat, swallow

GUM, carbad m. 1; dóid f. 2. (Aran)

GUN, gunna m. 4

GURNET, cnádán m. 1; cnúdán m. 1 (C)

GUSH, v. pour

GUST, v. wind

GUTTER, v. mud

HABIT, HABITUAL, v. practise, common

HACK, v cut, gap

HADDOCK, codóg f. 2 and 3

HAG, v. woman

HAGGARD, v. waste. iotla f. 5 (for corn, etc)

HAGGLE. v. bargain

HAIL, it is h. tá sé ag cur cloċṡneaċta. a shower of h. cith cloċṡneaċta. there will be a shower of h. cuirfiḋ sé múr biriní seaca (C) v. salute, cry.

HAIR, gruaig f. 2; folt m. 1 (head of h.); clúṁ m. 1 (h. on face, etc. but not on head); fionnaḋ m. 1 (not h. of human head); fionaċ m. 1 (C) (id); stuth m. 3 (shock of h.); mothal m. 1 (id); úrla f. 5 (forelock); glib f. 2 (id); ruibe m. 4 (single h); ruainne f. 4 (coarse single h. bristle); guaire m. 4 (id); dlaoi f. 4 (tress, lock); dual m. 1 (id) trillseán m. 1 (id) his fair h. a ġruaig ḟionn ḃuiḋe. he has curly black hair. tá folt ciarḋuḃ air; tá gruaig ċas, ċasta, ḋuḃ, ċiarḋuḃ air. his h. curly and black a ċeann 7 é go ciarḋuḃ 7 go cas. they have wild shocks of h. tá stuthanna gruaige orra. a h-y shaggy foal. stuthairín bramaiġ. their curly h. (flowing down) a gcúla casa. I caught him by the h. do rugas ar ċéas cinn air. my h. stood on end. d'éiriġ gaċ ruibe gruaige agam i na ċoilgṡeasaṁ. the h. on his (dog's, etc.) neck rose up. d'éiriġ an fionnaḋ ar a ṁuinéal: do ċuir sé coċal air féin (his anger, etc.) his h-y arms a ċuisleanna clúṁaċa. the cat can lick her h. and look at the King. féadann an cat a ċlúṁ do liġe 7 féaċaint ar an ríġ. her h. falling down her shoulders in ringlets. a gruaig síos síos léi ar a guailniḃ i na fáinniḃ. curly h. gruaig ċas, ċrispineaċ, ċroṫánaċ, ċamarsaċ, ċuaċaċ, ḃairrċas. a big curly head moltaċán mór cinn. h. in plaits gruaig ḋualaċ. a plait of h. dual he cut a lock of her h. do ḃain sé dlaoi. tá[illegible] dá gruaig. thick h. on his chest rón ar ċlár a uċta. h-sack cloth-shirt léine roin

HAKE, colmóir m. 3. throwing out a sprat to catch a h. ag caiṫeaṁ sprot amaċ ċun beirṫe ar ċ.

HALF, h.-dead, naked. leaṫṁarḃ. leaṫlomnoċt. h. of the city. leaṫ (f. 2) na caṫraċ. h. of my money. l. mo ċuid airgead. the first, last h. of the war. l. tosaiġ, deiriḋ an ċogaiḋ. he divided it in h. do ḋein sé ḋá leiṫ ḋe; do ġearr sé i na ḋá leiṫ é. they went h. in the money. do ḋeineadar ḋá l. den airgead eatorra; do roinneadar an t-a. i na ḋá l. eatorra. h. as much money would do as well. do ḋéanfaḋ leaṫ oiread airgid an gnó ċom maiṫ. h. as much money as he wants. l. o. a. 7 ṫeastuiġeann uaiḋ. h. of it, him, them. a leaṫ. I will give you h. that much. do ḃéarfad a l. soin duit. more than h. that is under grass. tá breis 7 a l. soin ag taḃairt féir. h. a mile. l. ṁíle. the covetous man would not have h. the care for money if ... ní ḃeaḋ l. ḃeann ar an airgead ag fear na sainnte dá mbeaḋ ... nor h.-way home. ná l. na sliġe ó ḃaile. you are h.-way between C. and D. tá tú leaṫṡliġe idir Corcaiġ 7 Dúngarḃán. you are h.-way to C. tá tú leaṫṡliġe ċun C. we were only h.-way when ... ní raḃamar aċt leaṫḃealaiġ nuair ... it would reach only h.-way up his knees. ní raġaḋ sé ṫar leaṫṡliġe go glúiniḃ air. it is h.-past twelve. tá sé leaṫuair tar éis a dóḋéag. at h.-past one. leaṫuair tar éis a haon. we are not h. strong enough. ní ḟuilmid leaṫ láidir ár ndóṫain. it is not h. as fine as the other. ní ḟuil sé l. ċoṁ breáġ leis an gceann eile. h.-drunk. ar leiṫṁeisce: leaṫ ar meisce (C). h.-witted. ar beagán céille, meaḃraċ. v. mad. cloth h.-linen h.-coarse stuff. éadaċ leaṫ lín leaṫ cadais. a mile and a h. míle go leiṫ. seven and a h. seaċt go leiṫ. I h. asleep etc. idir ċodlaḋ 7 dúiseaċt dom. she h.-laughing, h.-crying. gan puinn idir an gol 7 an gáire aici. h.-dead, v. death. h.-afraid etc. somewhat, afraid etc. v. little. h-brother etc leasdearḃráṫair. h-penny. v. money. h-hearted. v. indifferent, careless

HALL, halla m. 4.

HALLOWEEN. Oíḋċe Ṡamna.

HALT. v. stop, lame.

HALTER. v. noose. ceannrach m. 1 ; cúlċeannrach.

HAMMER. casúr m. 1 ; órd m. 1 ; ceapórd (small sledge h.)

HAND. lám f.2 ; also arm ; bas f.2 (palm) , glaic f. 2 (grasp, etc) ; crob m. 1 (half-closed) ; laḃar m. 1 (held open) ; dorn m. 1. (fist) ; deárna f. 5. he cut his hand do ġearr sé a lám. he has a work on h. tá obair idir lámaib, ar láim aige. I took it in h., undertook it. do ġaḃas de láim é. he has too much on hands, too many irons in the fire. tá an iomad gnó idir lámaib aige. they came to a h.-to-h. fight with them. do ṫángadar lám le láim ⁊ uċt le húċt leo. he will not do a h. turn for me. ní ċorróċaiḋ sé cos ná lám dom. he will have food at his h., near. beiḋ biaḋ fá na láim aige. He gave it to us through M's hands. do ṫug Sé dúinn é trí láim Ṁuire. sitting on the right hand. i na ṡuiḋe i leiṫ na láime deise, ar ṫaoḃ na l. d. on the right, left h. of the King ar láim ḋeis, ċlé an ríoġ ; ar ġualainn d., c. an ríoġ ; ar ḋeis, ċlé an ríoġ. a little South-East on our right h. tamall soir ó ḋeas ar ár ndeis. on the palm of her h. ar ċroiḋe a deárnan. she clapped her h. with joy. do ḃuail sí a dá deárnain le háṫas. I struck his h., palms with mine do ḃuaileas a ḋeárnaċa lem ḃais. wringing, etc. her h. in grief. ag bualaḋ, greadaḋ a bas le brón. clapping of h., applause. bualaḋ, greadaḋ bas. his h. tightened on his whip. d'ḟáisc a ċrob ar a lasc. he seized an ashplant with his h. do rug sé i na ġlaic ar ḟáṡán ḟuinnseoige. it is in his grasp. tá sé i na ġlaic aige. his h. opened out to the gold. do leaṫ a dá laḃar ċun an óir. the full of your two h. of the gold. lán do dá laḃar den ór. the right h. an lám ḋeas ; an deasóg (C). the left h. an lám ċlé. ; an ċiteóg. left-handed. ciotaċ. v. awkward. h. of a clock. an tsnáṫad mór, beag. on the other h. aċt ar an dtaoḃ eile (de) ; ar an dt. eile den scéal ; ar an leiṫ eile. but then on the other hand. aċt annsoin i na ċoinniḃ sin (ṫall). v. side. a handful of oats, gold. dornán, dórnlaċ, mám coirce, óir etc ; lán duirn, máime de ċoirce, d'ór. handfull of rods. dornán slat. there is about a handful in each bundle. tá timċeall le lán glaice sín i ngaċ dornán acu. they have a match on hand. cleamnas atá ar siuḃal acu ; gnó cleamnais atá acu. second h. clothes reiḋ-éadaċ. each one for his own h. gaċ aoinne ar a ṗort féin. she is off my h. tá a cúram díom. v. care. I wash my h. of you. ní ḃeiḋ ḃur gcúram orm a ṫuilleaḋ. v. care. to get ones hand in. éirġe i na ṫaiṫiġe. v. practise. get upper h. v. conquer. in h. of. v. power. an old h. at. v. practise. into each other's h. v. co-operate. good h. at. v. clever. h. in glove with. v. friend. to have h. in. v. connexion. lend a h. v. help. off-h. v. immediately. indifferent. handing me the money. ag síneaḋ an airgid ċúġam. I h. it to him. do ṡeaċaideas dó é. v. reach.

HANDKERCHIEF. ciarsúir (f. 3) (póca).

HANDLE. cos f. 2 (knife. pen. hammer. pipe. etc.) ; lám f. 2 (cup etc.) ; crann m. 1 (scythe etc.) : sáṁtaċ m. 1 (fork, spear, rake etc.) ; cluas f. 2 (pot, jar) ; feac m. 1 (spade) ; bacall m. 1 (knob of stick) ; dornċúl m. 1 (hilt of sword) ; dornċur m. 1. (id.) he drove it up to the hilt in him. do ċuir sé go feirc é ann (C). he is h. a coin. tá píosa airgid aige dá láiṁseáil. he h. his sword well. is maiṫ do láṁuiġ, láiṁsiġ sé a ċlaiḋeaṁ. an easily h. sword. claiḋeaṁ soḃeartuiġṫe v. finger.

HANDSOME. v. beautiful. fine. a h. man fear dataṁail, deaġġnúiseaċ.

HANDY. v. awkward. clever. the h. way he did the trick. a ḋeas-láṁaiġe do ḋein sé an cleas. he is h. at it. is deaslámaċ ċuige é. it is wonderful how skilfully he did it. ní raiḃ aon tseoḋ aċt a ċlisteaċt do ḋein sé é. he does not know whether I am h. or clumsy. ní ḟuil a ḟios aige an tuaṫalaċ nó deisealaċ mé. he is h. has a delicate touch in doing it. is aicillíḋe é ċun é do ḋ. he was h. in work. do ḃí sé aṫċomair ag obair (U).

HANG. he h. it on a branch. do ċroċ sé a ngéig crainn é. it is hanging up in the house. tá sé ar croċaḋ sa dtiġ. h. by his hind feet. ar c. as a ċosaiḃ deiriḋ. his sword h. by his side. a ċlaiḋeaṁ air, ag sileaḋ leis. he let it h. down. do leig sé ar s. leis é. his pocket h. down outside his coat. a ṗóca ar s. leaṫsmuiġ dá ċasóig aige; a ṗóca ag sliobarnaiġil anuas le na ṫaoḃ (C). the leaves are h. loosely on the tree. tá an duilleaḃar liobarnaċ, ar liobarnaḋ ar an gcrann. she had hair h. down her back. do ḃí gruaig uirri ⁊ í siar síos léi. he h. down his head. do ḃuail sé a ċeann faoi. I h. my head. do ḃuaileas mo ċeann fúm. to h. back. v. hesitate. hangers on. v. follow. hangman. croċaire (m. 4); an fear sealáin.

HAPPEN. he h. to be there. ráinig, do ṫárla go raiḃ sé ann. the weather h. to be fine. do ṫárla, ráinig don aimsir ḃeiṫ go breáġ. a bird h. to be there. do ṫárla éan ḃeiṫ ann. a cat h. to be walking there. do ṫ. cat ag siuḃal ann. they chanced to be friendly. do ṫ. ċáirdeaṁail le ċéile iad. if it should h. that he were there. dá ráiniġeaḋ go mbeaḋ sé ann. if it h. that he is. má ráiniġeann go bfuil sé ... all that h. to him. gaċ ar ṫárla dó; gaċ ar éiriġ dó; gaċ ar imṫiġ air. v. amiss. what will h. to, become of me. cad éireoċaiḋ ḋom. I do not know what is coming over her. ní ḟeadar cad atá ag éirġe fúiṫi. what had h. to him. cad a ḃí imṫiġṫe air. an accident h. to him. d'imṫiġ matalong air: do ṫuit matalong amaċ ḋó. it h. to him as he said. d'imṫiġ air mar aduḃairt sé. he might perhaps h. to be there. b'ḟéidir go dtuitfeaḋ amaċ go mbeaḋ sé ann. how does it h. that ... cionnus ṫagann (sé) go...; cionnus ṫuiteann (sé) amaċ go ... if such a thing h. má ṫuiteann a leiṫéid amaċ. it occured as they expected. do ṫuit amaċ do réir a dtuairim. I do not know what h. to him (to do such a thing). ní ḟeadar cad a ḃain dó. for fear something had h. to him. ar eagla go raiḃ rud éigin bainte ḋó. the misfortune that overtook him. an mí-áḋ a ḃain dó. whatever might h. to him. pé rud ba ċor dó. whatever fate h. you. pé críoċ, íde ḃéarfaiḋ ṫú. he did not care what h. to him. ba ċuma leis cadé an cor ḃéarfaḋ é. may nothing worse befall you. nár ġaḃaiḋ críoċ is measa ná é ṫú. I told them what h. to myself and the boy. d'innseas dóiḃ cionnus ġaiḃ liom féin ⁊ leis an mbuaċaill. I do not know what is h., going on there. ní ḟeadar cad atá ar siuḃal ann. something h. to put him astray. do ṫáinig rud éigin i na ṡliġe a ċuir amuġa é. something h. them. rud éigin ag teaċt sa tsliġe orra. what h. to send him here. cad a ċas annsó é. he h. to come their way. do casaḋ sa treo ċúca é. he h. to go into a field. do casaḋ isteaċ i bpáirc é. v. meet.

HAPPY. HAPPINESS. v. pleasure. glad. séanmar; sonasaċ; sonaiḋe; suairc; soġaṁail. h-ness séan m.1 (good fortune, contentment). sonas m.1. a h. life saoġal sonaiḋe, soġaṁail, sonasaċ, séanmar. soilḃir. súgaċ. he spent the rest of his life h. and content, prosperous. do ċaiṫ sé an ċuid eile dá ṡaoġal fá ṁaise ⁊ fá áṫas, fá séan, etc. an easy h. life. beaṫa ḃog ṡoġaṁail there is no h. in store for me. ní ḟuil sog ná sonas i n-áirṫe ḋom. his life is more h. is gile ⁊ is sona é an saoġal atá aige.

HARBOUR. v. port

HARD. etc. v. difficult. energy. sharp. a h. stone. cloċ ċruaiḋ. the hardness of the flag. cruaḋas (m. 1) na lice. as h. as iron. ċoṁ cruaiḋ le hiarann; ar cruaḋas an iarainn. the h-ship. severity of the work. cruaḋtan (m. 1) na hoibre. too much h. work. hardship. an iomad cruaḋtain, cruaḋála. a h. man. fear cruaiḋ, cruaḋálaċ, cruaḋċroiḋeaċ. v. pity. he has a h. severe look. tá féaċaint ċruaiḋ, ḋúr air. I will not be h., severe, harsh with you. ní ḃeadsa cruaiḋ, dian, doċt ort. a h. harsh winter geiṁreaḋ cruaiḋ, géar, garḃ, goiṁeaṁail. he has a h. time of it. tá saoġal cruaiḋ aige. to harden the clay. an ċré do ċruaḋaḋ. the world went h. with him, treated him harshly. do ċruaḋuiġ an saoġal air. his face grew h., got severe. do ċruaḋuiġ a ġnúis. he got h. in sin do ċruaḋuiġ sé san ṗeacaḋ. his heart was h. by the injustice. do cruaḋaḋ a ċroiḋe leis an éagcóir. that makes the heart unfeeling. cruaḋann soin an croiḋe. he is h., strict on himself about breaking the fast. tá sé andian air féin sar a mbriseaḋ an trosca le biaḋ do ċaiṫeaṁ. you were not strict in pressing your claims to it on them. níor ḋian ṫú ḋá éileaṁ orra. a strict obligation. ceangal dian. how h., severe I found the work. a ḋéine do ċuaiḋ an obair orm. if things go h. with me. má ṫéiḋeann an scéal dian orm. a h. unfeeling brow. éadan dúr. he looked very severely at her. d'ḟéaċ sé uirri go gruamḋa ⁊ go dúr. he is h. on, down on the poor. tá sé sa drom (ruaiḋ) ar na daoiniḃ boċta he is the most tyrannical master in the city. is é an scannraḋóir is mó dá ḃfuil sa ċaṫair é. he spoke h. harshly. do labair sé go tioránta (U). the ground is h. tá an talaṁ i na ḃalc. working, studying h. ag obair, ag déanaṁ foġluma go tiuġ, dian, diċeallaċ, cruaiḋ v. energetic. your case is a h. one. is deacrac an scéal agat é. v. sad. to make your pain harder. géire do ċur ar do ṗian. v. sharp. h. up v. difficulty. poor, want. h. working. v. diligent. busy. h. by. v. near. h. of hearing v. deaf. look h. at v. look

HARDLY. v. rarely. I was h. able to walk. is ar éigin do ḃí ionnam siuḃal. he will h. catch the rogue. is ar é. ḃéarfaiḋ sé ar an ngaduiḋe. one could h. say that ... is ar é. d'ḟéadfaḋ duine a ráḋ go ... some of them h. begun. gan cuid acu ar é. tosnuiġṫe. it is h. so. is ar é. é. he was h. gone when etc. (is) ar é. do ḃí sé imṫiġṫe nuair ... I was h. ever so much astonished. is beag má ċuir aon rud riaṁ oireaḋ iongnaḋ orm. v. few, rare. she h. ever used to laugh. ní ġáireaḋ sí ċoiḋċe naċ mór. v. near. they were h. touched. ní mór gur bacaḋ leo. they were h., scarcely gone when ... ní mó ná imṫiġṫe do ḃíodar nuair ... ; ní baileaċ do ḃíodar imṫiġṫe nuair ... there will be h. one of them to be ... tá sé dian ma ḃionn aoinne acu ... (W). he did not strike her though he could h. restrain himself. níor ḃuail sé í cé gur ṁór an ḟoiḋne aige é. v. patience. h. any etc. v. few. h. ever. v. rare. h. able, in time etc. v. just.

HARDSHIP, v. hard, misery.

HARDY, v. strong. a h. man. fear stáluiġṫe, doċaiṫte.

HARE. girrḟiaḋ m. 4.

HARM. díoġḃáil f. 3; anacain f. 2 & 3; doċar m. 1; aiṁleas m. 3; donas m. 1; dolaiḋ f. 2 (U). it will do more h. than good. is mó an díoġḃáil ná an tairḃe a ḋéanfaiḋ sé. it will do you h. déanfaiḋ sé díoġḃáil tubaiste ⁊ aiṁleas ḋuit; déanfaiḋ sé doċar ḋuit; raġaiḋ sé ċun doċair duit. it does him more h. than good. is mó an doċar ná an tairḃe ḋó é. it inflicts h. and trouble on the work. deineann sé díoġḃáil ⁊ ceataiġe ⁊ toirmeasc don obair. without doing h. to his soul. gan díoġḃáil anama ḋó féin. it will injure your health. déanfaiḋ sé d. sláinte ḋuit. I do not mean to do you h. ní ḟuilim ar tí do ḋíoġḃála. no h. will come to him. ní imṫeoċaiḋ aoinní díoġḃálaċ, aon ḃárṫan air. no one will dare to injure you. ní leoṁfaiḋ aon ḃárṫan do ḋéanaṁ ḋuit. she did h. to them. do ḋein sí aiṁleas dóiḃ. he enticed them to their h., ruin. do ṫarraing sé ċun a n-aiṁleasa iad. they get h. from it. bainid siad a n-aiṁleas as. a thing that would ruin him, that would be injurious. rud a beaḋ aiṁleasta ḋó. it is injuring, ruining us here in I. tá sé ag déanaṁ an donais orainn i nÉirinn. he will put the h.. mischief to rights. leiġisfiḋ sé an donas. I will injure you as much as I can. déanfad mo ḋíċeall d'olc orta. to injure me. olc do ḋéanaṁ orm. the h. was done. do ḃí an anaċain déanta. God between us and h. Dia idir sinn ⁊ an anacain, dolaiḋ (U). that injured his health. do ġoill sin ar a ṡláinte. it would be no h. to have a little more. níor ṁiste an tuilleaḋ. would it be any harm if I asked you ... ar ṁiste leat mé a ḟiafruiġe díot an ḃfuil ... would it be any h. to go in, might we ... ar ṁiste dúinn dul ann. might I ask your name. ar ṁiste tuairisc t-ainme do ċur. it would be no harm. v. well. I suppose a big lie was no great harm in his eyes. is dóċa gur ḃeag aige súd bréag ṁór. v. matter, care. harmful. doċarach, tubaisteach, díoġḃálach

HARNESS. uġaim f. 3: culaiṫ f. 2 (W). the horse was h. to the cart. do gaḃaḋ an capall fán gcarr. h. the horse. gaḃ an capall.

HARP. clairseach f. 2: cruit, f. 2. h-er. cruitire m. 4; clairseoir m. 3.

HARROW. bráca m. 4. I h. the ground. fuirsim an talaṁ. he is h. tá sé ag fuirse.

HARSH. v. hard, sharp, rough.

HARVEST. v. crop. in the h. time. sa ḃfóġṁar (m. 1).

HASH. v. cut.

HASTE. v. hurry, anger.

HAT. hata m. 4; bairéad m. 1; caibín m. 4 (old h.); cinnḃeart (head-covering).

HATCH. goraim. a h. hen. cearc ġoir. there is a duck there h. one egg. tá lacha ann ag gor ar aon uḃ aṁáin.

HATE. v. dislike. fuaṫ m. 3; fuaṫṁaireacht f. 3; gráin f. 2 (horror); mioscais f. 2 (spite). I h. them. do ḃí fuaṫ agam dóiḃ; do ṫugas f. dóiḃ. I h. to do it. do ḃ'ḟ. liom é do ḋ. I conceived such a h. and horror for my crimes. do ġaiḃ a leiṫéid sin d'ḟ. ⁊ de ġráin dom ċoirṫiḃ mé. they got to h., dislike him. do ġlac siad f. leis (C). to think of it was enough to make me h. it. níor ḃeag dom a ċuiṁne aṁáin ċun fuaṫa do ġaḃáil roimis. to wreak her h. on them. a fuaṫ d'agairt orra. they feel h. and spite against him. tá daod, fuaṫṁaireacht ⁊ diṁéid acu ċuige. they abhor it. tá gráin acu air. how I h. it. gráin air; g. áiġ air; g. mo scairt air. through sheer h., spite. le corp mioscaise. he has ill-will, a spite, grudge against me. tá mioscais aige dom; tá paor aige orm; tá olc aige dom; tá droċaigne aige dom. he did not dislike them. ní raiḃ droċċroiḋe aige leo. whatever grudge, angry feeling I have against him for that. pé diomḃáiḋ atá orm ċuige mar ġeall air. a man who has a grudge against no one. fear gan fala. better old debts than old scores. is feárr seanḟiaċa ná seanḟala. I h. it. is olc liom é. the thing one hates worse than death. an rud is measa le duine ná a ḃás. it was to spite me he did it. mar olc orm is eaḋ do ḋein sé é. I h. stupid talk, C., etc. is beag orm Conn, cainnt gan ciall, etc. there was no one she h. more than he. ní raiḃ aoinne ba luġa uirri ná é. I h. above all things to talk of it. ní luġa liom an deaṁan etc. ná trácht air.

HATEFUL. a h. custom, secret, etc. nós, rún gránda, gráineaṁail. the h. trick they played on him. an beart ċaillte, ġránda, ḃréan d'imreadar air.

HAUGHTY. v. pride.

HAUNCH. más m. 3, ceaṫraṁa f. 5.

HAUNT. v. frequent. the place has the name of being h. tá ainm aerach ar an áit.

HAVE. I h. it. tá sé agam. to have it done. v. cause. I h. to do it, etc. v. must, necessary.

HAW. sceachóid f. 2; sceachóir m. 3 (C.U.)

HAWK. seaḃac m. 1; s. seilge (peregrine falcon); cromán m. 1 (kite); préachán na gcearc (id); ruaḋán m. 1; r. aille.

HAWKER. mangaire m. 4; seall-taeir m. 4.

HAWTHORN. v. thorn.

HAZE. v. mist.

HAY. féar m. 1; to save h. f. do ṡáḃáil, ḋéanaṁ.

HAZEL tree. coll m. 1. h. nut cnó m. 4; c. cuill.

HEAD. ceann m. 1; cloigeann m. 1 (skull); plaosc f. 2 (id); cúl an ċinn (poll); baiṫeas m. 1 (pate); plaitinn f. 2 (id); a pain in my h.

tinneas im ċeann. he was h. over the men do ḃí sé i na ċ. ar na fearaiḃ I came down on the top of my h., headlong into the water. seo anuas liom ar ḃior, ṁullaċ mo ċinn, i ndiaiḋ mo ċ. isteaċ san uisce. I was pitched h. over heels over it (the wall. etc.) do caiṫeaḋ tóin ṫar ceann dá ḋruim amaċ mé he caught me by the hair of the h. do rug sé ar ċéas cinn orm. he hit me in the back of the h. do ṫug sé palltóg sa ċúilḟeiṫ ḋom. to cut off his h. an ceann do ḃaint ón dúid, dúideán de (C) from h. to foot. ó ṡál (go) baiṫeas; ó ṁullaċ (go) talaṁ; ó rinn tráċt; ó ḃonn bárr; ó ṡál rinn; ón ḃfearra go diúra (C). his bald pate a ṗlaoiscín bearrṫa maol. give the horse his h. bog an srian ċuige. there is no h. nor tail in it (story). ni ḟuil bun ná bárr ann. v. sense. h. of cabbage. tor cabáiste. off his head v. mad. to turn one's head towards, head for. v. face, direction. headstrong. v. obstinate. h. clerk v. principal.

HEAL, v. cure, medicine.

HEALTH, HEALTHY, he is in good h. tá a ṡláinte (f. 4) aige; tá s. ṁaiṫ aige; tá sé i na ṡáinriṫ, ṫáinriṫ. he is not well, not in good h. ni ḟuil a ṡláinte aige; tá sé as a ṡ.; tá sé imṫiġṫe dá ṡ.; tá sé gan ḃeiṫ ar foġnaṁ; tá sé gan mórán bail air (W). he has the h. for it. tá sé sa tsláinte ċuige. he is a h. man. duine deaġṡláinteaċ is eaḋ é. h. food. biaḋ folláin. good h. to you. sláinte ṁaiṫ agat; fá ṫuairim do ṡ.

HEAP, carn m. 1; cruaċ f. 2; carb (Clare); cual f. 2 (esp. of bones). a h. of stones etc. carn cloċ. dung-h. carn aoiliġ. to h. them up on you. iad do ċarnad ort. a h. of turf etc. cruaċ móna. to h. it up. é do ċruacaḋ. they were h. on top of each other. do ḃíodar i na gcarnaiḃ ar muin mairc a ċéile. v. top. I fell in a h. do ṫuiteas im ċnap, ċnaipe, ṁalċán. a h. of jelly. cnapóg glóṫaiġe. small h. of turf drying. grógán (Cl.), goigin (C.)

HEAR. v. listen. cluinim; airiġim; moṫuiġim (C). I h. him singing. cluinim etc. é ag gaḃáil amráin. I h. the noise. do ċualas, d'airiġeas an foṫram. there was nothing to be h. ni raiḃ aonni le clos, cloisint. after h. it. tar éis é do ċloisint. you could h. nothing from him but grunts. ni raiḃ le clos uaiḋ aċt cneadaċ. I h. him say that ... do ċualas etc. é ḋá ráḋ go ḃfuil ... I h. of his being sick. d'airiġeas, do ċualas é ḋo ḃeiṫ i na luiġe. I h. about the match. d'airiġeas i dtaoḃ an ċleaṁnais; do ċualas tráċt air, teaċt tairis. I h., got an account, description of the woman. do ċualas tuairisc na mná. to h. confessions. faoisdiní d'éisteaċt. h., listening to the story of their wickedness. ag éisteaċt le na ndroċḃeartaiḃ. he h. about it, got wind of it. do ċuaiḋ bolaḋ an scéil fá na ṡróin. v. hint.

HEART, the love of my h. grá mo ċroiḋe (m. 4.) to console his h. sólás c. do ċur air. his h. will break if ... éireoċaiḋ an c. air má ... this woman of stony h., etc. an ḃean so an ċ. ċloiċe ⁊ na scairteaċa prais. he always had a stout h. do ḃí scairt láidir riaṁ aiġe. v. courage. I said it from my h. ó ċroiḋe amaċ is eaḋ aduḃart é. I did it with all my h. do ḋeineas é go lánċroiḋeaċ, fonnṁar. v. will. that thought was in his h. do ḃí an smuaineaṁ soin istiġ aige. I had not the h., could not bear to refuse him. ni ḟuaras ionnam féin é d'eiteaċ. h. are trumps. harta an máḋ. h.-burn. loscaḋ doiġe. have. learn by h. v. memory.

HEARTH, teinnteán m. 1; as black as the h., hob in a forge. ċoṁ duḃ le tulaċ (teallaċ) ceardċan.

HEARTLESS, v. hard, pity.

HEARTY, HEARTILY, v. heart. he laughed h. do leig sé scairt ċroiḋeaṁail, ḟonnṁar as. v. eat, laugh, etc.

HEAT, v. hot. teas m. 3; brotal m. 1 (of weather); bruiṫteaċt f. 3 (id.) (C). h. of the fire. teas na teine. I lessened the fire's h. do ḃaineas ó ṫréine na teine. I was h. myself (at the fire etc.) do bíos dom ṫéiḋeaḋ féin. I left them in the h. of the fire. d'ḟágas sa ġoraḋ iad.

I was warming myself in the sun. do ḃíos dom ġoraḋ féin sa ġréin. to get up such a h. in the fire that ... ċun goraḋ do ċur suas ar cuma go mbeaḋ ... : getting the h. of the fire, warming myself. ag glacaḋ an ġoraḋ. without shelter from the sun's h. gan scáṫ ó loscaḋ na gréine v. burn. to avoid the h. of the day. ċun an ḃroṫail do ṡeaċaint. the h., warmth is increasing. tá sé ag dul i mbroṫalaiġe. in the h. of the day. i dteine (Beara) ; d'ḟinn an lae.

HEATH. fraoċ m. 1.

HEATHEN. v. pagan.

HEAVEN. v. sky. neaṁ f. 2 ; flaiṫeas m. 1 & 3 ; flaiṫeaṁnas m. 1 ; Parrṫas m. 1. He ascended into H. do ċuaiḋ Sé suas ar neaṁ. as is done in H. mar a ndéintear ar neaṁ. he went to H. do ċuaiḋ sé go flaiṫeaṁnas, go haoiḃneas na ḃflaiṫeas, go flaiṫeas na ngrás, ar ṡliġe na fírinne, etc. the gate of H. dorus, geata flaiṫeaṁnais. Heavenly music. ceol neaṁḋa.

HEAVY. v. weight. h. stone etc. cloċ ṫrom. it was so h. ⁊ a ṫruime do ḃí sé. however h. it is. dá ṫroime é. the lake is not the h.-ier for the duck upon it. ní troimide an loċ an laċa. he was a h.-ier man than his father. ba ṫruime d'ḟear é na a aṫair. he was h. hearted. do ḃí sé go tromċroiḋeaċ. snowing h. ag caṫaḋ sneaċta go tiuġ. his eyes, limbs became h. do ṫáinig mairḃitiġe ar a ḃallaiḃ, súiliḃ. his soul is h., languid. tá mairḃitiġe ar a ċroiḋe. h., oppressive day. v. hot. h. sleep, rain etc. v. sleep etc.

HEDGE. fál m. ; sceirt f. 2. (thorn-(bush, etc). h. hog. gráinneóg f. 2 h. sparrow. v. sparrow

HEED. v. care

HEEL. sál f. 2 and 3. trotting at the man's h. ag sodar le sálaiḃ an fir. we were treading on each other's h. (in haste). do ḃíomar ag baint na sál dá ċéile ag dul ... he was sitting on his h. hunkers. do ḃí sé (i na ṡuiḋe) ar a ċorragiob, ġroġaiḃ, gogaiḋiḃ (C) v. bend, take to one's h. v. run

HEIFER. v. cow

HEIGHT. v. high, hill. árd m. 1 ; árdán m. 1. the h. hill on the road. árd an ḃóṫair. at the h. of his hopes. i n-árd a ḋóċais. three feet in h. trí troiġṫe ar airde. i n-áirde. he grew in h. d'ḟás sé sé suas i n-airde. what is its h. cadé an airde atá ann

HEIR. oiġre m. 4. I made the man who ... the h. of all my goods. do ḋeineas oiġre ar a raiḃ d'ollṁaiṫeas agam de'n ḟear a ḃí ...

HELL. He descended into H. do ċuaiḋ Sé síos go hIfreann (m. 1). the eternal pains of H. pianta siorruiḋe an Ifrinn. condemned to H. daor ċun I. he deserves H. tuilleann sé Ifreann. infernal demons deaṁain, etc. Ifrinn.

HELM. stiúir f. 2, 5 ; maide eoluis. (C). I was at the h. do ḃí an s. agam. he took the h. do ċuaiḋ sé ar an s. putting down, up the h. ag sáṫaḋ (laiḋe) na stiúraċ uaiḋ, ag tarrang (laiḋe) na stiúraċ ċuige féin

HELMET, caṫḃarr m. 1 ; clogad m. 1

HELP, cabair f. 3, 5 ; congnaṁ m. 1. 3 ; fóiriṫin f. 2 ; furtaċt f. 3. he will be h. by God. beiḋ cabair ó Ḋia aige. God h. them. cabair Dé ċúca. he h. them in the work. do ċaḃruiġ sé leo san obair. helping them. ag caḃruġaḋ, cuidiuġaḋ, cuideaċan (C) leo. with each other's h. le cabair a ċéile. he called for h. do scread, ġlaoḋuiġ sé ar ċ. to give him a h. hand. láṁ ċaḃarṫa do ṫaḃairt leis. the wind continued to h. me do lean an gaoṫ i gcabair dom. come to my h. tar i gc. gcongnaṁ ḋom anois. to h. towards the cost. caḃruġaḋ ċun an ċostais. with the h. of God. le congnaṁ Dé. with the h. of God's grace. le c. ó ġrástaiḃ Dé. without his h. gan c. uaiḋ. as a h. for walking. mar c. ċun siuḃail. helpers. luċt conganta. she gave him great h. in the affair. do ṫug sí árdċongnaṁ dó san scéal. he h. me d'ḟóir sé orm. God h. them (in pity, etc). go ḃfóiriḋ Dia orra. God h. your sense! go ḃfóiriḋ Dia ar do ċéill to h. men at death. furtaċt do ṫaḃairt do ḋaoiniḃ le linn báis dóiḃ. without anyone to h. me gan duine dom ḟurtaċt. none of them being able to h. the other. gan fear furtaċta, furtaiġ a ċéile acu. God h. assist you in the work. go neartuiġiḋ, mbuaiḋiḋ Dia leat. by standing by each other people live. ar scáṫ a ċéile is eaḋ ṁaireann na daoine. anything that would h. increase its growth. rud éigin a ċuirfeaḋ le na ḟás. v. increase. I could not h. laughing, etc. níor ḟéadas gan gáire do ḋéanaṁ; do ṫeip orm gan é do ḋéanaṁ; ní raiḃ áraċ agam aċt é do ḋéanaṁ (C). I cannot h. it ní ḟuil leiġeas, neart, áraċ (C) agam air. I cannot h. you, do anything for you. ní fuil neart agam ort.

HEM. fáiṫim f.2

HEMLOCK. forán m. 1

HEMP, cnáib f. 2. h. rope téad cnáibe.

HEN. cearc f. 2. hen bane crann gafainne (U)

HENCE. a week h., etc. seaċtṁain ó indiu. h. on that account, etc. v. account. henceforth. v. future

HERALD. teaċtaire m. 4.

HERB. luib f. 2.

HERD. scata m. 4; scaifte (U); tréad m. 1. a h. (man). aoḋaire m. 4; tréaduiḋe m. 4; buaċaill (m. 3) bó, caoraċ etc. herding cattle. ag aoḋaireaċt. fosaiḋeaċt, buaċailleaċt (C. U) bó.

HERE. v. this, that. annso, annseo (C. U.); abus. it is here. tá sé annso, annseo. come h. tar a.; tar i leiṫ. the man h. an fear so, abus (on this side, etc). h. it is. sid é annso é; seo annseo é (U). h. it is for you. take it. seo ḋuit é. here is the book. sid é an leabar. h. is C. sid é Conn. h. they are. sid iad iad. here she is. sid í í. h. she is h. sid í annso í. h. they are now. seo iad anois. h. he is coming down. sid é anuas é. h. is your book (handing it, etc.) seo ḋuit do leabar; seo é do l.; seo do l. (U). look h. féaċ i leiṫ orm. give it h. tabair ḋom i leiṫ é. I saw you coming h. ḋo ċonnac ag gabáil i leiṫ tú. that is neither h. nor there. not the point. aċt ní hé seo aċt é siúd. v. point. h. and there on the water. ṫall ⁊ abus, abus ⁊ ṫall, annso ⁊ annsúd ar an uisce. h. and there, to and fro. anonn ⁊ anall, anall ⁊ abus. hereafter. v. life, after.

HEREDITARY. v. inherit.

HERESY. eiriceaċt f. 4. heretic. eiriceaċ m. 1; eiriceaduiḋe m. 4.

HERMIT. díṫreabaċ. m. 1.

HERO. v. courage. laoċ m. 1; gaisciḋeaċ m. 1; curaḋ m. 1; scrios-aire m. 4; lannaire m. 4; trod-aire m. 4.

HERON. corr (f. 2) (ġlas); c. ṁóna; c. iasc; c. scréaċóg (C); bonnán léana (U) (bittern); Máire ḟada; Nóra na bPortaiġe.

HERRING. scadán m. 1.

HESITATE. v. doubt. do not h. to burn that wood. ná staon ón gcrann soin do losgaḋ. I should not h., be ashamed to ask him for credit. ní ḃeaḋ ceist orm cáirde d'iarraiḋ air. they would not h. to kill a man to get that money. níorḃ ḟiú leo biorán ⁊ anam duine seaċas an t-ór soin d'ḟaġáil.

HEW. v. cut. knock.

HICCOUGH. fail f. 2.

HIDE. v. skin. I h. it from them, their sight. do ċeileas uaṫa, ó na radarc é. do not h. from me how you are. ná ceil orm cionnus atáir. there is a secret hidden under his rags. tá rún éigin ceilte fá na ḃalcaisiḃ. he did not h. or deny his evil deeds. níor ḋein sé ceilt ná séanaḋ ar a ḋroċḃeart-aiḃ. she h. it. covered it up. do ċlúduiġ sí é. they h. their evil under a cloak of piety. do ċlúd-uiġeadar a ndroċḃearta fá scáil na beannuiġṫeaċta. that h. her from my sight. do ċlúduiġ, d'ḟol-uiġ sin óm radarc í. he was h. from them. do ḃí sé foluiġṫe uaṫa. she kept it h. do ċoimeád sí foluiġṫe é. she h. the money on them. do ċuir sí an t-airgead i bfolaċ orra. he went into h. from them. do ċuaiḋ sé i bf. uaṫa. they are h. from your eyes. táid siad i bf. ód ṡúiliḃ. the gold I had h., stored away. an t-ór a ḃí i dtaisce, i dtaisciḋ agam. she took it and h. it, stored it up safe. do ċuir sí ċúiċe i dt. é. they h. themselves in the bushes. do ċoigileadar iad féin ins na sgeachaibh. to h. feelings, etc. v. restrain.

HIDEOUS. v. horrible, ugly.

HIGH. v. height. a h. house, hill. tiġ, cnoc árd, árdċnoc. a man of the h-est rank. fear is áirde, uaisle céim. h. esteem árdurraim. h. mindedness, etc. árdaigeantaċt, uaisleaċt, etc. a h. tall man. fear árd, caolárd, fada, géagaċ (long limbed). she is as tall as her mother. tá sí ċom hárd le na máṫair. h. born. uasal. h. priest etc. árdṡagart. h. road. bóṫar mór. they shoved the boat up to h. water mark. do ṡáiṫeadar an bád suas go bárr taoide. with a h. hand. go húġdarásaċ. v. power. h. (notes, voice) caol. a h. shrill shriek. liaċ caol. his head raised on h. a ċeann i n-áirde. v. raise. growing h. v. height.

HILL. cnoc m. 1; sliaḃ m. 2 (mountain); árd, árdán m. 1 (height on road etc.); tulan (C.) m. 1 (mound, hillock); tulaċ m. 1 (id.); turtán m. 1 (id.); turtóg f. 2 (id.) the high hillsides. na leicne árda. coming down the h. on the road. ag gaḃáil anuas árd an ḃóṫair. down-h. le fánaiḋ. d. the h. le fánaiḋ, casaiḋ (U.) an ċnuic.

HILT. v. handle.

HIND. v. deer. his h. legs etc. a ċosa etc. deiriḋ.

HINDER. v. prevent, interfere.

HINGE. tuisle m. 4.

HINT. a learned man understands a mere h. tuigeann fear léiġinn leaṫḟocal. he did not let out a h. of it. níor leig sé amaċ aon ḃolaiṫe de. he got a h., rumour of the affair. do ċuaiḋ bolaiṫe an scéil fá na ṡróin. they do not wish to give you any h. of it. ní maiṫ leo aon ġaoṫ de, gaoṫ an rúin do leigint ċúġat. he only wanted a h. ní raiḃ uaiḋ aċt gaoṫ, guṫ an ḟocail. that would not give them a h., inkling of it. ní ṫiuḃraḋ soin dóiḃ aon ċogar de. he tried to give her a h. of their treachery. d'ḟéaċ sé le léid do ṫaḃairt dí i dtaoḃ a gcleasuiḋeaċta (C.)

HIP. cromán m. 1; más m. 1 (haunch); mása m. 4 (id.); corróg f. 2 (C). his two hands on his h. a dá láiṁ ar a dá ċromán.

HIRE, he h., lets out the land to them. cuireann sé an talaṁ ċúċa ar ċíos. I h. it to him. do ṫugas fá ċíos dó é. he h. a boat. fuair sé bád ar ṫuarastal. with h. servants. lé luċt tuilliṁ ⁊ tuarastail aige. I h., engaged him by the day. do ṫugas ar a ṗáġ lae é. I was h. as a servant by her. fuaras aimsir uaiṫi; do ċuaḋas ar a. ċúiċi; do ċuir sí a. orm (C.); do ġaiḃ, ṫóg sí i n-a. mé. he wants to be h. tá sé ar lorg aimsire. a h.-d servant buaċaill, cailín etc. aimsire. his h. servants. a luċt a. he was h., in the employment of my father. do bí sé ar fostuġaḋ lem aṫair (C.U.) he h. himself to a farmer. d'ḟostuiġ sé le feirmeoir (C.U.) to h. me. mise d'ḟastóḋ (C.U.) he h. a car to be ... d'ḟostuiġ sé carbad le beiṫ ...

HISTORY, v. story. stair f. 2; stairiḋeaċt f. 3; seanċus m. 1. historian. staruiḋe m. 4; seanċuiḋe m. 4. he is learned in the ancient h. of I. tá sé eolgasaċ ar ċúrsaiḃ seanaimsireaċta na nGaeḋeal.

HIT. v. beat, strike, blow. he did not succeed in h. it. (after aiming at it). níor éiriġ leis é d'aimsiuġaḋ.

HITHER. v. here. hitherto v. yet. roimis seo; go dtí so; go ruige. nuige seo; go snuige seo (C)

HIVE, (bee-). cruiceóg f. 2, 3; corcóg f. 2, 3 (C.U.).

HOAR, v. white, freeze.

HOARD, v. collect, hide.

HOARSE, they made themselves h. by shouting. do ċuireadar ciaċán (m. 1). orra féin ag béiciġ. my throat got h. do ṫáinig c. im scórnaiġ. and his voice h. ⁊ ciaċ (m. 1) ar a ġlór. screaming h. ag screadaiġ go ceoċánaċ.

HOAX. v. deceive, trick.

HOB. iarta, m. 4.

HOBBLE. v. lame. difficulty.

HOIST. v. raise.

HOLD. I took h. of the book, seized, grasped it. do rugas im láiṁ, ġlaic ar an leaḃar; fuaras greim (f.3) air; d'ḟostuiġeas greim air (C.U): do rugas (greim) air. he kept, loosened his h. do ċoimeád, ḃog, sṫuir sé a ġreim. that took h. on, made impression on his heart. do rug soin g. ar a ċroiḋe. she has him held by a promise. tá g. geallaṁna aici air. a drowning man's, a despairing grasp. g. an ḟir ḃáiḋte. I laid h. of her hand. do luiġeas g. ar a láiṁ. he took h. of her wrist. do ġreamuiġ sé caol a láiṁe. taking h. of the wood. ag greamuġaḋ an aḋmaid. I took h. of him, seized him by the back of the head. do rugas ar ċúl cinn air. they seized h. of. grasped each other. do rugadar barróg ar a ċéile. she has a h. on him tá sé i naisc, ar nasc aici. the disease has got a firm h. on us. tá an galar curṫa i n-aċrann ionainn. the cold got a greater h. on him than ... do ċuaiḋ an slaġdán i n-a. ann níos mó ná ... v. catch. people who did not h. out long. daoine nár ḟeasaiṁ i ḃfad v. last, resist. he had to h. to it (bargain, etc.) do ḃí air é do ḟeasaṁ. to h. to a promise. geallaṁaint do ḟeasaṁ. v. effect. he had a h. of it. v. hand. catch a sudden hold. v. snatch. to h. forth. v. loud. h. one's tongue. v. silent.

HOLE. poll m. 1; uaṫais f. 2 (hollow. cavity); gág m.1 (chink. crack); scoilt f.2 (split, crevice); sceilp f. 2 (cleft in rock) (C); oscailt f. 2 (opening); porrán m.1 (small chink. etc.)

HOLIDAY. lá saoire. to spend the the Xmas h. properly. ċun saoire na Nodlag do ċaiṫeaṁ mar is cóir. the school has broken up for the h. tá an scoil ar scur.

HOLINESS v. holy.

HOLLOW v. empty, valley. the road with its hills and h. an bóṫar le na ċuid árdán ⁊ ísleán (m.1). there is a certain hollowness in his religious practices tá folaṁas éigin ins na gnóṫaiḃ creidiṁ atá ar siubal aige.

HOLLY. cuileann m.1.

HOLY, HOLINESS. v. bless. naoṁ-; naomṫa; cráiḃṫeaċ (pious); diaḋa, diaḋanta, diaḋaṁail (id); beannuiġṫe. h-ness. naoṁṫaċt f. 3; beannuiġṫeaċt f.3; cráiḃṫeaċt f.3; diaḋaraṁlaċt f.3; the h. will of God naoṁṫoil Dé. the H. Spirit. an Spiorad Naoṁṫa, an Naoṁspiorad. it is a h. thought smuaineaṁ naoṁṫa is eaḋ é there is not much piety about him. ní ḟuil puinn diaḋaraṁlaċta etc. ag baint leis. he is a pious man. fear cráiḃṫeaċ diaḋanta etc. is eaḋ é; is duine le Dia é. the pious h. way he did it a ḋiaḋaraṁlaiġe do ḋein sé é. h. orders. órd beannuiġṫe. h. writ an scrioptúir; an scriḃinn beannuiġṫe. under the guise of piety fá scáil na beannuiġṫeaċta. h. water uisce coisreacan, coisreacta. v. bless.

HOMAGE. v. obey. urraim f.2; omós m. 1.

HOME. v. house. he is at h. tá sé istiġ sa baile; tá sé ag b. they have them at h., near h. táid siad cois b. acu. going h. ag dul a b. for the road h. i gcóir an bóṫair a b. he is away from h. tá sé imṫiġṫe) ar b. it was not I that sent her away from h. ní mise a ċuir ón mb. í. those who are in his h. gaċ aoinne dá ḃfuil ar a ṫeaġlaċ. a man without a h. fear gan treo. drive him an outcast from h. é do ḋíbirt le fuaċt ⁊ le fán. v. drive. wander. h-sick uaigneaċ; sireaċtaċ h-bred. v. native.

HOMELY, v. ugly, common

HONE, cloċ faoḃair

HONEST. HONESTY, v. just. macánta; cneasta; ionnraice (U: upright). h-y macántaċt f. 3; cneastaċt f. 3; ionnraiceas m. 1 (U). he is an h. man without guile duine macánta gan ċlaon is eaḋ é I paid it h. do ḋíolas go m. é they should have been h. enough to do it. ba ċóir go mbeaḋ (sé) de ṁacántaċt ionnta é do ḋ. honestly earned. tuillte go macánta dleaġṫaċ. I h., frankly admit that ... aḋṁuiġim ó ċroiḋe go ... he said it frankly. aduḃairt sé go díreaċ, oscailte é, go breaġ oscailte é, go breáġ macánta é, go neaṁmbalb é. on account of his frankness. mar ġeall ar a oscailteaċt. v. open.

HONEY, mil f. 3. h. comb. criaṫar meala; cíor ṁ.; céir ṁ. h. moon mí na meala. h. suckle. taiṫfeitleann m. 1; feiṫleóg f. 2

HONOUR, v. respect. I h. him do ḃeirim onóir (f. 3) dó; onóiruiġim é. I am h. in I. tá onóir dom i n-Éirinn. I am greatly h. by Kings is mór m'o. ó ríġṫiḃ. in God's h. i n-o do Ḋia. I think it a greater h. to be an I. than ... is onóiriġe liom ḃeiṫ im Éireannaċ ná ... you are an h. to the land ... v. credit. honourable v. honest, proper

HOOD, coċal m. 1 (monk's h); cába m. 4 (cape, h. of cloak). h. wink. v. deceit

HOOK, dubán m. 1 (fishing, etc.); crúca m. 4; corrán m. 1 (reaping h.); bacán m. 1 (staple). a hooked nose. srón druinneaċ

HOOP. v. band

HOP, bacóid f. 2. he h. into it do ċuaiḋ sé de ḃ. ann. a h. step and. jump. cosḃacóid ⁊ coiscéim ⁊ léim

HOPE, v. expect. dóċas m. 1; súil f. 2; dóiġ f. (U). an act of h. gníoṁ dóċais. you are my h. is tú mo ḋóċas. I h. firmly ... that ... tá de ḋóċas, tá d. láidir agam go ..., tá súil (le Dia) agam go ... the h. I placed in God. an ḋóċas a ḃí agam a Ḋia. an d. a ċuireas i nDia that destroyed the h. I had in God. do ċuir sin scaipeaḋ ar an nd. a ḃí agam a Dia. there was no work or h. of work. ní raiḃ aon obair ná súil le hobair ann. in the h. that I should be ... ar ṡúil (C). le s., ag s. go mbeinn ... I gave up all h. of it finally. do ċuireas mo ṡ. de sá ḋeireaḋ. he lost all h., utterly despaired. do ċuaiḋ sé i n-éadóċas ar fad. he is despaired of, done for, etc. tá a ṗort seinnte. I despaired of being released. do ḃí mo ṡúil cuirṫa agam d'aon ḟuascailt d'ḟaġáil. our h. is that, etc. is é ar ndóiġ go (U) they build great h. on him. tá muiniġin ṁór acu as. I had no h. except in the one man. ní raiḃ de ṁuiniġin an tsaoġal agam aċt an t-aon ḟear aṁáin. v. confidence. in the h., expectation that ... v. expect, intention. hopeless v. despair

HORIZON, bun na spéire, spéireaċ.

HORN. adarc f. 2; h. (trumpet) adarc f. 2; stoc m. 1; buaḃall m. 1. to blow one's own h. v. boast.

HORRIBLE, v. fearful, disgusting. gránda; úrġránda; gráineaṁail. a h. custom, etc. nós gránda, etc. the h., abominable thing they did to him an ḃeart ġ. ċaillte, ḃréan d'imreadar air

HORROR, v. hate. they have an awful h. of him. tá gráin, dearġġráin acu air.

HORSE. capall m. 1; gearan m. 1 (usual word in Don.); beiṫiḋeaċ (gearrain) (U); eaċ m. 1; eaċra f. 4 (collect. horses); staigín m. 4 (poor nag); sean ġroga m. 4 (worn out h.). on h. back. ar muin capaill; ag, ar marcuiḋeaċt. h. dealer. ceannuiġṫeoir capall. a horseman, rider. fear capaill; marcaċ. h. shoe. cruḋ m. 1. to put a s. on the h. cruḋ do ċur fán gcapall. h. whip. eaċlasc f. 2. h. fly. creaḃar (caoċ) m. 1.

HOSPITABLE, HOSPITALITY. v. generous, welcome. fial, fáilteaċ, fairsing. h-ity. féile f. 4; féileaċt f. 3; fialṁaireaċt f. 3; fairsinge f. 4; rábairne f. 4 (lavish h.) h. to the poor. fial etc. leis na boċtaiḃ. the h. men. na fir úra fiala fairsinge. there is no place more h. than... ní ḟuil aon áit is treise fáilte ná... I asked him for h. for the night. d'iarras air ḃeiṫ istiġ go lá; d'iarras ḃeiṫ istiġ air; d'iarras óstuiḋeaċt, aoiḋeaċt na hoiḋċe air. he got h. in their house. fuair sé aoiḋeaċt, lóistín, teaċt sé i na dtiġ. he gave them h. do ċuir sé cóir ṁaiṫ orra; do ḋein sé cúram díoḃ. v. care.

HOSPITAL. otarlann f. 2; spiodéal m. 1.

HOST. Blessed Sacrament. Aḃlann Ċoisriġṫe, Ḃeannuiġṫe. h. of house. fear an tiġe. hostess. bean an tiġe; bean ósta (of inn etc.) h. army. v. army, number.

HOSTAGE. giall m. 1; braiġe m. 4; aittire m. 4 (U).

HOSTILE. v. enemy, enmity.

HOT. te; brotalaċ (weather, etc.); meirḃ (sultry) (C). h. water etc. uisce te. the place is so h. warm. ⁊ a ṫeo, ṫeoḋas atá an áit. the stone is somewhat h. tá an cloċ breac ṫe. the day is getting h. warm. tá sé ag dul i mbrotalaiġe. it is a h. day. is brotalaċ an lá é. owing to the heat of the weather. toisc a ḃrotalaiġe do ḃí an uain. h. days. laeṫanta teasaṁla (C). sultry. oppressive day. lá brotalaċ. múċta, meirḃ (C. U.) marḃ, mairgeaṁail. red-h. ardeargloisġ... in h. water. v. sorry. trouble etc.

HOTEL. teaċ, tiġ ósta; ósta.

HOUGH. ioscad f. 2.

HOUND. v. dog.

HOUR. v. clock. time. uair f. 2; u. an ċluig (length of time). half an h. leaṫuair. a quarter of an h. ceaṫramaḋ uaire. an h. and a half. uair go leiṫ. for a couple of h. or so. ar feaḋ cúpla uair an ċluig nó mar sin. he did only an h. work. níor ḋein sé aċt u. an ċ. oibre. one h. of the day's work. aon u. an ċ. aṁáin d'obair an lae. at a certain h. v. time.

HOUSE. v. home. live. teaċ m. 2 (C. U.); tiġ m. 2; áitreaḃ m. 1; árus m. 1; boṫán m. 1 (cabin, hut); teaġlaċ m. 1 (household). the master. mistress of the h. fear, bean an tiġe. the h-keepers. na coimeáduiġṫe tiġe. that was my country h. do b'é siṅ m'áitreaḃ ar an dtuaiṫ. a farmer's h. áitreaḃ feirmeora. a large tumble-down h. ceallúir f. 2. my old ruined h. was knocked down. do leagaḋ mó ṡeanċaḃlaċ (tiġe) orm. a ruined h. foṫaraċ (tiġe). a big lone h. spíolán mór tiġe. within the four corners of the h. fá limistéireaċt an tiġe. to do the work of the h.. keep h. tiġeas do ḋéanaṁ. to give him free lodgings in your h. aontiġeas do ṫaḃairt saor ó ċíos dó. you cannot know anyone till you live in the same h. with him. ní haiṫeantar go haontiġeas. h. keeping fearaistiġe f.4; bainistiġe f.4. she is a good h. keeper. provider. is maiṫ an taġdáluiḋe í. he spent the day in my h. is agamsa do ṫug sé an lá. household. v. family

HOW. (interrog.) h. are you. cionnus ataoi; c. atáṫar agat; e. a ḃfuil tú (Thomond); cadé mar atá tú; cé an ċaoi a ḃfuil tú (C.); cadé an dóiġ atá ort (U). h. did he do it. cionnus do ḋein sé é. h. did he turn. cia mar ṫiompuiġ sé (C.U.) I do not know h. his teeth were knocked out. ni ḟeadar cionnus mar baineaḋ na fiacla as. he explained how they were not ... do léiriġ sé cionnus mar ná raḃadar ... I know h. to do it. is eol dom, tá a ḟios agam cionnus é do ḋ. h. is that. c. é sin. h. can she talk ... cadé mar ḟéadann sí laḃairt ... how do you know it, that he is ... cá ḃfios duit é, go bḟuil sé ... h. much. many. far. long etc. v. much etc. h. (in what way) v. way.

HOW. (to what extent etc). they understand h. great and severe is the injustice. tuigid siad méid ⁊ troime na héagcóra. I cannot tell h. grateful I am to him. ní ḟéadaim a innsint méid an ḃuiḋeaċais atá agam air. satisfied h. well he did it. sásta trí a ḟeaḃus do ḋein sé e. he was astonished h. litttle tired he was. do ḃí iongnaḋ air a laiġead tuirse a ḃí air. I told him h. little money I had. d'innseas dó a laiġead airgead a ḃí agam. I admire h. quickly he got up. molaim a obainne d'éiriġ sé. I am astonished h. soon he did it. tá iongnaḋ orm a luaiṫe, luaṫaċt do ḋein sé é. h. deep. pretty it is. a ḋoiṁne, ḋeise atá sé. v. deep. pretty etc. it was wonderful h. beautifully she was coloured. níor ḃeag iongnaḋ breáġḋaċt a ḃrice do ḃí sí. he little knew h. splendid a tradesman C. was. is beag do ṫuig sé a ḟeaḃus de ċeárduiḋe Conn. he could speak of nothing except h. fair she was. ni raiḃ de ṗort i na ḃéal aige aċt a áilneaċt pearsan ḃí sí. you cannot imagine h. glad I am to see you. ní ċreidfeá aċt a lúṫġáiriġe atáim tú d'ḟeicsint. see h. cleverly they proposed to do it. féaċ ċoṁ gasta ⁊ do ṁeasadar é do ḋ. he understands h. terrible jealousy is. tuigeann sé go maiṫ ċoṁ millteaċ ⁊ atá an t-éad. see h. green it is. féaċ ċoṁ glas is í (W). h. nice. good etc. it is. naċ deas, maiṫ é. h. well you came. I knew you would. naċ maiṫ do ṫángais. h. (the way in which etc.) v. way.

HOWEVER. (conj.) v. nevertheless, yet.

HOWEVER, (adv.) v. whatever. h. great yesterday's battle was to-day's is greater. dá méid é cath an lae indé is tréine cath an lae indiu. h. much trouble. ... dá méid trioblóid. h. big your shoulders. dá ṁ. iad do ġuailne. h. much it cut your heart. dá ṁ. gearraḋ do ḋein sé ar do ċroiḋe. h. big a man he is. dá ṁ. d'ḟear é. h. g. our speed we were not ... dá ḟeabhus deiṫnear do ḋeineamar ní rabhamar ... h. well you pretended ... dá ḟ. do leigis ort go ... h. good the man. dá ḟ. é an fear. h. bad I am. dá olcas mé. h. bad C. is. dá o. é Conn. h. bad our state. dá o. atá an scéal againn; dá o. é ár gcás. h. much he hates it. dá o. leis é. h. little he thinks that... dá laiġe ṁeasann sé go ... h. far you and she are apart. dá ḟaid ó ċéile tú ⁊ í. h. exalted a king I am. dá aoirde de ríġ mise; dá a. im r. mise; dá a. mar r. mise; dá a. an rí mise. h. poor a cobbler he is. dá aindeise de ġréasuiḋe é.

HOWL. v. cry. bark.

HUB. mol m. 1. 3.

HUDDLE. v. bend. heel.

HUFF. v. anger. sullen.

HUG. v. embrace.

HUGE. v. big. monster.

HULL, (of ship). brú f. 5.

HUM. v. noise.

HUMAN. v. person. one. the h. race. an ċine, cineaḋ daonna. a h. being. duine daonna; daonnuiḋe. I wonder if you are a h. being at all. ní ḟeadar an duine daonna, saoġalta i n-aon ċor tú. the h. mind is a crooked thing. is cam an rud aigne an duine. the image of a h. head. dealḃ cinn duine. h. wealth etc. saiḋḃreas saoġalta. v. worldly. not a single h. being. soul etc. v. one.

HUMANE. v. kind. pity.

HUMBLE. HUMILITY, etc. v. low. shame. he did it h. do ḋein sé go huṁal é. the h.-ity of the man. uṁluiġeaċt an ḟir. h. without grovelling. uṁluiġeaċt gan ceann-isleaċt. he h. himself. d'uṁluiġ, d'isliġ sé é féin. he h. hangs his head. coimeádann sé a ċeann faoi; tá náire ⁊ ceann faoi air. it is a humiliation for me to do it. tá ceann faoi orm é do ḋ. he has h. them. tá náire (saoġalta) tabarṫa aige ḋóiḃ. he is h.-d. taken down a peg. tá an tearḃaċ bainte as. I will h. him, take him down a peg. bainfead dá ṗreabaireaċt, as a ṗ. é. he asked it of me very h. d'iarr sé orm é go ceannísleaċ. h.-d. discomfited. maol-ċluasaċ. v. shame.

HUMOUR. v. please. fun. we have to h. him. caitfimid a ṁian do leigint leis, a ṡliġe féin do ṫabairt dó. it is hard to h. them. is deacair iad d'iondraḃáil. as long as he is in that disposition. an ḟaid ⁊ tá sé ar an meon soin. his disposition changed. do ṫáinig aṫarruġaḋ ar a ṁeon. he knew the h. I was in. do ḃí fios m'aigne aige. to be in good, bad h. beiṫ istiġ, amuiġ leis féin. v. angry. gay. in h. for. v. desire. bad h. etc. v. temper.

HUMP. v. bend. cruit f. 2; cruitín m. 4; dronn f. 2; druinn f. 2 (Wat.). he is h. a hunchback. tá sé dronnaċ. cruitíneaċ, cruiteanaċ (U): tá dronn etc. air; ar a ḋrom.

HUNDRED. céad. they came in h. do ṫángadar i na gcéadtaiḃ. and h. of men there. ⁊ na céadta fear ann.

HUNGER, HUNGRY, v. greed. appetite. ocras m. 1; gorta m. 4 (starvation); goile m. f. 4 (appetite; amplaḋ m. 1 (fierce h.); ampal m. 1 (id.); airc f. 2 (id.) he is h. tá ocras air. he feels the pangs of h. moṫuiġeann sé géire an ocrais. perished. starving with the h. caoċ leis an ocras; stiúġuiġṫe leis an o. (C). dying of h. ag fáġáil báis de'n ġorta. pain in his stomach from h. pian i na ḃolg le gorta. the soul was in h. starved for want of ... do cuireaḋ an t-anam de'n ġorta le hearḃaiḋ ... that wretched starved looking horse. an capall gorta soin. he is eating it h.-ily, greedily. tá sé ḋá iṫe go hocraċ the dogs are h. for your carcass. tá amplaḋ ċun do ċonablaiġ ar na madraiḃ. v. greed

HUNT. sealg f. 2; sealgaireaċt f. 3 (fowling); fiaḋaċ m. 1; fiaḋuiḋeaċt f. 3. I like h. and shooting. do ḃí dúil agam i ḃfiaḋaċ ⁊ i sealgaireaċt. you will see a h. ċífir fiaḋuiḋeaċt. a h. cry liuġ fiaḋaiġ.

a h. horse. capall fiaḋaiġ. h. them ag fiaḋaċ orra; dá ḃfiaḋaċ. a h. dog cú feilge. a man out fowling fealgaire ag fealgaireaċt h. rabbits. etc. ag tóiríġeaċt ar ġirrfiaḋaiḃ; ag faiġdeaḋ girrfiaḋ (C). to h. one from country etc. v. drive. a h-er fiaḋuiḋe m. 4; fealgaire m. 4

HURDLE. cliaṫ f. 2

HURL. v. throw

HURLEY. HURLER. camán m. 1 (h. stick); iománuiḋeaċt f. 3. a h-er iománuiḋe m. 4. playing h. ag iomáin (f. 3), iománuiḋeaċt.

HURRICANE, v. storm, whirlwind

HURRY, v. excitement. quick, impatient. urge. deiṫneas m. 1; deaḃaḋ m. 1; deiṫḃir f. 2. 5. (C.U). he made haste. do ḋein sé deiṫneas; do rinne sé deiṫḃir (C.U). I am in a h. to my dinner. tá deiṫneas go dtí mo ḋinnéar orm. and I in such a h. to go over. ⁊ a leiṫéid sin de ḋ. anonn orm. he was not in much of a h. ní raiḃ aon deaḃaḋ mór air. the cause of the haste. fáṫ an deaḃaiḋ. he did it in haste. do rinne sé go deiṫḃireaċ é (C.U). h. and give it to me brostuiġ ⁊ taḃair ḋom é. h. up brostuiġ. corruiġ ort; corruiġ leat. h. up with that coat. brostuiġ ort leis an gcasóg sin. he h. after the men. do ḃ. sé i ndiaiḋ na ḃfear. he was h. them up do ḃí sé dá mbrostuġaḋ, ag b. orra, dá mbroiduġaḋ (U) they thought they need not h. about doing it. do ċeapadar nár ċúis dóiḃ driopas do ḃeiṫ orra dá ḋéanaṁ (C). with his h. to talk le neart fuadair ċun cainnte. I was in no h. to wake. níor ḃeag dom a luaiṫe do ḋúiseoċainn. v. enough. we were falling on top of each other in our h. there do ḃíomar ag baint na sál dá ċéile ag déanaṁ air. v. run. he hastened his walk. do ġéaruiġ sé a ċoisiḋeaċt. v. quick. he h. off. as go bráṫ leis; siúd ċun siuḃail, bóṫair é. v. go

HURT, v. pain, wound. hurtful. v. harm. bad, painful

HUSBAND, v. economy, save. fear m. 1; f. céile; céile m. 4. I am satisfied with him as a h. táim sásta leis mar ċéile. my h. is sick. tá m'ḟear breoiḋte. how is your h. cionnus atá sé féin. a man who would make a better h. for her. fear is feárr a ḃeaḋ i na ċeann dí. a good h. to you. sonuaċar (maiṫ) ċúgat.

HUSBANDRY, v. farm.

HUSH, v. silent.

HUSK, v. chaff. mogall m. 1. removing the h. from the grain. ag baint an ṁogaill ón ngráinne.

HUSSY, v. girl.

HUT, v. house.

HYMN, dán diaḋa.

HYPOCRITE, v. deceit, pretend. fimíneaċ m. 1; cluanaiḋe m. 4; gleacuiḋe m. 4; feallaire éiṫiġ; fuarċráiḃṫeaċ (mock pious). hypocrisy. fimíneaċt

ICE, etc. leac (f. 2) oiḋir; l. oiḋre (C.U.) i.-berg. ailp lic oiḋir. icicle. coinnlín reoḋa. standing like icicles. i na seasaṁ i na gcoinnlíḃ reoḋa.

IDEA, it is a good, foolish i. is maiṫ, baoṫ an smuaineaṁ (m. 1), cuiṁneaṁ (m. 1) é. they all have the same i. tá aon smuaineaṁ aṁáin i na n-aigne. i. of that kind. smuainte de'n tsórt soin. she had no i. of that kind. of doing it. do b'ḟada soin ó na cuiṁneaṁ. she had no i. that I should go ... ní raiḃ aon ċ. aici go raġainnse ann. she had no i. where she should go. ní raiḃ aon ċ. aici cá dtiúḃraḋ sí a haġaiḋ. I had no i. of it. is beag do ċ. a ḃí agam, that gives us some i. of his love for her. do ḃeireann soin maċtnaṁ éigin dúinn ar ṁéid an ġráḋa a ḃí aige ḋí. he will have an i. of how it is made. beiḋ tuaisim aige den ċuma i na ndéintear é. I have a vague i. that I heard it. tá sé mar ḃeaḋ taiḋḃreaṁ dom go ḋ'airiġeas é (W). v. memory. he has no i. of. v. intention. no i. of what will etc. v. expect.

IDENTICAL, v. same.

IDIOM, cor (m. 1) cainnte. the style and i. of the language. gluaiseaċt na ḃfocal ⁊ na corṫa beaga míona cuirtear sa ċainnt. there is an E. i. about his language. tá an cuma béarla ar a ċainnt. he gave it an E. i., turn. do ċuir sé dul an béarla air. it has the true I. i. tá croiceann (C). snas na Gaeḋilge air; tá snas na G. ann. the U. i., dialect. an ċanaṁain (f. 3) Ultaċ.

IDIOT, v. fool.

IDLE, v. lazy. díoṁaoin; scurṫa, idleness. díoṁaoineas, díoṁaointeas m. 1. he is unoccupied, at leisure now. tá sé díoṁaoin, scurṫa, caoṫaṁail anois; tá sé i na ċoṁnuiḋe (C). i., aimless talk etc. cainnt d. very, quite i. dearġdíoṁaoin. the mill etc., is i., not working. tá an muilleann ar scur. idling, loafing about house (about street corners). ag ailleagánaċt (fá na coirnéalaiḃ) (C). an i., vain excuse. leaṫscéal fánaċ. v. useless, vain. i. fellow. v. lazy.

IDOL, etc. Dia beag; iodal m. 1. they worship E. ways as their i. ni ḟuil de Ḋia beag acu aċt an Ġalldaċt. idolatry. iodalaḋraḋ m. 4.

IF, v. Grammar. if he praise, will praise it ma ṁolann sé é. if so má's eaḋ. if he were to shut it dá ndúnaḋ sé é. if you cut it and if you put it in the water. má ġearrann tú é ⁊ é do ċur isteaċ san uisce. we have it if only we go back and learn it. tá sé againn aċt dul siar ⁊ eolus do ċur air. he promised them money if only they would go ... do ġeall sé airgead dóiḃ aċt dul ... v. only. if it were not for. v. except. as if a hook had caught in his clothes. fá mar raġaḋ crúca i n-aċrann i na ċuid éadaig. gone as if, though the earth had swallowed him. imṫiġṫe (fá) mar ṡloigfeaḋ an talaṁ é. I feel as if I were in boiling water táim mar ḃeinn i n-uisce ḃeirḃṫe. as tired as if, though you had not lain down for a week. ċoṁ ruaiḋte dá mba ná leigfeá do ṫaoḃ ar leabaiḋ le seaċtṁain. he killed them mercilessly as though they were dogs. do ṁairḃ sé iad gan taise gan truaiġ dóiḃ aċt ċoṁ beag, aċt oiread ⁊ dá mba madraí iad. he began to kiss the pig as if it were his own son. do ċrom sé ar an muic do ṗógaḋ i leiṫ ⁊ gur a ṁac féin a ḃí ann. he spoke to the king as if he were speaking to the king's servant. do laḃair sé leis an ríġ i leiṫ ⁊ gur le giolla an ríoġ do ḃí sé ag laḃairt. just as if it was for that he came. ċoṁ maiṫ ⁊ ċuige sin do ṫáinig sé. just as if he were not there. ċoṁ maiṫ ⁊ ná raiḃ sé ann. it is just as if God were to say to him ... is cuma an sgéal ⁊ dá n-abraḋ Dia leis ...; ba ṁar a ċéile é sin ⁊ dá n-abraḋ ...

IGNOMINY. v. shame.

IGNORANCE. v. know. aineolus m.1; and we ignorant of their names. ⁊ a n-ainmneaċa i n-ainḃfios orainn; ⁊ sinn i n-ainḃfios ar a n-ainmneaċaiḃ; ⁊ sinn dall, ainḃfiosaċ ar a n-a. I did not see a more i. man than he. ní ḟeaca duine níos neaṁeolgaisiġe ná é. I never saw people more i. of their business. ní ḟeacas daoine riaṁ ċoṁ mór gan fios a ngnóṫa féin acu. an uneducated king is like an ass with a crown on him. rí míḟoġluimṫa is asal corónta v. educate. an i. fellow, churl. daoi m.4.

ILL. v. sick, bad. take it ill. v. anger. go i. with v. succeed. ill-got ill-gone. an rud do ġeiḃtear go holc imṫiġeann sé go holc. i. bred. v. impolite. illegible. doléiġṫe. i-luck v. luck, misfortune.

ILLEGITIMATE. i. son, daughter etc. mac, inġean tabarṫa. spurious money. airgead neaṁḋleaġṫaċ, neaṁḋlisteanaċ, aindleaġṫeaċ, aindlisteanaċ.

ILLUSION. v. deceive, blind. they had not that i. then. ni raiḃ an dallaḋmullóg, dallaḋpúicín, dallaḋṗúcóg soin orra annsoin.

ILLUSTRATION, v. example, compare, picture.

ILLUSTRIOUS. v. reputation, famous.

IMAGE. v. compare, example, shadow, form. ioṁáiġ f. 2; dealḃ f. 2. to worship i. ioṁáiġeanna d'aḋraḋ. the i. of. v. like.

IMAGINE. v. think.

IMBECILE. v. fool.

IMITATE. they are anxious to i. it. tá dúil acu aiṫris do ḋéanaṁ air. i. the folly of the world. ag aiṫris ar ḃaoṫḃeartaiḃ an tsaoġail seo. i., mocking them. ag a. orra go sciġeaṁail; ag aiṫléiġeaṁ leo (C.); ag aṫnasc orra. they i., ape

E. ways. táṫar ag fodar, ag déanaṁ fodair. ag déanaṁ foidrín an bacaig i ndiaiḋ na Sasanaċ, ar ṗálaiḃ na S.

IMMACULATE. v. pure, clean, stain. Mary i. Muire ġléġeal, gan loċt, ċáim, éirlinn, smál, truailliuġaḋ, etc.

IMMEDIATELY. his head was cut off i., instantly. do baineaḋ an ceann de láiṫreaċ, l. bonn, l. bonn baill, lom láiṫreaċ, ar an láṫair sin, ar an mball, ar an dtoirt, ar áit na mbonn (C.), ar nóimint na huaire (W.). de ṗreib na súl, ar crapaḋ na súl, ar leagaḋ na súl, i bpreabaḋ na súl (C). ar neomat na baise, ar iompáil na baise, le hiompóḋ na baise, ar an bpointe baise (C.). de ṗas, tur te, etc., etc. he went off i. to tell the king. d'imṫiġ sé ar an seasaṁ soin, de'n stair sin dá innsint do'n ríġ go raib...i. after he...direaċ, láiṫreaċ tar éis...v. go, dash, off.

IMMENSE. v. big, monster.

IMMERSE. v. plunge.

IMMINENT. v. near, danger, threaten.

IMMODERATE. v. too.

IMMODEST. v. impure.

IMMORAL. v. impure.

IMMORTAL. v. eternal.

IMMUTABLE. v. steady, change, obstinate.

IMPATIENCE, IMPATIENT. v. patient. miḟoiḋne f. 4; neaṁḟoiḋne; miḟoiḋiḋ f. 2 (C. U.); miḟoiḋde f. 4 (C. U.); neaṁḟoiḋde; i-t. neaṁḟoiḋdeaċ (C. U.). neaṁḟoiḋneaċ. waiting i. ag fanaṁaint go n. that was what made him i. b'ḟin é an miḟoiḋne. he got i. do ḃris ar an ḃfoiḋne aige. the king is i. to see you. is é is mór, is fada leis an ríġ go ḃfeicfiḋ sé ṫú. I am i. for it daily. is fada liom go dtagann sé gaċ lá. she was waiting i. for the morning so that she might be... do b'ḟada léi uaiṫi an ṁaidean go mbeaḋ si... she was i. to be married. do ḃí néall i na ceann ċun pósta. go mbeaḋ si pósta. i. waiting for news. ar bearaiḃ nime ag feiṫeaṁ le tuairisc, etc.

IMPEDE, etc. v. interfere, prevent, stop, obstacle. impediment in speech. lóisín m. 4; stad m. 1. he has an i. in his speech. tá stad i na ċainnt. i. to marriage. col m. 1.

IMPENITENCE. neaṁaiṫriġe f. 4; aindiúid f. 2 (obduracy).

IMPERATIVE. v. necessary.

IMPERFECT. v. fault.

IMPERIOUS. v. proud.

IMPERTINENT. v. impudent.

IMPETUOUS. v. energetic, quick, rash.

IMPIETY, etc. v. wicked, bad.

IMPLACABLE. v. quiet. doṡásta; doṡásuiġṫe.

IMPLEMENT. v. instrument.

IMPLICIT. v. complete.

IMPLORE. v. beseech.

IMPLY. v. mean.

IMPOLITE, v. impudent

IMPORT. do ḃeirim isteaċ

IMPORTANT, v. care. that i. book an leaḃar táḃaċtaċ úd. the most i. letter an litir is mó táḃaċt (f. 3), éifeaċt (f. 3). the most i. man in the place. an fear is mó éirim, táḃaċt san áit; an fear is suimeaṁla san áit. the most i., famous year in his life. an bliaḋain is tárcaṁla i na ṡaoġal, sé. especially anyone of i. go mórmór aon duine bunaḋasaċ. I think it i. is mór agam é. I think it more i. that he should be here than... is mó agam é do ḃeiṫ annso ná...he thinks it of no i. to kill a man. is beag aige fear do ṁarḃaḋ. v. care. he. it is not i. is beag, suarac le ráḋ é; ní mór le ráḋ é. its i. a ṁéid le ráḋ. its small i a ṡuaraiġe (le ráḋ)

IMPOSE v. put, deceit.

IMPOSSIBLE v. able, opportunity

IMPRESS. v. persuade, affect, mark.

IMPROBABLE. v. likely, queer

IMPROPER. v. right, impure.

IMPROVE. v. better, profit. cuirim, tá feaḃus ar; feaḃsuiġim; leasuiġim

IMPROVIDENT. v. careless, spend

IMPRUDENT. v. careless, foolish

IMPUDENCE, IMPUDENT, v. polite, sullen. droċṁúineaḋ m. 4; droċṁúinteaċt f. 3; droċċainnt f. 2; deaġċainnt (C); dánaiḋeaċt f. 3 (boldness, over-familiarity); doiċeall m. 1 (churlishness); doṫiġeasaċt f. 3 (id); triollaḋas m. 1 (C. U.); dailtíneaċt f. 3

(brattishness,caddishness); gairbiġeaċt f. 3 (rough manners). impudent droċṁúinte ; droċḃéasaċ ; dána ; doiṫiġeasaċ ; doiċeallaċ ; garb ; fearaṁail (Kerry) (forward) ; tarcuisneaċ (insulting) ; deiliúsaċ ; pudarálaċ (surly) (C) ; triollaḋasaċ (C) ; iomarcaċ (U) ; stainnceaṁail (C.), etc. he gave i. do ṫug sé droċċainnt, droċṁúineaḋ, easumluiḋeaċt, etc. uaiḋ. I got i. from him. fuaras droċṁúineaḋ, etc. uaiḋ. not through i. did I ask you. ní le dailtíneaċt ná le droċṁúineaḋ, etc. d'fiafruiġeas díot é. an i. letter litir ḋroċṁúinte etc. it was very impolite of him to do it. ba ċorp droċṁúineaḋ, etc. ḋó é do ḋ. that insolent man. an fear droċṁúinte, míioṁċuir, droċḃéasaċ etc. soin. it is a "cheeky" thing for him to say ... is dána an obair dó a ráḋ go ... ; ba ḋána an t-éadan a ḃí air. the i. of the man who would do that. dánaiḋeaċt éadain an ḟir a ḋéanfaḋ é sin. he could not be more cheeky, saying that ... ni ḟéadfaḋ sé ceann níos dána do ċur air féin ḋá ráḋ go ... he is only an i. brat. ní ḟuil ann aċt dailtín ceanndána, droċṁúinte. he had the cheek to do it. do ḃí sé d'éadan air, aige é do ḋ. the boy was very forward. do ḃí an buaċaill anḟearaṁail go léir. it was an i. thing for me to say. ba ṫriollaḋasaċ an rud dom é do ráḋ (C) ; do ḃí sé iomarcaċ agam é do ráḋ (U). i. and boldly. go dána ⁊ go strólúsaċ (W). is it not an i. thing for you to do it. naċ satalaċ an rud duit é do ḋ. (C). he was abusing her i. do ḃí sé ag aiṫis uirri le miċéad, miċéadfaiḋ. (C). I spoke i. to him. do labair mé go stainceaṁail, madraṁail leis (C). give me no more i. "back-answers." leig dod gaċ ré seaḋ liom. is she not a surly piece. naċ doiṫiġeasaċ, doiċeallaċ an earraḋ i. he was very surly to those without money. is iongantaċ an doiċeall a ḃí aige roiṁ an nduine gan airgead. he was very surly. do ḃí sé doiṫiġeasaċ doiċeallaċ go maiṫ. v. sullen. an i. fellow, cad. dailtín, geocaċ. an i. woman stiúsaiḋe.

IMPUNITY, v. free

IMPURE, IMPURITY, neaṁġlan ; droċġeanmnaiḋe (unchaste) ; miġeanmnaiḋe (id) ; drúiseaċ (id); drúiseaṁail (id) ; salaċ (dirty filthy obscene, etc.) ; graosta (U) ; barbarḋa ; gairseaṁail ; míḃanaṁail (immodest. shameless) ; mínáireaċ (id). i-ity neaṁġlaine f. 4; miġeanmnaiḋeaċt f. 3 ; drúis f. 2 ; drúiseaṁlaċt f.3 ; salaċar m. 1 ; graostaċt f.3 ; barbarḋaċt f.3 ; míḃanaṁlaċt, f. 3 ; mínáire f. 4. immodest, unchaste man. word, deed. company, book fear focal, gníoṁ, cuideaċta, leabar drúiseaṁail, etc. an i fellow, blackguard fear drúise, drúiseaṁail, gairseaṁail ; drúiseóir m. 3 ; cuirpteaċ m. 1 ; cuirpteoir, m. 3 ; cnubalaċ drúiseora, etc. i. passion, desire. ainṁian f. 2

IMPUTE, v. accuse, attribute

IN, i. D. i mBaile Áṫa Cliaṫ. in the place, box. san áit, bosca. in that year sa ḃliaḋain sin. to go out in the garden. dul amaċ sa ngáirdín. to put him in the water, bed. é do ċur (isteaċ) san uisce, leabaiḋ. such a work in. during half an hour a leiṫéid sin d'obair i n-aon leaṫuair an ċluig aṁáin. I will go, he came in two days, a week ragadsa, do ṫáinig sé i gcionn ḋá lá, seaċtṁaine to talk in Irish. labairt i nGaeḋilg, a(s) g. he is one man in a 100. is duine as an gcéad é. 0 per cent in the year, sé púnt sa ċéad sa mbliaḋain ; sé púnt sa mb. san gcéad. they are getting a shilling in the pound for putting the money in circulation in fairs. tá scilling san bpúnt acu ḋá ḟagáil as an airgead do ċur amaċ ar aontaiġiḃ. not in. by shillings or in pounds is the money slipping away from him. ní i na scillingeaċaiḃ ná i na ṗúntaiḃ atá an t-airgead ag imṫeaċt uaiḋ. they came in crowds. do ṫángadar i na sluaiġtiḃ. in twos and threes. etc. v. by. in sickness. anger. etc. v. sickness. etc. in. within a week. v. within. in, within. inside v. within

INADEQUATE, v. enough

INADVERTENCE, v. deliberate

INATTENTION, v. care, attention

INCANTATION, v. charm
INCAPABLE, v. able.
INCARNATION, ioncolnuġaḋ. v. body.
INCENSE, túis f. 2.
INCESSANT, v. constant, stop.
INCH, órlaċ m. 1. an i. deep of butter on it. ⁊ órlaċ ar aoirde d'im air.
INCITE, v. urge.
INCLINE, INCLINATION, v. bend. desire. there is an i. in the road. tá fánaiḋ beag ar an ḃóṫar. the i. of the road is with them. tá coṁṫrom an ḃóṫair acu. down the i. v. down. the arrow (in flight) gradually i. downwards. do ċlaonuiġ an tsaiġead síos i ndiaiḋ a ċéile. to i. us to sin. sinn do ċlaonaḋ ċun an ṗeacaiḋ. the human heart is very much inclined to evil. is iongantaċ an claonaḋ ċun an uilc atá i n-aigne an duine. he is i. to evil, to do it. tá sé claon ċun an uilc, ċun é do ḋ. he i., cocked his head to one side (often in disdain). do ċuir sé goic air féin. his soul was more i. to gaiety than to gloom. do ḃí a aigne ní ba tuġṫa, tabarṫa do ṡult ná do ġruaim. i. to drink, fighting etc. tuġṫa, tabarṫa do'n ólaċán, ṫroid. I felt little i. to do it. is lag do ḃí ionnam é do ḋ. I felt i. to hit him. ar ḃiorán ḃuiḋe do ḃuailfinn é. I felt in no humour for joking, marrying. is beag an fonn magaiḋ, pósta a ḃí orm. I was in no humour to do it. ní raḃas i ḃfonn a ḋéanta, ċun é do ḋéanaṁ. he felt i. for his meal. do ḃí sé i ḃf. ċun a ḃéile. his i., dispositions are changing. tá aṫarruġaḋ ag dul ar a ṁeon. v. feeling. every one has his own i., character. gaċ aoinne ⁊ a ṁeon féin aige. v. nature. I am i. to think etc. v. likely.
INCLUDE. v. count. including. v. mention.
INCOME. v. money. he had an i. do ḃí tuitim airgid isteaċ ċuige : do ḃí airgead ag teaċt isteaċ ċuige : do ḃí tarrang ċuige aige.
INCOMPATIBLE. v. agree. opposite.
INCOMPLETE. v. complete. end.
INCONCEIVABLE. v. understand.
INCONSTANT. v. changeable.
INCONVENIENCE. etc. v. trouble. convenient.
INCORRECT. v. wrong, mistake.
INCORRIGIBLE. v. correct.
INCORRUPT. v. corrupt. neaṁṫruailliġṫe ; gan truailliuġaḋ.
INCREASE. their obedience. shouting i. do ṁéaduiġ ar an uṁluiḋeaċt, mbéiciġ acu. they i. in numbers etc. quickly. do ṁéaduiġeadar go tiuġ. her love for him is i. is ag dul i méid atá an gráḋ atá aici dó. that i. our knowledge. do ċuir sin ár n-eolus i méid dúinn. it was being i. do ḃí sé dá ċur i m. that talk i. the hate ... do ṁéaduiġ an ċainnt sin an fuaṫ ... his money is i. tá a ċuid airgid ag dul i mbreis (f. 2) the power of the popular spirit was i. do ḃí breis cumais ag teaċt d'aigne na ndaoine. his greed is i. tá b. airce ag teaċt air. that i. his anger. do ċuir sin b. feirge air. her face shining with i. brilliancy. a haġaiḋ ag taiṫneaṁ le b. soluis. they are a great i. to the strength of the E. is mór an ḃ. iad do neart na Sasanaċ. the custom i. in strength. do neartuiġ (ar)an nós. the noise, light is i. tá an foṫram, solus ag neartuġaḋ. the noise is i., swelling. tá an foṫram ag borraḋ ⁊ ag árduġaḋ. he is i. in size, bulk daily. tá sé ag borraḋ gaċ lá. the jealousy was i. do ḃí an t-éad ag géaruġaḋ. it i. do ġéaruiġ air. to i. his pain. géire do ċur ar a ṗian. the force of custom is i. the force of justice. tá neart an nóis ag cur le neart an ċirt. v. add. getting an i. of wages. ar ḃiseaċ tuarastail (C.U.) v. improve. i., grow in poverty, riches, goodness etc. v. become, poor, rich etc.
INCREDIBLE. v. believe. doċreidte.
INCUR. v. deserve.
INCURABLE. v. cure.
INCURSION, v. attack.
INDEBT. v. oblige, debt.
INDECISIVE. v. advantage.
INDEED. v. very, assure. andaiġ ; go deiṁin : go dearḃṫa ; (a) leoga (U) ; dar a leoga (U) ; ṁaise (U) ; an gcloisti (really ! do you say so). you ought to pray for them. "pray for them" indeed ! what an idea. ba ċóir duit go mbeifeá ag guiḋeaċaint dóiḃ. ḋe ṁaiseaḋ adeirim guiḋeaċaint leat (W).

INDEPENDENT. neaṁspleáḋaċ. he is i. of them. ní ḟuil aon spleáḋaċas (m. 1.) aige leo. dóiḃ. he did it i. of them. do ḋein sé é gan spleáḋaċas ḋóiḃ. i. of anyone. gan spleáḋ le haoinne; gan cead d'aoinne v. accord.

INDIFFERENT, v. careless. a matter of i. v. matter.

INDIGNANT, v. anger. pride, díombáḋaċ. his eyes blazed with i. do las a ṡúile le díombáiḋ. f. 2. le huaḃar ⁊ boċtaineaċt.

INDIRECT. v. straight. neaṁḋíreaċ.

INDISCREET. v. talk. foolish.

INDISCRIMINATE. v. mix, distinguish.

INDISPENSABLE. v. necessary. without.

INDISPOSED. v. sick. incline.

INDISSOLUBLE. v. separate. doscaoilte; doḋeiġilte; doscarṫa.

INDISTINCT. v. clear.

INDIVIDUAL. v. one. man. separate.

INDUCE. v. allure. cause.

INDULGE. v. humour. yield.

INDULGENCE. v. kind, easy. i. (of sins). loġa. m. 3. plenary i. loġa iomlán.

INDUSTRIOUS v. diligent. care.

INFALLIBLE. v. mistake. neaṁearráideaċ.

INFANT. v. baby.

INFER. I i.. concluded from that that he was ... do ṫuigeas, ḋeineas amaċ, ċeapas, ḃeartuiġeas as soin go raiḃ sé ... when I heard that ... I i. that he was ... nuair airiġeas go ... do ṫuigeas. etc. go raiḃ sé do not i-. conclude that he is ... ná beir leat go ḃfuil sé... it is to be concluded from that that he is ... is iontuigṫe as soin go ... ; is tuigṫe ḋuit as soin go... from that conversation she concluded he was dead. do ḋein sí a ḃás as an gcainnt sin. I came to this conclusion that he is ... do ṡocruiġeas m'aigne air seo go ... everyone with his own conclusion about it. a ṡocruġaḋ féin ag gaċ aoinne air.

INFERIOR. v. surpass. less. an i. officer. clerk, steward. fo-oifigeaċ. foċléireaċ, foṁaor. i. size v. little. i. quality v. bad. i. numbers v. few.

INFERNAL v. hell.

INFIDEL. díċreidmeaċ. infidelity. díċreideaṁ. v. faithful, deceive.

INFINITE. v. eternal. far. doċríoċnuiġṫe.

INFIRM. v. weak.

INFLAME. v. excite, anger, fire.

INFLECTION. díċlaonaḋ m.3.

INFLEXIBLE, v. obstinate, bend.

INFLICT. imrim. to i. death, ruin on them. bás, éirleaċ d'imirt orra v. death, destroy, etc. i. blow. v. blow. i. vengeance v. vengeance.

INFLUENCE v. power. a man of such i. fear ċoṁ mór cuṁaċt, creideaṁaint: fear ċoṁ creideaṁnaċ soin. v. importance. everywhere that their conversation and i. came to bear on the common folk. gaċ aon ball i nar ċuaiḋ a gcainnt ⁊ a n-anál fán bproiblíḋeaċt. her i. was working on him. directed on him. do ḃí a hanál ag dul faoi. good i. anál ḟoġanta. anyone who might have any i. for good on them. aoinne a mbeaḋ láṁ aige ionnta ċun a leasa. pride, trouble i. us. tá uaḃar, buaḋairt aigne, etc. ag imirt orainn. v. effect.

INFORM. v. betray, tell. i-er. v. betray. i-ation. v. ask. knowledge.

INFRINGE. an act which i., violates God's law. gníoṁ déintear i n-agaiḋ dliġe Dé, a ġaḃann i n-agaiḋ d. D. they are violating God's wish. táṫar ag sárúġaḋ toile Dé. that violates the agreement. goilleann soin ar an margaḋ. he violated the bargain. do ċuaiḋ sé ṫar ḟocal an ṁargaiḋ.

INGENIOUS. v. clever.

INGRATITUDE, v. thank.

INHABIT, v. live. settle. they i. the land d'áitiġeadar an tír. the land is i. tá an tír áitriġṫe

INHERIT, v. nature. he did not i. the good side of his character from his mother. ní hé an taoḃ ḟoġanta den dúṫċas a ṫug sé leis ó na ṁáṫair. a tendency to madness which he i. sṫraiġin a ḃain le na ḋúṫċas. the castle they i. an caisleán ba ḋúṫċas dóiḃ. their hereditary castle. etc. a gcaisleán dúṫċais, dúṫċasaċ, aṫarḋa. the inheritance. oiġreaċt. f. 3

INHOSPITABLE. v. hospitable. neaṁḟáilteaċ; doṫiġeasaċ (surly, churlish); doiċeallaċ (id); gorṫaċ (U) he is an i. churlish fellow. bodaċ doiċeallaċ, etc. is eaḋ é. he would not be i. to me. ní ḃeaḋ aon doiċeall aige róṁam; ní ṫaisbeánfaḋ sé doiċeall dom. to receive them i. iad do ġlacaḋ fá ḃun a gcúraim.

INHUMAN. v. hard, pity

INJURE, v. harm, wound, accident

INJUSTICE, v. just. he did an i. do ḋein sé éagcóir uirri. by that act of i. leis an ngníoṁ éagcóra soin. i. in the guise of law. ainḋliġe i riocht dliġe

INK, duḃ m. 1. he wrote it in black. red i. do scríoḃ sé tré ḋuḃ, ḋearg é

INLAND, they are i. men. fir ó lár tuaiṫe is eaḋ iad. to go far i. dul i ḃfad isteaċ san tír

INLET, v. bay

INN, teaċ ósta; tiġ ósta; tiġ tabairne; ósta (W).

INNATE, v. nature

INNOCENT, v. guilt, free. ionnraic; fíréanta; neaṁċionntaċ; neaṁurcóideaċ. I am i. of the blood of this just man. táim saor ar ḟuil an ḟíréin seo, an duine ḟíréanta so. i. simple, ingenuous. v. simple

INNUMERABLE. v. many.

INOFFENSIVE. v. gentle, quiet, insult

INOPPORTUNE, v. opportune, convenient

INORDINATE. v. too

INQUIRE. v. ask

INQUISITIVE, fiafruiġṫeaċ; fiosraċ; fiosruiġṫeaċ (C); caidéiseaċ (C); caidréiseaċ (C); cinnsiuḃlaċ (W). i-ness. fiafruiġeaċt f. 3; fiafruiġeaċán m. 1 (constant questioning); ceistiúċán (id). he is i. curious. tá sé fiafruiġṫeaċ, etc. I will stop his i. ċuirfead cosc le na ḟiafruiġeaċán. an i. itching seized on him. do rug mian éigin fiosraċta greim air. do not be so i. tein t'ḟiafruiġe ort; dan t'ḟiafruiġe ort (C); déin fiafruiġe ort (U)

INROAD, v. attack

INSANE, v. mad

INSECT, péistín m. 4

INSECURE, v. danger

INSENSIBLE, v. sense

INSEPARABLE, v. separate. doḋeiġilte; doscarṫa; doscaoilte.

INSIDE, the i. of his house, mind etc. an taoḃ istiġ dá tiġ, aigne. turned i. out. ⁊ é taoḃ tuaṫail amaċ. he is i. tá sé istiġ. he went i. do ċuaiḋ sé isteaċ i. the door. ar an dtaoḃ istiġ de ḋorus; leaṫstiġ de ḋorus. i. a week. v. less.

INSIGNIFICANT, v. little, miserable.

INSINCERE, v. deceitful, hollow.

INSINUATE, v. hint, understand.

INSIPID, v foolish, stale, stupid.

INSIST, v. necessary. why does he i. so much, dwell so much on that word. ca na ṫaoḃ luiġeann sé ċoṁ trom ar an ḃfocal soin. if you wish to i. on examining the matter. má's maiṫ leat dul níos géire fós ar an scéal.

INSOLENCE, v. impudence.

INSOLVENT, v. debt.

INSPECT, v. examine.

INSPIRE, v. excite, cause. inspiration. análuġaḋ m. 3; tinfeiṫ. poetic i. féiṫ na filiḋeaċta.

INSTABILITY, v. changeable.

INSTANCE, v. example, case.

INSTANT, v. immediately, moment.

INSTEAD, v. besides, place. i. of killing the man, he went... i n-ionad, i n-áit, i leabaiḋ (C.) an fir do ṁarḃaḋ do ċuaiḋ sé ... he gave me another cow i. of her. do ṫug sé bó eile ḋom i na hionad, i na háit etc. why did he not remain, i. of going ... ca an ṫaoḃ nár ḟan sé ⁊ gan ḋul ann ... I have something to do i. of being ... tá rud éigin le déanaṁ agam d'éagmuis beiṫ ... v. besides. to give him money etc. i. of etc. v. reparation, return.

INSTIGATE, v. urge.

INSTINCT, v. nature, inclination.

INSTITUTE, v. found.

INSTRUCT, v. teach.

INSTRUMENT, uirlis f. 2; oirnéis f. 2 (C.) gléas m. 1; cóir f. 3; deise f. 4 (C.) a musical i. uirlis, gléas etc. ceoil. i., apparatus, implements for work, defence, etc. gléas, cóir oibre, cosanta. i. for recording sounds, phonograph. cóir gléas aiṫris. my box of tools. mo ḃosca uirlisí. to get the loan of i., tools. iasaċt na háirse oibre d'ḟaġáil. he laid down his tools. do leag sé síos a ċuid oirnéise. a tool. ball oirnéise. every kind of defensive i. gaċ uile ṡórt deise ċosanta (C.)

INSUBORDINATE. v. disobedient.

INSUFFICIENT. v. want, enough.

INSULT. etc. v. impudence. easonóir f. 3 ; masla m. 4 ; tarcuisne f. 4 ; droċṁeas m. 3. easurraim f. 2. i.-ing maslaiġṫeaċ ; tarcuisneaċ ; tarcuisneaṁail ; easonóraċ : droċṁeasaṁail ; easurraimeaṁail ; miurraimeaṁail. he i. them. do ṫug sé easonóir etc. dóiḃ ; do ċaiṫ sé droċṁeas orra ; do ḃain sé aiṫis asta (C) ; do ċuir sé díméid orra. a disrespectful letter. litir easurraimeaṁail. disrespectful language. cainnt easonóraċ etc.

INSUPPORTABLE. v. suffer.

INSURGENT. v. rebel.

INTELLECT, INTELLIGENT. v. clever. mind.

INTELLIGIBLE, v. understand. infer.

INTEMPERANCE, v. drunk.

INTEND. INTENTION decide. desire he i. to do it. do ċuir sé roimis é do ḋ.; he i. only one thing. do ḃí aon rud aṁáin curṫa roimis aige. I wonder how long he i.. means to keep me. ní ḟeadar an fada ċeapann sé mé do ċoimeád. God meant this land for the I. do ċeap Dia an tír seo do na Gaeḋlaiḃ. the wife is meant as a help to the husband. mar ċongnaṁ dá fear is eaḋ do ceapaḋ an ḃean. what do you intend to do. cad a ṁeasann tú do ḋ. the "black man" I i., meant to say. "an fear duḃ" do ṁeasas do ráḋ. he harboured evil i.. designs against them. do ḃí droċaigne aige dóiḃ ; do ḃí droċrún aige fúṫa (C). the thing you i. an rud atá ar aigne agat. he knows my i. tá fios m'aigne aige. I did it with a single i. purpose. is ar aon a. aṁáin do ḋeineas é. he has no i. of asking money. ní ḟuil sé ar a. airgead do lorg. if you i. to kill me. má taoi ar a. mé do ċur ċun báis. if that is your i. má's é sin a. atá agat. he i. to come. tá sé ar a. ar ṫeaċt. Mass is being said for that i. tá an tAifreann dá léiġeaṁ ar an inntinn (f. 2) sin. with the i. of killing him. ar inntinn a ṁarḃuiġṫe. he had no i. of doing it only ... ní raiḃ d'i. aige é do ḋéanaṁ aċt ... she sat down with that i. do ṡuiḋ sí síos ar an i. sin, leis an i sin. if he has any i.. idea of dying at all. má tá aon aiḋm aige ar ḃás d'ḟaġáil i n-aon ċor. her own plan, i. had been carried out by her. do ḃí a haiḋm féin curṫa ċun cinn aici. he has no i. of doing it. ní ḟuil aon aiḋm aige ar é do ḋ. ; tá a lán dá ċuimneaṁ aige (ironical). I was thinking of doing it. do ḃíos ag cuiṁneaṁ ar é do ḋéanaṁ. I i. to spend the day there. do ḃí a ḃara fúm an lá do ċaiṫeaṁ ann ; do ḃíos ag dréim an lá ... (U). I disclosed her evil i., designs etc. do noċtuiġeas a droċrún, mirún, claonrún. I know his i., what he is up to. tá a ḟios agam cad é an fuadar atá faoi. what on earth does C. mean. cad é an fuadar é seo fá Ċonn. he noticed the evil i. do ṫug sé fá ndeara an droċḟuadar. that was his i. in that, that was what he meant. it was to him, it he referred. is ċuige sin do ḃí sé. v. allude. mean. with the i. object of getting credit. le hionċas go ḃfuiġinn an ċreideaṁaint. v. purpose.

INTENTIONAL. v. purposely.

INTERCEDE. v. pray. peacemaker. to i. with God for me. guiḋe, eadarġuiḋe do ḋéanaṁ ċun Dé ar mo ṡon. through the i. of the saint. trí aḃcóideaċt an naoiṁ.

INTEREST, etc. v. influence. you neglected the i. of your soul. do ḋeinis faillíġe i ngnó t-anama féin. anything that involves my i. aoinní ḃaineann lem ġnóṫa. v. affair, profit. I take no i. in the book ní ḟuil aon dúil, spéis agam sa leaḃar v. care. pleasure. an interesting book. v. pleasant. to distract his i. from the work, etc. v. attention. that money is out at i. tá an faġáltas soin ar ḃreis anois. 6 per cent i. per an. sé púnt sa ċéad sa mbliaḋain ; sé p. sa mb. fán gcéad ; cion a sé sa ċéad.

INTERFERE, v. connection, trouble. I i. with him in the affair do ċuireas isteaċ air sa scéal. without my i. in it. gan aon cur isteaċ nó amaċ do ḃeiṫ agam sa scéal.

he wants no i. from them. ní maiṫ leis aon ċur isteaċ uaṫa. and he not i. with them ⁊ gan é ag cur ċúċa ná uaṫa. do not i. with me and I will not i with you. ná cuir orm ⁊ ní ċuirfead ort. without hindering or i. with her. gan bac gan baint léi. he would not be i. with ní bainfiḋe leis. I will not i in it, have anything to do with it. ní ḃeiḋ aon ḃaint agam leis an scéal; ní ḃacfad é mar ġnó. do not meddle with him, it. ná bac é, leis. v. connection. do not i. with me leig dom féin. if they were not i. with. dá leigtí ḋóiḃ v. let. he i. in, intruded himself into the affair. ḋo ṡáiṫ sé é féin isteaċ sá scéal; do ċuir sé a ladar sa scéal (C). there was no subject he did not join in, i. in. ní ḃíoḋ aon ċoṁráḋ naċ mbíoḋ a ladar buailte aige ann (C). that was an injury and an interfererence with, hindrance to the work. is mór an díoḃáil ⁊ an ċeataiġe ⁊ an toirmeasc a ḋein sin don obair. i. with him. doing mischief. ag déanaṁ toirmisce ḋó. meddling with everything. ag piadóireaċt le gaċ aon rud. (W) an i. fussy, officious busybody. duine anċúramaċ; neaṁċúramaċ; tionnscalaċ: piadóir. she is a busybody. bean tionnscalaċ etc. is eaḋ i. such officiousness, etc. a leiṫéid sin d'anċúram, etc. i. in fight. etc. v. peacemaker

INTERIOR. v. inside

INTERJECTION. uaillḃreas m. 3 (Gram)

INTERMISSION, v. stop

INTERPRET, etc. v. explain, meaning. he is an interpreter between them. tá sé i na ḟear teangan eatorra

INTERROGATE. v. ask. interrogative pronoun. forainm ceisteaċ

INTERRUPT, I do not wish to i. you. I beg your pardon. ní ag teaċt róṁat ar do scéal é. you i. me. do ṫángais róṁam ar mo scéal; do ḃrisis isteaċ ar mo ċainnt. he would not i them ní ṫiocfaḋ sé trasna orra. he i. my story with another. do ṫarraing sé scéal eile trem scéal

INTERVAL. v. time. at i. v. alternate

INTERVENE, v. peacemaker

INTERVIEW. v. talk

INTESTINES, v. entrails

INTIMACY, etc. v. friend, close

INTO, v. in

INTOLERABLE. v. suffer

INTOXICATE, v. drunk

INTRANSITIVE, i. verb. briaṫar neaṁaistreaċ

INTREPID, v. courage

INTRICATE, v. confuse, hard, twist

INTRIGUE, v. plot, deceit

INTRODUCE, v. begin. he i. the lady to C. do ċuir sé an ḃean i n-iúl do Ċonn; do ċuir sé ar aiṫne a ċéile iad. I i. myself to her. do ċuireas mé féin i n-iúl dí. I i. the subject. do ṫarraingeas ċúgam, anuas an scéal

INTRUDE, v. interfere

INVADE, v. attack

INVALID, v. sick, useless, annul

INVARIABLE, v. constant, change

INVECTIVE, v. abuse

INVENT. ceapaim; cumaim; do ġním; beartuiġim. I i. a story do ċeapas, etc. scéal. to i. some lie. éiṫeaċ éigin do ċeapaḋ, etc. no matter what amusement I i. for you ba ċuma cadé an sagas caiṫeaṁ aimsire a ḃeartóċainn id ċóir.

INVEST, he i. his money well, do ċuir sé a ċuid airgid do maiṫ

INVESTIGATE, v. examine, search

INVETERATE, v. old. i. enemy seannáṁa; buannáṁa

INVINCIBLE, v. conquer. doċlaoiḋte

INVISIBLE. v. see. doḟeicse; doḟeicsionaċ. the i. head of the Church. ceann d. na hEaglaise.

INVITE, INVITATION, v. ask, send for. at the i. of the King. ar ċuireaḋ an ríoġ. you came without any i. do ṫángabar (ar bur g)cuireaḋ gan iarraiḋ. i. to the dinner. cuireaḋ ċun an dinnéir. I i. you to dance. I accept. cuirim ort. leigim leat ⁊ céad míle fáilte

INVOLVE. v. engage, confuse

INVOLUNTARY, v. purpose, will

IRELAND, Éire f.5; Banba f.5; Fodla f.4; Inis Fáil; Inis Ealga, etc.

IRISH. Gaeḋlaċ; Éireannaċ. an I. man. Gaeḋeal m. 1. I. men Clanna G. I. language Gaeḋealg f. 2 I. speaking districts. an Ġaeḋealtaċt. I. expression v. idiom, etc.

IRKSOME, v. trouble
IRON, iarann m. 1. the i. has entered my soul. tá barr cuma im ċroiḋe agam. v. sorrow. i. in fire v. hand
IRONY, etc. v. laugh, scoff. fonoṁaid f. 2. my language got a bit i., sneering. do leigeas roinnt fonoṁaide isteaċ im ċainnt
IRRATIONAL, v. reason, sense
IRREGULAR, v. regular. ainrialaġ-alta. E. is very i. tá an béarla anċar, anċam.
IRREMEDIABLE, v. cure
IRREVERENCE, etc. v. insult easurraim f. 2; easonóir, f. 3. irreverent word. focal easurramaċ
ISLAND, oileán m.1
ISSUE. v. point
ITCH. v. tickle, desire. I am itchy. tá toċas (m.1) orm. it i. me. cuireann sé t. orm. he has an itching palm. tá dúil i n-airgead aige.
ITINERANT, v. wander
IVORY, eabar m. 1; eabra, eabarḋa (adj)
IVY, eiḋneán m.1; eiḋeann m.1 (C.U)
JACK, every man J. v. every. J. knife. altán scine. cheap J. is a dear bargain. Seaán saor margaḋ daor.
JACKDAW, cág. m. 3.
JAIL, v. prison.
JAMB, ursa f. 5.
JANUARY, Eanar m. 1.
JAR, crúsca m. 4; crúiscín m. 4.
JARGON, v. chatter. béarlagar m.1; driodar (m. 1) cainnte; Gaeḋealg, béarla etc. briste. they spoke some j. do labair siad almais éigin (C). I do not understand your j. ní ṫuigim an t-almais cainnte atá agat (C).
JAUNDICE, galar buiḋe.
JAVELIN, v. spear.
JAW, v. cheek. dranndal m. 1; giall m. 1; corrán m. 1; carball m. 1 (inside of j., palate). he opened his j. d'oscail sé a ċorráin ó ċéile. j. of death. v. death. j. breaker, long word. téarma focail.
JEALOUS. v. envy. éadmar. he is j. of, about his wife. tá éad air le na ṁnaoi.
JEER, v. laugh, scoff.
JELLY, gloṫaċ m. 1, f. 2.
JEST, v. joke, laugh.
JEW, eabraċ m. 1; iudaiġeaċ m. 1.
JEWEL, v. ornament, gem.
JIG, port m. 1: dancing a j. ag rinnce, damsaḋ (C.U.) puirt.
JOB, v. work.
JOIN, v. unite. come and j. us. tar ⁊ déin duine eadrainn; bí it ḋuine orainn.
JOINT, alt m. 1. shoulder out of j. guala as alt. to set right something out of j. aoinni atá as a alt do ċur i na ionad arís. my ankle is put out. tá m'alt as ionad. his arm was put out of j. do cuireaḋ a ġéag as uilinn. j. of meat etc. v. piece.
JOKE, etc. v. laugh, fun. he is a joker, fond of jokes. is ailteoir é. a j. sportive girl. cailín ailteoirṫe. a j. funny trick. cleas a. he was playing pranks, going on with his tricks as usual. do ḃí sé ag gaḃáil dá ċuid breastuiḋeaċta mar ba ġnáṫaċ leis. the j. was on our side to-day. indiu do ḃí an spoṫaḋ againn orra. he would be no j., a serious foe for an enemy to tackle. níorḃ' aon dóiċín é do náṁaid. that work was no j. níorḃ' aon dóiċín é sin mar obair; ní obair mar ṁagaḋ é sin do ḋéanaṁ.
JOLLY, v. gay.
JOLT, v. shake.
JOT, v. bit.
JOURNAL, irisleabar m. 1; páipéar m. 1.
JOURNEY. v. wander, go. turus m. 1; aistear m. 1. his j. was all for nothing, in vain. do ḃí a ṫurus, ċuairt, ċúrsa i n-aistear aige. on the fourth day of his j. home. an ceaṫraṁaḋ lá ar an aistear a ḃaile ḋó. he has a long j. to make. tá a. fada air. I have come a long j. to see you. is fada í mo ċuairt ċúġat. to go on long j. dul ar ċuairtiḃ fada. travelling through the country. ag taisteal na tíre. on his j. over sea to I. ar a ṁuir-ṫaisteal go hÉirinn. he reached the end of his j. do ṡroiċ sé ceann a riain. he finished the j. errand. do ċríoċnuiġ sé an toisc (U). I should should prefer to go a little j. to the E. do b'ḟeárr liom geaḃ do ṫaḃairt soir (C.W.) I never saw the like in all my travels. níor ḃuail a leiṫéid sin im ṡiuḃltaiḃ liom. safe j. to you. go n-éirġiḋ an bóṫar leat. the j. to Cork is long. is fada é an

bóṫar go Corcaiġ. v. road, long. j. on foot, horse. v. foot etc.

JOY. v. glad, gay, pleasure.

JUDGE, JUDGMENT. breiṫeaṁ m. 1, 5; moltóir m. 3 (arbiter, arbitrator); eadarġaḃáluiḋe, m. 4 (id). judgment. breaṫ, breiṫ f. 2; breiṫeaṁnas m. 1; molaḋ beirte (arbitration). before the j. os coṁair an ḃreiṫiṁ. he will j. them. tiuḃraiḋ sé breiṫ orra. I leave you to be j. by your children. fágaim fá ḃreiṫ ḃur gcloinne féin sib. I leave it to you to j. fágaim fútsa a ḃreiṫ. I do not wish to j., express an opinion on them. ní hag breiṫ breiṫe orra é. one cannot pass a j. on him. ní féidir breiṫeaṁntas do leagaḋ air. the award, j. pleased him. do ṫaiṫn an molaḋ, ḃreiṫ leis. clever at arbitrating. géarċúiseaċ ar ṁolaḋ beirte. the j., decision he gave was... is é molaḋ a ḋein sé ná... let two j., arbitrators settle its value. cuirtear meas ó ḃeirt ṁoltóirí ar cad is fiú é; fágtar fá ṁolaḋ beirte é. you will be j. to be a gentleman. measfar tú ḃeiṫ id ḋuine uasal. I cannot form an opinion of him. ní ḟuiġinn é do ṁeasaḋ. to judge by the preparation. mar is ceart a ṁeas ón ollṁúgaḋ; do réir an ollṁuċáin, etc. you would say to j. by her appearance that... ba ḋóiġ leat uirri, ar a deallraṁ go... he is no j. of the weather. ní ḟuil aon tuairim san aimsir aige. in accordance with his own j. ar a ṫuigsint féin. he acted on his own j. do ḋein sé as a ċoṁairle féin é. a man of solid j. fear a ḃfuil breiṫeaṁntas (7 cúlḟéiṫ) aige. v. prudence, sense. day of j. v. ever. give a j. on. v. opinion.

JUG. crúsca m. 4; crúiscín m. 4.

JUGGLER. v. trick.

JUICE. súg m. 3; súglaċ m. 1.

JULY. Iúl m. 1.

JUMP. léimim; lingim (U). he. j. over the wall. do léim sé ṫar an gclaiḋe. he went over it at a j., bound. do ċuaiḋ sé de léim (f. 2) ṫar an gc. j., leaping with joy, etc. ag léimriġ le háṫas. to j., spring at the man's beard. dul de léim i bféasóig an fir. he sprang vigorously, easily. d'éiriġ sé de ḃaoiṫléim éadtrom. j. and throwing stones (in competition) ag caiṫeaṁ léimeanna 7 liac. to spring up on one's horse. dul de ṫrioslóig ar ṁuin a ċapaill. he j. clear over the wall. do ġlan sé an falla; do ċuaiḋ sé de ḋruim an ḟalla gan baint leis. my heart j., started. do ṫug mo ċroiḋe geit; do ġeit, ṗreab mo ċroiḋe (ionnam). he gave a start. do ṗreab sé. he j. up from his chair. do ṗreab sé i na ṡuiḋe. he awoke with a start. do ṁúscail sé de ṗreib; do ṗreab sé as a ċodlaḋ. that made me start. do ḃain sin geit, bonnóg asam.

JUNE, Meiṫeaṁ (an tSaṁraiḋ); Mí Ḟéile Eoin (U); mí 'le Ṡain Seaáin

JURY. coiste m. f. 4.

JUST, JUSTICE. v. right, only, exact. he is a j. king. tá sé i na ríġ coṁṫrom. j. rule. riaġaltas coṁṫrom ceart. as was j. fá mar ḃí ceart. she will get justice. geoḃaiḋ sí ceart. I ask for, claim j. éiliġim ceart. as a sign of even handed j. mar ċoṁarṫa coṁṫrom cirt. to get j. for them at his hands. ceart do ḃaint amaċ dóiḃ uaiḋ. no other arrangement will be nearer to j. ní ḟuil aon tsocruġaḋ eile a ṫiocfaiḋ níos giorra don ċeart. to give a man a j. fair chance (in fight, etc), to see j. done. cóir (f. 3) do ṫaḃairt do ḋuine; ceart do ḋéanaṁ do ḋuine; ionnraiceas do ḋéanaṁ eatorra (U). to give a fair chance to I. coṁṫrom na féinne do taḃairt don ġaeḋilg. he was not fair, was unjust. do ḃí sé anċoṁramanta (C). the j., proper value. luaċ dleaġṫaċ v. true. to bring him to j. to arrest him. é do ṫaḃairt ċun láṁa. the j. man v. innocent. I want justice v. right. j. so v. exactly. j. in time, before him etc. v. only. j. able v. only.

KEEP v. last. coimeádaim; congḃaim. I k. it to myself. do ċoimeádas, ċongḃuiġeas agam féin é. to k. it from me. é do ċoimeád uaim. to put in safe keeping. é do ċur gcoimeád. k. out from the wall. coimeád amaċ ón ḃfalla. what is k. him. cad atá dá ċ. v. delay. to k.

away from him. not speaking to him. fanaṁaint uaiḋ amaċ. to k. away, out of the business. fanaṁaint amaċ ar an obair. k. back from me. fan siar uaim. k. away from each other. ag seasaṁ amaċ ó ċéile. that will k. you out of H. gearrfaiḋ sin amaċ tú ó aoiḃneas na ḃflaiṫeas. to k., observe promise, armistice, etc. an ġeallaṁaint, sos coṁraic do ṡeasaṁ v. effect. k. full, good, etc. v. continue. k. on doing, etc. v. continue. k. him from etc. v. prevent. k. law, etc. v. obey. k. in feelings, etc. v. restrain. k. maintain. v. support.

KERRY. Conntae Ciarraiġe.

KETTLE. ciotal m.1.

KEY. eoċair f.5. k. hole. súil an ġlais.

KICK. he k. her in the head. do ṫug sé speaċ (f.2) sa ċeann di; do ḃuail sé s.... uirri. the horse is k. about. tá an capall ag spréaċaḋ, sprúċaḋ v. struggle. he has not a k. in him. ní ḟuil speaċ ann anois v. energy.

KID. v. goat.

KIDNEY. duḃán m. 1.

KILDARE. Ċonntae Cill dara.

KILKENNY. Contae Cill Cainniġ.

KILL. marḃaim; marḃuiġim; cuirim ċun báis; idiġim. to k. him. é do ṁarḃaḋ, ċur ċun báis; bás d'imirt air. he k.. massacred, slaughtered, them. do ḋein, d'imir sé ár (m. 1) dearg ár, éirleaċ (m. 1) orra; do ḋein sé scrios (m.3), léirscrios orra; do ċuir sé luiġe na ḃród orra; d'imir sé leagaḋ na luaċra orra.

KILN. teine aoil; áiṫ (f.2) aoil (U).

KIN. v. relation.

KIND. v. like. what k. is he. cadé an sagas (m. 1) é. what k. of man are you. cadé mar ṡ., cadé an s. duine, fir tú; cadé mar ḋuine tú. what k. of thing is it. cadé mar ṡ. rud é. what k. of coat was on him. cadé an s. casóige a ḃí air. what k. of sickness had she. cadé an s. an ḃreoiḋteaċt a ḃí uirri. whatever K. of man does it. pé s. an duine a ḋeineann é. five k. of them. cúig saġsanna acu. in every k. of way. ar gaċ aon ts. cuma. something of that kind. rud éigin den ts., tsórt soin. a case of that k. cás den tsórt soin. a leiṫéid sin de ċás. what k. of a cure is that. cadé sin mar leiġeas. what k. of a place, how absurd a place is that to get them. cadé mar áit é sin ḋuit ċun iad d'ḟaġáil. the same k. of clothes. an gaḃáil ċéadna éadaiġ. v. form. any k. of a horse. aoinni i ḃfuirm capaill. there are various k. of boats. tá báid ⁊ báid ann.

KIND. KINDNESS, maiṫ; deaġ-ċroiḋeaċ (good hearted); carṫannaċ (charitable); gráḋṁar (good natured, good humoured); láġaċ (id.); deaġċoṁursanaċ (neighbourly); cáirdeaṁail (friendly); duineanda; daonna; daonnaċtaċ; cineálta; nádúrḋa (espec. of relations). he is so k., good to her. tá sé ċoṁ maiṫ ḋi. it was very k. of you. bá ṁ. uait é. however k. I was to you. dá ḟeaḃus do ḃíos duit. he was a very k. man. duine láġaċ, gráḋṁar, deaġċroiḋeaċ etc. do b'eaḋ é. a k., tender look. féaċaint ḃreáġ ḃog réiḋ ḋuineanda. a k. action. beart nádúrḋa. a. k., affectionate child. leanḃ n. everyone is k., nice to him. tá gaċ aoinne geal leis. he did me a k. turn. do ċuir sé cumaoin ṁór orm; do ḋein sé soilears (C), acrai ḋom. v. oblige. a k., obliging man. fear oireaṁnaċ. give him my k. regards. tabair mo ḋeaġṁéin ⁊ mo ċión go dilis dó.

KINDLE, v. light

KING, rí m. 5. Kingdom ríġe f. 4 ríoġaċt f. 3

KING'S CO. Conntae an Ríoġ

KISS. he k. her. do ṗóg sé i; do ṫug sé póg (f. 2) di; do ḃain sé p. di. she gave him a loud k. do ṫug sí sáiméad póige dó.

KITCHEN. cistin m. 4; cisteanaċ f. 2 (C.U)

KITE, v. hawk

KITTEN, piscín m. 4; p. cait; caitín m. 4

KNACK, trick

KNAVE. v. robber. K. of spades, etc. cuireat spéireat, etc.

KNEAD, suinim

KNEE, glún f. 2; ioscad m.1 (hollow at back of k. cap.) plaitinn, scátán, cupán (C) na glúine. he bent his k. do lúb sé a ġlúine

KNEEL. he k. down. do leig sé é féin ar a ġlúinib; do ċait sé é féin ar a dá ġlúin, ar ġealaċán a dá ġlún. they k. on one knee. do leigeadar iad féin ar leaṫ ġlúin.

KNELL. creiḋil f. 2; c. báis.

KNIFE. scian f. 2; altán scine. (strong, jack k.)

KNIGHT. ridire m. 4.

KNIT. k. a stocking. ag cniotáil, cleiteáil (U.) stoca. k. needle. biorán cniotála.

KNOB. v. handle. baċall m. 1 (on stick).

KNOCK. v. blow. he k. at the door. do ḃuail sé ag an ndorus; do ḃuail sé; do ḃ. sé buille. he k. loudly etc. do ḃ. sé go huġdarásaċ; do ṫug sé plab (bang). he, it (wall, house etc.) was k. down. do leagaḋ é; do baineaḋ l. as. to k. him down. é do ṫreascairt; t. do ḃaint as. many a k. down, a fall I got. is mó leagaḋ, treascairt a fuaras. the water, blow k. me down. do ḃain an t-uisce, buille dem ḃonnaiḃ mé. k. them against each other. ag gaḃáil díoḃ ar a ċéile. his front feet k. against it so that he stumbled. do teagṁuiġ, teanġṁuiġ a ċosa tosaiġ leis i dtreo go ḃfuair sé bárrṫuisleaḋ. to k. a man over, disable him. fear do ḃaint dá ṫreoir. to knock, trip in wrestling. cor coise do ṫaḃairt. to k. the pride etc. out of him. an ṁórḋáil do ḃaint as. v. take.

KNOLL. v. hill.

KNOT. he k. the cord strongly. do ċuir sé snaiḋm (f. 2) daingean ar an dtéad. a running k. v. noose. k. in wood. stick etc. faḋb f. 2; faḋarcán m. 1.; farcán (C); fortán (C); crannra (U).

KNOW, KNOWLEDGE. I k. who is ... tá a ḟios agam cé atá ... I k. C. was poor. do ḃí a ḟios agam Conn do ḃeiṫ boċt, go raiḃ C. boċt. I k. (it). tá a ḟios agam. I k. that. tá a ḟios soin agam. if I k. of someone who is better. má tá a ḟ. agam aoinne atá níos fearr. I k. that to be so. tá a ḟ. agam soin do ḃeiṫ aṁlaiḋ. no one k. where the place is. ní ḟuil f. na háite ag aoinne. anyone who might k. that much. aoinne a mbeaḋ f. an méid sin aige; aoinne a mbeaḋ a ḟ. soin aige. if he k. my feelings. dá mbeaḋ fios m'aigne aige. he did not k. the secret etc. ní raiḃ aon ḟ. aige ar an rún; ní raiḃ a ḟios aige ar cad a ḃí ... how do I k. (it). cá ḃfios dom (é). without his knowledge. (i) gan ḟios dó; i ngan ḟ. dó (C). a battle such as has not been fought for God k. how long. caṫ nár buaileaḋ a leiṫéid ní f. cadé an ḟaid ó ċoin. he might be there God k. how long. do ḃeaḋ sé ann níorḃ' ḟ. cadé an ḟaid. none will miss it till goodness k. when. ní haiṫneoċaiḋ aoinne é do ḃeiṫ imṫiġṫe ní fios catoin. I do not k. ní ḟuil a ḟ. agam. ní ḟeadar (mé). I do not k. if he is etc. ní ḟeadar (mé), ní ḟuil a ḟios agam (C.U.) an ḃfuil sé ... I do not k. at all who ... ní ḟeadar an saoġal, an doṁan, ó ṫalaṁ an domain cé atá ... v. all. as many of them as k. an méid acu arḃ ḟeas dóiḃ go ... (C). a thing most did not k. rud nárḃ ḟeas dá n-urṁór (C). I k., was aware that ... ba ḟeasaċ dom go raiḃ sé ... (C.U.); ba ḟeasaċ mé go raiḃ sé ... (C.U.) the one man who k. the place. an t-aon fear arḃ' ḟeasaċ dó an áit (C). he did it knowingly, with full knowledge. do ḋein sé go fiosaċ é. you k. the proverb etc. is eol duit an seanḟocal. except that I did not k. where he was. aċt nárḃ' eol dom cá raiḃ sé. the thing I k. an rud atá ar eolus agam. he k. his business. tá eolus aige ar a ġnó. he k. the place well. tá e. na háite aige. such a thorough k. of the faith. e. ar an gcreideaṁ ċoṁ hiomlán. he k. it by heart. do ḃí sé ar e. aige de ġlan ṁeaḃair. getting to k., exploring the country. ag déanaṁ, cur eoluis na tíre. how could she k. her way about the city. cionnus ḟéadfaḋ sí eolus na caṫraċ do ḋéanaṁ. that is not a question with a view to getting k. ní ceist ar lorg eoluis í sin. it was made k. to him that, etc. do cuireaḋ i n-iúl dó go raiḃ ... he did not recognize, k. his own voice father, etc. níor aiṫin sé a ġlór, aṫair féin; níor ḟéad sé iad d'aiṫint, d'aiṫneaċtáil (C). you would have k., recognised that he was sad. do b'uirrirte ḋuit a aiṫint go raiḃ brón air. I k. it to be gold by its look. d'aiṫniġeas ar a ḋeallraṁ gurḃ' ór é I k. the man, place (for ever so long) tá (sean) aiṫne agam ar an ḃfear, áit. I should like you to k. her, make her acquaintance. ba ṁaiṫ liom tusa do ċur aiṫne uirri. his acquaintances. a luċt aiṫne. I k. her by sight. tá a. ṗearsa, súl agam uirri. there was no one there whom I k. ní raiḃ aoinne ar m'a ann. a man k. to you fear aiṫniḋe ḋuit, aiṫneadaṁail. one I do not k. fear naċ aiṫnid dom. all the district k. he was poor. do b'aiṫin don duṫaiġ é do ḃeiṫ beo boċt. without having anyone I k. gan duine aiṫeantais agam (C). you can't k. a man till you live with him ní haiṫeantas go haontiġeas. do you k. the cow. an ḃfuil aon tuairisc agat ar an mbuin. (C). do you k. the way to T. an ḃfuil tuairisc an ḃóṫair go Tuama agat (C) you k. very well who he is. is beag dá ṁearḃall ort cé hé féin v. mistake. I k. well what he wanted. do ṫuigeas im aigne cad a ḃí uaiḋ. v. understand. let me k. send me word. v. news. knowledge v. learning

KNUCKLES. rúitíní.

LABORIOUS. v. diligent.

LABOUR. v. work, childbirth, workman.

LACE (of boot). iall f. 2.

LACK. v. want.

LAD. v. boy.

LADDER. dréimire m. 4.

LADY. bean uasal. L. Day. Lá Ḟéile Muire (sa ḃFóġṁar, san Earraċ).

LAIC. v. lay.

LAITY. tuaiṫ f. 2. both clergy and l. idir ċléir ⁊ t.

LAKE. loċ m. 3.

LAMB. uan m. 1; uascán m. 1 (yearling) (C). feoil uain (meat).

LAME. v. cripple.

LAMENT. v. cry.

LAMP. lampa m. 4; lóċrann m. 1.

LAMPOON. v. satire.

LAMPREY. earcú f. 5.

LANCE. v. spear.

LAND. v. earth. talaṁ m. 1, f. 3. tír f. 2 (country). good l. talaṁ maiṫ, fóganta, nádúrṫa. an acre of l. acra talṁan. the l. question. ceist na talṁan. further into the l., country. níos sia isteaċ san tír. native l., tír ḋúṫċais. the people of this l., country. daoine na tíre seo. he has a piece of l. tá píosa, roinnt, cuiḃreann (U) talṁan aige. he landed there. de ċuaiḋ. ṫáinig sé i dtír ann; do ġaiḃ sé calaḋ, cuan ann. he l. on the shore. do ġaiḃ sé talaṁ, port ar an dtráiġ. they were l. do cuireaḋ i dtír iad. l. lady v. hostess. l. lord. tiġearna talṁan, oiġre dúiṫċe (C); maiġistir m. 4; fear an tiġe (of inn, etc.)

LANE. sráidín m. 4; bóiṫrín m. 4; póirse m. 4; scabat m. 1.

LANGUAGE. v. talk. teanga f. 5. the I. l. an Ġaeḋealg. the E. l. an Béarla, Sacsbéarla. the F. l. an Ḟrainncís. bad l. droċċaint. that is brave l. caint dána is eaḋ é sin. violent l. droċḟriotal. v. abuse, impudence.

LANGUID, etc. v. weak, lazy, heavy.

LANGUISH. v. fade.

LANTERN. lantaor m. 3.

LAP. sit in my l. suiḋ im uċt (m. 3). it is in her l. tá sé i na beinn aici.

LAPWING. v. plover.

LARGE. v. big, wide. l. minded. v. generous. mind.

LARK. fuiseóg f. 2.

LASH. v. blow, beat, tie.

LAST (shoemaker's). ceap m. 1.

LAST. v. end. deireannaċ; déiḋeanaċ (properly "late"). the l. month of the year. mí ḋeireannaċ na bliaḋna. the l., latest misfortune. an míáḋ is deireannaiġe. the l. man (in line, order). an fear deiriḋ. the rosary is not the l. of the prayers. ní hí an Ċoróin Ṁuire an ċuid is sia de na paidreaċaiḃ. and so on till the l. of them. ⁊ mar sin dóiḃ siar síos. at l., finally. fá ḋeireaḋ, fa d. at long last. fá ḋ. tiar tall; fá ḋ ⁊ fá ḋeoiḋ (C): i ndeireaḋ na dála, treiṁse, preibe, mbeart, scríbe; i nd. bara. l. year etc. an ḃliaḋain seo caiṫte (againn); an b. seo ġaiḃ ṫarainn; an b. seo imṫiġ ṫarainn; an b. seo atá caiṫte againn; an b. seo a ċuaiḋ ṫart (C. U); an b. seo a ċaiṫeamar. l. year. anuirraiḋ.

l. night. aréir. this time l. year. bliadhain an taca so. last S. week etc. seachtmhain is an Domhnach so gaibh thorainn: s. is go D. so chaith-eamar (W). the l. day they were there. an lá ceana do bhíodar ann. he put the l., finishing touch on it. do chuir sé bárr, críoch air.

LAST. v. continue. that food did not l. me half as long as I expected. níor sheasuigh an lón soin leath na haimsire do mheasas do sheas-óchadh sé. the food l. 12 days. do sheas an lón dá lá déag. that boot won't l. long. ní sheasóchaidh an bhróg soin aon fhaid. as long as it l., an fhaid do chuaidh sé liom. that money, etc. will last you a very short time. is gairid (sïar) ragaidh an méid sin airgid ort; is g. le dul ort an m. s. a.; is g. sïar duit an m. s. a. they l. me a long time for food. do chuadar i bhfad orm mar fheoil. how long will that l. so many. cadé an fhaid le dul an méid sin ar oiread daoine, ar an o. d., ar an o. soin d. it won't l. a family very long. is gearr, ní fada le dul ar linntighe é. I made it l. a long time. is fada go léir do bhaineas as. it had not l. a day when it... níor chuir sé lá de nuair bhi sé... a lasting peace, etc. síoth-cháin bhuan, seasmhach, buantseas-mhach, mharthannach. the work will be l. beidh an obair buan. the horses were swifter and had greater l. powers. do bhi na capaill níos luaithe ⁊ níos buaine. it was founded to be l., permanent. do cuireadh é ar bun go (beo) buan, go marthannach. v. constant.

LATCH. laiste m. 4; claibín m. 4.

LATE. déidheanach; deireannach (C). it is too l. for him now. tá sé ró-dhéidheanach aige anois. l. in the night. déidheanach san oidhche. it is getting l. tá sé ag dul i ndéidh-eanaighe. chun déidheanaighe; tá sé ag teacht déidheanach (W). till l. evening. go tráthnóna d. v. even-ing. 10 years later. deich mbliadhna ní ba dhéidheanaighe. v. after. better l. than never. is feárr déidheanaighe ná ródhéidheanaighe. I think it is l. enough. ní beag liom a d. atá sé. it is getting l. in the night. tá sé ag druidim amach san oidhche; tá sé anfhada san o.; tá sé amach go maith san o. till a l. hour. go dtí tráth éigin amach san o. he will understand it when it is too l. tuigfidh sé i antráth é. at a very l. hour. i n-am míthráthamhail. he was l. for Mass. do bhí sé déidheanach chun Aifrinn; do bhí sé mall ag an Aifreann (U).

LATELY. he was here quite l. is le fíordhéidheanaighe do bhí sé annso; is gearr ó bhí ... until l. go dtí a bhfuil fíorbheagán aimsire; go dtí ar na mallaibh (U). seeing how l. I did it. ⁊ a ghiorra atá ó dhein-eas é. however l. I did it. dá ghiorracht an aimsir ó dheineas é. l., the other day. an lá ceana; an lá eile; an lá fá dheireadh. l., for some (short) time past. le tamall (gearr); le gairid.

LATHE. deil f. 2.

LATIN, Laidean f. 2.

LAUGH, he l. out. do chuir sé gáire (m. 4) (mór) as. he began l. do chrom sé ar gháiridhe. that made me l. do bhain sin gaire asam. that gave me cause for l. do thug soin cúis g. dom. l. at us. ag gáire, gáiridhe umainn, fúinn. I burst out l. do scáirteas ar gháiridhe. that only made me burst out l. níor bhain sin asam acht scairteadh gáire, he was, went into fits of l. do bhí, chuaidh sé i dtritibh gáiridhe; do bhris trití g. air; do bhí sé i na thritibh duba ag g.; do tháinig falrach gáire air (C); do bhí sé i n-arraing-eachaibh ag gáire (C). she went from from one fit of l. into another. do chuaidh sí ó thriteamh go t. gáiridhe. such a yell of l. a leithéid d'uaill g. he has a l. face tá cáir gáire air (C). he smiled (at them) do tháinig cáir air (C). do mhuidh a ghean gáire air; do chuir sé smuta gaire, smut de g.as (fúta); d'fhátgháirigh sé; do chuir sé smeigeadh gáire as; do chuir sé mion ghaire as. he was smiling, l. a little. do bhí sé ag mionghairidhe, meangadhgairidhe (C) I had to smile at it do b'éigin dom meangadh beag gáiridhe (C), miogaireacht beag gáire (C) do dhéanamh faoi. a faint smile was on his lips do bhí fáthadh an gháire i na bhéal. softly l. tittering ag boggáiriḋe. l. pointlessly. stupidly. ag leaṁġáire smiling on him and wheedling him ag mionġáiriḋe leis ⁊ ag cuimilt baise ḋe she spoke in a bright l. way do labair sí go gealgáiriteaċ v. gay. he l. sarcastically grinned. do ċuir sé dranna gáire air; do ḃí grainnc gáiriḋe air. grinning at him. ag drannaireaċt leis (C). they were l. at, joking, humbugging me. do ḃíodar ag magaḋ fúm, ag stealladh magaiḋ fúm, ag magaḋ orm (U), ag cleiṫṁagaḋ fúm. we shall be so l. at. árdóċar a leiṫéid de ġeonṁagaḋ fúinn. he joked me a little. do ḋein sé iarracht beag magaiḋ fúm I shall not be a l. stock, butt, object of ridicule for you. ní haon ċeap magaiḋ mise agat; ní ḃeadsa im ċeap. ċúis, ċúrsaiḃ magaiḋ agat; ní ḃeir ag déanaṁ paoir díomsa. he was their l. stock, a butt for them do ḃí sé i na stáicín áiḃéise acu; do ḋeineadar béċé, paor aḋaċt, ballscige de: do ḋeineadar baill-seir air (C) he said in a jeering, mocking way adubairt sé go scigeaṁail. in a sneering way. go cnáideaṁail, fonoṁaideaċ. they were l. scoffing at us do ḃíodar ag scigireaċt orainn, umainn. l. giggling, giggles. scigire; scigireaċt. he will be mocked, sneered at. déanfar fonoṁaid faoi; beifear ag f. faoi. do not sneer, jeer at a poor man. ná déin cnáid fá ḋuine boċt. he made a fool, played a practical joke on them. do ḋein sé cluiċe aḋaċta díoḃ v. joke. l. at. making fun of him. the way he did it ag déanaṁ suilt ⁊ grinn de, den ċuma i nar ḋein sé é. it is no l. matter ní cúrsaí suilt, etc. é. v. cause. laughable v. funny. queer. fool

LAVISH. v. generous. spend.

LAW. dliġe m. f. 4. against the l. i n-aġaiḋ na d. he made a l. do ċeap sé d. to execute the l. an d. do ċur i ḃfeiḋm. they went to l. do ċuadar ċun d. le na ċéile. I took an action at l. against him. do ċuireas an d. air. that you might punish them according to l. go ndéanfá toraḋ na d. do ṫabairt dóiḃ. owing to the l. suit between them. mar ġeall ar an nd. a ḃí eatorra.

LAWFUL. v. right, permit. dleaġṫaċ; ceart; dlisteanaċ. l. coin. airgead dleaġṫaċ.

LAWN. faiċċe f. 4; plásán m. 1; (plot etc.) plásóg f. 2. (id.) báinseaċán m. 1. (id.)

LAWYER. fear dliġe; atúrnae m. 4.

LAX. v. easy, loose.

LAY. v. put. leigim, leogaim, leagaim (C.U.) the hen l. an egg. rug an ċearc uḃ. the hen is l. tá an ċ. ag breiṫ. to l. out corpse. corp do ṫonnaċaḋ. the table is l. tá an bórd leigṫe amaċ. to lay wager. geall do ċur. v. bet. to l. eyes on. v. see. l. waste. v. destroy, plunder.

LAZY. LAZINESS. leisceaṁail; fallsa (C); spadánta (also spiritless); tamáilte; siléagaċ (procrastinating); leadránaċ (loitering etc.) l.-iness. leisce f. 4; leisceaṁlaċt f. 3; spadántaċt (also "want of spirit"); fallsaċt f. 3 (C); ruġimiteas m. 1 (C). a l. fellow. rúġmaire m. 4; fallsóir m. 3; (C); leisceoir m. 3; stráille m. 4 (big l. idler); leadaiḋe m. 4 (C.U.) leadránaiḋe m. 4 (loiterer); scraiste m. 4 (C); leoiste m. 4 (C); raoiste m. 4 (C.U.) codaiḋe m. 4 (U); rámaire m. 4 (loafer) (C); rámaire coirnéil (C) (corner boy); lorganaċ m. 1 (sluggard); fiaḋaire feaḋa (idle, good-for-nothing); marbán m. 1 (heavy, languid man); snaṁaire m. 4 (l. and cranky fellow); sruóg f. 2 (l. fat woman); suairṫeiḋe m. 4 (l. unpunctual fellow).

LEAD. luaḋ f. 2. l. pencil. peann luaiḋe.

LEAD. v. bring, guide, allure. leader. v. guide. commander. leading. v. first, important, ahead.

LEAF. billeog f. 2; duilleóg f. 2 (C.U.); duilleabar m. 1 (foliage).

LEAGUE. v. alliance, company. léige m. 4. (3 miles).

LEAK. v. hole. the pot is l. tá an corcán ag leigint uaiḋ, triḋ. the bladder is l. tá an lamnán ag tarrang na gaoiṫe (W). the boat is l. tá scoilt uirce sa ḃád. the truth has l. out about you. tá an ḟírinne tar éis scéiṫeaḋ ort. our story had l. out. do ḃí an scéal amuiġ orainn.

LEAN. v. thin. he was l. on his son's shoulder. do ḃí sé i na luiġe ar ġualainn a ṁic. l. back in the chair. i na luiġe siar sa ċaṫaoir. the boat l. over to starboard. do luiġ an báḋ ar an mbórd deas. he l. against the railing. do leig sé a ucht ar an bfáil. he was l. against the wall. is aṁlaiḋ ḃí sé ⁊ a ucht leis an gclaiḋe. I l. my back against the wall. do ḃuaileas, ċuireas mo ḋrom leis an ḃfalla. v. against.

LEAP, v. jump. l. year. bliaḋain ḃisig; b. reaṫa (W).

LEARN, etc. v. know, hear. l.-ed. léiġeanta; foġlumṫa; eagnaiḋe (wise, sage). a l. man, sage. éigeas m. 1; saoi m. 4. l.-er. foġlumṫóir m. 3; lucht foġluma (learners). l.-ing. foġluim f. 3; léiġeann m. 1; éigse f. 4; eagna f. 4 (wisdom); eolus m. 1 (knowledge). he is l. I. tá sé ag foġluim Gaeḋilge. he l. it from his father. d'ḟoġluim sé ó na aṫair é. I l. how to do it. d'ḟoġluimeas conus é do ḋ. he came to l., study. do ṫáinig sé ag déanaṁ foġluma, ag foġluim léiġinn. l., studying history. ag déanaṁ stúidéir ar an seanċus. most l., wise scholars. scoláirí is foġlumṫa, eolgaisiġe, is mó eolus, léiġeann etc. men l. in every kind of wisdom. daoine oilte ar gaċ saġas léiġinn. l. a lesson from him. ag meaḃruġaḋ ceaċta uaiḋ. ,to learn by heart v. memory. I soon l. how to do it. níorḃ' ḟada go ndeaċas i n-eolus ar a ḋéanaṁ. v. know.

LEASE, téarma m. 4; léas m. 3. to get a l. of land for 10 years. téarma do ġlacaḋ ar ṫalaṁ ar feaḋ deiċ mbliaḋan.

LEASH, iall f. 2.

LEAST, v. little. the l. of them. an ceann is luġa acu. when he l. expects it. nuair is luġa ḃeiḋ coinne aige leis. that the l. the Irish king could do was to defend I. gurḃ' é ba luġa ba ġann do ríġ na hÉireann Éire do ċosaint. at l. ar a luiġeaḋ. well, or at l. out of danger. go maiṫ nó an ċuid is luġa ḋe saor ó ḃaoġal. v. events. she was not in the l. hurry. ní raiḃ a ḃeag ná a ṁór de ḋeaḃaḋ uirri. v. any.

LEATHER, leaṫar m. 1.

LEAVE, v. let, permit, permission, go. he l. the house d'ḟág sé an tiġ. he l. it behind him d'ḟág sé i na ḋiaiḋ é. he left it a desert. d'ḟ. sé i na ḟásaċ é. he l. me in the dark about it. d'ḟ. sé mé dall air. he l. it to me. d'ḟ. sé agam é. God l. you your health. go ḃfágaiḋ Dia do ṡláinte agat. I l. it to them to settle. fágaim fúṫa é. l. the rest in my hands. fág an ċuid eile fúmsa. he was not l. completely in her care. níor fágaḋ fúiṫi é ar fad. I will not l. you ní scarfad go deo leat. that look never l. his memory. níor scar an ḟéaċaint sin le na ċuiṁne. the sickness has quite l. me. tá an ḃreoiḋteaċt scarṫa glan liom. leave it to women to be sharp. are they not very s. castar le géarċúiseaċt mná é. l. it to children to do it. none could do it better. cas leis an gcloinn é. he is l. them behind, drawing ahead in race. tá sé ag bogaḋ uaṫa. he l. down his bag. do leig sé ḋe a ṁála. l. off, l. me alone with your talk, etc. v. stop. l. out v. omit

LEAVEN, gaḃail f.3

LEAVINGS, v. remnant, refuse

LEE, to l. fá n-ár lé. leewards of the boat. fá lé an ḃáid

LEECH, súġṁaire m. 4

LEES, v. refuse

LEFT, clí; clé. the l. ear an ċluas ċlé. it is on your l. tá sé ar taoḃ do láiṁe clé. he is to the l. of the King tá sé ar láiṁ ċlé an ríoġ. l. hand ciotóg f.2. a l. handed person duine ciotaċ. the l. handed fellow. giolla na ciotóige. turning from right to l. (of wheels, etc). ag dul, iompoḋ tuaṫail (C). everything except the plough should turn to the right. gaċ aon rud ar deiseal aċt an treisreaċ ar tuaṫal. v. hand

LEG, cos f. 2. long l-ged fadloirgneaċ. it crept up my l. suas mo ríġteaċa do ṡnáiṁ sé. leg of beef. riġe ṁairt (C)

LEGEND, v. story

LEGISLATE, v. law

LEISURE, v. time, quiet. at l. v. idle

LEITRIM, Conntae Liaṫdroma

LEMON, liomóid f.2

LEND, v. loan

LENGTH, v. long, far. a gunshot l.

away. fad urċair gunna. v. range. a blow you could hear the l. of the field away from the house. buille a ċloisfeá leiṫead na páirce ón dtiġ my gun lying at full l. beside me. mo ġunna ar a ḟad taoḃ liom síos. l. of time. v. time. lengthen. v. increase, long

LENIENT, v. gentle

LENT, Cargaos m. 1

LEPER, lobar m.1 leprosy. loḃra f.4

LESS, v. little. it is (much) l. than ... tá sé luġa (go mór) ná ...; is luġa é ná ... there is no one of l., inferior repute, ability than he. ní ḟuil aoinne is luġa cáil, éirim etc. ná é. there was not less than 7 gallons in it. ní raiḃ níos luġa ná sé galúin ann. he learned it in l. than 12 days from the time etc. d'ḟoġluim sé é leaṫstiġ de ḋá lá déag ón uair ... he was poor l. than 5 years ago. within 5 years past. do ḃí sé boċt leaṫstiġ de ċúig bliaḋnaiḃ ó ċoin. he will go there in l. than. within a week. raġaiḋ sé ann fá ċeann seaċtṁaine. he was dead in l. than a year. within the year. fá ċeann bliaḋna ón lá soin do ḃí sé i n-úir. v. within. if it was not more, neither was it l. than that. mura raiḃ sé os a ċionn ní raiḃ sé fá na ḃun. he is not less than 10 years old. ni ḟuil sé fá bun deiċ mbliaḋan. more or l. v. about. grow l., make l. v. lessen. still l. v. mention. none the l. v. nevertheless.

LESSEN, luiġdiġim; laġduiġim. that did not l. his respect for them. his anger etc. níor luiġdiġ sin an urraim a ḃí aige dóiḃ, an ḟearg a ḃí air. to l. grace. na grásta do luiġdiuġaḋ. it would l. his danger from dogs. ba luiġead ar a ċontaḃairt ó ġaḋaraiḃ é. if that would l. labour for him, save him l. dá mba aon luiġdiuġaḋ gnóṫa ná laġaċar allais dó soin. the money is l., growing less. tá an t-airgead ag dul i luiġead. the energy grew less. do ċuaiḋ an fuinneaṁ i luiġead, maoile; do ṁaoluiġ ar an ḃfuinneaṁ. the fierceness of his speech calmed down. do ṁaoluiġ ar an ndéine cainnte aige. the storm, noise was abating. do ḃí an t-anfa, fotram ag maoluġaḋ; do ḃí maoluġaḋ ag teaċt air; do ḃí sé ag dul i maoile. that allays. softens his grief. deineann soin maoluġaḋ ar a ḃuaḋairt dó; maoluiġeann soin í. with no lessening of his appetite. gan aon ṁaoluġuḋ do ḋul ar a ġoile. the storm abated a little. do ċuaiḋ den anfa beagán. the storm had abated. do ḃí imṫiġṫe den anfa beagán. after its force had l. ar ḋul dá ḟuinneaṁ dó. the strength l., got less. do ċlaocluiġ ar an neart. one's desire l. with fatigue. tráġann an fonn nuair ṫagann an tuirse. I eased, l. your pain. do ṫugas bogaḋ ar do ṗian. that l. my pride. do ḃain sin ó ṁéid mo ṁórḋala. that l. C's power in I. do ḃain sin ó ċoṁact Ċuinn i nÉirinn. that l. the benefit. do ḃain sin ón dtairḃe. the music rising and falling, increasing and l. an ceol ag borraḋ ⁊ ag caoluġaḋ. I got a l., abatement in rent. fuaras locáirte, lascaine sa ċíos.

LESSON, v. example. ceaċt m. 3.

LEST, v. fear. she is watching you lest you might go ... tá sí ag faire ort sar a raġfá ... running l. I might be late. ag riṫ sar a mbeinn déiḋeanaċ. look out l. he blind you. faire ort nó do ḋallfaḋ sé ṫú.

LET, v. permit, escape. I l. him in, out, land etc. do leigeas isteaċ, amaċ, i dtír é. dont let it (fire) out. ná leig as é. I l. him do it. do leigeas dó é do ḋéanaṁ. he would kill me if I l. him. do ṁarḃóċaḋ sé mé dá leiginn leis. I asked him to l. it be taught. d'iarras air a leogaint do ṁúineaḋ, a leogaint dá ṁúineaḋ. I asked to be l. in. d'iarras cead mé do leigint isteaċ. l. me alone. leig dom féin. if they were l. alone. dá leigtí dóiḃ féin. let them do it themselves or else l. it alone. deinidís féin é nó leigidís dó. let me alone with your chatter. leig dom féin led ċuid cainnte. if I am l. off, spared. má leogtar as mé. v. spare. I wont l. you off so easily. ní leogfad leat é ċoṁ bog soin. if God lets me live to-day. má leigeann Dia an lá indiu liom. v. spare. l. me off, release me. leig ċun bealaiġ, siuḃail mé; scaoil ar siuḃal mé. I l. her go, released her. do scaoileas uaim í. I l. him go with them, home etc. do scaoileas leo, a ḃaile é. I l. him have his way. do s. leis. to sit quiet and l. the injustice go on. suiḋe ⁊ scaoileaḋ leis an éagcóir. let him come to me. scaoil ċúgam é. I l. it alone, did not touch it. do scaoileas ṫarm é. I am sorry I did not l. him alone, not interfere with him. tá caṫuġaḋ orm nár scaoileas ṫarm é. I l. my cloak fell back. do s. mo ċlóca siar síos díom. I l. the boat drift. do s. leis an mbád. I l. it (rope etc.) out a good deal. do s. leis tamall mór amaċ. in your place I would l. him alone. do scaoilfinn ṫarm é dá mbeinn id ċás; ní ḃacfainn é dá etc.; ní ḃacfainn leis dá etc.; do leigfinn dó dá ...; do leigfinn leis dá ... the house is to l. tá an tiġ i n-áirde; tá an tiġ le cur. I l. it on hire to him. do ṫugas fá ċíos dó é. to l. my house to my sister-in-law. mo ṫiġ do ċur ċun mná mo ḋearḃráṫar. v. hire. oh! l. him, I dont care. bíoḋ a ċead soin aige. l. off. v. pardon, spare. l. go. v. loosen, free. l. alone. v. interfere. l. out. v. reveal. l. me etc. v. may, permit.

LETTER, v. litir f.2. according to the l. of the law. do réir scruinnis focail na dliġe. they neglected the spirit and struck to the l. do leigeadar uaṫa an ḃríġ ⁊ do ċoimeádadar an focal

LEVEL, it (clay, etc.) lay l. all round them. do luiġ sé comṫrom timċeall orra. I set the boat l., trim. do ḋeineas an bád comṫrom, comṫromaċ. it set me l. (in boat) again. do ċuir sé ar comṫrom mé. l. land. talaṁ comṫrom réiḋ. a l. road bóṫar réiḋ. over l. plains. ar fúd réiḋte ⁊ gleannta. I made it l. all round. do ḋeineas comċruinn é. the trees l. na crainn comḟada. they were l. in height do ḃíodar ar aon áirde aṁáin

LEVY. v. collect

LEWD, v. impure

LIABLE, v. inclined, responsible

LIAR, bréagaire, bréagadóir m.3; fear bréagaċ; fear éiṫiġ

LIBEL, v. calumny

LIBERAL, v. generous

LIBERATE, LIBERTY, v. free

LIBRARY, leaḃarlann f. 2.

LICENSE, v. permission, impure

LICK, liġim; liġreacaim; slíobaim; sliuċtaim (W) the dog l. his face do ṡlíob, liġ an madra a aġaiḋ. l. the cream. ag slíobaḋ ⁊ ag liġreac an uaċtair. the plate is l. clean by the dog. tá an pláta sliuċtuiġṫe ag an madra (W)

LID, v. cover

LIE, v. false, contradict. bréag f.2; éiṫeaċ m.1; faḋbóg f.2 (C) ("fib.") it is a l. for you to say that. is bréag duit é sin do ráḋ telling l. ag innsint bréag. to tell him a l. bréag do ráḋ leis. I do not like to give him the l. ní maiṫ liom b. do ċur air. to bring lying, false charges against me. neiṫe bréagaċa do ċur im leiṫ. the l. word an focal bréige, bréagaċ. l. false testimony, witness. fiaḋneise. fiaḋneiḋ bréige. you have told a l. do ṫugais t-éiṫeaċ; do ṫugais do ḋearġéiṫeaċ (big l.) he is a terrible l. tá sé lobṫa le héiṫeaċ it is full of l. tá sé lionta d'éiṫeaċ is it the truth or l. he is telling. cé acu fírinne nó éiṫeaċ atá aige dá innsint. he will tell you a l. inneosaiḋ sé an t-é. duit. always giving out l. ag steallaḋ, spalpaḋ, scilige éiṫiġ gaċ aon ré soluis. he showed up the l. she told do noċt sé an t-éiṫeaċ i na diaiḋ without any l. gan aon agó v. v. assure

LIE, he lay down there. do luiġ sé síos ann. I l. down on the grass do luiġeas ṫarm ar an ḃféar. he l. face down. do luiġ sé ar a ḃéal faoi. he was l. there, back in the chair. do bí sé i na luiġe ann, siar sa ċaṫaoir. he l. on the bed do ṡín sé sa leabaiḋ he was l. stretched on the bed. do ḃí sé sínte sa leabaiḋ I used to l. down do ṡíninn ṫarm. he is a lie-abed codlaḋ go headarṡuṫ is eaḋ é.

LIFE, v. live, world. a man's will is his l. beaṫa (f. 5) duine a toil. to restore him to l. é do ṫaḃairt ċun beaṫaḋ arís. I am ashamed that I should ever be there in my l. tá ceist orm é do ḃreiṫ im ḃeaṫaiḋ orm ḃeiṫ ann. I am ashamed that I should ever have to do it in my l.

tá ceirt orm é do ḃreiṫ im ḃeaṫaiḋ orm go ndéanfainn é. he lived his whole l. there. do ṁair sé le na ḃeo ann. I shall give you half of it during my l. and the rest after my death. do ḃéaraiḋ mé a leaṫ lem ḃeo ⁊ é uilig lem ṁarḃ (C). in this l. ar, ins an saoġal so. in the next l. ar an s. eile; san ts. eile. I was there for part of my l. do ḃíos ann tamall dem ṡ. all I have in l., the world. gaċ a ḃfuil ḋen tsaoġal agam. he never saw that much in his l. ní ḟeaca sé an méid sin le na ṡ. he has a fine time, l. of it. is breáġ, foġanta an s. atá aige. if they were spared in l. dá saoġalósaiḋe iad. if it were God's will to leave him his l. dá mba ṫoil Dé é do ṡaoġaluġaḋ. long l. to you. fad saoġail ċúġat; go mairir i ḃfad; go dtugaiḋ Dia ré ḟada ḋuit. I never saw, shall see it in my life. ní ḟeaca, ḟeicfead lem ré é. that kept the l. in him. do ċongḃuiġ sin an t-anam ann. if my l. depended it. dá mbeaḋ m'anam air. he swimming for bare l. é ag snáṁaḋ ⁊ a anam air. to save his l. a anam do ṡáḃáil I would risk my l. for her. d'imreoċainn m'anam ar a son. she fell lifeless,in a faint. do ṫuit sí gan anam. v. sense, dead. talk full of l. cainnt anamaṁail. v. gay, energetic, bright. for your l. do not do it. ar do ḃás ná dein é. v. account. all one's l. ó aois go bás. there is not a spark of l. in him. ní ḟuil aon ṁéam ann. there is just a little spark of l. in him yet. tá méam beag éigin fós ann ; ní ḟuil ann aċt an scrioṫartaċ. no l. in limb etc. v. use.

LIFT, v. raise.

LIGHT, v. active, easy. the table etc. is l. tá an bórd etc. éadtrom. a great injustice would be a l. thing for him. do b'éadtrom aige éagcóir trom. he lifted me up l. do ṫóg sé mé go héadtrom. they went over the wall l., easily. do ċuadar go héadtrom éascaiḋ seolta de ḋruim an ċlaiḋe. he put his hand l., gently on it. do ċuir sé a láṁ go haicillíḋe air. a frivolous, l. headed person. duine éaganta, cloigéagánta. he is l. in the head, silly. tá sé ar éadtromaċt. v. fool. l. hearted. éadtromċroiḋeaċ. v. gay, easy. l. footed. luaṫċosaċ v. active. a l. chattering person. v. talk. l. in head. v. dizzy. rain getting l. v. rain. make l. of v. matter, care.

LIGHT, v. bright. blaze. by the l. of the moon. le solus (m. 1) na gealaiġe. a l. house. teaċ soluis. preparing lights, candles, etc. ag ollaṁuġaḋ soillse. twi-l. v. evening

LIGHT, v. fire. lasaim ; adaiġim ; fadaiġim ; adnaim I lighted the fire d'adaiġeas, do lasas an teine. he l. the paper at the candle do las sé an páipéar ar an gcoinnil the moon l. up the country. gealann, gileann an ġealaċ an dúṫaiġ. he l. his pipe. do ḋearg sé a ṗíopa ; do ḃuail sé smól ar a ṗíopa

LIGHTNING, splannc f. 2 ; teintreaċ f. 2 ; tóirneaċ (W) (thunderbolt) ; caor f. 2. sheet l. splannc gealaċa. the l. blasted, killed him. do loisc, ṁairḃ an splannc é. I saw a flash of l. do ċonnac splannc lasraċ. he was in no danger from the l. níor ḃaoġal dó an lasraċ. the l. bolt fell on the house. do ṫuit an ċaor ar an dtiġ. a summer day which might turn to l. and thunder. lá samraiḋ a iompóċaḋ ċun splanncraċa ⁊ ċun tóirniġe.

LIKE, v. case. appearance, state, same. he is very l. C. is fíorḋeallraċ le Conn é. it was l. very l. the noise which...ba ḋeallraċ, ḋeallraṫaċ, ḟíorḋeallraċ é leis an ḃfotram a bí... they are l. each other. táid siad deallraċ le na ċéile. you do not resemble your brother at all. ní ḟuil aon deallraṁ (m.1) agat led ḋearḃráṫair. he looks l. that, he has that appearance. tá soin de ḋeallraṁ air. there was no pet l. him ní raiḃ a ṡaṁail de ṗeata ann. they were l. each other ba ċosṁail le ċéile iad. he is not unlike C. ní miċosṁail le Conn é. he is not a bit l. them. ní ḟuil aon ċosaṁlaċt aige leo. animals l. asses. ainmiḋṫe i gcosaṁlaċt asal. no one can be found l. you. ní ḟuil do leiṫéid eile le ḟaġáil. I never saw such a man ní ḟeaca riaṁ a leiṫéid d'ḟear. did anyone ever hear the l. ar airiġ aoinne a leiṫéid. rabbits and such l- coiníní ⁊ a leiṫéidí. v. such. the picture was life like as a portrait should be. do ḃí an ṗictiúir fírinneaċ i na déanaṁ mar ba ċeart clóḋ duine do ḃeiṫ. anything a bit l. gentlemanliness. gaċ aon rud i ḃfuirm uaisleaċta. a thing ever so l. a horse-shoe. rud ná facaṫas oiġre riaṁ ar ċruḋ aċt é. he is exactly l. C., the dead image of C. is é Conn i na steille beaṫaiḋ é ; ní ḟeacais oiġre ar Ċonn aċt é. they are all alike, much of a muchness. (is) mar a ċéile iad ; clann na beirte is eaḋ iad; eatorra araon atá sé : "dearḃráṫair do Ṫaḋg Doṁnall." v. same. C's act was precisely like A's. do ḃí gníoṁ Cormaic ar aon dul le gníoṁ Airt. it is done l. an E. book. tá sé déanta ar aon dul le leaḃar Béarla. making us frame our speech l. our E. ag cur d'ḟiaċaiḃ orainn ár gcainnt do ḃeiṫ ar dul an Ḃéarla againn never was there a blunder l. that. níor ḃutún go dtí é. no deformity is l.. as bad as blindness. ní martraḋ go dtí daille. you never saw anything like her eye, l. the fun we used to have. ní ḟeacais riaṁ aċt an tsúil atá aici, aċt an spórt a ḃíoḋ againn. he saw a thing that looked like a bird. do ċonnaic sé mar ḃeaḋ éan. he dressed himself l. a king. do ġléas sé é féin mar ḃeaḋ rí. there was a bond on him like a nun's vow. do ḃí ceangal air mar ḃeaḋ móid mná riaġalta. it is l. the match which ... is cuma é nó an cleaṁnas a ḃí ... she was l. a sunbeam entering. ba ċuma í nó ga gréine do ṫeaċt isteaċ. l. a man who would be drunk. aṁail duine a ḃeaḋ ar meisce. he jumped l. a dog. do léim sé ar nós madra. a strong man l. C. fear láidir de ṡaġas Ċuinn. a man l. him. fear dá ṡaġas, ṡórt. a case like that. cás dá ṡórt. v. such. he is l. a man who is ... tá sé mar ḟear atá ... you are not l. your brother. ní mar a ċéile tusa ⁊ do ḋearḃráṫair. all women are alike, the same I suppose. is dóċa gur dá ċéile na mná go léir. go like a good girl to the ... téiriġ mar ḋéanfaḋ cailín maiṫ go dtí an ... l., as in the case of the boy who etc. fearaċt an ḃuaċalla a ḃí ... (C). l. every other work. fearaċt gaċ oibre eile (C). l. many others. dalta a lán daoine eile. l. a man who would be ... aṁail, fearaċt (C). dalta duine a ḃeaḋ ... l. the cur in the story. dalta an ṁadra meaṫta sa scéal. they descended from gods l. the Greeks. do ṡíolruiġeadar ó ḋeiṫiḃ d. na nGréagaċ. v. case. the I. are l., have the same position as the G. is é d. na nGréagaċ ag na hÉireannaċaiḃ. v. way, state. none of his children is l. him. takes after him. ní leis atá aoinne dá ċloinn ag dul. he was powerful l., taking after his father. do ḃí sé cumasaċ mar ba ḋual aṫar dó ḃeiṫ. l. that, in that condition, plight, way, etc. v. state. a thing l. that. v. such.

LIKE. I should l. to, etc. v. desire. I l. drink, etc. v. desire. whatever you l. v. choose. I l. book, to be there, etc. v. please. I l. better v. prefer. I l. him, etc. v. love. I l., value, appreciate. v. value. I do not l. v. dislike.

LIKELY. it is l., there is every probability that he will ... tá deallraṁ (m. 1), gaċ aon deallraṁ go mbeiḋ sé... : baineann sé le d. go mbeiḋ sé ; beiḋ sé ... do réir gaċ deallraiṁ. it does not seem l., ni ḟuil aon deallraṁ air. I never heard a less l. story. níor airiġeas riaṁ scéal is luġa d. ná é. your story looks l. tá d. led scéal. it does not look l. to be fine. ní ḟuil d. foġanta ar an lá. I think it l. he will ... is dóiġ liom go mbeiḋ sé ... it is not probable that he will ... is andóiġ go mbeiḋ ... I told him to search every place l. and unlikely for them. duḃairt leis dóiġ ⁊ andóiġ do ċuardaċ dóiḃ. he searched every place l. or not for the pen. do ċuarduiġ sé dóiġ ⁊ andóiġ ar lorg an ṗinn. it is (very) l. he was, is, will be. etc. (is maiṫ) is dóiġ go raiḃ, ḃfuil, mbeiḋ sé... he is not l. to come. ní dóċa go dtiocfaiḋ sé. most l. there are no grounds for the story. is dóiċiġe ná fuil aon ḃunadas leis an scéal. it is most l., probable that... is é is dóiċiġe go...; ní dóiċiġe rud de ná go...; ní dóiċiġe scéal de ná go. he will be more l. to have luck, etc. is dóiċiġe-de soin dó go mbeiḋ an raṫ air; is dóiċiġe-de do ḋuine an raṫ do ḃeiṫ air nuair... I do not know a more l. place for him to be in. ni ḟeadar áit is dóiċiġe ná a ċéile ċun é do ḃeiṫ ann. the fairies took it. more l. the rats. is iad na daoine maiṫe a sciob é. ba ḋóiċiġe do na francaiġ ċuige. hoping for something very unlikely to happen. ag súil le rud ar ḃiṫ míḋóiċeaṁail (C). I rather think it l. to be wet. ní deirim, déarfainn ná go mbeiḋ sé fliuċ. I rather think it is not l. to be wet. ní deirim, déarfainn go mbeiḋ sé fliuċ. I imagine that what annoys you is l. this...ní déarfainn gurb'é rud a ċuireann fearg ort é... he is not l. to be. I hardly think that he... ní móide go mbeiḋ sé... in that case l. enough he would not go...dá mbeaḋ soin aṁlaiḋ ní móide go raġaḋ sé... a change would be l. to occur. ní móide ná go mbeaḋ aṫarruġaḋ. if priests had a hard time of it l. enough the people too had. má ḃí an saoġal cruaiḋ ar na sagartaiḃ ní móide sin de nó do ḃí sé cruaiḋ ar na daoiniḃ féin. bees often bring luck and perhaps it is as l. they bring bad luck at times. is minic gur le áḋ ṫagann na beaċa go dtí duine ⁊ b'ḟéidir nár ṁóide sin ná iad do ḋul leis an míáḋ ċuige. he was threatening them, but that did not make them more l. to be able to pay him. do ḃí sé ag bagairt orra, aċt ni móide ṫáinig leo díol leis. If I had been there I suppose, it is l. enough I should not have reached the shore. dá mbeinnse ann níor ṁóide ḋom é an calaḋ do ṡroisint. like enough there is no truth in it. ní móide aon ḟocal den ḟírinne do ḃeiṫ ann. if they had a home, but l. enough they have not. dá mbeaḋ an baile acu, aċt ni móide a ḃeiṫ. a thing is not the more l. to be true for being in the papers. an rud atá insna páipéaraiḃ ní móide gur fíor é. an improbable story. scéal doċreidte gan urraḋ gan taca; scéal gan daṫ, gan croiceann; ní ḟuil crot na fírinne ar an scéal; ni ḟuil aon ċrot ar an scéal. I'd like that. very l. I should do it! (sarcastic) b'ait liom soin.

LIKENESS. v. form.

LIKEWISE. v. beside.

LIKING. v. love, desire.

LILY. lil f. 2.

LIMB. ball m. 1; géag f. 2. big limbed. géagaċ. energy came into my l. do ṫáinig fuinneaṁ im ḃallaiḃ beaṫaḋ.

LIME. aol m. 1. l. kiln. teine, áiṫ (U) aoil. l. stone, water, etc. cloċ, uisce aoil. a l., linden tree. teile f. 4; crann t.

LIMERICK. Conntae Luimniġ.

LIMIT. v. bound. we have only a certain. l-ed. strength. ni ḟuil againn aċt neart áiriṫe. my life is l. to 13 years. tá mo ṡaoġal gearrṫa amaċ ar ṫrí bliaḋnaiḃ déag. the time has been l., defined for him. tá an aimsir gearrṫa amaċ dó. within those l., fá'n limistéir úd. A. B. & Co., Ltd. Ó Rudaiġe ⁊ a ċuideaċta, teoranta.

LINE. v. thread. líne f. 4 (in geometry, etc.); sraiṫ f. 2 (l., row of objects, layer etc.); caṫ m. 3 (l. of battle); scríob f. 2 (mark); ríog f. 2 (streak); rang m. 3 (row); fishing l. v. fish.

LINEN. línéadaċ m. 1; anairt f. 2 (coarse homespun). a l. shirt. léine línéadaiġ.

LINGER. v. delay, wait.

LINNET. gealḃán croige (Aran).

LINSEED. ros m. 1.

LINTEL. fardorus m. 1; lindéar m. 1 (C).

LION. leoṁan m. 1.

LIP. béal m. 1; cab m. 1 (of animals); pus m. 1 (of human l. only in contempt). a pipe between his l. piopa idir a ḋá ċaibín (vulgar). l. devotion, etc. ċráiḃṫeaċt bréige, etc. v. false. a fellow with thick l. plubaire. a thick hanging l. liobar.

LIQUEFY. v. melt.

LISP. v. stammer.

LIST. réim f. 2; clár m. 1 (programme, etc). his name is on the l. tá a ainm sa réim.

LISTEN. l.! hark! éist;, éist. he would l. to her. d'éistfeaḋ sé léi: do ḋéanfaḋ sé éisteaċt léi. he l. attentively, with roused attention, pricked his ears. do ċuir sé cluas, cluaisín air féin; do ḃí a ċluas go haibiḋ ar leaṫaḋ ag éisteaċt leis; do ḃí cluas le héisteaċt aige... they l. attentively to him. ⁊ cluas le héisteaċt acu ḋó. he would not l. to such talk. ní ṫiuḃraḋ sé cluas dá leiṫéid de ċainnt. I kept l. attentively to hear it. do ċoimeádas cluas orm ċuige sin. eavesdropper, cluasaiḋe. eavesdropping. cluasaiḋeaċt.

LISTLESS. v. weak, careless.

LITANY. liodán m. 1.

LITERAL. v. word.

LITERATURE. litríḋeaċt f. 3.

LITHE. v. active.

LITTER. easair f. 5. a bundle of l. sop easrac. a pig's l. v. young. to l.. tear. v. tear, dirt, trample.

LITTLE. a l. small man. fear beag; firín; fear beag bídeaċ (C U.) l. stones cloċa beaga; mionċloċa. a l. story scéal beag; minscéal; scéilín. a l. townland. baile beag: baile beag bídeaċ (tiny) (U C.) l bread is being eaten. is beag arán atá dá iṫe. you have l. shame or fear to be thus. is beag d'eagla ná de náire ort beiṫ mar sin. it is no small. l. boast for him ní beag de ṁaoiḋeaṁ aige é. l. he thinks. he has small scruple about a big lie. is beag aige bréag ṁór. l. he scruples of not paying his debts. is beag aige gan a ḟiaċa do ḋíol. I care l. v. matter a l. money, bread etc. beagán, roinnt beag airgid, aráin. after a l. time. tar éis beagán aimsire. a. l. more. beagán níos mó; tuilleaḋ beag ṫairis, fairis etc. v. more. having very l. sense, land etc. ar beagán céille, talaiṁ. however l. E. he spoke to me. though he spoke but l. E. to me. dá luiġeaḋ ar labair sé de ġaeḋilg liom. however l.. small the horse. dá luiġeaḋ é an capall. her small stature increased her beauty. do ṁéaduiġ a l. a háilneaċt. he was astonished how l. she was tired. do ḃí iongnaḋ air a l. tuirse a ḃí uirri. to tell them how l. money I had. innsint dóiḃ a l. airgead a ḃí agam. owing to his doing so l. work. de ċionn an l. oibre a ḋein sé. the idea was how l. anyone expected that ... do b'é smuaineaṁ é ná a l. coinne a ḃí ag aoinne acu go mbeaḋ ... he should have some l. idea of I. ba ċóir go mbeaḋ a beag nó a ṁór d'eolus aige ar an nGaeḋilg. they did not try to give him even a l. Irish. níor ḋeineadar aon iarraċt ar eolus do ṫabairt dó ar ṡagas éigin Gaeḋilge a beag nó a ṁór. I used to bring a l.. ever so l. of it on each journey. do ṫugainn liom a beag nó a ṁór i ngaċ cuairt acu. he went to any country where he could get ever so l. in the way of troops. do ċuaiḋ sé ċun aon tíre i nar ḋóiġ leis go bfuiġeaḋ sé a beag nó a ṁór d'aon rud i bfuirim nirt sluaiġ. there is some l., dash of both qualities in everyone. tá a beag nó a ṁór de'n dá ṫaoḃ ar ṫréiṫiḃ an uile ḋuine. she was somewhat at a loss what to say. do ḃí sí a beag nó a ṁór as a treoir. (C). to give him even a l. help. le congnaṁ a beag nó a ṁór do ṫabairt dó (C). the difference, the thing etc. is insignificant, very small. is beag suarac an deifríġeaċt, rud. a wretched l. man. fear beag suarac; sprios án; dreoilín. when I saw how very small she was. nuair ċonnac a ṡuaraiġe do ḃí sí i na toirt. that much would buy very l. ní ċeannuiġeann an méid sin airgid aċt an suaraċas. it is l., poor satisfaction I have to be thus. is lag an t-áṫas dom beiṫ mar seo. it is very small, poor pay. is suarac, lag an díol é. l. did I think that he would be ... is lag do ṡílear go mbeaḋ sé ... he pokes a l. fun at us. deineann sé iarraċt (beag) de ṁagaḋ fúinn. I was somewhat startled. do baineaḋ iarraċt de ġeit asam. there was a l. of the trace of the pox on him. tá iarraċt de rian na bolgaiġe air. he is a l.. somewhat clumsy. tá sé iarraċt tuatac. there is a l. bit of the pharisee in us all. tá iarraċt éigin den ḟairisíneaċ ionnainn go léir. he is rather, somewhat a l. lame, mad etc. tá sé roinnt (beag). rud éigin, pas (beag) bacaċ, as a ṁeabair. a little ahead, buille, pas (beag) ar tosaċ. a l. better. níaċan níos feárr (U). he was a l., half afraid of her. do ḃí breaceagla aige roímpi. a rather, somewhat dry, wet day. lá breactirim, breacḟliuċ. a l., somewhat idle. boġḋíoṁaoin. a l. of the road, night etc. tamall sċaṫaṁ den ḃóṫar, oiḋċe. a l. to the east. tamall etc. soir. I took a l. sleep. do ḋeineas sreas, dreas, (C). bras (U) codlata. a l. piece, part of the night was over. do ḃí smut den oiḋċe caiṫte. v. piece. a little oats, hay etc. ruainne coirce, féir. good enough, but a l. heavy, rather heavy. maiṫ go leor aċt é do ḃeiṫ i leiṫ na truime. a l. grey rather too grey. beagán i leiṫ na léiṫe a small wretched bird, apple etc. breallaċán éin, uḃaill (W). v. miserable. he made light, l., a trifle of it. do ḋein sé neaṁní de, spiorspeir de. v. matter. a l. gleam of sense. v. sense. l. by little v. gradually. l., small, stumpy, butty. v. stump.

LIVE, ALIVE. v. life as long as he l. an fad do ṁair sé. as long as ever he will l. an dá lá (saoġail) ⁊ an fad ṁairfiḋ sé any man who ever l. aon ḟear dár ṁair. if I l. 1000 years. dá mairfinn míle bliaḋan. long may you l. go mairir slán, i ḃfad; go ḃfágaiḋ Dia i ḃfad suas tú v. life he l. by peddling. le mangaireaċt do ṁair sé. not on bread alone doth man l ní har arán aṁáin ṁaireann an duine he lived extravagantly. do ṁair sé go scléipeaċ. she is alive yet tá sí beo, slán beo fós. Irish is alive yet tá an gaeḋealg (go) beo beaṫaḋaċ fós. no l. thing there except wild beasts gan beo ann aċt beiṫiḋiġ allta. the l. and the dead. an beo ⁊ an marḃ. Son of the l. God. Mac Dé Ḃí. there is no more worthless fellow alive. ní ḟuil aon sprionán i na ḃeaṫaiḋ is mó ná é. to burn him alive. é do loscaḋ i na ḃeaṫaiḋ. he was there alive, in the flesh before me. do ḃí sé i na steillebeaṫaiḋ, ḋeiġḃeaṫaiḋ agam. he was swallowed up alive. do slugaḋ i na ḟaoġal ⁊ i na ṡláinte é. she is alive and well. tá sí fá ḟaoġal ⁊ fá ṡláinte. he reached home alive and well. do ṡroiċ sé a ḃaile go slán folláin. if it were God's wish to let him l. dá mb'é toil Dé é do ḟaoġalugaḋ. if they had been spared to l. dá saoġalfaiḋe iad. though none of them is alive to-day. gan duine acu suas indiu. he l. in E. tá sé i na ċoṁnuiḋe i Sasana. he went to l. there. do ċuaiḋ sé ċun coṁnuiḋṫe ann. the place where he lives. a ċoṁnuiḋe; a ionad coṁnuiḋṫe; a áit ċ. v. house. they l., dwelt there. is ann d'áitreaḃadar. that was where I l. in the country. do b'é sin m'áitreaḃ ar an dtuaiṫ. v. house. a way of l., livelihood, calling slíġe beaṫaḋ; s. marṫa; s. maireaṁna; s. maireaċtaint: s. maireaċtála (C): ealaḋa beaṫaḋ; gairm beaṫaḋ. he had to take to another way of l. do b'éigin dó slíġe beaṫaḋ, etc., éigin eile do ṫarrang ċuige. to earn his living. a ḃeaṫa do ṫuilleaṁ. he had no visible means of l. ní raiḃ ceárd ná ealaḋa aige dár leat. he is in a good way of living, in easy, comfortable circumstances. tá treo maiṫ, cóir ṁaiṫ air. v. rich.

LIVELY. v. gay, bright, energetic. etc.

LIVER. ae. m. f. 4.

LIZARD. arc luaċra; alp l. (C); airc sléiḃe (U); ear luaċra, earcu luaċra.

LOAD. ualaċ m. 1; eire m. 4; last m. 3 (cargo); laċt m. 3 (id). twelve car-l. of books. ualaċ dá ṫrucaill déag de leaḃraiḃ. I will make two l. of it. déanfad dá ṫaosgán de. she threw down her load. do ċaiṫ sí a heire ḋí.

LOAF. v. cake, brice (m. 4) aráin: bullóg (f. 2), a.

LOAN. I lent him a spade, money, etc. do ṫugas iasaċt (f 3) ráṁainne, airgid dó; do ṫugas ráṁan, airgead ar iasaċt dó. I borrowed a table fuaras bórd ar i.; fuaras i. búird. I asked him for the loan of some money. d'iarras roinnt airgid ar i. air; d'iarras i., tamall de roinnt airgid air..I had a l. of them. do ḃíodar ar i. agam. go for the loan of a board téirig fá ḋéin tamaill de ċlár. loan-, borrowed words focail iasaċta. I sent home what I had a l. of. do ċuireas a ḃaile an iasaċt. to get a l. of a thing already on loan. iasaċt na hiasaċtaiġe. borrowed things get broken. dliġe na hiasaċt an t-iarraċ do ḃriseaḋ

LOBSTER, gliomaċ m. 1.

LOCK. v. shut. glas m. 1. he l. the door. house. do ċuir sé an glas ar an ndorus, dtiġ. do not l. me in. ná cuir an g. orm. she l. it on the inside. do ċuir sí an g ón dtaoḃ istiġ air. it is l. up tá sé fá ġ. he had her under l. and key. do ḃí sí fá ċoimeád na nglas aige. to l. them up in a room. iad do ġlasaḋ isteaċ i seomra (U). l. of hair. v. hair.

LODGE, LODGING. v. hospitality, house. he got l. there. fuair sé loistín (m. 4) ann. he is l. with me. tá sé ar l. agam; ar aoiḋeaċt im tiġ atá sé

LOFT. loċta m. 4; farraḋ m. 1 (C)

LOG. v. lump. sail f.2 smalán m.1

LOINS. maoṫán m.1

LOITER. v. delay

LONELY, v. alone. he is l. after them tá sé uaigneaċ i na ndiaiḋ; tá uaigneas (m.1) air i na ndiaiḋ; tá sé cuṁaṁar i na ndiaiḋ (U) strife is better than loneliness. is fearr imreas ná uaigneas. a l. place áit uaigneaċ. a l. life saoġal aonaránaċ. I was a l. man do ḃíos im aonaránaċ; do ḃíos im ċaonuiḋe aonair; do ḃíos im ċaoġaiḋe aonair. I was walking along l. do ḃíos ag siuḃal liom féin go haonaraṁail. she had a fit of l., homesickness. do ḃuail cuṁa (U). faidiġeaċt í (U). it is very l. to be by oneself there. tá sé anaereaċtaṁail ḃeiṫ leat féin ann (W)

LONG. v. far. a l. stick, time. etc. bata, tamall fada. l. nosed, legged. sighted. fadṡrónaċ, fadluirgneaċ. fadraḋarcaċ. whether he wants to stay a l. time or a short. pé fada gairid is maiṫ leis fanaṁaint. he will be there a l. time before ... is fada ḃeiḋ sé ann sar a mbeiḋ... he will not be l. there before... ní fada. is gairid ḃeiḋ sé ann nuair ḃeiḋ ... it will be a l. time before he sees me. is fada go ḃfeicfiḋ sé mé. it was a l. time before she told me. do ḃ' ḟada gur innis sí dom é. that is not a l. time to wait. ní fada go dtí soin. it is a l. since he ... is fada. fada fiaḋnaċ ó ḃí sé... (C) it is a l. time since a fool came here is fada nár ṫáinig aon amadán annso. how l would you want. an fada a ḃeaḋ uait. l. may he live gur fada buan ṁairfiḋ sé. v. life. we were a l. time coming. ba ró-ḟada ḋúinn ag teaċt. that beginning is l. about coming. is fada don tosnuġaḋ soin ag teaċt. I was in that state a l. time do ḃ'ḟada don ċruṫ soin orm. I did not enjoy that hope for long. níorḃ' ḟada don dóċas soin agam. he looked at her for a l. time d'ḟéaċ sé uirri go fada, ar feaḋ i ḃfad. I will stay there a l. time. fanfad-sa ann go ceann i ḃfad. don't keep it l from me. ná coimeád i ḃfad uaim é. l. before that. i ḃfad roimis sin. to live much l-er maireaċtaint i ḃfad eile. as l. as he was there. an ḟaid (7) ḃí sé ann; ċoṁ fada 's ḃí sé ann (C.U); a ḟad as ḃí sé ann (C.U). as l. as he will live an ḟaid (7) mairfiḋ sé; an dá lá (saoġail) 7 an ḟaid ṁairfiḋ sé. how long were you in the water. an fada do ḃís san uisce; cad é an ḟaid do ḃís... how l. will it be till...cá a ḟaide go mbéiḋ sé...(C). how l. should I have to spend learning it. cad é an ḟaid aimsire ba ġáḃaḋ dom a ṫaḃairt dá ḟoġluim. how l. is it since you were there. cad é an ḟaid aimsire ó ḃís ann; cá a ḟaide ó ḃí tú ann (C). how l. could he stand it. cad é an ḟaid d'ḟuilingeoċaḋ sé é. no one knows, goodness knows how long ago. ní fios cad é an ḟaid ó ċoin. how l. is the floor. an mór é faid an urláir; cad é an ḟaid atá san u. how l., far ahead of them was he. cad é an ḟaid rómpa amaċ do ḃí sé. he had hair an inch l. do ḃí órlaċ ar ḟaid sa ġruaig aige. it is ten feet l. tá sé deiċ dtroiġṫe ar faid. it was I suppose the length of time he was poor that caused it. is dóċa gur an ḟaid do bí an dealbus air a ḋein é. he can guess how l. the time is. beiḋ tuairim aige d'ḟaid nó do ġiorraċt na haimsire. that it would make his life longer, add length to his life. gurb' ḟaid ar a ṡaoġal é. the day is getting l. tá an lá ag dul i bfaid. the delay got l. do ċuaiḋ an righneas i bfaid. however l. it is. dá ḟaid é. however l. he is there. dá ḟaid atá sé ann. however long the day. dá ḟaid é an lá. there lived a king l. ago. do bí rí ann fad ó, tá fad ó ṡoin, i n-allód. ever so l. ago. fad ó riaṁ. v. ago. for a l. time past. le fad de bliaḋantaib; le cian; leis na ciantaib; le tamall etc. fada. v. time. he was not l. about going...v. soon. his life is not the l-er for getting his way. ní siaide a ṡaoġal é nuair ġeibeann sé a ṫoil. he felt an hour l-er than a day. do ṁaṁluiġ sé uair an ċluig níos sia ná lá. he who lives l-est. an t-é is sia ṁairfiḋ. I was a l. time making it but longer eating it. is fada a ṫugas dá ḋéanaṁ 7 is sia ná soin do bíos dá iṫe. he has a l. stride. tá coiscéim leabair aige (W). the road is very l. tá an bóṫar anleabair (W). I asked to remain a little longer in life. d'iarras cáirde dom ṡaoġal. not to do it any l-er. v. more. the l. and short of it. v. short. in the l. run. v. last. l. bow. v. exaggerate. l. suffering. v. patient.

LONGFORD. Contae an Longḟuirt.

LOOK. v. appearance. sight. see. I l. at him. d'ḟéaċas air; do ḋearcas air; do ḋearc mé leis (C). I l. up. do ḋearc mé suas (C.) d'ḟéaċas suas. I l. at him straight in the face. d'ḟéaċas idir an dá ṡúil air. looking at the back of his head. ag féaċaint sa ċúl air. he is l. hard, staring at me. tá sé ag cur na súl tríom; tá sé ag cur nime a súl ionnam; ag tógaint lán a súl díom; tá sé ag glinneaṁaint orm; tá bolgṡúile air ag féaċaint orm. at the first l. I gave him. ar an gcéad aṁarc (dá dtugas air). as I glanced round I saw ..., what should I see but ... 7 súil, súilḟéaċaint, caṫṡúil dá dtugas do ċonnacas ...., cad a ċífinn aċt ... he glanced at her. do ṫug sé caṫṡúil uirri. he glanced behind him at ... do ṫug sé súil-ḟéaċaint leaṫṡtiar de ar an ... I could only get a glance, glimpse in his direction. níor ḟéadas aċt aṁáin siolla dem ṡúil do ṫabairt fá na ḋéin. while I was l. in the ship's direction. ag tabairt mo ṡúl dom i dtreo na luinge a soft tender l. féaċaint bréaġ bog éiḋ ḋuineanda. an evil wicked l. droċ-ḟéaċaint. there is an ugly hard l. in his eye. tá droċḟeasam i na ṡúilib. his l. became wicked, fierce. do ṫáinig faobar ar a ṡúilib; do ċuir sé droċċoraṁlaċt air féin (C). v. angry. he l. closely at, examined the ground. d'infiúċ sé an talaṁ. he l. carefully on the ground (to find something). d'infiúċ sé ar an dtalaṁ. to l. up, for. v. search. to l. to. v. depend, confidence. l. into. v. examine. l. out. v. care. watch. l. up to. v. respect. l. down on. v. despise. l. after. v. care. looking glass. scáṫán m. 1.

LOOM. seol m. 1.

LOOP. v. noose. lúb f. 2; dul m. 1 (C.U.) a thread is looped. cuirtear dul, lúb ar snáṫ.

LOOSE. v. bad. impure. free. a l. rope etc. téad scaoilte, bogċeangailte. she l. the man's necktie. do scaoil sí éadaċ muiníl an ḟir. letting them l. over the country. dá scaoileaḋ amaċ ar fud na tíre. let someone turn the colt l. scaoilteas den bromaċ. let her l. scaoil dí. we let it (rope etc) out, we loosened it a lot. do scaoileamar leis tamall mór amaċ. it is a bond that cannot be l. is ceangal é naċ féidir a scaoileaḋ. he l. undid the rope, his hold ... do scuir sé an téad, a ġreim. do bog sé a ġreim; do bog sé dá ġ. l. this off me. bog díom an rud so. their hold on I. had relaxed a little. do bí bogaḋ beag ar an ngreim a bí acu ar Éirinn. the mast, tooth etc. is l. tá an crann, fiacail ar bogaḋ, táid siad corraċ (C). his clothes hang l. about him. tá an t-éadaċ i na málaiḃ timċeall air. the sail is hanging l. tá an seol anliobarsaċ (W.). v. hang. to l. let go. v. let.

LOP. v. cut.

LOQUACIOUS. v. talk.

LORD. tiġearna m. 4; flaiṫ m. 3

LOSE. LOSS. etc. v. harm. want. he l. his coat etc. do ċaill sé a ċasóg. anyone who had lost by it, was a loser by it. aoinne a ḃí caillte leis; aoinne a ḃí (aoinní) ċun deiriḋ dá ḋeascaiḃ. he will not be at a l., or at an advantage by it. ni ḃeiḋ sé blúire beirṫe ná caillte leis. v. gain. no one knows which of them will be the greater gainer or loser by the marriage. arrangement. ní fios cé acu is mó ḃeiḋ beirṫe nó caillte leis an bpósaḋ, socruġaḋ. I will make up to you whatever you may be at a l. by it. pé rud ḃeid tú caillte leis tiúḃrad ṫar n-ais duit é. I. will be the loser by his absence. is mór ḃeiḋ an Ġaeḋealg ċun deiriḋ i na éagmuis. E. l. much by the war. do ḃí Sasana mórán ċun deiriḋ leis an gcogaḋ. it is only a l., waste of time to be speaking with him. ni ḟuil ann aċt caill-eaṁaint aimsire ḃeiṫ ag labairt leis. v. useless. it was a severe l. to me. ba ṁór an ċaill dom é (C). I. will be at a l. by this affair. is í Éire a ḃeiḋ síos leis seo mar ġnó. no one will be a l. by it except myself. ní ḃeiḋ ṫíos leis aċt é féin. you will not be at a l. by them. for them. ni tusa ḃeiḋ síar leo. their l. will be a sore one for I. beiḋ a n-easnaṁ go trom ar an nGaeḋilg. v. want. the l. of our prayers is a great l. to I. is mór an díosgaḋ ar an nGaeḋ-ilg na paidreaċa do ċailleaṁaint. his death is a great l. is mór an méala a ḃás. they would be a small l. naċ suarac an méala iad. v. pity. £300 gone. a terrible l. trí céad púnt imṫiġṫe. ba ṁór an scrupall é. not a word of it (speech etc.) did I l. oir-ead 7 focal de ní ḋeaċaiḋ amuġa orm. our day (sports etc.) was l. for want of ... do ċuaiḋ an lá amuġa orainn de ċeal ... it was l., astray for 700 years. do ḃí sé ar fán, ar seoċad, ar séid (C.) ar seoid (C.) ar feaḋ seaċt gcéad bliaḋan. v. astray. it is small l. that he is gone. is beag an scéal é do ḃeiṫ imṫiġṫe. v. matter. he had l. his case in court, was "cast." do ḃí sé teilgṫe (C.) v. fail. the storm had l. its strength. do ḃí imṫiġṫe d'ḟuinneaṁ an stoirm. v. lessen. l. way. v. astray. I feel l. of. v. miss. their l., absence. v. want. l., wasted energy. v. useless. losing flesh. colour etc. v. fade, waste. a sad l. v. pity etc.

LOT. v. much. many. fate. the l. fell on him. do ṫuit an crann (m. 1) air. let us cast l. for it. cuirimis ar ċrannaiḃ é. the first blow (i.e. who was to have it) was decided by l. do cuireaḋ ar ċrannaiḃ an ċéad ḃuille. the l. fell to me to do it. is orm do ċuaiḋ sé de ṫoraḋ crainn é do ḋéanaṁ. cast l.! right or left! teilg an crann ċur. deis nó clé.

LOUD, v. noise. he spoke l. do labair sé go hárd, os árd, de ġuṫ ġlórac, de ġuṫ árd, go glórac, go lán-ġlórac. l. talking. labairt árd. a l. shout. liuġ árd, árdġlórac. said he at the top of his voice. ar seisean i n-árd a ġoṫa. talking very l. ag cainnt i n-árd a ċinn 7 a ġoṫa; ag cailleaṙaċt.

LOUGH. loċ m. 3

LOUSE, míol m. 1; m. cinn; m. cneis wood-lice miola críonna

LOUTH, Conntae Luġṁaiġe

LOVE. v. dear. desire. friend. grá m. 3; cion m. 3; gean m. 3; báiḋ f. 2; cumann m. 1; ionṁuine f. 4; annsaċt f. 3; searc f. 2, 3 (poetical) he l. her. do ḃí grá aige dí; do ḃí báiḋ aige léi. he fell in l. with her. do ṫug sé grá dí; do líon sé dá grá. they l. each other so much, were so fond of each other, so wrapped up in each other. do ḃíodar ċoṁ mór grá dá ċéile; do ḃíodar ċoṁ dlúiṫte i na ċéile; do ḃíodar ċoṁ mór cion ar a ċéile. she l., is fond of children. tá sí ceanaṁail, geanaṁail ar na leanḃaiḃ; tá sí báiḋeaṁail leis na leanḃaiḃ. the greatness of her l. for you. méid a grá duit. it was not through any l. for you (that he did it, etc.), ní le grá duit é. the l. for that woman was so strong in your heart. do ḃí a grá súd ċoṁ láidir ionnat. I have no l.

for the country. ní ḟuil aon ḃáiḋ leis an dtuaiṫ agam. you would have to fall in l. with him. do ċaiṫ-feá báiḋ do ġaḃáil leis. we got to l. him. do ṫáinig árdċion againn air. he got to so l., like me and be such great friends with me. do ċuaiḋ sé i ngean ⁊ i muinteardas ċom mór soin liom. I had always a l. for the sea...do ḃí seanadáiṁ agam don ṁuir (U). he took a great liking to her. do ġlac sé práiḋinn ṁór innte (C). he took a liking, fancy to the house. do ṫug sé práiḋinn don tiġ (C). she is very fond of milk. tá ainṫaiṫneaṁ aici do ḃainne. he l. his sister, she was very dear to him. do b'ion-ṁuin leis a ḋeirḃṡiur. he did it in his l., fondness for her. le hionṁuine ḋí is eaḋ do ḋein sé é. you do not know what l. is ní ḟuil aon téagar ionnat (C). I l. you. tá téagar im ċroiḋe ḋuit (C). she liked the people. do gealaḋ a croiḋe dos na daoinib. none was dearer to him than she ní raiḃ aoinne aige ba ġiorra dá ċroiḋe ná í; ní raiḃ aoinne ba ġile, annsa leis ná í. she was dearer than life to him ní hannsa leis a anam féin ná í. I love C. more than A. is measa liom Conn ná Art. v. prefer. a dear loveable girl, etc. cailín, etc. caiṫis-eaċ. v. dear. an affectionate child leanḃ náḋúrḋa. v. kind. a fairy lover. leanán siḋe

LOVELY. v. beautiful

LOW, the cow l. do ġéim an ḃó. the cows were l. do ḃí na ba ag géimniġ. ag cur géim asta

LOW, v. little. the bridge, etc. is l. tá an droiċead íseal. the lower orders. an ísleaċt. to go lower down than ...dul níos ísle ná... they are a vulgar lot. ní ḟuil ionnta aċt cáboga: ní ḟuil aon uaisleaċt ag baint leo. a low fellow. a cad. dailtín; geocaċ; duine gan áird etc. v. impudent. l. sized v. little. l. butty, stumpy v. lump. l. spirited v. spirit. discourage, sorrowful. l. water v. tide

LOWER, v. bend, let. he l., let down the sails. do scaoil sé anuas seolta a báid. I will l. a basket down the cliff. leigfead cliaḃ síos leis an bfaill. lowering of rent etc. v. lessen

LOYAL. v. faithful

LUCK, LUCKY, v. succeed. áḋ m.1; bail f.2; raṫ m.3. l-y áḋḃaraċ; áḋṁail (C). good l. to you go n-éirġiḋ áḋ, an t-áḋ leat; go n-éirġiḋ an t-ámantar leat; go n-éirġiḋ an bótar leat. v. adieu. it was lucky, I had the good luck to go there ... do ḃí sé d'áḋ orm dul ann...: do b'áḋḃaraċ dom go ndeaċas ann; ba ṁaiṫ an ḃail orm go ..., mise do ḃeiṫ ann...: ba ṁaiṫ an scéal dom go ...; is maiġnéar, méanar, méara (U) dom go..., mise do ḃeiṫ ann... you are a lucky man. is áḋḃaraċ an duine tú. is it not l. that ... naċ áḋṁail go ... (U). I had a piece, bit of good l. do ḃí sciorta den áḋ orm (C). luckily I seized on a stick rugas go caoṫaṁail ar ḃata. by the greatest good l. I was there...go háḋḃaraċ, ar áḋḃaraiġe an tsaoġail, ar áḋḃaraiġe an domain do ḃíos ann; aċt trátaṁail go léir do ḃíos ann (C); do ḃíos ann go trátaṁail. v. opportune. there will be l. a blessing on this marriage. beiḋ an raṫ ar an gcleaṁnas so. he had l. prospered, do lean an raṫ ḋe. I thought l. would favour me. ba ḋóiġ liom go ḃfuiġeaḋ an raṫ mé féin. he will never have a day's l. ní ḟuiġiḋ aon lá den raṫ le na ṡaoġal é; ní ḃéarfaiḋ aon lá raṫa ċoiḋċe air. v. succeed. we shall never have l. till, etc. ní ḃeiḋ (rí ná) raṫ orainn go ... there is no l. on the place. ní ḟuil (rí ná) raṫ ar an áit. it was lucky for me I made it look like that. ba ṁaiṫ an ḃail orm an deallraṁ a ċuireas air. it it was l. for you that you had it. ní foláir duit é do ḃeiṫ agat (W). it is well, l. you came, it happened ...is maiṫ (mar) ṫángais, tárla. that is a lucky business scéal maiṫ é sin. if it is not a lie. it is a l. affair maran bréag é, is mór an scéal é. better in love and l. níos feárr i ngráḋ ⁊ i n-ámantar. his l. was improving daily. do ḃí áḋ ⁊ ámantar ag dul gaċ aon lá ċun cinn. and you so l., prosperous, ⁊ an raṫ

⁊ an t-ámantar ort. v. succeed. it will not be l-y for you not to do it. ní ḃeiḋ sé éirigṫeaċ agat gan é do ḋ. had we not the bad l. when we met her. naċ orainn do ḃí an plainéad ⁊ teangṁáil léi. v. misfortune. a piece of bad l. miáḋ, míḟortún éigin. to be down on one's l. miáḋ, etc. do ḃéiṫ ar ḋuine. bad l. to them. gan raṫ orra; droċraṫ orra; ⁊ an donas dóiḃ. bad l. to the tree. gan raṫ air mar ċrann; ⁊ raṫ ná raiḃ air mar ċrann. bad l. to you. nára dé do ṡláinte, do leiġeas, do ṡaoṫar, do ġnó, do ḃis, etc. v. curse

LUKEWARM. v. tepid, careless.

LULLABY. seoṫó. the mountain streams chanting their sweet l. sruṫáin na gcnoc ag crónán a seoṫó binn.

LUMP. v. piece. cnaipe m. 4; cnapán m. 1; cnapóg f. 2 (small l.); cnap m. 1 (U); cannta m. 4; ailp f. 2; alp m. 1. crampán m. 1; néall m. 1; scailp f. 2. a l. of butter etc. cnapóg ime, a l. came in my throat (with sorrow etc.) do ṫáinig cnapán im scórnaiġ. she fell in a l., heap. do ṫuit sí i na cnaipe. v. heap. lumpy, irregularly woven cloth. éadaċ cnapánaċ. a l. of earth. alp criaḋ. a big l. of ice. iceberg. ailp lic oiḋre. there was a l. in the middle of the table. do ḃí ailp ar lár an ḃúird. throwing l. of clay, clods up into the air. ag caiṫeaṁ scailpeaċa. a big l., trunk of fir. crampán. spreota mór giuṁaise. a l., piece, joint of meat. spóla feola. a junk of bread. cannta aráin. a small l. of turf. caorán móna. l.-y, clotted milk. bainne na gclog.

LUNG. scaṁóg f. 2.

LUST. v. impure.

LUXURY. v. pleasure etc.

MACHINE. v. instrument.

MACKEREL. runnaċ m. 1; murlas m. 1 (U); macrael m. 4.

MAD. v. sense, anger. a m. bull, man etc. tarḃ, fear buile. the m. man thinks he is the sane man. is dóiġ le fear na buile gurab é fear na céille. I was m., very angry with him. do ḃíos ar buile ċuige. v. anger. a m. man. ġealt m. 1; geilte m. 4; geilt m. 4. he is m., a lunatic. tá sé i na ġeilt. roaring like a lunatic. ag béiciġ ar nós geilte. he was almost m. before day dawned. ní mór ná raiḃ sé le gealtaiġ, ar gealtaiġ sul ar ḃreac an lá. I thought she would go m. ba ḋóiġ liom go n-imṫeoċaḋ sí le craoḃaċaiḃ. going m. ag dul le craoḃaċaiḃ. he was a little crazy, silly after the battle. do ḃí sé éadtrom i na ċeann, do ḃí sé ar éadtromaċt tar éis an ċaṫa. m., out of his senses. as a ċéill, as a ṁeaḃair. he was half crazy. do ḃí sé ar leaṫstraiġin. a m. dog. madra uilc, dúċais. a sudden fit of m. seized her. do ṫáinig néal innti (W). driving like a m. man. ag tiomáint i n-ainm an diaḃail. to drive m. v. sense. m. house. tiġ na ngealt.

MAGGOT. v. worm.

MAGIC. v. charm. draoiḋeaċt f. 3; diablaiḋeaċt f. 3; easarlaiḋeaċt f. 3. to practise m. on him. diablaiḋeaċt etc. do ḋéanaṁ air. a m. cloud etc. scamall draoiḋeaċta. a magician. draoi m. 4.

MAGNANIMITY. v. generous, mind.

MAGNIFICENT. v. grand.

MAGNIFY. v. increase, great.

MAGPIE. meaig f. 4; Pilip an ċleite; snag breac; pocaire na mbánta; Domnaillín breac na dtrurlóg.

MAID, MAIDEN. v. girl, servant.

MAIDENLY. v. modest.

MAIL. lúireaċ f. 2; shirts of m. léinteaċa lúiriġe. armour. éide m. 4.

MAIM. v. cripple.

MAIN. v. principal. m. land. mórṫír. m. mast. crann láir.

MAINTAIN. v. support.

MAJESTIC. etc. v. proud, dignity. coming in majesty. ag teaċt le gradam. the king's m. soillse an ríoġ. ask his m. for it. iarr ar a ṡoillse é,

MAJORITY. v. most. they had a majority of 3 over them. do ḃí triúr sa mbreis acu orra. they had not much of a m. ni raiḃ puinn sa mbreis acu.

MAKE. v. form. do-ġním (C. U.); deinim. he made a table, mistake etc. do rinne (C.U.) ḋein sé bórd, deaṙmad. he made that horse quicker than the wind. do ḋein sé an capall soin níos luaiṫe ná an ġaoṫ. I made a goat of him. do ḋeineas gabar de. he was m. a goat of. do deineaḋ gabar de. v. change. he would m. a fine priest. is áluinn an sagart a ḋéanfaḋ sé. he m., composed, invented that poem law etc. do ċeap, ċum sé an dán, dliġe sin. to invent an excuse. leaṫscéal do ċeapaḋ, ċumaḋ. the smith who m. the ornaments. an ceárduiḋe a ġréas na hórnáidi. God formed, m. man. do ḋealḃ, ḋealbuiġ Dia an duine. I m. money for them. do ḟaoṫaruiġeas airgead dóiḃ. v. earn. they have m., left him a beggar. d'ḟágadar beo boċt é. that shows the trick to be worse, makes it worse. fágann soin an cleas níos measa. she m. the bed. do ċóruiġ sí an leaba. v. arrange. it would m. him faster. ba luaṫas reaṫa dó é. it would m. it more comfortable for him to sit. ba ċompórd suiḋe dó é. that m. him angry, sad. do ċuir sin fearg, brón air. that m. him mad, cry etc. do ċuir sin ar buile, ag gol é. v. anger, mad, cry etc. m. him do it etc. v. cause, oblige, force. m. known. v, tell. m. for, at. v. attack, approach. m. out. v. prove. m. good. v. effect. m. sure. v. certain. m. amends. v. reparation. m. up. v. supply. m., amount to. v. amount. m. hay, answer, excuse, blow, etc. v. hay etc.

MAKESHIFT, scailp i mbéal beárnan.

MALE, fireann. a m. pig etc. muc f.

MALEDICTION, v. curse.

MALEVOLENCE, MALICE, v. spite, hate.

MALLET, tuairgín m. 4; slis f. 2 (beetle for clothes).

MALT, braic f. 3.

MAN, v. human. one. fear m. 1; duine m. 4. (human being). he grew up to be a m. d'ḟás sé i na ḟear. a big etc. man. f. mór, etc. man's soul, the human soul is a beautiful thing. is áluinn an rud anam an duine. what kind of a m., person are you. cadé an saġas duine tú. the greatest any m. ever found. is mó dá ḃfuair daonnaiḋe riaṁ. every m. v. one. are you a m., human being. v. human.

MANACLE, v. bond, chain.

MANAGE, v. govern. riaraim: riaruiġim. to m. the business. gnóṫa na ceannuiḋeaċta do riaraḋ, riaruġaḋ. to m. I's affairs accordingly. gnóṫa na héireann do ḋéanaṁ dá réir. I could m. to be more comfortable. do ġeoḃainn le n-ais beiṫ níos feárr. anyone who could m. C., get good of him. aoinne a ḃainfeaḋ ceart de Ċonn. m. to do it, succeed in doing it etc. v. succeed, opportunity. he has the management, charge of it. v. care.

MANE. mong f. 2; muing f. 2. the horse has a shaggy m. tá m. ġiobalaċ ar an gcapall.

MANFUL, v. courage.

MANGE, v. scab.

MANGER, umar, m. 1

MANGY, v. scab. claiṁeaċ; gearbaċ a m. man. fear claiṁeaċ, carraċ (C); carraċán m.1 (C)

MANIFEST, v. clear, show

MANKIND, v. human

MANLINESS, v. courage

MANNER, v. way, appearance. in a bold, proud manner. ⁊ imṫeaċt dána, uaiḃreaċ faoi; go dána. a man with the m. of a gentleman. fear a mbeaḋ imṫeaċt duine uasail faoi. he did it to the manner born. do ḋein sé ó ṫalaṁ é. v. nature. mannerly v. polite, impudent. what m. of man is he. v. kind. the m. in which, etc. v. way

MANTELPIECE, v. chimney

MANTLE, v. cloak

MANUFACTURE, v. make. déantus m. 1

MANURE, v. dung

MANUSCRIPT, láṁscríḃinn f.2

MANY, v. more. a lán; mórán; puinn (only in neg. and interrog.); iomḋa (C.U); mḋó. m. men are, say... tá, deir ... a lán daoine, mórán d. m. of the men, of them were ... do ḃí a lán de na fearaiḃ, a lán acu; do ḃí mórán de na fearaiḃ. m. acu ... there were not m. there. ní raiḃ mórán, puinn daoine, p. acu ann. were there m. there. an raiḃ p. daoine, p. acu ann. there is m. a day in three years. is mḋó, iomḋa (C.U) lá i dtrí bliaḋnaiḃ. m. a man I killed in my day. is mḋó fear a ṁarḃuiġeas lem ré. there is m. a way of making money. is mḋó cuma i na ndeíntear airgead. h. many men have you. an mḋó fear atá agat; cá ṁéid (C.U) cé ṁéid (C.U) cadé ṁéid, 'de ṁéid (W) fear atá agat. how many times did you do it. an mḋó etc. uair do ḋeinis é. how m. Gods are there. an mḋó Dia ann. however m. men were there. dá ṁéid daoine a ḃí ann. however m. like them. exist already. dá liaċt a leiṫéid sin ċeana. I have so m. of them. tá oiread soin agam díoḃ. I have that m. tá an oiread soin agam. if there were as m. more there. dá mbeaḋ o. eile acu ann. ten times as m. a deiċ n-o. soin. you will get as m. again. do ġeoḃair an o. céadna. he had only half as m. men as I. ni raiḃ aige act leaṫ an o. fear liom. that m. and twice as m. in addition. an o. soin ⁊ a ḋá o. cursa leo. if they were there and three times as m. against them. dá mbeidís ann ⁊ a dtrí n-oiread nirt sluaiġ i na gcoinniḃ. twice as m. men as he wants. a ḋá o. fear ⁊ ṫeastuiġeann uaiḋ. there are too m. there to get lodgings. tá an iomad, iomarca daoine ann ċun lóistin d'ḟaġáil. a wonderful lot. a great m. men, jewels were there. níor beag d'uaṫḃás. de ḟéoḋ a raiḃ acu ann; do ḃí uaṫḃás (Éireann) díoḃ ann; is éaċtaċ a raib de ḋaoinib. etc. ann: do ḃí neart (m.1), reiḋse (f.4) éaċt (m.3), cuimse (f. 4) (C.), iongantas (m.1) (U). scáird (f.2), scannraḋ (m. 3), suaiṫeantas (m.1) carn (m. 1) (W), seoḋ (m. 1) acu, díoḃ, fear, etc. ann; ni ḟuil aon iongnaḋ aċt a liaċt daoine, etc. a ḃí ann; is mór an seoḋ an méid daoine, etc. a ḃí ann; naċ seoḋ a raiḃ ann díoḃ. v. wonderful. they are very numerous there, there are m. of them there. táid siad (go) líonṁar, fairsing, reiḋseaṁail ann. they are as m. as ever. táid siad ċoṁ líonṁar, etc. ⁊ do ḃíodar riaṁ. he does not care how m. his foes are. is cuma leis cadé líon a náiṁde. a number of words people, etc. brairle focal, daoine v. crowd. I have a number of cows to sell tá cáil bó le díol agam (U). m. coloured, etc. ioldaṫaċ

MARBLE. marmur m. I.

MARCH. Márta m. f. 4. Márt m. 3. a M. day. lá Márta. in the beginning of M. i dtosaċ na Márta.

MARCH. v. go, foot.

MARE. láir f. 5; capall (U).

MARGIN. v. edge.

MARINE. v. sea.

MARK. v. sign, appearance. coṁarṫa m. 4; rian m. 1; scríob f. 2 (line, etc.); riast m. 3 (weal, m. of rod, etc). its m. will be on you. beiḋ a rian ort. the m. of the sword on his face. r. béil an ċlaiḋiṁ ar a ḃéal. he is m. by the pox. tá r. na bolgaiġe air. he left a m. on me for life. d'ḟág sé maċait lem ḟaoġal orm. it will be a m. on you. beiḋ sé i na ḟéala ort. its m. will be on you. beiḋ a ḟéala ort. clothed only in feathers and (tattoo-)marks. gan orra aċt cleití ⁊ breasail. he left a m. on me with a stone. do ċuir sé breasal orm le cloiċ. I left a m. on him with my whip. do ċuireas stiall air lem lasc. he will make his m. in the world. cloisfear uaiḋ fós. v. reputation.

MARKET. margaḋ m. 1. m. day. lá an ṁargaiḋ.

MARRIAGE. v. marry.

MARROW. smior m. 3; smúsaċ m. 1. from the bone to the m. and to the inmost m. ón gcnáṁ go dtí an smior ⁊ ón smior go dtí an smúsaċ.

MARRY. MARRIAGE. etc. he m. her. do ṗós sé í. she will m. him. pósfaiḋ sí é. he will be getting m. to her. beiḋ sé ḋá ṗósaḋ léi. it is not to him she is to be m. ní leis atá sí le p. she is to be m. tá sí le p. he would like to m. her to another. ba ṁaiṫ leis í do ṗ. le duine éigin eile. he was at the m. do ḃí sé ag an bp. he remained unm. d'ḟan sé gan p. in m. bonds. i gcuing ṗósta. her m., wedding ring. fáinne a pósta. m. and unmarried. pósta ⁊ aonta. m. or single life. beaṫa ṗósta nó aonta. a marriageable woman.

bean ainḟir ; bean i n-aois a pósta. to arrange a m., match between them. cleamnas (m. I) do ḋéanaṁ eatorra. I made a match for him. do ḋeinear c. dó. I got up a m., do ċuirear c. ar siuḃal. he did not like that m. níor ṁaiṫ leis an c. soin. a m. feast, wedding feast. cóisir f. 5 ; cóisre f. 4 ; bainḟeis, f. 2. invitation to the w. cuireaḋ ċun na cóisreaċ. an unm. man. an old bachelor. seanṁaiġdean fir.

MARSH. corraċ m. 1 ; eanaċ m. 1 ; mong f. 2 ; féiṫ f. 2 ; f. bogaiġ ; riasc, m. 3 ; eisc f. 2 ; criaṫraċ, m. I (C) ; tonnán, m. I (quagmire) : tonn ar bogaḋ (id.) ; tonn trioṫaċ (id.) ; sraṫḃolgáin (C) (id.) : sraiṫġliogair (C) (id). m. mallow. toċas. marshy. bog ; riascaċ.

MARTYR. mairtireaċ m. 1.

MARVEL. v. wonder.

MASK. aġaiḋ fidil ; a. ḃréige.

MASON. saor cloiċe.

MASS. v. heap, lump.

MASS. aifreann m. 1. to say M. A. do ráḋ, léiġeaṁ. to get M. said for him. A. do ċur leis. high, low M. A. canntraċ, íseal.

MASSACRE. v. kill, rout.

MAST. crann m. 1 . crann seoil. a one m. ship. long aonċrainn. m. mast. c. láir. foremast. c. tosaiġ.

MASTER. máiġistir m. 4. school m. m. scoile. m. of house. fear an tiġe. to m. country. etc. v. conquer, power. to m. passions. etc. v. restrain.

MATCH. v. marriage, game, equal, compare, odd. m. (for lighting). lasán, m. I ; maiste f. 4 : cipín solais.

MATE. v. husband, wife.

MATERIAL. the m. for a dress, fire, boat etc. aḋḃar gúna, teine, báid. it is his shoes that have the best m., stuff in them. is i na ḃróġaiḃ ḃíonn an mianaċ (m. 1) is feárr. he has not the right stuff, m. in him. ni ḟuil an mianaċ foġanta ann. you are the stuff of heroes. tá déanṁas (m. I). laoċraiḋ ionnaiḃ. v. nature. a cloak of dear m. clóca de ḋéanṁas daor.

MATERNAL, m. uncle. dearḃráṫair etc. máṫar.

MATTER, (in wound). soċall m. I ; anagaire m. 1 ; braċa m. 4.

MATTER, v. affair, care, cause. it does not much m. that you got what you suffered. is róḃeag an scéal é d'imṫeaċt orrtsa mar ḋ'imṫiġ. it is no m. that he is dead. is beag an scéal é do ḃeiṫ marḃ. it would not m. much if something even worse befell you. ba ḃeag an s. é dá n-imṫiġeaḋ rud níos measa ort. it does not m. to you. does not concern you. is cuma ḋuit é ; cá'r ċuma ḋuit. it does not m. to you who is there. is c. ḋuit cé atá ann. that does not m. is c. soin de. it did not m. whether it was open or shut. ba ċ. dúnta nó oscailte é it m. not whether it exists or not. is c. ann nó as é. v. care. it did not m. ba mar a ċéile é. it m. not to them whether it is A or B. is mar a ċéile ḋóiḃ a 7 b. it would not m. to him whether he was here or there. it would be all the same to him. ba mar a ċéile ḋó ḃeiṫ annsoin nó ḃeiṫ annso. it did not m. to me what kind of work was going on. ni raiḃ ann aċt an dá mar a ċéile ḋom cadé an saġas oibre a ḃeaḋ ar siuḃal. it would be a m. of indifference to me whether the horse or the ass killed him. ní ḃeaḋ ann aċt an dá mar a ċéile ḋom an t-asal nó an capall ḋá ṁarḃaḋ. whether by nigh or day it is a m. of indifference to me. pé acu sa lá nó san oiḋċe é is aonni aṁáin dom é. it does not m. whether I injure you or not. is aonni aṁáin dom olc nó maiṫ do ḋéanaṁ ort. it does not m. which of them. is neaṁni cé acu. it is no m. of yours, does not concern you if he is there. cadé sin duitse soin má tá sé ann ; cadé sin duitse é ḋo ḃeiṫ ann. it is a m. of small consequence. it does not m. is beag a ḃriġ é. v. important. what m. about one or two lives. cadê an ḃriġ anam nó dó. he thinks it a small m. to kill a man. is beag aige fear do ṁarḃaḋ. v. care. it does not m. ni fiú bioran (7) é ; ni fiú é tráċt air. he thought a life a small m. if he could only get the money. níorḃ ḟiú bioran 7 anam duine seaċas an t-airgead d'ḟaġáil. ten miles are no

m. of indifference on such a night. ní haon ċuma-cadé deiċ míle bóṫair oiḋċe mar í seo. what does that journey m. cadé an éifeaċt an turus soin. he treated it as a m. of no consequence. do ḋein sé neaṁní, spriorspeir de. if he loses it, it is a m. for himself, it is his own look out. má ċailleann sé é, bíoḋ air féin. what is the m. now, what is up. cadé seo mar scéal anois. there is a wonderful depth of m. in that gospel. is iongantaċ an teilgean atá sa soiscéal soin. v. meaning. the only m. of their talk was the war. ní raiḃ aon ċúrsaí cainnte eatorra aċt an cogaḋ. the m., subject of the song was ... is é úġdar an aṁráin ... (C.U.) what shall be the m. of our conversation to-day. cad air ḃeam ag caint indiu. m. of joy, sorrow etc. v. cause. that is the important m. v. point. to improve m. v. affair. a good etc. m. v. affair. what m., I should not have cared so much if etc. v. care.

MATURE, v. ripe, grow

MAUL, v. finger

MAXIM, v. saying

MAY, Bealtaine f. 4; mí na B.

MAY, v. perhaps, let, likely. m. I go in. you may. ar ṁiste ḋom dul isteaċ.; ar ṁ. leat me do ḋul isteaċ. ní miste. m. I ask your name. ar ṁ. cuairisc t'ainme do ċur. you m. well say it. ní m. ḋuit a ráḋ. m. I do it an féidir liom é do ḋéanaṁ. v. can. he m. be there b'ḟéidir go mbeiḋ sé ann v. perhaps, likely. or I m., might say. v. even

MAYO, Conntae Ṁuiġeo

MEADOW. v. field. m.-sweet. airgead beo

MEAL, min f. 2 (ground corn). your m., repast is ready. tá do ċuid (f. 3) ollaṁ. evening m. supper cuid na hoiḋċe. a couple of meals cúpla béile (m. 4) bíḋ.

MEAN, etc. sprionnlaiḋe (miserly, stingy). a m., miserly fellow sprionnlóir m. 3; sprionnlóg f. 2; sprionnlóigín m. 4. a m. fellow cneaṁaire m. 4. a m. little fellow sprisbineaċ m. 1 (W) a m. low tricky fellow, spreallairín m. 4. a m. spirited, worthless, spiritless fellow. duine spadánta; snaṁaire m. 4; staigín m. 4. m-ness, miserliness sprionnlaiḋeaċt f. 3. he thought it m. to do it. ba lag leis é do ḋéanaṁ

MEAN, MEANING, v. sense, intend, allude. what do you m. by the church. cad a ṫuigeann tú leis an eaglais. what is m. by saying that ... cad a ṫuigtear le na ráḋ go ... what does "amen" m. cad a ċialluiġeann amen. what is the m. of that. cadé an ḃríġ (f. 2) atá leis sin. it acquired another m. do ṫáinig b. eile leis. what m. does she attach to that remark. cadé an ḃ. atá aici leis an ḃfocal soin. that is the m. I get out of it. sin é an ḃríġ a ḃainimse as an gcainnt. there was not a bit of an insulting m. in it. ní raiḃ aon ḃlúire d'aon ḃ. ṫarcuisneaṁail ann. there is a m. a symbolic m. in the gift. tá b. sa ḃronntanas that was the m. of his being ... sin é an ċiall (f. 2) go raiḃ sé ... he took it in that m., sense. do ṫuig sé é sa ċéill sin. he understood it in a wrong m., sense. do ṫuig, ġlac sé i gcéill a ḃí bun os cionn leis an ḃfírinne. what is the m.. sense of your being ... cadé mar ċiall duit ḃeiṫ ...; cadé an ċiall tusa do ḃeiṫ ann. to understand the m. and spirit of that language. bríġ ⁊ meanmna na cainnte sin do ṫaḃairt leis. its full m. force iomláine a ḃríġe. a meaningless word, etc. focal gan bríġ, gan éifeaċt. I can find no m., sense in in that story. ní féidir liom bun ná bárr d'ḟaġáil ar an scéal. there is a wonderful depth of m., matter in that gospel. is iongantaċ an teilgean atá sa soiscéal soin. I m., should have said "the other day." an lá fá ḋeireaḋ adeirim. v. intend. he m. it for the dog, etc. v. intend. what do you mean to do v. intend. that does not m. that we should not go. ní ċuireann soin ná go raġaimís; ní ḟágann soin ná gur ceart dúinn dul ann. v. prove

MEANS. v. riches, way, chance. he did it by m. of a spade. le rámainn is eaḋ do ḋein sé é. he lived by

m. of peddling. le mangaireaċt do ṁair sé. by every m., method. ar gaċ aon tsaġas cuma (f. 4). there are many m. of making money. is mḋó cuma i na ndéintear airgead. there is no better m. of doing it than...ní ḟuil aon ċ. is feárr ċun é do ḋéanaṁ ná... he has every m., appliance, facilities for doing it. tá gaċ aon ċóir (f. 3) aige ċuige; tá toġa na córaċ aige ċuige. every m. necessary. gaċ cóir atá riaċtanaċ ċun é do ḋéanaṁ. they have m. of carriage and conveyance. tá c. iomċuir 7 c. gluaiste acu. m. of defence. c., gléas cosanta. you have the m. of protecting yourself. tá sás do ċosanta agat féin. v. instrument. he had no m. of doing it. ní raiḃ aon ḟaġáil, ḃreit, dul aige ar é do ḋ.; ní raiḃ aon deis aige le na ḋ. (C.). he left no m. untried. níor ḟág sé sliġe gan féaċaint ná cloċ gan iompoḋ. by no m., not at all. v. all.

MEANWHILE. they were waiting m. to call them. do ḃíodar ar an ḃfeaḋ so ag feiṫeaṁ le h-iad do ġlaoḋaċ isteaċ. I intended m. to find a way of...do ċuirear róṁam idir an dá linn sliġe éigin d'ḟaġáil ċun... m., during that time. le na linn sin. v. during.

MEASLES. bruitíneaċ f. 2.

MEASURE. v. weigh. toṁas m. 1; tuise f. 4. I m. him, it. do ṫoṁaisear é. I will m. to him, deal with him as he m. to her. do ḃéarfad an toṁas céadna ḋó a ṫug seisean di. he took his m. for the boots. do ṫóg sé a ṫoṁas, ṫuise ċun na mbróg do ḋéanaṁ. it was taken as a m., rule, standard of the amount of credit to be given his word. do ġlacaḋ é mar ṫuise ar an méid creideaṁna ba ċeart do ṫaḃairt dó. the m., standard is wrong. tá an tuise bréagaċ. a small m. toṁas beag. v. amount. little, etc. measured, regular steps. coiscéim toṁaiste, toṁaiseaċ. beyond m. v. extraordinary.

MEAT. feoil f. 3. a chunk of m. smailc feola. a joint, piece of m. spóla feola.

MEATH. Conntae na Míḋe.

MECHANIC. v. trade.

MEDAL. bonn m. 1.

MEDDLE. v. interfere.

MEDIATE. v. peacemaker, intercede.

MEDICINE. leiġeas m. 1; purgóid f. 2; dros m. 4; deoċ, luiḃ ice; deoċ, luiḃ leiġis. he knows m. tá eolus aige ar an ndoċtúireaċt.

MEDITATE. v. think.

MEEK. v. gentle, patient.

MEET. v. proper, right.

MEET, etc. I m. him. do ḃuail sé liom, umam; do casaḋ orm, liom, dom (C. U.) é. I m. a beggar. do ḃuail bacaċ umam, liom; do casaḋ b. orm. he m. them, came on them while they were at rest. do casaḋ ċúċa é; do c. i na dtreo é. she m. me. do ṫeagṁuiġ (pr. ṫeangṁuiġ) sí liom. anyone who m. you. aoinne a ḋéanfaiḋ teagṁáil leat. anyone so dangerous to meet as that man. aoinne ċoṁ contaḃartaċ de ṫeagṁáluiḋe 7 do ḃí an fear soin. the cord m., came against his foot and tripped him. do ṫeagṁuiġ an téad le na ċosaiḃ 7 do ḃain barrṫuisle as. the day of meeting, appointment. lá na coinne. the m. place. áit, ionad coinne. they made an appointment to m. at that place. do ḋeineadar coinne bualaḋ um a ċéile san áit sin; do ċuireadar coinne ar a ċéile. he made an appointment with me. do ḋein sé coinne liom bualaḋ uime; do ḋein sé ionad coinne liom. he went to m. them. do ċuaiḋ sé i na gcoinniḃ. i na gcoinne, i na n-airicis (C. U.). he leaped forward to m. me. do ṗreab sé im ċoinne, im ċoinniḃ. he sent them to m. her. do ċuir sé fá na dein iad. I m. with accident. etc. v. accident. happen. m. one's debts. v. debt.

MEETING, (collection, gathering of people). cruinniuġad m. 3; tionól m. 1; coiṁṫionól m. 1; coṁṫalán m. 1 (dance-gathering); coṁdáil f. 3; oireaċtas m. 1.

MELANCHOLY. v. sorrow, gloom.

MELODY. v. music, sweet.

MELT. he m. it. do leaġ sé é. his money m. away. do leaġ a ċuid airgid uaiḋ. it is m.-ed. tá sé leaġṫa, leaċta. I am m. with the heat of the day. táim leaġṫa ón mbrotall.

MEMBER, v. limb. belong.

MEMBRANE, scannán m. 1.

MEMORABLE, v. memory. famous, glorious.

MEMORY, my m. of it is as fresh as. tá mo ċuiṁne (f. 4) ċoṁ glan air ⁊ etc. that look never l. my m. níor scar an ḟéaċaint sin lem ċ. it has quite escaped my m. tá sé imṫiġṫe as mo ċ. go glan. it is not hard to keep that in ones m. ni deacair c. do ċoimeád air sin. I cannot remember it now. ní ċuimniġim anois air; ni ṫugaim ċun mo ċuiṁne anois é. those tears were recalled to my m., mind, I was put in mind of those tears. do cuireaḋ na deora soin im ċ. ḋom. that reminds me of a thing ... cuireann soin i gc. ḋom rud ... you reminded of the story ... do ṫugais ċun mo ċ. an scéal ... when he was reminded of it. nuair tugaḋ ċun a ċ. é. do you remember going ... yes. perfectly. an ḃfuil aon ċ. agat ar dul ... tá gaċ aon ċ. it is impressed on my m., I remember that she ... tá sé im ċ. go raiḃ sí ... I managed to make it from m. fuaras é do ḋéanaṁ óm ċ. within living m., the m. of man. le cuiṁne aoinne atá suas. no woman within my m. was ... ni raib lem ċ. aon ḃean ... back beyond the m. of man, time out of mind. ṫar ċ. na ndaoine. the m. of that is a sad one. is duairc an ċuiṁne sin; is duairc ċ. an ġníṁ sin. this story will be told in m. of her. as a memorial of her. inneosfar mar ċ. uirri an scéal so. in m. of that day. i gcuiṁneaṁ an lae son. I remember that day. is cuiṁneaċ (C). cuiṁin liom an lá soin. I remember his being ... is cuiṁneaċ (C.), cuiṁin liom é do beiṫ ... he has it off by heart. by m. tá sé de ġlan-ṁeaḃair aige; tá sé ar eolus aige de ġ. he learned it by heart. do ċuir sé de (ġlan) ṁeaḃair é; do ċuir sé de ṁeaḃair cinn é; do ṁeaḃruiġ sé é. I have some vague m. of it. tá sé ag riṫ trím ráṁ-aillib; tá sé mar ḃeaḋ taiḋḃreaṁ ḋom go ...

MENACE, v. threaten.

MEND, v. cure. deisiġim; leiġeasaim; cuirim cóir, caoi ar (C.U.); slán-uiġim. he m. the chair, cloth etc. do ḋeisiġ sé an ċaṫaoir, t-éadaċ. do ċuir sé caoi, cóir orra (C.U.). the agreement that was broken and patched up. an socruġaḋ a briseaḋ ⁊ a slánuiġeaḋ. he m. it, leg etc. do ḋein sé é do leiġeas, do leiġeas sé é.

MENTAL, v. mind.

MENTION, v. allude. do not m. his name. ná luaiḋ a ainm. the man I m. already. an t-é a luaiḋeas ċeana. the city you have m. an ċaṫair adeirirse. the gold. not to m. anything else. an t-ór gan trácht ar a ṫuilleaḋ. there was not an ass there not to m., still less a horse. ní raiḃ asal ann gan teaċt ṫar ċapall. I could not lift it, not to m., move it to the water. níor ḟéadas é d'árduġaḋ ⁊ gan teaċt ṫar a ḋruidiṁ fá ḋéin an uisce. a boy could do it not to m., still more a man. do ḋéanfaḋ garsún é ní áiriṁim fear. it would kill nine men not to m., still more three. do ṁarḃ-óċaḋ sé naonḃar ní áiriṁim triúr. not a word was said to her. not to m., still less an angry word. oiread ⁊ labairt árd léi níor deineaḋ é ní áiriṁim focal feargaċ do laḃ-airt léi. men. not to m., speak of dogs. worry each other. bíonn na daoine sa straċaḋ a ċéile ní áir-ṁim ná beaḋ na madrai (W). not to m., without m. the affair of the king at all. gan cúrsaí an ríoġ do ḃac i n-aon ċor. he could not defend himself, not to m. lunging, much less lunge at them. níor ḟéad sé é féin do ċosaint orra gan bac d'aon tsáṫaḋ do ḋéanaṁ. I am troubling you. oh! do not m. it. táim ag cur buaḋarṫa ort. ná bíoḋ ceist ort; ni fiú é áireaṁ; ni fiú é tráċt air; ni hiongnaḋ ḋuit (W). it is not worth m. ni mór le ráḋ é. v. important, matter. now that I m. the song. ⁊ ós ag tagairt don aṁrán é. v. allude. to m. introduce subject. v. introduce.

MERCHANDISE, v. thing.

MERCHANT, ceannuiḋe m. 4.

MERCY, v. pity, spare. be merciful as your Father is m. biḋiḋ aṫ-ṫruaġaċ fá mar atá ḃur n-aṫair aṫṫruaġaċ. a merciless man. fear míṫrócaireaċ, neaṁṫrócaireaċ. v. pity.

MERE. MERELY. v. only, enough, purposely. he did it, stopped through m. laziness, shame etc. le corp leisceaṁlaċta, náire is eaḋ do ḋein sé é, do stad sé; le neart leisceaṁlaċta ... it was all m. foolishness. corp diṫċéille a ḃí ann. it was m. nonsense. ní raiḃ ann aċt corp fiannaiḋeaċta. it is a m. rumour. ní ḟuil ann aċt ráfla. they knew m. by looking at him that ... do ḃí a ḟios acu gan aċt féaċaint air go raiḃ sé ...

MERIT, v. deserve. luaċ m. 1; luaċt m. 4. through the great m. of His death. tri mórluaċt a ḃáis. to win, m. a high place in Heaven. árdḟuiḋeaċán do ḟaoṫruġaḋ ḋó féin sna flaiṫeasaiḃ.

MERMAID, muirruḋaċ f. 2; múrḋúċán m. 1; brúḋaċ f. 2.

MERRY, v. gay, fun, drunk.

MESS, v. confuse, dirty, spoil.

MESSAGE, etc. v. news. sending me on the m. dom ċur ar an dteaċtaireaċt (f. 3). on a m. le teaċtaireaċt, le gnaiṫeaċ (U). a m. of pardon t. maiṫeaṁnais. a messenger. teaċtaire m.4

METAL, miotal m.1

METHOD, v. way, plan

METRE, (in poetry). meadar m.1

METROPOLIS, v. principal

METTLE, v. spirit

MIDDLE, v. half. till the m. of the day go lár (m.1) an lae. in the m. of the day, night. i meaḋon an lae, na hoiḋċe. from dawn till the m. of the day. ón gcéad breacaḋ go m. an lae. it is m. night. tá lár, meaḋon na hoiḋċe ann. in the very m. of the city, wood. i gceartlár na caṫraċ, coille. he used to sit in the m. on a chair. do ṡuiḋeaḋ sé i lár baill ar ċaṫaoir. that big ship in the m. an long mór soin i lár baill. the m. mast. an crann láir. the stones struck each other in mid-course. do buaileaḋ na cloċa i gcoinniḃ a ċéile i lár sliġe. in the m. of the wood i gcóiṁleaṫan na coille. in the m. of the road. i gcorp an ḃóṫair. in m. winter i gcuim an ġeiṁriḋ. m. aged meaḋonaosta; cnag aosta, sceoṫaosta (rather more than m. aged). m. night v. night

MIDDLING v. little, half. how are you? m. cionnus atá tú; (go) cuiḃḋeasaċ: ni ḟuilim aċt c.; táim go c., go réasúnta (C). the land is m. tá an talaṁ cuiḃḋeasaċ, measarḋa. it is m. pretty, rather high, rough, etc. tá sé cuiḃḋeasaċ garḃ, árd; tá sé sáṫaċ garḃ (C); tá sé garḃ, árd go leor v. enough. he got on fairly well. d'éirig leis go réasúnta. a m. old woman, cow, etc. bunḃean (U). bunḃó (U). this is only m. good ní ḟuil annseo aċt bunċineál (U). v. little.

MIDNIGHT, v. night

MIDGE, mioltóg f.2; m. géar (U); corrṁioltóg; milin m.4

MIDWIFE, bean ċaḃarṫa; b. ċaḃradóir

MIGHT, v. may, perhaps, can. m. I go, say, etc. v. permit. or I m. even say. v. even

MILD, v. gentle, quiet

MILDEW, v. mould

MILE, mile. m.4

MILITARY, v. soldier, army, etc

MILK, v. suck. bainne m.4; leaṁnaċt f.3 (new m). thick m. b. reaṁar. skim m. b. géar; sciodar mother's m. b. cíoċ. m. and water, poor m. anglais. meal and m. mixed cúbrán; sraoibún; riobún (C). the milky way. sioġ na spéire. I m. the cow. crúḋaim, bliġim (C.U.), bleagaim (C.U.) an ḃó. to m. the cow an ḃó do ċrúḋaḋ. ḃleagan (C.U.). a m. maid bean, etc ċrúiḋte. from a single milking. ó aon ċrúḋaḋ amáin. the cow yielded her milk quite freely. do ṫál an ḃó ar an mnaoi go trom 7 go tiuġ. they have a cow giving m. tá ḃó ar an mbainne acu. m. to the last drop ag sniugaḋ. milk pail, pan. v. vessel

MILL, muilleann m.1; bró f.5 (hand quern) m. stone bró f.5

MILLION, milliún

MIMIC, v. imitate.

MINCE, v. cut, affectation.

MIND, aigne f. 4; inntinn f. 2; intleaċt f. 3. what had he in his m. cad a ḃí ar aigne aige. the thing you have in your m., intend to do.

an rud atá ar aigne agat. v. intend. he knew their m., thoughts. do ḃí fios a n-aigne aige. while he was in that frame of m. an ḟaid ⁊ ḃí sé ar an a. sin. v. humour, inclination. he has an acute m. tá intinn ġéar aige. his mind in confusion. a intinn trí na ċéile. that thought is in their hearts. tá an smuaineaṁ soin istiġ acu. large mindedness. breath of view. móraigne; móraigeantaċt. to change one's m. v. change. a keen, dull m. v. clever, stupid. out of one's m. v. mad, sense. recall to m. v. memory. I have a m. to. v. incline. desire. that was in my m. v. mean, intend. of one m. v. agree. make up one's m. v. decide. mind not to do it. v. care. m. the nettle etc. v. care. I do not m. whether etc. v. care. to m. the shop etc. v. care. do not m., bother about him. v. attend. do you mind my going etc. v. object. I do not m. giving him that. v. grudge.

MINE. mianaċ m. 1; bun guail (coal-m.) (U); coiréal (quarry).

MINE, it is m. is liomsa é. he is a son of m. mac domsa is eaḋ é. a foot of m., one of my feet. cos liom his hand and m. a láṁ sin ⁊ mo láṁsa.

MINGLE. v. mix.

MINISTER. ministir m. 4.

MINNOW. puinncín m. 4.

MINORITY. an ċuid is luġa de, acu.

MINSTREL. v. music.

MINT. mismín m. 4.

MINUTE. v. moment, fine, piece, small.

MIRACLE. v. wonder.

MIRE. v. mud.

MIRROR. v. glass.

MIRTH. v. gaiety, glad.

MISCELLANY. v. various. bolg an tsoláṫair.

MISCHIEF. v. harm. to make m. and confusion. toirmeasc ⁊ cur trí ċéile do ḋéanaṁ. much m. was its result. is mó toirmeasc a ṫáinig as. he is a m. maker. toirmiscṫeoir is eaḋ é. to work m. among the I. uisce sé ṫalaiṁ do ḋéanaṁ i measc ná nÉireannaċ. it will play the m. with you. buailfiḋ sé buille na tubaisce ort. he is at some m. tá droċobair éigin ar siubal aige; ta droċḟuadar faoi. v. intend. a m. maker, busy body. v. interfere.

MISER. v. niggardly.

MISERABLE, MISERY (sorrow, unhappy, etc.) v. sorrow.

MISERABLE, MISERY (suffering, distressed circumstances). aṁgar m. 1; anró m. 4; anfóġ m. 4; aindeise f. 4; donas m. 1; anacair f. 3; droḃlas m. 1 (C); cruaḋtan m. 1; cruaḋáil f. 3; cruaḋóg f. 2; éigeantas (necessity, need); antrom m. 1 (distress, oppression); leatrom m. 1 (id.); géarḃruid f. 2 (id.) v. oppression. traces of m. on his face. lorg an anró air a ġnúis. the m. he was in. an aṁraċt, t-aṁgar i na raiḃ sé. he is in a wretched, m. state. is aṁraċtaċ anróiteaċ an droċ atá air. a m., hard life. beaṫa ḋoġrainneaċ. talking of the m. of the world. ag tráċt ar ḋoġrainn an domain. you are in a poor, m. way. is olc, boċt an scéal agat é. he is in a m. way. tá an scéal go haindeis aige. he is a m., poor fellow. aindeiseoir, aindeiseoirín is eaḋ é; truaġán is eaḋ é. v. poor. in the day of my m. i lá mo ċruaḋála. after all my hardship. tar éis mo ċruaḋtain. v. hard. am I not a miserable creature. naċ mé an donán boċt donaiḋe. m., worn-out, hungry, mud-stained. etc., creatures. scraċairí straċta; sceallairí marluiġṫe; slaḋairí ocrais; sruimilí lataiġe; suġmairí dearóile. despicable nobodies. náiḋí míṁeasaṁla an tsaoġail (U). such a wretched pitiful creature as you are. do leiṫéid de ṫruaġnairt. a poor contemptible creature. duine boċt gan áird, etc. poor, m., contemptible wages, world. páiġ, saoġal suaraċ. he is a m., wretched bad dancer. is suinneaṁaċ an daṁsóir é (U). is it not a m., wretched day. naċ caillte an lá é. v. bad. a m., mean contemptible fellow. sprealláirín sir, etc.; sprionán. a m., small bird, apple, etc. brealláċán éin, ubaill, etc. (W). your m. little eggs, etc. do ċreaṫáin ub. v. little. a m. starved looking man, horse, etc. fear, capall gorta loimirceaċ, etc. v. thin, waste. it is a m. thing, an affliction for him, etc. v. pity. he is in m., affliction, etc. v. trouble.

MISFORTUNE. v. accident, luck. míáḋ m. 1 ; míḟorṫún m. 1 ; tubaiste f. 4 ; tiompuisne f. 4 (C) ; tiompuiste f. 4 (C) ; tuisme f. 4 (U) ; tionóisc f. 2 ; iomard m. 1 ; matalong m. 1. the m. that befell me. an bárṫán, t-iomard, míáḋ, anaċain, etc., a ṫuit orm, a ḃuail mé. m. will come on you from the foe. tiocfaiḋ an ċéim ċruaiḋ ón náṁaid ort. such a calamity. caḋé mar ṫubaist. v. accident. it would bring m. on you. do ḋéanfaḋ sé tubaist 7 aiṁleas duit. v. harm. there is one m., unfortunate thing about the affair. tá aon iomard sa scéal. in the day of m. i lá an éigeantais. v. necessity. to crown all the m. mar ḃárr ar gaċ aon diaċ. there is some m. dogging him, he is unfortunate. tá amail éigin air. to bring misfortune on oneself. é féin do ċur i n-umar na hamailéise, i gcorraċ na haiṁléise. to get into m. tuitim i n-umar... people in m., affliction all their lives. daoine ag treaḃaḋ donais rómpa ó haois go bás. I see her overwhelmed by m. ċím bráca an donais anuas sa drom uirri. free from m. gan donas ná diaċair air. that is the m., the worst part of the affair. sin é donas an scéil. some awful m. has occurred. tá donas éigin ṫar na beartaiḃ déanta. a man afflicted by m., an unfortunate man. fear míáḋḃaraċ, míḟorṫúnaċ, tubaisteaċ. I met with greater m. than he, I had a more unfortunate experience than he. is tubaistiġe mar éiriġ ḋomsa nó mar éiriġ ḋósan. to drive a man to m. duine do ċur ar a aiṁleas. v. harm. it is a great m. that, etc. v. pity. luck.

MISLEAD, v. astray.

MISS, v. fail. mistake. I did not m. it, notice its absence. níor ḃraiṫeas, ṁoṫuiġeas uaim é. I m. him. do ċroṫnuiġ mé a ḋiṫ orm é (U). I did not m. him. ċar ċroṫnuiġ mé é (U). I m. him sadly, am sorry after him. tá uaigneas orm i na ḋiaiḋ. v. sorrow. I m. my hat sorely. is géar do ṁoṫuiġeas etc. uaim mo hata. my shadow was m.-ing. do ḃíos i n-éaġmuis mo scála ; do ḃí mo scáil ar iarraiḋ. they noticed there were threepence m.-ing. do ḃí trí pingne i n-easnaṁ orra. v. want. whatever is m. to the £3. pé easnaṁ atá ar na trí púnt. without m. a single stroke of the pendulum. gan aon ċor den tromán do leigint uaim, dó ċailleaṁaint. I m. one beat (of clock etc.) do ṡleaṁnuiġ aon luascaḋ aṁáin uaim. v. slip. the blow m. its aim. d'imṫiġ an buille folaṁ. I m. him, did not hit him. níor aimsiġeas é. v. useless.

MIST, etc. v. rain. ceo m ; ceoḃrán m. 1 ; meirge ceoiġ (fog from river or marsh etc.) the weather is m. tá an aimsir ceoḃránaċ, ceoṫaċ, ceoḃraonaċ.

MISTAKE. dearṁad m. I ; dearmad (C.U.) ; tuaṫal m. I (awkward m.) botún m. I (foolish blunder) ; tuaiplis f. 2 (false move etc.) you are making some m., a great m. tá dearṁad éigin, mór ort. I left him under that mistaken impression. d'ḟágas an d. soin ar a aigne. I made a m., went wrong in counting them. do ċuaḋas i nd. dá gcoṁaireaṁ. if you think ... you are making a big m. má's dóiġ leat...bíoḋ soin de ḋ. ort. I am making no m., I am quite sure. is beag dá ḋ. orm ; ní ḟuil aon ṗioc dá ṁearḃall orm. do not make any m. about it, it belongs to me. ná bíoḋ aon ṁ. ort gur liomsa é. I should not like you to make any m., to be under any illusion about that. níor ṁaiṫ liom go mbeaḋ soin de ṁearaiḋe ort. I will do it, no m. déanfad é. ná bíoḋ aon ċuid dá mearaiḋe ort ... he told them not to make any m., not to have any doubt ... that he never would be ... duḃairt sé leo gan aon dearṁad do ḋéanaṁ den scéal ná beaḋ sé ... there can be no m. about it. ní féidir aon dul amuġa do ḃeiṫ sa scéal. that set me wrong, led to the m. is é sin a ċuir amuġa mé. he was wrong, mistaken in his guess. do ḃí sé amuġa sa tuairim. a mistaken guess. tuairim a ċuaiḋ amuġa.

when one made a m. in the affair another would have understood it right. an rud a ṫéiḋeaḋ amuġa ar ḋuine do ṫugaḋ duine eile fa ċeart leis é. you have made a m., you have not understood it properly. níor ṫugais an scéal i gceart leat; tá an éagcóir agat. they had m., perverted the sense of the story to a great extent. do bíodar tar éis a lán de ḃríġ an scéil do ċur amuġa orra féin. that is where they are mistaken, wrong. sin é ball díreaċ a ḃfuil breall orra. the proverb is quite m., wrong. tá breall ar an seanḟocal. v. astray. hardly any made a m., slip in a word. is beag tuitim focail a ḃí ar aoinne acu; is beag ruiṫ focail ... he made a slip. do ċuaiḋ, d'imṫiġ tuitim focail air. do not make a slip. ná tuiteaḋ aon ḟocal uait. he recited the story without a m. do ṫug sé an scéal uaiḋ gan ċailicin (W). he committed no m. in the business. níor ḟág sé aon lúb ar lár sa scéal. v. wrong, fault. they have made a false move, a bad m. tá tuaiplis déanta acu; tá butún uaṫbáraċ déanta acu. he has made an awkward blunder. tá tuaṫal mór déanta aige. a m. in a person's identity, taking one person for another. iomroll aiṫne.

MISTRESS, maiġistreas f.3; bean an tiġe; leannán m.1 (paramour)

MISUNDERSTAND, v. mistake, understand

MITE, v. money, worth

MIX, two things, substances m. together. dá rud curṫa trí na ċéile; dá rud measctha trí na c., ar a c., ar fud a ċ. she m. cream with the meal. do ṁeasc sí uaċtar ar an mín. truth m. up with it (lie) 7 fírinne measctha air. wine m. with poison. fíon measctha le nimh. the noise mingled with the music. do ṁeasc an ḟuaim ar an gceol. no happiness but is m. with misery. ní bíonn sonas gan donas i n-órlaiġiḃ tríd. the voices mingled and intertwined with each other. na glórṫa fillte ar a ċéile 7 casta ar a ċéile 7 brúiġte ar a ċéile. the thread has got m. up, entangled. tá an snáiṫe i n-aiṁréiḋe, i ḃfastóḋ (C). he got m., confused in the story. do ċuaiḋ an scéal i n-aiṁréiḋe air. v. confuse

MOAN, v. groan, sigh

MOB, v. crowd

MOCK, v. imitate, laugh. a m. thing, etc. v. false, pretend

MODEL, v. example, like, imitate

MODERATE, v. middling, restrain

MODERN, m. E. béarla na haimsire seo. the m. method. an móḋ nuaḋ

MODEST, v. pure, shy

MODIFY, v. change, lessen. to m. my case, to put it more mildly. ċun an scéil do boġaḋ. he did not m. the truth for them. níor ḋein sé aon boġaḋ ar an ḃfírinne dóiḃ

MOIST, v. wet

MOLE, caoċán m.1 (animal). ball dóráin (on skin) (C). ball seirce (beauty spot.)

MOLEST, v. interfere, trouble

MOMENT, neomat m.1; neoimeint f.2 (C.U); nóimid f.2; moimeint f.2 (C.U); buimint (U); bomaite (U). I thought every m., minute he would come. do ċeapas an uile neomat go dtiocfaḋ sé. up to this m. go dtí an neomat so. wait a m. fan go fóill; fan go sé (U). a m. ago. ó ċianaiḃ (beag); anois beag; neomat ó ċoin. in a m. v. soon. on the m. v. immediately. the m. he was, etc. v. soon. a thing of m. v. important

MONAGHAN, Conntae Muineaċáin

MONASTERY, mainistir f. 5, 2

MONDAY, Luan m.1. on m. Dia Luain

MONEY, airgead m.1. ready m. hard cash. a. tirim; a. síos. small m., change. mionairgead. v. change. he had always ready m. do ḃíoḋ airgead réiḋ aige (C). a large sum of m. a. mór. a piece of m. bonn airgid; píosa a. whatever little m. I have. pé pinginn airgid atá agam. £1. púnt; punt (U). 5/- coróin. f. 2, 5. 2/6 leaṫċoróin. 1/- scilling f.2. 6d. réal. 4d. teistiún. 1d. pinginn.; piginn f.2. ½d. leaṫṗinginn; leaṫṗiginn. ¼d. feoirling f.2. a half ¼d. cianóg f.2. a quarter of ¼d. sciúrtóg f.2. 2/8d. a dó 7 dá ṫeistiún. it costs nothing, not a farthing, a brass button, etc. ní ċosnuiġeann sé cianóg. he had not

a farthing, etc. ní raiḃ scilling aige. a m. lender. fear gaimbín (generally usurer)
MONGREL, v. dog
MONK, manaċ m.1 ; bráṫair m.
MONKEY, ápa m. 4
MONSTER, arraċtaċ m.1 ; arraċt m.3 ; maċtín m.4 ; ilṗiast, ilṗéist f.2 : piarsa m.4. a m. of the air. arraċt aeir. a big m. of a dog. piarsa de ġadar ; ilṗeist de ġ. v. big. monstrous v. fearful, horrible, extraordinary
MONTH, mí m. f. 4 (also irreg). 3 months, ráiṫe m.4. this day a m. hence. mí ó indiu. this day last m. mí is (an) lá indiu. in the m. of May, etc. sa Ḃealtaine ; sá Ḃ. (C) ; i mí na Ḃ. monthly. míosaṁail.
MONUMENT, v. grave.
MOOD, v. humour, incline. mod m. 4 (gram.) moody. v. gloom, sorrow.
MOON, gealaċ f. 2 (as giving light) ; ré f. 4 (as measuring time) ; éasca m. f. 4. reading by m. light. ag léiġeaṁ le solus na gealaiġe. a m. light night. oiḋċe ġealaiġe the m. was up, there was m. light. do ḃí an ġ. ar an aer ; do ḃí an ġ. i na suiḋe. new m. g. nuaḋ (C) ; ré nuaḋ. it is full m. tá lán gealaiġe ann (C) : tá ré lán ann. the m. is a week old. tá ceaṫraṁaḋ den ġealaiġ ann. the m. is rising. tá an ré ag éiriġe. the m. was up. (denoting time). do ḃí an ré ar an aer. on the edge of the m. ar ċiuṁasaiḃ na ré. the night is m. less. tá an oiḋċe gan éasca. a dark moonlight night. oiḋċe duiḃré. a starry but m. less night. oiḋċe spéirġealaiġe. v. dark etc.
MOOR, v. marsh, bog.
MORAL, v. good, pure. m. of story. múineaḋ m. 4.
MORE. v. increase. there are m. people than ... tá níos mó daoine ann ná ... there is m. work than ... tá níos mó oibre ann ná ... nothing is m. wonderful than ... ní ḟuil aoinní is mo ċuireann iongnaḋ orm ná ... I feel sleep rather than, m. than hunger. is mó an codlaḋ ná an t-ocras atá orm. he cried out all the m. aċt sin mar is mó do liúiġ sé. that would be all the m., greater reason for doing it. sin mar ba mó ba ċeart go ndéanfaiḋe é. all this is the m. intelligible owing to Christ's love of the Church. is móide is iontuiġṫe gaċ ní díoḃso méid an ġráḋa a ḃí ag Críost don Eaglais. a thing is not the m. likely for being in the papers. an rud atá ins na páipéaraiḃ ní móide gur fíor é. v. the. the m. of them were killed the m. were alive. dá méid cuirtí ċun báis díoḃ is eaḋ is mó ḃíoḋ beo dioḃ. v. the. we have m. than enough of them. tá breis (f. 2). tuilleaḋ ⁊ ár ndóṫain acu againn. two inches and m. dá órlaċ ⁊ breis. for m. than, over a week. go ceann seaċtṁaine ⁊ b. for m. than a couple of years. ar feaḋ b. ⁊ cúpla bliaḋan. they were getting much m. than what they had a right to. do ḃí b. ṁór ⁊ a gceart acu dá ḟaġáil. that makes it much m. is mór an ḃreis í. growing m. and m. ag síorḋul i mb. v. increase. he wants m. light. breis, tuilleaḋ soluis atá uaiḋ. a little m., additional time. tamall aimsire sa mbreis ; tuilleaḋ aimsire. he was an inch (in height etc.) m. than she. do ḃí órlaċ sa mb. aige uirri. that time was not much m. than a week. ní raiḃ puinn sa mb. ar ḟeaċtṁain sa méid sin aimsire. said others, m. of them. arsa tuilleaḋ dá raiḃ ann. that would give us m. room. do ḋéanfaḋ son t. sliġe dúinn. we shall have m. rain. beiḋ t. fearṫanna againn. seeking m. pleasure and m. of the poison. ag lorg t. sáiḋbris ⁊ t. den niṁ. we shall have no m. of it. ní ḃeiḋ a ṫ. againn. did he say any m. an ndubairt sé a ṫ. do not say any m. ná labair a ṫ. he was there no m. ní raiḃ sé ann a ṫ. I gave him a pound m., in addition. do ṫugas púnt mar ṫ. dó. v. addition. m. misfortune to them. t. den donas ċúca. it is m. than, over 6 feet high. tá sé corruiḋeaċ, corraċ, braḃaċ (C. U.) ⁊ sé troiġṫe ar airde ; tá sé sé troiġṫe ⁊ braḃaċ ar airde (C. U). it was only a little m. than, over a quarter of an hour afterwards. ba ḃeag farraḋ ceaṫraṁaḋ uaire an ċluig i na diaiḋ sin. he was little m.

than a boy when...ba ḃeag farraḋ garsún a ḃí ann nuair... enough of it and more than enough. a ḋóṫain ⁊ (f)earraḋ is bárr. it was not much m. more than a month. ní raiḃ puinn ṫar seaċtṁain sa ṁéid sin aimsire. there were not m. than five of them. ní raiḃ ṫar ċúigear acu ann. over 3 hours. ṫar trí uaire an ċluig. m. than all else, especially. ⁊ ṫairis sin go léir v. above. why should he choose her m. than any other woman. ca na ṫaoḃ a dtógfaḋ sé í seaċas aon ḃean eile. there will be joy for one sinner...m. than for nine...beaḋ gáirdeaċas mar ġeall ar aon ṗeacaċ...seaċas naonḃar... v. comparison. that does not concern me any m. than the other affair. ní ḃaineann an scéal soin liom aċt oiread ⁊ ḃaineann an scéal eile. you could not startle him any m. than you could an ass. ní bainfí geit as aċt oiread ⁊ bainfí as asal. why should I die any m. than, rather than you. cad ċuige a bfuiġinnse bás aċt an oiread leatsa. any more than I. aċt mar a ċéile liom féin (W). without pity any m. than if they were dogs. gan ṫruaiġ ḋóiḃ aċt ċoṁ beag, aċt oiread ⁊ dá mba ṁadraí iad. it is not me you have to thank for it nor she either, any m. than me. ní ormsa ba ċóir a ḃuiḋeaċas do ḃeiṫ ná uirri féin aċt ċoṁ beag liom. there is nothing to prevent him doing it any m. than there was to prevent him doing the other thing. ní ḟuil aon ḃac air é do ḋéanaṁ aċt ċoṁ beag ⁊ ḃí air an rud eile do ḋ. she knows not a word of it any m. than a beast. ní ḟuil aon ḟocal aici cor le beiṫiḋeaċ (C). he was not to be found any m. than if the earth had swallowed him. ní raiḃ sé le faġáil aċt mar ḟluigfeaḋ an talaṁ é. v. if. once more. aon uair (aṁáin) eile ; arís (eile). v. again. still m., a fortiore. v. mention. any m. v. future. m. than two, etc. v. above.

MOREOVER, v. besides

MORNING, in the m. ar maidin (f.2) this, yesterday, to-morrow m. ar m. indiu, indé, i mbárach. the next m. lá ar na ḃárach. the m. after the fair. lá ar na ḃárac lae an aonaiġ. on the m. of the third day he went... maidin an tríoṁaḋ lae do ċuaiḋ sé... it was m. do ḃí sé i na ṁ. he waited till m. d'ḟan sé go lá, go héirġe an lae, go lonnraḋ an lae, go breacaḋ an lae. in the m. ar maidin an lae ġlais ; ar breacaḋ an lae; le b. an lae; le maidneaċan an lae (C). m. dawn. éirġe, breacaḋ, lonnraḋ, teact an lae; aṁscarnac; caṁaoir na maidne. the first glimmer of dawn. an céad aṁscarnaċ do ḟolus an lae. the dawn is colouring the sky. tá breacḟolus na maidne ag daṫuġaḋ na spéire. from m. till night. v. day.

MOROSE, v. gloomy, sorrow

MORROW, v. next, day

MORTAL, v. deadly, human, die. m. sin. peacaḋ marḃtaċ, ṁarḃuiġṫeaċ

MORTAR, moirtéal m. I

MORTIFY, v. annoy, pain, restrain, penance, matter, rot

MOSS, cúnlaċ m.1 ; caonaċ m.1. ; conaċ (W) ; fionnaṁóin f.3 (white mossy turf) ; líonan uaine. (water-moss)

MOST, v. very. the m. of them. an cuid is mó acu ; a ḃfurṁór ; an (f)earraḋ is bárr acu (C.U) ; a mbunaitiḋe (C) ; a mbunaḋas uilig (U). m. of the time. mórċuid, furmór, (f)earraḋ is bárr na haimsire ; an cuid is mó den aimsir. the m. of a year. bunaḋas bliaḋna (C.U). ten people at the m. deiċ ndaoine ar a liaċt. mostly v. common

MOTE, cáiṫnín m.4 ; dúradán m.1

MOTH. leaṁan m.I

MOTHER, máṫair f. m. in law. m. céile. every m. son of them. gaċ mac máṫar acu. m. tongue, land. v. native. m. wit. ciall cinn. v. clever

MOTION, v. movement

MOTIVE, v. cause, reason

MOULD, v. form, clay, wither. caonaċ m.1. (verdigris, etc) ; clúṁ (liaṫ). it got m. with age. do ḋein sé caonaċ liaṫ le haois. the money is getting m. mildewed. tá an t-airgead ag cur clúṁliaṫ ṫrío.

MOUNT, to m. a horse. dul suas ar capall. he m. the ladder. do ċuir sé an dréimire suas de; do ċuir sé an d. amaċ de: do ċuaiḋ sé suas ar an nd; do ċuaiḋ se i n-áirde ar an nd. he m., ascended the hill. do ċuir sé an cnoc suas de, amaċ de; do ċuaiḋ sé an c. suas; do ċuaiḋ sé suas ar an gc.

MOUNTAIN, v. hill. m. ash. caorṫann m.1

MOURN, v. cry. mournful, v. sorrow.

MOUSE. luċ f.2; luċóg f.2; luċóg beag (U). field m. luċ ḟéir. m. hole poll luiċe.

MOUSTACHE, croimbéal m.1

MOUTH, etc. béal m. 1; craos m. 1 (open m., gullet). gob m. 1 (protruding m., vulgar). cab m. 1 (vulgar). m. of cave etc. béal an ċuais. m. of river. bun na habann. he told me by word of m. duḃairt se liom é d'aiṫeasc a béil féin; tá sé agam óna béal féin. m.-ful. bolgam, bolmaċ m. 1; béalóg f. 2. a m. of milk. bolgam bainne; sciobas b. (a sup of m.) he ate it at one m. d'iṫ sé d'aon, den ċead béalóig é. m. of food. lán béil de ḃiaḋ. he gave the horse a m. of water. do ṫug sé slugóg den uisce don ċapall.

MOVE, etc. his finger m. do ċorruiġ a ṁéar. he m. his finger. do ċorruiġ sé a ṁéar. dont m. ná c. she did not m., stir. níor ċ. sí; níor ċuir sí cor (m. 1). dí; níor ċuir sí cor airti. dont stir hand or foot. ná cuir cor i gcois ná láiṁ leat. though it had not m. gan cor curṫa ḋe. without m. gan cor ná leid aige dá ċur de. my heart was m. with joy. do ċorruiġ mo ċroiḋe le háṫas. that m. his heart. do ċorruiġ, ġrios sin a ċroiḋe. v. excite. I was much stirred, thrilled. do ċorruiġ mo ċuid fola. that m. his hatred. do ċorruiġ sin a ḟuaṫ. I noticed a stir, movement in the water. do ṫugas fá ndeara corruiġe san uisce. m. up to me. druid anios. m. up to him. druid suas. he m. away from me. do ḋruid, ḃog sé uaim amaċ. I m. out of her way. do ḋruideas i leaṫtaoḃ uaiṫi. he m. over beside her. do ḋruid sé taoḃ léi. to m. away from the table. druidim ón mbórd. I m. it towards the door. do ḋruideas fá ḋéin an dorus é. I m. the sand from the side of the boat. do ḋruideas an gaineaṁ ó taoḃ an báid. quiet, steady motion. gluaiseaċt ḃréaġ réiḋ. perpetual motion. síorġluaiseaċt. their movements changed (in dancing etc.) do ṫáinig aṫruġaḋ ar ġluaiseaċt na ndaoine. m. his lips, opening his mouth to speak. ag bogaḋ a ḃéil ċun labarṫa. he made a m. to stand up. do ḃog sé ċun éirġṫe. we might as well be m. off. níor ṁiste dúinn beiṫ ag bogaḋ linn. I was able to m., shake the tree. do b'ḟéidir liom seacaḋ do baint as an gcrann. I could not bend or shake it. níor ḟéadas filleaḋ ná seacaḋ do baint as; níor ḟéadas seannc do baint as (C). one unable to m., stir. fear gan siubal gan rian. dead and motionless. gan méam. v. life. do not m., change your dwelling. ná déin imirce, imirġe (C) iomairċiḋe (W) v. change. what is the first m. we have to make. the first thing to be done. cadé an ċéad aiṫeasc atá le déanaṁ againn. he could not m. his eyes from it. v. take. m. him from his resolution etc. v. shake. he m. off. v. go. to m. it about in the light etc. v. shake. on the m. v. wander. m. his feelings. v. affect, excite.

MOW, etc. bainim, buainim. he is m. hay. tá sé ag buaint féir. the lawn is closely m. tá an ḟaiṫċe bearrṫa le speil. he is m. tá sé ag spealadóireaċt. a mower. spealadóir m. 3.

MUCH. mórán; a lán; puinn (in neg. and interr.). m. money. mórán, a lán, anċuid airgid. he said m. duḃairt sé a lán. etc. much of the affair is clear. tá a lán, etc., sa scéal go soiléir. I had not m. to do. ní raiḃ puinn le déanaṁ agam. I should not like you to have m. money. níor ṁaiṫ liom go mbeaḋ puinn airgid agat. did he buy much hay. ar ċeannuiġ sé p. féir. it was not worth m. níorḃ ḟiú p. é. without looking at it m. gan féaċaint ċuige p. how m. did he get. an mór fuair sé. how m. is it. an mór é. you did not do m. (harm, etc.) ní mór a deinis.

for how m. would you sell it. an mór ar a ndíolfá é. he did not know how much she travelled. ní raiḃ a ḟios aige an mór den doṁan a ḃí siuḃalta aici. it would be m. easier, etc. b'usa go mór é; b'usa i ḃfad é. v. far. how m. money, time, etc., have you. cé ṁéid airgid, aimsire atá agat. v. how. tell me this m. innis an méid seo dom. so m. talk. an méid sin cainnte. the story as m. of it as I have told you. an scéal sa ṁ. atá innste agam. v. far. however m. trouble he had. dá ṁ. trioblóid a ḃí air. however m., great your prudence, etc. dá ṁ i do ċiall. as m. money as is there. oiread airgid ⁊ atá ann. he collects as m. troops as he can. bailiġeann sé o. nirt ⁊ ḟéadann sé. as m. as he likes. o. (⁊) is toil leis. he only got as m. again as was there. ní ḟuair sé act o. eile ⁊ do ḃí ann. you will get as m. more. ġeoḃair an o. céadna. as m. cunning in addition. o. eile glioċais. I have twice as much heart as I had. tá o. eile de ċroiḋe agam ⁊ do ḃí. there is twice as m. money there. tá a ḋá o. airgid ann. he has twice as much land as he wants. tá a ḋá o., a ḋá ḋóṫain talaiṁ aige ⁊ teastuiġeann uaiḋ. three times as m. a ṫrí o, it belongs as m. to me as to my neighbours. tá o. coda agam féin de ⁊ atá ag mo ċoṁursannaiḃ ḋe. half as much talk would do as well. do ḋéanfaḋ leaṫ. cainnte an gnó ċoṁ maiṫ. I was so m. afraid that I was, etc. do ḃí (an) o. soin eagla orm go raḃas, etc. I have so m. money that...tá (an) o. soin airgid agam go... with so m. vigour. le hoiread (soin) fuinniṁ. I want as m. again. a ċoṁṫrom soin arís atá uaim. they had as m. as they could do to keep him...do ḃí a ndóṫain mór acu le déanaṁ ḋá ċoimeád... v. enough. m. more. tuilleaḋ mór. he is m. mistaken. tá dearṁad mór air. v. mistake. there is m., a lot, great amount, wonderful amount etc., of money, the money there. tá séiḋse (f. 4), uaṫḃás (m. 1), neart (m. 1) éaċt (m. 3), scáird (f. 2), scannraḋ (m. 3), suaiṫeantas (m. 1), seoḋ (m. 1), cuimse (f. 4) (C.), iongantas (m. 1) (U), carn (m. 1) airgid, den airgead ann. he had very m. money. do ḃí carna duḃa airgid aige. v. wonderful. he was in time, but it was as m. as he could do. do ḃí sé i n-am, act do ḃí sé air aige. v. only. it was as m. as he could do to stand it. do b'é a ḋíċeall é do ḟeasaṁ. v. near, patience. without as m. as. not as m. as. v. even. too m. v. too. m. better, whiter, etc. v. far. m. of a muchness. v. like. m. more, still more, m. less, etc. v. mention.

MUD, etc. laiṫeaċ f. 2; draoib f. 2 (puddle, etc.); salaċar m. 1 (dirt); loban m. 1 (C); láb f. 2 (C. U); cláḃar m. 1 (C. U.); pluda m. 4 (puddle); pludán m. 1 (C.) (id.); múnlaċ m. 1 (liquid manure). wallowing in the m., mire. ag unfairt sa laiṫiġ. the water is muddy. tá an t-uisce salaċ, modarṫa.. a m. wall. balla dóib (C).

MUG. v. vessel.

MULE. múille m. 4.

MULLET. lonnaċ m. 1.

MULTIPLY. v. increase, double. m. 2 by 3. méaduiġ a dó fá ṫrí. how much is 3 m. by 4. an mór ḋeineann trí ṫrí; a trí ṫrí uaire an mór é: cé ṁéid do-ġní trí ṫrí; a trí fá ṫrí sin a naoi.

MULTITUDE, v. many, crowd.

MUMPS. leicneaċ f. 2.

MUNCH, v. chew.

MUNIFICENCE, v. generosity.

MUNSTER. Muṁa f. 5. a M.-man. Muiṁneaċ.

MURDER. v kill. dunṁarḃaim; dunṁarḃuiġim. m. him. taḃair dunṁarḃaḋ air (C). he committed m. do ḋein sé d. they are ready to m. each other for it. táid siad i neaċtaiḃ an anama do ḃaint as a céile mar ġeall air. I will m. you. I will be the end of you. beiḋ t'anam orm; beiḋ do ḃás orm.

MURKY, v. dark. mud.

MURMUR. v. complain, noise.

MUSCLE. féiṫ f. 2 (sinew etc.); lúṫaċ m. 1 (C); feoil f. 3 (muscles, flesh). muscular. féiṫeannaċ, féiṫleogaċ. v. strong.

MUSHROOM, fás (na h.) aon oíḋċe ; caise (C.U.) ; cupán drúċta.

MUSIC. etc. to play m. ceol (m. 1). do ṡeinnt, seinm, ṡeinneaṁaint, spreagaḋ. a flood of m. caise ceoil. sweet, gentle m. ceol caoinḃinn. sad m. c. brónaċ. sireaċtaċ. fairy m. c. síde. joyous, sweet, beautiful etc. m. ceol aiteasaċ, aoiḃinn, áluinn. the sweetest m. an c. is milse ⁊ is binne. the sound of the gentle m. of fairy strings. foġar an ċaoinċeoil téidbinn síde. m.-al. ceolṁar. m.-an. fear ceoil ; bárd m. 1 (minstrel). the musicians, band. an buiḋean ċeoil ; an t-aos ceoil.

MUSSEL, sliogán duḃ.

MUST. v. necessary, oblige. you m. be hungry. ní féidir duit gan ocras do ḃeiṫ ort ; ní ḟéadfá gan ocras do ḃeiṫ ort ; ní foláir nó tá ocras ort ; ní foláir nó go ḃfuil o. ort. someone m. come soon. ní f. nó is gearr go mbeiḋ duine ag teaċt. he m. be a strong man. ní f. nó gur fear láidir é. you m. have reason for that. tá cúis ṁaiṫ agat leis sin ní f. there m. have been great strength in the hand. b'uaṫḃásaċ an neart nár ḃ' foláir ḃeiṫ sa láim. m., should he not have known etc. nár ċóir go raiḃ a ḟios aige go etc. v. ought. we m. not forget your business. ní healaḋa ḋúinn do ġnó do ḋearṁad. one should not, m. not vex himself to vex others. ní he. do ḋuine olc do ḋéanaṁ air féin mar olc ar an ḃfear ṫall. I m. not, should not sicken myself with it, by not taking my time in eating it. ní he. ḋom mé féin do ḋéanaṁ breoiḋte leis trí gan aimsir mo ḋóṫain do ġlacaḋ ḋá iṫe. we m. do it. cannot but do it. ní he. ḋúinn, ní heol dúinn ná go ndéanfaimis é. I must not complain. ní gearánta ḋom. v. complain. you m. not go. ní dulta ḋuit ann. I m. not put aside. ní curṫa ḋom i leaṫtaoiḃ é etc.

MUSTARD, mustard m. 1 ; praiseaċ m. 1 (wild m.)

MUSTY, v. mould, rotten, wither.

MUTABLE, v. change.

MUTE, dumb, silent.

MUTILATE, v. cripple, cut.

MUTTER, v. complain. my muttered prayer. m'urnuiġṫe leaṫḟoclaċ. m.-ing to oneself. smiogarnaċ f. 2.

MUTTON, caoirḟeoil f. 3.

MUTUAL, v. other.

MUZZLE, gobán m. 1 ; bioraċ m. 1 (for calves etc.) a m. was put on my mouth. do sáiṫeaḋ gobán im ḃéal.

MY, m. foot, house, etc. mo ċos, ṫiġ, etc. I put m. foot in. do ċuireas cos liom isteaċ ann. my Conn. Conn so agamsa. he spent the night at m. house. is agamsa do ṫug sé an oíḋċe

MYSTERY, etc. v. secret. rúndiaṁair f.3. a deep m. intention. aigne ḋiaṁair ḋoiṁin do ṫuigsin. the darkness is so m. and awful. tá an doirċeaċt ċoṁ diaṁair gráineaṁail. he is a m. reserved man is duine dorċa é. a m., eerie laugh. gáire neaṁsaoġalta. a lonely eerie m. place. áit uaigneaċ aeraċ. v. haunt

NAG, v. horse, ask

NAGGIN, cnagaire m. 4 ; cnaigín m. 4 (C)

NAIL, tairnge f. 4 ; ionga f.5 (of foot. etc). n-ed to the cross. tairnáilte ar an gcrois

NAKED, v. bare.

NAME, v. reputation. call. ainm f.2. (m. C.U) ; ainm baistiḋ ; sloinne f.4 (family n.) his n. and surname. a ainm ⁊ a ṡloinne. what is your n. cé an a. atá agat ; cad is a. duit ; cia hainm ṫú (C.U). what is this your n. is. caḋé seo is a duit : c'a. seo ṫú. (U). what is your family n. cia ṡloinne ṫú (C.U) ; cé 'ra díoḃ ṫú. h. did it in the n. of the king. do ḋein sé i n-a. an ríoġ é : do ḋein sé fá a. an r. é. he promised in the name of, representing those there that ... do ġeall sé tar ċeann a raiḃ ann acu go ... in God's n. I will go ... i n-ainm Dé raġad ann. another king of the same n.. a namesake. rí cóṁainmeaċ dó. v. same. calling him by his n. ag glaoḋaċ as a ainm air. he was called an injurious n. do glaoḋaḋ as a ainm é. to give him a nickn. leasainm do ċur air. they nickn. him beggar. do ḃaisteadar bacaċ air. there is a man n-d C. here. tá fear darab a. Conn annso ; tá fear arab ainm C. dó.

annso; tá fear a bfuil C. mar a. air annso. there was a man called C. there. do ḃí fear darḃ' a. C. ann; do ḃí f. arḃ' a. C. dó ann; do ḃí fear a raiḃ C. mar a. air ann. he is n., called "the doctor." an doċtúir atá air; gairtear an d. de. to call, n. him John. Seaán do ġlaoḋaċ, ġairim, ṫaḃairt air. a book called "the sun" leaḃar a dtugtar, etc. an ġrian (mar ainm, teideol) air. a fool is what I call him. amadán adeirim leis; a. a ṫugaimse air he has the n. of being rich, tá ainm airgid air. v. reputation

NAMELY, 'sé sin le ráḋ (that is to say); mar atá. many things n. the cow, the horse, are ... is ṁó rud mar atá an ḃó an capall atá ...

NAP, v. sleep. clúṁ m.1 (on clothes)

NAPE, v. neck

NARRATE, v. tell

NARROW, caol; cuṁang. the river is n. tá an aḃa caol. the entrance to the cave is n. tá béal an ċuais cuṁang

NASAL, v. nose

NASTY, v. bitter. disgusting

NATION. v. people. náisiún m.1 n-al. náisiúnta. n. ality. náisiúntaċt f.3

NATIVE. the n. language of that country. teanga ḋúṫċais, ḋúṫċasaċ na tíre sin. our n. mother tongue. land. ár dteanga, dtír ḋúṫċais, ḋúṫċasaċ. this our n. tongue. an teanga so is dúṫ, 7 is dual 7 is dúṫċas dúinn. n. ordinary heather, etc. aiteann gaeḋlaċ

NATURAL, NATURALLY, v. nature. his n. foe. a náṁaid aiceanta. a n. thing, not artificial. magic, etc. rud aiceanta. naturally but wrongly he thought that, etc. do ṡaoil sé cóirmáireaċ go raiḃ, etc. he died n., as a matter of course. fuair sé bás ní naċ iongnaḋ. it is n. v. wonder. course

NATURE. v. kind. inherit. nádúir m. 1; nádúir f. 2; dúṫċas m. 1. the thing which it is my n. to have. rud is dual, dúṫċas, nádúr dom. he only did what his n., instinct prompted him. níor ḋein sé aċt an rud ba ḋual, ḋúṫċas, nádúr dó do ḋ. her innate. natural modesty. an banaṁlaċt is dual, dúṫċas dí. by n. do réir dúṫċais. it was his n. to be a fool. ba ḋual dó beiṫ i na amadán. he is a fool by n. as his father (and grandfather) before him. tá sé i na ḃostún mar ba ḋual aṫar (7 seanaṫar) dó beiṫ. her n., instinct breaks out through the cat's eyes. briseann an dúṫċas trí ṡúiliḃ an ċait. giving way, full play to one's natural instincts. no self restraint. ag imṫeaċt le na ḋúṫċas. he got the good qualities of his n. from his mother. is é an taoḃ foganta den dúṫċas a ṫug sé leis ó na ṁáṫair. there is a rough vigorous n. strain in him. tá d. garḃ ann. their evil n., breeding breaks out in them. briseann an droċṁiotal amaċ ionnta. he is constant, fickle, treacherous, crooked in n., character. tá sé seasṁaċ, guagaċ, feallṫaċ, cam i na ċroiḋe, aigne, ṁeon. he is of a crooked, distorted character. tá sé míċumṫa i na ċroiḋe 7 i na ṁeon. he knows that human n. is inclined to evil. tá a ḟios aige an aigne daonna do beiṫ claon ċun an uilc. v. incline. he does not know what pride is, nor anything of its n. ní ḟuil a ḟios aige cad is uaḃar ann ná cad a ḃaineann leis. v. kind.

NAUGHT. v. nothing, destroy.

NAUGHTY. v. bad. impudent.

NAUSEOUS. v. sick, disgusting.

NAVEL, imleacan m. 1.

NAVY. v. fleet.

NEAP-TIDE. v. tide.

NEAR. NEARLY. etc. v. niggardly. beside, neighbourhood etc. i n-aice; i n-aice le; láiṁ le. etc. n. the horse. i n-aice an ċapaill; i n-aice leis an gcapall; láiṁ leis an gcapall; i ndáil leis an gc. (U.) whether it is far from him or n. bíoḋ sé fada nó gairid uaiḋ. though he is n. related to me. cé gur gairid a ġaol liom. the day is n. is gearr uainn an lá. a place n.-er home. áit níos giorra ó baile. one more n. related to me. duine is giorra gaol dom. however n. one's coat is. one's shirt is n.-er. dá ġiorraċt do ḋuine a ċóta is giorra ḋó a léine. n. the house. i ngiorraḋ an tiġe. not to go (next or) n. it. gan dul i na ġiorraḋ (ná i na ġaoḃar). I was not n. the city at all. ní raḃas i n-aon ġaoḃar don ċaṫair. he is not n. as good as, etc. ní ḟuil sé i n-aon ġaoḃar do ḃeiṫ ċoṁ maiṫ, etc. n. drowned. i ngiorraċt do ḃeiṫ báiḋte. she was never as n. as 100 miles to it. ní raiḃ sí i ngiorraċt céad míle ḋe. v. distance. n. them. i ngar ḋóiḃ; i na ngar. she is n. out of her teens. tá sí i ngar do ḃeiṫ ag imṫeaċt as na déagaiḃ. the horse is not n. as good as its reputation. ní ḟuil gar ag an ċapall ḃeiṫ ċoṁ maiṫ le na ċáil (C). going n. the fight. ag dul aṫċomair don ċomrac. it is so near me. tá sé ċoṁ haṫċomair dom. when he came n. them. ar dteaċt ḋó i n-aṫċomair-eaċt ḋóiḃ. there is a close relationship between them. tá gaol aṫċomair eatorra. which of them is the n-er to you by blood. cé acu ḋíoḃ is aṫċomaire i ngaol duit. your father is much n-er. is aṫċomaire t'aṫair go mór duit. it is n. the city. tá sé coṁgarac don ċaṫair; tá sé i ḃfogus, i gcoṁgar don ċ.; tá sé i gcoṁgar, i dteannta (W). na caṫraċ. a n-er place. áit níos comgar-aiġe. he took the n. way. do ġaiḃ sé an coṁgar. v. short. I was not n. it at all. ní raḃas i n-aon ċoṁgar ḋó. they come from far and n. do ṫángadar a foigreaċt ⁊ as ímigcéin v. far, distance. coming n. them, approaching them ag druidim, teannaḋ (C) leo. till she was n. close up to us. nó go raiḃ sí buailte linn. Xmas is close on us. tá lá na Nodlag buailte linn, orainn (W). getting n. home ag déanam ar an mbaile. it is coming n. the end of the time. tá sé ag druidim le deireaḋ na haimsire. midnight is drawing n. tá uair an meaḋon oiḋċe ag déanaṁ orainn: tá sé ag déanaṁ (suas), ag tarrang ar uair an ṁ. he is almost dead etc. is beag ná fuil sé marḃ; is suarac ná fuil etc.; ní mór ná go ḃfuil etc.; is láidir nac ḃfuil sé marḃ (C); tá sé i n-aice le ḃeiṫ marḃ; tá sé geall le ḃeiṫ etc.; tá sé i bport, mbort do ḃeiṫ etc.; tá sé bunáitiḋ marḃ (U.); tá sé marḃ nac mór.

he went west, almost to where ... do ċuaiḋ sé siar nac mór go dtí an áit ... almost, nearly without doing anything. ⁊ gan nac mór aoinní do ḋ. the room is almost empty of people. tá an seomra nac mór folaṁ ó ḋaoinib. almost the first question he put to me was ... ba beag ná gurḃ' í céad ċeist a ċuir sé ná ... dead or n. so. marḃ nó geall leis. he was n., almost a dwarf in size. ba ġeall le habac i bpearsain é. in almost every place. i mbunáitiḋe, mbunailte gac uile áit. (C.U.) there are n. 300 men there. tá bunáite trí céad fear ann (C.U.) the night was almost as bright as the day. do ḃí an oiḋċe bunáite ċoṁ geal leis an lá (C.U.) Mass is n. over. tá an t-Aifreann bunáite ṫart (C.U.) they were n. killed. had a narrow escape. ní raiḃ ann aċt nár cailleaḋ iad. he did not fall, but he was n. it. níor ṫuit sé aċt má's eaḋ ba ḋíċeall ḋó. he n. fell. had a narrow escape of it. ba ḋóbair ḋó tuitim, go dtuitfeaḋ sé, gur ṫuit sé: ḟobair ḋó etc. (U.) ḟóbair ḋó etc. (C.) dobair ḋó etc. (C.) I heard he was n. hanged. d'airiġeas gur ró ḋóbair go gcroċfaiḋe é. he n. lost the boat, met with an accident. ba (ró) ḋóbair ḋó an bád do ċailleaṁaint, tubaist d'imṫeaċt air. his courage n. failed him. ba ḋóbair cailleaṁaint ar a ṁisneaċ. I had a n., narrow escape. d'óbair dom; ḟóbair dom (C.U.) v. point.

NEAT, v. handy. deas; deaslámaċ (dexterous); slaċtṁar; snasta; coimseasḋa (C); feistiġṫe; sios-canta; taiḋreaċ. he made it more n. tidily, in a more finished way. do ḋein sé níos slaċtṁaire é. the the house is n. tá an tiġ fá ṡlaċt. everything upset, not n. gan aon tslaċt do ḃeiṫ orra. v. arrange. your foot, clothes are n. is coim-seasḋa an cos, ċulaiṫ éadaiġ atá agat. he has a n. gait. is seolta an imṫeaċt atá faoi. do it nicely, n. like M. S. O. déin go taiḋreaċ é mar ḋéanfaḋ Máire Seaáin Óig é. his room is not too n. ní ḟuil a seomra róċruinn. he does not know whether it is n. or clumsy.

ní ḟuil a ḟios aige an tuaṫalaċ nó deisealaċ é. a n. dapper little man. fear beag tóċastalaċ. a n. little woman bean ḃeag sioscanta. a n. industrious girl. cailín trioplallaċ. he made the house n. and tidy. do ċuir sé feiste, feistear ar an dtiġ. the corn is in the haggard n. arranged with straw over it. tá an t-arḃar san iоṫlainn fá ṫuiġe go feistiġte

NECESSARY. NECESSITY, it is n. for me to do it. I must do it. is éigean dom é do ḋ. he. we must be off. it is n. to be off. caiṫfiḋ sé, caiṫfeam ḃeiṫ ag gluaiseaċt. it has to, must be done. it is n. to be done. caiṫfear é do ḋ. I must, it is n. for me to do it, go. ní mór dom é do ḋ., ḃeiṫ ag imṫeaċt. help is n. for us. ní mór dúinn congnaṁ. all her cleverness is n. for her. she wants it all. ni mór dí a gliocas. I must. it is n. for me to go, do it. ní foláir dom dul, é do ḋ. I think, feel I must do it. I think it n. to do it. I see no way out of it. ní foláir liom é do ḋ. he said they must be looked for. duḃairt sé nárḃ' ḟoláir iad do ċuardaċ. everyone thinks it n., insists on doing it. ní foláir le gaċ aoinne é do ḋ. without n. gan ġáḃaḋ. that would be n. ba ġáḃaḋ soin. that would not be n. níor ġ. soin. if it were n. dá mba ġ. é. what was the need, necessity for that. cad ba ġ. soin. what was the need of such hurry. cad ba ġ. an deiṫneas. what was the need of doing it cad ba ġ. é do ḋ. you dont think it n. (to answer), you dont take the trouble. ní g. leat (freagra do ṫaḃairt). it is n. for me, I want, need it. tá g. agam leis; táim i na ġ. according as I saw any need. fá mar ċonnac aon ġ. leis. penance is n. for them, they are in sore need of p. tá g. go cruaiḋ acu le haiṫ-rige. people who are urgently, sorely needed there. daoine a ḃfuil g. go cruaiḋ leo ann. I never needed you so much. ní raḃas riaṁ ċoṁ mór g. leat ⁊ atáim anois. in the day of my need. i n-am mo ġáḃaiḋ, mo riaċtanais. it was n. to clean them. do ḃíodar i na ġ. iad do ġlanaḋ; do ḃíodar i ng. a nglanta. there was no need for them to do that. ba neaṁġáḃaḋ dóiḃ soin. she stands in n. of it. tá sí i na ġáḃatar. she stands in need of defence. tá sí i ngáḃatar a cosanta. there was nothing she wanted so badly as ... ní raiḃ aoinni ċoṁ cruaiḋ i na ġáḃaṫar uirri le ... even if it were urgently n. for them. dá mba i na ġ. go cruaiḋ féin dóiḃ é. to say it without n. é do ráḋ gan gáḃaḋ, gáḃatar, riaċtanas. it is n. for me so that I may see them. tá sé gáḃatraċ, riaċtanaċ ḋom ċun iad d'ḟeicsint. it was n. for the work. do ḃí sé gáḃatraċ, riaċtanaċ ċun na hoibre. whatever work is n. to do. pé obair atá riaċtanaċ do ḋ. I see the necessity for it. breiṫniġim an riaċtanas atá leis. I think it is more urgently n. for me to do it than ... is gáḃtraiġe liom é do ḋéanaṁ ná ... no other man is so n., indispensable. ni gáḃtraiġe fear eile. music, friends, food etc. are not n. for you. you are in no need of them. ní call ceol, daoine muinteartḋa, biaḋ ḋuit é. there was no need of that (his fear etc.) níor ċall dó soin. indeed we need not talk of them, there is no n. for talking. im ḃriaṫar aċt naċ call cainnte ḋúinn é. I am in sore need from hunger, from want of a boy etc. táim i ngéarċall leis an ocras, as easbaiḋ buaċalla (C. Clare.) he was in need of money. do ḃí call aige leis an airgead (Clare). she has no need for it. ní ḟuil aon ṗráiḋinn aici leis. (W.) he had n., urgent business with them. do ḃí gnó práinneaċ aige ḋíoḃ. I thought it n. ba ṗráinneaċ liom é (W). it might be useful in time of n. ba ṁaiṫ é le linn práinneaċ (W). it is n. for you, me to go ... tá sé ort, orm dul ... it will be n. for me to put forth my best efforts to protect myself. it will be as much as I can do. beiḋ sé air (ḋ'eire ?) agam mé féin do ḟeaċaint. she had to do it. do ḃí sé uirri é do ḋ. there was no n. of inviting him to do it, he did not need to be pressed etc. níor iarr sé aon taṫant, ċuireaḋ ċun é do ḋ.

NECK, muinéal m.1; muineál;

muileán (Aran); brágad f.2 (n. and upper part of breast); scrugal m.1 (long thin n.); scórnaċ f.2 (throat); baic an ṁuinéil (nape of n.) n. tie carḃat

NEED, v. necessary, want

NEEDLE, snáṫad, snáṫaid f.2. eye of n. cró snáṫaide. darning n. snáṫad raṁar. knitting n. biorán cniotála; dealgán c. (U)

NEEDLESS v. necessary

NEEDY, v. poor, want

NEGATIVE, diúltaċ m.1 (gram). a n. answer. freagra d. v. no. Irish is fond of the n. tá an Ġaeḋealg ceanaṁail ar an nd.

NEGLECT, NEGLIGENCE, etc. v. care. careless. he did not n. it. níor ṫug sé aon ḟaillíġe (f. 4) ann, air (C) he is not the man to n. the time given him. ní fear é a ṫiubrad faillíġe sa n-aimsir a tugad dó. I did not n. to do it. níor ṫugas an ḟ. ba luġa gan é do ḋ. do not n. anyone. ná déin f. i n-aoinne. without n. the business. gan f. do ḋéanaṁ sa scéal. to n. it é do leigean i bf. I got into the way of n. the small birds. do ċuadas i bf. ar na héanaċaiḃ beaga. he did not n., he made sure to call her. níorḃ' ḟailiġṫeaċ dó gan glaoḋaċ uirri. by their own n. le na gcionnfailíġe féin (C). he did not n. forget to call him. níorḃ' é a ḋearmad soin glaoḋaċ air. v. forget. to n. it, omit it. é do leigint ar ceal. v. omit. to n. it, let it be destroyed. é do leigean ar lár. he n. no means... níor ḟág sé sliġe gan féaċaint ná cloċ gan iompoḋ. he spoke n, with n. do ċuir sé neaṁṡuim i na ċuid cainnte. he did it n. do ḋein sé é go neaṁaireaċ, neaṁṡuimeaṁail, neaṁṡuimeaċ, neaṁċásmar (C). ar nós cuma liom, etc. v. careless

NEGRO. fear gorm

NEIGH, a horse's n. siosarnaċ f.2; seitreaċ f.2. neighing. ag siosarnaiġ, seitriġ

NEIGHBOUR, he was a next door n. of mine. ba ċoṁursa (f. 5) béil doruis dom é. what will the n. say. cad adéarfaid na coṁursain. each looked at his n. d'ḟéaċ an fear aḃus ar an ḃfear ṫall. do not interfere with your n. affairs. ná bain le gnó an ḟir ṫall. carelessness about one's n. rights. neaṁṡuim i gceart an ḟir ṫall. do not envy thy n. wife. ná santuiġ bean naċ leat féin. neighbouring v. next, near. neighbourly v. kind

NEIGHBOURHOOD, v. near. anyone in the n. aoinne sa ċoṁursannaċt (f.3). there was a man living in her n. do ḃí fear i na c. princes came from about the n. and from afar. do ṫáinig flaiṫe a fuigseaċt ⁊ ar imċéine v. near, far. word was sent to all in the n. do cuiread scéala ċúca sa timċeall v, around

NEITHER. v. nor, either. n. of us spoke. níor laḃair aoinne, neaċtar againn

NERVE, v. courage. nervous v. fear, coward. tremble

NEST, nead m. 1, f. 2. bees' n. cúnsóg (in moss) talaṁóg (in earth). cuasnóg ḃeaċ (Aran)

NET. líon, m. 1; saiġne f. 4 (sweep n.); eangaċ f. 2.

NETTLE. neanntóg f. 2.

NEUTER. néadar. n. noun. ainm néadar.

NEVER. v. ever. he will never more be, etc. ní ḃeiḋ sé...go deo, go deo deo, go deo na ndeor... v. ever. he n. used to laugh. ní ġáireaḋ sé coiḋċe. I said I n. would go again ... aduḃart ná raġainn coiḋċe arís... now or n. anois nó riaṁ. he was n. buried. níor cuireaḋ riaṁ é. he n. stopped till he... níor stad sé riaṁ ná coiḋċe gur... and that n. again should I go there. ⁊ lem ḟaoġal arís ná raġainn ann.

NEVERTHELESS. áṁ (however); áṁṫaċ (id.); áṁṫaiġ (id.); ar a ḟon soin (also "on that account"); i na ṫaoḃ soin (⁊ uile); i na ḋiaiḋ sin (⁊ uile); i na aiṁḋeoin sin (in spite of that); fós (yet). he was good, but n. he made many slips. do ḃí sé go maiṫ, aċt ar a ḟon soin...is mó dearmad a ḋein sé. they saw it, but n., yet were not afraid. do connacadar é ⁊ fós ní raiḃ eagla orra. but n. all the same you can get it. aċt ní luġa de sin é tá sé le fáġáil agat. she was angry, but n.

did not let it appear. do ḃí fearg uirri acht má's eadh níor leig sí uirri go raiḃ. he did not fall but, n. he was very near it. níor ṫuit sé acht má's eadh ba ḋíċeall dó. he fell. but n. he got up ... do ṫuit sé acht má ṫuit d'éirigh sé suas ... he did not do it. but n. he did his best níor ḋein sé é acht ní ḟágann soin ná gur ḋein sé a ḋíċeall air. n. in spite of rain ... we have good grass. ní móide sin de má's eadh tá an féar go maiṫ againn. (W.) n. he is bothered by them. ni móide sin de é do ḃeiṫ cráidhte acu (W).

NEW. v. fresh. a n. suit. culaiṫ nuadh éadaiġ. to put one (house etc.) up anew. ceann nuadh do ċur suas. n. Testament. nuadhḟiadhnaise ; an tiomna nuadh. n. milk. v. milk. there is a novelty in the work at first. tá nuadhacht san obair ar dtúis. n.-ly made. nuadhḋéanta. n.-ly married. nuadhṗósta. N. Year's day. Lá Coille ; Lá Cinn Ḃliadhna ; Nodlaig Ḃeag (C.U.) : my N. Year's gift on you. fógraim iarrma ort Lá Cinn Ḃliadhna.

NEWS. have you any n. an ḃfuil aon scéal nuadh agat ; an ḃfuil scéal ar biṫ úr agat (C.U.) ; an ḃfuil aon ḃárr nuaidheachta agat (C). the n. spread. do leaṫ an scéal. I got no n. from her. níor airiġeas scéala uaiṫi ; ní ḟuaras aon tuairisc (f.2) uaiṫi. I must send the n.. send word to them. ní mór dom scéala do ċur ċúca. they used to run with n. do riṫidís le scéalaiḃ. I heard that n. d'airiġeas na scéala soin. without sending n., word. tale or tidings home. gan s. ná duain, scuan (C) uaṫa. not to send tale or tidings home to us. gan s. ná duain do ċur ċúġainn a ḃaile. it was good n. he brought. s. áṫais is eadh a ṫug sé leis. the n. of his death came. do ṫáinig tásc (m.3. generally of dead) a ḃáis. he could get no n. trace of him up or down. ní ḟuair sé a ṫásc ná a ṫuairisc (f.2) ṫíos ná ṫuas. there was no n.. trace of him to be had. ní raiḃ a ṫuairisc ann. he was asking n. of you. asking for you. do ḃí sé ag cur do ṫuairisce. the n. spread that ... do ġluais an tuairisc go... he had a wonderful lot of n. for me. ní beag d'iongnadh a raiḃ d'eachtraiḃ aige dom. without sending her any information about her husband. gan fios ná faisnéis do ċur ċúiċi i dtaoḃ a fir. he got no n. nor tidings of them. ní ḟuair sé amaċ fios fáisnis ná faisnéis air (C).

NEXT, v. beside. the n. one ... an ċéad ceann eile. the n. after that again. an ċéad ceann eile arís. the n. time you are there. an ċéad uair eile ḃeiḋ tú ann. the n. house. an tiġ is giorra ḋóiḃ. v. near. a woman, etc., is the n. thing to it. (in some quality etc.) is í an ḃean is tanaiste ḋó. he put on n. his skin a shirt which ... do ċuir sé uime istiġ le na ċroiceann léine a ḃí ... to put it n. my skin. é do ċur lem ċneas. the work that lay before him when the n. year should begin. obair a ḃí roimis ar ṫeacht na haṫḃliadhna. he will not win the n. time. ní ḃeiḋ an buaiḋ leis an aṫuair. to put off till n. day ... v. postpone. n. year. Sunday etc. an ḃliadhain, Domhnaċ so ċúġainn. the n. day. the morrow. Lá ar na ḃáraċ (a ḃí ċúġainn) ; an Lá i na ḋiaiḋ sin ; dé ar na ḃáraċ (W.) she would go the n. day. do raġaḋ sí Lá ar na ḃáraċ (a ḃeaḋ ċúġainn). the n., following year. Sunday. an ḃliadhain, Domhnaċ i na ḋiaiḋ sin; an ḃ., D. dá ċionn sin (C.); an ḃ., D. dár gcionn sin (C.) ; an ḃ., D. i na ċeann (W.) the n. morning. ar maidin na ḃáraċ (a ḃí ċúġainn). the n. Saturday morning. ar maidin Dia Saṫairn a ḃí ċúġainn, a ḃí ċúgat (C.) he came on the morrow. and the n. day, and the n. again. do ṫáinig sé Lá ar na ḃáraċ ⁊ Lá ar na amanarṫar ⁊ Lá ar na ṁainnirís. v. day. the n. day after the fair. Lá ar na ḃáraċ Lae an aonaiġ. n. Sunday week. seaċtṁain ón nDomhnaċ so ċúġainn. a week (counting up to) n. Sunday. seaċtṁain ċun an Domhnaiġ seo ċúġainn. he will be 20 years old n. May. beiḋ sé fiċe bliadhan ċun na Bealtaine. I am 7 years old next Michaelmas. táim seaċt mbliadhna ċun na féile Míċíl seo ċúġainn.

may we be ever so much better this time 12 months, and if not, at least no worse. gura seaċt fearr beiḋmíd bliaḋain ó anoċt ⁊ mura fearr nára measa.

NIBBLE. creimin.

NICE. v. beautiful, gentle, pleasant. that is n. ta soin (go) deas. he speaks I. n. tá sé d. ar an nGaeḋilg; tá an Ġaeḋealg go deas aige. is it not a n. affair. naċ deas an scéal é. a nice, well mannered girl. cailín deas, gleoiḋte. the nicest, brightest child. an leanḃ is deise ⁊ is gleoiḋte ⁊ is gile. that would do n. do ḋéanfaḋ soin an gnó go háluinn. we have everything n. now. tá gaċ aon rud ar áilneaċt againn. that does not look, sound n. ní ḟuil aon deallraṁ air sin. that would look n., pretty before the house. do ḋéanfaḋ soin anċanntaċt os coinne an tiġe (W.) a n. speaker. cainnteoir cannta (W.)

NICKNAME. v. name.

NIECE. inġean dearbráṫar, deirḃ-ṡéaṫar. she is my n. i. d. dom is eaḋ í.

NIGGARDLY. sprionnlaiġṫe; cuṁangċroiḋeaċ; cipeánta (W.) fiaċanta (W). a n. man. a niggard. sprionnlóg f. 2 (mean, stingy); sprionnlóir m. 3; bodaċ m. 1 (churlish and near); bodaiċín m. 4 (id.); boċtán m. 1: truagán m. 1; gortán m. 1; cniopaire m. 4; meilimíneaċ m. 1; truailleaċán m. 1 (C.) his n., meanness. a ċroiḋe cuṁang; a sprionnlaiġṫeaċt. I was very stingy about the bread. do ḃí anḋoiċeall orm i dtaoḃ an aráin. what the miser saves the prodigal spends. an méid spárálann an cniopaire caiṫeann an rábaire. a miser's feast is a potatoe and herring. bainfeis an ġortáin fata ⁊ scadán.

NIGGER. fear gorm.

NIGHT. n. work, school, etc. obair, scoil oiḋċe (f. 4). on quiet n. ar oiḋċeannaiḃ ciúine. in the n. san oiḋċe; ist' o. Sunday, to-morrow, etc. n. ist'o. Dia Doṁnaiġ, i mbáraċ. to-night. anoċt. last n. (oiḋċe) aréir. good n. (go dtugaiḋ Dia) o. ṁaiṫ ḋuit. to be there by n. and by day. beiṫ ann de ló ⁊ d'o. I never thought of anything by n. or day except...ní raiḃ im ċeann de ló ná d'o. aċt... not to sleep a wink at n. gan aon néal den o. do ċodlaḋ. at dead of n. i n-am ṁairḃ na ho. it was dead of night. do ḃí am ṁairḃ na ho. ann. at midnight. (ar) uair an ṁeaḋon-oiḋċe; i gcuim na ho. from dawn till n. ó roiṁ lá go (duḃ na) ho.; ó ḋuḃ duḃ. v. day. a part of the n. logonoiḋċe. he will be gone by n., to-night. beiḋ sé imṫiġṫe fá ċeann logonoiḋċe. a starry moonless n. o. spéirġealaiġe. nightfall. v. evening. a dark n. v. dark. moonlight n. v. moon. n. mare. v. dream.

NIMBLE. v. active, quick.

NO. did you praise him? no. ar ṁolais é? níor ṁolas. is he a priest? no. an sagart é? ní heaḋ. is he the king? no. an é an ríġ é? ní hé. is she your mother? no. an í do ṁáṫair í? ní hí. is he dead? no. an ḃfuil sé marḃ? ní ḟuil. no one. v. one. it is of no account. v. worth. no go. v. useless. nobody. v. one, worth, miserable.

NOBLE. uasal. a nobleman. duine uasal (gentleman); flaiṫ m. 3 (chieftain). the nobles, gentry. na daoine móra; uaisle, uaisleaċt na tíre; maiṫe na tíre.

NOD. v. sign, sleep.

NOISE. v. sound, cry, etc. fuaim f. 2 (sound in general); tuaim (U) (id.): fogar m. 1 (sound, generally humming, soft); dord m. 1 (humming, bees, frogs, stream, murmur); dordán m 1 (id); crónán m. 1 (id.); riorma (C) (id.); fotram m. 1 (uproar, loud n. of things falling, striking, etc.); sromán (C) (id); torman (U) (id); trustar m. 1 (Clare) (id.); toran m. 1 (loud n., rumbling of waves, thunder, etc.); cnagarnaċ m. 1 (n. of things cracking, rattling); cnag-ġail f. 3 (id.); clagarnaċ f. 2 (rattle of hail, rain, etc.); gliogarnaċ f. 2 (intermittent n., tinkling); glingleaċt f. 3 (id); cogarnaċ f. 2 (n. of whispering, low rumbling of thunder, etc); gnúsaċt f. 2 (soft deep murmur of low thunder dying away, etc.); díoscán m. 1 (grating n., creaking); síoscán m. 1 (id.); géis f 2 (rough sound of river. etc); gleo m. 4 (din, uproar, arguing, fighting); rúcán m. 1 (C) (id.); calann (U) (id.); cairmirt f. 2 (id.); griṫleán m. 1 (id.); callóid f. 2 (n. of wrangling); callaireaċt f. 3 (loud speechifying, wrangling, etc.); geóin f. 2 and 5, m. 4 (of crowd talking, etc.); glór m. (human voice in general); fead m. 3, f. 2 (whistle); uaill f. 2 (yelling of dogs men. etc.); liúiġreaċ f. 2 (screaming. shrill n.); liaċ f. 4 (weird shriek); liaċarnaċ (id. prolonged); screáċaċ f. 2 (screaming); screadaċ f. 2 (id.); búiṫreaċ f. 2 (roaring, bellowing, etc.); sceamġail f. 3 (C) (high pitched scream, etc). he is coming and making a great noise. tá sé ag teaċt ⁊ foṫram aige. n., roaring of wind. garḃġuṫ gaoiṫe. n., roar of bull, lion. etc. búiṫreaċ leoṁain, tairḃ. a lion roaring. leoṁan, etc., ag búiṫriġ. rush and n. of the torrent. tuairt ⁊ torann na tuile. the water roaring noisily. uisce ag géis go garg. (horses, etc., running) with loud n. ⁊ siot, fuaim, ⁊ foṫram acu. empty vessels make most n. soiṫeaċ ḟolaṁ is mó torann. (chains, etc.) creaking and clanking. ag déanaṁ síoscáin ⁊ cnagarnaiġ. n., whistling of sword, etc. in the air. fead an ċlaiḋiṁ. the n., buzz of the spinning wheel. siansán an turainn. far from the n. and bustle of the world. i ḃfad ó ġeoin ⁊ gleo an tsaoġail. a hum of many voices. aon ġeoin aṁáin cainnte. do not be so noisy. ná bíoiḋ ċoṁ callóideaċ soin. v. roar. cry, bark, burst, etc.

NOMINATIVE. tuiseal, cás ainmneaċ; ainmniḋ (m. 4).

NONE. v. no, bit, all, one.

NONSENSE. v. foolishness. fiantas m.1; fiannaiḋeaċt f.3; ráiméis f.2; rámáis (C); rámás (U); caiṫleaċ f.2. n. man.! fiannaiḋeaċt. ! a ḋuine! gaoṫ! that affair is all n. absurd. ní ḟuil san obair aċt fiantas. it is n. to think of it. ní ḟuil ann aċt fiantas ḃeiṫ ag cuiṁneaṁ air. it would be pure n. ní ḃeaḋ ann aċt corp fiannaiḋeaċta ⁊ fiantais. n.! what n.! cúis gáire ċúġainn. and a lot more n.. absurd talk. ⁊ mórán sobalċainnt eile gan ḃríġ. n. foolish talk. baois; baoṫċainnt; baoṫaireaċt cainnte. it is n., foolish to imagine ... is baoṫ a ṁeas go ... he is talking n. tá sé ag fáiḋiúil, ag rangaḃáil; ní ḟuil aċt ráiméis ar riuḃal aige; ní ḟuil i na ċainnt aċt bolgán béice, draḃlais ⁊ draḃḟuiġeal, driodar seaḃóide (C), caiṫleaċ, cainnt ⁊ gaoṫ, sobal, gaḃaim-sias, etc. etc. let us have no more of your n., antics. ná fuiġmís tuilleaḋ ded ġáitriḃ uait, ded ċleasaiḃ maoṫais

NOOK, v. corner

NOON, v. middle

NOOSE, súil ruibe; fascaḋ rioṫaiḋ. he put a n. on the cord. do ċuir sé fascaḋ rioṫaiḋ ar an dtéid. to arrange a snare or n. for them inneall nó súil ruibe do leigin dóiḃ. to put the n. round his neck. an tsúil, an sealán do ċur fá na ṁuineál

NOR, v. even. I did not see C. nor A. ní ḟeaca Conn ná Art. I did not understand your sign n. the meaning of your words. níor ṫuigeas an coṁarṫa ná fós an ḃríġ a ḃí led ċainnt. n. do I know, see what is ... ná ní ḟeadar, ḟeicim cad atá... I did not kill him, n. strike him either. níor ṁarḃuiġeas é ná níor ḃuaileas é. I dont remember it. nor do I. ní cuiṁin liom é. ní cuiṁin ná liomsa. I will not drink your wine, n. eat your bread, n. sit on your chair either. ní ólfadsa bur ḃfion ⁊ ní luġa ná mar íosfad bur n-arán ⁊ ní luġa aon taoḃ acu ná mar ṡuiḋfead ar bur gcaṫaoir. he did not admit being there nor, neither did he deny it. níor admuiġ sé go raiḃ sé ann (⁊) ní luġa ná mar do ṡéan sé go raiḃ sé ann. no one said he got it nor, neither did he. ní dubairt aoinne go ḃfuair sé (⁊) ní luġa ná fuair. he did not understand it n. do we. níor ṫuig sé é ⁊ ní luġa ná tuigimíde é. since no one knows what he is doing neither did we know. ó ná fuil a ḟios ag aoinne cad atá aige dá ḋéanaṁ ní mó ná do ḃí a ḟios againne. I dont do that and neither, nor did I do it. ní ḋeinim é sin, ní mó ná ḋeineas é. I did not know where I should go n. did I care. ní raiḃ a ḟios agam cá dtiuḃrainn m'aġaiḋ ⁊ ní mó ná mar ba ċuma liom. I did not consult my father about it, nor did I send him word of my departure. níor ċuireas i gcoṁairle m'aṫar é ná ní mó ná mar do ċuireas scéala m' imṫeaċta ċuige. as I did not ask my father's blessing so neither did I ask God to help me. ní mó ġuiḋeas ar Ḋia mé do ċur ar mo leas ná mar iarras beannaċt m'aṫar. n. do I know either, any more than you. ní ḟeadar aċt an oiread leat. aċt a oiread leat (U) aċt ċoṁ beag leat. he was not speaking of me. n. of you either. ni ormsa do ḃí sé ag labairt ná ortsa aċt ċoṁ beag. there was no jealousy or anything else nasty either. ní raiḃ aon éad ann aċt ċoṁ beag le haonní ġránda eile. he is not better than C. n. as good. ni ḟuil sé níos fearr ná Conn ní heaḋ aċt ċoṁ maiṫ. I would not give it for ten such cows no n. for 10,000 such. ní ṫiuḃrainn é ar deiċ mbuaiḃ dá sórt ní heaḋ aċt ar deiċ míle dá sórt. you could not get it in Cork n. indeed anywhere in I. ní ḟéadfá é d'ḟaġáil i gCorcaiġ ná dá ndéarfá, n-abrainn i nÉirinn v. even

NORTH. v. compass.

NOSE. srón f. 2 ; caincín m. 4 (contempt) ; smuilc f.2 (id.) ; smulc m.1 (id.) a hooked, aquiline n. srón ḋruimneaċ. a big nosed man. fear caincíneaċ. a snub n. geannc. pugnosed C. Conn na ginnce. he is pugnosed. tá sé geanncaċ. he has a big red n. tá smulc dearg air. he speaks through his n., has a nasal twang. labrann sé go caoċ-ṡrónaċ.

NOSTRIL. pollaire m. 4; puill na sróine (nostrils) ; smolán m. 1 (C) ; gaosan (U.) blowing from his n. ag séideaḋ ar a ṡmolán etc.

NOT. ní, naċ etc. ċa (U.) v. Gram. I should rather not do it. do b'ḟearr liom gan é do ḋéanaṁ. I told him n. to go there. duḃart leis gan dul ann. they had n. returned. do ḃíodar gan filleaḋ. and he n. able to walk except with difficulty. ⁊ gan ann aċt ar éigin siuḃal. I should rather n. have it than have it. do b'ḟearr liom as ná ann é. I dont care whether it exists or n. is cuma liom ann nó as é. n. that they are dead, but they are ... ní h-aṁlaiḋ atáid siad marḃ aċt táid siad ... she was n. satisfied. ni mó ná sásta do ḃí sí. it did n. please me well. ni mó ná go maiṫ do ṫaiṫniġ sé liom. n. only. v. only.

NOTABLY. v. especially.

NOTE. v. bill. letter.

NOTHING. v. bit. there is n. there. ní ḟuil aoinní, aon rud ann ; ní ḟuil rud ar biṫ ann ; ní ḟuil aoinní ann olc maiṫ ná donaiḋe. it is n. (compared to ...) ní ḟuil sa ṁéid sin aċt neaṁní (seaċas...) ; ní siú náiḋe, brob, sriġde, biorán é (seaċas... . there is n. amiss with your foot. ni ḟuil oiread na sriġde id ċois. there is n. amiss with you. ni ḟuil faic ná sriġde ort, I can do n. ni ḟéadaim náiḋe do ḋ. (C.U.) hide n. from me. ná ceil oiread ⁊ focal orm v. even. much. think, make n. of. v. matter, care. n. to me. v. concern, matter. come to n. v. result. get it, etc. for n. v. free.

NOTICE. etc. v. announce, warn. I noticed, observed it. do ṫugas fá ndeara é ; do ṫugas dom aire é. n. those things. ag tabairt na rudaí sin fá ndeara. they n. all those signs. do ṫugadar gaċ coṁarṫa acusoin fá nd. he n. how she was walking...do ṫug sé fá nd. cionnus ḃí sí ag siuḃal, etc. he n. how very glad she was. do ḃraiṫ, ṁoṫuiġ sé, do ṫug sé fá nd. an t-áṫas ar fad uirri. when it was brought under his n. nuair cuireaḋ ar a ṡúiliḃ do é. I n., observed him. do ṁeaḃruiġeas é (W). I n., observed the man. do ṡonnruiġ mé an fear (U) ; do-ċuir mé sonnruġaḋ ann (U). I n. he was...do ṡonnruiġ mé go raiḃ sé...(U). I n. by his manner that he did not like...d'aiṫniġeas air nár ṁian leis... the trick was not n., seen through. níor aiṫniġeaḋ an cleas. no one n. him, addressed him (as he was going...). níor ċuir aoinne speic air. v. salute, speak. none will n. his absence for ever so long ní haitneoċaiḋ aoinne é do ḃeiṫ imṫiġṫe ní fios cá ċoin. their departure would not be n. ní moṫóċfaiḋe imṫiġṫe as iad. v. miss. n. of his remark... v. pretend, attention.

NOTION. v. idea, expect, intention.

NOTWITHSTANDING v. nevertheless, spite.

NOUN. ainm m. f. 2. proper, common, verbal, abstract n. ainm díleas, coitċeann, briaṫarḋa, teiḃiḋe. compound n. comainm. collective n. sluaġainm.

NOURISH. v. feed, food.

NOVEL. v. story. finnscéal m. 1.

NOVELTY. v. new.

NOVEMBER. Saṁain f. 3. in N. i Mí na Saṁna.

NOW. v. ago. anois; i láṫair na huaire seo; le n-ár linn (in our day); san aimsir seo; sá láṫair; ar an láṫair seo.

NOWHERE. ní...aon áit; ní...áit ar biṫ.

NUISANCE. v. trouble, mischief. that n., scourge of a man. an t-annscian fir sin. that n. of a woman. an annscian mná soin.

NULL. NULLIFY. v. useless, destroy.

NUMB. v. cold, sleep.

NUMBER. v. many, crowd. uiṁir f. 2. the names of the n. ainmneaca na n-uiṁre. the sing., plur. n. an uiṁir uaṫaiḋ, iolraiḋ. room, n. 2. seomra a dó. 7,000 was the n. of his army. seaċt míle fear ba líon a ṡluaiġ dó. he got ready a n., force of men. d'ollṁuiġ sé congnaṁ fear. a great n., a wonderful lot of etc. v. many. what n. of. v. many. whatever n. v. many. a numerous crowd etc. v. many, crowd. numerous v. big, many. numerousness. líonṁaireaċt; iomadaṁlaċt. v. many, abundant.

NUN. bean riaġalta; siúr.

NURSE. v. care, attend. bean ḟrioṫáilte (of sick); banaltra, banartla f. 4. the woman who was n. me. bean a ḃí im ċúram : bean a ḃí ag frioṫálaṁ orm. to n. them after the battle. ċun banaltranais do ḋéanaṁ orra tar éis an ċaṫa; ag banaltras orra. kissing the child for love of the n. ag pógaḋ an leinḃ le grá don ḃanaltra.

NUT, cnó m. f. 4. c. gaeḋlaċ. hazel n.; c. cuill (id.) a blind n. c. caoċ. there it is in a nutshell for you. sin agat é i mbeagán focal.

OAK, dair f. 2, 5. darac f. 2.

OAR, maide ráṁa; bata r.; bata iomraḋ (W.)

OATS, coirce m. 4. o.-cake, meal. arán, min c.

OATH. v. swear. mionn m. 3; móid f. 2.

OBEDIENCE, OBEY, etc. uṁlaiḋeaċt f. 3. he o. her. do ġéill sé dí. it is the way of women to o. is é nós na mban géilleaḋ. the o. is willing. is tugṫa é an géilleaḋ. he is an o. boy. is uṁal an buaċaill é. the summons was responded to with ready o. do freagraḋ an fógra go hollaṁ. I promise you they were o. and willing and zealous. geallaim duit gurab iad a ḃí go tugṫa ⁊ go hollaṁ ⁊ go hiṁṡníoṁaċ. they were very o., easily led. do ḃíodar soġluaiste. I will o. you. déanfad rud ort. o. him in all things. déin rud air ins gaċ ní. to do the will of his father. riar a aṫar do ḋéanaṁ. I o., fulfilled all he told me. do ċuireas críoċ ar ġaċ ní dá nduḃairt sé liom. to o., keep the law. an dliġe do ċóiṁlíonaḋ. v. effect.

OBJECT, o. (intention, etc). v. intend, cause. o. of pity, charity. v. deserve. o. (thing) v. thing

OBJECT, OBJECTION. v. oppose, refuse. he had no objection to it. ní raiḃ aon ċur i na ċoinniḃ aige. I explained to them the reason of my o. to it. do ċuireas i n-iúl dóiḃ fáṫ mo ċur i na ċoinniḃ. he o. to her owing to her poverty. do ċuir sé i na coinne, i na haġaiḋ, do ċuir sé suas dí i dtaoḃ í do ḃeiṫ boċt. v. oppose. bringing all kinds of objections to the bargain. ag cur an uile ṡaġas constaicí i gcoinniḃ an ṁargaiḋ. would you have any objection to staying. ar miste leat fanaṁaint. do you o. to my going...ar miste leat mise do ḋul ann... I have no o. ní miste liom é. we do not o. to your doing it.

ní mór linn duit. v. permit. I will go with you if you have no o. raġad i n-éinḟeaċt leat muna bfuil aon diúltaḋ agat dom. (Cl.) he o. to doing that. do ḋiúltuiġ sé don rud soin do ḋéanaṁ. v. refuse. I should not o. v. care.

OBLATION. v. offer.

OBLIGE, OBLIGATION. v. force. I am under o. not to marry, not to do it, etc. tá (sé) ceangailte orm gan pósaḋ, gan é do ḋ. ; tá (sé) de ċeangal (m. 1) orm gan... I assumed the o. to do it, not to do it. do ġabas orm féin ceangal ċun é do ḋ., ceangal gan é do ḋ.; do ċeanglas mé féin... the tax he was o. to pay. an cíos a ḃí ceangailte air. all are obliged to fast that day. tá an trosgaḋ soin ceangailte ar gaċ aoinne. I o. him to do it. do ċuireas d'ḟiaċaiḃ (also d'iaċall, d'iaċant) air é do ḋ. he was o. to do it. do ḃí sé d'ḟ. air é do ḋ.; do ḃí sé d'oibligóid air é do ḋ. she is under a heavy o. to go...tá sé de ḃreiṫ ⁊ de ṁórualaċ uirri dul ann ... to fulfil the o., duties of one's faith. dualgais an ċreidiṁ do ċóiṁlíonaḋ. to trample on all legal o.. duties, etc. gaḃáil de ċosaiḃ ins gaċ dualgas (m. 1) a ḃaineann le dliġe. he understands his o., duty, his duties as a priest. tuigeann sé a ḋualgas, a ḋ. sagairt. she has no claim on him by the o., in virtue of a promise. ní ḟuil aon éileaṁ aici air le ceart geallaṁna. she has him bound by a promise. tá greim geallaṁna aici air. to observe one's o., duties towards God. an ceart do ḋéanaṁ i dtaoḃ Dé. to fulfil that duty, office. an cúram soin do ċóiṁlíonaḋ. whatever worldly duties, o. God has placed on him. pé cúram saoġalta atá curṫa air ag Dia. I am under great o. to you. táim fá ċomaoin (f. 2) ṁóir agat. I put him under a slight o. to me, I bestowed a small favour on him. do ċuireas c. ḃeag air. I should be placing him under an o. to me. do ḃeaḋ c. agam dá cur air. v. kind. to meet one's obligations. v. debt. to o., force, make one to do, etc. v. force, will. obliging. v. kind.

OBLIQUE. v. across. going o. across. ag dul ar sceaṁ. I turned o. across the field. do ṫugas casaḋ fiar, fiarsceaṁ trasna na páirce.

OBSCENE v. impure.

OBSCURE. v. difficult, dark.

OBSERVE. v. notice, say, obey. o. one's obligations, promise. etc. v. effect.

OBSOLETE. v. use.

OBSTACLE. v. prevent.

OBSTINATE, OBSTINACY. v. sullen. seasmaċ; stuacaċ; ceanndána (headstrong); doaistriġṫe (immutable). they fought o. do ṫroideadar go seasmaċ ⁊ go ceanndána. I wonder will he be o., determined enough to do it. ní ḟeadar an mbeiḋ de ṡeasmaċt aige é do ḋ. he opposed the match o. do ċuir sé i n-aġaiḋ an ċleaṁnais go seasmaċ. he is so o. set on the bargain. tá sé ċoṁ s. ċun an ṁargaiḋ. he got o., stubborn. do ṫáinig stailc ann. he has got over his fit of o., stubborness. tá an stailc imṫiġṫe ḋe. v. sullen. when I saw the women so o. (not to be coaxed). nuair ċonnac na mná ċoṁ diaganta soin (Cl.) an o. fellow, woman. fear, bean stuacaċ. an o. and uncivil woman, etc bean tolaṁór. an o. battle. caṫ cruaiḋ neaṁġéillteaċ.

OBTAIN. v. get.

OBTUSE. v. stupid.

OBVIOUS. v. clear.

OCCASION. v. opportunity, time. o. of sin. ócáid an ṗeacaiḋ. you were equal to the o. ba ṁaiṫ an ṁaise ḋuit é; maiṫ an áit a raḃais.

OCCASIONAL. v. sometimes. an o. time, man. so-uair, soḋuine; corr-uair (C. U.). corrḋuine (C. U.)

OCCUPY. etc. v. take. engage. not occupied. v. free. occupation. v. livelihood, care, work.

OCCUR. v. happen, idea, think. it o. to me that he was...do riṫ sé liom go raiḃ sé... it never o. to anyone that...níor ṫáinig lá ḋá ċuiṁne ċun aoinne go raiḃ...

OCEAN. v. sea. aigéan m. 1; mór-ṁuir. the Atlantic o. an iarṁuir; an Ḟairrge Ṫiar.

OCTOBER. Deireaḋ an Ḟóġṁair. in O. i mí Deiriḋ an Ḟ.

OCULIST. liaġ, doċtúir súl.
ODD. v. strange, queer. two o. shoes (not of a pair). dá leaṫbróig (ná geoḃaḋ le ċéile). £10 o. v. more. an o. occasional man. v. occasional, rare.
ODDS. v. bet.
ODOUR. v. smell.
OF, much of the story. a lán den scéal. the father of the boy. aṫair an ḃuaċalla. three of them. triúr, trí cinn acu. the three of us are hungry. tá ocras orainn ár dtriúr. the three of us will go. raġaimid ár dtriúr. he is the strongest man of his family. is é fear is treise ar a ċineaḋ é. v. Grammar.
OFF. go o. v. go, away. let o. v. let. take o. v. undress. imitate. o. (in the distance) v. far, distance. o. day. v. free. o. and on. v. sometimes. o. his head. v. mad.
OFFAL. v. refuse.
OFFEND. v. insult, annoy.
OFFER. he o. me a pound for it. do ṫairg sé púnt dom air. he o. me the horse. do ṫairg sé an capall dom. he o. to go in her place in the boat. do ṫ. sé dul i na hionad sa ḃád. I closed with his o. do réiḋ-tiġeas le na ṫairgsint, ṫairisgint. v. agree. I o. enough for it. d'ḟoráil mé go leor air (W.U.) do not refuse my o. ná diúlt m'ḟoráil. (U. W.) he o. them the horse. d'ḟoráil sé an capall dóiḃ (U. W.) o. to fight. v. challenge. offering (of money). sinteaṁas m. 1 ; s. láiṁe ; s. airgid. v. gift. oblation, sacrifice, e. g. the Mass. íoḋḃairt f. 3.
OFFICE. v. care, oblige. oifig f. 2 (bureau etc.) ; portús m. 1 (breviary).
OFFICER. v. commander. oifigeaċ m. 1.
OFFICIOUS. v. interfere.
OFTEN. I did it o. do ḋeineas go minic é : is mion 7 is minic do ḋeineas é. I o. am ... bím go minic, go mionminic, go mion 7 go minic ... ; is minic riaṁ ḃím ... : he did it just as o. do ḋein sé ċoṁ m. ċéadna. we o. went ... ba ṁ. dúinn (ag) dul ann ... I o. had that hope. ba ṁ. don dóċas soin orm. people o. have a bad memory for what ... is m. droċċuiṁne ag daoiniḃ ar an rud atá ... I o. used to take it to bits. ba ṁ. mé ḋá ḃaint as a ċéile, again and again. arís 7 arís eile. v. again. more o. níos minicige. it happened o. enough. ní beag a ṁinicige. o. and o. I have heard ... uair 7 céad, uair 7 uair is clos dom go ... how o. an mó uair ; cé ṁéid uair. v. how. it does not o. happen etc. v. rare.
OGLE. she was o. him. do ḃí súil na glasóige aici air.
OIL. v. Extreme Unction. ola f. 4 (especially holy oil) ; íle f. 4 (for smearing). o. it. cuir íle faoi.
OLD. v. age. sean ; seanda ; aosta ; críonna ; ársa (ancient). an o. man. seanḟear ; seanduine ; seanóir (m. 3) ; fear críonna ; fear aosta. a very o. man. fear críonna caiṫte. v. waste. a rather o. man. fear cnagaosta, scoṫaosta. a thin o. man. fear caol seanda. an o. woman. cailleaċ f. 2 (hag) ; sean-ḃean ċríonna etc. however o. he is. dá aostaċt é. he is o., decrepit. tá sé go foirḃṫe. he is getting o. tá sé ag tuitim ċun aoise : tá sé ag druidim amaċ san aois ; tá sé ag dul amaċ insna bliaḋantaiḃ ; tá sé ag dul i n-aois, gcríonnaċt ; tá an t-aos ag teaċt air. as he is getting o. roim críonaḋ 7 liaṫaḋ ḋó. an o. maid. seanṁaiġdean mná. an o. bachelor. seanṁaiġdean fir. the crankiness of o. maidenhood. sear-ḃas na críonnsiongalta. an old fashioned child. páiste sean-ċríonna. an old stale apple etc. uḃall etc. leaṁ. o. stale, useless mortar. moirtéal leaṁ. of o., in (very) ancient times. fad ó riaṁ ; sa tseanaimsir (riaṁ) ; i n-allód. old times, antiquity. ársaiḋeaċt, seandaċt. how o. is he. v. age. 10 etc. years o. v. age.
OLIVE TREE. crann ola.
OMEN. v. sign, luck
OMIT, v. neglect, forget. to o. it. é do leigean ar ceal : é d'ḟágáil gan áireaṁ. you have o., skipped that. do ġaḃais ṫairis ; do scaoilis ṫart é. o. that and tell me the rest of the story. scaoil ṫart an méid sin 7 innis dom an ċuid eile ḋe. I o. them (in counting) d'ḟágas gan áireaṁ iad. v. count. he o. keeps back some sin. coimeádann sé

peacaḋ éigin gan innsint. they o. nothing so as to finish the work. níor ḟágadar easnaṁ ar a ngnó do ṫabairt ċun críċe. do it thoroughly, o. nothing. ná fág easbaiḋ ar an obair. v. neglect

OMNIPOTENT, v. power. o. God. Dia uileċuṁaċtaċ; Dia an uile ċuṁaċta

ON, ar (in most English senses). he came on that day. do ṫáinig sé an lá soin. on Saturday, Monday, etc Dia Saṫairn, Luain. on foot, horseback, etc. v. foot, etc. on a sudden. v. sudden. on the spot v. immediately. put. get on v. put, etc. put on clothes v. dress. from that day on. v. thenceforward

ONCE, aon uair aṁáin. o. in the year (aon) uair sa mbliaḋain. o. on a time v. time

ONE, o. man. aon ḟear aṁáin. o., a person would think ... ba ḋóiġ le duine go... the best o. (man, etc). an duine, ceann, fear is feárr acu. o. of the king's nobles. duine d'uaislib an ríoġ from o. to another of them. ó ḋ. go d. acu. they came o. by o. do ṫángadar i na nd. ⁊ i na nd. o of the tables. ceann. bórd de na bórdaib. o. of the men ceann, fear, duine de na fearaib. the biggest of of them (things or persons). an ceann is mó acu. this o. an ceann so. as often as one would fall another used to take his place. ċom tiuġ ⁊ tuiteaḋ an fear do ḃíoḋ fear i na ionad. they fought. o. falling another taking his place. do ṫroideadar an fear ag tuitim ⁊ fear eile ag dul i na ionad. no o., not a soul was there. ní raiḃ aoinne, aoinneaċ ann; ní raiḃ aiṫid ann; ní raiḃ críostuiḋe an luain ann; ní raiḃ duine ná daonnaiḋe ann. not o. of them escaped. níor ṫáinig aiṫid acu slán. every o. of them. gaċ aoinne acu; gaċ aon aiṫid acu; gaċ aon ṁac máṫar acu. she has only o. eye. etc. tá sí ar leaṫ-ṡúil. on o. knee. ar a leaṫġlúin. she looked out of her o. single eye. d'féaċ sí as an súil aonair. in o. of his feet. etc. i na leaṫċois; i gcois leis; i gcois dá ċosaib. o. another v. other. every o. v. every. o. of two things. v. either, choose. o. by o. v. after, such a one. v. such. the o. case. the other c. v. case. the o. hand. the other v. case, hand. neither o. nor, etc. v. either

ONLY. v. except. His o. Son. a aon-ṁac. o. one of them. aon ċeann aṁáin acu. not o. was he sick but ... ní hé aṁáin go raiḃ sé breoiḋte aċt do ḃí ... he not o. did not get it but ... níorḃ' aṁlaiḋ aṁáin ná fuair sé é aċt ... not o. in I. but ... ní hí nÉirinn aṁáin aċt ... there was o. a dog there. ní raiḃ ann aċt gaḋar. I have o. you. ní ḟuil agam aċt tú. though I have o. him. ⁊ gan agam aċt é. I have o. to go there and I shall get. ní ḟuil agam le déanaṁ aċt dul ann ċun é d'ḟaġáil. he need o. put a penny in it. ní ḟuil aige aċt pingin do ċur ann. she o. laughed. níor ḋein sí aċt gáire. he is o. a boy. ní ḟuil ann aċt buaċaill. I o. want to look at it. ní ḟuil uaim aċt féaċaint air. it is o. nonsense. ní ḟuil ann aċt fiannaiḋeaċt. and he only two years old. ⁊ gan é aċt dá ḃliaḋain d'aois. and some of them o., scarcely begun. ⁊ gan cuid acu aċt ar éigin tosnuiġṫe. stay o. till daybreak. ná fan aċt go lá. he is ploughing with o., merely a horse. tá sé ag treaḃaḋ ⁊ gan aċt capall aige. the o. answer he got was... ní ḟuair sé d'ḟreagra aċt ... his o. fault is that ... ní ḟuil de loċt air aċt é ḃeiṫ ... she is a quiet girl if o., provided she is not annoyed. cailín ciúin is eaḋ í aċt ná cuirfí fearg uirri. I will give you a pound if o., provided you leave me the horse. do ḃéarad púnt duit aċt an capall d'ḟágáilt agam. aċt go ḃfágfaiḋ tú an c. agam, I will give it to you if o. you go... do ḃéarad duit é aċt dul ann ... she will manage it if o. she sticks at it. déanfaiḋ sí é aċt leanaṁaint air, aċt leanfaiḋ sí air. he does not care if o. provided he has God's grace. is cuma leis aċt go mbeiḋ grásta Dé aige. he does not care if o. he is ... is cuma leis aċt ḃeiṫ ... I will keep it if only I get hold of it. coimeádfad é aċt go ḃfaġad greim air. if o. provided you dont stay beyond daybreak.

aċt ná fanfair aċt go lá. it is valid no matter who does it if o. it be a human being and that he performs it properly. déintear an gnó go hiomlán pé sagas an duine a ḋeineann é aċt gur duine saoġalta é ⁊ go nḋéanfaiḋ sé sa ċeart é. he got there o. just in time. do ċuaiḋ sé ann i n-am ⁊ ní raiḃ ann aċt soin; do ċuaiḋ sé ann i n-am ⁊ do ḃí sé air (ḋ'eire ?) aige. do ḃí sé ar eire aige. she got there o. just before him. it was as much as she could do. do ḃí tosaċ aici air ⁊ ní raiḃ aċt soin, ⁊ ḃí sé air aici, ⁊ ḃí sé ar eire aici. he was just, o. able to stand it. do b'é a ḋíċeall é do ḟeasaṁ v. much. o. by looking at him. v. merely. I would do it. o. I have not money, etc. v. except. o. for him I was lost. etc. v. except

OOZE. v. leak. the water is o. up from the ground. tá an t-uisce ag teaċt saoi ; tá an t-u. ag rúsceaḋ. rús-caḋ aníos tríd an dtalaṁ. the water o. up. an fáscaḋ aníos.

OPEN. osclaim : fosclaim (C.U.) o. the door, your hand. oscail an doras, do láṁ. the earth o. under her feet. d'ḟoscail an talaṁ fá na cosaiḃ. the door is o. tá an doras ar oscailt. the o. space. an sliġe oscailte. he came through the opening, o. part. do ṫáinig sé tríd an oscailt. the box, etc. is o. tá an bosca ar leaṫaḋ. his eye wide o. a ṡúil ar leaṫaḋ, dearġleaṫaḋ, dianleaṫaḋ. he o. his eyes, mouth (with wonder, etc.) do leaṫ a ṡúile, béal air. he o. his mouth to speak. do ḃog sé a ḃéal ċun labarta. his mouth, lips did not o. níor ḃog a ḃéal. he o. the bond. do scaoil sé an ceangal. v. loosen. to do it openly. above board. é do ḋéanaṁ go dána, ceannárd. hoscailte, etc. v. honest

OPINION. v. think, advise, judge. tuairim f.2 : meas m.3 ; baraṁail f.3 (C.U) ; dóiġ f.2. I got a confirmation of my o. fuaras cruṫuġaḋ ar mo ṫuairim. to attend to that difference of o. suim do ċur sa deifriġeaċt aigne sin. he has a high o. of, thinks well of what I have done. is maiṫ leis, molann sé gaċ a ḃfuil déanta agam ; is mór an spéis, suim a ċuireann sé i na ḃfuil ... he has a great o. of himself. tá meas mór aige air féin; tá sé anṁór ann féin v. proud, he expressed no o. on it. ní dubairt sé olc maiṫ ná donaiḋe leis an scéal. of the same o. v. agree. give an o. about, etc. v. judge, act on your o. v. advice. ask your o. v. advice. my o. is, etc. v. think.

OPPONENT v. enemy, against. an t-é atá i n-aġaiḋ, etc.

OPPORTUNE, OPPORTUNITY. v. time. he came o., at an o. time for her. do ṫáinig sé go caoṫaṁail dí. he came o., at an o. time. is tráṫ-aṁail do ṫáinig sé ; do ṫáinig sé go tráṫaṁail, i n-am tráṫ, i n-am ⁊ i dtráṫ (ċun é do ḋ.) at a time that was not o., at an inopportune moment i n-am míṫráṫaṁail. at any time. o. or not. i n-am ⁊ i n-antráṫ. he got an o., chance of doing, seeing it. fuair sé faill (f.2); caoi (f.4), coṁṫrom (m. 1), faġáil, uain (f.2), breiṫ, deise (C.) ar é do ḋ., ar é d'ḟeicsint ; do ḃí faill etc. aige ar etc. he has, will have no o., chance of going, doing it ... it is not possible for him. ní ḟuil, ní ḃeiḋ aon ċaoi, ċaoṫaṁlaċt, ċoṁ-ṫrom. uain, ḟaill, ġar (C.) ġoir (C.) ġaoḃar (C.) ḟaġáil, ḃreiṫ, ḋul aige, ar ḋul, ar é do ḋ. whenever he got the o. fá mar fuair sé an ċaoi etc. air. the o., leisure he got to read the book. an ċaoṫaṁlaċt a fuair sé ar an leaḃar do léiġeaṁ. he got a favourable o. for the robbery. fuair sé caoṫaṁlaċt ar an ngadaiḋeaċt do ḋéanaṁ, ċun na gadaiḋeaċta do ḋ. do not neglect the o. na scaoil an ċaoṫ-aṁlaċt ṫart. if he got an o. of striking us, against us etc. dá ḃfaġaḋ sé an ċ. orainn. that he may get an o. of killing us. go ḃfaġ-aiḋ sé uair na faille orainn ċun sinn do ṁarḃaḋ. the soldiers watching for an o. of attacking each other. na saiġdiúirí ag faire ċun faille d'ḟaġáil ar a ċéile. waiting for an o.. chance of attacking you. ag faire ort go ḃfuiġeaḋ sé amas ort. he got an o. of striking him, got him off his guard. fuair sé an lom, an t-éalang air. we should know the time and we could use the o. do ḃeaḋ fios na haimsire againn ⁊ d'ḟéadfaimis an aimsir d'ḟriotálaṁ. if an o. arises where we should be wanted to help. má ṫagann feiḋm i nar ġábaḋ congnaṁ uainn. I have no o., leisure for saying more. ní ḟuil aga agam ar a ṫuilleaḋ do ráḋ v. time,

OPPOSE. v. resist. no one o., resisted him. it. níor ċuir aoinne i na ċoinne, i na ċoinnib, i na aġaiḋ. he o., objected to, resisted the killing of the man. do ċuir sé i gcoinne, i gcoinnib, i n-aġaiḋ an fir do ṁarbaḋ; do ċuir sé suas do'n ḟear do ṁarbaḋ. he vigorously, etc., o. the match. do ċuir sé i n-aġaiḋ, etc., an ċleaṁnais go dian. no one o., resisted the tax. ní raiḃ aon ċur i gcoinnib, etc., an ċíosa acu. his will is o. by his reason. tá a ṫoil bun os cionn le na ċiall. they disputed, o. his sovereignty. do ċuireadar i n-aġaiḋ etc., a ċeannais.

OPPOSITE. v. before, different. when I saw him o. me, in front of me. nuair ċonnac é ⁊ a aġaiḋ liom. a story which was the o. of the other. scéal a ḃí bun os cionn (ar fad) leis an scéal eile. not joy but quite the o. ní háṫas é aċt a ṁalairt ar fad, aċt a ṁalairt díreaċ. while the opposite feeling was in his heart. ⁊ a ṁalairt sin ar fad de ṁaċtnaṁ istiġ aige. believe the o. creid a ṁ.

OPPRESS, OPPRESSION. foirréigean m. 1: foirneart m. 1; géarbruid f. 2: daorbruid; leattrom m. 1; ingreim f. 3; géarleanṁain f. 3; aindliġe f. 4; diansmaċt m. 3; ansmaċt. he o., persecuted them. do ḋein sé éagcóir, láṁláidir orra; d'imir sé aindliġe foirréigean, etc., orra; do ḃí sé ag gabáil de ċosaib ionnta. the way they were o. an cos-ar-bolg a déineaḋ orra. they are o., táid siad ciapaiġṫe, cráiḋte, etc. v. torment; táid siad fá leattrom, etc. hope helps the o. man. caoṁnann an dóċas an t-ingreamaċ. sorrow o. his heart. do ṫáinig toċt ⁊ sársaḋ ar a ċroiḋe. to get rid of the weight of sorrow o. him. an toċt do ċur dá ċroiḋe. the o. of sorrow left him. do ḃog an sársaḋ dá ċroiḋe. sorrow is weighing on him. tá brón ag bruġaḋ ar a ċroiḋe. the sorrow which was o. him let him say no more. níor leig neart toċta bróin a ċroiḋe ḋó a ṫuilleaḋ do ráḋ. v. sorrow. an o. on his chest. barróg ar a ċliaḃ.

OPTION. v. choice

OR, v. either, whether. is he there or is he gone. an ḃfuil sé ann nó an ḃfuil sé imṫiġṫe. did you ever see a ghost o. fairy. an ḃfeacais spioraid nó púca riaṁ. did you never see ... ná feacais s. ná p. riaṁ. it would be a good man, there is many a man who would support his father or mother. is maiṫ an duine, is mó duine a ċoṫóċaḋ a aṫair nó a ṁáṫair. it would be a bad man. it is a rare man who would kill his... is olc an duine. is beag duine aṁarḃóċaḋ a aṫair ná a ṁáṫair. with a man or a boy le fear nó garsún. without aid or help. gan cabair ná congnaṁ. or else v. either

ORACLE. v. prophecy

ORAL, o. tradition. béalaiṫris. o. teaching. béaloideaċas

ORANGE, oráiste f. 4.

ORATION v. speech

ORATOR, v. speak. eloquent

ORB. v. earth.

ORCHARD. aballġort (pr. aḃlórd).

ORDAIN. v. order. he was o. priest. do cuireaḋ fá ġráḋaiḃ é; do críocnuiġeaḋ i na ṡagart é; do déineaḋ sagart dé.

ORDER. v. arrange. treo m.4; eagar m.1. ord m.1 (religious o.) holy o. úird beannuiġṫe. he o., commanded them to go ... d'orduiġ sé ḋóiḃ dul ann .... do ṫug sé orduġaḋ ḋóiḃ dul ...: do ṫug sé aiṫne ḋóiḃ dul ... dubairt sé leo dul ... he o. it. d'orduiġ sé é. he o. the earth to swallow them. d'ó. ṡé an talaṁ ar lugaḋ. he o. the house. it. to be cleaned. d'o sé an tiġ do ġlanaḋ; d'ó. sé a ġlanaḋ. o. were given that it should not be done. do hórduiġeaḋ gán é do ḋ the means we are commanded to take for that end. an rud atá orduiġṫe ḋúinn ċuige. it was done by o. of the king.

le hórduġaḋ an ríoġ do déineaḋ é. to carry out the o. of my father. riar m'aṫar do ḋéanaṁ. constantly giving o. ag órduċán orra. constantly o. "bossing" and directing them. ag órdúċán ⁊ ag sciúrúċán orra. he can't stand being o. about. dictation, etc. ní ḟuiġeaḋ sé aon uġdarás do ċur air. in o. that. v. purpose.

ORDINARY. v. common.

ORGAN. v. organ m.1.

ORGANISE. v. arrange.

ORIGIN. v. cause, root.

ORIGINAL. bun- ; príoṁ-. o. cause. bun-ċúis. etc. o. sin. peacaḋ an tsinnsir. originally. v. beginning.

ORNAMENT. etc. órnáid f.2 ; gréagán m.1 (jewellery, etc.) o-ed. órnáideaċ, gréasta ; greanta (carved, tooled). an o. coat, hem. casóg, fáiṫim órnáideaċ, ġréasta. thers is o. work carved on the chalice. tá órnáidí gearrṫa ar an gcailís.

ORPHAN. dílleaċt m. 3 ; dílleaċtuiḋe m. 4; the o. girl. an cailín dílleaċtuiḋe, dílleaċta (C); cailín gan aṫair ná máṫair.

OSCILLATE. v. swing, wave.

OSTENTATION. v. pride.

OTHER. v. different, besides. the o. man. an fear eile. some o. man. fear éigin eile. the others. na daoine eile ; daoine naċ iad ; an ċuid eile acu. v. rest. the o. day. an lá eile. v. lately. they struck each o. do ḃuaileadar a ċéile. we struck e. o. do ḃuaileamar a ċéile. striking e. o. ag bualaḋ a ċ. thinking of e. o. ag cuiṁneaṁ ar a ċ. they are like e. o. is mar a ċ. iad. v. like. one after the o. i na nduine ⁊ i na nduine. v. turn. over, about e. o. os cionn, i dtaoḃ a ċ. many things, each better than the o. a lán rudaí níos feárr ná a ċ. some are more guilty than o. tá cuid acu is mó is cionntaċ ná a ċ. going from one to the o. ag dul ó ḋuine go duine acu. with their consent or o.wise. dá ndeoin féin nó a aṫarraċ. v. else. every o. v. alternate. no o. alternative. v. else. no o. business except etc. v. except, only. rather big etc. than otherwise. v. little. otherwise. v. different, way. if not, otherwise go .. v. either, else. on the o. hand. v. hand. in one case ... in o. c. v. case. otherwise I should have etc. v. except.

OTTER. doḃarċú f.5 ; madra uisce.

OUGHT. v. right, suitable. you o. to speak, be ashamed. ba ċóir go laḃarfá, go mbeaḋ náire ort. he o. to be satisfied with that. ba ċ. go mbeaḋ sé sásta leis sin. that o. to be clear enough. ba ċ. go ḃfuil an méid sin soiléir go leor. he o., must have known ... ba ċ. go raiḃ a ḟios aige go ... it o. to be done. ba ċeart é do ḋ. it should not be done. ní ceart é do ḋ. one would think it o. to end. ba ḋóiġ le duine gur ceart go mbeaḋ deireaḋ leis. all the more reason why they o. to have done it. sin mar ba ṁó ba ċeart go ndéanfaidís é. there o. to be, probably are more there now. ba ċeart níos mó do ḃeiṫ ann anois. he does not know what he o., it is expedient to do. ní ḟuil a ḟios aige cad is maiṫ ḋó do ḋ. you o. to have sense. ní healaḋa ḋuit gan ciall do ḃeiṫ agat. v. must. the prayer I o. to have said. an guiḋe ba ċuiḃe ḋom do ḋ. v. proper. the respect, etc., which o. to be given, etc. v. owe, suit.

OUNCE, únsa. my little o. of tea m'únsín té

OUT, to come, go o. teaċt, dul amaċ v. come, etc. the master is o. tá fear an tiġe amuiġ. he went o. by the door, window, etc. do ċuaiḋ sé an dorus, fuinneog amaċ ; do ċuaiḋ sé amaċ an d., ḟ. he is one man o. of 100. is duine as an gcéad é. only remembering 3 hours of the 3 weeks. gan i na aigne i gcoinniḃ na dtrí seaċtṁain aċt trí huaire an ċluig. to take, bring o. v. take, etc. the wine, etc. is o. v. spend. o. of the way v. extraordinary. o. of pocket v. lose. o. of sorts v. anger, temper. put o. v. extinguish, confuse. out at elbows v. wear

OUTBREAK, v. rebel

OUTCAST, v. stranger, banish

OUTLINE, v. boundary, edge, form

OUTRAGE, v. insult, crime.

OUTSIDE, the o. of the house. an

taoḃ amuiġ den tiġ. o. the house. taoḃ amuiġ, ar an dt. a., leaṫṡmuiġ den tiġ. he went, came o. do ċuaiḋ, ṫáinig sé amaċ. he was o. do ḃí sé amuiġ. their piety is on the o., external. ní ḟuil an ċráiḃteaċt aċt leaṫṡmuiġ acu. he is on the o. of the bed. tá sé ar ċolba na leabṫan. v. bed. the hairy side o. etc. v. exposed.

OUTSKIRTS, v. edge.

OUTSTRETCH, v. stretch.

OUTWEIGH, v. surpass. the good o. the harm. is treise ar an maiṫ ná ar an dioġḃáil.

OVER, v. above, top. he is o. there. tá sé ṫall. he came o. to me. do ṫáinig sé ċúġam anall. he went o. there. do ċuaiḋ sé anonn. he threw the dog, he jumped o. the wall, river. do ċaiṫ sé an gadar, do léim sé ṫar an ḃfalla, abainn, de ḋruim an ḟalla, na habann. I threw him o. the cliff. do ċaiṫeas de ḋruim na faille é v. down. they were left o. ground. do fágaḋ ar ḃarr talaiṁ iad, gan cur iad. he fell o. board. do ṫuit sé ṫar bórd. he went o. all, throughout the country. do ċuaiḋ sé ar fud na tíre, ar fud na tíre trid síos ⁊ trid suas (C.), ó ṫaoḃ taoḃ na tíre, ó ċeann ceann na tíre. he went off o., across the country, hills etc. d'imṫiġ sé fá na sléiḃtiḃ, fá'n dtuaiḋ. v. climb, through etc. he is a head o. everyone in the congregation. tá an ceann aige ar gaċ aon ḟear sa ṗobul v. above. o. three, six etc. v. above, more. 3 into 20, how many times? 6 times and 2 over. an mḋó uair atá a trí i ḃfiċid. sé huaire ⁊ a dó fairis, a dó d'ḟuiġleaċ, a dó i na ḟuiġleaċ. 3 from 7 leaves 4 over. a trí ó na seaċt fágtar a ceaṫair d'ḟuiġleaċ. what you leave o., what you find superfluous. t'ḟuiġleaċ. I should prefer 7 times over etc. v. time.

OVER, (adj.) v. end, pass. when the visit should be o. nuair ḃeaḋ cuairt na háite tabarṫa. the year, time is o. v. pass. that state of things is o. v. pass. o., excessively. v. too.

OVERCOAT, cótamór.

OVERCOME, v. surpass, conquer.

OVERFLOW, v. fill. sceiṫim; brúċtaim. the river is o. tá an aba ag sceiṫ, brúċtġail. the house, etc. o. with people. tá an tiġ ag cur ṫar a fúile ag neart daoine (W), ag cur ṫar ṁaoil le daoiniḃ (C). the cup is o. tá an cupán ag cur ṫar a ḃarr (W). tá sé líonta ṫar ṁaoil (C). I fill it to o. cuirim maoil air (C); cuirim fá ṁaoil é (C)

OVERHEAD. v. above

OVERPOWER, v. conquer, weak

OVERTAKE, he o. me. do ṫáinig sé suas liom; do rug sé orm. so that I may catch, o. him. ċun go mbeirḟead air. God's vengeance had o. me. do ḃí beirṫe ag díoġaltas Dé orm. he was o. me, pressing hard on me (in the race). do ḃí sé dom ḟárruġaḋ; do ḃí sé ag teannaḋ liom go tiuġ (U)

OVERTHROW. v. conquer, subdue

OVERTURN, v. turn, knock

OWE, v. debt, thank. I o. him £1. tá púnt aige orm. she got back what was o. to her. fuair sí an méid a ḃí amuiġ aici. the respect we o. to women. urraim is dual do ṁnáiḃ. the respect we thought owing to us, our due. an meas ba ḋóiġ linn do ḃí ag dul dúinn. the credit o. to them (for good deeds, etc.) an creideaṁaint ag dul dóiḃ. £1 a week is o., due to him. tá púnt sa tseaċtṁain ag dul dó. when the bill fell due. nuair ṫáinig an ċáirde it is to you I o. that. I am indebted to you for that. is ortsa atá a ḃuiḋeaċas agam; is ortsa is cóir a ḃ. do ḃeiṫ v. thanks. owing to v. account

OWL, scréaċóg f. 2 (screech-o); ceann cait; ulċabċán m.1 (C)

OWN, v. belong. my o. house. mo tiġ féin. I o. it. is liom é. the man who o. it. fear ar leis é; f. dar leis é; f. gur leis é. who o. it? cé leis é. he does not make it his o. ní deineann sé a ċuid féin dé. they have words of their o., peculiar to themselves. tá focail acu dá gcuid féin. I o. it as much as you. tá oiread coda agam féin dé ⁊ tá agatsa dé.

OX, v. bull. daṁ m.1

OYSTER. oisre m.4. o. catcher (bird) riabán m.1

PACE, v. run, step. at full speed. p.

ṗá lán tριuḃal. owing to the p. it (train, car, etc.) was going at. le méiḋ an tριuḃail a ḃí ṗaoi; ḋo ḃí a leiṫéiḋ ſin ḋe ċoιριḋeaċt ṗaoi ag ḋul...; 7 an ριṫ a ḃí ṗaoi
PACIFY, v. quiet, peace
PACK, v. crowd. set. p. of cards. paca caρtaí
PACK v. fill. stuff, crush. to pack their baggage and go off. a nġiúιρléiḋí ḋo ḃailiuġaḋ ċúċa 7 imṫeaċt leo. to send them packing, etc. v. drive.
PAGAN, págánaċ m. 1; geintliḋe m. 4.
PAGE. leaṫanaċ m 1 (of book); giolla m. 4 (servant); páiſte m. 4 (id).
PAIL. v. vessel.
PAIN. pian f. 2; tinneaſ m. 1; ḋoiġ f. 2 (sharp p., ache); gρeim f. 3 (stitch, etc.); tρeiġiḋ (stitch, gripe); he is in p. tá ſé i bpéin; tá pian aiρ. he is in torture. tá pianta móρa aiρ. he inflicted pain on her. ḋ'imiρ ſé pian. pianta uiρρι. she screamed with p. and agony. ḋo ſcρéaċ ſí le pian 7 le peannaiḋ. the pin hurt me. ḋo ġoρtuiġ an bioρán mé. his words did not hurt. níoρ ḋein a ċainnt aon ġoρtuġaḋ. that hurts me. goilleann ſoin oρm. aρ m'aigne. that remark hurt. stung me (to the quick). ḋo ċealg an ṗocal ſoin mé; ḋo ċuaiḋ ſé i mbeo oρm. my head is splitting with p. tá mo ċeann ag ſcoltaḋ le tinneaſ. the violence of the p. neaρt an tinniſ. he had a p. in his head. ḋo ḃí tinneaſ i na ċeann aige; ḋo ḃí t. cinn aiρ. he felt p. in his bones. his b. were sore. ḋo ṁoṫuiġ ſé a ċnáṁa tinn. this is a fearfully painful place. tá an miṗoρtún aρ an áit ſeo le nimneaċt. a painful. smarting wound, eye. etc.. cρéaċt, ſúil nimneaċ. I have a p., am sore there. tá mé nimneaċ annſin (C); tá ball nimneaċ annſin oρm (C). a painful sore tooth. finger, etc. ṗiacail, méaρ ṗρiṫiρ (U), tinn. it will give p.. a pang to my heart to do it. bainṗiḋ ſé aρρaing, ṗρeanga aſ mo ċρoiḋe é ḋo ḋéanaṁ. sharp pangs. stitches. aρρaingeaċa. a p. in tooth. stomach. etc. v. tooth. etc.

PAINT. v. colour. ḋaṫ m. 3. I p. it. cuiρim ḋ. aiρ; ḋaṫuigim é.
PAIR. v. two. beiρt f. 2 (of persons), péiρe (C. U.), ṗéiρe m. 4; cúpla m. 4; lánaṁa f. 5 (married p.) a p. of men are there. tá beiρt ṗeaρ ann. a p. of shoes. ṗéiρe bρóg. give me a p. of them. taḃaiρ ḋom cúpla acu, ḋá ċeann acu.
PALACE, páláſ m. 1; bρuiġean f. 2; teaċ ρíog.
PALATE, caρḃall m. 1; coganſaċ m. 1 (back part of.)
PALE, etc. he got p. (with fear etc.) ḋo ḃánuiġ ſé; ḋo ḃ. a agaiḋ; ḋ'iompuiġ a lí ann; ḋo ṫáinig mílí aiρ; ḋo ṫáinig ḋaṫ bánġoρm, liaṫġoρm aρ a ċeannaiġṫiḃ; ḋ'iompuiġ ḋaṫ goρm aiρ; ḋo ṫáinig mílíteaċt i na ċeannaiġṫiḃ. a p. man. ṗeaρ mílíteaċ. they make their faces p. (by fasting etc.) ḋeiniḋ ſiaḋ a gceannaiġṫe mílíteaċ. his change of colour, his sudden pallor. a iompáil lí ſin.
PALM, v. prize, surpass, hand. p. tree. ṗailm f. 2; pailm f. 2.
PALPITATE, v. throb. p. of heart. luaiṫeaſ cρoiḋe.
PALTRY, v. poor, little, miserable.
PAMPER, v. humour, please.
PAN. v. vessel. oiġeann f. 2 (frying etc.)
PANG. v. pain.
PANIC, v. fear.
PANNIER, baρρḋóg f. 2; paiρρḋeog f. 2. (U.)
PANSY, mioſaċ f. 2.
PANT. v. breath, throb.
PAPER. v. document. páipéaρ m. 1. news p. p. (nuaiḋeaċta).
PARABLE, v. fable.
PARADISE, v. heaven.
PARALLEL, the trees all p. na cρainn ċóṁḋíρeaċ.
PARALYSIS, v. use. ṗaiριṫιſ f. 2. (W.); paiριṫιſ. a paralysed man. ṗeaρ gan lúṫ; paiρliſeaċ.
PARCH. v. dry, fade, thirst, burn.
PARCHMENT, páρ m. 1.
PARDON, v. excuse. maiṫeaṁnaſ m. 1; maiṫeaṁntaſ; maiṫeaṁnaċaſ; maiṫṁeaċaſ. p. us our sins. maiṫ ḋúinn áρ gcionnta. God p., forgive me. go maiṫiḋ Ḋia ḋom é; náρ aiṫḃιρiġiḋ an Ri oρm é (U.) he p. him for it. ḋo ṁaiṫ ſé ḋó é; ḋo ṁ. ſé

dó ann. I p. him for a third of his guilt. do ṁaiteas trian dá ċion dó : do ṁ. i dtrian dá ċion dó. after being p. for the crime. tar éis maiteaṁ-aċais d'fagáil san ċoir. p., let off. v. let, spare. p. me. v. excuse.

PARENT. aṫair, máṫair; tuismiġ-ṫeoir m. 3.

PARISH. parróiste m. f. 4; parr-áiste (C.U.) the p. priest. an sagart p. : an p. pobuil. parishioner. duine den ṗobul his parishioners. a ṫréad: a ṗobul.

PARLIAMENT. feis f. 2; parlaimint.

PARLOUR. parlús m. 1.

PARSNIP. meacan (ríoġ) m. 1.

PARSON. ministir m. 4.

PART. v. piece, share. cuid f. 3; roinn(t) (C) f. 2 páirt f. 2. the greater, lesser p. of it, them. an ċuid ba ṁó, luġa de, díoḃ. a p. of the money. cuid, etc. den airgead. p. of the day was over. do bí cuid etc. den lá caiṫte. keep your p. of the bargain. cóiṁlíon do ṫaoḃ den ṁargaḋ. a stiff fight on the p. of both. caṫ cruaiḋ ó ġaċ taoḃ. for my p. it is the same way. is é an scéal céadna óm ṫaoḃsa é. for my p., as regards me. mar liomsa de: im ṫaoḃ féin de; im ṫaoḃsa de: im ṫaoḃ féin den scéal. God gives grace to him who does his p. do ḃeireann Dia a ġrásta don t-é a ḋeineann a ḋíċeall ó na ṫaoḃ féin. disgusted with his p., share of the bargain. breán dá ċion den ṁargaḋ. he is a coward who would not do a man's p., share in the work. is meaṫta an duine ná déanfaḋ cion fir den obair. v. share. he took their p., side. do ġaiḃ sé a bpáirt. to take the side, part of C. páirt Ċormaic do ġaḃáil; p. do ġaḃáil le Cormac; gaḃáil le Cormac. he took part with the Irish on O's side. do ġaiḃ sé leis na Sean-ġaeḋlaiḃ a ḃí páirteaċ le hEoġan. the victory and they having no p. in it. an buaiḋ ⁊ gan iad páirteaċ ann v. share. it was wrong of them, on their p. not to go ... do b'olc uata gan dul ann ... it was good on your p. of you. ba ṁaiṫ uait é. (they came) from every p. as gaċ aon áit, ball, áird, treo. v. direction. a p. of speech. roinn insne. his p., share. v. share. p. of the cake, work, etc. v. piece. I made 3 p. of it. v. divide.

PART. v. leave, separate, divide.

PARTAKE. v. share.

PARTIAL, etc. v. unjust, incline. p-ly v. littte.

PARTICIPLE. v. rannġaḃáil f. 3.

PARTICLE. v. bit, mote. mionḟocal (gram.)

PARTICULAR. v. certain, exact. to do a p., specified thing for me. rud áiriṫe do ḋéanaṁ dom. what is the p. injury I inflicted. cadé an díoġḃáil í. a ḋeinear. there was a p. special welcome for me. do ḃí fáilte fá leiṫ roṁam. I am not speaking of any horse in p. ní ḟuilim ag tráċt ar aon ċapall seaċas a ċéile.

PARTITION. v. boundary, across, divide.

PARTNER, etc. páirtiḋe (in cards); coṁrinnceoir (in dance). we were working in p-ship. do ḃíomar ag obair i bpáirt. I got into p. with a merchant. luiġeas i bpáirt, bpáirtiḋeaċt le ceannuiḋe. we have it in p. tá sé againn i gcuiḃreann a ċéile.

PARTRIDGE. pitrisc.

PARTY. v. set, dance. scoruiḋeaċt f. 3. (festive gathering); céiliḋe f. 4 (id.) v. visit.

PASS. bealaċ m. 1 (mountain p. e.g. B. Oirsin) céim f 2 (id. e.g. Céim an Fiaiḋ)

PASS. v. spend, go. I p. through a door. do ċuireas dorus díom. I. p. one heap of them. do ċ. cruaċ díom. I p. hours. do ċ. uaireanta díom. v. spend. she would p. him by. do ġeoḃaḋ sí ṫairis : do ḃuailfeaḋ sí ṫairis. many a shilling p. through my hands. is mó scilling a ġaiḃ tríṁ láiṁ. as I was p. by. nuair ḃíos ag gabáil ṫar braġaid: ag gaḃáil ṫar braġaid dom : ag gaḃáil an treo ḋom. he let me p. do scaoil sé ṫairis mé. I p. him over, I do not mention him. scaoilim ṫarm é v. let, omit. let that p., never mind it. leig sin ṫart. v. care. his anger has p. away, off. tá an ḟearg sin ṫart : tá an ḟ. imṫiġṫe. that state of affairs has p. away, is over. tá an scéal soin imṫiġṫe. they p. the resolution, law, etc. do ċuireadar an rún, dliġe i bḟeiḋm.

he p. the examen. ᴅo ċuaiḋ ſé ſlán ṫríḋ an ſcruḋuġaḋ. v. succeed. it came to p. v. accomplish. happen. some time p. elapsed. ᴅo ġluaiſ, ᴅ'imṫiġ roinnt aimſire. the night is passing. tá an oiḋċe ᴅá caiṫeaṁ. before a year should p., elapse, should be over. ſar a mbeaḋ an ḃliaḋain iſtiġ; ſar a mbeaḋ an ḃ. caiṫte. the month p. ᴅ'imṫiġ an ṁí. the year is fast passing. tá an ḃliaḋain ag imṫeaċt ar coſ i n-áirᴅe. to p., kill time. v. spend.

PASSAGE. (in house, etc.) póirſe m.4

PASSION. v. anger. inclination. desire. the Sacred Passion. an Ṗáiſ Ḃeannuiġṫe, v. suffer. every kind of evil p. gaċ ſórt ainṁian. carnal p. ainṁianta na colna. to give way to one's p. ſrian ᴅo ſcaoileaḋ le na ḋ oċṁiantaiḃ. his p., self-will is in opposition to his reason. tá a ṫoil bun oſ cionn le na ċiall. v. will. p., a fierce desire for food v. greed. p. for work, etc. v. desire. excite. he spoke with p., p-ately v. energetic. he is p-ate v. anger. temper

PASSIVE. p. voice. etc. ſaoiḋ. etc. ċéaſta. ḟulaingṫe

PAST. go p. him v. pass. p. 60 years of age. etc. v. more. half p. two, etc. v. clock. for a short time p. v. time. a short time past v. ago. the p. year. v. last

PASTE. taoſ m. 1

PASTIME. v. fun. caiṫeaṁ-aimſire

PASTURE. v. feed. field

PATCH, v. piece. rag, mend. taoiḃín m.4 (on side of boot); barraicín m.4 (on toe of boot); preabán m.1 (on clothes). a p. on one of his knees. preabán ar ġlúin leiſ. better a p. than a hole. iſ feárr p. ná poll. put a p. over that hole. cuir p. ar an bpoll ſoin.

PATE. v. head

PATH. v. way

PATIENCE. PATIENT v. sick. foiḋne f. 4; foiḋᴅe (C.U); foiḋio f.2 (C.U); faᴅaraiḋe f.4; faᴅaraḋnaċt f. 3; God bore p-ly with them. ᴅo ḃí Ḋia ag ᴅéanaṁ (na) foiḋne leo. be p. with them. ᴅéin f. leo. though it tried my p. cé gur ṁór an ḟoiḋne agam é. waiting p. ag fanaṁaint go foiḋᴅeaċ (C.U). foiḋneaċ I can't have p. with him. ní ḟéaᴅaim foiḋneaṁ leiſ. I lose my p. when thinking of it. ní féiᴅir foiḋneaṁ leiſ mar ſcéal nuair ċuiṁniġim air. he lost his p., his p. was exhausted. ᴅo ḃriſ ar an ḃfoiḋne aige; ᴅo ḃí ᴅeireaḋ na f. caiṫte aige. a p., long-suffering woman (who will bear with husband's ways, etc). bean ḟaᴅaraḋnaċ

PATRIARCH. árᴅaṫair.

PATRIMONY. v. inheritance.

PATTERN. v. example.

PAUNCH. v. fat.

PAUPER. v. beggar. poor.

PAUSE. v. stop.

PAW. v. finger. grope. lapa (m. 4), coſ maᴅra. etc.

PAWN. cuirim i ngeall.

PAY. v. recompense. ᴅíolaim; íocaim (Con. U). pay (wages, etc.) páiġ f. 4; luaċſaoṫair; tuararṫal m.1. he p. the money, debt, etc. ᴅo ḋíol ſé an t-airgeaᴅ, na fiaċa, an t-éileaṁ, etc. I p. (a pound) for the book. ᴅo ḋíolaſ (púnt) ar an leaḃar. ᴅo ċeannuiġeaſ ar púnt é. not to pay for it. gan ᴅíol aſ. I gave him the money to pay for it. ᴅo ṫugaſ an t-airgeaᴅ ᴅó ċun ᴅíol aſ. how much does it cost, is p. for it. cionnuſ a ᴅíoltar aſ. I p. the man. ᴅo ḋíolaſ an fear. to pay them off. ċun iaᴅ ᴅo ḋíol. you will pay, suffer for it. ᴅíolfaiḋ tú aſ. you would pay me back for that. ᴅo ḋíolfá an comaor liom. v. free. £1 a year is poor pay. iſ lag an ᴅíol púnt ſa mbliaḋain. and they getting corresponding p., fee, etc. ⁊ ᴅíolfiaċ ᴅá réir acu. he will p., reward generously. ᴅéanfaiḋ ſé ᴅíoluiġeaċt go fial. as fee, payment for it. mar ḋíoluiġeaċt aſ. wages for the work. tuarartal aſ an obair. working for p. by the day. ag obair ar a páiġe lae. it is poor p. iſ lag, ſuarac an tuarartal, luaċ ſaoṫair é. he has high wages. tá tuilleaṁ mór, maiṫ aige. I p. the man. ᴅ'íocaſ an fear. (C.) I p. him £1 for it. ᴅ'íoc me púnt leiſ air (C.) I gave them as p. for it ᴅo ṫugaſ mé iaᴅ mar íocaiḋeaċt ar a ſon (C.) aſ a uċt (C.) he p. for it out of his own pocket. ᴅo ċaill ſé aſ a ṗóca féin leiſ. v.

expense. to p. a good sum for it. aiṙgead maiṫ, mór do ṫaḃairt air. to p. the piper. an costas do ḟeasaṁ, díol. you will yet p., suffer for your deed. beiḋ éadaċ do ġnóṫa fós ort.

PEA, PEASE. pis f. 2; piseán m. 1.

PEACE. v. quiet. to make a league of p. and friendship between them. síṫ (f. 2) ⁊ caradas do ċeangal eatorra. he made p. with them. do ṡnaiḋm sé síoṫċáin (f.3) (⁊ caradas) leo. they are at p. tá síoṫċáin, síoṫċántaċt (C.) eatorra. I. is peaceful and quiet now. tá Éire sáṁ síoṫċánta socair anois. v. quiet. they lived in p. and love. do ṁaireadar go síoṫaċ grádaċ i ḃfoċair a ċéile. an armistice. truce. sos (m. 1) coṁraic, cogaiḋ.

PEACEMAKER. eadarġaḃáluiḋe m. 4; fear na headarġaḃála; fear na headarscána (U.) he dashed in between them to intervene as a p. do ċaiṫ sé é féin eatorra ag déanaṁ eadarġaḃála. whoever escapes the p. does not. sé duine ṫéiḋeann as nó ná téiḋeann as ní ṫéiḋeann fear na headarġaḃála as.

PEACOCK. péacóg f. 2.

PEAK. v. point. top.

PEAL. v. bell. laugh.

PEASANT. fear ón dtuaiṫ; f. na tuaiṫe; scológ f. 2 (small farmer).

PEAT. móin f. 3.

PEBBLE. v. stone. sand.

PECK. gobaim. they p. him (with their beaks). do ġobadar é.

PECULATE. v. steal.

PECULIAR. v. own. queer.

PEDDLER. mangaire m. 4. p.-ing mangaireaċt f. 3.

PEEL. croiceann m. 1. I p. it. lomaim. scaṁaim é. a peeled rod. slat lom. an unpeeled rod. gad gan scaṁaḋ, sciumaḋ. p. the rod. scrios an croiceann den tslait.

PEEVISH. v. temper. anger.

PELL-MELL. v. confusion.

PELT. v. throw.

PEN. peann (m. 1) (for writing); cleite m. 4. (quill); cró m. 4 (sheep p.) he lives by his p. tuilleann sé a ḃeaṫa de ḋruim cleite.

PENANCE. v. confession, sorrow. to do p. for one's sins. aiṫriġe (f.4) do déanaṁ i na ġníoṁarṫaiḃ aiṁleasa. Sacrament of p. Sacraimint na haiṫriġe. act. season of p. gníoṁ, séasúr a. to perform one's p. (given in confession.) breiṫeaṁnaċas a. do ċúiteaṁ. to do it humbly and penitently. é do déanaṁ go humal ⁊ go haiṫriġeaċ. we should perform some p., mortification. ba ċeart dúinn sinn féin do ċráḋaḋ, ár gcolann do ċráḋaḋ, roinnt cráḋnais do ṫaḃairt dár gcolnaiḃ.

PENCIL. peann luaiḋe.

PENDULUM. tromán m. 1. the swinging of the p. luascaḋ an tromáin.

PENETRATE. v. pierce, through. tollaim; pollaim. the water was p. through the ship. do ḃí an t-uisce ag suġaḋ tríd an luing. for fear of the wet p. me. ar eagla na fliuċra do ḋul fúm.

PENINSULA. inse mara.

PENKNIFE. scian f. 2; s. póca.

PENNY. v. money.

PENSIVE. v. thoughtful.

PENTECOST. Cingcís f. 2.

PEOPLE. v. country.set. the I. people. muinnter (f. 2), muinntir (f. 2) na hÉireann. great, covetous. etc. p. daoine móra, santaċa. country p. daoine ón dtuaiṫ; muinntir na tuaiṫe. there are p. who would not do that. tá daoine ann ⁊ ní déanfaidís é sin. trades p. luċt (m. 3) céirde p. given to drink, greed. etc. luċt an óil, na sainnte. p. who make boots. luċt déanta bróg; luċt na mbróg do déanaṁ. the p. all round the district will be laughing at us. beiḋ an dúṫaiġ ag magaḋ fúinn. half the p. about would be married. do ḃeaḋ leaṫ na dúiṫċe pósta. young p. aos óg. v. young. the good p. v. fairy.

PEPPER. piobar.

PERCEIVE. v. notice. feel. see. understand.

PERCEPTION. v. feeling etc.

PER CENT. v. interest.

PERFECT. v. complete. exact.

PERFIDIOUS. etc. v. deceit.

PERFORM. v. do. play, fulfill. p. penance (in confession) v. penance. p. tricks etc. v. trick.

PERFUME. v. smell.

PERHAPS. v. likely. possible.

PERIL, etc. v. danger.
PERIOD. v. time. length.
PERISH. v. destroy. lose, die, cold, hunger etc.
PERIWINKLE. faoċ f. 3; faoċán m. 1; faoċóg f. 2; faoċóg ċorn (large p.) (C); miongán m. 1 (sea-snail); pioṫán m. 1 (W).
PERJURE. v. swear.
PERMANENT. v. lasting, ever.
PERMISSION. PERMIT. v. let, suffer, may. I was p., had p. to go, do it, etc, do ḃí cead (m.3) imṫeaċta agam. do ḃí (de) ċead agam, do ḃí sé ceaduiġṫe agam, ceadṫaċ ḋom, do ceaduiġeaḋ ḋom imṫeaċt, é do ḋ. if I be p. to say so. má's ceadṫaċ ḋom a ráḋ. he p. the practise of religion. ceaduiġeann sé an creideaṁ. I should like p. to go ... ba ṁaiṫ liom cead d'ḟaġáil cun dul ... I asked their p. to go. d'iarras c. orra (ċun) dul...; do ċuireas i na gcead é (W). without leave or licence. gan cead gan ceileaḃar. p. to speak. cead cainnte. with your leave. le cead. saorċead uaitse. with my p. lem ṫoilse; lem ḟaor-ṫoil. I p., let him do it do leigeas dó é do ḋ. I do not p., suffer such talk. ní ḟulaingim an ċainnt sin. she would let herself be killed rather than do it. d'ḟulaingeoċaḋ sí í féin do ṁarḃaḋ sar a ndéanfaḋ sí é. v. suffer. she cannot be p., to be treated so unjustly. ní féadfar cur suas leis an ḃfeall soin do ḋéanaṁ uirri. p. them to insult him. ag cur suas le masla uaṫa v. suffer. I bought as much land as my money allowed. do ċeannuiġeas oiread talaiṁ ⁊ do raġaḋ mo ċuid airgid air. God p. that ... do b'é deonuġaḋ, leonuġaḋ Dé go raiḃ ... p. me to go, say, etc. v. may.
PERPENDICULAR. v. straight.
PERPETUAL. v. ever, eternal, constantly.
PERPLEX. v. confuse.
PERSECUTE v. oppress.
PERSEVERANCE, PERSEVERE. v. constant. obstinate. he is very p. at the work. tá sé seasṁaċ san obair. they are so p. in character. táid siad ċoṁ seasṁaċ soin i na gcroiḋe. he has no p., lasting, staying power in him. ní fuil seasaṁ ná fulang ann. he p. at it v. continue.
PERSIST. v. decide, obstinate, continue.
PERSON. v. appearance. some p. v. one. any p. v. one. a good etc. p. v. man. p. (in gram.) pearsa f. 5. in the 1st p. san ċéad ṗearsain. personal pronoun. forainm pearsanta.
PERSUADE. v. urge, allure, cause. if he thinks to p., convince me that ... má ṁeasann sé a áiteaṁ orm go... nothing could p., convince them that...ní áiteoċaḋ an saoġal orra go... it is not hard to convince them of it. ní deacair an scéal do ċur in a luiġe orra. she has her father persuaded that... tá curṫa i na luiġe aici ar aigne a haṫar go ... they will be p. that. raġaiḋ sé i na luiġe orra, ar a n-aigne go... the king should be convinced, it should be represented to him that it is his interest to do it. ba ċeart a ċur ar a ṡúiliḃ don riġ gurab é a leas é do ḋ; ba ċeart a ċur i dtuigsint don riġ ... I am convinced that. tá sé buailte isteaċ im aigne go ... though I was convinced that ... ⁊ é go láidir ar m'aigne go...; ⁊ é go daingean im aigne go ... I am not quite p. of it. ní ḟuil an méid sin socair, daingean im aigne. it is my strong conviction that ... is é mo ṫuairim láidir go ... v. opinion
PERT v. impudent
PERVERSE. v. wrong, temper. p. deed, advice. claonḃeart, claon-ċoṁairle.
PERVERT. v. change, spoil. money p. them. camann ⁊ claonann ⁊ loiteann an t-airgead iad.
PEST. PESTER. v. nuisance, trouble.
PESTILENCE. v. sickness.
PET. v. coax. peata m.4. I made a p. of it. (dog. etc.) do ḋeineas p. ḋe; do ḃí sé i na ainṁiḋe tiġis agam
PETITION. v. request.
PETTICOAT. cóta m. 4; c. beag; cóitín.
PETTY. v. small, mean. miserable.
PHANTOM, v. spirit.
PHEASANT. coileaċ feáḃa.

PHILOSOPHY, feallsa f. 4; feallsaṁnaċt f. 3. p.-er. feallsaṁ m. 5; feallsaṁnaċ m. 1.
PHONOGRAPH, cóir, gléas aiṫris.
PHRASE, ráḋ m. 3: abairt f. 3.
PICK, v. choose, gnaw. I p. the berries. do ṗiocas na mónadáin. I p. it up (language etc.) do ṗiocas suas é. I p. him out, distinguished him. do ṗ. amaċ é.
PICKAXE, piocóid f. 2.
PICTURE, v. form. pictiúir.
PIEBALD, breac.
PIECE, v. bit, rag. píosa m. 4; blúire m. 4; bruille (Cl.); sprúille (U); giota m. 4; giobta (U); smut m. 3; miota m. 4; bloḋ m. 1; stiall m. 1 (strip); stráic f. 2 etc. a p. of land. píosa, páirte, cuibreann (U), stiall (strip) talṁan. a p., joint of meat. spóla feola. a p. of meat, cloth etc. stráic, stróic (C.) feola, éadaiġ etc. it took a p. of skin off my finger. do ḃain sé sceallóg den ċroiceann dem ṁéar. a part of the night was spent. do ḃí smut, roinnt, tamall, scaṫaṁ etc. den oiḋċe caiṫte. a part of the bread has been eaten. tá smut, miota den arán iṫte. a p., junk of bread, etc. cannta, coite, coiṁde (C) cuibreann (U.) aráin. a 6d. p. bonn sé pinginne. a loose p. of cloth, flesh. liopa éadaiġ etc. it (cake, carriage etc. etc.) was broken into p., bits. do déineaḋ brus, bruscar, brioscruaṫar, mionraḃ, smodairíni, smidreaċa, mionruaṫar, spruadar, miotai beaga etc. dé; do briseaḋ i na ḃrus, ḃruscar etc. é: do briseaḋ an long etc. i na slisneaċaiḃ. chewed into small bits, fine. cogannta i na ṁionraḃ. to tear to p. v. tear. I often took it (clock etc.) to p. ba ṁinic mé dá ḃaint as a céile. fall to p. v. fall.
PIERCE, v. plunge. the stones are p. by the strength of the waves. tá na cloċa pollta le fuinneaṁ na dtonn. the floor is p. through. tá an t-urlár pollaiġṫe, tollaiġṫe. to p., bore a passage into the rock. sliġe do ṫollaḋ isteaċ sa ċarraig. the stone p. it through. do ċuaiḋ an ċloċ tríd. it p. his body right through. do ċuaiḋ sé trí na ċorp amaċ ⁊ amaċ. he p. him with a spear. do ṡáiṫ sé le sleiġ é; do ġaiḃ sé le sleiġ ann. he gave me a piercing stare. d'ḟéaċ sé treasna tríom; do ċuir sé a ḋá ṡúil tríom; do ṡáiṫ sé a ḋá ...; do ḃí sé ag cur na súl tríom; do ḃí sé ag cur nimhe a ṡúl ionnam. he p. the leather with his knife. do ṡáiṫ sé a scian san leaṫar v. plunge
PIG, muc f. 2; banḃ m. 1 (sucking p.); céis f. 2 (year-old p.) p.-sty. muclaċ m. 1; falaiġ (f. 2) na muc; fál (m. 1) muc (C); cró (m. 4) muc.
PIGEON, colm m. 1; colúr m. 1.
PIGMY, v. dwarf.
PIKE, píce f. 4 (implement).
PILE, v. heap.
PILGRIM, oiliṫreaċ m. 1. pilgrimage. turus m. 1.
PILLAGE, v. plunder.
PILLAR, v. support. gallán m. 1 (p. stone); uaine f. 4; taca m. 4; colaṁan m. 1.
PILLION, cúlóg f. 2.
PILLOW, peilliúr m. 1; adart m. 1; ceannadart.
PILOT, píolóta (C.U.); píolótuiḋe m. 4.
PIMPLE, goirín m. 4; gríos m. 1 (rash etc.)
PIN, biorán m. 1
PINCERS, teanċair f. 2; greamaire m. 4; pruntúir m. 3.
PINCH, she was p. me. do ḃí si am priocaḋ. I p. him. do ḃaineas miotóg, liomóg (C.) as; do ṫugas m., l. dó. where does the shoe p. him. cá luiġeann an ḃróg air. at a p. v. necessity.
PINE, v. fade, waste. p. tree. giuṁais f. 2; giuṁaiseaċ m. 1.
PINK, bándearg.
PINNACLE, v. top.
PINT, pionnta m. 4.
PIOUS, v. holy.
PIPE, etc. píopa m. 4 (general, conduit p., smoking p.) dúda m. 4 (C) (smoking); dúdóg (C) f. 2 (id.); dúidín m. 4 (id); píob f. 2 (bag p.): píob ṁála (id.); píob ṁór (war-p.) píob uileann ("union" p.) stem of p. cos píopa. p-r. píobaire m. 4.
PIRATE, v. robber.
PISTOL, piostal m. 1.
PIT, poll m. 1: coiléir m. 4 (quarry); coiréal m. 1 (id.)

PITCH. pic f. 2. I pitch, throw, etc. v. throw.

PITCHFORK. píce f. 4.

PITEOUS. v. sorrow, miserable. she looked at me p. d'ḟéaċ sé orm go truaiġṁéileaċ. weeping p. v. cry.

PITIFUL. v. miserable, bad.

PITY. it is a great pity. is mór an truaġ (f. 2) é; is t. an scéal é. it is an awful p. he is not ... is truaġ cráiḋte ná fuil sé ..., gan é do ḃeiṫ ... you are to be p. is t. ṁuire tusa. the poor man is to be p. is mór an t. an fear boċt. I p. whoever would ... mo ṫruaġsa an fear ḃeaḋ ... he p. them. do ḃí truaġ aige ḋóiḃ; do ġlac t. ḋóiḃ é; do ṫáinig t. aige ḋóiḃ; do ġaiḃ sé t. ḋóiḃ; do ġaiḃ t. ḋóiḃ é. she was p. him, expressing p. for him. do ḃí sí ag déanaṁ truaiġe ḋé. ag déanaṁ coṁtruaiġe leis. hard is the heart that would not pity them. is doċt an croiḋe ná déanfaḋ truaġ ḋíoḃ. to excite, move me to p. for him. mé do ḃogaḋ ċun truaiġe ḋó. he did it through p., mercy for them. le truaiġ ḋóiḃ do ḋein sé é. that moved her p. do ċuir sin truaiġṁéil uirri. killing them without p., mercilessly. dá marḃaḋ gan truaiġ gan taise, gan truaiġ ná taise, gan truaiġ gan truaiġṁéil, go míoṫruaiġeaċ (C), go neaṁṫruaiġṁéileaċ, a pitiless, cruel man. fear gan truaiġ, gan croiḋe, gan árann (C) I looked at him with p. in my eyes. d'ḟéaċas air go haṫṫruaġaċ, truaiġṁéileaċ. he is an object of p. is naoiḋe truaiġe é. they are to be p., they are so afraid. is diol truaiġe iad leis an eagla atá orra. it is a pity I gave it to him. do b'olc an díol air é. v. deserve. it is a pity it happened to a Catholic. b'olc an dóiġ g'ar Ċaitiliceaċ do ṫuit sé (W). I p. the man. woe to the man who would be depending on him. is mairg a ḃeaḋ ag braṫ air. I p. the man who is not content with it. is mairg ná bíonn sásta leis. woe to anyone who spoke, he would deserve to be p. ba ṁ. a laḃarfaḋ. it was a p. for me I did not do it. ba ṁ. dom nár ḋeineas é. it is a p. you did not reflect. is mairg duit nár ḋein maċtnaṁ beag. it is a pity it was not hot. is m. nár ṫe é. it is not much of a p., loss. ní mór an méala é. I think his death is a great p., loss. is mór an méala liom a ḃás. v. loss. it is a great p., disappointment. is mór an feall é. it is a pity if he ... is boċt an scéal é má tá... you are in a pitiable, bad way. is boċt an scéal agat é. I pity, sympathise with you in your trouble. tá caṫuġaḋ orm id ṫrioblóid, ar do ṫ. it is not the rich I p. ní hiad na daoine saiḃre atá ag déanaṁ aon ḃuaḋarṫa ḋom. v. trouble, sorrow. have mercy on us. déin trócaire orainn. may God have pity on his soul. go ndéanaiḋ Dia trócaire ar a anam; beannaċt (dílis) Dé le na anam; go dtugaiḋ Dia leabaiḋ ins na flaiṫeasaiḃ dá anam; go ḃfuasclaiḋ Dia ar a anam, etc. small p. etc. v. matter.

PLACE. v. put. áit, f. 2; ionad, m. 1; ball m. 1. it is a fine, lonely, etc., p. is breáġ, uaigneaċ an áit í. a p. name. ainm áite. there they were the whole place full of them. is ann do ḃíodar lán an ḃaill acu. every p., everywhere. gaċ aon áit, ball. in every p., everywhere. ins gaċ aon áit, ball. in the first, etc., place. san ċéad áit; an ċéad dul síos; an ċéad ṗuinnte ná a ċéile ḋe. a p., site for a house. ionad tiġe. I had settled a p. to meet him. do ḃí ionad coinne agam leis. he who holds God's p. on earth. fear ionaid Dé ar an dtalaṁ. none left the p. alive. níor ḟág aoinne an láṫair beo. in this p., locality. san logán so. if you were in C.'s p. dá mbeiṫeá i gcás Ċuinn. let us imagine ourselves in their p. cuirimís sinn féin i na gcás. everthing in its proper p. gaċ aoinni i na alt féin (W). there are mistakes in places, here and there. tá tuitim focail annso ⁊ annsúd, abus ⁊ ṫall. he was not to be seen in any p. ní raiḃ sé le feicsint ṫoir ṫiar ṫall ná abus he got a p., position. fuair sé post (oibre). she got a

p. as cook. fuair sí beiṫ in a cócaire. I will put them in their p., humble them. cuirfeadsa i na gcomhnuiḋe iad. in p. of, in his p. v. instead. in the middle p. v. middle. p. of dwelling. v. live. take p. v. happen. make p. for. there is p. for. v. room. way.

PLAGUE. v. sickness, torment. trouble.

PLAICE. leaṫóg f. 2 ; leit f. 2 (C).

PLAIN. v. clear. honest. ugly, common.

PLAIN. réiḋ f. 2; maċaire m. 4; maġ f. 2 and 3; muirḃeaċ f. 2 (sandy p. near sea); min f. 2. ; báinseaċ f. 2. over the level p. of Ireland. ar fuid réiḋte 7 maċairí Éireann.

PLAINTIFF. éiliġṫeoir m. 3.

PLAIT. v. hair, twist.

PLAN. v. way, decide, arrange. the p. can be carried out. féadfar an beart (f. 2) do ḋéanaṁ. to arrange some p. in accordance with justice. beart éigin do ḟocruġaḋ do réir an ċirt. he thought of a p. for doing it. do ċuiṁniġ sé ar ḟeirt éigin ċun a ḋéanta. he left no p. untried. níor ḟág sé sliġe gan féaċaint ná cloċ gan iompoḋ. that p., suggestion pleased me. do ṫaiṫniġ an ċoṁairle sin liom. the p. you have fixed on. an ċoṁairle ar a ḃuil socair agat. v. decide. when his p. against you is carried out. nuair ḃeiḋ a ṫoil imirṫe ort. to turn to some other p. maḋ éigin eile d'iompáil. her p., intention had been executed by M. do ḃí a haiḋm féin curṫa ċun cinn go háluinn ag Máire. v. intend.

PLANK. v. board.

PLANT. luiḃ f. 2.

PLANT. cuirim ; suiḋim (U). to p. seed, potatoes, etc. síol, prátaí do ċur, etc. the faith P. p., rooted in I. an creideaṁ a ṗréaṁuiġ Pádraig i dtalaṁ na hÉireann.

PLASTER (for wound). ceiriḋe m. 4., ceirín m.4. he put a p. on it. do ċuir sé c. leis.

PLATE. pláta m. 4.

PLATFORM. láiṫreán m. 1 ; árdán m. 1.

PLAUSIBLE. v. likely.

PLAY. drama m.4; (on stage, etc.) urċluiċe m.4 (id). he p., acted the part of the tramp very well. do ḋein sé aiṫris ar an mbacaċ go hanṁaiṫ. play it (music, etc.) seinn leat é, an ceol, an port, etc. to p. music, harp, pipes. ceol, cláirseaċ, píob do ṡeinnt, ṡeinm, ṡeinneaṁain(t). he began to p. struck up a tune. do sspreag sé port. he was p. do ḃí sé ag sspreagaḋ ceoil. they were p. (cards, chess, etc.) do ḃíodar ag imirt (cartaí, fiṫċille) I p. a trick on him. do ḃuaileas, d'imreas cleas air. v. trick. they p. the game well. d'imreadar an cluiċe go maiṫ. to p. a game of hurley. báire d'imirt, do ḃualaḋ. v. game. they are p., amusing themselves. táid siad ag súgraḋ, ag déanaṁ grinn, ag d. spuilt, ag d. sianssa (ḋóiḃ féin) ; ag d. a gcluiċe aoiḃneasa. they are p., having great and loud fun. táid siad ag ragairne (C). p. romping. ag rangás lé ċéile; ag glaṁsán le ċéile (U). he was p., amusing himself with her. do ḃí sé ag spallaiḋeaċt léi (C). people p., making merry in the field. daoine ag tanfairt 7 ag uaḃar sa ṗáirc (U) played out. v. tired. use. p. pranks. v. joke. plaything. v. toy

PLEA. v. excuse

PLEAD. v. defend. p. my case. tagair mo ċás. she p. for them. do ḃí sí ag tagraḋ ḋóiḃ. ag déanaṁ eadarġuiḋe ar a son. ag labairt i na bpáirt. ag labairt i na ḃfaḃar.

PLEASANT. PLEASE. etc. v. glad. satisfy. aoiḃinn ; taiṫneaṁaċ ; cuideaċtaṁail (sociable) ; cuileaċtaṁail (id); méanra (C); méasra (C); méanṫraċ (U) ; síbialta (civil, affable) ; subáilceaċ (bright, good humoured) ; láġaċ (obliging, good hearted); deas (nice), etc. v. kind. pleasure. pléisiúr m.1 (p. of sense); áṫas m. 1 (joy, happiness); aiteas m. 1 (keen delight); aoiḃneas m.1. (delights of sight, hearing, imagining, etc.) ; taiṫneaṁ m.1 ; sóġaċas m.1 (comfort, happiness); saṁas m.1 (U) (id); sásaṁ m.1 (satisfaction) ; scléip f.2 (riotous p) v. joy, etc. he is not p. at the affair. ní ṫaiṫneann an scéal go rómaiṫ leis. your work, the man, the book.

etc. p. me greatly. do ṫaitn, ṫaitniġ do ġnó, an fear, an leaḃar go háluinn liom. how did it p. you how did you enjoy it. cionnus do taitn sé leat. the difficulty of the work robs it of its p. baineann an deacracht an taitneaṁ as an obair. he is pleasing in God's sight. tá sé taitneaṁaċ i láṫair Dé. I found the meat p. I liked it. do bí an ḟeoil deaġblasta, taitneaṁaċ liom. the book, poem p. me much. is taitneamaċ liom an leaḃar, dán a p. agreeable man. fear sibialta, subáilceaċ gnaoiḋeaṁail, siṫeoilte. talking p. agreeably. ag cainnt go breáġ síṫeoilte. very delightful music. ceol aiteasaċ. I love to be there. is aiteasaċ liom beiṫ ann. an ugly person is often a p. one. is minic do bí gránda geanaṁail. you would enjoy being with him. do ṫiubraḋ sé subáilce ḋuit beiṫ i na ċuideaċtain. it is p. for you to be ... is aoiḃinn duit beiṫ ... ; is méanra ḋuit beiṫ ... (C.U) ; is ort do beaḋ an aoḃ (f.2) ṁaiṫ beiṫ ... (U). I had much p. in his company. fuaras anḟuilt ann (W). it is not a p. agreeable day. ní ḟuil mórán suilt sa lá inḋiu (W). you would not enjoy his talk. ní beaḋ aon sult leat i na ċainnt (W). I like, approve that kind of talk. ġeiḃim blas ar do ċainnt. the most p. music. an ceol is sneasta. v. sweet. my news is not p. ní sneasta é m'eolus. it was not a p., gentle look. níor róċneasta an ḟéaċaint sin. you have a p., fine time of it. is breáġ an saoġal agat é. he is very well p., satisfied with his bargain. tá sé sásta, lánsásta le na ṁargaḋ. I had the p. of seeing him. do bí sé de ṡásaṁ agam é d'ḟeicsint v. satisfy. I was satisfied. p. with them. do bíos tógṫa leo. I was p., charmed with the beauty of the spot. do bíos tógṫa le háilneaċt na háite. God will be p. with those who ... beiḋ Dia anbuiḋeaċ den ṁuinntir atá ... it is hard to humour. p. them. is deacair iad d'ionsraḃáil. v. humour. they spent the evening very p., agreeably. do ċaiṫeadar an oiḋċe go siansamail le ċéile. they spent years p. and happily. do ċaiṫeadar na blianta go sonasaċ, sonaiḋe, suairc. v. happy. this season fills each home with p. and sport. líonann an aimsir seo gaċ teaġlaċ le haoiḃneas ⁊ greann ⁊ suairceas. a p., happy, gay life. saoġal soilbir, sonaiḋe, suairc, soġaṁail, sonasaċ, séanṁar, suġaċ, subaċ etc. v. happy. that gives him p. do beir sin soġaċas dó (C); sin é a bail (W). every p., luxury that one ever dreamed of. gaċ soġnaiḋe dár smuain croiḋe riaṁ. the p. (gaiety, amusements) of the world. aer an tsaoġail. the p. (sensible) of the world. pléisiúr an tsaoġail. everyone is very p., nice, agreeable to me. tá gaċ aoinne ar áilneaċt agam, go deas liom etc. her good natured, p., affable ways. a sibialtaċt ; a láġaċt. v. kind. p. give it to me. tabair ḋom má's é do ṫoil é; ar ṁiste leat é do ṫabairt dom (would you mind giving it) ; dá mbáil leat é do ... give it, do! please! tabair ḋom é, ac! déin.

PLEDGE. v, guarantee, promise, pawn, security.

PLENARY. v. complete, indulgence.

PLENTIFUL, PLENTY, etc. v. abundance.

PLIABLE v. bend, changeable, weak.

PLIGHT v. state.

PLOT. v. conspiracy, lawn.

PLOUGH. céaċt m. 3. the P. (constellation) an c. cam. he p. the land. do ṫreaḃ sé an talaṁ. they have the land p. tá an talaṁ treaḃṫa acu. the bullets p. up the land, do roṁar na piléir an talaṁ. he p., forced, cut his way through them. do roṁar sé tríoṫa. p-man. treaḃaire m. 4: treaḃṫóir m. 3 (W) congḃáluiḋe m. 4 (U)

PLOVER. pilibín m. 4 (green p.); p. míog (id); p. miogaċ (id); feadóg (fléiḃe) (golden p.)

PLUCK, v. pull, snatch, courage.

PLUM, pluma m. 4.

PLUMP. v. fat.

PLUNDER. etc. v. rob. creaċaim; sladaim; foġluiġim; réabaim. p. (booty). creaċ f. 2; slad m. 1. p-er. creaċaire m. 1; sladaire m. 4; foġluiḋe m. 4; plunderers. luċt foġluiḋeaċta, braduiḋeaċta etc. he went there p-ing. do ċuaiḋ sé ann ag slad, ag creaċaḋ, ag argain, ag bradġail, ag sciobaḋ etc. he p. the land. do réab, d'argain, do ċreaċ etc. sé an tír. p. them. dá slad, gcreaċaḋ etc. to pillage, spoil etc. creaċaḋ 7 argain 7 braduiḋeaċt do ḋéanaṁ. their p. of graveyards. gaċ réabaḋ reilge dár ḋeineadar. driving their p., booty before them. ag tiomáint na creiċe rómpa.

PLUNGE. ropaim; sáitim; tomaim (in water etc.) he p. his sword into them. do rop, sáit sé a ċlaiḋeaṁ ionnta; do ṫug sé rop dóiḃ. I p. the pig into the tub. do ropas an ṁuc sa tubán. he p. his hand into his pocket. do sáit sé a láṁ i na póca. his arm p. up to the elbow in it. a láṁ sáitte go huillinn ann. the bird p., dived down suddenly. do ṫom an t-éan é féin go prap. I p. it in the water. do ṫomas san uisce é. he p., dived into the water. do ṫom sé é féin san uisce. to plunge about in the lake. é féin d'iomlascaḋ sa loċ. v. roll. p. about to escape etc. v. struggle.

PLURAL. iolraḋ m. 1. in the p. san iolraḋ. the p. number. uiṁir iolraiḋ.

POCK-MARKED. v. pox

POCKET. póca m. 4. p. money pinngne reaṫa: airgead reaṫa

POEM. dán m. 1; duan f. 2; dreaċt m. 3

POET. file m. 5.

POETRY. filiḋeaċt. poetical language. teanga fileaṁail, t. na filiḋeaċta. she has a turn for p. tá féiṫ filiḋeaċta inntí.

POINT. etc. v. top. there was a p. on it. it ended in a p. do bí bior (m. 1. 3) air. their ends being p-ed. 7 a mbarrai i na mbioraiḃ. a pointed, sharp face, nose. etc. aġaiḋ, srón bioraċ. a p-ed cap on him. caipín speiceaċ air (C). the p. of a fork etc. leiṫbeann. v. fork. that p. (in argument. etc.) is fairly well proved. tá an puinnte (m. 4), ponnc (m. 1) soin socair go leor. there is some legal p. in it. tá ponnc éigin dliġe ann. to come straight to the p. (in story, explanation.) an ceann do ḃaint den scéal. you have put your finger on the p., the real issue. do ḃuailis do ṁéar ar ḃunpréiṁe an scéil. that is not the p., question, but what you would do. ní hé sin an scéal aċt cad a ḋéanfá. whether it is pride or humility is the whole p., issue. uaḃar nó uiṁluiġeaċt is eaḋ an scéal ar fad. but that is not the p., not what I intended to speak of. aċt ní hé seo é aċt é siúd. that is the p. that puzzles me. sid é atá orm; sid é atá dom ḋallaḋ: sin é an ḟaḋb. v. confuse. the same p., difficulty is in my mind. tá an mearḃall céadna os coṁair m'aigne. that is the p. where he is wrong. sin é ball i na ḃfuil an dearṁad air. v. mistake. that is the p., sum and substance of this Gospel. sin é bun 7 éifeaċt an tsoiscéil seo. v. matter. what is his p., what is he driving at. cad a ṫuigeann sé leis sin. it is a p-less remark. cainnt gan ḃrí, gan éifeaċt is eaḋ é. v. mean. looking at it from their p. of view they saw ... ag breiṫniuġaḋ ó na dtaoḃ féin den scéal do ṫuigeadar go ... v. side. it is a p. of small consequence. v. important. matter. I was on the p. of going, doing it ... do ḃíos ċun dul, ċun é do ḋ.; do ḃíos le dul ...; do ḃíos ar linn dul ... (W); do ḃíos ar ḃruaċ dul ...; do ḃíos ar ti dul ...; do ḃíos ar a ti dul ... (W.) the clock is on the p. of striking, going to strike. tá an clog ag déanaṁ ar ḃualaḋ. I was on the p. of drowning. do ḃíos i rioċt, rioċtaiḃ mo ḃáiḋte. on the p. of going, getting the money ... i rioċt, rioċtaiḃ dul, an airgid d'ḟaġáil ... v. near. on the p. of falling ... v. near. at p. of death. v. death. at, from, to that p., direction. v. direction. p. of compass. v. compass. at many p. v. place, side.

POINT. I p. my finger at C. do ṡíneas mo ṁéar fá Ċonn, ċun Cuinn. p. his finger at them. ag síneaḋ a ṁéir fúta. I p. him out with my finger. do ṫaisbeánas lem ṁéar é. he p. it (gun, etc.) at me, threatened me with it. do ḃagair sé orm é. he with his gun p.-ed. 7 a ġunna ar stiúir aige. v. aim.

POISON, etc. niṁ f. 2, p.-ous. niṁneaċ. a p., deadly drink. deoċ marḃuiġṫeaċ. there is p. in it. tá niṁ ann. a p.-ed point etc. bior niṁe.

POKE, he p. into the beds, and under them. do rop sé na leabṫaċa ⁊ do rop sé fúṫa. like a dog poking about the place. mar ḃeaḋ madra ag fóiriḋeaċt ar fud na háite. p. fun v. laugh. p. nose, etc. v. interfere

POLE, cuaille f.4

POLICEMAN, piléar m. 1 ; constábla m.4 ; saiġdiúr dub (U)

POLICY, v. prudence, cleverness. p. is better than strength. is fearr gliocas ná neart

POLISH, v. smooth. as p. as glass. ċoṁ gleanta le gloine. made in a very p. finished, elegant way. déanta go gleanta. rubbing it to a p. dá sciomadh. it is polished. tá sé sciomarṫa. he put a p., shine on the vessel. do ċuir sé scáil, loinnir (U) ar an soiṫiġ. p. speech cainnt líoṁṫa. v. beautiful, elegant

POLITE, etc. múinte ; deaġṁúinte ; béasaċ ; deaġḃéasaċ ; cóirtasaċ ; galánta ; sibialta ; rudaite. p.-ness. béasa ; sibialtaċt f.3. he nearly forgot his p. manners and his dignity. ba ḋóbair dó a ḃéasa ⁊ a stuaim do ċailleaṁaint. their wonder was too much for their p. do ḃuaiḋ an iongnaḋ ar na béasaiḃ acu. I will teach you manners and behaviour. múinfead-sa béasa ⁊ ioṁċur duit. he answered p., gently. etc. d'ḟreagair sé go sibialta. go siṫeoilte. go múinte béasaċ. go béasaċ. he refused them p. courteously. do ḋiúltuiġ sé ḋóiḃ go galánta. go cóirtasaċ. he is too p. to say that. tá breis béas aige, tá sé róuasal. tá sé róḃéasaċ. tá sé ró-onóireaċ ċun é sin do ráḋ. ċuige sin. he is impolite, ill-bred. tá sé droċ-ḃéasaċ. droċṁúinte ; ní ḟuil aon tabairt suas aige v. impudent.

POLL (of head). cúl m.1

POLLOCK. bolgóg f.2 (C); glasóg f.2

POLLUTE. truailliġim (defile) ; saluiġim (dirty)

POMP, v. pride

POND, loċ m.3 ; loċán m.1

PONDER, v. think

POOL, v. mud. p. of blood. loċán fola

POOR, v. want. boċt ; dealḃ ; dearóil ; deiḋbir. a p. man. duine boċt, etc. he is very p. tá sé beo boċt. the p. fellow, wretch. an truaġtán (boċt) ; an boċtán. my p. man. a ḋuine ḃoiċt. the p. house. tiġ na mboċt. however p. he is. dá ḃoiċte, ḃoċtanas é. he is p. tá sé boċt, dealḃ, etc. ; tá dealḃas air. it would be a p. place if it could not ... ba ḋealḃ an baile é nó d'ḟéadfaḋ sé ... it would have been better for them had you left them p. in the world's goods. do b'ḟearr dóiḃ gur dealḃ ó ṡaiḋḃreas saoġalta d'ḟágfá iad. the day you were at your p-est. an lá is dealḃa dá raḃais. he got p., life went hard with him. do ċruaiḋ an saoġal air v. hard, misfortune. a p. wretched, starved looking man, dog, etc. fear, madra gorta loimirceaċ, etc. v. miserable. he is p. at I. tá sé dall ar an nGaeḋilg. v. stupid, ignorant. I should be a p. friend, enemy, etc. to him. ba ḟuaraċ le ráḋ mise mar ċaraid, náṁaid. this p. wretched life. an saoġal suaraċ so. p. wages v. miserable.

POORLY, v. sick

POPE, Pápa m.4

POPULACE, v. crowd

POPULAR, v. love. he is p. with poor and rich. tá boċt ⁊ saiḋbir buiḋeaċ de

POPULOUS, lán de ḋaoiniḃ. there is no more p. country. ní ḟuil aon tír is líonṁaire daoine ná í. v. abundant

PORCUPINE, gráinneóg f.2

PORK, muiċḟeoil f.3

PORPOISE, muc ṁara

PORRIDGE, leite f.4 ; praiseaċ f.2; bracán m.1 (C.U)

PORT, cuan m.1 ; calaḋ m.1 : calaḋ-ṗort ; acarsuiḋe m.4 (Ker.); ácar-ṗoll m.1 (roadstead, Ker). p. town. baile puirt. come to p., etc. v. land. there is a ship to p., larboard. tá long ar an mbórd ċlé

PORTION, v. part, dowry.

PORTRAIT, pictiúir ; dealḃ f.2 ; ioṁáiġ f.2

POSITION, v. place, way, rank

POSITIVE. v. certain, assure. p. degree (gram). an ḃunċéim

POSSESS, POSSESSION, v. own, belong. I p. it. tá sé agam (I have it). is liom é (I own it). the land etc. is in his p. tá sealḃ, seilḃ (f.2) aige sa talaṁ ; tá an t. i na ṡeilḃ; tá an t. de ṡ. aige ; tá an t. ar ṡ. aige ; tá sé i s. an talaiṁ he took p. of the country, etc. do ġaiḃ sé s. ar an dtír ; do gaiḃ sé s. sa tír ; do ṫóg, ġlac sé s. na tíre dó féin ; do ṫóg. sé an tír i na ṡ. they are in firm p. ta s. istiġ acu go daingean. they held p. there. do ċoimeádadar s. ann. when he came in for p. of the place. nuair ṫuit s. na háite isteaċ ċuige. it came into his p. do ṫuit sé ar ṡ. an ḟir sin. to come between me and the p. of the house. teaċt idir mé ⁊ s. an tiġe. he came to demand p. of her house from the woman. do ṫáinig sé ag éileaṁ (na) sealḃa ar an mnaoi. it is out of your p. tá sé as do ṡeilḃ. he tried to p. himself of the kingdom. do ṫug sé iarraċt ar an árdriġeaċt do ṡealḃuġaḋ dó féin. p.-ions. v. property, riches

POSSESSIVE. p. adjective. aidiaċt sealḃaċ.

POSSIBLE. etc. v. able. it is p., it may be. is féidir. it is imp. ní f. I think it p. to go. is f. liom dul ann. it is imp. for me to go. ni f. dom dul ann. possibly he is there. b'ḟ. go ḃfuil sé ann. v. perhaps. likely. it will not be p. for him. he will have no chance of, etc. v. opportunity. possibly nothing better could have occurred to him. ní móide gurḃ'ḟeárr dó riaṁ é. v. likely.

POST. v. pole. place. I p. a letter to him. do ċuireas litir ċuige. v. send. p. card. cárta posta ; carta puist. p. office, etc. oifig an ṗuist.

POSTERITY. v. race, descend.

POSTPONE. he p. it. do ċuir sé ar aṫlá, ar cáirde, ar gcúl, ar gcúlaiḃ, ar ceal é. don't p. your work. ná cuir, leig do ġnó ar aṫlá, etc. the meeting is p. for a week until he is ... tá an tionól ar cáirde seaċtṁaine nó go mbeiḋ sé ... my work had to be p. as long as ... do ḃí m'obair ar ceal an ḟaid ⁊ ḃí ...

POT. corcán m. 1.

POTATOE. prátá m. 4 ; fata m. 4 (C.) ; préata m. 4 (U.) ; creaṫán m. 1 (small) ; cloḃarán m. 1 (id.) ; ginidiġe (W.) (id.) ; póirín m. 4 (id.) ; faḋḃan m. 1 (big) ; sceallán m. 1 (p. cut for seed) ; scealló g f. 2 (part left after sceallán is cut).

POULTICE. ceiriḋe m. 4; ceirín m. 4.

POUND. v. crush. púnt m. 1 ; punt (U.) (id.) (weight or money). cattle p. bóna ; póna.

POUR. v. bleed. he p., shed his blood for his country. do ḋoirt sé a ċuid fola ar son a ṫíre. to p. water on it. uisce do ḋortaḋ air. he was p. blood, bleeding. do ḃí sé ag taḃairt a ċuid fola. his nose is p. blood. tá a ṡróin ag scéiṫ, scéiṫeaċtaint, scéiṫeaċaint fola. the blood p., squirted from his hand. do scéiṫ, steall, sceinn, ṗléasc an ḟuil ó na láiṁ, trí na láim. p. forth Irish, talk, etc. ag stealladh Gaeḋilge, cainnte. she p. flung out what was in the pot. do steall sí a raiḃ sa ċorcán. she used to p. some milk into the pot. do ċaiṫeaḋ, ċuireaḋ sí taoscán, steanncán bainne isteaċ sa ċorcán. they are p. a volley of bullets at them. táid siad ag scaoileaḋ piléar orra ; táid ag séideaḋ ceaṫa piléar isteaċ orra (C). v. shoot. tears p. down his cheek, etc. v. tear, flow.

POUT. v. anger, sullen, face.

POVERTY. v. poor, misery, want. boċtanas m. 1 ; boiċteanaċt f. 3 ; dealḃus m. 1; gáḃatar m. 1 (destitution). the p. of his life. dealḃus a ḃeataḋ. he is in great p. tá d. air. falling into p. ag dul i nd. throwing my p. in my face. ag caiṫeaṁ mo ḃoċtaine sa tsúil orm. he died of p. and destitution. fuair sé bás de ġorta ⁊ de ġáḃatar.

POWER, POWERFUL. v. able, strength. he has p. over them. tá cuṁaċt (f.3) aige orra. his authority and dignity are secure in I. tá a ċumaċt ⁊ a ġradam i ḃreiḋm i nÉirinn. all-p. God. Dia an uile-ċumaċta; Dia uileċuṁaċtaċ. there are p. properties in that plant to do harm. tá cuṁaċt san luiḃ sin ċun uilc do ḋéanaṁ. it is in his p. to do it. tá sé ar an ċumas é do ḋ. ; tá sé i na ċ. é do ḋ. that would put it in his p., enable him to do it. do ċuirfeaḋ soin ar a ċ. é do ḋ. that put it out of his p. to do it. do ċuir sin as a ċ. é do ḋ. not to put her in the p. of the devil. gan í do ċuir ar ċ. an diaḃail. according to his p.. capacity, etc., do réir a ċumais. acfuinne. beyond his p. os cionn a ċumais. within, beyond man's p. leaṫsṫiġ, leaṫsmuiġ de ċumas na ndaoine. he has p. of life and death over them. tá c. báis ⁊ beaṫaḋ aige orra. if it were in my p.. if I could afford it. dá mba acfuinn (f.2) dom é (W) my means do not allow it. ní ḟuil sé ar m'acfuinn (W) v. permit. his having the p. to censure me. neart do ḃeiṫ dó mé do ċáineaḋ. sense controlling that strength. power. ciall ag smaċtuġaḋ an nirt sin. every created power of nature is in subjection to His will. tá gaċ neart dár ċruṫuiġ Dia fá smaċt a ṫoile. he has much influence. authority over his father. is mór an smaċt (m.3) atá aige ar a aṫair. everyone is under his authority. tá gaċ aoinne fá s. a ṫoile. he was removed from under his father's p. do tógaḋ é ó s. a aṫar. he exercises his authority over them, he "bosses" them. deineann sé smaċtúċán orra. he has authority over them. tá forlámas (m.1), buannaċt (f.3) aige orra. everywhere he established his p.. authority, rule. i n-aon áit dár ġaiḃ sé forlámas ann. beneath the p. of E. fá riar (f.2), réim (f.2), riaġlaċas Ṡasana. there will be an end to his p. in I. beiḋ deireaḋ le na réim i nÉirinn. they have great p. renown. is mór an réim atá leo (W). the law came into p., force. do ṫáiniġ an dliġe i réim v. effect. you will get p., the upper hand over him. ḃeiḋ an lám uaċtair agat air: beiḋ ceannsmaċt agat air. the p. quality, property of the gem, plant. an buaiḋ (m.4. f.3) atá san tseoid, luiḃ. it has peculiar properties. tá buaḋa fá leiṫ ann. this sword has strange properties. tá buaḋa móra ar an gclaiḋeaṁ so. it had the property of being ... do ḃí de ḃuaiḋ aige go mbeaḋ sé ... you acted to the best of your p., brains. do ḋeinis do ḋíċeall do réir do ṫuisgiona. the most powerful, influential people. na daoine is mó ionnṁus (C), acfuinn, etc. v. important. influence. though he has hardly the p. of walking. ⁊ gan ann aċt ar éigin siuḃal. he had not the p. of speech. ní raiḃ ann laḃairt. anyone who had the p. of walking at all. aoinne a raiḃ ann siuḃal i n-aon ċor p. of his limbs. v. use. you have nothing to boast of except your p. of squabbling. ní ḟuil agat le maoiḋeaṁ aċt t'ḟeaḃus ċun aċrainn. he spoke as one with authority. do laḃair sé go húġdarásaċ, tiġearnaṁail. he left the affair in my p., hands. is fúmsa d'ḟág sé an gnó. v. leave, judge. etc.

POWERFUL. v. strong, great, energetic.

POX. bolgaċ f. 2 (small p.); b. Dé (C.) (id.); galar breac (C) (id.); bolgaċ na n-éan. (chicken p.) deilgneaċ m. 1 (id.) a pock marked man. fear crosaċ (C.U.) fear a ḃfuil rian na bolgaiġe air.

PRACTICABLE. v. possible.

PRACTICAL. v. sensible.

PRACTISE. PRACTICE. v. accustom. habit. I am p., have p., am an old hand at doing it. tá taiṫiġe (f. 4) seanṫ. agam ar an ngnó, sa ġnó, ar é do ḋ. he will get out of p. of it. raġaiḋ sé as a t. I am out of p. táim a t.; tá neaṁṫ. orm. I am p. myself in Irish, arms. táim ag déanaṁ t. den ġaeḋilg, de na harmaiḃ; táim im ṫ. féin san ġaeḋilg ... he has p. in the habit of writing. tá sé i dt. na scríoḃnóireaċta. I am getting into the p., habit of going, of it, etc. táim ag dul i dt. dul...i dt. air. p. begets pleasure. bíonn dúil i ndiaiḋ na t. the kind of cultivation our forefathers p., used. an cuma saoṫruiġṫe a ṫaitiġ ár sinnsear. to p. good manners etc. uaisleaċt do ṫaitiuġaḋ. I have p. in doing it. tá cleaċtaḋ agam air, ar é do ḋ. p. airs. ag cleaċtaḋ sonn (C.) the trade that was p. there. an ċeárd a cleaċtaí ann. as was his p., custom, habit. mar ba ḃéas (m 1), nós (m. 1), ġnás (m. 1) dó. a bad habit etc. droċḃéas etc. it was a h., custom of his to go there. ba ġnáṫ, ġnáṫaċ, ḃéas leis dul ann etc. he acquired the h of being ... do ṫug sé mar ḃéas dó féin ḃeiṫ ag ... according to the p., custom of the place. do réir gnás, nós na háite. the customary, habitual food. an gnáṫḃiad ; an biaḋ gnáṫaċ. it is a bad thing not to have the p. of inquiring into things. is mairg ná cleaċtann ḃeiṫ fiafruiġṫeaċ. to p. charity almsgiving etc. carṫannaċt, déirc do ḋéanaṁ. he p. his religion. do ḋeineaḋ sé gnó an ċreidiṁ. to put your I. into p., to use it. do ċuid gaeḋilge do ċur i ḃfeiḋm. those on whom the trick was p. na daoine ar ċuaiḋ an cleas i ḃfeiḋm orra. v. effect. I will p. my science on him. imreoċad mo ċuid eoluis air. v. use, effect.

PRAISE. he p. them for it. do ṁol sé iad mar ġeall air, i na ṫaoḃ etc. p. be to God. molaḋ (m. 3) go deo le Dia; molaḋ ⁊ glóire ⁊ buiḋeaċas le Dia. v. thank. a shout of p. liúġ molta. to get a word of p. focal molta d'ḟaġáil. he gives him his full meed of p. for it. do ḃeireann sé a lán ceart molta ḋó mar ġeall air. v. credit.

PRANCE. v. jump. horse p. capall ag preampáil. léimriġ.

PRANK. v. trick, nonsense, joke.

PRATE. v. talk.

PRAY. PRAYER. v. ask, request, beseech. let us p. guiḋmis. he p. for us. do ġuiḋ sé orainn. you should p. for them. ba ċóir go mbeiṫeá ag guiḋe, guiḋeaċaint dóiḃ. he p., wished long life to me. do ġuiḋ sé faid saoġail ċúġam. he came to p. that it should not be done. do ṫáinig sé ḋá ġuiḋe gan é do ḋ. we p. Thee to pour grace into our hearts. guiḋmid Tú do ġrásta do ḋortaḋ i n-ár gcroiḋṫiḃ. he was p.-ed for from the altar. do ċuireaḋ fá ġuiḋe an ṗobul é. to p. to God for us. guiḋe. eadarġuiḋe (do ḋéanaṁ) ċun Dé ar ár son. I put forth my p. to God. do ċuireas mo ġuiḋe i láṫair Dé. to say a p. for his soul. paidir (f. 2) do ráḋ le na anam. say your p. abair do ṗaidreaċa. the short p. na paidreaċa miona. she began p. do ċrom sí ag paidirseoireaċt (ċun Dé, etc). p. before Mass. urnuiġṫe roiṁ Aifreann. when should we p. cá uair ba ċóir dúinn urnuiġṫe do ráḋ, ḋéanaṁ. his life was one long p. ní raiḃ i na ḃeaṫaiḋ aċt aon u. aṁáin ċoṁnuiġṫeaċ.

PREACH. PREACHER. v. sermon. seanmóintiḋe m. 4; seanmóiriḋe (Con. U.)

PRECARIOUS. v. certain, danger.

PRECEDE. PRECEDENCE. v. before. he gave her p. do ṫug sé tosaċ ḋi.

PRECEPT. v. order. the p. of the Church. aiṫeanta na hEaglaise.

PRECIOUS. v. valuable, love.

PRECIPICE. v. cliff.

PRECIPITOUS. v. steep, quick, hurry.

PRECISE. v. exact.

PRECOCIOUS. seanċríonna; seanċríonnta (U); craḃanta (W).

PREDICT. v. prophecy.

PREDOMINATE. v. power.

PRE-EMINENT. v. important.

PREFACE. v. begin. díonḃrollaċ m. 1; réaṁráḋ m. 1; roiṁráḋ m. 1.

PREFER. v. choose. I p. this to that. is fearr liom é seo ná é sin. I should p. that I should have it. do b'ḟearr liom agam féin é ná ag aoinne eile. I should much p. if I could do it. do b'ḟearr liom ná rud maiṫ go ḃféadfainn é do ḋ; do b'ḟ. liom ná rud ná déarfainn go... he would have p. not to do it. do b'ḟ. leis ná déanfaḋ sé é. I should have p. to be at home. níorḃ' ḟearr liom áit i na mbeinn ná sa ḃaile. he would have p. to be beaten. níorḃ' ḟearr leis rud a imṫeoċaḋ air ná na náiṁde d'ḟaġáil an láṁ uaċtair air. they would have much p. ...níorḃ' ḟearr leo rud a ḃí acu ná...; níorḃ' ḟearr leo scéal de ná ḃeiṫ...; níorḃ' ḟearr leo dóiġ dá mbeaḋ orra ná ḃeiṫ (U)... I should p., just as soon not to be there. ní misde liom gan ḃeiṫ ann. he p. C. to A. is measa leis Conn na Art; is annsa leis C. ná A. there was no one he p., liked better than she. ní raiḃ aoinne ba ġile leis ná í; ba ġiorra dá croiđe ná i. v. love. he would have p. to meet a soldier than any of them, he would have hated it less. níor luġa air ṡaiġdiúir do bualađ uime ná aoinne acu. v. hate, etc. nothing I should have p. more than to say it. ní cuid ba luġa ná a ḟonn bí orm é do ráđ. v. desire. they would have p. to be riddled with bullets than that it should be said they knew I. ba ṫúisce leo go nġeoḃṫaí de ṗiléar-aiḃ ionnta ná a ráđ go raiḃ gaeđ-ealg acu. you left her rather, sooner than do it. do sgaraiś léi nior túisge ná do déanfá é. I should p. to drown him than to do it. I would drown him before it, rather than do it. do ḃáiđfinn é sul, sar a ndéanfainn é. I should have p. death to leaving him. do b'ḟonn báis liom scaraṁaint leis. they p. to go rather than do that. níorḃ' ḟoláir leo dul ann nó déanfaidís é sin.

PREGNANT. she was p. do ḃí sí ag iomċur cloinne; ag iomċur leinḃ.

PREJUDICE. v. inclination, harm, hate.

PREMATURE, v. soon.

PREPARE. PREPARATION, v. ready.

PREPOSITION, réaṁḟocal m. 1.

PRESENCE. PRESENT. v. company, before, gift, introduce. to do it in my p. é do déanaṁ etc. im ḟiađnaise, or mo ċoṁair, or mo ċoinne (W), im láṫair. in God's p. i láṫair Dé. he took her into their p. do ṫug sé fá na gcoṁair í. I lost my p. of mind. níor ḟan léar meabraċ agam nuair etc. v. sense. in my p. v. face. she was p. do ḃí sí láiṫreaċ; do ḃí sí ann. she is p. tá sí (annso) láiṫreaċ; tá sí annso. they were all p., together. do ḃíodar go léir ar aon láṫair. I was p. at that conversation, the will etc. do ḃíos i láṫair na cainnte sin, na h-uađacta (W.) my p. life. mo ḃeaṫa láiṫreaċ. in the p. life. ar an saoġal so. at p. v. now. presently. v. immediate.

PRESERVE.v. keep, save, help, store. God p. us. go ḃróiriđ Dia orainn; go saoraiđ Dia sinn.

PRESIDENT, v. governor.

PRESS, v. crush. p. on them (in fight etc.) ag brúġađ orra. crushed, p. together. brúiġte ar a céile; dlúiṫte le c. she p. my hand. do ṫug sí fáscađ dom láiṁ. turf p. tight. móin fáiscṫe. sorrow p., weighed on her heart. brón i na luiġe go trom ar a croiđe. v. oppress. I put my hand on him but did not p. hard on him. do ċuireas mo láṁ air aċt níor luiġeas air puinn. where is the shoe p. you. cá luiġeann an ḃróg ort. I p. him (in bargain, etc.) do luiġeas air. he p. hard on them (in fight.) cuireann sé orra go dian. when hard p. (in argument, fight, etc.) nuair ṫéiđeađ an scéal dian air. p. him hard to do it. ag dul go dian air đá iarrađ air é do đ; đá ḟoiniuġađ air; ag taṫant air. v. urge. p. hard on them. teanntuiġ orra. v. attack. the dog was p. close on him (in chase). do ḃí an ċú ag teannađ leis (C.U.) v. close. p. to breast, etc. v. embrace. pressing, urgent. v. necessary.

PRESUME, PRESUMPTION, v. dare, bold, impudent.

PRETEND, PRETENCE, v. excuse, false. p. to be drunk, etc. đá leog-aint orra féin ḃeiṫ ar meisce. do not p. to be a fool. ná bí đá leigint ort gur aṁadán tú. he did not p. to notice, know anything at all, did not tell anyone. níor leig sé aoinni, faic, pioc etc. (ar doṁan) air. p. that he was...đá ċur i gcéill go ... (U.Cl.) there is no p., hypocrisy about him. ní ḟuil aon ċur i gcéill ag baint leis (U.Cl.) the anger, questioning was a mere p. ní raiḃ sa ḃreisg, ċeistiúċán aċt púicín. he is only p. ní ḟuil air aċt ealađain (C.) he went there under p. of a headache. do ċuaiđ sé ann ar leiṫscéal tinnis cinn (C.) a pretext, etc. was found for him, namely, that he should be ... fuarađ mar ġnó súl le déanaṁ đó ḃeiṫ... with a p. of kindness. le bréagċarṫannaċt. p-ed, merely exterior obedience. uṁluiġeaċt bréagaċ. to utter a mock cry of pain. bréagliúġ do ċur ar. a mock king. ri bréige. v. false. he is only making a p. of fighting. ní ḟuil aon troid aige dá ḋéanaṁ acht troid mar ḋ'eaḋ. p. to be greatly surprised. ⁊ iongnaḋ a ċroiḋe air mar ḋ'eaḋ. sending me on the p. message. dom ċur ar an dteachtaireacht mar ḋ'eaḋ. he will not do it. p. that it is ... ní ḋéanfaiḋ sé é mar ḋ'eaḋ go bfuil sé... he dressed up, p. to be a bard. do ġléas sé é féin mar ḃeaḋ bárd. v. like. I will lie back as though. p. to be dying. sínfeadsa siar mar ⁊ dá mbeinn ċun báis d'ḟaġáil. v. if. she was crying. p. it was the cock. do ḃí sí ag glaoḋaċ dúmas, mar ḋúmas go b'é an coileaċ a ḃeaḋ ag glaoḋaċ (W.) he had his wickedness under a p., cloak of humility. do ċlúduiġ sé a ḋroċḃearta fá peall na humluiġeaċta, v. appear.

PRETTY, v. beautiful, nice. p. good etc. v. middling.

PREVAIL, v. conquer. p. on to do it. v. cause, persuade.

PREVENT, v. forbid. the letter forbids us to go, etc., p. us from going. coisceann an litir orainn dul ... c. sí sinn ar ḋul ... an occupation that p., hinders me from thinking. gnó a ċoisceann mé ar ḃeiṫ ag maċtnaṁ. there is nothing to p., hinder us from going, in our work... ní ḟuil aoinní dár gcosc (m. 3) ar dul, dár gcosc ar ár ngnó. there is not much to p. him from doing it. ní ḟuil puinn cosca air é do d. a relationship that prevents, forbids, hinders marriage. gaol do ġni cosc ar ṗósaḋ. what is the obstacle to p. you from saying it. cad é an bac (m. 1) ort é do ráḋ. there is no obstacle, nothing to p. you saying it. ní ḟuil a ḃac ort é do ráḋ. that was a harm and a hindrance, tended to p. the business. is mór an dioġḃáil ⁊ an ċeataiġe ⁊ an toirmeasc a ḋein sin don obair. the rain will not p., hinder me. ní ḋéanfaiḋ an clagarnaċ toirmeasc orm. v. interfere. putting obstacles to the marriage. ag cur constaicí i gcoinniḃ an ċleaṁnais. to hinder. p. them from going... ċun iad do ċoimeád gan dul ... anything which might p. her from doing it, put it out of her power to do it. aoinní a ċuirfeaḋ as a cumas é do ḋ. v. power. a mist that hindered, p. me from seeing the sun. ceo a ċuir bun os cionn mé le radharc na gréine do ḃeiṫ agam. that p., hindered her from doing it. do ċuir sin dé í. he p. them from practising their language do ċuir sé iad ó ṫaiṫiġe do ḋéanaṁ dá dteangain. joy p. me from being ... do ċuir an t-áṫas mé ó ḃeiṫ ag... that did not p. him from showing that ... níor ḟág soin é gan a ṫaisbeáint go ... that did not p. him from having a little sleep. níor ḟág soin é gan greas codlata do ḋéanaṁ. it is eloquent, but that does not prevent its being useless. caint ḃlasta do b'eaḋ í acht ní ḟágann soin ná gur cainnt gan tairḃe í.

PREVIOUS, PREVIOUSLY, v. before, already. as I said p. mar dubairt ċeana. it had p. happened. d'imṫiġ sé roiṁe sin, roimis sin, roiṁe ré. for a long time p. le fada roiṁe sin, roimis sin, roiṁ ré. they should think p. of what is before them. ba ċeart dóiḃ cuiṁneaṁ roiṁ ré ar an rud atá rómpa.

PRICE, v. expense. luaċ m.1 and 3; fiaċa (pl). what p. are they, 1d. each. cad atá orra? an mór atá orra? cé an luaċ atá orra? cionnus díolṫar arsa? pingin an ceann; p. ar an gceann. what p. does he ask for the horse. cad atá uaiḋ ar an gcapall. what p. did he get for each horse. an mór fuair sé ar an gcapall díoḃ. you have got a good p. fuarais rud maiṫ. I would not sell the cow at that p. ní ḋíolfainnsé an ḃó ar an méid sin (airgid), ar an luaċ soin. I should not mind paying the highest p. if I only got it. ba ḃeag liom an luaċ, ṗingin ab aoirde acht é d'ḟaġáil. I am asking their p. táim ag fiafruiġe a ḃfiaċ. to give him the p. of the horse. fiaċa an ċapaill do ṫaḃairt dó. the p. he had paid for the peace. fiaċa na síoṫċána. they had first claim to the p. set on your head. is acu soin do ḃí tosaċ éiliṁ ar ḟiaċaiḃ do ċuid fola. she understood the fearful p. to be paid for the human race. do ṫuig sí an díolfiaċ uaṫḃásaċ nárḃ foláir do ḋéanaṁ ṫar ċeann na cine daonna. I offered him a good · price as ransom. do ḋeineas luaċ maiṫ do ṫairgsint dó mar ḟuascailt. he paid the p. fare, etc. do ḋíol sé an t-éileaṁ (m.1), díoluiġeaċt (f.3).

PRICK, v. sting, thorn. priocaim. I got a p. from him. fuaras priocaḋ uaiḋ. like a p. of a pin. ar nós rop bioráin. p. up one's ears v. attend.

PRICKLE, cleiṫe (gráinneoige, etc.)

PRIDE, v. proud

PRIEST, etc. v. ordain, clergy. sagart m. 1.

PRIMROSE, peiḋcán m. 1 ; samaircín m. 1.

PRINCE, flaiṫ m. 1 ; prionnsa m. 4 ; mac an ríoġ (king's son). princess. banṗrionnsa.

PRINCIPAL, v. important, most. the p. town, capital. an príoṁċaṫair. the p., chief. head clerk, etc. an príoṁċléireaċ. the p., chief string. an tsnaiḋm bunaiḋ. principally. v. especially, more.

PRINCIPLE. v. cause, root. first p. prioṁċúis ; príoṁaḋḃar ; bunċúis etc.

PRINT, v. mark. cloḋḃuailim. they are p. the book. táṫar ag cur cló ar an leaḃar it is p. tá sé fá cló.

PRISON, etc. carcair f. 5 ; príosún m. 1. p-er. príosúnaċ m. 1 ; braiġe m. 4 ; braġa m. 4 ; braiġdeaċ m. 1 ; cime m. 4 ; daor m. 1. in p. sa ṗríosún, ċarcair .he took me p (in war, etc.) do ḋein sé braiġe ḋíom. I was a p. do ḃíos i mbraiġdeanas ; do ḃíos im ḃraiġe, ḋaor, ċime, ġeiḃleaċ ; do ḃíos i ngeiḃeann. (bands.)

PRIVATE, v. own. secret, separate. p. affair. gnó príoṁáideaċ.

PRIVATION. v. want.

PRIVILEGE, v. right. priḃléid f. 2. God gave you a wonderful p. is uaṫḃásaċ an ṗ. a ṫug Dia ḋuit. that p. extended to his children. do ṡroiċ an dualgas soin a ċlann.

PRIZE, v. surpass, recompense. he adjudged the prize to their story, their cleverness, etc. do ṁol sé an bárr, ċraoḃ dá scéal, ngéarċúis. do ṫug, ṁol sé an duais (f. 2) dó. she let him get the p. do leig sé an bárr, ċraoḃ leis.

PROBABLE, PROBABLY, v. likely.

PROBLEM, ceist f. 2 ; cruaiḋċeist.

PROCEED, v. advance, continue.

PROCEEDING. v. affair.

PROCESS, v. summons.

PROCESSION, siuḃal m. 1.

PROCLAIM. v. announce.

PROCRASTINATE, v. postpone, delay.

PROCURE, v. get.

PRODIGAL, v. spendthrift, generous.

PRODIGIOUS, v. extraordinary.

PRODIGY, v. under.

PRODUCE, PRODUCT, etc. v. make. fruit.

PROFANE, teaching of things sacred and p. ag teagasc ar ḋiaḋaċt 7 ar ḋaonaċt.

PROFESS, v. teach, say, pretend. to p. one's faith, etc. a ċreideaṁ d'aḋṁáil.

PROFESSION. v. livelihood. a mercantile, scientific, literary p. gnó ceannuiḋeaċta, ealaḋan, léiġinn.

PROFESSOR. v. teach, etc. ollaṁ m.5.

PROFIT, PROFITABLE. v. use, useful. soċar m.1; tairḃe m. & f. 4; toraḋ m. 3. etc. p. and loss account. cunntas soċair 7 doċair. rate of p. cion soċair. net p. glantsoċar. it was of benefit, did good to him body and soul. do ḋein sé tairḃe anama 7 cuirp dó. that anyone should have the benefit of it.. a ṫairḃe do ḃeiṫ ag aoinne. it will not be of advantage to anyone. ní ḃeiḋ aon ṗioc dá ṡoċar ag aoinne. that is all the p. I got from it. sin a ḃfuil dá ḃárr agam. v. account he hopes for benefit, etc. from the war etc. tá súil aige le soċar, toraḋ, m. 3, etc., ón gcogaḋ. he p., took advantage of the advice. do ṫug sé toraḋ ar an gcoṁairle. v. use, mind. he derives benefit, good from the land, money. baineann sé soċar, toraḋ, tairḃe, fáġaltas (m. 1) as an dtalaṁ, airgead ; tá soċar, etc. aige as ... without any worldly benefit for himself. gan aon ḃlúire tairḃe, etc. ṡaoġalta dó féin. and a good p. to me on each bargain. 7 soċar maiṫ de ḃárr gaċ margaiḋ agam.

a thing that would be of p., benefit. rud a mbeaḋ soċar, tairbe ann. he will not p. much by it. ní mórán a ṫairbeoċaiḋ sé ḋé. it will be of benefit, p. to us. raġaiḋ sé ċun soċair, tairbe, maiṫeasa ḋúinn. to make money working hard with small p. saiḋḃreas do ḋéanaṁ go cruaḋálaċ ar beagán faġáltais. to get p. out of it. an buntaise 7 an brabaċ do baint as (C.U.) they had £1 p. each. do ḃí púnt sa ċeann de brabaċ acu (C.U.) that trade is more p. to me. tá an ceárd soin níos tairbiġe ḋom. that honesty is the best, most p., and most blessed policy. gurab í macántaċt is feárr 7 is torṫaṁla 7 is raṫṁaire 7 is áḋbaraiġe. for his own p., in his own interest he did it. ar ṁaiṫe, mar ṁ. leis féin is eaḋ do ḋein sé é. for the p. of, in the interest of my health, my wife, etc. ar ṁ., mar ṁ., lem ṡláinte, lem ṁnaoi, etc. to give you advice, knowledge for your p., good. comairle, eolus do leasa do ṫabairt duit. it is for your good. is é (lom) lár do leasa é. it is not for your p. to do it. ní hé do l. é sin do ḋ.; ní hé do l. atá agat ḋá ḋ.; ní hé do l. a ḋéanfá. it is for your p. that I should depart. is é do l. mé d'imṫeaċt. it is your advantage to do that. is é do ḃuac é sin do ḋ. that would be for the p., benefit of the country, would do the country good. do ċuirfeaḋ soin an tír ar a leas. which would be of a. to his soul. a ċuirfeaḋ, ṡeolfaḋ é ar l. a anama. I did not act for my advantage, for the best when I did that. níor ḋeinear mo l. nuair ḋeinear é sin. they p., gained much by that decision. do bíodar beirṫe go maiṫ leis an socruġaḋ soin. she p., gained more than she lost by it. is mó atá sí buaiḋte leis (an ngnó, etc.) ná mar atá sí caillte leis. I made, p. £10 for the £1 I had spent. do ṡaoṫruiġeas deiċ bpúnt i n-agaiḋ an ṗúint a ḃí leigṫe amaċ agam. what p., boots it. v. use.

PROFLIGACY, etc. impure

PROFOUND, v. deep

PROFUSE, v. abundant, fast. weeping p. an gol go fuiḋeaċ. sweating p. ag cur an alluis go f. ḋé. the blood was pouring p. do ḃí an ḟuil ag teaċt as go tiuġ.

PROGENY, v. young, descend

PROGRESS, v. move, advance, succeed. that is in p. tá soin ar siubal v. happen

PROHIBIT, etc. v. forbid, prevent

PROJECT, v. stretch, plan

PROLIX, v. long, tire

PROLONG, v. long, add

PROMISCUOUS, etc. v. mix

PROMISE, geallaṁain (t) f. 3; geallstan m.1 (U) geallaṁnas m.1 (C) gealltanas m.1 (C). I p. him faithfully, etc. that I ... do ġeallas dó go cruaiḋ, ó ċroiḋe ḋó go mbeinn ... I p. it to him. do ġeallas ḋó é. I p. him all kinds of things. do ġeallas an mór 7 an maiṫ ḋó, na huirc 7 na hairc dó. keep, stand to your p. ḋéin maiṫ dod ġeallaṁaint. to keep one's p. geallaṁaint do ṡeasaṁ, ċóiṁlíonaḋ, cur i bfeiḋm v. effect. keeping the p. ag seasaṁ na geallaṁna. I have your p. as a king that he will ... tá do ḃriaṫar ríoġ agam uaitse ċuige go mbeiḋ sé ... Land of P. Tír Tairngire

PROMONTORY, v. cape

PROMPT, v. ready, immediately, obey

PROMULGATE, v. announce

PRONE, v. incline

PRONG, v. point

PRONOUN, forainm m.4

PRONUNCIATION, blas m. 1; canaṁain(t) f. 3. (dialect): he wishes to get the proper p. of the word. is mian leis an ḟuaim ċeart do ṫabairt leis.

PRODIGAL, v. generous, spendthrift

PROOF, PROVE, v. guarantee, persuade. we have no p. certainty of it. ní ḟuil a ḋeiṁin (f.2) againn. you must have ocular p. of the truth. ní foláir duit deiṁin do ṡúl féin do ḃeiṫ agat ar an ḃfírinne. he showed him all the p. he had of the affair. do ṫaisbeáin sé ḋó gaċ deiṁne (f.4) dá raiḃ aige ar an scéal. such is the first proof that ... an céad deiṁniuġaḋ go raiḃ...sin é é. the thing is p. for us in the book. tá an scéal deimhniġṫe ḋúinn san leaḃar. that p. shows that he ... taisbeánann soin go ḃfuil sé ... and as a p. of that. ⁊ dá ċoṁarṫa (m.4) soin féin; dá ċruṫaṁnas soin (C). a strong p. of it was the work ... ní beag de ċoṁarṫa air an obair a ḃí...let that be a p. of it for them. bíoḋ soin mar ċ. acu air. and he added as a p. of it that she was. ⁊ do ċuir sé de ċ. leis go raiḃ sí ... what p. of all that have you. caḋé an cruṫuġaḋ atá agat leis an gcainnt sin. that p. clearly...cruṫuiġeann soin ḋúinn go soiléir go (C) ... that p. the depth of his love. suiḋeann (pr. suiḃeann) soin méid a ġráḋa. the first p. they gave of that was ... is é an ċéad suiḋiuġaḋ, suiḋeaṁ dá dtugadar air sin a ráḋ go raiḃ... we have a p. from himself that ... tá dearḃuġaḋ, dearḃaḋ againn uaiḋ féin go ... he failed, but that does not p. that he did not do his best. do ṫeip sé air aċt ní ḟágann soin ná gur ḋein sé a ḋiċeall air. that p. it was he who did it. fágann soin gurab é a ḋein é. does that p. that it was a useless remark. an ḃfágann soin gur cainnt gan tairḃe í.

PROP. v. support

PROPER. etc. v. right. in p. sense v. real, right. to bury, etc. properly v. suit. an improper book. v. impure.

PROPERTY, v. riches, belong, own. that was his own p. b'é a ċuid féin é sin. the people who have your p. na daoine a ḃfuil do ċ. acu. depriving him of his p. ag coimeád a ċoda féin uaiḋ. unlawful desire of our neighbours p. dúil neaṁdlisteanaċ i gcuid ár gcoṁarsan. to do him harm in his p. díoġḃáil do ḋéanaṁ ḋó i na ċuid, strus etc. v. riches. I lost my p. v. riches. p., quality, virtue (of plants, etc) v. power

PROPHECY, PROPHET, tairngire f. 4; tairngireaċt f. 3. it is in the old p. tá sé san tseantairngireaċt. he p. the coming of Christ. do ṫairngir, ṫairgir sé teaċt Ċríost. it was p. to him long before. do tairgreaḋ ḋó é i ḃfad roiṁis sin. he had p., foretold it. duḃairt sé go mbeaḋ sé aṁlaiḋ roiṁ ré; d'ḟógair sé roiṁ ré é your p.-ic instinct. t'ḟáiḋeaṁlaċt. a woman who tells fortunes, etc. bean feasa. fortune-tellers cannot p. ní ḟuil aon ḟios ag luċt feasa, eoluis. he was telling our fortunes. do ḃí sé ag taḃairt an ḟeasa ḋúinn. a p. fáiḋ m. 4. a weather p. riadaire. the p. swallow. áinle an ḟeasa.

PROPITIATE, v. satisfy.

PROPITIOUS, v. lucky, opportune.

PROPORTION, in p. to his means. do réir a ġustail, etc. according to, in p. to dignity. do réir onóra. he has power, and is respected in p. to it. tá cuṁaċt aige ⁊ tá urraim dá réir dó. he is 6 ft. high, and built in p. tá sé sé troiġṫe ar aoirde ⁊ tá sé cumṫa, córaċ anċruinn dá réir sin, do r. a aoirde. his features are exactly p. tá a ċeannaiġṫe do r. a ċéile cruinn. the efficacy of the Sacrament is in p. to the dispositions of him who receives it. tá feaḃus ⁊ tairḃe na sacraminte do r. feaḃuis an duine a ġlacann í. in p. to its greatness, etc. its effect is great or small. do r. a ṁéid nó a luiġead soin is eaḋ bíonn an neart mór nó beag. v. the. we loved him in p. to his love for us. do ṫugamar gráḋ ḋó ag freagairt dá ġráḋ ḋúinn. his legs are too long in p. to his body. tá a ċosa rófada i gcomparáid le na ċaḃail. his nose is too long in p. to, for the rest of his face. tá a ṡrón roṁór don ċuid eile dá ċeannaiġṫiḃ. very big in p. to, for his age. anṁór dá aois. they were only paid in p. to that time. níor tugaḋ ḋóiḃ aċt coṁṫrom na haimsire sin de ṗáiġ. every force must have a p.-te effect. ní foláir do gaċ neart a ċoṁṫrom de ṫoraḋ do ṫaḃairt. a well p, boat, etc. bád córaċ, síorċóraċ.

PROPOSE, I have something to p. to you. tá rud éigin agam le ċur os do ċoṁair, le cur róṁat. it was C. who suggested to A. to go ... is é Conn a ċuir i gceann Airt dul ann ... to p., get advice. v. advice.

PROPRIETY, v. modest, right, proper. etc.

PROSECUTE, v. law.

PROSPECT, v, hope, expect. sight.

PROSPER, PROSPERITY. v. succeed, rich, happy.

PROSTITUTE, striapaċ f. 2; méirdreaċ f. 2.

PROSTRATE. v. lie, knock.

PROTECT, PROTECTION. v. help, shelter. cosnaim; fóirim; ainicim (U). I p. defended him from them. do ċosnas orra é. to guard, defend us from the foe. ċun cosaint do ċur orainn roiṁ na náiṁdiḃ. they are a p., defence for him. is congnaṁ cosanta ḋó iad. it is a defence against danger. tá sé i na sgéiṫ ċosanta ar gaċ ċontaḃairt. I have erected such a good defence. tá cosaint ċoṁ maiṫ curṫa agam orm féin. he is a greater p. to them against the wolves, than ... is feárr de ċosaint orra i n-aġaiḋ na mactíri é ná ... under B's p. fá ċosnaṁ Ḃriain; fá scáṫ Ḃ.; ar a s. people live by mutual p. ar scáṫ a ċéile ṁaireann na daoine. the enemies' p. will not save them. ní ḋéanfaiḋ s. na náṁad aon díon dóiḃ. your strong hand is a p. for the weak. tá do láṁ láidir mar s. ag an ḃfear lag. so as to p., help him. cun é d'ḟóirtin; ċun fóirtne air. p. her from foes, storm. dá díon ar easċáirdiḃ, ar an anfa. he will p. her. déanfaiḋ sé díon di. p. his soul. déin díon dá anam. p., defending the man. ag dídean an ḟir (C). to p. my hands from the cold. mo láṁa do ċlúduġaḋ ón ḃfuaċt v. cover. grace is a great p., support against the devil. is mór an taca na grásta i gcoinne an diaḃail. v. support. we are, place ourselves under your p. táimid, cuirimid sinn féin fá ṫeasmann (m.1), ċoimirċe (f.4). be a p. for us against the curses and snares of the devil. bí mar ṫeasmann againn i n-aġaiḋ mallacta 7 iaróg an diaḃail. he asked her p. d'iarr sé coimirċe uirri; do ċuir sé c. a anama uirri. God p. you. comráide, coimirċe Dé ort. hope protects the oppressed. caoṁnann dóċas an t-inġreamaċ

PROTEST, v. object

PROTRUDE, v. stretch

PROTUBERANCE, v. lump

PROUD, PRIDE, uaḃar m.1. (sin of p.); uaiḃreas m.1 (C) (arrogance, rebellious p.); mórḋáil f.3 (inclination to boast, etc.); mórtas f.2 (elated, haughty p.); móréis f.2 (id); mór-is-fiú m.4 (self-conceit); éirġe i n-áirde m.4 (presumption, self-conceit); mórċúis f.2 (self-importance, touchiness); díomas m. 1 (haughtiness, arrogance); mustar m.1 (ambition, ostentation, etc.); toċastalaċt f.3 (showiness, also, neatness); sorcamás m. 1 (affectation, conceit); leiṫeadas m.1 (conceit, vanity) (C); tolaṁór (haughty anger, insolence); stuaim f. 2 (noble carriage, self-control); taiḋḃse f.4 (showiness, vanity); cámus m. 1 (conceit); postaṁluiḋeaċt f. 3 (C); riméad m. 1 (C); stát m. 1 (U); onóir f. 3 (U); árdánaċt f. 3 (U): stráic f. 2 (U); bóiceáil f. 3 (W). proud. uaiḃreaċ (bad or good sense, stately, etc); mórḋálaċ; mórtaiseaċ; móréiseaċ; mórċúiseaċ; díomasaċ; mustaraċ; toċastalaċ; leiṫeadaċ (C); stuamḋa; taiḋḃseaċ; postaṁail (C); onóraċ (U); riméadaċ (C); péacógaċ (vain); uallaċ (id.); sotalaċ; borb (rough, overbearing); beaduiḋe (U); moḋṁaraċ (stately); móraiġeanta; mór ann féin (vain, conceited); p. ruined them. is é an t-uaḃar a ṁill iad. the angels who fell through p. dream, aingil an uaḃair. marching p. ag siuḃal go huaiḃreaċ. a p. lady. beanuasal uaiḃreaċ. offended p., indignation. uaḃar 7 boċtaineaċt. girls dressed up and p. of themselves. cailíní gléasta suas 7 mórḋálaċa asta féin. I am p. of him. táimse mórḋálaċ as. he is proud of that taking place. tá sé m. as an rud soin do ḃeiṫ ar siuḃal. that took some of the p., conceit out of him. do ḃain sin cuid den ṁórḋáil dé. he was not a bit p., conceited. ní raiḃ aon ṁórċúis ná mórḋáil ag gaḃáil dó. he is very p., touchy. tá sé mórċúiseaċ, lán de ṁórċúis. he may well be p., he is getting on so well. ní misde dó an ṁóréis air 7 a ḟeaḃus atá an saoġal aige he is very vain, p., self-important. tá sé anṁór ann féin. p.-ly, boasting. ag maoiḋeaṁ go móraigeanta. she is a vain, conceited woman. bean ṗéacógaċ, uallaċ is eaḋ í. his p., stately eye. a ṡúil ṁóḋṁaraċ. marching p.. stately. ag siubal go stuaṁḋa. p., overbearing lady. bean uasal uaiḃreaċ iomarcaċ (U.) he is a p., arrogant man. fear postaṁail borbaċ is eaḋ é. (C.) he is p. of his son, etc. tá sé ríméadaċ ar a ṁac (C): tá sé toirtéireaċ ar a ṁac, etc. he went off p., elated (after victory, etc.) d'imṫiġ sé go buacaċ. I will knock the conceit, affectation, p. out of him. bainfeadsa an sorcaṁás dé. do not be conceited, p. about it. ná déin stró as (C.) it is a great subject of p., elation for him to be ... is mór an ceann suas dó é do ḃeiṫ ... foolish p. and no means to support it. éirġe i n-áirde gan cur leis. you will be p. of it. beiḋ taiḋḃse agat as. he is p. of being...tá sé taiḋḃseaċ ó ḃeiṫ... many a man loses his head with conceit. is mó duine a ċailleann a ṁeaḃair le mór-is-fiú. he does not show any p., haughtiness to others. ní ṫaisbeánann sé aon ṁór-is-fiú ná éirġe i n-áirde os cionn fir eile. a haughty, overbearing woman (often of upstart). bean ṫolaṁór, ṁineáireaċ. she gave vent to her haughty, insolent temper. d'éiriġ sí ċun tolaṁóire, míneáire. p. flesh. feoil ṁarḃ.

PROVE. v. proof, persuade.

PROVERB. v. saying.

PROVIDE. v. get, give. he p. himself with a stick. fuair, d'aimsiġ, do ṡoláṫruiġ sé bata; do ċuir sé bata ċuige. I p. him with food, etc. soláṫruiġim biaḋ ḋó; cuirim cóir biḋ 7 diġe air. v. care, hospitality. a seat is p. there. tá suiḋeaċán le faġáil ann. provided that, etc. v. only.

PROVIDENCE. it was the p. of God she was not killed. do b'é leonuġaḋ Dé nár marḃuiġeaḋ í. v. will. without thinking of God's p. in the world. gan maċtnaṁ do ḋéanaṁ ar roiṁaire Dé 7 a riaruġaḋ i n-imṫeaċtaiḃ an tsaoġail.

PROVIDENT. v. prudent, foresight.

PROVINCE. cúige f. 4.

PROVISIONS. v. provide, food. lón m.1; soláṫar m.1. while the p. lasted. an faid 7 do lean an lón. he had the p. which the wolf laid up. do ḃí soláṫar an ṁiċtíre aige.

PROVOKE. v. anger, challenge.

PROW. v. bow.

PRUDENCE, PRUDENT. v. sense, etc. ciall f. 2; céill f. 2; deaġċéill: breiṫeaṁnas m. 1 (sound judgment). prudent. críonna (C.U.); ciallṁar; fadċeannaċ (far seeing, wise) (C.U.W.) it was p. of you to do it. ba ṁaiṫ an ċiall duit é do ḋ; is maiṫ do ḋeinis (7) é do ḋ. I should not feel it p. to vex him. níorḃ' ionntaoiḃ fearg do ċur air. it would not be p. for an enemy to attack him. níorḃ' aon dóiċin é do náṁaid.

PRUNE. v. cut.

PRY. v. inquisitive, interfere, search.

PSALM. psailm f. 3.

PSALTERY. saltair f, 5.

PSEUDO-. v. false.

PUBLIC. v. open. poiblíḋe. the p. an ṗoiblíḋeaċt f. 3; an ċoitċeanntaċt f.3. the general p. were not inclined to...ní raiḃ an ċ. claon...v. people. he said it p., openly. dubairt sé é os coṁair na ndaoine, os coṁair na dúiṫċe. a p., frequented place. áit ṫaiṫeantaċ (C). p. house. ósta; tiġ ósta; tiġ tábairne.

PUBLISH, v. announce. p. (of book) cuirim amaċ

PUCK, cows p. each other. ba ag gaḃáil dá n-adarcaiḃ ar a ċéile. the goat p. him. do ḃuail an gaḃar poc dá hadairc air; do ṫug sí adarc faoi. the bull p. him behind in the shoulders. do ḃuail an tarḃ poc aniar insna slinneánaiḃ air

PUDDING, putóg f.2 (black p.)

PUDDLE, v. mud

PUERILE, v. child, simple

PUFF, v. wind, breath, smoke

PUFFIN, v. gull. canóg f. 2; crosán m. 1 (C.)

PUGNACIOUS, v. fight, temper.

PUGNOSED, v' nose.

PULL, v. tear. she p., drew him to the table. do ṫarraing sí ċun an ċláir é. p. it towards you. tarraing ċúġat é. he p. the tooth out (of me). do ṫ. sé an fiacail as (mo ḃéal). he p., drew back a little. do t. sé siar beagán. v. back. p., draw, come near t. i leiṫ. he p., drew away from them. do ḋruid sé uaṫa i nḋiaiḋ a ċúil. p. your chair to the fire. druid do ċaṫaoir ċun na teine. v. near. to p., pluck an apple, flower, etc. uḃall, bláṫ do stoṫaḋ. p., tugging at the beard. ag stoṫaḋ na féasóige. he p. up the cockle from the ground together with the wheat. do stoṫ sé an cogal as an dtalaṁ i dteannta na cruiṫneaċtan. he p. me. do strac, stróc (U.) sé mé; do ḃain sé stracaḋ asam. I p. the branch from the tree. do stracas an ġéag den ċrann. he p. him in to the shore. do strac sé leis é go dtí an tráiġ. he p. the child quickly into the boat. do sciob sé an leanḃ isteaċ sa mbád. v. snatch. to p. down. v. knock. p. to pieces, asunder. v. tear, piece. p. a face. v. face. p. long bow. v. exaggerate.

PULSE, v. throb. cuisle f. 5

PUMP. caidéal m. 1.

PUNCTUAL, v. time.

PUNCTURE, v. prick, hole.

PUNISH, v. beat, vengeance. he was p. do cuireaḋ pian (f.2) pionós (m.1) air. they will be sent to eternal p. cuirfear go pianta síorruiḋe iad. that child should be p., kept under subjection, etc. ba ċóir smaċt (f. 3) do ċur ar an bpáiste sin. so as to p. him who did it. ċun an ġníoṁa do ċúiteaṁ leis an ḃfear a ḋein é; ċun é d'agairt, do ḋioġailt ar an ḃfear ... the p., dressing I gave him. an cóiriuġaḋ a ṫugas do.

PUP, coileán m. 1; c. con, gaḋair, etc.

PUPIL, scoláire m. 4. p. of eye. mogall (m. 1) na súile; mac imreasán.

PURE. PURIFY, glan; geanmnaiḋe (chaste). purity. glaine f. 4; geanmnaiḋeaċt f. 3. a man of p. Irish descent. fear gaeḋeal uirġlan ó na ḟinnfear; gaeḋeal ó ġlanḋúṫċas. the virtue of p., modesty, chastity, etc. subáilce na banaṁlaċta, geanmnaiḋeaċta, etc. through p. shame, etc. v. mere. p. from. v. free.

PURPLE, v. red. corcar m. 1.

PURPOSE, etc. v. cause, reason, intention. he came, etc., for the p. of, in order to, with the intention of killing the man. do ṫáinig sé ċun an ḟir do ṁarḃaḋ, leis an ḃfear do ṁ., ag m. an ḟir, a (=do) ṁ. an ḟir (North C.U.), ar ġráḋ an fear do ṁ. (W.), ar intinn an ḟir do ṁ., ar aigne an ḟir do ṁ., d'ḟonn an ḟir do ṁ., etc. she did it for that p. is ċuige sin do ḋéin sí é. why, for what p. did you do it. cad ċuige ḋuit a ḋ.; cad ċuige ar ḋeinis é. straw for the p. of a roof. tuiġe ċun dín an tiġe. to kill it for the p. of food. é do ṁarḃaḋ ċun biḋ. if I did it it was not on p., deliberately it was involuntarily. má ḋeineas é is i gan ḟios dom é. ní lem ṫoil ṁacánta é. whether it was accidentally or on p. that he did it. pé acu le tionóisc nó le toil do ḋein sé é. you did it deliberately. led ṫoil do ḋeinis é; ded ṫoil ... he did it on p. d'aon ġno (is eaḋ) do ḋein sé é. he did it for the express p. of killing him. do ḋein sé d'aon ġnó, d'aon toisc ċun é do ṁarḃaḋ. v. intention. he did it on p. to get possession of it. do rinne sé é as a ṙoċt le sealḃ d'ḟaġáil air (C). I listened on p. for that. do ċoimeádas cluas orm féin d'aon ḟeiḋm ċuige sin. it was put there specially for them. do cuireaḋ é i na dtómas. he kept it specially for me. do ċoimeád sé é im ṫómassa v. for.

PURR. for her own good the cat p. ar ṁaiṫe leis féin ḋeineann an cat crónán.

PURSE. sparán m. 1; spaga m. 4 (fob).

PURSUE. PURSUIT. v. rout. he p. them. slaughtering them. do lean sé orra dá réabaḋ. why p. the question any further. cad is gábaḋ ḋuit beiṫ ag leanaṁaint siar air. coming back from the p. of the E. ag teaċt ṫar n-ais ó ṫóir (f. 2) na Sasanaċ. they were p. him. do ḃíodar i na ṫóir, ar a ṫóir. he set men to p. him. do ċuir sé fiaḋaċ ⁊ cuardaċ ⁊ tóir i na ḋiaiḋ. he did not give up the p. níor stad sé den ruaig. v. rout. in p. of. v. search. mercantile etc. p. v. profession.

PUS. v. matter

PUSH, v. drive. he p., shouldered her. do ḃain sé unfairt (f.2), unḟairt airti. he heard a kind of push. noise of something being p. d'airiġ sé u. éigin. with the p., shove he gave. leis an sungc a ṫug sé. the people (in crowd) p. against each other. daoine ag bruġaḋ ar a ċéile. they are p. into the house. táid siad ag bruġaḋ isteaċ sa tiġ. v. crush. I p.. drove him back. do ṫiomáineas, ċuireas i ndiaiḋ a ċúl é. ramming, p. a bullet into the gun. ag pulcaḋ piléir isteaċ sa ġunna. p. shove it out (door, etc.) brúiġ ḋíot amaċ é

PUSILLANIMOUS, v. coward, courage

PUT, cuirim; buailim; leigim, leogaim, leagaim (C). I p. it on the table. out of the house, into the water. do ċuireas ar an mbórd, as an dtiġ, (isteaċ) san uisce é. I put set it going. do ċuireas ar siubal é. I p. set them reading. do ċuireas ag léiġeaṁ iad. p. on flesh. ag cur na feola suas. to p. it (law, etc.) in force. é do ċur i bfeiḋm v. effect. he p. his hand to his side, to the wall. do ċuir sé a láṁ le na ċliaṫán, leis an bfalla. that did not p. them off. níor ċuir sin ón scéal iad. I will p. him off, get him not to do it. cuirfiḋ mé ḋe é. to put them together v. add, unite. I was never p. at a trade. níor cuireaḋ le haon ċéird mé. I p., set the mill going. do scaoileas leis an muilleann ar siubal v. let. I p. it on the table, under the hay. do ḃuaileas ar an mbórd é, fá'n bféar é. p. on v. dress. p. aside v. aside. p. up with v. permit, suffer. p. off v. postpone. p. a question v. ask. p. to shame v. shame. p. before v. prefer, propose. p. away. v. hide, store

PUTRID, v. rotten

PUZZLE, v. mistake. confuse, doubt. a riddle. toṁas m.1

QUACK, v. cackle

QUADRUPED, beiṫiḋeaċ ceiṫre gcos

QUAGMIRE, v. marsh

QUAIL. v. corn-crake, shrink

QUAINT, v. queer

QUAKE, v. tremble

QUALITY, buaiḋ m.4 f.2; cáil f.2; cailiḋeaċt f.3; tréiṫ. the I. has that q., characteristic yet. tá na tréiṫe sin san Éireannaċ fós. if one had both those q. dá mbeaḋ an dá ṫréiṫ ag aoinne. his good q. a ḋeaġṫréiṫe. a man of splendid q. fear deaġṫréiṫeaċ. it is a characteristic of the I. not to ... is cáil de ċáilíḃ gaeḋeal gan ... enumerating the good q. ag áireaṁ na maiṫeasaí, etc. I would not attribute to myself the good q. she credits me with. ní ġeoḃainn ċúgam féin a dtug sí de ṫeastaiḃ orm v. character, reputation. quality is better than quantity. ní sa ċóṁaireaṁ bíonn an tairbe aċt sa ṁianaċ. it has strange, etc., q., properties. v. power

QUANTITY, v. much, many, amount.

QUARREL, QUARRELSOME, v. fight, anger, temper

QUARRY, v. pit, booty

QUARTER, v. spare, pity. ceaṫraṁa f.5; ráiṫe f.4 (of year). q. sessions. sessiún na r. q. tense. troscaḋ na r. q. of beef. v. leg

QUAY, v. port

QUEEN, bainríoġain f.3. q. bee v. bee

QUEEN'S CO. Conntae na bainríoġna

QUEER, v. extraordinary. greannṁar; ait; aisteaċ (C.); áiḃéiseaċ (absurd, extravagant); éaċtaċ (extraordinary); éagsaṁlaċ (id.); coiṁṫiġeaċ (strange). he is a q. fellow. is greannṁar an mac, duine é; mac seoḋ is eaḋ é (W.) that is a q., funny thing about it. is greannṁar soin de. that would be a q. thing for me to do. is g. an rud soin a ḋéanfainn. he put on a q. look. ḋa ṫáinig féaċaint ġ. air. that is q., strange. tá soin ait; is ait an rud é. she has done a q. thing. is a. an obair í seo atá déanta aici. I never saw anything so q. ní ḟeacas aon rud ċoṁ h-a. leis. it is a q. thing I am engaged on. is a. an gnó atá ar láiṁ agam. I noticed how q. was the way he did it. do ṫugas fá ndeara a aite mar ḋein sé é. and q., strangely enough he did not ... ⁊ ait go leor níor ḋein ... I am in a q. position.

tá an scéal go há. agam; is a. atá an scéal agam. a q., strange wild look, shriek, etc. féaċaint, liaċ, etc. coiṁṫiġeaċ. however q., extraordinary her dress. dá áiḃéirse é a gúna. a q., peculiar man, disposition, etc. fear, meon, etc. fá léiṫ. he is q., peculiar. fear ann féin is eaḋ é. it is an extraordinary, monstrous thing I cannot go ... is éactaċ an obair a ráḋ na féadfainn dul ... the most extraordinary affair. an scéal is éagsaṁlaiġe.

QUENCH, v. extinguish.

QUERULOUS, v. complain.

QUESTION, v. ask. it is not a q. of stupidity or cleverness, but of what he likes. ní cúrsaí tuigsiona ná neiṁṫuigsiona é aċt cúrsaí an ruda a ṫaiṫneann leis. it is not a q., affair of control. ní cúrsaí smaċta é. v. matter. there would be no q. of a dowry. ní ḃeaḋ aon trácht ar spré. I never heard any q. of it. níor airiġeas trácht air. v. allude. that is the whole q. v. point. to q. him. ask q. v. ask. the q., business, matter. v. affair.

QUICK, etc. v. soon, run. mear; tapaiḋ; tapaṁail; luaṫ; éascaiḋ; aibéil (C) etc. speaking fast, q. ag labairt go tapaiḋ, mear. he went off q. d'imṫiġ sé go tapaiḋ. he was too q. for me. do ḃí sé róṫ. dom. he is not very q. at it (talking, etc.) ní róṫ. ċuige é. I would tell him q. straight that ... is róṫ. 7 róṫuir déarfainn leis go ... it would q. his pace. ba ṁire. luaṫas reaṫa ḋó. as q. as he could run. ċoṁ mear 7 do ḃí sé i na ċosaiḃ. v. run. however q. he said it. dá ṁireaċt a duḃairt sé é. q. of speed. luaṫas coisiḋeaċta. q. footed. luaṫċosaċ. the q., sooner done the better. dá luaiṫe, luaṫaċt déintear é is eaḋ is fearr. the q., sooner you go off the better. ní beag liom a luaṫaċt d'imṫeoċair. only for the q. with which he seized it ... mura mbeaḋ a luaṫaċt, ṫapaṁlaċt do rug sé air ... he recovered q. do ṫáinig sé ċuige féin go tapaṁail, tiuġ. nothing would discourage you more q. than ... ní ḟuil aoinní is tapaṁla ḃainfeaḋ misneaċ díot ná ... walking q. ag siuḃal go haibéil (C) I threw the knife after him as q. as I could. do ċaiṫ mé an scian i na ḋiaiḋ ċoṁ haibéil 7 d'ḟéad mé. (C.) he ran off q., at full speed. d'imṫiġ sé leis ins na fascaiḃ (C); rúd ċun bealaiġ é ins na f. (C). he drew back q., with a spring. do ṫarraing sé siar go héascaiḋ. he jumped, ran q., lightly, easily. do léim, riṫ etc., sé go héascaiḋ. walking, throbbing q. ag siuḃal, ag cur de go tiuġ. growing q. ag fás go tiuġ. does she not knit q. naċ tiuġ ḋeineann sí cniotáil. as q. as it is made it is ... ċoṁ tiuġ 7 déintear é bíonn sé ... be q., lively. bí sraiteaṁail. he jumped in a q., smart way into it. do léim sé go preabaṁail isteaċ ann. he came q. to them. do ṫáinig sé d'urċar ċúca. go off q. imtiġ go deaġair. open it q. oscail go deaġair é. to do it q., promptly. é do ḋéanaṁ go haṫláṁ (U). he spoke q. do labair sé go garta (Cavan). the time is coming, passing q. tá an aimsir ag teaċt, ḋá caiṫeaṁ ar cos i n-áirde it is wonderful how q. the time passed. is iongantaċ an cos i n-áirde a ḋein an aimsir; naċ gearr an ṁoill ar an aimsir imṫeaċt. v. soon. I told him q. and emphatically that ... duḃart leis go tur 7 go daingean go ... going round at a q., lively speed. ag dul timċeall ar greadaḋ. the motion, growling, etc., got q. do ḃrostuiġ, ġéaruiġ ar an ngluaiseaċt, ndrannduġaḋ. he q. his talk. do ġéaruiġ sé (ar) a ċainnt. he q. his speed. do ġ. sé; do ġ. sé ar a ċoisiḋeaċt; do ġ. sé sa ċ. they are going so q. tá a leiṫéid sin de ċoisiḋeaċt fúta ag dul go ... he is very q., fast (in running, walking, etc). tá anċoisiḋeaċt aige. impetuous, impulsive in word. tobann (U.C), obann le na béal. q. at answer, repartee v. sharp, wit. be q., etc. v. hurry. he q. did it. v. soon

QUIET. v. patient, gentle. ciúin; socair; suaiṁneasaċ; réiḋ. q-ness. ciúineas m. 1; socraċt f. 3; suaiṁneas m. 1. q., even-tempered woman, talk, sea. bean, cainnt, farrge ciúin. the thunder, weather, storm, etc., got q. do ċiúinig an tóirneaċ, uain, etc.; do ċiúinig ar an dt., etc. the sea, etc., had got much more q. do ḃí an ḟairrge imṫiġṫe go mór i gciúine. he spoke q. and deliberately, slowly. do laḃair sé go ciúin ⁊ go fadanálaċ. however q. he is. dá ċiúineaċt é. there was no one whose mind was so q., at peace, at rest as she. ní raiḃ aoinne ċoṁ socair aigne léi. Ireland is in peace and q. tá Éire sáṁ sioṫċánta socair anois. quietly! go socair! keep q. fan s. the weather, she, etc., q. down, grew calm, was appeased, pacified, etc. do ċuaiḋ sí, an uain ċun suaiṁnis; do ḃí si, etc., ag dul i suaiṁneasaiġe; do ṫáinig suaiṁneas uirri. his mind was at rest, at peace. do ḃí a aigne suaiṁneasaċ; do ḃí sé ar a ṡuaiṁneas. that day was a q., peaceful one for the ox. do ḃí an lá soin ar a ṡuaiṁneas ag an ndaṁ. he was walking, working, etc. q., calmly, leisurely, at his ease. do ḃí sé ag siuḃal, obair ar a ṡocraċt, ṡuaiṁneas, ar a ḃogaḋ-dom. I could not sleep a night in peace, q. níor ḟéadas oiḋċe do ċodlaḋ ar aon tsuaiṁneas: do ṫugas oiḋċe callóideaċ ḋíom. I spent my life in peace, q. do ċaiṫeas mo ṡaoġal i mbun mo ṡuaiṁnis. it is a disturbed unquiet epoch. aimsir ċallóideaċ is eaḋ í. v. confusion. to calm, pacify, appease her. í do ċur ċun suaiṁnis. set your mind at rest, peace, be easy in your mind. cuir t-aigne ċun suaiṁnis. I asked him to keep q. d'iarras air a ṡuaiṁneas do ċeapaḋ, ġlacaḋ. it would be a great source of peace, q., to the country around. ba ṁór an suaiṁneas ar an nDúṫaiġ é. take it q., calmly, dont get excited. go réiḋ! glac réiḋ an scéal. go q., more slowly, etc. bí go r. leat féin (W); bain siar asat féin (W); bain uait. to take him q., not to get excited with him. é do ġlacaḋ réiḋ. q., even tempered man. fear réiḋ. the noise, waves, energy, persecution, etc., were getting quieter, less violent, etc. do ḃí an foṫram, na tonna, an fuinneaṁ, an ġéir-leanaṁain, etc., ag dul i maoile: do ḃíodar ag maolugaḋ. they got q. do ṫáinig maolugaḋ orra; do ṁaoluig orra. that q. his trouble. maoluiġeann soin an buaḋairt atá air; deineann soin maolugaḋ ar an mb. dó. v. lessen I spent my life in peace and rest. do ċaiṫeas mo ṡaoġal ar mo ṡáṁan. the sea was at rest, q. do ḃí an ḟairrge go sáṁ. asleep q. i na coḋlaḋ go sáṁ; i na ṡáṁċodlaḋ v. sleep. the sea, man was calm, q. peaceful. do ḃí an ḟairrge, fear go sáṁ, socair. though they were as q. as a cat before the fire. ⁊ iad ċoṁ mánla le cat i na ṡuiḋe i ḃfiaḋnaise na teine. so that I should have the cow quiet for ever after. i dtreo go mbeaḋ an ḃó ceannsa ċoiḋċe agam. I submitted q. do ġéilleas go mín macánta. to q., calm her. stuidaer do ċur innti. (W). nothing like peace and q., anything for peace and q. ní ṫéiḋeann roġa ón réiḋteaċ. q., still, dead water (out of current). uisge marḃ. I was astonished how q., easily he gave in to her. do ḃí iongnaḋ orm a ḃoige do ġéill sé ḋí

QUILL, v. feather

QUILT, cuilt f.2; cuilc f.2

QUITE, v. completely, very, enough.

QUIT. v. leave.

QUITS. I shall be q. with you. beadsa suas leat, réiḋ leat, díreaċ leat (C.) v. pay.

QUIVER, v. tremble, shake. q. (for arrows.) taisce f. 4.

QUIZ, v. laugh. fun.

RABBIT, coinín m. 4, r. warren. coiniġéar m. 1.

RABBLE, v. crowd.

RABID, v. mad, anger.

RACE, v. run. rás m. 1; coiṁeascar (m. 1) reaṫa. the r. was run. do riṫeaḋ an rás. i. to get there. ag baint an ḃóṫair dá ċéile ...

RACE, v. family. sliocht m. 3; síol m. 1; síolraċ m. 1; clann f. 2; cineaḋ m. 1; cine f. 4; dúṫċas m. 1; bunaḋ m. 1 (C.); cinéal m. 1 (race, tribe); treaḃ f. 2 (tribe). may your r. continue for ever. sliocht sleaċta ar ṡliocht do ṡleaċta. he came of the r. of the woman. do ṫáinig sé ar ṡliocht na mná. if you be of the true

Irish race, stock, breed. ma'r fíor-ṡ. na nGaeḋeal sib. do you not belong to the human r. naċ den ċineaḋ ḋaonna ṫú. he is the strongest man of his r., family, tribe, etc. is é fear is treise ar a ċ. é. qualities which belonged to his r., family. tréiṫe a bain le na ḋúṫċas. they are of the same r. as we. is den d. ċeadna linn iad. he was of a vigorous, rough race. do ḃí d. garḃ ann. Irish by r., blood. Gaedeal do réir dúṫċais. of the race, breed of C. de ṡíol Cuinn. of the old r., stock. den tseanṡíolraċ. it matters not whether they are of the race of the Gael or of the stranger. is cuma an de ċró na nGall iad nó de ṗór na nGaeḋeal. the Irish r. clann na nGaeḋeal. Galway belongs to their r. to-day. tá an Ġailliṁ ag a mbunaḋ indiu (C).

RADIANT, v. bright.

RAFT, cliaṫ f. 2 (W.)

RAFTER. taoḃán m.1 (cross-beam) ; sraiġ f. 2 (generally in pl. sraṫaċa)

RAG, RAGGED. v. patch. leaḋb m.3; leaḋbán m. 1; preabán m. 1; balcais f.2; ceirt, ceairt f.2 ; he mended the boots in rags on my feet. do ḋeisiġ sé na leaḋbaċa a ḃí ar mo ċosaiḃ. a man in r. leaḋbán (bacaiġ) ; gioblaċán ; fear gioblaċ. his r. old clothes. a ṡeanḃalcais. to get some r. clothes. balcais éadaiġ d'ḟaġáil. patched clothes. éadaċ preabánaċ. a rag stuffed into his mouth. preabán sáite isteaċ i na ḃéal. they had only their r. clothes on them. ní raiḃ orra aċt na giobail. r. heels. sála giobaċa. old r. sheets. seanċraṫair bairlíní. dirty rags. ceirteaċa smearṫa, salaċa. he put a rag on his finger. do ċuir sé ceirt ar a ṁéar. without a r., screed on him. gan luid, taoinnte, folt air. not a r. of the coat was on him. ní raiḃ luid, taoinnte, folt den ċasóig air without a r. of skin on him. gan sgiolltar croicinn air (C) ragweed. buaċalán (buiḋe).

RAGE v. anger.

RAIL. ráil f. 5 ; fál m. 1 ; rail (bird). traona m. 4 (land-rail) ; cairólín m. 4 (water-r.) r.-way. bóṫar iarainn.

RAIN, RAINY, fearṫainn f. 3, 2. (generally heavier than báisteaċ); báisteaċ f. 2 ; báisleaċ (U). it is r. tá sé ag fearṫainn ; tá sé ag cur fearṫanna (C.U) ; tá sé ag cur. (C.U). it is pouring r. tá sé ag taomaḋ fearṫanna (U). the clouds ... as if they threatened r. na scamaill fá mar ḃeaḋ fuadar fearṫanna fúṫa. light r., drizzle. minḟearṫainn. he went out beneath the heavy soft r. do ċuaiḋ sé amaċ fán gclagar. so much r. was coming through the straw roof. do ḃí an oiread soin clagair ag teaċt tríd an tuiġe. it was pelting r. do ḃí an ḟearṫainn ag tuitim i na clagarnaiġ, i na taoisceanaiḃ, sraiṫeanaiḃ ; do ḃí sé i na ċlascaiḃ báistiġe (C). a soft r. day. lá bog ; lá breáġ bog ; tá sé bog. a wet day. lá fliuċ, báistiġe; tá sé fliuċ. it continued r. do lean sé ar báistiġ. it is r. tá sé ag teaċt anuas. the r., shower is coming. tá an múr ag teaċt (C). light r., mist ceoḃrán m.1. brádan m.1. (C). r., misty weather. aimsir ċeoḃránaċ, ceoṫaċ, ċeoḃraonaċ. showery weather. aimsir ċeaṫaċ, ċeaṫaiḋeaċ (U), ċeaṫánaċ. a drop of r. small shower. braon báistiġe. a shower of r. ciot m.3 (báistiġe) ; sras m. 1, 3 (báistiġe) ; fleaṫ (wind and rain). there came a heavy beating shower of r. do ṫáinig gléaraḋ báistiġe (C.U.), raisce ceaṫa, raisce báistiġe, balc fearṫanna (U), balc doininne (U). a heavy shower came on. do ṫáinig múr mór báistiġe (C). in the r. fán ṁúrġail (C). it stopped r. do rinne sé aiteall (C). it has stopped r. tá sé i na aiteall (C); tá aiteall aige (C). v. fine. the r. is getting lighter. tá sánas beag ag an mbáistiġ dá ṫabairt anois ; tá sé ag éadtromuġaḋ, ag dul i n-éadtromaċt ; tá claoċluġaḋ ar an mbáistiġ v. fine. rainbow boġa ceaṫa ; b. leaċa ; tuaġ ceaṫa (U) ; madra gaoiṫe (small fragment of one).

RAISE. v. increase. he r., lifted his hand. do ċuir sé a láṁ i n-áirde. he r. it off the fire. do ṫóg sé den teine é. he r. his head (which had sunk). do ṫóg sé a ċeann. he r. his head (above ordinary). d'árduiġ sé a ċeann. her head r. high. a ceann i n-áirde. he r., lifted the man out of the hole. d'árduiġ sé an fear ar an bpoll. he r. his voice. d'á. sé a ġlór. that r. my opinion of him. d'á. sin mo ṁeas air. to r. his rent. an cíos d'árduġaḋ, d'árdaċ air. he r. his stick to her. do ṫarraing sé a ḃata uirri. with raised stick (to strike). a ṁaide ar ṫarrang aige.

RAKE. v. spendthrift, slovenly, rascal. I r. the fire. coiglim an teine.

RAM. v. push, stuff. reiṫe m. 4.

RAMBLE. v. wander, walk.

RANCOUR. v. hate.

RANDOM. v. vague, careless.

RANGE. v. far. he is out of r. tá sé leaṫsmuiġ de raon (m. 1) aon urċair. out of r. of hearing. a raon na gcluas. none remained within (gun, etc.) range of him. níor ḟan aoinne i ngiorraċt faid gunna, urċair, faiġde, etc., dó. when he got within r. of me. nuair ḃí sé níos giorra ḋom ná faid urċair.

RANK. v. rotten. céim f. 2 (grade, etc.); onóir f. 2; gradam m. 1 (dignity, majesty). those of highest r. daoine is áirde céim. according to r. do réir onóra.

RANSACK. v. search, plunder.

RANSOM. v. price. I will not give you the king for that r. ní ṫiubraḋfa an rí ḋaoiḃ ar an bfuascailt sin. I offered a big sum as r. do ḋeinear luaċ maiṫ airgid do ṫairgsint mar ḟuascailt. each of the stones would have r. a prince. do ḃí f. mic ríoġ a bpaiġdeanas ins gaċ gcloiċ díoḃ. the terrible r. that had to be offered for the human race. an díolṗíaċ uaṫḃásaċ nárḃ' ḟoláir do ḋéanaṁ tar ċeann na cine daonna. v. price.

RAP. v. knock, blow.

RAPACIOUS. v. greedy.

RAPE. ráib f. 2 (plant).

RAPID. v. quick.

RAPINE. v. plunder.

RAPTURE. v. glad.

RARE, RARELY, v. few. they are r. daoine etc. fánaċa, fada ó ċéile, annaṁ le faġáil is eaḋ iad. r. is the man who is, would ... is fánaċ, beag, teasc duine, is beag aoinne, is annaṁ le faġáil duine atá, a ḃeaḋ ... r. was the Sunday he did not do it. is a. Doṁnaċ, ba ḃeag (aon) Doṁnaċ ná deineaḋ sé é. r. would you see...is fánaċ, annaṁ, do ċífeá...he does it r. ní ḋeineann sé aċt go h-a. é; is a. ḋeineann sé é. the r. thing is wonderful. an rud is a. is iongantaċ. a r. thing for me. rud is a. dom. it is r. with me to be, do it. is a. liom beiṫ, é do ḋ. seeing how r. it is said. ⁊ a annaṁuiḋeaċt adeirtear é. he found a r., odd man. fuair sé fóḋuine, corrḋuine (C.U.) r., precious, etc. v. valuable. r., wonderful. v. wonderful, extraordinary.

RASCAL, v. bad, impure. biṫeaṁnaċ m. 1 (often jocosely); claḋaire m. 4; ropaire m. 4. croċaire m. 4; dailṫín m. 4 (cad, ragamuffin, puppy); cuirpṫeoir m. 3 (wicked, immoral); cuirpṫeaċ m 1 (id.); rógaire m. 4 (used also in fun); cnubalaċ drúiseóra (licentious). that r. of a man, doctor, woman, etc. an claḋaire fir, doċtúra, mná úd. you r. a ropaire, biṫeaṁnaiġ; a r. gaid, na cnáibe; a ċroċaire.

RASH. (on body). bruṫ m. 3.

RASH. v. wild, courage, foolish. a r. judgment. breiṫeaṁntas obann.

RASPBERRY, súġ craoḃ.

RAT, francaċ m. 1; luċ f.; luċan m. 1 (U); luċóg ṁór (U).

RATE. v. abuse.

RATE, v. way. at the r. of 10/- a week. ar cion deiċ scilling sa tseaċtṁain. beyond the market r. os cionn reaċta an ṁargaiḋ (U.) at any r. v. events. rate (cess, etc.) sraiṫ f. 2. to pay r. for it. sraiṫe do ḋíol as.

RATH. v. fort.

RATHER. v. prefer, besides, more.

RATHER (somewhat). v. little, half, middling.

RATIONAL. v. sense,

RATTLE. v. noise, death.

RAVAGE. v. plunder, destroy.

RAVE. v. mad. he was r. in delirium. do ḃí, ṫáinig ramaill, speaḃraiḋí air; do ḃí sé ag baoṫċainnt leis féin; do ḃí a ċeann ar éadtromaċt; do ḃí sé ag ramaill, ramóid (U).

RAVEN. fiaċ m.1 ; f. duḃ.

RAW. v. thin. the r. potatoes. na prátaí fuara. it is all r. flesh (of wound, exposed, etc.) ní ḟuil ann aċt an beo dearg. a r. wound, lot, etc., maoldearg (W).

RAY. ga. m. the sunray, sunbeam. an ga gréine. the first ray of morning. an ċéad léas de ṡolus an lae. the moon cast a faint r. of light on them. do ċaiṫ an ġealaċ léas fannṡoluis orra. the one r. of consolation. an t-aon léas sóláis. r. of light were coming from it as from the sun. do ḃí ċaiṫnini soluis ag imṫeaċt as mar ḃeaḋ as an ngréin.

RAZOR. rasúir ; scian ḃearrṫa.

REACH. sroiċim ; sroisim ; roiċim ; rigim. I r. there, the age of reason, the city, the kingship, etc. do ṡroiċeas, etc., annsoin, aois na tuigsiona, an ċaṫair, an ríoġaċt. I r. the house. do ḃaineas an tiġ amaċ. I managed at last to reach a nest. do ḃaineas nead amaċ fá ḋeireaḋ ṫiar ṫall. he r. the fort, the chieftainship, the other side of the river, etc. rániġ sé an dún, i bflaiṫeas, ṫar an aḃainn. the water r. up to his knees. do ḃí an t-uisce go glúinib air. no sooner did he r. the ground (in falling, etc.) ní túisce do ṫeagṁuiġ sé leis an dtalaṁ. to r. the harbour. an calaḋ do ġaḃáil. v. land. as high as my arm could reach... ċoṁ hárd ⁊ do ċuaiḋ sineaḋ mo láiṁe. all within r. of my hand. gaċ rud i ngar sineaḋ láiṁe ḋom. out of r. of gunshot. v. range. as far as the eye could r. v. far. land r. over to v. extend. I r. out my hand. v. stretch.

READ. I r. a book. léiġim leaḃar. r. the paper. ag léiġeaṁ an ṗáipéir. I like r. tá dúil agam i léiġṫeoireaċt.

READY v. arrange. r. for death, the night, etc. ullaṁ i gcóir an ḃáis, na hoiḋċe. I make him r., I prepare him for death, the night, etc. ullaṁuiġim é i gcóir an ḃáis, na hoiḋċe. he is r., inclined to yield to sin, to beat them ... tá sé ullaṁ ar ġaḃáil le peacaḋ, ar iad do ḃualaḋ. he was very r., quick (in answering, etc.) do ḃí sé go hullaṁ. getting everything r., preparing for the king's journey. ag déanaṁ an ullaṁúċáin don ríġ i gcóir a ṫurais. it was time for me to make better preparations to face the world. ba ṁitid dom a ṁalairt deise do ċur orm féin i gcóir an tsaoġail. he prepared for battle with them. do ċuir sé córuġaḋ, cóir caṫa air féin ċúca. to get everything, herself, etc. r. for the Mass, work, etc. gaċ rud, í féin do ċur i dtreo ċun na hoibre, i gcóir an aifrinn. I have something r. for you. tá rud éigin id ċóir agam. to get ready a horse, gun, army, etc. capall, gunna, sluaġ do ġléasaḋ. she got herself r. do ġléas sí í féin. to get the boat ready with oars or sails. an bád do ġléasaḋ fá ṡeoltaiḃ nó fá ḃataiḃ ráṁa. the house etc., had been got to rights, prepared for the marriage. do ḃí an tiġ gléasta, riartha, ceartuiġṫe, sláċtuiġṫe, feistiġṫe, etc., i gcóir an ṗósta. she got r. the bed, room for him. do ċóiriġ sí an leaba, seomra ḋó. they are r. to be married. táid siad réiḋ ċun a bpósta. she is prepared for the journey. tá sí réiḋ rianta ċun aistir. he is r. to go. tá sé i n-iúl ar ḋul (W.) ; tá sé réiḋ le himṫeaċt (C). he is r. for them. tá sé r. fá na gcoṁair (C). she got the meal r. do réiḋtiġ sí (C. U.), do ṫriall sí (C. U.) an béile. they had made great preparations for her. do ḃí imṡníoṁ mór déanta acu i na cóir. they were r. to kill each other about it (they were so excited). do ḃiodar i rioċtaiḃ an anama do ḃaint as a ċéile mar ġeall air. v. point. a meadow r. to be cut. móinḟéar i mbéal bainte. r. for use, etc., i n-eanad (ionad) a ċaiṫte (U). it (the machine, etc.) is r. to work well. tá sé ar inneall (W).

REAL, v. true, serious. fíor- ; fírinneaċ ; dilis. r. friendship, friend. fíorċaradas, fíorċara. a. r., genuine enemy, etc. náṁaid i gceart. he is r. angry. tá fearg i gc. air. he is not r., a human being at all. ní duine saoġalta é i naon ċor i gc.

REALISE, v. feel, understand. I r.

he was not the same man. do ṁoṫuiġeas nárḃ é an fear céadna é. when she r. it was her son who ... nuair ṫuig sí i na haigne gurḃ' é a mac a ḃí ... I r. now I was not right. tuigim, moṫuiġim anois nár ḋeineas an ceart. be r., come to pass. v. accomplish. r., carry out. v. effect.

REAP, etc. v. mow. r. the grass. ag buaint an ḟéir. a. r-er. buanuiḋe m. 4; mealluiḋe m. 4 (U.) meiṫeal f. 2 (a band of reapers or workmen). r. hook. corrán m. 1.

REAR, v. behind, back, after, feed. where was he r. cár tógaḋ é. they were r. in the I. language. ar Ġaeḋilg, a G., i nG. do tógaḋ iad. a pet boy or girl is the most impudent pet one ever r. níor tógaḋ peata níos droċṁúinte ná peata duine. nature is stronger than r. is treise dúċas ná oileaṁain. his father did not r. him that way. ní hí sin an oileaṁaint fuair sé ó na aṫair. r. birds. ag beaṫuġaḋ éanlaiṫe (C.) v. feed.

REASON, v. cause, purpose, mind. fáṫ m. 1; cúis f. 2; aḋḃar m. 1; toisc f. 2; siocair f. 5; ciall f. 2 (faculty of r.); tuigsin(t) f. 3 (id.) he gave a r. for that. do ṫug sé cúis leis an méid sin. the r. why we do it is that we do not believe ... is é cúis a ndeinimid é mar ná creidimid ... the r. he had for saying it was that he thought ..., was that he might go. is é cúis a nduḃairt sé é ná gur ċeap sé ..., ná i dtreo go raġaḋ sé ... my chief r. for speaking of it is ... is é cúis is mó ḋom trácht air ná go ... that was C's r. for saying that he ... sin é c. do Ċonn a ráḋ go ... that would be r. enough for C. not to ... níor ḃeag le Conn é sin mar ċ. ċun gan ... with no other r. than that of pleasing me. gan aon ċ. eile aċt ċun áṫais do ċur orm. we have every r. for doing it. is ceart dúinn é do ḋéanaṁ ar gaċ aon tsaġas cúise. it was done for another r. le cúis eile do ḋeineaḋ é. there is a r. for it. tá a ċúis féin leis. without rime or r. gan ċúis gan aḋḃar. v. cause. his r. opposes his will. tá a ṫoil bun os cionn le na ċiall. he came to the use of r. do ṫáinig sé i mbliaḋantaiḃ na tuigsiona. v. discretion. animals without r., irrational. ainmiḋṫe éigcéilliḋe. to lose one's r. v. mad, sense. what is the r. v. why. for that r. v. account. by r. of. v. account.

REASONABLE, v. sensible. reasonably v. middling

REBEL, etc. v. disobey. méirleaċ m.1. a rebellion. éirġe amaċ; méirleaċas. they r. against him. d'éiriġeadar amaċ i na aġaiḋ; do ḋeineadar easuṁluiġeaċt i na aġaiḋ. the r. he has caused an t-éirġe amaċ atá déanta aige

REBUKE. v. blame

RECEIPT, aḋṁáil f. 3 teasbánas. m.1 (W). he got the r. for the money. fuair sé an aḋṁáil, etc.

RECEIVE. v. get, accept, take

RECENT, v. new, lately

RECESS. v. secret

RECIPROCAL, v. mutual

RECITE, aiṫrisim

RECKLESS, v. careless, wild

RECKON. v. count

RECOGNISE, v. know

RECOIL, v. retreat. treachery r. on its author. filleann an feall ar an ḃfeallaire

RECOLLECT, v. memory

RECOMMEND, v. advise. I r. a boy as servant. do ṁolas buaċaill éigin mar ġiolla aimsire. he gave me a r., character, etc. do ṫug sé teistiméireaċt dom. I do not apply to myself all the good r. he gave of me. ní ġaḃaim ċúgam féin a dtug sé de ṫeastaiḃ orm. his r., papers. a ċaipéirí (W) v. paper

RECOMPENSE, v. pay. I will r., reward you for what you have done for me. cúiteoċaiḋ mé leat a ḃfuil déanta agat dom. I am r. for all my trouble. tá mo ḟaoṫar cúitiġṫe liom. may you be r. for it. go gcúitiġṫear do ḟaoṫar leat. I am not being r. for it. tá mo ḟaoṫar ag dul gan a ċúiteaṁ (m.1) I could repay them in no other way. ní raiḃ a ṁalairt de ċ. agam le déanaṁ leo. he got a poor return from him afterwards. is olc an c. a fuair sé uaiḋ i na ḋiaiḋ sin. it is a fair r. for the good you did me. ní suarach mar ċ. é ar a ndeárnais de ṁait dom. little did he do in return for the troops C. sent him. is beag a ḋein sé mar ċ. as an méid fear a ḟeol Conn ċuige. I will not fail to r. you for it. ní ḟágfaiḋ mé gan ċ. leat é. it would be a poor return if I did not go and say a prayer at his grave. do b'olc an díolfiaċ agam é mura dtéiḋinn ⁊ paidir do ráḋ os a ċionn. they have got their reward. tá a ndíoluiġeaċt faġálta acu. I will r. you, do as much for you. díolfad an coṁar leat lá éigin. if I eased your pain you would r. me by increasing mine. dá dtugainn bogaḋ ar do ṗian do ḋíolfá an coṁar liom le géire do ċur ar mo ṗianta. God r., reward you for it. go dtugaiḋ Dia a luaċ ḋuit. as a r. for it. mar luaċ saoṫair dá ḃárr. the r. its practice brings. an luaċ saoṫair a leanann dé, a leanann dá ċleaċtaḋ. a pound as r. for it. púnt mar ṫuarastal (m.1) as. I will r.. reward you if only you go ... do ḃéarfad do ṫuarastal go maiṫ ḋuit aċt dul ann ... to give money in return, r. for what she did. airgead do ṫaḃairt dí ṫar ċeann, i n-ioc, i ndíol ar ḋein sí. a r. is offered for betraying them. tá airgead fógarṫa orra

RECONCILE. v. content. to r. the men. na fir do ṫaḃairt dá céile to r. truth and falsehood. fírinne ⁊ éiṫeaċ do ṫaḃairt dá ċéile. how greatness and lowliness are r. in him. cionnus mar tugtar dá céile i na ṗearsain an uaisleaċt ⁊ an ísleaċt. to r. the two stories, wishes. dá ṫaoḃ an scéil, an dá ṁaċtnaṁ do ṫaḃairt dá ċéile. to be r., conform oneself to God's will. a ṫoil do ċur le toil Dé v. submit.

RECORD, v. tell, story. he has broken the r. tá an ċraoḃ aige.

RECOURSE v. resource. use.

RECOVER' v. get, cure. after r. from the fright. tar éis an scannraiḋ do ċur de. she has r. from the fever. tá an t-éagcruas' curṫa ḋí aice. he has made a wonderful r. tá sé tar éis teaċt slán ó ḃéalaiḃ ḃáis. I r. (from sickness, etc.) do ṫángas suas arís; do ṫéarnuiġeas; do ṫángas slán ón dtaom soin. he r. from the fit (of laughing, etc.) ṫáinig sé as na tritiḃ. I r. by violence, seized again the lambs, etc. do ṡáruiġeas na huain. he was trying to r. them. do ḃí sé dá sáruiġeaċt (U). sáruġaḋ. to r. ones senses v. sense.

RECREATE. etc. v. amuse, play.

RED, v. brown. dearg (clear r. including crimson, scarlet, etc.) : ruaḋ (yellowish or brownish r.) ; buiḋe-ḋearg (saffron, orange) ; craorac, craoraċ (C) (scarlet); donn (brown, bay) ; crón (dark red) ; ciar (dark brown, chestnut). a r. haired man, etc. fear ruaḋ. a r. bay mare. láir ruaḋ. his face grew black and then r. with rage. do ḋuiḃ ⁊ do ḋearg air. v. anger. a bright r. dress of blazing colour on her. culaiṫ ċraorac ar dearglasaḋ uirri. reddish hair. folt rionnruaḋ. a r.-skin, tawny man. fear crón. a redfaced fullblooded man. fear cirineaċ. his face blazed r. with anger. do ṫáinig lasaḋ i na ṗluic le feirg. he got r.. blushed v. blush. he r. up, flushed up. do las sé suas. he was caught r. handed. do rugaḋ air go glan i ndroċḃeirt. I caught them r. handed (robbing, etc.) do rugas sa ḃfoġail, sa ġníoṁ orra. red hot. v. hot. blaze. redshank (bird) sílí (C) ; roilleaċ (C).

REDEEM, etc. fuascalaim. the Redemption. an Ḟuascailt. the Redeemer. an Slánuiġṫeoir; Christ r. us. d'ḟuascail, ċeannuiġ Críost sinn.

REDUCE. v. lesson.

REDUNDANT. v. too.

REED. slat f. 2 ; biorac m. I. a r. shaken by the wind. s. dá suaṫaḋ le gaoiṫ.

REEF. v. rock.

REFER. v. allude. send. I refer the thing to him. cuirim an ċeist de ċúram air ; c. an ċeist mar ċ. air ; cuirim an ċeist i na ioċt (U) ; fágaim an ċ. faoi.

REFLECT. v. think.

REFORM. v. improve.

REFRAIN. v. restrain, cease. I r. from meat. do ṡeaċnas an ḟeoil. he r. from food, impurity. do staon sé ó ḃiaḋ, ó ḋrúis. he r. from committing any injustice. do s. sé ó aon éagcóir do ḋéanaṁ. they r. from no sin. níor loic siad ó ṗeacaḋ ar biṫ (C. U.)

REFUGE. v. protect.

REFUSE. v. object. I r. him the money. do ḋiúltuiġeas an t-airgead dó. I r. him, would not give leave. do ḋ. dó. he r. to take the advice. do ḋiúltuiġ sé don ċoṁairle. he r. to turn, to listen to her, to understand it. do ḋ. sé do ċasaḋ, d'éisteaċt léi, dá tuigsint. he r. the horse to the priest. d'eitiġ sé an sagart um an gcapall, ar an gc., i dtaoḃ an ċapaill. he r. (to marry etc.) her. d'eitiġ sé í. he r. to speak to them. d'e. sé coṁráḋ leo. he did not r. them. níor ṫug sé an t-eiteaċas dóiḃ; níor ṫug sé éaraḋ dóiḃ (U). to r. him in the matter. an t-eiteaċas do ṫaḃairt dó i na ṫaoḃ.

REFUSE. v. rest. crowd. dríodar m. 1; dioġa m. 4; iarṁarán m. 1; miúraċ f. 2; grearsmal m. 1 (W.); brocamus m. 1 (W.); fuiġleaċ m. 1 (leavings); daorsar m. 1. the r., dregs of the town. dríodar, miúraċ etc., na caṫraċ. r. of Irish, poor I. dioġa na Gaeḋilge. he thinks his money dirt, rubbish. ní ḋeineann sé dá ċuid airgid aċt draḃġail.

REFUTE, sáruiġim. nothing could r. the proverb. ní ḟáróċaḋ an saoġal an seanḟocal.

REGARD. v. look, respect, as regards. v. for, about.

REGION, v. country.

REGRET, v, sorrow.

REGULAR, v. constant. a r. (of priest, etc.) sagart riaġalta. his features, teeth, etc. are very r. tá a ċeannaiġṫe, ḟiacla do réir a ċéile (go cruinn). he had irregular features. do ḃí contanós ciotaċ aige. the hard, regular blows. na builli fuinte toṁaiste. the r. swinging. an luascaḋ toṁaiste. v. measure. his pulse was irr. do ḃuail a ċuisle go mearḃallaċ. a r. fool, etc. v. complete.

REIN. the rider gave him (horse) a loose r. do ḃog an marcaċ an srian (m. 1, f. 2) ċuige. he gave full r. to his passions. do scaoil sé a srian féin le na droċṁiantaiḃ. when too much r. is given to that craving. nuair tugtar an iomad sriain don dúil sin.

REJECT, v. refuse. aside.

REJOICE, v. glad.

RELAPSE, that gave him a r. (in sickness). do ċuir sin aṫiompáil air. he would get a r. d'aṫiompóċaḋ air.

RELATE, RELATION, etc. v. cousin, etc. A. is r. to K. tá Art gaolṁar do Ċáit; gaol do Ċ. A. I am r. to you. tá gaol, iorcad gaoil agam leat. they were nearly r. to him. ba ġairid a ngaol leis. a nearer r. of his. duine ba ġiorra gaol dó. a distant r-ship. g. i ḃfad amaċ. they are nearly r. tá g. aċċomair eatorra. which is the more nearly r. to you. cé acu is aċċomaire i ng. duit. my father is far more nearly r. to me. is aċċomaire m'aṫair go mór dom. I saw a near r. of his. do ċonnacas gaol gairid dó. between a man and his wife's people. idir fear ⁊ gaoltaiḃ a ṁná. a girl a r. of mine. cailín dem ġaoltaiḃ. this house belonged to my r. ba lem ġaoltaiḃ an tiġ seo. one nearly r. to me. aoinne gar i ngaol dom. what degree of r. prevents marriage. cadé an gaol do ġní cosc ar ṗósaḋ. they are within the forbidden degrees of r. tá col eatorra. his r., people. etc. a ḋaoine muintearḋa; a ġaolta. there is a r. by marriage between them. tá cóṁḟogus eatorra. there is a close r. by blood and by marriage between them. tá gaol ⁊ cóṁḟogus aċċomair eatorra. a r. by blood and by marriage of the man who, etc. cóṁġaol ⁊ cóṁḟogus an ḟir a ḃí, etc. r. pronoun: forainm gaolṁar; f. coiḃneasta. relatively to. etc. v. proportion.

RELAX. v. loosen, etc.

RELEASE. v. loose, let, free.

RELENT. v. pity.

RELIABLE. v. depend.

RELICS. taise f. 4.

RELIEF. v. help, lessen. getting r. (headache. etc.) ag faġáil sosa. he has got a little r. tá sos beag faġálta aige. it is a great r. (from pain, fear). is mór an sos, ḟuascailt dom é. it gave me instant r.

ᴅo ċuᵹ ſé ḟaoıſeaṁ láıṫſeaċ ᴅom. his going will be a r. ƀeıḋ ſéıḋ-ṫeaċ aᵹaınn nuaıſ ƀeıḋ ſé ım-ṫıᵹṫe.

RELIGION. cſeıᴅeaṁ m. I. to found a false r. c. éıṫıᵹ ᴅo ċuſ aſ bun. to practise one's r. v. practise.

RELIGIOUS. v. holy. a r. (bound by vow) ſeaſ, bean, etc., ſıaᵹalṫa.

RELY. v. confidence. depend.

REMAIN. v. continue, wait.

REMAINDER. v. over, rest.

REMARK. v. notice, say, attention.

REMARKABLE. v. wonderful.

REMEDY v. cure, mend. she had no legal r. against them. ní ſaıƀ ᵹſeım ᴅlıᵹe aıcı oſſa. I cannot r. it. ní ḟuıl leıᵹeaſ aᵹam aıſ v. help. he r. it (fault, broken thing, etc.) ᴅo ḋeın ſé é ᴅo leıᵹeaſ; ᴅo leıᵹeaſ ſé é. v. mend.

REMEMBER. v. memory. r. me very warmly to the king. ṫaƀaıſ mo ḋeaᵹṁéın ⁊ mo ċıon ᵹo ᴅılıſ (⁊ ᵹo ᴅúṫſaċṫaċ) ᴅon ſıᵹ.

REMIND. v. tell, memory.

REMIT. v. pardon. she will not r. much of his debt, punishment, etc. ní ṁaıṫſıḋ ſí puınn ᴅó.

REMNANT. v. rest. ḟuıᵹleaċ m. 1; ıaſṁaſ m. 1; ıaſṁaſán m. 1; ıaſſma m. 4. the r. of his dinner, etc., a ḟuıᵹleaċ. the r. of our literature. na hıaſſmaí aṫá ḟáᵹṫa aᵹaınn ᴅáſ lıṫſıḋeaċṫ. there were few remnants of the old nobility. ƀa ƀeaᵹ an ṫ-ıaſṁaſ a ƀí ann ᴅe ṁaıṫıƀ ᵹaeḋeal. he puts the best aside, and sends the r. to...cuıſ-eann ſé na ᴅaoıne ıſ ḟeáſſ ı leaṫ-ṫaoıƀ, ⁊ cuıſeann ſé na hıaſṁaſ-áın aᵹ ṫſıall aſ... v. rest.

REMORSE. v. sorrow, pity.

REMOTE. v. far. r., out of way place. áıṫ ıaſᵹcúlaċ.

REMOVE. v. take, move. I r. the sand from beside it. ᴅo ḋſuıᴅeaſ an ᵹaıneaṁ ó na ṫaoƀ.

RENEW. v. again. aṫnuaḋaım. to r. our sorrow. áſ ᵹcaṫuᵹaḋ ᴅ'aṫ-nuaċṫaınṫ.

RENOUNCE. v. abandon, stop, hope, etc.

RENT. v. hire. cíoſ m. 3. I r. them the land. ᴅo ċuıſeaſ an ṫalaṁ ċúċa aſ ċíoſ.

REPAIR. v. mend, reparation. to r. the churches. na heaᵹlaıſí ᴅo ḟlánuᵹaḋ. ᴅeıſıuᵹaḋ, ċuſ ı ᴅṫſeo; aṫnuaċṫaınṫ ᴅo ċuſ oſſa.

REPARATION, v. recompense. to make r. to God (for the evil, etc.) leoſᵹníoṁ (m.3) ᴅo ḋéanaṁ ċun Dé (aſ an olc). r. will be made for their sins, the insult, etc. ᴅéanḟaſ l. ı na bpeacaıƀ, ſan eaſonóıſ. he to whom r. is made. an ṫ-é a nᴅéınṫeaſ an l. leıſ. I should like to make amends to you for it. ƀa ṁaıṫ lıom cúıṫeaṁ (m.I) ᴅuıṫ ann; ƀa ṁ. lıom a ċ. ᴅuıṫ. I had no other r. to offer them. ní ſaıƀ a ṁalaıſṫ ᴅe ċ. le ᴅéanaṁ leo. I will make r. to you for what ... cúıṫeoċaḋ leaṫ a ƀḟuıl ... to make some r. for his gluttony, sins, etc. cúıṫeaṁ éıᵹın ᴅo ḋéanaṁ aſ an ᵹcſaoſ, aſ na peacaıƀ; c. ᴅo ṫaƀaıſṫ ı na ċ., ṗ. they have made full r. to God's justice. ṫá ceaſṫ Dé cúıṫıᵹṫe acu ᵹo hıomlán. to make r.. satisfy for our sins. ſáſaṁ ᴅo ḋéanaṁ ı náſ bpeacaıƀ; ſ. ᴅo ṫáƀaıſṫ aſ áſ bp. to satisfy God's justice for the crime. ceaſṫ Dé ᴅo ṡáſaṁ aſ an ᵹcoıſ. to give up the land without compensation. an ṫalaṁ ᴅo ṫaƀaıſṫ ſuaſ ᵹan aıſıoc, ᵹan ſáſaṁ. I gave them money in r. for the harm. ᴅa ṫuᵹaſ aıſᵹeaḋ ᴅóıƀ ṫaſ ċeann aſ ḋeıneaſ ᴅe ḋıoᵹƀáıl ᴅóıƀ, ı nᴅíol aſ ḋ. ... in r. for her being deceived. for her son's death. ı n-omóſ (C) a meallṫa, báıſ a mıc.

REPARTEE, v. wit. sharp.

REPAY, v. return. recompense. to r. the money. an ṫ-aıſᵹeaḋ ᴅ'aıſoc.

REPEAL. v. abolish.

REPEAT. v. again, etc r. the story. aᵹ ınnſınṫ an ſcéıl an ᴅaſa huaıſ. he went on r. the same words over and over again. ᴅo ṫıomáın ſé leıſ aᵹ ḟılleaḋ ⁊ aᵹ aṫḟılleaḋ aſ na ḟoclaıƀ céaᴅna. he kept at it, r. it. ᴅo lan ſé ſıaſ aſ an ſcéal ᴅóıƀ.

REPENT. v. sorrow, penance.

REPLY. v. answer.

REPORT. v. news, rumour, noise, explosion.

REPOSE. v. rest.

REPREHEND. v. blame.

REPRESENT. v persuade, show. r. speak in name of v. name.

REPROACH, v. blame, disgrace, shame, fault, r. with, cast in face v. face.

REPUTATION, v. famous. clú m.f 4; cáil f.2; allaḋ m.1 (C.U); teist f. 2. there is none of higher r. ní ḟuil aoinne is aoirde clú ná é. I never saw anyone who cared so little for r. ní ḟeacas aoinne ċoṁ beag suim i na ṁórċlú. they who injure their neighbours r. daoine a ṁarluiġeann clú a gcoṁursan. they must restore the r. they took away. ní foláir dóiḃ an c. do ċasaḋ. for one of your r. d'ḟear dod' ċáil. his fame spread through the land. do leaṫ a ċ. ar fúd na dúiṫċe. and he so famed for goodness. ⁊ an ċ. ċun maiṫeasa do ḃeiṫ air. he has a r. for cleverness, wealth. tá ainm na géarċúisiġe, ainm airgid air. he has a bad r. tá droċainm air. the place has a bad r. (for being haunted, etc.) tá droċainm ar an áit. he is famous for his strength. tá a ainm i n-áirde le méid a nirt. that is not the account of you that the public has. ní h-é sin tásc atá amuiġ ort. if one gets the r. of early rising. má ṫéiḋeann sé amaċ ar ḋuine ḃeiṫ i na ṁoċóirġe. he has a good r. (as doctor, etc.) tá teist ṁór air. the knew each other by r. do ḃí clos trácta ṫar a ċéile.

REQUEST, v. ask, beseech, pray. I shall get my r. ġeoḃad m'aṫċuinge (f. 4) in that r. san a. sin. I have only one r. to make. tá aon a. aṁáin agam le cur ort, le cur id láṫair. how should we make our r. to God. cionnus is ceart dúinn ár n-aṫċuingí do ċur suas ċun Dé. how many r. are there in that prayer. cá ṁéid aṫċuingí (f. 4) sa ṗaidir sin I asked him to prefer my r. to God. d'iarras air m'impiḋe (f.4) do ċur suas cun Dé. if you grant me my r. má ṫugair mo ġuiḋe ḋom. he put a condition in the r. do ċuir sé coinġeall san iarraiḋ

REQUIRE, v. want, necessary

REQUITE. v. recompense, repair, return

RESCUE. v. save

RESERVE, v. keep, silent, condition

RESIGN, v. abandon, submit

RESIST, v. oppose. they r. obstinately God's grace. do ċuireadar cos i dtalaṁ i gcoinniḃ grásta Dé; do ḃíodar ag stalcġail i gcoinniḃ g. D. he did not r. (attack, etc.) long. níor ḟearaiṁ sé i ḃfad i n-agaiḋ an ... they r., bore the storm, etc. better than ... is feárr do ċuireadar an ruaṫar díoḃ ná ...

RESOLUTE, v. obstinate, decide.

RESOLVE, etc. v. decide.

RESOURCE, v. plan, way, power.

RESOURCES, v. riches, cleverness. no one can, relying on his own r. promise that ... ní ḟuil ar ċumas aoinne ar a ġustal féin ⁊ ar a neart féin a ġeallaṁaint go ... he does not leave us to rely on our own r. for doing it. ní ḟágann sé sinn ag braṫ orainn féin ċun é do ḋ. it is lucky I have money as a final r. is mór an ní an t-airgead do ḃeiṫ mar ċúl agam. his only r. was lies, he had recourse to l. ní raiḃ aige aċt tarrang ar éiṫeaċ.

RESPECT. v. attention, care. urraim f. 2; meas m. 3; somós m. 1 (homage); cáḋas m. I (C.U.) I had never again the same r. for him. ní raiḃ an meas céadna arís agam air. she has not the least r. for him. ní ḟuil m. madra aici air. have some self-r. bíoḋ m. agat ort féin. he is held in r. tá sé fá ṁ., fá urraim. she conceived a great r. for you. do ṫáinig ardurraim aici ḋuitse. everyone, good and bad, r. her. tá urraim ag olc ⁊ ag maiṫ ḋi. it was postponed as a mark of r. for him. do cuireaḋ ar cáirde é mar u. dó. he is respectful to her. tá sé urramaċ, urraimeaṁail di: do ḃeireann sé urraim di. he is disrespectful. tá sé miurraimeaṁail. man without r. for God or man. fear gan ċáḋas do Ḋia ná do ḋuine (C.U.)

RESPECTABLE. galánta. Irish is not r. enough for them. ní ḟuil an Ġaeḋealg uasal a dóṫain dóiḃ. the most r. girl in the parish. an cailín is creideaṁnaiġe sa ṗarróiste. buried, etc. r-ly. v. suitable.

RESPITE. v. relief, pity. I can get on r. ní ḟuil faoiseaṁ le faġáil agam. without allowing me even 24 hours r. gan ceiṫre huaire fiċead de ċáirde do ṫabairt dom. God will not grant you a longer r. ní ṫiubraiḋ Dia a ṫuilleaḋ c. ḋuit. give me a r. (in payment, debt, etc.) tabair ḋom spás. (C).

RESPONSIBLE, v. care. he is r. for them. tá sé freagarṫaċ ionnta; is é ċaiṫfiḋ freagairt ionnta. he will be r. to God for every injury the child does himself. beiḋ sé freagarṫaċ i láṫair Dé ins gaċ aiṁlear dá ndéanfaiḋ an páiste ḋó féin. the seriousness he should have shown, seeing the greatness of his r. ... an dúṫraċt ba ċeart do ḃeiṫ aige do réir an ċúraim a ḃí air. I am no longer r. for it. tá a ċúram díom feasta. how can I get rid of my r. (in keeping him, etc.) cionnus ḟéadfadsa a ċúram do ċur díom.

REST, v. remnants. the r. of them. an ċuid eile acu; na daoine naċ iad. the r. of his life. an ċuid eile dá ṡaoġal. he shared the rest of his money among them. do roinn sé an t-earraḋ is bárr den airgead, orra; an fearr is bal ... (W)

REST. v. quiet, sleep, stop. set your mind at r. cuir t-aigne ċun suaiṁnis. v. quiet, travelling without r. ag siubal gan suiḋe suaiṁnis; gan fuaraḋ boinn. r. from the labour. suaiṁneas ón saoṫar. r. yourself, leig do scíṫ, scíos, scís. she is r-ing. tá sí ag leigint a scíṫe, scíse, he r. himself. do rinne sé a scíṫ (C.U.) scíste (C.U.) scríste (C.U.); do ġlac sé a scíste (C.U.) she was quite r. do ḃí an tuirse curṫa ḋí aici, we should get lazy if we took a r. do ṫiocfaḋ leisce orainn dá dtógaimís sos. without r., unceasingly. gan sos gan suaiṁneas; gan sít sos ná suaiṁneas; gan stad gan staonaḋ; gan sos gan coṁnuiḋe. I don't care whether I am on the move or at r. is cuma liom im ṡiubal nó im stad mé. none were at r., standing still. ní raiḃ aoinne acu i na stad. the cows are restless with the hunger. tá na ba i miṁian leis an ocras. I was about to settle myself to r. do ḃíos ċun tálṫuġaḋ ċúġam féin. the horse, man, etc. has settled himself down to r. tá an capall, fear, etc., tálṫuiġṫe ċuige féin.

RESTITUTION, v. reparation.

RESTORE. I r. it to him. do ṫugas ṫar n-ais dó é. we must r. our neighbour's reputation. ní foláir dúinn an clú do ċasaḋ. I r. him to life. d'aṫbeoḋas é. to r. him to life. é d'aṫbeoḋuġaḋ, aṫbeoḋaint.

RESTRAIN. RESTRAINT. v. stop, prevent. he must be r. caiṫfear é do ċosc. to r. his troops from plunder. a ṡluaġ do ċosc ar ċreaċaḋ ná ar argain do ḋéanaṁ. they abandoned themselves without r. to every kind of sin. do ṫugadar iad féin suas gan srian gan cosc don uile ṡaġas peacaiḋ. a man without self-r., profligate. duine ainṡrianta. v. impure. the way he r. his anger, voice, etc. an cuma i nar ċoimeád, ċuir sé srian le na ḟeirg, ġuṫ. he who r. his desires. an t-é a ḃrúiġeann faoi a ṁian. I could not r. my grief. níor ḟéadas mo ḃrón do ḃrúġaḋ fúm. I could r. myself no longer. had to speak out. níor ḟéadas brúġaḋ orm féin níos sia. he r. himself, suppressed his feelings. do ḃrúiġ sé ċuige; do luiġ sé air féin; do ċirig sé air féin. she was jealous but hid. r. her feelings. do ḃí éad uirri aċt do ċeil sí ⁊ do ċonnluiġ sí ċúiċe féin é. do ċoimeád sí istiġ é, do ḃrúiġ sí fúiṫe é. r. yourself. do not shout so much, etc. bain uait féin. to r., mortify one's desires for God's sake. a toil do ṡéanaḋ ar son Dé. we must keep the child under r., subjection. ní folair dúinn smaċt do ċur ar an bpáiste. she has got out of control. tá sí imṫiġṫe ó ṡ. he had great self-r. do ḃí s. maiṫ aige air féin. he has his feelings under r. tá a aigne smaċtuiġṫe aige; tá a aigne fá na ṡ.

RESTRICTION, v. condition, limit.

RESURRECTION, aiséirġe f. 4.

RESULT, v. effect. I feel its r., effects now. tá a ṫoraḋ (m.3) soin agam anois. it had no effect. r. ní raiḃ aon t. uaiḋ; ní raiḃ aon t. dá ḃárr; ní raiḃ aon t. air; níor ṫug sé aon t. (uaiḋ). the only r. he got of it was ... ní raiḃ dá ṫ. aige aċt ... your work has only evil r. ní ḟuil de ṫ. ar do ṡaoṫar aċt an t-olc. a force without effect, neart gan t. whatever force might be in it used to have no effect. pé neart a ḃíoḋ ann ní ṫugaḋ aon toraḋ dá ḃárr. every force must have its corresponding effect. ní foláir do gaċ neart a ċoṁtrom dé t. do ṫabairt uaiḋ. forgotten as the r. of time, owing to lapse of time. imṫiġṫe a cuiṁne de ṫ. aimsire. to take the land as the r., fruit of a fight. an tír do ṫógaint de ṫ. caṫa. give us the r. of your thoughts scaoil ċúġainn t. do ṁaċtnaiṁ. the r. of my reflection was that I went ... do b'é t. mo ṁaċtnaiṁ ná mé do ḋul ann. etc. the good r. of that deed. t. ar feaḃus na beirte sin. the r of the battle for me was that he was ... is é a ḃí de ḃárr an ċaṫa agam ná é do ḃeiṫ ... I had a pound as the fruit of my work. do ḃí púnt agam de ḃárr mo ṡaoṫair. that was its only r. sin a raiḃ dá ḃárr agam. meditating on the evil r. of sin. ag maċtnaṁ ar (ḋroċ) iarsma an uilc. all kinds of evil were the r. d'ḟás an uile ṡaġas uilc as. what will be the r. of it. cad a ṫiocfaiḋ as. the r. (for me) was that ... is é rud a ṫáinig as (dom) ná go raiḃ ...

RETALIATE. v. vengeance

RETIRE. v. retreat. shy

RETRACT. he will not r. it. ní raġaiḋ sé siar air

RETREAT, v. run, rout. they r. do ċuadar ar gcúl, i ndiaiḋ a gcúl; do teiċeadar; do tairrngeadar siar. he is on r. (priest, etc.) tá sé fé ċúrsa (W).

RETURN. v. back. fillim; pillim (U); tillim (U); casaim. he r. to the house, to his sins. d'ḟill sé ar an dtiġ, ar na peacaiḃ céadna. as a dog r. to his vomit. fá mar ḟilleann madra ar a aisioc. r. home. fill ort a ḃaile. when will he r. caṫoin ċasfaiḋ sé; caṫoin ṫiocfaiḋ sé ṫar n-ais. he r. home. do ċas sé a ḃaile. v. come, turn. her health, courage r. to her. do ċas a sláinte, misneaċ uirri. I shall r. in a moment. bead ċúġaiḃ sar a fada. v. soon. may they go and never r. amaċ leo ⁊ imṫeaċt gan teaċt orra.

RETURN, v. recompense, reparation. I r. him the book. do ṫugas an leaḃar ṫar n-ais dó. to r. evil for evil. olc do ḋéanaṁ i n-aġaiḋ an uilc. good for evil. maiṫ i n-aġaiḋ an uilc. in r. for what he did. i ndíol, ṫar ċeann ar ḋein sé.

REVEAL. God r. it to us. d'ḟoillsiġ Dia ḋúinn é. her face was r. do noċtaḋ a haġaiḋ. he r. his intention, secret to them. do noċt sé a aigne, rún dóiḃ. a word would r. his intention. d'osclóċaḋ focal a aigne. he r. the secret. do scéiṫ sé ar an rún. I did not r. my secret to anyone. níor scéiṫeas mó rún le haoinne. because he was r. the treachery of their hearts. mar ġeall ar an scéiṫeaḋ a ḃí aige dá ḋéanaṁ ar an ḃfeall a ḃí ionnta. he r., let it all out. do leig sé amaċ an scéal; do leig sé an rún amaċ ḋóiḃ. I did not disclose to him what I thought. níor leigeas m'aigne ċuige, leis. do not disclose any thing about it. ná leig uait aonní i na ṫaoḃ. our whole affair is r. tá an scéal amuiġ orainn. he did not disclose a word to anyone about it. níor leig sé pioc, faic air le haoinne. he did not betray his feelings. níor leig sé aoinní, faic, pioc air. not to disclose to anyone that she ... gan leigint uirri le haoinne go raiḃ sí ...

REVEL. v. feast, play.

REVENGE. v. vengeance.

REVENUE. v. income.

REVERE, v. respect, reverend. oirṁidneaċ.

REVERSE, v. defeat, misfortune, contrary. that r. did not stop him for long. níor ċuir an bac soin corc i ḃfad leis.

REVILE, v. abuse.

REVIVE, aṫḃeoḋaim. to r. I. an Gaeḋealg d'aṫḃeoḋaḋ, d'aṫḃeoḋċaint. she is r. (from faint, etc.) v. sense.

REVOLT, v, rebel.

REWARD, v. recompense, prize.

RHEUMATISM, scoilteaċ f. 2; scoilteaċa (pl.) (C.U.); doiġṫeaċa (pr. dataċa).

RIB, easna f. 4.

RIBALD, v. impure.

RIBBON, ribín m. 4. the blue r. an ċraoḃ aonaiġ.

RICH, etc. saiḋḃir; acfuinneaċ. r-es.

saiḋḃreas m. 1; acfuinn f. 2 (resources); ollṁaiṫeas m. 1; gustal m. 1; strus m. 1; raċmus m.1; maoin f. 2; innṁe f. 4; ionṁas m. 1; toice f. 4 (U); bólaċt f. 3 (in cattle). a r. man. fear saiḋḃir. I. is richer than ... tá an Gaeḋealg níos saiḋḃre ná ...; tá an G. níos líonṁaire ná ...; is saiḋḃre ⁊ is líonṁaire an G. ná ... he had plenty of r. do ḃí sé lán de ṡaiḋḃreas ⁊ d'ollṁaiṫeas; do ḃí cuid ṁaiṫ de strus an tsaoġail seo aige. any who had any property. aoinne a raiḃ aon ġustal aige; aoinne a raiḃ cuid de raċmus an tsaoġail aige. all the r. I have. gaċ a ḃfuil agam de strus, ṁaoin, ġustal, etc. any who had any great r. aoinne a raiḃ aon ḟaġáltas mór de ṁaoin, etc.. aige. I was stripped of my r. do cuireaḋ as mo ṁaoin saoġalta mé. his heart is attached to worldly wealth. tá a ċroiḋe greamuiġṫe ar ṁaoin ⁊ ar ṡaiḋḃreas an tsaoġail. he is r., comfortable. tá sé fá ḃroṫal. he has a r., comfortable house. tá tiġ broṫalaċ aige. he is well off, in good circumstances. tá treo maiṫ air; tá cóir. ḋóiġ (U.) ṁaiṫ air; is mór an stró a ḃfuil sé ann (U). he has no r., means in reserve. ní ḟuil aon tarrang ċuige aige. r. land. v. good.

RICK. cruaċ f.2. well topped. r. c. fá sceiṁeall.

RID. v. free, relief, separate.

RIDDLE. toṁas m.1; ceist f.2. criaṫar m.1 (sieve); roiṫleán m.1. (id.) (W.)

RIDE. he will r. the horse through the country. déanfaiḋ sé an capall do ṁarcaiġeaċt tríd an ndúṫaiġ. they went there r. ar marcaiġeaċt ċuadar ann; ag m. ċuadar ann v. horse. they took turns at r. do ṁarcaiġeadar an capall tamall ar tamall. r-er. marcaċ m.1.

RIDGE. iomaire m.4; cruit f.2. r. of potatoes. iomaire prátaí.

RIDICULE. v. laugh, scoff.

RIDICULOUS. v. queer, absurd, nonsense. make oneself r. v. fool.

RIGHT. r. hand. láṁ ḋeas; deasóg f.2. (C.) a r. handed man. fear deaslámaċ. in his r. hand. i na láiṁ ḋeis aige. sitting on the king's r. i na ṡuiḋe ar (láiṁ) ḋeis an ríoġ. sitting on the r. hand. i na ṡuiḋe i leiṫ na láiṁe deise. ar ṫaoḃ na l. d. it is a little S.E. to our r. tá sé tamall soir ó ḋeas ar ár ndeis.

RIGHT. v. just, fit, suitable. he has a r. to the land. to do it. tá ceart (m.1.) teidiol (m. 1) aige ċun an talaiṁ, ċun é do ḋéanaṁ. he won the r. to Heaven for them. do ḟaoṫruiġ sé an ceart ċun ríoġaċt na ḃflaiṫeas dóiḃ. she had a good r. to do it. ba ṁaiṫ an c. dí sin. I had as good a right to go as he. do ḃí sé ċoṁ c. agam dul ⁊ do ḃí aigesean. I have a good r. to be exact about it. is maiṫ an c. dom beiṫ cruinn air. it is his r. to ask it. is é a ċ. é d'iarraiḋ. he has no legal r. to it. ní ḟuil aon ċ. dliġe, aon tsaġas ċirt dliġe aige air. he will not yield his r. to anyone. ní leigfiḋ sé a ċeart le haoinne. I only demand my r. ní ḟuil uaim aċt an c. it is mine by ancestral r. is liomsa é ó ċ. mo ṡinnsear. by r., in strict justice. de ċorp cirt. r. or wrong he wanted me to be ... do b'áil leis de ċorp ċirt go mbeinn ... what r. have you to it. cadé an ċuid atá agatsa ḋe. you have no r. to it. ní ḟuil aon ċuid agat de; ní ḟuil aon ċáll agat ċuige. it is my r., due as a king. is é mo ḋualgas ríoġ é. the r., proper road. an bóṫar ceart. it is r. to go. is c. dul. it is r. to call them fools. is c. amadáin do ṫaḃairt orra. it was not r. for her to do it. ní raiḃ sé c. aici é do ḋ. you are not doing r. in going ... ní ḟuil tú ag déanaṁ an ċirt ⁊ dul ann... that is only r. ní ḟuil annsoin aċt an ceart. she did the r., proper thing. is í a ḋein an c. you are r. (in that). tá an c. agat (sa méid sin). you are partly r. tá smut den ċ. agat. you are quite r. tá corp lár an ċirt agat; tá lán an ċirt agat. he does not understand it properly. ní ḟuil ceart an scéil aige. he told them the story properly. do ṫug sé an scéal i na ċ. dóiḃ. to teach, do it in the r way. é do ṁúineaḋ, ḋéanaṁ sa ċ., go c., i na ċ. at the r., proper time. san am ċóir..

he begins at the r. end of the work. téideann sé sa ceann cóir den obair. do you think you did well, r. in going ... an dóiġ leat an maiṫ do ḋeinis é ⁊ dul ann ... you are quite r. v. mistake. to put it to r. é do ḟocruġaḋ, ḋeiriuġaḋ, leasuġaḋ. v. arrange. r. off. v. immediately.

RIGHTEOUS. v. just. innocent.

RIGHTFUL. v. lawful.

RIGID. v. stiff.

RIGOUR. v. hard.

RIM. v. edge. top.

RING. fáinne m 4; fonnsa m. 4 (band. hoop). standing around in a r. i na seasaṁ i na ḃfáinne. trotting round in a r. ag sodarnaiġil i na ḃfáinne. her marriage r. fáinne a pósta. r. the bell. buail an clog. the r. of bells, etc. v. noise. r. worm. borraḋṗéist.

RIOT. v. fight.

RIP. v. loosen. tear.

RIPE, etc. aibiḋ; abaiḋ (C. U.) r-en. aibiġim; abaiġim (C. U.) r. apple, wheat. uḃall, cruiṫneaċt aibiḋ. the corn is ripening. tá an t-arḃar ag abaċán, aibiuġaḋ, dul i n-aibeaṁlaċt. meadow r. for cutting. móinḟéar i mbéal bainte. v. ready.

RISE. v. increase. He r. from the dead. d'éiriġ Sé ó ṁarḃaiḃ. the r. of the day. éirġe an lae. v. morning. bird r. up in the air. éan ag éirġe i n-airde sa spéir. the moon is risen. tá an ġealaċ i na suiḋe. v. moon. he r from bed, got up. d'éiriġ sé i na ṡuiḋe. he r. up with a start (from chair, etc.) do ṗreab sé i na ṡuiḋe. his voice r. and falling. a ġlór ag ísliuġaḋ ⁊ ag árduġaḋ. breast r. and falling. v. throb. rise up. v. stand. tide r. v. tide. early r. v. early. r. against. v. rebel. sun r. v. morning. anger r. v. anger, etc.

RISK. v. danger. I r. my life for her. d'imreas m'anam ar a son.

RIVAL. v. compete.

RIVER, etc. aḃa f. 5; sruṫ m. 3. rivulet, stream. sruṫán m. 1; srúill f. 2; caise f. 4; glaise f. 4.

ROAD. v. way. bóṫar m. 1; bealaċ m. 1 (commoner in U.); sliġe f. 4; ród m. 1.

ROAR. v. noise. cry. búir f. 2; búireaḋ m. 4; búiṫreaċ m. 1, f. 2; géim f. 2; géimneaċ f. 2; géimreaċ f. 2; béic f. 2; béiceaċ f. 2. he (angry man, bull, etc.), r. do ḃúir, ḃéic sé; do ċuir sé béic, búir, olḃúir, etc. as; do ḃí sé ag búiṫriġ ... the bellowing of a bull. géimreaċ, etc. tairḃ. a r. fire. v. fire.

ROAST, v. burn. scorch. róstaim. the r. meat. an rósta

ROB, etc. v. plunder. goidim; bradaiġim. r-ber. gaduiḋe m.4; robáilíḋe m. 4; cneaṁaire m. 4 (C); biṫeaṁnaċ m. 1; foṁaraċ m. 1 (pirate); foġluiḋe fairrge (id) robbing gaduiḋeaċt f.3; bradaġail f.3; cneaṁaireaċt. he stole the horse. do ġoid sé an capall. the fruits of his r. toraḋ a ġaduiḋeaċta. naughty boys r. the nest. droċġarsúin ag creaċaḋ na nide. to lock the door when the r. are gone. glas do ċur ar an ndorus tar éis na foġla

ROBIN, spideóg Ṁuire.

ROCK, v. stone. carraig f. 2; splinnc f.2 (rough cliff); screig f.2 (cliff, crag); sceilg f. 2 (big r. standing out of sea); scailp f.2 (C); dúirling f.2 (C) (boulder on shore); rurpóg f. 2 (sharp stone or r.); builg f.2 (reef). rocky. carraigeaċ. r. fish. ballaċ m.1

ROCK, v. shake. I r. the cradle. luascaim, bogaim an cliaḃán. the cradle in which he was r. an cliaḃán i nar luascaḋ é. I r. it (chair, etc.) bogaim anonn ⁊ anall é. it r. with him, was loose. do ḃog sé leis. r. herself (in grief). ⁊ í dá suaṫaḋ, bogaḋ féin anonn ⁊ anall. the pole will be set twisting and r.. wobbling. cuirfear an ċuaille ag casaḋ ⁊ ag déanaṁ bullabáisín. it is r. wobbly. v. loose

ROD, v. stick

ROGUE, v. robber, rascal, deceit

ROE, v. deer

ROLL, v. twist. boat r. bád dá luascaḋ, ag luascaḋ ar an ḃfairrge. he was tossing about, wallowing in the mud, on the floor, etc. do ḃí sé dá iomlasg féin sa lataiġ, ar an urlár, etc. r. yourself on your back. id ḟurnáil féin ar ċaol do ḋroma (U). he was rolling and sprawling on the ice. ꝺo ḃí ꞅé aᵹ unꞅaıꞃꞇ ⁊ aᵹ laꞃaꝺáıl aꞃ an lıc oıḋıꞃ. I r. it further in on the shore (barrel, etc.) ꝺo ċaꞅaꞅ nıoꞅ ꞅıa ıꞅꞇeaċ aꞃ an ꝺꞇꞃáıᵹ é. r. down, headlong, tumbling somersaults. aᵹ ꝺéanaṁ cleaꞅ na cuaılle anuaꞅ le ꞅánaıḋ. it was r. wrapped up in cloth. ꝺo ḃí ꞅé ꝼıllꞇe ı n-éaꝺaċ. she wrapped him in cloths. ꝺ'ḟıll ꞅí ı n-éaꝺaıᵹıḃ é. they (blankets, etc.) were r. up ꝺo ḃıoꝺaꞃ ꝼıllꞇe aꞃ a ċéıle. to r., wrap it round his head. é ꝺ'ḟılleaḋ aꞃ a ċeann. the dog lay r. up. ꝺo ḃí an ᵹaḋaꞃ ı na lúıḃ. r. of butter. mıoꞅcán ıme. r. of cloth. coꞃn éaꝺaıᵹ (U) v. bundle.

ROMAN. Rómánaċ

ROMANCE. ꝼınnꞅcéal m.I

ROME. an Róıṁ (f. 2, 3).

ROOF. ceann ꞇıᵹe; buaıc f. 2 (ridge of roof); ꝺıon m. 1. cꞃeaꞇa (pl) (C.U); cꞃuıꞇ f. 2 (U); na ꝼꞃaıᵹꞇeaċa (ceiling, rafters). to put new r. on house. ceann nuaḋ ꝺo ċuꞃ aꞃ an ꝺꞇıᵹ. he put the pole out through the r. ꝺo ċuıꞃ ꞅé an ċuaılle amaċ ꞇꞃí ḃuaıc an ꞇıᵹe. he crept along the r. ꝺo ꞅleaṁnuıᵹ ꞅé ꞅan ḃuaıc an ꞇıᵹe. he will not leave a r., "stick" over her. ní ḟáᵹꞅaıḋ ꞅé cleıṫ oꞅ cıonn a cınn. under the r.-tree of anyone ... ꝼá ḃoımbéal aoınne a ṫıúḃꞃaḋ lóıꞅꞇín ꝺó.

ROOM. v. way, fit, place. ꞅeomꞃa m.4. they have r. enough. ꞇá ꞅlıᵹe a nꝺóṫaın acu ann. no evil thing will have r. to grow there. ní ḃeıḋ ꞅ. aᵹ aon ꝺꞃoċní ċun ꝼáıꞅ a ṫuılleaḋ ann. make r. for me. ꝺéın ꞅ. ḋoṁ. he has too much r. in his clothes, etc. ꞇá an ıomaꝺ ꞅlıᵹe, ḟaıꞃꞅıngeaċꞇa (C.) aıᵹe ı na ċuıꝺ éaꝺaıᵹ. we have plenty of r. ꞇá áꞃ nꝺóṫaın áıꞇe, ꝼaıꞃꞅıngeaċꞇa (C.) aᵹaınn. not more than 2 horses could fit there. ní ḟuıl áıꞇ aᵹ nıoꞅ mó ná ḋá ċapall ann. (C); ní ṫuıllꝼeaḋ nıoꞅ mó ná ... (C)

ROOT, v. dig, search. the pig r. an ṁuc aᵹ ꞇóċ. no field but was r. up. ní ꞃaıḃ aon ṗáıꞃc ᵹan ꞇóċ

ROOT. ꞃꞃéaṁ f 2; ꞅꞃéaṁ (C.U). working at the r. of the matter. aᵹ obaıꞃ aᵹ bunṗꞃéıṁ an ꞅcéıl. the r., origin of the evil. bunṗꞃéaṁ an uılc v. cause. it took r. ꝺo ṗꞃéaṁuıᵹ ꞅé. it was so deeply r. in us. ꝺo ḃí ꞅé ċoṁ ꞃꞃéaṁuıᵹṫe ı ꝺꞇalaṁ aᵹaınn. greed is r. in his heart. ꞇá an ꞇꞅaınnꞇ ᵹo ꝺaınᵹean buaılꞇe ıꞅꞇeaċ ı na aıᵹne, ꞇá ꞅí ı n-aċꞃann ı ᵹceaꞃꞇ ı na ċꞃoıḋe. it was not cut close to the r. nıoꞃ baıneaḋ ón a ḃun é. r. and branch. v. completely

ROPE, ꞇéaꝺ f. 2: cóꞃꝺa m.4. tied to the end of a r. ceanᵹaılꞇe ꝺe ċeann ꞇéıꝺe. I should like to have them at the end of a halter. ba ṁaıṫ lıom ıaꝺ ꝺo ḃeıṫ aᵹam ı ꝺꞇéıꝺ.

ROSARY, ꞃaıꝺꞃín m.4 ; p. ꞃáıꞃꞇeaċ (said in common); coꞃóın (f. 5) ṁuıꞃe ; na caoᵹaıꝺí (W)

ROSCOMMON. Conntae Roꞅcomáın

ROSE, ꞃóꞅ m. I ; sub rosa. v. secret.

ROT, lobaım ; ꝺꞃeoᵹaım. it r., corrupted the apple. ꝺo loḃ ꞅé an ꞇ-uḃall. the flesh r. off his bones. ꝺo loḃ, loḃaḋ a ċuıꝺ ꝼeola ḋá ċnáṁaıḃ. the grass is r. ꞇá an ꝼéaꞃ aᵹ loḃaḋ. a r. egg. uḃ loḃꞇa.

ROUGH. v. impudent. a r. voice, answer. ᵹlóꞃ. ꝼꞃeaᵹꞃa ᵹaꞃḃ. r., hoarsely. ᵹo ᵹaꞃḃᵹoṫaċ. a r., overbearing voice. ᵹlóꞃ boꞃb. he has a r., vigorous character. ꞇá ꝺúċꞇaꞅ ᵹaꞃḃ ann. a r., blunt answer. ꝼꞃeaᵹꞃa ꞇuꞃ. v. sharp. he asked me stiffly, r. if ... ꝺ'ḟıaꝼꞃuıᵹ ꞅé ḋíom ᵹo ꞇeann, ᵹo ꞇuꞃ (drily, bluntly)... he is a r. fellow, boor. ꞅꞃaꝺalaċ ꝼıꞃ ıꞅ eaḋ é. a churlish fellow, cad. cóbaċ m. 1 : ᵹeocaċ m. 1 (more usually of vagrant woman). r., surly, inhospitable man. ꝺuıne ꝺoıṫıᵹeaꞅaċ, ꝺoıċeallaċ; boꝺaċ; boꝺaıꞃe. a coarse grained, stubborn fellow. ꝼeaꞃ ꞅꞇuacaċ. a r., awkward, clumsy man, horse, etc. ceamallaċ ꝼıꞃ, capaıll, etc. a r., coarse pig, etc. connaꞃꞇaċ muıċe. the sea is r. ꞇá an ḟaıꞃꞃᵹe ᵹaꞃḃ, ꞅuaıḋꞇe ; ꞇá ꞅꞇoıꞃm, ꞇá ꞅuaṫaḋ aꞃ an ḃꞅaıꞃꞃᵹe, ꞅan ḟ. v wild. the road is r. ꞇá an bóṫaꞃ aıṁꞃéıḋ, aċꞃannaċ, ıomaꞃꝺaṁaıl, caꞃꞃaıᵹeaċ, aıṁꞃéıḋꞇeaċ (C), cnapánaċ le ᵹéaꞃċloċaıḃ, lán ꝺe ᵹaċ aon ꞇꞃaᵹaꞅ mıoċoṁꞇꞃoım ⁊ aċꞃaınn. a shaggy horse, dog. maꝺꞃa, capall ᵹıobalaċ, ꝼıonnaḋċaꞅ shaggy hair. ᵹꞃuaᵹ ᵹlıobaċ (C) v. hair. you are giving me a

jolting ride. ır í an ṁarcaiġeaċt anṗocair atá aġat ḋá tabairt dom.
ROUND, v. around. a r. stone. cloċ reaṁar cruinn, cóṁċruinn. her cheek was so r. do bí a pluic ċoṁ cruinn. a r. (not straight way) v. around.
ROUSE, v. awaken, excite.
ROUT. ruaġairt f. 2; ruaġ m. 1: iomruaġ; maiḋm f. 3. they were r., in flight. do bí an ruaġ, etc. orra; do ruaġaḋ ċun rıubail iad; do cuireaḋ raon maḋma, ruaġairt etc. orra. in the r. ran ruaġairt. he r. them with slaughter. do ċuir ré ár ⁊ deargruaṫar orra.
ROVE, v. wander.
ROW, etc. v. fight. kick up a r. v. excite.
ROW, etc. I r. a boat. iomraṁaim báḋ. they are r. táid riad aġ iomraṁ. he r. the boat. d'iomraiṁ ré an báḋ. a rower. raṁaiḋe. m. 4.
ROW, rraiṫ f. 2; rang m. 3. a row of beads. rraiṫ de ṗioġairlinıḃ. standing in r. i na rearaṁ i na rraiṫeannaiḃ, ranġannaiḃ.
ROYAL. ríoġḋa. the r. palace. pálár an ríoġ.
RUB. I r. my eyes. do ċuimlear mo ṡúile. I r. the blood, my finger, etc., against, on my face. do ċ. an ḟuil, mo ṁéar, etc., dem ċeannaiġṫiḃ. my hand r. against the ground. do ċuimil mo láṁ den talaṁ. I rubbed my finger on the blister. do ċuimlear mo ṁéar ar an ġcloġ. I was r. its (the dog's, etc.) back. do bíor ḋá ċuimilt ra dronı. he r. his eyes after sleep. do ġlan ré an bracaḋ ar a ṡúiliḃ. r. it out. rcrior (amaċ) é. that is the r. v. point, difficulty. r. with grease, etc. v. grease.
RUDDER. v. helm.
RUDE. v. impudent, rough.
RUFFLE. v. excite. anger.
RUGGED. v. rough.
RUIN. v. destroy, harm. ḟoṫraċ m. 1; eaḃlaċ (tiġe) f. 2; ceallúir f. 2 (large dilapidated h.) there was an old r. there. do bí reanḟoṫraċ, etc., ann. v. house. falling into r. v fall.
RULE, v. govern, power. riaġail f.5. the 2nd. r. riaġail a dó. r. criterion v. measure
RUMBLE, v. noise
RUMINATE, v. think, chew
RUMMAGE, v. search
RUMOUR, v. hint. I heard a r. d'airiġear rárla (m. 4). it is no mere r. ní r. ná rcéal rcéil é. it is only a r. ní ḟuil ann aċt "d'innir bean dom gur innir bean di"; ní ḟuil ann aċt dubairt ré dáḃairt ré. there is a r. about him that he ... tá ré amuiġ air go bfuil ré ...; tá ré curṫa amaċ air go ...; tá rıorarnaċ amuiġ i na ṫaoḃ go ... the r. arose that ... d'éiriġ an ġáir amaċ go ... (C.U). it was r. by them that ... do bí ré i gceirt acu go ... (C)
RUN, v. flee. I r. after him (at full speed). do riṫear i na ḋiaiḋ (ar cor i n-áirde) he had to r. off. do b'éigin dó riṫ leir féin. they kept r. hard. do leanadar den dianriṫ. he ran off as fast as he could. do riṫ ré leir ċoṁ maiṫ ⁊ do bí (ré) i na ċoraiḃ, ⁊ do bí riṫ aige; do riṫ ré leir i mbárr a anama, i dtaimirte a anama, i na lánriṫ, ṗánriṫ; do ċuir ré inr na coraiḃ go dian; d'imṫiġ ré leir inr na fárcaiḃ (C); riúd ċun bealaiġ é inr na fárcaiḃ (C). the horse is r. tá an capall aġ cur de. to r. out of the house. an dorur amaċ do ċur de. you should r., hurry down. ba ċeart duit an talaṁ do ċur díot ríor. he could not take a r. (at the jump, etc.) ní raiḃ aon rıoṫaḋ (pr. ruṫaġ) aige. he took a r., rush at it and jumped in. do ṫuġ ré rciúird reaṫa, do ṫuġ ré rıoṫaḋ air ⁊ do léim irteaċ. I r., dashed further in. do ṫuġar rıoṫaḋ níor ria irteaċ. little rushes, runs of talk. rıoṫaḋaí cainnte. with the rush, impetuosity of his talk. le riṫ na bfocal. he rushed, dashed down to, up the hill, out at the door, in to them, out of my sight, etc. do rciúrd, rceinn ré ríor ċun ... ruar an cnoc, an dorar amaċ, irteaċ ċúċa, ar mo radarc. r. away. off with you. greaḋ, bailiġ, imṫiġ leat. v. go. I dashed about looking for...do ṫuġar rciúrd mórṫimċeall aġ cuardaċ ... let some one rush off for the priest. rreabaḋ duine éigin d'iarraiḋ an trağairt. he

dashed off. do ṗreab sé ċun siubail. they r. off. do ġreadadar leo ; do ġ. orra ; do ġ. ċun bóṫair ... they were r., rushing along the road (on top of each other) do ḃíodar ag baint an ḃóṫair dá ċéile, ag baint na sál dá ċ., ag baint na sréireaċ dá ċ., ag bruġaḋ ar a ċéile ċun é d'ḟeicsint ... a kind of rush of blood through his limbs and to his head. mar ḃeaḋ luasċaḋ fola i na ḃallaiḃ beaṫaḋ 7 suas i na ċeann. they r. away, eloped. d'éaluiġeadar, do ṫéaluiġeadar le ċéile. she r. away with him. d'éaluiġ sí leis. he r. away (from school) d'é. sé (ón scoil). those running away, fugitives. luċt teiċe. there you are r. away. siúd ar teiċeaḋ tú. fleeing as hard as he could. ag t. le na anam he is in flight. tá sé ar a ṫ. he put them to flight. do ċuir sé ar t. iad. I r. him through. v. pierce

RUSH, v. run. luaċair f.3 ; (rushes) geataire m.4 (rush etc. for lighting); feag (m. 1) fiaḋain ; feag glas (green r.). a single rush. brob luaċra

RUST, meirg f.2. the r. eats into it. iṫeann an ṁ. é. it is rusty. tá an ṁ. air ; tá sé meirgeaċ. it got r. d'éirig an ṁ. air

RYE, seagal m.1

SABBATH. an Doṁnaċ ; lá na Sabóide.

SACK. mála m. 4 ; s. cloth. éadaċ róin.

SACRAMENT. sácraimint f. 2.

SACRED. v. holy. naoṁṫa, beannuiġṫe.

SACRIFICE. v. prefer. íoḋbairim. he s. himself. d'íoḋbair sé é féin. he would sacrifice his life for it. do ḋéanfaḋ sé íoḋbairt anama ar a ṡon. the S. of the Mass. íoḋbairt an Aifrinn.

SACRILEGE, etc. naoṁaiṫis f. 2. s-gious. naoṁaiṫiseaċ.

SAD. v. pity, sorrow.

SADDLE. diallait f. 2 ; iallait.

SAFE. v. save, danger, protect. he came back s. do ṫáinig sé slán arís. to send him home s. and sound. é do ċur a ḃaile i na ṡaoġal 7 i na ṡláinte, fá ṡaoġal 7 fá ṡláinte, go saor sábálṫa. my head is s., not hurt. tá mo ċeann slán. the money is there s. and complete. tá an t-airgead ann go lom slán. to bring him s. out of the battle. evil. s. to the...etc. é do ṡeolaḋ, ṫabairt slán, saor ón gcaṫ, olc, ċun...etc. he is s. tá sé saor ó ḃaoġal. he is out of danger (in sickness, etc.) tá sé ar láiṁ sábálṫa. in a safe place. i n-áit gan baoġal; i n-áit ṡábálṫa. it is safer for us not to have it. is neaṁċontaḃairtiġe ḋúinn gan é do ḃeiṫ againn ; is é an rud is sábálṫa ḋúinn... I kept it s. for him. do ċuireas i dtaisce ḋó é. I don't feel it s. to stay. ní ṁuiniġin liom fuireaċ ann. in an unsafe place. i n-áit naċ ionntaoiḃ d'aoinne feiṫeaṁ ann. it is not s. to vex her. ní hionntaoiḃ fearg do ċur uirri. I did not think it s. to leave her in C.'s charge. níorḃ' ionntaoiḃ liom a cúram d'ḟágaint ar Ċonn.

SAGE. v. learned. sáitse (plant).

SAIL. seol m. 1. loosening the s. ag scaoileaḋ siotaí na seol amaċ. s. a boat. ag seolaḋ báid ; ag gaḃáil báid (C). he s. to the south. do ṡeol sé air ó ḋeas. he pulled down the s. do scaoil sé anuas seolta a ḃáid. they under full s. 7 iad fá lán tseol ; fá lán a seol; fá lán an tseoil, fá lán tsiubal. to have a s. greas seoltóireaċta do ḋéanaṁ. s.-or. máirnéalaċ m 1.

SAINT. naoṁ m. 1. S. John. Naoṁ Eoin ; Eoin naoṁ.

SAKE. v. account. for God's s. ar son Dé ; ar uċt Dé. for his mother's s. ar son a ṁáṫar. he worked for money's s. do ṡaoṫruiġ sé ar son beagán óir.

SALE. v. sell.

SALIVA. v. spit.

SALLY. v. attack, willow.

SALMON. bradán m. 1.

SALT. salann m. 1. to put s. on it. s. do ċur air. he is not worth his s. ní fiu s. na praisce é. s-water. sáile m.4. s-meat, fish. feoil, iasc goirt.

SALUTARY. v. help, useful.

SALUTE. v. bow. I s. her. beannuiġim di ; cuirim forán uirri (C.U.) I bow to her. uṁluiġim (mo ċeann) dí; sléaċtaim dí; ísliġim dí. Hail! Mary. go mbeannuiġṫear duit a Ṁuire ; dé do beaṫa a Ṁ.

SALVATION. sláinte, beaṫa ṡíor-ruiḋe.

SAME. v. equal. like. in the same way. mar an gcéadna; ar an gcuma gcéadna. at the s. time. san am gc. v. nevertheless. that is the s. man I saw yesterday. sin é an fear c. a ċonnac indé. it is the s. man who went in that is now there. is é an fear c. a ċuaiḋ isteaċ atá ann anois. going in and coming out are not the s. thing. ni hionann dul ann ⁊ teaċt as. it was the s. with him as with the other. b'ionann scéal dó féin ⁊ don ḟear eile. v. case. if I were ready for the war in the s. way as he is. dá mba aon ċóruġaḋ amáin troda a beaḋ orm-sa ⁊ ar an bfear eile. you treated us who went through the labour of the day in the s. way as them. do ċuiris ar aon dul leosoin sinne d'fulaing cruaḋtan an lae. a chief of the s. name as he. flaiṫ ċóṁainmneaċ leis. one of the s. time, generation. fear dá ċóṁaimsir. they are of the s. length. cóṁḟaid atá ionnta ; táid siad ċoṁ fada le ċéile. v. equal. of the s. age v. age. the air is good and the food is the s. is maiṫ an t-aer ann ⁊ ni taise don biaḋ. she was glad and it was the s. case. way with him. do bí áṫas uirri ⁊ ni taise dósoin. he did the same. do ḋein sé aṁlaiḋ all women are the s. is dá ċéile na mná go léir in the s. place as I. i n-aon áit liomsa. the s. to you. gurab aṁlaiḋ ḋuit ; gurb é a ḋalta ḋuit ; go mbaḋ aṁlaiḋ ḋuit. it is the same way with him v. case. condition. at the s. time. v. nevertheless, however. it is the s. to me v. matter.

SANCTITY. v. holy.

SANCTUARY. v. protection.

SAND. gaineaṁ f. 2 (m. in C.U.) ; grean m. 1 (gravel) ; grinneal m. 1 (id.) s. bank. oitir f. 5. s. hill. dabaċ m. 1 (Cl.) s. piper. gobadán m. 1 ; laḋrán trága (C.) s. pit. coiréal gainiṁe.

SAP. súġ m. 3.

SAPLING. buinne f. 4.

SARCASTIC. v. laugh. scoff.

SATIN. sról m. 1.

SATIRE. aor m. 1 ; dréaċt aḋaċta. a s. on the king. aor i gcoinnib an ríoġ. I s. him. d'aoras é.

SATISFY, SATISFACTION. v. reparation. please, enough. that s. her. do ṡásaiṁ sin í. that would not s. him. ni ṡásóċaḋ, ṡáiseoċaḋ soin é. nothing would s. her but going to ... ni ṡásóċaḋ an saoġal í gan dul ann .... aċt í do ḋul ann ... that did not s. him. nior ḋein sin a ṡásaṁ. I would not give him that s. ni ṫiubrainn mar ṡ. ḋó é. I had the s. of seeing him. do bí sé de ṡásaṁ agam é d'feicsint. to get s. from him. s. d'ḟaġáil uaiḋ. v. vengeance. s. with it. sásta leis. he felt quite s. is é a bí go sásta, lán tsásta i na aigne. I am s. about her being ... tá m'aigne s. as í do beiṫ ... I am s. at the way I got out of it. táim s. trí a ḟeabus mar ċuaḋas as. they settled it to their s. do ṡocruiġeadar an scéal eatorra ar a sástaċt féin. I should have been s. with a penny. do ḋéanfainn-se mo ġnó an lá soin le pinginn. v. please.

SATURDAY. is to-day S. ? an é an Saṫarn (m. 1) atá againn ? to-day is S. indiu an S. on S. Dia Saṫairn.

SAUCE. annlann m. 1. hunger is good s. is maiṫ an t-a. an t-ocras. s. for the goose is s. for the gander. ní sia gob an ġé ná gob an ġanndail.

SAVAGE. v. wild.

SAVE. v. except. protect, safe. God s. us. go saoraiḋ Dia sinn. that s. me. do ṡaor soin mé (ó olc, ón bfairrge, ó na ḟeirg ...) I s. her from the bull. do ṡaoras ón dtarb í. to s., rescue them. iad do ṫárrṫáil. he s. me. do ṫug sé t. orm. he will be saved. beiḋ sé tárrṫa, tárrṫuiġṫe. v. safe. to s., rescue him (from them). é d'fuascailt (uaṫa). to s. you from the danger. tú do ṫabairt as an gcontabairt. that s. them. do ċuir sin ó baoġal iad. he who s. you. an t-é a ṡeol i mbeárnain do leasa ṫú. spend and you will get, s. and you will lose. caiṫ do ċuid ⁊ ġeobair tairciġ ⁊ raċaiḋ amuġa (U). what I stored up. ar ċuireas ċun taisce ; ar ċnuasuiġeas d'airgead. spare your health. bain teilgean as do ṡláinte. v. economy. saving your presence. v. pardon. Saviour. Slánuiġṫeoir m.3.

SAVOUR, v. taste, sweet.

SAW, tuireasc m. 1.

SAY, etc. I say, said it to him. aḋeirim, aduḃairt leis é. that is to say. 'sé sin le ráḋ. what do you s. to my going. cad adéarfá lem ḋul ann. said he. ar seisean. said C. arsa Conn. s. I. arsa mise. what they s. is ... is é a ráḋ féin go ... I s. confidently ... adeirim go láidir go... v. assure. not to say, not even. v. mention. that saying. an ráḋ soin; an focal soin. the old s., adage, proverb. an seanḟocal; an seanráḋ; an gnáṫḟocal.

SCAB, gearb f. 2; claiṁe f. 4. a scabby man. fear claṁ, gearbaċ, carraċ (C); carraċán m. 1 (C.)

SCABBARD, truaill f. 2.

SCALD. v. burn. he s. his mouth. do scól sé a ḃéal. he was s do ḃí sé scólta, sreaḋta. his mouth was all s., raw. do ḃí a ḃéal i na spóla scólta.

SCALE, v. measure, balance. lanna (pl.) (of fish, etc.) that took the s. from his eyes. do ḃain sin na faċailli ar a ṡúiliḃ. dá ś. his eyes scaly, glazed in death. s. an ḃáis i na ṡúiliḃ.

SCANDAL, etc. v. example, shame. scannal m.1. you shall be s. (in me). glacfaiḋ siḃ s., oilḃéim (umaim). a s.-ous thing, etc. rud scannalaċ

SCANT, v. little, rare, scarce

SCAPULAR, scaball m.1

SCAR, v. wound, mark

SCARCE, v. rare, few. gann; tearc. seed, money, etc. is s. tá síol, airgead, etc. gann, tearc. s.-ty of food. gainne, gannċúise bíḋ. our food was getting s. do ḃí ár lón ag dul i ngannċúise, ngainne, ngainneaċt go mór orainn, ag éirġe gann ... they suffered from s. of water. do ḃí easbaiḋ, gainne, teirce, etc, uisce ag cur orra.

SCARCELY, v. hardly

SCARE, v. fear

SCARF, carḃat m.1

SCARLET, v. red. s. fever. fiaḃras dearg

SCATTER, v. drive, spread. they are s. through I. tá siad scaipte ar fúd na hÉireann. he s. them. do scap sé iad; do ċuir sé an scaipeaḋ orra. he s. the seed. do scaip sé an síol. the mist s. do leaṫ an ceo. everything is s. (on the ground, etc.) tá gaċ aoinní scarṫálta, trí na ċéile, etc. v. confusion.

SCENE, v. sight

SCENT, v. smell. he followed the s. of the fox. do ċuaiḋ sé ar ḃolaḋ, ḃalaiṫe an ṁada ruaḋ.

SCEPTRE, slat (ríoġḋa).

SCHEME, v. plan. conspiracy

SCHISM, v. division. easaontas m.1; deaġailt f.2

SCHOLAR, v. lesson. scoláire m. 4; mac léiġinn. he is a fine s. ríscoláire is eaḋ é v. learned. I was a s., pupil there. do ḃíos im s. ann.

SCHOOL, scoil f.2. at s. ar s.; ag s. (W). going to s. ag dul ar s., go dtí an s. (W).

SCIENCE, ealaḋa f. 5. scientific. ealaḋanta. scientific profession, etc. gnó ealaḋan.

SCISSORS, deimeas m.1; siosúir.

SCOFF, v. laugh. fonóṁaid f. 2; cnáid f. 2. a s., derisive word. focal fonóṁaide. I made some derisive, sneering remarks. do leigeas roinnt fonóṁaide isteaċ im ċainnt. the world flatters us one day, and sneers, jeers at us the next. bíonn an saoġal ag meallaireaċt inḋiu linn ⁊ ag fonóṁaid fúinn i mbáraċ. I said in a s., derisive, jeering way. aduḃairt go sgigeaṁail, cnáideaṁail, fonóṁaideaċ. do not s., sneer at a poor man. ná déin cnáid fá ḋuine ḃoċt.

SCOLD, v. abuse.

SCORCH, v. burn.

SCORE, v. bill. have a s. against. v. hate.

SCORN, v. contempt, despise.

SCOTCH, Albannaċ. Scotland. Alba f. 5.

SCOUNDREL, v. rascal, etc.

SCOUR, v. clean.

SCOURGE, v. whip.

SCRAP, v. bit, rag.

SCRAPE, v. peel, scratch.

SCRATCH, scríobaim (scrape); toċascaim; toċaisim. s.-ing ag scríobaḋ, scríobáil. the wood was so s., scraped. do ḃí an t-aḋmad, etc., ċoṁ scríobṫa, scráibṫe. It's a bad hen that will not s. for herself. is olc an ċearc ná scríobann dí féin. I have got a few s., slight wounds. tá cúpla scríobaí orm. he s. his his head with vexation. do ṫoċais a ċeann le canncar. you s. me and I'll s. you. beirḃ birrín dom ⁊ beireoḃad birrín duit.

SCREAM, SCREECH. v. cry.

SCRUB. v. clean.

SCRUPLE. v. care. scrupal m. 1. they have no s. about doing it. ní ḟuil aon ċeist orra um a ḋ.; is beag acu é do ḋ.; is beag luiġeann sé ar a gcoguḃas é do ḋ. I should not s., have any trouble of conscience about killing him. ní ċuirfeaḋ sé aon ċorġuais, ġarḃuais orm é do ṁarḃaḋ. the crime would not cause me any s. ní ċuirfeaḋ an ċoir aon ċorġuais, etc., orm. I would do it without s. do ḋéanfainnse gan scrúḋscal é. don't s. to fire. ná bíoḋ scrúḋscal ort láṁaċ.

SCUM. v. top, refuse.

SCYTHE. speal. f.2.

SEA. fairrge f. 4; muir f.3. the sea was calm, etc. do ḃí an ḟairrge ciúin, etc. by the s., at the seaside. cois fairrge. the road to the s. bóṫar ag dul go f. to go, put out to sea. cur ċun f. (W). druidim ċun f., gluaiseaċt amaċ an ḟ. ṁór; an ṁuir amaċ do ṫaḃairt orm; an ṁuir amaċ do ċur díom; druidim an poll amaċ. further out to s. níos sia amaċ fán ḃf., fán muir. going away from us across the sea. ag imṫeaċt an poll amaċ uainn; ag cur an loċa amaċ díoḃ to drive them beyond the sea. iad do ruagairt an loċ amaċ. I threw over the load into the s. do ċaiṫeas an t-ualaċ amaċ fán bpoll, ṫar bórd. sink down to the bottom of the s. dul síos go tóin puill, go bun an duiḃeagáin. across, beyond the s. tar sáile; tar lear I was at the s. side. do ḃíos ag an sáile. going to the s. ag dul ċun na sáile. sea was full, etc. v. tide. s. gull v. gull. half s. over. v. drunk. s. shore v. shore. s. sickness. tinneas fairrge; muirġalraḋ m. 1 (C). s. urchin. gráinneog ḋearg. sea-weed. feamain f. 3; múr m. 1; múraċ m. 1; múr scoṫógaċ (branchy s.); duileasc m. 1 (edible); creannaċ (C) (id.); triosca m. 1; sleaḃaċ m. 1 (sloke, edible s.); sleaḃcán m. 1 (id.); leaṫaċ f. 2; rufán m. 1 (grass-like s.)

SEAL, v. mark. rón m. 1 (animal).

SEARCH. v. ask. etc. s. for the child, for them, etc. ag cuardaċ an ṗáiste,. dá gcuardaċ. s. for gold. ag cuardaċ óir, d'ór, s. for it. ag cuardaċ de, dó; dá ċ. he s. the house, pocket, etc. do ċuarduiġ sé an tiġ, póca. s. his pocket, (for alms, etc.) ag tóruiġeaċt a ṗóca (C). s. for alms, etc. ag t. déirce (C). I started off to s. for it. d'imṫiġeas sa ċuaird, ar a lorg, dá lorg, ċun é do lorg. s. for a wife, the man, etc. ag lorg mná, an ḟir. each one ran in s. of his friends. do riṫ gaċ aoinne d'ḟios a ḋuine féin. he is being s. for. tá sé ar iarraiḋ. after s., rummaging for long. tar éis ḃeiṫ i ḃfad ag piardáil dom. to s., examine everything minutely. gaċ rud do ċriaṫairt, sbionnaḋ. s. for knowledge (of it). ag toiġead feasa (air). s., probing, etc. for the gold. ag toiġead ar an ór. do not probe, s. into the affair any more. ná déin a ṫuilleadh t. ar an scéal. s. into, thinking over things. ag t. ar neiṫiḃ. s. into the sense of the saying. briġ an ḟocail do ṫ. amaċ. s. into it, probing it. ag t. faoi.

SEASON, séasúr m. 1. out of s. ṫar s. the 4 s. ceiṫre ráiṫí na bliaḋna. s-able. v. opportune. s-ed. v. hard.

SEAT, suiḋeaċán m. 1; suiḋistín m. 4 (small straw s.); suiḋisteóg f. 2 (U) (id.); sees m. 3 (C.U.); binnsín m. 4; stóilín m. 4 (stool).

SECOND, v. moment, immediate, next, again. dara (U); darna (C.U.); tarna; domaḋ (often in compd. numbers). every s. man, etc. v. alternate. I looked round a s. time. d'ḟéaċas im ṫimċeall an aṫuair. it is a s. hand story. is scéal scéil é. s. cousin. v. cousin. I s. that resolution. cuidiġim leis an rún soin. v. agree. s-ly. v. place.

SECRET, v. mystery, reveal. I know an ugly s. about him. tá rún (m.1) grándа agam air. to keep a s. from him. r. do ċoimeád uaiḋ. to keep the sins s. r. na bpeacaí do ċoimeád ; r. do ċoimeád orra. I am in the s. of their affair. tá rún a ngnóṫa agam. I tell it to you as a s. is fá, tré rún atáim ḋá innsint duit. s.-y married. pósta i gan ḟios. I put it s. in his pocket. do ċuireas sa ṗóca i gan ḟios dó, i nganḟios dó (C). he did it s. do rinne sé é i gcoir íseal (U). fá ṫóin (W). to do it. come s. é do ḋéanaṁ, teaċt go foluiġṫeaċ. his s., hidden sins. a ṗeacaí foluiġṫe. I would not let him into my s. ní leigfinn m'aigne ċuige v. reveal. all the secrecy, mysterious conduct an dírċréid go léir. after they had put me under s. tar éis geasa dírċréideaċ do ċur orm dóiḃ. he is a dark mysterious man. fear dorċa is eaḋ é. in the s. recesses of the wood. i ndiaṁraiḃ na coille full of s. meaning. lán de ċéill ċrúnnda.

SECRETARY, rúnaire m.4 ; rúnaiḋe m.4; fear le scríoḃaḋ

SECURE. v. safe. steady, assure.

SECURITY, v. safe. guarantee. he was going s., bail for the man. do ḃí urraḋas aige ḋá ḋéanaṁ ar an ḃfear ; do ḋein sé (an t-)urraḋas air. I went bail for him in £10. do ċuaḋas i n-urraḋas deiċ bpúnt air. to give it to them without bond or s. é do ṫaḃairt dóiḃ gan urraḋ gan banna. those who went s. were called up. do glaoḋaḋ na hurraiḋe suas. he asked no s. for it (the money, etc.) níor iarr sé aon urraḋ na áirṫe air. he gave s. that it would be ... do ṫug sé bannaí go mbeaḋ sé... he got none to go bail for him. ní ḟuair sé bannaí. he kept it as s. for the money. do ċoimeád sé é i ngeall leis an airgead

SEDGE, seisc f. 3, 2 ; giolcaċ f.2 ; cíb f. 2 (C)

SEE, (of Bishop, etc.) fairċe f. 4.

SEE, v. sight, notice, look. I s. him. do ċonnac, do ċonnacas é. the biggest man I ever saw. an fear is mó dá ḃfeacas, ḃfacas (C.U.) fós riaṁ (im ṡúiliḃ cinn). let me see. fan go ḃfeicead. rivalling each other. etc. to s. which ... ag formad etc. le ċéile féaċaint cé acu ... he rubbed his eyes to s. where he was ...do ċuimil sé a ṡúile d'ḟéaċaint cá raiḃ sé ... I never s. him, set eyes on him. níor leigeas, leagas, leogas mo ṡúile riaṁ air. it is long since ... is fada nár leagas, etc. súil air. the trick was s. through. do haiṫniġeaḋ an cleas. they are very funny s., considering they are such heavy folk. is mór an luċt grinn iad maidir le daoiniḃ dúra troma (C). a good education considering it was given at home. taḃairt suas maiṫ mar le teagasc ar a ṫeinteán féin. for a man who had slept so long. s. he had slept so long, I wonder at the quick way he got up. mar le duine a ċodail ċoṁ fada molaim a obainne mar ḋúisiġ sé. the day is bad s., even considering it is winter, even for winter. tá an lá go holc mar le haimsir ġeiṁriḋ féin. how could it be there s.-ing it is here. cionnus ḃeaḋ sé annsoin ⁊ é annso. how could the horse go into the water s. he does not exist. cionnus raġaḋ an capall isteaċ san uisce ⁊ gan an capall ann. s. the day is so wet. ⁊ an lá ċoṁ fliuċ. he did not know she was there. naturally. s. she was outside ... ní raiḃ a ḟios aige go raiḃ sí ann ⁊ gur amuiġ do ḃí sí, ⁊ go raiḃ sí amuiġ. who did it. s. it was not one of us ? cé a ḋein é ⁊ naċ duine againne é. s. it was not he who did it. ⁊ naċ é a ḋein é. how could it be ... s. it was not made of gold. cionnus ḃeaḋ sé ... ⁊ naċ d'ór do deineaḋ é. it is a shame for us. considering we have such ancestors. to be ... is olc uainn ⁊ gur sinn sliocht an tsinnsir uasail sin má ḃímid ... s. considering he used to work so hard. tráṫ 's go mbíoḋ sé ag obair ċoṁ dian : ráiḋte go mbioḋ ... (W) ; tré 's go mbioḋ, etc. ; do ráḋ ⁊ go mbíoḋ ... I got off cheaply considering I was not killed. do scaras go maiṫ leis ⁊ a ráḋ nár marḃaḋ mé. s. how well he did it. ⁊ a ḟeaḃus (mar) ḋein sé é. s. how little you have done. ⁊ a luiġead atá déanta agat. s. how fast he was going. ⁊ a ṁire do ḃí sé ag cur de. s. how lately I did it. ⁊ a ġiorra atá ó ḋeinear é. s. how tough, thin, etc. it is. ⁊ a righne, ċaoile atá sé.

SEED, síol m.1. sowing s., ag cur síl. s. potatoes. prátai síl. a fine increase is got from the few s. do ġeiḃtear an toraḋ breáġ ar an mbeagán síl.

SEEK, v. search, desire. I do not s. my own glory. ní lorgaim mo ġlóire féin. do not s. honour from him ná lorg urraim uaiḋ. s. to know v. ask.

SEEM, v. appear, think

SEE-SAW, bata corraċ

SEETHE, v. boil.

SEIZE, v. hold, take. I s. a stick. d'aimsiġear bata. fear, pity, sickness s. him v. fear, etc.

SELDOM, v. rare

SELECT, v. choose

SELF, myself. mé féin. he struck himself. do ḃuail sé é féin. the most important power one should have is s. control. is é an ċéad smaċt ná a ċéile smaċt ar ḋuine féin. by myself v. alone.

SELL, díolaim. he s. the cow to the man for £10. do ḋíol sé an ḃó leis an bfear ar deiċ bpúnt. those who s. horses. luċt díolta na gcapall; luċt na gc. do ḋíol. she used to s., keep shop. do ḃíoḋ sí ag díolaċán.

SEND, I sent it to him. do ċuireas ċuige é; do ċ. ag triall air é. he had been s. off. do ḃí sé curtha ar bóṫar. v. dismiss. whatever evil spirit s. him across our path, to this place. pé diaḃal a ċas ċúġainn é, ċun na háite seo é. they are s. over here. seoltar anall iad. he s. messengers to say that ... do ṫiomáin sé teaċtairí ċun a ráḋ go ... she s. for him, to fetch him. do ċuir sí fios, lorg, iarraiḋ air. s. to get. v. bring. God s. you health, etc. v. give.

SENIOR, v. old.

SENSATION, v. feeling.

SENSE, v. meaning. ciall f. 2; meaḃair f. 3, 5; fuaimint f. 2; céadfaḋ m. 1. s-ible. ciallṁar. v. prudent. s-less. v. foolish. could anyone with any s. do else. an ndéanfaḋ aoinne ar a ċéill, aoinne araiḃ aon splannc céille i na ċeann a ṁalairt. she has no s., not a particle of s. ní ḟuil spút (U.), fasc, aon ḟ. aici; ní ḟuil aon ċiall aici; ní ḟuil léas, ioscar (W), famaide, suimide céille aici; bean gan ciall is eaḋ í. nearly out of his s. (with fear, etc.) i rioċtaiḃ a ċéille do ċailleaṁaint. out of his s. as a ċéill. there is s. in what he is saying. tá ciall leis an gcainnt sin. it was not a s. thing to try it. níor ṁaiṫ an ċiall agat tabairt faoi. there would be no s. in taking his judgment, it would be foolish to take... ní ḃeaḋ aon ċiall le breiṫeaṁantas an ḟir sin do ġlacaḋ. a s., reasonable thing, man, saying. rud, fear, focal ciallṁar. she spoke in a s., reasonable way. do laḃair sí go ciallṁar. all her common sense. a raiḃ de ṁeaḃair an tsaoġal aici. your good, common s. do ṁeaḃair cinn. owing to your own good, common s. as méid do ṁeaḃraċ cinn féin. and he in his sound s. ⁊ é i na ṁeaḃair ḟaoġalta. he was struck senseless, dumbfounded. do baineaḋ as a ṁ. é. he recovered his s., consciousness, presence of mind, etc. do ṫáinig a ṁ. dó. I quite lost my s. when I saw ... níor ḟan léas meaḃraċ agam nuair connac ... has any of you his s. about him. his presence of mind. an ḃfuil aon ṁeaḃair ag aoinne agaiḃ. gather your wits, collect your s., presence of mind, etc. cruinniġ do ṁ. (cinn.) that left me s-less, powerless. d'ḟág soin gan ṁ. gan taraiḋ mé. I am not mad in the least, not a bit out of my s. ní ḟuilim as aon ṁ.; ní ḟuilim a m. ná a mearaċuiṁne. that is what is driving me mad, out of my s. sin é atá ag baint mo ṁeaḃraċ asam, atá im ṫiomáint as mo ṁeaḃair. he is mad, out of his mind. s. tá sé as a ṁ. he is getting out of his s., a little crazy. tá sé ag cailleaṁaint a ṁeaḃraċ. her beauty robbed me of my s., dumbfounded me. do ḃain a háilneaċt mo ṁeaḃair ḟaoġalta díom. their common s., judgment told them that ... d'innis a dtuig-sint féin go ... owing to his common s. as méid a ṫuigsiona.

a little gleam of s. is better than ... is feárr aon léas aṁáin tuisgiona ná ... a s., prudent man. fear eagnaiḋe, fuaimınteaṁail. common s., level headedness. cúilféiṫ (f. 2); s-ible. coherent, reasonable talk. cainnt ḃunaḋasaċ. he spoke reasonably. do laḃair sé go bunaḋasaċ. s-less, incoherent talk. cainnt gan bun gan bárr. v. mean. my s. were all confused. do ḃí (mo ċiall 7) mo ċéadfaiḋ trí na céile. her s. were charmed by the beauty of the land. do sásuiġeaḋ a céadfaiḋ le háilneaċt na tíre. I lost my s., fell in faint, unconscious. do ṫuiteas i laige, ḃfanntais; do ṫuiteas go faon lag; do ṫuiteas im ṁeiḋ; do ṫuiteas gan aiṫne gan urlaḃra; do ṫáinig lagaċar, meirḃṫean (C.) orm. v. weak. I fainted, lost my s. in excess of joy. do ṫuiteas i néal áṫais. he was without sensation. ní raiḃ aon ṁoṫugaḋ ann. v. feel. she is recovering her s. (after faint.) tá sí ag teaċt ċúiċe féin. she recovered her s. do ṫáinig sí ċúiċe féin. when I recovered my s. ar ṫeaċt dom stuiḋéar dom. my s. came back more completely. do ṫáinig mo stuiḋéar níos cruinne ḋom. they are trying to revive her. tátar d'iarraiḋ í do ṫaḃairt tar n-ais. s. of word. v. mean. what is the s. of your being. etc. v. mean.

SENSITIVE, tógálaċ (W). (touchy); céadfaḋaċ.

SENSUAL, etc. v. impure

SENTENCE, v. condemn. breaṫ. breiṫ f.2. a s. of death was the punishment he brought on himself. breiṫ ḃáis ab eaḋ an ṗian a ṫug sé air féin. he had to pronounce s. of death or acquittal on her. do ḃí sé air breiṫ ḃáis nó saorḃreiṫ do ṫaḃairt uirri. it was like a death s. ba ġeall le fógairt báis é. to s. to a fine. etc. v. condemn. a s., phrase. ráḋ m. 3; abairt f. 3.

SENTIMENT, v. inclination, feeling, opinion

SENTINEL. v. watch

SEPARATE, v. divide. scaraim le; scaraim de (U); deiġlim; deaġlaim. they s. do scaradar le na céile; do s. ó ċ. I will not s. from you, leave you. ní scarfad leat. I had s. from him. do ḃíos scarṫa leis. s. for ever. scarṫa go bráṫ le céile. he cannot s. from his money. ní féidir leis scaraṁaint le na ċuid airgid. it is not right to s. them. ní ceart iad do ḋeaġailt ó céile. nothing more effectually s. us from God's grace than ... ní ḟuil aoinni is mó ḋeiġleann amaċ sinn ó ġrástaiḃ Dé ná ... he had to s. them from her. do ċaiṫ sé iad do ċur ar deiġilt uaiṫi. s. from you for ever. deiġilte leat go bráṫ arís. he is s. from God. tá sé d. le Dia. s. from, cut off from the church. gearrṫa amaċ ón eaglais. they were s., kept away from I. do deiġleaḋ 7 do gearraḋ amaċ ón nGaeḋilg iad. I s. them, kept them s. apart. do ċuireas, ċoimeádas ó céile iad. to put him in a s. place, apart, by himself. é do ċur ar leiṫ i n-áit leis féin. he assigns a s. place to each. do ḃeireann sé ionad fá leiṫ do gaċ fear acu. he spoke to each s., apart. do laḃair sé le gaċ fear díoḃ fá leiṫ. he fixed, there was a s. special day, room for it. do ċuir sé, do ḃí lá, seomra ar leiṫ ċuige, ċun é do ḋ. Parliament had s., broken up. do ḃí an ḟeis ar scur.

SEPTEMBER. Meaḋon, Meiṫeaṁ an Ḟóġṁair.

SEPULCHRE. v. grave.

SERIOUS. v. important. dangerous. a s. crime. coir ṫrom. it is a s. fight we are engaged in. troid dilis atá againn ḋá ḋéanaṁ. he is s.-ly, really angry. tá fearg i gceart air. he is a s. (not pretended) enemy. is náṁaid i gceart é. are you s., in earnest. an dáiríriḃ ataoi; an magaḋ nó dáiríriḃ ḋuit. I am really s. is de ċroiḋe dáiríriḃ atáim; táim dáiríriḃ (cruinn). the joke is getting rather s. for him. tá an magaḋ ag teaċt i na ḋáiríriḃ ċuige. it is a s., important matter. tá bunaḋas san gnó. v. important.

SERMON. seanmóin f. 2; seanmóir f. 2 (C. U.); soiscéal m. 1 (W). he preached a s. to us. do ṫug sé seanmóin uaiḋ (ḋúinn). he was preaching. do ḃí sé ag seanmóinteaċt.

SERPENT. naṫair f. 2; n. nime, aṫair nime; earcú, earcon (U) (lit. eel).

SERVANT. buaċaill, cailín, etc., (aimsire); giolla m. 4 (groom etc.); seirḃíseaċ m. 1; giománaċ m. 1 (C.); searḃóġantuiḋe m. 4 (C. U.); duine, etc., freastail; duine friotáilte; cumal f 2 (handmaid). serving ladies. attendants on queen, etc. mná coiṁdeaċta cuinnleaċta. hired s. with him. 7 luċt tuillṁe 7 tuarastail i n-aoinfeaċt leis. v. hire.

SERVE. v. care. to serve God and M. Dia 7 Mammon do ḟriotálaṁ. s. Mass. ag friotáilt, freagairt Aifrinn. I cannot manage to s. them all. ní féidir liom teaċt ar iad go léir do ḟriotálaṁ. s., attending on the strangers. ag friotálaṁ ar na daoinib iasaċta. the s. of God. seirḃís Dé. after s. the king in war. tar éis seirḃíse cogaiḋ do ḋéanaṁ don ríġ. I will do my best in his s. déanfad mo ḋíċeall i na ṡeirḃís. s. him right. v. deserve. go into s., etc. v. hire.

SERVILE. v. slave. s. work. obair ṡaoṫruiġṫeaċ, láiṁe.

SESSION. seisiún m. I.

SET. v. put. I set potatoes. etc. cuirim prátaí. he s. the dog at us, at the ass. etc. do ċuir sé an gadar linn, asainn (C.) leis an, ar an (C.) san (C.) asal. I will s. the dog on him. saġadfaiḋ mé an madra air (C.) he s. them both on to attack us. do leig sé iad araon ċúġainn he s. off. out. v. go. s. mind to. v. decide. s. at. about. v. begin, undertake. s. him to do. cry, etc. v. cause, put. s. up. v. establish. s. in order. v. arrange. s. free. v. free. s. aside. v. aside. s. eyes on. v. see. s. at nought. v. dare, s. on mischief. etc. v. inclined. sunset. v. evening.

SET, v. crowd. aicme f. 4; dream m. 3; luċt m. 3; graṫain f. 2 (contemptuous); gramaisc f. 2 (id.); grascar m. 1 (id.); sloigisc f. 2 (id.): broscar m. 1 (C.U.) (id.); brúscar (id); daoscar m. 1 (id.); d. ṡluaġ (id.) they are a bad s.. lot. ní maiṫ an ara, dream, aicme iad. the s. of people who play cards, etc. luċt cártaí. they are a useless s., lot. aicme gan maiṫ is eaḋ iad. some of their own s.. lot. cuid dá n-aicme féin. the s.. lot who speak E.. etc. graṫain, etc., an Béarla. s., pack of scamps. scata, gramaisc etc. claiḋre. a s. of chess. foireann fiṫċille. a s. of horse shoes. péire cruiḋte. a carpenter's s. uirlisí siúinéara. v. instrument. himself and his s.. party. é féin 7 a ċamtaí. the weaker s.. party. an camta is fainne.

SETTLE. v. arrange, decide, ready. they have their children s.. married. etc. tá a gclann curṫa i gcríċ acu. I will get her s., married. cuirfeadsa críoċ uirri; cuirfeadsa i gcríċ í (go neaṁspleáḋaċ, etc). to s. the horse (for the night). críoċ do ċur ar an gcapall. they s. down on the land. do ċuireadar fúta ar an dtalaṁ; do ṡocruiġeadar ar an dt. they s. in this country. do ḋeineadar coṁnuiḋe san tír seo: d'áitriġeadar an tír seo. the country was s.. inhabited. do ḃí an tír áitriġṫe. he s. himself in the chair. do ṡocruiġ sé é féin sa ċaṫaoir. I s., placed myself in the tree so that I should not fall. do ċuireas cóiruġaḋ orm fein sa ċrann i dtreo ná tuitfinn. to s., solve the question. an ċeist do réiḋteaċ. d'ḟuascailt (U). that is how they s. the questions. sin mar ċuġaid siad réiḋteaċ ar na ceisteannaib. s.. steady weather. aimsir ṡoċair. the weather is not yet quite s. ní ḟuil aon trearaṁ amaċ ceart san aimsir fós (W). s. to rest. v. rest.

SEVERE, v. hard. sharp.

SEW. fuaġaim. a s. woman. bean fuaġála. she was s. do bí sí ag fuaġáil. fuaġaḋ. to s. the bag for you. an mála d'ḟuaġaḋ ḋuit.

SHABBY. v. poor. mean.

SHACKLE, v. bond

SHADE. v. shelter. colour.

SHADOW. scáil f. 2; scáṫ m. 3. she saw her s.. the s. of her head in the water. do ċonnaic sí a scáil. scáṫ féin san uisce, scáil. scáṫ a ċinn san u. he is only a s. of his former self. ní ḟuil ann aċt scáil ṫar mar ḃí. there is no s. of sin on his soul. ní ḟuil aon smól den ṗeacaḋ ar a anam v. spot, stain.

SHAFT, v. handle, arrow, leaṫlaiḋe f.4 (of car).
SHAG, (bird). cailleaċ duḃ.
SHAGGY, v. rough, hair.
SHAKE. v. tremble, loose. croiṫim; craṫaim; ruaiṫim. he s. hands with me. do ċroiṫ sé lám liom. he s. his head. do ċroiṫ sé a ċeann; do ḃain sé croṫaḋ as a ċ. he gave her a s. do ḃain sé croṫaḋ aisti. when the jewel was s., moved about in the sun. nuair ruaiṫtí an ċloċ uasal fán ngréin. they were badly s. (by fall, etc.) do ruaṫaḋ iad. a reed s. by the wind. slat dá ruaṫaḋ le gaoiṫ. I will shake E's power, make it totter. bainfeadsa ruaṫaḋ a cumaċt Ṡasana. to s. it, make it rock, wobble. é do luascaḋ. his his tail s., wagging. a earball ag luascaḋ. brandishing, wielding, waving his sword over his head. ag croṫaḋ, beartuġaḋ, casaḋ, rampáil a ċlaiḋim os cionn a ċinn. he s. his stick (threatening) at her. do ḃagair sé an maide uirri. that did not s., move my resolve. níor ḃain sin aon ḃogaḋ asam. v. move. the stone is shaky. tá an ċloċ corraċ. v. loose. he could not bend, s. the tree. v. move.
SHALLOW. v. foolish. the river is s. tá an aḃa éadtrom, tráiġte. fishing the deep and the s. ag iascaireaċt ar an doiṁinn ⁊ ar an tanaiḋeaċán (C), tanalaċ (U).
SHAM. v. pretend, false.
SHAME, etc., v. pity, impudent, mean. náire f.4. he is a man without s., a shameless man. fear gan náire, fear mináireaċ is eaḋ é. ought they not to be covered with s., be ashamed of themselves. nár ċóir go mbeaḋ n. orra. I should feel s., be ashamed, humiliated to do it. do ċuirfeaḋ sé n. (agus ceann faoi) orm é do ḋ.; do ṫiocfaḋ n. orm. I should feel it a s. to go. ba n. liom dul. it is a great, terrible s. for them (to do it). is mór an n. dóiḃ é, is mór an n. ⁊ an aiṫis dóiḃ é, is dearg n. ḟaoġalta dóiḃ é (do ḋ.) he has brought s., disgrace on them. tá n. ḟaoġalta (⁊ aiṫis) taḃarṫa aige dóiḃ. as far as s., shamefulness is concerned. ċoṁ fada ⁊ ṫéiḋeann n. ⁊ aiṫis. that s., disgrace will be on his name. beiḋ soin de ṁasla ar a ċlú. it would bring disgrace on them. do ḋéanfaḋ sé náire agus tarcuisne dóiḃ. I shall be s., disgraced. beiḋ n. ḟaoġalta, n. ⁊ aiṫis faġálta agam; taḃarfar n. ḋom. blushing for s. because ... ag imḋeargaḋ orm féin i dtaoḃ ... I feel s. at asking you for money. tá ceist ⁊ ceann faoi orm airgead d'iarraiḋ ort. he kept his head bent in s. do ċoimeád sé a ċeann faoi. it is a s., disgraceful custom. nós náireaċ, aiṫiseaċ is eaḋ é. it is a s. thing for us that... is lag an ḃeart dúinn a ráḋ go mbeaḋ... it is a s., disgrace for them to do it. is caillte an ṁaise dóiḃ é do ḋ. what a s. it is for him. caḋé mar obair dó é do ḋ. fie! for s! do not hit her. faire (fúṫ)! ná buail í; faire go bráṫ; mo náire ṫú; gráin ort. etc.
SHAMROCK. seamróg f. 2. 4 leaved s. s. na gceiṫre gcluas.
SHANK. v. leg, handle.
SHAPE. v. form, appearance, make.
SHAPELY, v. beautiful, proportion.
SHARE. v. part, divide. roinnim; dáilim. a. share. cion m. 3; cuid f. 3; páirt f. 2. I s. my property, etc. among them, with him. do roinneas mo ṁaoin ṡaoġalta orra, leis. I had my s. of the men, etc. do ḃí mo ċóṁċuid de na fearaiḃ agam. he did his, a man's s. of the talk, etc. do ḋein sé a ċion féin, cion fir den ċainnt. without having your s. of the talk. gan do ċ. den ċainnt agat. I had my s. of the evil, of trouble, etc. do ḃí mo ċ. den olc, d'anró an tsaoġail agam. he got his s. of the money. fuair sé a ċ., cuid den airgead. in my s. of the land. im ċionṁaiseaċt den talaṁ. he had a s., was accessory to the crime, robbery, etc. do ḃí sé rann-ṗáirteaċ san ċoir, i ngoid an air-gid; dó ḃí láṁ aige san... without their having any s. in the victory. ⁊ gan iad do ḃeiṫ páirteaċ, rannṗáir-teaċ san ḃuaiḋ. that will give her a s. in his power. do ḃéaraiḋ sin páirt dise i na ċuṁaċt. we shall have s. and s. alike. beimid leaṫ i bpáirt ann. I claim s. with you.

leaṫ i bp. leat! the booty is to be s. between them. tá an tsreilg ċun beiṫ i na trí treanaiḃ eatorra. your s. of the agreement, etc. v. part. my s. of it (feast) was small. I did not eat much. ba róḃeag é m'ḟoġailse air. no mischief but he had a s. in it. ní raiḃ aon toirmeasc ar siuḃal ná raiḃ sé sáiṫte ann.

SHARP, etc. v. anger, fierce, witty, clever, point. a s. sword, eye, intellect, word, scream, etc. claiḋeaṁ, súil, intleaċt, focal, scread géar. however s. the knife, etc. dá ġéire i an scian, etc. he looked s., closely at me, spoke s. to me. d'ḟéaċ sé go géar orm, do labair sé go g. liom. short and s. an rud is giorra is géire. he sharpened his pace. do ġéaruiġ sé a ċoiriḋeaċt v. quick. the scream got sharper. do ġéaruiġ ar an sgreadaiġ. to make your pain s.-er. ċun géire do ċur ar do ṗian. s.-ness of mind, cleverness, quick wit. géarċúis; géarintinn; géarintleaċt. v. clever. wit. s. sighed. géarraḋarcaċ v. sight. how sharply, smartly he said it, naċ gonta adubairt sé é. is he not s., smart, clever. naċ gonta an fear é. the sharpness, cleverness, subtlety of the reasoning. gontaċt ⁊ caoile an ṁaċtnaiṁ. a s., captious man bearrṫóir (W); duine bearrṫa (W) s., rapping blows. builli fuinte. a s. pointed face, nose, etc. agaiḋ, srón bioraċ. the knife is s. tá faoḃar ar an scin. s.-ening his sword. ag cur faoḃair ar a ċlaiḋeaṁ; ag gormaḋ a ċlaiḋiṁ. s., bitter words. gaċ focal ar a ḟaoḃar ⁊ ar a ċúinne v. anger. a s., rough, abrupt man. v. rough.

SHAVE. bearraim.

SHAWL. v. cloak. caṫbarr m 1. small s.; caṫbairrín (id); cúisín m. 4. (small s., worn on head).

SHEAF, pûnnan f.2.

SHEAR. lomaim. s. the sheep. ag lomaḋ na gcaorac. to s. them. iad do lomairt.

SHEARS. diṁeas m.1

SHEATH. truaill. f.2

SHED. v. pour, tear. a s. scailp f. 2.

SHEEP, caora f.5. s. fold. cró caorac. s. house. failín na gcaorac.

SHEER. v. mere. straight.

SHEET. (of bed) braitlinn f. 2 bairlinn.

SHEET. (of sail). siota (an treoil). teile toraiġ. etc. (C). scod m.1. I loosened the s. do scaoileas scod lem ḃád (C).

SHELF. clár m.1.

SHELL. sliogán m. 1 (fish, etc.); mogall m. 1. (pease, beans, etc.) plaosc f. 2. 3. m.1. (egg, nut, bean, etc.)

SHELTER. v. protect, comfortable. scáṫ m. 3; fuiṫin f. 3; foscaḋ m. 1; dion m. 1. 3. in s. behind, under the trees. ar scáṫ, fá s. na gcrann. to be s. from the sun, etc. beiṫ ar s. ó ṫeas na gréine. there is not much s. there. ní ḟuil mórán scáṫa ann. on the s. side. ar ṫaoḃ na fuṫana. as a s. for them. mar ḟuiṫin dóiḃ. a s. glen. gleann fuiṫineaṁail. to put the boat into the s. of the land. an bád do ċur ar fuiṫin talaiṁ. he lay in the s. in the corner of the graveyard. do luiġ sé sa ḃf. i gcúinne na reilge. the rain forced me to stay in s. do ċuir an ḟearṫainn orm lonnuġaḋ fán bfoscaḋ where there was s. from the wind. mar a raiḃ foscaḋ ón ngaoiṫ. a wall giving us a little s. claiḋe ag déanaṁ rud beag foscaiḋ dúinn. no s. from the cold. gan dion ón bfuaċt. s them from the wind. dá ndión ar an ngaoiṫ.

SHEPHERD. aoḋaire m. 4; tréadaiḋe m. 4.

SHERIFF. sirriam, sirriaiṁ m. 1.

SHIELD. v. protection. sciaṫ f. 2.

SHIFT. v. plan, turn. change, shirt.

SHILLING. scilling f. 2.

SHIN. lorga f. 5.

SHINE. v. bright. sun. moon s. on the ... an ġrian, ġealaċ ag taiṫneaṁ, lonnraḋ, deallraḋ, soillsiuġaḋ (C). ar an ... s. in the sun. ag taiṫneaṁ fá ḟolus na gréine, fán ngréin, san ng. the s., glittering of the swords. spréaċarnaċ na gclaiḋeaṁ. the swords shining and glittering in the sun. na claiḋiṁṫe ag taiṫneaṁ ⁊ ag spréaċarnaiġ san ġréin: ag driṫliuġaḋ fán ngréin (C.U.) the sun. etc. s. out, burst forth. do spailp an ġrian amaċ.

SHINGLE. v. sand. stone.

SHIP, long f. 2. árṫaċ m. 1 (vessel). arṫaraċ (U.)

SHIRK. v. avoid.

SHIRT. léine f. 4.

SHIVER. v. shake. tremble.

SHOCK. SHOCKING. v. fear, fearful.

SHOE, bróg f. 2 ; pampúta (untanned leather) ; cruḋ m. 1. (horse s.) ; cuarán m. 1. (untanned) ; cuaróg f 2 (id.) to s. a horse. capall do ċruḋaḋ ; cruḋ do ċur fá ċapall. s. maker. gréasuiḋe m. 4.

SHOOT. v. aim. he spent a day s. (the men, crows, etc.) do ċaiṫ sé lá ag láṁaċ (na ḃfear, bpréaċán, etc.). he s. her dead. do láṁuig sé marḃ í. you will be s. cuirfear urċar ionnat. he was out s. (fowling, etc.) do ḃí sé ag sealgaireaċt. v. hunt. he fired, s. (at them). do ċait sé (leo) ; do ċaiṫ sé urċar (leo) ; do scaoil sé a ġunna (leo). he fired a shot. do ċaiṫ sé urċar as an ngunna. he fired a gun, arrow. do láṁuig sé gunna, saiġeaḋ. I f. a shot in their direction. do láṁuiġeas i na dtreo. he was firing, s. bullets at them. do ḃí sé ag stealla ḋ piléar leo ; do ḃí sé dá rúscaḋ le piléaraiḃ ; do ḃí sé ag gaḃáil de ṗiléaraiḃ ionnta. he was firing, aiming at a bird. do ḃí sé ag tabairt fá éan. v. aim. his firing, shooting is wild. tá a ċuid diubraicte ag dul sa ṁuilleann air.

SHOP, siopa m.4; teaċ reaca (U). to attend the s. an siopa do ḟearaṁ. I took to s. keeping. do ċuireas siopa ċúgam.

SHORE, v. sea. tráig f. 3 (na mara) ; cladaċ m.1 (flat stony) ; bruaċ, ciuṁas, ciuṁasa (W) na fairrge. walking along the s. ag siuḃal cois ḟairrge. ashore. v. land.

SHORT. SHORTEN. a s. stick, story, time. etc. bata, scéal, tamall gearr. he would live only a s. time. ba ġearr do ṁairfeaḋ sé. M. life would be the s. for it. ba ġiorraiḋe a saoġal do Ṁáire é. whether the day be long or s. pé fada gairid an lá. they were a s. time so when he came... ba ġairid dóiḃ go dtáinig sé... v. soon. the shortness of the time. giorraċt na haimsire. I hurried, went off the s. way, cut to the house. do ġreadas liom ar gaċ comgar (pr. cóṁngar). do ġaḃas gaċ aon ċ., do ġearras gaċ c., do ċuadas an c., do ṗreabas an c., do ġaḃas, ġearras (an) aiṫġearra go dtí an tig, treasna na dúiṫċe ... taking the s. cut over the hill. ag gaḃáil cóṁngair an ċnuic. they used to s. the name. ba ḃéas dóiḃ an comngar do ġlacaḋ ar an ainm. which way is the s.-er. cé acu bóṫar is cóṁngaraiġe. the longest way round. etc. pé fada gearr an ród is é an bóṫar mór an t-aiṫġearra. in s., to make a long story s. he was ... go haiṫġearr do ḃí ..., is é a ḟaid ar a ġiorraċt agat é go raiḃ sé..., ċun an scéil do ċiorrḃaḋ, giorruġaḋ do ḃí sé... to s. the road (by story-telling, etc.) an bóṫar do ċur i ngiorraċt. it is not God who s. his life. ní hé Dia a ċuireann a ḟaoġal i ngiorraċt. he s. his life by drunkenness. deineann sé ciorrḃuġaḋ, ciorrḃuiġeann sé a ḟaoġal le meisceoireaċt. they were s. by 3 of their best men. do ḃíodar i n-easnaṁ triúr de scoṫ a bfuirne. we are 2 apples s. tá dá uḃall i n-easnaṁ orainn. the last man is left s. bíonn an fear deireanaċ díoġḃálaċ. run s. v. fail. shortly. v. soon. be s. of. v. want. s. sighted. v. foolish. sight. s. time since, ago. v. lately.

SHOT. v. shoot. urċar m. 1.

SHOULD. v. must, ought, right, suit.

SHOULDER. guala f. 5; slinneán m. 1 (s. blade.) ; bar (f. 2.) an tslinneáin (C) (id.) s. to s. guala le gualainn ; gualainn le g. ; le guailniḃ a ċéile. a broad s. man. fear slinneánaċ.

SHOUT, v. cry, roar, noise.

SHOVE, v. push, plunge, stuff.

SHOVEL, sluasad f. 2. to s. them in. iad do ṡluastáil isteaċ.

SHOW. v. prove, explain. taisbeánaim. he s. her the horse, road, a kindness, etc. do ṫaisbeáin sé an capall, an bóṫar, cáirdeas dí. v. kind. to s. them the road. v. way. to ask to be s. the place, etc. v. ask. s. fight, etc. v. anger.

SHOWER. etc. v. rain.

SHOWY. v. proud.

SHRED, v. bit, rag.

SHREWD, v. clever.
SHREW-MOUSE. luċ ḟéir.
SHRIEK. v. cry.
SHRILL. v. cry, noise.
SHRIMP. ruibe roiḃéir (C.); r. rúnáin (C.)
SHRINE. (for relics, etc.) scrín f. 2.
SHRINK. v. avoid, fear. he did not s. from giving battle to them. níor staon sé ó ċaṫ do ṫabairt dóiḃ. she did not s., quail from that look. níor staon sí ón ḃféaċaint sin. he s., quailed before them. do ċúḃ sé rómpa. water s., contracts the cloth. crapann an t-uisce an t-éadaċ. it s.. gets contracted. crapann sé the cloth is s. in the wash. tá an t-éadaċ ag dul faoi leis an niġeaċán. shrunken, skimpy clothes. éadaċ giortaċ. shrunken skin. croiceann fillte, fáiscṫe. v. waste, fade.
SHRIVEL. v. fade.
SHROUD. eisléine f. 4; braṫḃáis; aiséadaċ m. 1 (C.); aibíd an ḃáis; aibíd adnacail; mairḃḟáisc f. 2 (C.U.)
SHROVE-TIDE. inid f. 2. S. monday luan inide.
SHRUB. v. bush.
SHUDDER. v. tremble.
SHUFFLE. v. mix. equivocate. he s. the cards. do ḋein sé na cártaí; do ṡuaiṫ sé iad.
SHUT. v. lock. dúnaim; iaḋaim; druidim. he s. the door (after him). do ḋún, d'iaḋ sé an doras (i na ḋiaiḋ). the door is s. tá an doras iaḋta, dúnta. the earth closed over them. do ḋún an talaṁ os a gcionn. I did not s. an eye last night. níor ḋún súil liom ar feaḋ na hoiḋċe. we s., closed up our ranks. do ḋúnamar ċun a ċéile. he s., locked them up. do ḋaingniġ sé orra. v. lock. he s. the door securely. do ḋaingniġ sé an doras. he slammed the door on me. do ṗlab sé an doras orm, im ċoinniḃ. to s. them up in a room. iad do ḋruidim isteaċ i seomra (U) v. lock.
SHUTTLE (weaver's) spól m. 1; smól (C.)
SHY, etc. cúṫail; mánta; cúlṁánta; scáṫṁar (timid); scáṫaṁail (id); scáṫnáireaċ; maol. s-ness. cúṫalaċt f. 3; cúṫaltas m. 1 (U); cúlṁántas m. 1; cúlantas (C.); faitċeas m. 1 (C.); mántas m. 1; scáṫṁaire f. 4; scáṫaṁlaċt f. 3. he was s., bashful before strangers. do ḃí sé cúlṁánta roiṁ daoiniḃ iasaċta; do ḃí ċúlṁántaċt air rómpa. he was s., bashful in character. do ḃí sé anṁánta ann féin. he got s., bashful. do ṫáinig mántas air. a s., bashful girl. cailín bognáireaṁail. they (deer. etc.) are s.. timid ... táid siad scáṫṁar, sceonṁar. there was no s., embarassment in his way of speaking ní raiḃ aon scáṫaṁlaċt i na ċainnt. the frogs came up s., timidly. d'éiriġ na froganna go maol 7 go moḋaṁail. I went in awkwardly, s. do ċuaḋas isteaċ go maol cúṫail.
SICK, etc. v. health. breoiḋte; tinn (generally of pain or external soreness); dona (very bad); droċ-ḟláinteaċ (in poor health). s.-ness. tinneas m.1.; breoiḋteaċt f. 3; éagcruas m.1; galar m.1 (disease); aicíd f.2 (generally contagious or serious s.); luiġeaċán m.1 (prolonged s.) taom m.1 (fit, attack); éagcaoine f. 4 (C); pláiġ f. 2. (plague). he died of a s., fever. do cailleaḋ le héagcruas é. he is s. tá sé breoiḋte; tá breoiḋteaċt air. he fell s. do buaileaḋ breoiḋte é; do ḃuail sé breoiḋte; do ṫuit sé i na luiġe. attacks of s. taomanna breoiḋteaċta. his fit of s. has gone. tá a ṫaom breoiḋteaċta imṫiġṫe ḋe. his death s. is on him. tá taom a ḃáis air. the attack of s. stuck to him. do lean an taom de. what s has he. caḋé an galar, aicíd atá ag gaḃáil dó. he got over the s. do ċuir sé an taom luiġeaċáin de. he has gone through a 3 months' s. tá ráiṫe luiġeaċáin curṫa ḋe aige. the kind of s. he has. an sagas luiġeaċáin atá air. though I was s. 7 mé fá luiġeaċán. may you be not so long s. during the year (expressing thanks). gan a ḟaid sin de luiġeaċán na bliaḋna ort. he is very, so s. tá sé go dona, ċoṁ d. soin. he is somewhat s. tá sé gan ḃeiṫ ar fognaṁ. a weak, sickly child, etc. leanḃ beag éidtreoraċ (C).

he is sickly, poorly, delicate, etc. tá sé leice, droċṡláinteaċ. the s., sickly appearance, face, etc. an droċṡnuaḋ, an daṫ míliṫeaċ, na ceannaiġṫe fuara feoċta. v. pale, waste, appearance. before I should fall s. again. sar a mbuailfiḋe mo ċeann fúm arís. some s. seized him. do buaileaḋ droċ ní éigin air. she is the health of the s. sláinte na n-easlán is eaḋ í. even youth is subject to attacks of sickness. ní foláir don óige féin deaċṁaiḋ na sláinte do ḋíol. he had made himself s. from eating too much. do ḃí masmus air. the s. man, patient. an t-oṫar. he got a s. call. do ṫáinig glaoḋaċ ola air. the falling s. an tinneas mór. to get one's stomach s. v. vomit. puny, sickly. v. weak.

SIDE. v. edge, aside, along. taoḃ m. 1. f. 2; cliaṫán m. 1. this, that s. of the field, of it. an taoḃ so, aḃus ṫall, eile den páirc, de. at each s. of the fire. ar gaċ taoḃ den teine. on the s. of the road. ar ṫ., i leaṫ-t., ar ġruaiḋ, ar ċolḃa (C.) an ḃóṫair. the world's s., aspect of the affair. t. an tsaoġail seo den scéal. the other s. of the story. an t. eile den scéal. there is another s. to it. tá t. eile ar an scéal. at my s. taoḃ liom ; lem ṫ. v. beside. to decide on one s. or the other. a aigne do socruġaḋ ar ṫ. éigin. on the s. of the E. ar ṫ. na Sasanaċ. a fierce fight on both s. caṫ cruaiḋ ó gaċ t. on one s. a house, on the other a field. tiġ ó ṫaoḃ, páirc ón dt. eile. his relations on the mother's s. a ġaolta ó ṫ. a ṁáṫar. the s. of the hill. cliaṫán an ċnuic. over the s. of the boat. ṫar ċliaṫán an ḃáid. I was struck in the s. is ar mo leaṫċliaṫán do buaileaḋ mé. on the bare s. of the rocks. ar lomsleasaiḃ na gcarraiġreaċa. his hat is on the s. of his head. tá a hata ar a leaṫċeann aige. there are 2 s. to every story. tá dá innsint ar gaċ scéal. it was 20 feet from s. to s. do ḃí sé fiċe troiġṫe ó éadan go héadan. at s. of the bed. ar ċolḃa na leapṫan ; cois cnaiste na l. s. by s. taoḃ le t.; guala le, ar ġualainn ; ar ġ., le g. a ċéile ; leaṫ ar leaṫ. his s. of bargain. v. part. take s. of. v. part.

SIDEWAYS. he looked s. at her. d'féaċ sé i leaṫtaoiḃ uirri. v. look. sitting s. on an ass. i na suiḋe i leaṫtaoiḃ ar ṁuin asail. I put the stick s. in front of it. do ċuireas an bata cliaṫántaċ leis. he went s., broadside to them (in ship.) do ċuaiḋ sé cliaṫánaċ leo. the wind will be s. for them. beiḋ an ġaoṫ cliaṫánaċ acu.

SIGHT, v. look. radarc m. 1 ; aṁarc m. 1 ; léirstin m. 4 (U.) he lost his s. do ċaill sé a radarc. I had no s. in my eyes. do ḃíos gan r., gan aon léas radairc im ṡúiliḃ ; duine dall gan léargus do b'eaḋ mé. a s-less eye. súil gan radarc gan léargus. sharp, clear s. géar-radarcaċ, glanradarcaċ. long s-ted. fadradarcaċ, fadfeiċeálaċ (C.) bad, short, dim s. mallaċar radairc. he is not short s. ní ḟuil aon ṁallaċar radairc ar a ṡúil. he was short s. do ḃí sé gearr-radarcaċ ; do ḃí sé gairid san radarc (ag an scríonnaċt, etc.) ; do ḃí a radarc gairid dó (W). there is a beautiful s., view to be got from the hill. tá r., aṁarc (C.) áluinn ón gcnoc. it was a great s. to look at him. níor ḃeag de r. ḃeiṫ ag féaċaint air ; ba ṁór an r. é. a horrible s. r. gráineaṁail. I lost s. of it. do ċailleas r. air. till they were out of s. nó gur cailleaḋ r. orra. while she was out of his s. 7 gan r. do ḃeiṫ aige uirri. out of his s. as a r., aṁarc. out of s. of the door. a r. an dorais. I got s. of a ship far out to sea. fuaras r. ar luing éigin uaim amaċ fán ḃfarraige. there is no land in s. ní ḟuil aon talaṁ im r. the mist hid the s. of land from us. do ḃain an ceo r. talaiṁ dinn. I caught s. of a ship. fuaras súil ar luing. the lovely s., scenery. na dúiṫċe breáġa a ḃí le feiscint. at first s. I thought ... ar an gcéad aṁarc dá dtugas air ba ḋóiġ liom go ... v. look.

SIGN, v. appearance. comarṫa m. 4 ; rian m.1. it is only a s. of ignorance ní ḟuil ann aċt comarṫa aineoluis. I do not recognise, admit any s. of gentlemanliness except... ní aḋmuiġim aon ċ. uaisleaċta aċt... it is a good s., a s. of death, etc. c. maiṫ, ḃáis is eaḋ é. the symptoms of the disease. comarṫaí a leanann an galar. to give me a s. by which to recognise it. comarṫa do ṫaḃairt dom air. he was giving s. by which she could be recognised do ḃí sé ag taḃairt a comarṫaí uaiḋ. and s. on it. 7 dá c. soin féin. I saw no s. of a ghost. ní ḟeacas aon teiḋeall spioraide ann. the s., marks of drunkenness, my hand, are on him. tá rian meisce, mo láiṁe air. he was strong and so s. on it he was...do ḃí sé láidir 7 do ḃí a rian air, a ḟliocht (C. W.) air do ḃí...he s., beckoned to him to go, to do it...do ḃagair sé, do ḋein sé bagairt air dul, é do ḋ. he made a s. to them to come in, etc. do ḃagair sé isteaċ orra. when he gave them the s. nuair ḋein sé an bagairt orra. he made s. with his hand to me to go ... do ḃagair sé a láṁ orm ċun dul ... he made a s. with his head, nodded to me. do ḃ. sé a ḟúile orm. it is a s. of luck. is tuar áiḋ é. s. of cross v. cross, bless.

SIGNIFY. v. mean, matter.

SILENCE, etc. v. quiet, word. be s., hold your tongue. éist (do ḃéal); bí id ṫost. she kept s. d'éist sí; do ḃí sí i na tost. she had to keep s. do b'éigin di éisteaċt. no fear of of any gloom or s. where she was. níor ḃaoġal don ċuideaċtain toċt ná doċma do ṫeaċt ar an gcóṁráḋ 7 í láiṫreaċ. as s. as a stone. ċoṁ balḃ le cloiċ. a s. man. fear beag-ḟocalaċ, dorċa. to pass it over in s. aṁrán an ḃéil dúnta do ḋéanaṁ de v. omit.

SILK. síoda m. 4. the s. an síoda. a s. dress. gúna s.

SILLINESS, SILLY, v. fool.

SILVER, airgead m. 1. s. smith. gaḃa geal.

SIMILAR, v. like.

SIMILE, v. comparison.

SIMMER, v. boil.

SIMPLE, etc. simplíḋe; leanḃaiḋe. s-icity. simplíḋeaċt f. 3; leanḃaiḋeaċt f. 3. it was a s., childish act. beart leanḃaiḋe, etc., do b'eaḋ é. I looked at him so ingenuously, innocently. d'ḟéaċas air ċoṁ simplíḋe, leanḃaiḋe, neaṁḟuiseaċ, neaṁṫuairmeaċ, mí-ṡaoġalaċ soin. you are very s., soft. is breáġ bog do ċroiceann ort, atá an c. ort. v. deceit, foolish. he s. laughed. v. only.

SIMULTANEOUS, v. time, together.

SIN, v. crime, fault. peacaḋ m. 1. s-er. peacaċ m. 1. he committed a s. (of deed, word, thought, omission). do ṗeacuiġ sé, do ḋein sé peacaḋ (le gníoṁ, briaṫar, smuaineaṁ, faillíġe.) a sinful man, word, deed, etc. fear, focal, gníoṁ, etc. peacaṁail.

SINCE, v. ago, because. he died s. fuair sé bás ó ṡin. ever s. then. ó ṡin anuas, i leiṫ, amaċ. s. yesterday morning, etc. ó ṁaidin indé. it is a long time s. I saw you. is fada ná feacas tú. v. long.

SINCERE, v. honest.

SINEW, v. muscle, strong.

SING. s. a song. can suas aṁrán. s.-ing of birds, etc. cantain (f. 2), cantaireaċt, ceol, ceileaḃar, píoparnaċ na n-éan. the s. of psalms. cantain, cantaireaċt sailm. he was s. do ḃí sé ag aṁrán, ag gaḃáil aṁráin. a s. in the ears. píoparnaċ. v. noise.

SINGE, v. burn.

SINGLE, v. one, even. s., unmarried v. marry. I did it singly, by myself. v. alone.

SINGULAR, v. queer. in the s. san uaṫaḋ. the s. number. an uiṁir uaṫaiḋ.

SINK. v. fall, lessen. to s. dul fá uisce. the ship s. do ċuaiḋ an long go tóin puill; do báḋaḋ an l. (shipwrecked). s. in the mud. ar ṁullaċ mo ċinn sa lataiġ. v. plunge. the sound s. and swelling. an ḟuaim ag borraḋ 7 ag caolúgaḋ v. lessen.

SIP, v. drink

SISTER, deirḃṡiúr. s. in law. d. céile. s. in religion. siúr.

SIT. s. down. suiḋ síos; bí id ṡuiḋe. he was s. down. do ḃí sé i na ṡuiḋe. they used to sit for a while. do ṡuiḋidís tamall. s. up late v. watch.

SITE, v. place.

SITUATION, v. place, state.

SIX, sé. s. pence. réal.

SIZE, v. big, little.
SKELETON, v. thin. creatlaċ m. 1
SKETCH, v. draw, form.
SKILL, SKILLFUL, v. handy, clever
SKIN, croiceann m. 1 ; cneas m.1 ; seiċe f.4 (hide). a silk shirt next his s. léine síoda istiġ le na ċroiceann. I flayed him, took the s. off him. d'ḟeannas é ; d'ḟeannas an croiceann de. to flay him. é d'ḟeannaḋ. tear the s. off the stick, etc. scrios an croiceann den tslait. a sheep s. croiceann caorach. a hide of cow or wild animal. seiċe.
SKIP, v. omit, frisk, dance.
SKULL, v. head.
SKY, spéir f. 2. (generally by day); aer. m. 4. under the open s. fán spéir. the sun in the s. grian ar s. the sun is mounting the s., heavens. tá an ġrian ag druidim suas ar an s. to keep the s. and earth apart. an t-aer 7 an talaṁ do ċoimeád gan tuitim ar a ċéile. the stars are in the s. tá na réiltíní ar an aer. they were blown up into the s. do séideaḋ sa ḟeirmitiḃ, glinn-tiḃ iad.
SLAB, v. stone.
SLACK, v. slow, loose.
SLAM, v. shut, noise.
SLANDER, v. detract, calumny.
SLANT, v. incline.
SLAP, v. beat, blow.
SLASH, v. cut, beat, blow.
SLATE, slinn f. 2. a little s. licín slinne. a s. roofed house. tiġ slinne.
SLATTERN, v. slovenly, neat.
SLAUGHTER, v. kill.
SLAVE, etc. v. work. moġa m. 4 : tráill m. 4 ; daor m. 1. s.-ry. moġsaine f. 4 ; daoirseaċt f. 3 ; daoirse f. 4.
SLEEP, codlaim. he, his mind was sound asleep. do ḃí sé, a aigne i na ċodlaḋ go breáġ 7 go socair 7 go sáṁ, i na ṡáṁċodlaḋ, i na ṫromċodlaḋ, i na ḋuḃċodlaḋ, i na ċnap ċodlata, i na ṡuan. it is not the king that s. soundest. ní hé an rí is sáiṁe ċodlann an oiḋċe. however heavily he might s. pé troime ná sáiṁe codlata a ḃeaḋ air. he was sleepy, that made him s. do ḃí, do ċuir sin codlaḋ, samán air. go to s. éiriġ do ċ. she put him to s. do ċuir sí do ċ. é. he woke out of his s. do ḋúisiġ sé as a ċ. my s. was broken. do cuireaḋ mo ċ. amuġa orm. he fell asleep. do ṫuit a ċ. air. speaking in his s. ag labairt trí na ċ. without s. a wink. gan néal den oiḋċe do ċ. ; gan aon néal codlata do ṫeaċt air. he did not s. a wink. níor ċodail sé néal. to go and take a nap. dul 7 greas do ċodlaḋ dó féin. he was taking a nap. do ḃí sé ag cur greas codlata ḋe. a healthy refreshing s. (of one convalescent). codlaḋ suḃáilceaċ. he was dozing off, nodding. do ḃí sé ag smúsáil, ag míogarnaiġ, ag dúdarnaiġil. I was dozing, half-asleep. do ḃíos ag múisiún idir ḃeiṫ im ċodlaḋ 7 im ḋúiseaċt. he nodded off. do ṫuit míog codlata air. there was no sleepiness about her. ní raiḃ aon ṁiogarnaċ ar a súil. that did not prevent him having a snatch of s. níor ḟág soin é gan múisiún codlata do ḃeiṫ air ó am go ham. he is half asleep. not quite awake. tá meirce codlata air. may you s. till all hours. very late. codlaḋ go headarsuṫ ḋuit. you dirty s. head. a ċodlataiġ ġránda. they were awakened out of the deep s., trance. do múscláḋ iad as an dtoirċim suain i na raḃadar. to pass a sleepless. troubled night. oiḋċe ċallóideaċ, ḃrionglóideaċ do ċur de. my arm, etc. is asleep, "pins and needles." tá codlaḋ griḃtín, c. diúcilín (C.), c. driúlaic (C.), c. glúragáin (U.) ar mo láiṁ, etc.
SLEEVE, muinċille f. 4 ; muinirtle f. 4.
SLENDER, v. thin.
SLICE, v. piece, strip.
SLIDE, v. slip.
SLIGO. Conntae Sligiġ.
SLIP, SLIPPERY. he s. into the house. do ṡleaṁnuiġ sé isteaċ san tiġ. I s. it into his hand. do ṡleaṁnuiġeas i na láiṁ é. a word s. from him, escaped him. do ṡleaṁnuiġ focal (amaċ) uaiḋ. he let his faith s. away. do leig sé don ċreideaṁ sleaṁnuġaḋ uaiḋ. it s., slid down to me gently. do ṡleaṁnuiġ sé anuas ċúġam go socair. the road was s-y. do ḃí an bóṫar

ṫuisleannach, sleamhain, sciorrṫach (C.U.) it was so s. ⁊ a ṡleiṁne, ṡleaṁaine do ḃí sé. he took up the air without a s. do ṫáiniġ sé isteach ar an bport gan barrṫuisle. he s., stumbled. fuair sé barrṫuisle; do baineaḋ b. as. he s. do sciorr sé (C). his feet s. from under him. do sciorr a ċosa uaiḋ (C.U.) the word escaped him. do sciorr an focal as a ḃéal. he slid down the pole. do sciorr sé síos ar an ċuaille (C.U.) I slid down (the hill, etc.) do s. mé le fánaiḋ (C.U.) he s. somehow and fell. pé sciorraḋ rinne sé do ṫuit sé (C.U.) they s., stole away from me. d'éaluiġeadar uaim i gan ḟios. let s. by. v. escape, pass. s. of tongue. v. mistake.

SLIPPER, slipéid.

SLIT, v. split, hole.

SLOE, áirne f.4.

SLOPE, v. incline.

SLOTH, v. lazy.

SLOVENLY, v. neat, hang, confusion. a s. person. straoille (m.f.4) mná, fir; stráille; sruimile; duine liobarnach, liobarsach, liobarsta (U), miċodruiġeanta (C). a s. woman. sláimín. a tall s. woman. eilit. a dirty s. woman. bean ḃreilleach ḃréan. he is very s. tá sé neaṁ-ṡlachtṁar ⁊ go leibideach ⁊ go stracuiġṫe. the house is s. tá an botán i na ṫraċlais. his sentence is s. tá an ċainnt, etc. i na liobar aige; tá sí liobarsach, etc.

SLOW, v. quiet. walking, talking s. ag siuḃal, cainnt go mall (réiḋ). s. stream. sruṫán mall. he is s. in doing it. tá sé m. ċun é do ḋ. he is very s. (in walking, understanding, etc). tá sé anrigin. that makes him go s. cuireann soin rigneas air. owing to the s. way I was going on with the work. ⁊ a liostacht do ḃíos ag dul ċun cinn leis an obair. it is a s., tedious affair. is liosta an gnó é. the dog is slowing down to turn. tá an cú ag baint uaiṫi ċun casaḋ. go s. go réiḋ v. easy. he was s. to part with her. do ḃí leisce air i dtaoḃ scaraṁaint léi. v. like. I was not s. about following them. níorḃ' ḟallsóir mé dá leanaṁaint (C). v. lazy. s., tiresome. v. tire.

SMALL, v. little. s. talk. mionċaint, mionċóṁráḋ.

SMALL-POX, v. pox.

SMART, v. clever, sharp, active, pain

SMEAR, v. grease.

SMELL, etc. v. scent. bolaḋ m. 1; bolaiṫe m. 4 the lions were s., sniffing round it. do ḃí na leoṁain ag bolaiṫiuġaḋ, ag srónġail, ag bolaṫóireacht, ag smúrsġail, smúirsiġeal i na ṫimċeall. he s., sniffed at it. do ḃolaiṫiġ sé ċuige. do ḃoltnuiġ sé é (U). the hound went s. on his track. do ċuaiḋ an cú ag smúrṫacht roimpe ar a lorg (C.U.) the corpses are s. making a s. tá na corpáin ag bréanaḋ an aeir. a bad s. bolaḋ bréan. evil s. shoes. bréanḃróga; bróga bréana. sweet s.-ing. cúṁra. sweet s., fragrance. cúṁracht.

SMILE, v. laugh.

SMITH, gaḃa m. 5.

SMOKE, deatach f. 2. s. hole. poll deataiġe. a cloud of s. buṫaire mór deataiġe. a whiff of s. gal deataiġe I smoke (pipe). caiṫim tobac; ólaim píopa. give me a s. taḃair dom seach. for want of a s. de ċeal seaiċ tobac. I had a s. do ḃí gal (tobac) agam. he began s., sucking his pipe. do ċrom sé ar ċnaṁṫairt. and he s., puffing. ⁊ é ag baint smúraiġ as a ṗíopa.

SMOOTH, v. level. her s. brow. a héadan sleaṁain, mín. it is a s. road. bóṫar mín réiḋ is ead é. his tongue is s. with women. is mín í a ṫeanga le mnáiḃ. avoid the s., sweet-tongued trickster. seaċain gleacuiḋe milis sleaṁain. he is very s., oily in manner. tá sé go sleaṁain. she smoothed her hair. the clay, etc. do ṡleaṁnuiġ sí a cuid gruaige, an ċré; do ḋein sí sleaṁain iad. to make a board s. with an adze. clár do ḋéanaṁ slím le tál. s. elegant language. cainnt líoṁṫa. the work went on s., without let or hindrance. do ġluais an obair go breáġ réiḋ gan cosc gan ceataiġe. the most s. flowing music. an ceol is caoine.

SMOTHER, etc. múċaim; plúċaim (C.U.) the smoke is s. us. tá an deatach dár múċaḋ, etc. the stifling city. an ċaṫair ṁúċta, ṗlúċta (C.

U.) he s., stifles his conscience. cuireann sé púicín ar a ċoinsias; taċtann sé an scread a ċuireann a ċ. as. stifling weather. aimsir ṁúċta, meirḃ (C). v. hot.

SNAKE. v. serpent.

SNAP. v. snatch.

SNARE. v. trick. gaiste f. 4; inneall m. 1; painntéar m. 1. I made a s. do ḋeinear gaiste. they were caught in a trap. do gabaḋ i ngaiste, n-inneall, sás iad; do ċuadar i n-aċrann i ngaiste, etc. I set three traps. do ċuirear trí gaisti ar inneall. I laid a s. for a hare. do ċuirear painntéar roiṁ ġirrḟiaḋ. I laid a trap for him. do ċuirear buaraċ i na ċóir. I laid a s., noose for them. do ḃeartuiġeas inneall, súil ruibe dóiḃ.

SNARL. v. growl.

SNATCH. v. pull. he s. the paper from the man, off his head, etc. do sciob, ṡnap sé an páipéar ón ḃfear, ḋá ċeann. she s. it out of my hands. do sciob sí léi as mo láṁaiḃ é. he s. at it. do ṫug sé sciob, glam air.

SNEAK. v. mean.

SNEER. v. scoff. laugh.

SNEEZE. sraoṫ f. 3; srioṫart m. 1 (Ar.); sroṫfartaċ (U.) he s. do leig sé s., etc., as.

SNIPE. gabairín reoiḋte (jack s.); g. bainne beirḃṫe (Cl.); mionnán aeir; naoscaċ f. 2 (hen-s.); naoscan m. 1 (U); saosc (Ar).

SNORE. srannaim. a s. srann f. 2, 3. I hear all his s. airiġim gaċ aon sr. uaiḋ. I heard a kind of s. d'airiġeas mar ḃeaḋ s., srannṫarnaċ. he is s. tá sé ag srannṫarnaiġ, srannfaiġ (U), srannfartaiġ (C).

SNORT. srann f. 2, 3. the horse s. do ċuir an capall s. as.

SNOUT. soc m. 1; srón f. 2; pus m. 1.

SNOW, sneaċta m. 4. s. ball. ceirtlín s. it is s. (heavily.) tá sé ag cur, cáṫaḋ s. (go tiuġ); tá sé ag cur braṫóg (U.) thoughts that ran through my mind as thick as s. flakes. smuainte a riṫ trí m'aigne ċoṁ tiuġ le cáṫaḋ s. the s. came in a sudden storm. do ṫáinig an sneaċta anuas i mbrúċt ṁór. the s. came down heavily. do ṫáinig an sneaċta anuas i na sraiṫeannaiḃ.

SNUFF, snaois f. 2; snaoisín m. 4.

SNUG, v. comfortable.

SO, so good, completely senseless (that they were...) ċoṁ maiṫ soin, ċoṁ mór soin gan ciall go rabadar...so bright that you could not see...ċoṁ soluisṁar (7) ná féadfá a ḟeicsint... so cowardly as to go...ċoṁ meaṫta 7 go raġaiḋ sé ... I never heard music so bad. níor ċualas a ċoṁolcas de ċeol; níor ċualas a leiṫéid le holcas. as long as so great a danger is among us. an ḟaid 7 ḃeiḋ a ċoṁṁór soin de ġuasaċt i nár measc. I never saw jewels so big. ní ḟeacas a gcóṁṁeas de ṡeodaiḃ le méid. v. equal, like. he could not describe it, it was so big. níor ḟéad sé cur síos air le méid. they, the men, etc. were so heavy, etc. agus a ṫruime do ḃíodar, ḃí na fir. except they are so h. mura mbeaḋ a dtruime; mura mbeaḋ a ṫruime do ḃíodar ...; muna mbéad iad do ḃeiṫ ċoṁ trom soin. he was so hard to satisfy as a scholar. 7 a ḋoḟásaċt de scoláire é. money is good except that it is so hard to get. is maiṫ é an t-airgead aċt a ḋeacraċt teaċt suas leis. I am here so long. 7 a ḟaid atáim annso. it was so long till I saw you. 7 a ḟaid go ḃfeaca tú. since he is so stupid that ... ó tá sé de neaṁṫuigsint air go ...

SO. v. way, case. it is not so with us. ní mar sin dúinne. v. case. I thought it would be so. ba ḋóiġ liom go mbeaḋ sé aṁlaiḋ. he did, acted so. do ḋein sé a. yes, that is so. is a. é; is a. atá an scéal, is a. atá; is mar sin ata, etc. so to speak. mar adéarfá: mar adeirtear. so that, in such a way that, with the object that, etc. ionnus. i gcaoi, i dtreo, i sliġe, i gcás, go ...; le go ...; ċun go ...; ar sliġe go ...; i ndóiġ go ... (U.) v. purpose. 100 people or so. céad daoine nó mar sin. v. about. and so on. (for the rest). 7 mar sin dóiḃ. and so on. (he continued speaking). mar sin dó. and so on, et cetera. 7 so súd

⁊ tuilleaḋ; ⁊ tuilleaḋ mar sin; ⁊ tuilleaḋ den tsórt soin, etc. so and so. v. such. and s. v. accordingly. so many, much, little, etc. v. many, etc. quite so. v. exactly. so far as concerns, etc. v. concern. so far as I see. v. far. he died he was so much ashamed. v. mere.

SOAK. v. plunge. I put it to s. in the water. do ċuireas an t-éadaċ ag súġaḋ. ag bogaḋ. ar b. san uisce. the water had s. into it. (cloth, etc.) do ḃí an t-uisce súiġte isteaċ ann.

SOAP, galaṁnaċ f. 2; galaoireaċ (C); galaoineaċ (C).

SOAR, v. fly

SOB, v. cry

SOBER, v. sense, drunk

SOCIETY, v. company

SOCK, v. stocking

SOD. v. lump. fóḋ m.1; f. móna, etc.; scraiṫ f.2 (top sod of field, bog, etc); scailp f.2 (lump of earth, etc)

SOFT, etc. v. easy, quiet. foolish, lessen. a s. easily knocked up man, a "softie" bogracán (m.1); teoluiḋe m.4 (W); duine teoluiḋeaċ (W); bogán. s. heart, ground, etc. croiḋe, talaṁ bog. to s.-en his heart. trouble, etc. a ċroiḋe do ḃogaḋ, d'úrruġaḋ (W). it is a nice s., velvety cloth. is breáġ mín plúraċ an t-éadaċ é. the hair of the cat is s. tá croiceann an ċait go plúraċ. s. hearted. bog. v. foolish, kind.

SOIL. v. earth, dirty

SOJOURN. v. visit

SOLDIER, saiġdiuir m.3; aṁas m.1 mercenary; ceiṫearnaċ m. 1; (foot s.).

SOLE. v. only. s. of my foot, boot. bonn (m. 1) mo ċoise, ḃróige. s. (fish) teanga ċait (C).

SOLEMN. v. celebrate, gloom. sollaṁanta

SOLID. v. strong, serious, important. no s.-ity of mind. gan aon ṁeaḋċaint aigne

SOLITARY. v. lonely, alone, only.

SOLVE. v. answer, arrange, settle.

SOME. éigin; éigint; éigíneaċt (U); innteaċ (U). s. man, reason, etc. fear, cúis éigin. s. position. port éigin oibre. s. of the gold, of the men. cuid den ór, de na fearaiḃ. s. of it, them. cuid dé, acu. v. part. bit. s. money. roinnt airgid v. little. there are s. who ... tá daoine ann ⁊ táid siad ... for s. time past. le tamall, scaṫaṁ, etc. during s. time. ar feaḋ tamaill. v. time. s., even a little. v. little. s.-how. v. way.

SOMERSAULT. turning s. down the hill. ag déanaṁ cleas na cuaille anuas le fánaiḋ.

SOMETIMES. v. time. uaireannta, ar uairiḃ; anois ⁊ arís; fó-uair; corruair (C U); uair...uair eile; idir ḋá linn (now and then)

SOMEWHAT. v. little. middling

SON. mac m. 1. he is a s. of C. mac do Ċonn is eaḋ é. s. in law. cliaṁain m. 3.

SONG. v. sing. aṁrán m. 1; rócán m. 1.

SONOROUS, v. loud.

SOON, etc. it is too s., premature for you to go. tá sé róluaṫ agat dul ann. as s. as he begins ... he does ... ċoṁ luaṫ (i nÉirinn) ⁊ ṫosnuiġeann sé... deineann sé ... sooner or later he will ... luaṫ nó mall, de luaṫas nó de ṁoill, grod nó déiḋeanaċ beiḋ sé ... the s-er you go the better I am pleased. ní beag liom a luaṫaċt d'imṫeoċair. the s. it is done, the more ... dá luaiṫe, luaṫaċt déintear é is eaḋ is mó ... it is a pity you did not speak s-er than this. is truaġ nár laḃrais níos túisce. if he had been there a day s-er. dá mbeaḋ sé ann lá níos túisce. if his father should die before him. dá mb' é a aṫair ba ṫ. a ġeoḃaḋ bás. it is he who runs s-est from the fight. is é is t. riṫeann ón gcoṁrac. no s.-er did he do it than he saw ... ní t. dein sé é ná (mar) ċonnaic sé ... no s-er had the shot left the gun than the bird flew. níor ṫ. don urċar as an ngunna ná mar d'eitill an t-éan. he went home as s. as ever it was done. d'imṫiġ sé a ḃaile an túisce na raiḃ sé déanta. as s. as it is done I will send ... an t. na mbeiḋ sé déanta cuirfeadsa ... as s. as he was in the house he saw ... mar as go raiḃ sé istiġ san tiġ do ċonnaic sé ... he had no s. gone than ... ní mó ná imṫiġṫe do ḃí sé nuair ... v. hardly. he used to eat it as s. as ever it was handed to him. do ḃíoḋ sé iṫte aige ċoṁ tiuġ ⁊ do cuirtí ċuige é. v. fast. s. after that. tamall geárr i na ḋiaiḋ sin; tar éis tamaill; i gcionn tamaill: fá ċeann tamaill. v. time. he was s. well. ba ġeárr (eile) go raiḃ sé i na ṡuiḋe. are you tired. I soon shall be. an ḃfuil tú corṫa. is geárr, goirid (U.) uaim (é). he got, will get it soon. ba ġeárr, is g. an ṁoill air é d'ḟaġáil. he s. killed her. ba ġeárr, ġairid an ṁoill a ḃí air dá marḃaḋ; is air ba ġiorra an ṁoill i do ṁarḃaḋ. whether he comes s. or later. pé fada gairid go dtiocfaiḋ sé. he had no s. eaten it than he died. is róġeárr do ḃí sé iṫte aige nuair fuair sé bás. he will be here soon. beiḋ sé annso sar a fada, sul nár fada (W), fá ċeann gairid (W). fá ċeann i ḃfad; ni fada go mbéiḋ sé annso. there s. will be only ... ni fada go dtí ná beiḋ ann aċt ... and that will be s. enough. ⁊ ni fada go dtí soin. may the day come s. when ... nára fada go dtiocfaiḋ an lá nuair beiḋ ... you would soon get tired of its falling on you. níor ḃeag leat a ḟaide do ḃeaḋ sé ag tuitim ort. wont it be soon enough for you to do that when ... cá beag duit é sin do ḋéanaṁ nuair ... s. afterwards when he was ... ar ball nuair ḃí sé ... s. (bye and bye). ar ball. I would sooner. etc. v. prefer. I would as soon. etc. v. care.

SOOT, súġa m.4 ; súġaiḋ m.4. a sooty house. tiġ suġaiḋ.

SOOTHE, etc. v. quiet.

SORCERER, etc. v. charm. draoi m. 4.

SORDID, v. dirty, mean.

SORE, v. ulcer. pain.

SORROW, SORRY. v. affliction. gloom. brón m. 1 ; dubrón m. 1 ; tromċroiḋe m. 4 (heavy heartedness) ; tromċroiḋeaċt f. 3 (id.) ; briseaḋ croiḋe (heart brokenness) ; cráḋ m. 1, 3 (worry, torture of spirit); cráiḋteaċt f. 3 (id.); buaḋairt f. 3 (trouble of spirit) ; buaiḋreaḋ m. 3 (id); trioblóid f. 2 (id.); díombáiḋ f. 2 (worry, vexation, disappointment) ; doṡásaċt f. 3 (dissatisfaction) ; dólás m. 1 (desolation of heart) ; cuṁa m. 4 (grief; in U. homesickness) ; caṫuġaḋ m. 3 (affliction, repentance) ; aiṫreaċas m. 1 (repentance) ; aiṫṁéala m. 4 (id.) ; doilġeas m. 1 (bitterness of heart) ; uaigneas m. 1 (loneliness, desolation) ; duairceas m. 1 (dark sorrow, melancholy) ; galar duḃaċ (id.) ; lionn duḃ (id.) ; aṫtuirse f. 2 ; cian (U) ; diaċair f. 3. s.-ful. sad. brónaċ ; dubrónaċ ; brónaṁaċ (U) ; tromċroiḋeaċ ; díombáḋaċ ; doilġeasaċ ; duairc ; uaigneaċ ; dólásaċ, etc. I was s., sad. etc. do ḃíos (go) brónaċ, diaċraċ, duḃaċ, etc. he is sad. sorrowful. tá brón, doilġeas, etc., air. to renew our s. (for sins, etc.) ár gcaṫuġaḋ d'aṫnuaċtaint. I am s. he is dead. tá caṫuġaḋ orm é do ḃeiṫ tar éis báis, i dtaoḃ a ḃáis... you will be s. for it as long as you live. beiḋ sé i na ċ. ort. beiḋ a ċ. ort an dá lá saoġail 'ṡ an ḟaid ṁairfir. I shall never cease to be s. for it. ní ċuirfead a ċ. go bráṫ ḋíom. I will make him s. he was not ... cuirfeadsa c. air ná raiḃ sé... a fit of s., repentance seized him. do ġaḃ reaċt caṫuiġṫe é. he had no rent. s., or trouble. ni raiḃ cíos cás ná caṫuġaḋ air. we shall not be s. for them. regret their loss. ni ḃeiḋ aon ċaiṫeaṁ againn i na ndiaiḋ. regretting, sighing for my youth. ag caiṫeaṁ i ndiaiḋ m'óige. they will not mourn. be s. for me long. ni ḃeiḋ mo ċiaċ i ḃfad orra. she was s. and gloomy when she saw him dead. do ḃí doċma ⁊ aiṫṁéala uirri nuair ċonnaic sí marḃ é. she is overwhelmed with grief, mourning. tá sí claoiḋte le haiṫṁéala. you shall be s. for it. beiḋ aiṫṁéala ort i na ṫaoḃ ; beir i n-aiṫreaċas mar ġeall air ; beir i na a. ; beiḋ a a. ort. tears of repentance. deora aiṫreaċais. the hour of repentance that will come upon us. tráṫ an a. béaraiḋ orainn. to conceive real s. aiṫreaċas fírinneaċ do ġlacaḋ. to excite one self to contrition, etc. é féin do ṡpreagaḋ ċun aiṫreaċais. doilġis croiḋe. croiḋeḃruġaḋ fá ḟeirg do ċur ar Ḋia. he was gloomy and worried, disappointed, etc., when he failed. nuair ṫeip air do ḃí sé go dúr ⁊ go doċraideaċ ⁊ go doṡásta ⁊ go díombádaċ. would you be s., disappointed, vexed if I were to do what you failed in. an aṁlaiḋ do ḃeaḋ díombáiḋ ort a ráḋ go ndéanfainn an rud a ṫeip ort. he looked s., melancholy. do ḃí deallraṁ gruamḋa, dúr air. he is in s., trouble of mind. ta buaḋairt aigne, buaiḋreaṁ aigne air ; tá sé fá ḃ. that is making her s., sad. tá soin ag déanaṁ buaḋarṫa ḋí. she is wasting away with sadness. tá a croiḋe dá snoiġe le buaḋairt. a cause of s. aḋḃar buaḋarṫa. v. cause. sorrow oppresses the heart. baineann buaḋairt fáscaḋ a croiḋe fir. I am s. you are separated from me. is oṫ liom go ḃfuileann tú déiġilte uaim. I regret to hear that. is oṫ liom soin do ċlos. I am dreadfully s. I ever saw you. mo ċúis ċruaiḋ mar ċonnac riaṁ ṫú. he will banish from our heart the trouble and worry and affliction of this world. díbreoċaiḋ sé amaċ as ár gcroiḋe buaḋairt ⁊ cráḋ ⁊ loscaḋ ⁊ briseaḋċroiḋe an traoġail seo. my heart nearly broke with excessive grief. is beag nár ḃris ar mo ċroiḋe le neart duairccis. it was a sad, gloomy memory for us. cuiṁne ḋuairc dúinn do b'eaḋ é. sad was our plight. ba ḋoilḃ duairc é ár gcás. I am very s. that ... is doiliġ liom tar bárr go ḃfuil... a dark cloud of sadness came over all. do ṫuit néal cuṁa, duiḃnéal doilḃir cuṁa ar ċroiḋṫiḃ na ndaoine. I feel great s. after him, on account of it, etc. tá cuṁa orm i na ḋiaiḋ, i na ṫaoḃ; táim fá ċuṁa ... s. and grief (for loss of something, etc.) are torturing my heart. tá cuṁa ⁊ caṫuġaḋ ag criaṫairt mo ċroiḋe. that filled his soul with s., desolation. do líon soin a ċroiḋe de ḋólás. he will have heartfelt desolation owing to his sins. beiḋ dólás croiḋe air mar ġeall ar a ṗeacaiḃ. wasting away with melancholy. ḋá snoiġe amaċ ag galar dubaċ. her melancholy returned. d'ḟill an lionn duḃ uirri. melancholy was killing her fast. do ḃí an lionnduḃ dá marḃaḋ go tréan. his heart was oppressed with s. do ṫáinig toċt ⁊ fáscaḋ ar a ċroiḋe. she was oppressed with grief, ready to cry. do ḃí toċt goil uirri. she got relieved of the weight of her s. (by crying). do ċuir sí an toċt dá croiḋe ; do ḃris ar an dtoċt aici. when I got over the first brunt of my s. nuair ḃí an céad tulc dem ḃrón ṫarm. v. oppress. it would oppress your heart. do ċuirfeaḋ sé sealán ar do ċroiḋe (U). she is tortured by grief. tá sí loiscṫe, scólta i na croiḋe. a man so broken in spirit. fear ċoṁ brúiġṫe, ċoṁ barcuiġṫe aigne. he he is in low spirits, dejected. tá sé ar meirtniġe. v. spirit. she thought, but did not feel s., heartburn at the thought that he was not ... do ṡíl sí gan aon ċráḋscal ná raiḃ sé...I felt s. and disgust. do ṫáinig déistin ⁊ cráḋscal orm. that is not what grieves him most but...ní hé sin is mó is cás leis aċt... are you s. for his being gone. an cás leat é do ḃeiṫ imṫiġṫe. it is a sad affair. is truaġ an scéal é ; is mór an truaġ é. it is a sad thing to see them... is mór an truaġ ḃeiṫ ag féaċaint orra ... v. pity. glance with s. in one's eyes, etc. v. pity.

SORT. v. kind.

SOT. v. stupid, drunk.

SOUL v. mind. anam f.3 (m. in nom.) not a s, etc. v. one. every s. of them v. one.

SOUND. v. noise. fuaim m. 3 ; tuaim (U) ; foṫram m. 1 ; tormán (U) ; froman (C). I like the s., etc. of I. is maiṫ liom fuaim ⁊ blas ⁊ guṫaiḋeaċt na Gaeḋilge. keep listening to the s. of the river and you will catch a trout. éist le fuaim na habann ⁊ ġeoḃair breac. the s. of the bees foġar na mbeaċ. s. of the horn. géim na haḋairce. v. noise. not utter a s. v. word.

SOUND. v. healthy, safe, sleep, etc.

SOUP. anḃruiṫ m. 4.

SOUR, v. bitter, temper.

SOURCE. v. cause, root.

SOUTH. v. compass.

SOUVENIR. v. memory.

SOVEREIGN. v. king, prince.
SOW. cráin f. 5; c. ṁuice.
SOW. cuirim. to s. seed, a garden, etc. síol, garrḋa, etc. do ċur.
SPACE. v. during, length, time, room.
SPACIOUS. v. wide.
SPADE. ráṁán f. 2; láiḋe f. 4; sleaġán m. 1 (for turf). speireat (in cards).
SPANCEL. urċall m. 1; laingiḋ, laincis f. 2; buaraċ f. 2 (for milking cows); buarán (U), buairín m. 4 (sheep, asses, goats) (Ar.)
SPARE, v. thin, economical, pardon. s. me, do not kill me. coimirce m'anama ort; tabair faoiseaṁ ḋom; leig uait mé v. let. he s. them. gave them quarter. do ṫug sé anacul a n-anama ḋóiḃ. he s. them for that day. do ṫug sé cáirde an lae soin dóiḃ. she wont s. him, will give it hard to him. ní ṁaiṫfiḋ sí puinn (ar) dó. they did not s. themselves, worked hard. níor spárálaḋar iad féin. if I am s. má leogtar ar mé. I never s. them ní ṫugaim dul ar dóiḃ. if God s. me for to-day. má leigeann Dia an lá indiu liom. v. life. your life is heing s. tá t'anam ḋá leigint leat. v. let. s. me your jokes, etc. v. let, stop. s. for a time v. respite.
SPARK. v. coal. spréiḋ f. 2; spréaċ m.; smól m 1; splannc f. 2 (flash); driṫleóg f. 2 (C. U.); dealán m. 1 (U.); sprainnlíní (pl.) (W.) swords, etc. knocked s. out of each other. the stone, etc. do ḃain na claiḋiṁṫe teine creasa, spréaċa as a ċéile, as an lic ... s. coming from his eyes. teine creasa, spréaċarnaċ ag teaċt as a ṡúiliḃ; a ṡúile ag spréaċarnaiġ (le feirg, etc.) the s. from the house set it on fire. do ċuir na smólaċa ón dtiġ trí ṫeine é.
SPARKLE. v. shine.
SPARROW. gealḃan (m. 1) (sciobóil) (house-s.); g. caoċ (hedge s.); g. guiḃ reaṁair (id.); g. garrḋa (C.) (id.); máṫair ċéile (id.)
SPAWN. the salmon are s. tá na bradáin ag scéiṫ. frog s. sceaiṫre (m. 4), síol frog; glóṫaċ na ḃfrog.
SPEAK. v, talk. labraim. then he s. (quickly, etc.) annsoin do labair sé (go mear, etc.)
SPEAR. sleaġ f. 2; gaṫ m.; lorgadán m. 1 (U.)
SPECIAL. v. particular, purpose especially.
SPECK, v. spot, mote.
SPECKLED, breac.
SPECTACLE. v. sight. s.-s, glasses. spéaclaí; spéaclairí.
SPECTRE, v. spirit.
SPEECH, etc. v. language. he made a s. do ṫug sé óráid (f. 2) uaiḋ. he could not recover his power of s. do ṫeip air urlaḃra do ṫaḃairt leis. he fell senseless and s-less. do ṫuit sé gan aiṫne gan urlaḃra. v. sense, dumb.
SPEED. v. pace. run, quick.
SPELL, v. time, charm. s. that word for me. litriġ an focal soin dom. spelling of word. litriuġaḋ focail.
SPEND, he s. a day (there, talking, doing it, without eating it, thus, etc.) do ċaiṫ, ṫug sé lá, do ċuir sé lá ṫairis, ḋe, (ann, ag cainnt, ḋá ḋéanaṁ, gan é d'iṫe, ar an gcuma soin.) he s. his time, a day at the work, in drunkenness, etc. do ċaiṫ sé a aimsir, lá leis an obair, le meisce, etc. I s. a year in hard work. do ċuireas bliaḋain ṁaiṫ oibre ḋíom. I s. from then till dark at it. do ṫugas as soin go duḃ ag gaḃáil dó. I did it to s., kill the time. do ḋeineas mar ċaiṫeaṁ aimsire é; do ḃíos ag bréagaḋ na haimsire. when he had s. 2 years there, at it ... 7 ḋá ḃliaḋain dó ann, ḋá ḋéanaṁ ... to s. money on my land. airgead do ċaiṫeaṁ lem ċuid talṁan. he gave it to his wife to s. on the children. do ṫug sé dá ṁnaoi é le caiṫeaṁ ar a ċloinn. the money was s. do ḃí an t-airgead caiṫte. the money has been s., wasted by him. tá an t-airgead scaipṫe, scoiṫte amaċ aige. I s., ran throught the money. do ṫugas gaoṫ don airgead. s. it (money) on your children. caill leis na páistiḃ é. whatever you will have s. on it, whatever you will be at a loss by it. pé rud ḃeiḋ tú caillte leis. I often s., invested money profitably. is minic do ċuireas roinnt airgid go maiṫ. I s. my money sensibly. do ċuireas mo ċuid airgid ċun críċe go ciallṁar. and he s. it

(his money) so easily. ⁊ é ḋá leigint uaiḋ go bog, bogéiseaċ; ⁊ é ḋá scaoileaḋ uaiḋ. it is a shame for him to s. so much as he has done. is mór an náire ḋó oiread costais do ḋéanaṁ ⁊ atá déanta aige. the shot had s., exhausted its force. do bí an t-urċar i ndeireaḋ an ḟuinnimh. he s.. exhausted himself at the work, etc. do ṫuit sé leis an obair. she is s., exhausting herself rearing the children. tá sí ag tuitim le cloinn. spend, use up. v. use.

SPENDTHRIFT, rábaire m.4; duine scaipṫeaċ, caiṫteaċ, rabairneaċ, diombaileaċ, neaṁḃaileaċ, doscuiġṫeaċ (C). he was an extravagant prodigal man, a s. rábaire, fear caiṫteaċ, etc. do b'eaḋ é. he lived a prodigal life. do ṁair sé go scléipeaċ; fear s. do b'eaḋ é, he spent the money in an extravagant fashion. do scaip sé an t-airgead go rabairneaċ. I never saw any traces of extravagance, rakishness about him. ní ḟeacas aon rabairne ann.

SPIDER, etc. ruaḋán-(m.1), rioḃán-(m.1), duḃán-(m.1)-ḟalla; fiġeadóir m.3 (C). s. web, cobweb. snáiṫ ruaḋáin ḟalla; leaba duḃáin ḟalla; ruaḋán ḟalla (C); duḃán ḟalla (C).

SPILL. v. pour, overflow.

SPIN. v. turn. he s. the top s. do ċuir sé an topa ag rinnce. I s. (wool, etc.) sníoṁaim. it is being s. tá sé ḋá ṡníoṁ. s. wheel. turn; túrn; turna; túirne (U).

SPIRIT. v. die. spiorad m.1; spioraid f.2; taiḋḃse f.4 (phantom, etc); taṁail f. 2 (ghost); deaṁan m. 1. the Holy S. an Spiorad Naoṁ. the evil s. an t-ainspiorad; an diaḃal; an t-áiḋḃeirseoir. s. of the air. deaṁain aeir; geilt glinne. that raised his s., good humour. do spreag sé a ṁeanmna. his s. revived do ṫáinig a ṁeanmna ḋó. he is in good s. tá sé go meanmnaċ. it would raise one's s. to go ... do ḋéanfaḋ sé tógaint ar ċroiḋe duine dul ann ...; is breáġ an tógaint ar ċroiḋe duine dul ann. animal s., freshness of horse, etc. teasḃaċ f. 2 (C. U.) teasbaċ. I will knock the friskiness out of him. bainfead an teasbaċ as. overflow of animal s. t. dearg. they neglected the s. of the law and stuck to the letter. do leigeadar uaṫa an ḃríġ ⁊ do ċoimeádadar an focal. v. meaning. to raise s., courage, etc. v. courage. in good s. etc. v. gay. s.-less. v. coward. spiritual. spioradálta.

SPIT, he s. on him. do ċaiṫ sé seile air. he s. out. do ċuir sé seile amaċ. he s. on his hand. do ċaiṫ sé s. ar a láiṁ. his coat covered with s., saliva, dribbling. ronnai, púrlaiġe ar a ċasóig.

SPITE, (in s. of) v. will. i n-aiṁḋeoin; d'a; i n-indeoin; d'i. he did it in s. of me. do ḋein sé é im indeoin, im aiṁḋeoin. in s. of my efforts. d'i., d'a mo ḋiċill, dom lom deiriḋ aiṁḋeona. in s. of the grief, of what was taken ... d'a, d'i na buaḋarṫa, ar baineaḋ as. I will go, etc. in s. of them. raġadsa ann gan cead d'aoinne; gan buiḋeaċas dóiḃ, gan spleáḋaċas dóiḃ, gan maiṫ ar a ṡon d' aoinne (U).

SPITE, etc. v. hate, anger. mioscais f.2; mailís f. 2; droċaigne m. 4; droċrún m.1; mírún. s.-ful. mioscaiseaċ; mailíseaċ; nimneaċ. through sheer s. le corp mioscaise, etc. a s., malicious deed. beart ṁailíseaċ, ṁioscaiseaċ. she did it to s. her husband. do ḋein sí é mar olc ar a fear. all you have done to s. him. ar ḋeinis d'olc air v. hate. s., grudge against. v. hate.

SPLASH. etc. v. throw. steallaim; streallaim. s. water on the floor. ag steallaḋ uisce ar an urlár. to s. water on him. uisce do steallaḋ, spréaċaḋ air; spréaċaḋ den uisce do ċaiṫeaṁ air. a lot of water s. up on him. do spréaċaḋ taoscán uisce air. it raised a s. in the sea. d'árduiġ sé steanncán, streanncán sáile. the waves s. and dashing spray on...na tonntaċa ag spréaċaḋ ⁊ ag spriúċaḋ ⁊ ag cur cuḃair suas ar... protecting them from the spray of the sea. ḋá gcuṁdaċ ó ṁinċáṫaḋ, ċuḃar na mara. s, with mud all over. ⁊ sronn laṫaiġe go cluasaiḃ air. s. about in the water. ag plubáil ⁊ ag plabáil san uisce.

SPLENDID. v. fine, beautiful, grand.

SPLINTER. v. bit. geataire m. 4 (of wood for light).

SPLIT. v. burst. he s. the wood. do scoilt sé an t-aḋmad. I was ready to split his head. do ḃíos ollaṁ ar a ċeann do scoltaḋ. my head is splitting with pain. tá mo ċeann dá scoltaḋ le tinneas; tá sé i rioċtaiḃ scoltṫa le tinneas. the ship s. do scoilt an long. he would s., burst if he did not reveal it. do scoilfeaḋ air nó do leigfeaḋ sé amaċ é. I nearly s. laughing. ba ḋ'óbair go sgoilfeaḋ orm le gáire. land split, caked with heat. talaṁ sceilpeaċ (C). a s., crevice. v. hole.

SPOIL. v. plunder, harm. it was s., upset, etc., on me. do loiteaḋ orm é. he s., made mess of the thing. do loit sé an scéal go léir.

SPONSOR. v. god-father.

SPONTANEOUS. v. will.

SPOON. spiún f. 2; spiúnóg f. 2.

SPORT. v. gay, play.

SPOT. smál m. 1; smól m. 1. there are black s. before his eyes. tá smóla beaga duḃa os coṁair a ṡúl. no s. on his soul. gan smól ar a anam. there is a s., stain on his coat. tá giodán ar a ċasóig (C). he discerned two black s. in the distance. ba léir dó dá ḋúradán, ḋúiricín aċt ḃíodar i ḃfad uaiḋ fós. spotted cloth, etc. éadaċ breac. a frog with yellow s. frog buiḋeḃreac. s. on reputation, etc. v. shame. on this s. v. place. on the s., instantly. v. immediately.

SPOUSE. céile m. f. 4.

SPOUT. scrugal m. 1 (kettle, etc.)

SPRAIN. leonaim; leonuiġim. his hand got s. do leonaḋ a láṁ.

SPRAWL. v. roll, creep, lie.

SPRAY. v. splash.

SPREAD. v. extend, scatter. a sheep-skin s. over him. croiceann caorаċ leaṫta air. he s. out his hands. do leaṫ sé a láṁa. he s., extended his power over I. do leaṫ sé a ċoṁact ar Éirinn. the rumour s. do leat an rásla. Irish is s.-ing. tá an Ġaeḋealg dá leaṫaḋ. the story had s. that...do ḃí an scéal leaṫta ar fúd na tíre go..., ag dul ṫart ar fúd na tíre...(C). they s. the faith. do ċraoḃscaoileadar, d'ḟoirleaṫanuiġeadar an creid-eaṁ. s. seaweed on a field. ag scapaḋ feamna ar ġarrḋa.

SPRIGHTLY, v. gay.

SPRING, v. jump, well. earraċ m. 1 (season of).

SPRING, v. cause.

SPRINKLE, v. splash.

SPROUT, v. bud.

SPUR. spur m. 1.

SPURIOUS, v. false, illegitimate.

SPURN, v. refuse, despise.

SPY. braṫadóir m. 3; fear braṫa; spiaire m. 4; spiadóir m. 3. s. over the country. ag braṫ na tíre. he s. on him, his affairs. do ḋein sé spiaireaċt, spiadóireaċt, ḟiseoir-eaċt air, ar a ġnó.

SQUABBLE. v. argue, fight.

SQUANDER. v. spend.

SQUARE. a s. chin. smeigín ceannaċ. three feet s. trí troiġṫe cóṁċruinn. a s. cake. bairġean ceaṫairċúinneaċ

SQUEAK, SQUEAL. v. noise, cry.

SQUEEZE. v. press, crush.

SQUINT. v. crooked.

SQUIRREL. mada crainn (U).

SQUIRT, v, pour, splash.

STAB. v. plunge. he s. them. do ṡáiṫ sé iad. he s. the body with a knife. do ṡáiṫ, rop sé a scian san gcorp-án ;.do ṡ. sé le scin é.

STABLE, stábla m. 4; eaċlann m 1, f. 2.

STACK, stáca m. 4; cruaċ f. 2.

STAFF, v. stick, crozier.

STAG, v. deer.

STAGE. v. platform. árdán m. 1.

STAGGER, v. fall. to knock, s. v. sense.

STAIN, v. spot.

STAIR, v. step. staiġre m. 4. going ups. ag dul suas an s.

STAKE, v. pole, risk, bet.

STALE, v. old. leaṁ. a s. taste, etc. blas leaṁ.

STALK. gas m. 1; léas f. 2 (C.) (corn, etc.); barrán m.1 (C) (potatoes etc.) he cut the heads off the s. of straw. do ġearr sé a gcinn de ḋéasaiḃ na tuiġe. a single s of corn. déas (f. 2) arḃair. the flax has long s. tá an lion i na luirgniḃ árda. flax s. coinnliní lin. the potatoe s. are banked up with shovels. lán-uiġṫear na barránai le sluaistiḃ (C.)

STALLION, stail f.2, 5.

STAMMER, he had a s. do ḃí briotaireaċt ar a ċaint; do ḃí sé briotḃalḃ, briotaċ (C). he was speaking with a s. from fear, etc. do ḃí sé ag laḃairt ⁊ snagaḋ i na scórnaiġ le neart eagla. stuttering, s. ag snagġail; ag snagarnaiġ. do not s., stumble in your speech. ná bíoḋ aon stearsgánaċt ort (W).

STAMP, v. crush, trample. the horse s. on the ground. do ḃuail an capall speaċ dá ċois sa talaṁ. a 1d. s. stampa (m.4) pingne.

STAND, v. stop, continue. seasaim; seasuiġim. he s., appears among them. seasuiġeann sé i na measc. he stood out long. do ṡeasaiṁ sé i ḃfad. she, they were s. there. do ḃí sí, siad i na seasaṁ ann. he is s. there. tá sé i na ṡeasaṁ ann. he s. up. d'éirig sé i na ṡeasaṁ. he s. up with a jump. do ṗreab sé i na ṡ. v. jump. I remained s. d'ḟanas im ṡeasaṁ. he was s. straight up. do ḃí sé i na ċolgṡeasaṁ. they s. their ground. do ṡeasuiġeadar an fód. to s. by one's word, promise, terms of armistice, etc. geallaṁaint, sos comraic do ṡeasaṁ v. effect. to s. suffering. v. suffer. s. against v. resist. s. at baptism, etc. v. godfather

STANDARD, v. measure, flag.

STANZA, rann m.1, 3.; ceaṫraṁa f.5

STAPLE, v. hinge, nail.

STAR, réiltín m.4; réalt f.2 (C.U). a s.-ry night. oiḋċe réaltógaċ; o. spéirġealaiġe v. dark.

STARBOARD, there is a boat to s. tá bád ar an mbórd dear.

STARE, v. look.

STARK, v. mad, bare.

STARLING, druid f.2; druideóg f.2; truideóg (U).

START, v. begin, go, run.

START, STARTLE, v. fear, jump.

STARVE, v. hunger.

STATE, STATEMENT, v. say. it is your own s. is é do ráḋ féin é. I did not believe in the s. of anyone to the effect that ... níor ġéilleas do ráiḋtiḃ aoinne go raiḃ ... a s. of that kind. a leiṫéid de ċainnt.

STATE, cóir f. 2; treo m. 4; cor m. 1; cuma m. 4. he is in that s., condition, plight since he came. tá sé ar an gcuma soin ó ṫáinig sé. the condition, plight my mind was in. an cuma i na raiḃ m'aigne. he would be in a nice s., way, condition. is dear an cor a ḃeaḋ air. no matter what condition, way they might be. is cuma cor a ḃéaraḋ iad. things are coming to such a pass, way in the world that ... tá sé ag teaċt de ċor sa tsaoġal go ... to put the city in a s., condition of defence. an ċaṫair do ċur i dtreo cosanta. to put him in such a condition, position, circumstances that ... é do ċur i dtreo go ... to get out of the condition in which I was. cúl do ṫaḃairt ar an dtreo a ḃí orm. both of us were in much the same case, way, condition. is beag nárḃ' ionann treo dúinn araon. people in the best way, condition. daoine is fearr treo. they are in a sorry, bad way, etc. is olc an scéal acu; tá an scéal go h-olc acu. a nice way they are in. naċ dear an scéal acu é. they would be in a different s., way now. do ḃeaḋ a ṁalairt de scéal acu anois. to put his heart, conscience in a good s. a ċroiḋe do ċur i ndeaġ-stáid. in the s. of grace. ar stáid na ngrásta, ngrás. what misfortune put you in that condition. cé an míáḋ a ċuir san anċás soin tú. I am in a bad way, etc. is suaraċ, olc é mo ċás, ṫoisc. he was in such a s., way with laughing. do ḃí sé ina leiṫéid de ċás le neart gáire. he left everything in that way, condition until ... d'ḟág sé gaċ aon rud ar an ndul soin riaṁ ó ṡin go dtí gur ... in the s., way in which it was. ar an ndul i na raiḃ sé ceana. in the s., way in which he saw it yesterday. ar an ndul ar a ḃfeaca sé inné é. I saw him in that way, condition. do ċonnacas san rioċt soin é. the s. in which he was. an r. i na raiḃ sé. in a bad condition, plight. i ndroċ-rioċt. in a dying s. i rioċt báis. v. death. I am in the same way, state, condition. tá mé ar an dóiġ ċéadna (U). the s., condition he was in. an aiste a ḃí air. satisfied with the s., way he is in. sásta le mar a ḃionn aige. one can understand the s., condition of I. then. is iontuigṫe an ídé a ḃí ar Éirinn an uair sin he understood the real s. of affairs. do ṫuig sé bríġ ⁊ bunadas an scéil. we had everything, the weather, etc. in a splendid s., way. do ḃí gaċ rud, do ḃí an aimsir ar áilneaċt againn. such is the condition, s. of Irish, the case with Irish. sin é dálta na Gaeḋilge. if you are in the condition, s. of the fox. má ḃíonn dálta an ṁada ruaḋ ort. v. case. in the same s., way. san gcruṫ céadna. v. appearance.

STATELY. v. proud.

STATIONARY. v. move.

STATION. v. rank, place.

STATUE. v. image.

STAY. v. wait, continue, support.

STEAD, v. instead.

STEADY, v. obstinate, easy, strong. a s. friend, etc. buanċara. he is working s. tá sé seasṁaċ, buan-tseasṁaċ san obair. he looked me s. in the face. d'ḟéaċ sé gan staonaḋ, go seasṁaċ idir an dá ṡúil orm. he was steadily opposed to it. do ḃí sé socair i na ċoinniḃ; do ċuir sé i na aġaiḋ go seasṁaċ. v. obstinate. the tree stood s., firm. do ṡeasaiṁ an crann go teann. he is firmly established on the home. tá sé socair san ríġeaċt. coming on steadily, step by step. ag teaċt cos ar ċois. he was s., sober. do ḃí sé ar a stuidéar. a good tempered, firm, s., strong man. fear réiḋ daingean stuamḋa; fear stuidéarṫa ceart.

STEAL. v. rob, creep.

STEAM. gal m. 1.; gail f. 2. s. boat. engine. bád, inneal gaile. s. rising from it. gal beirḃṫe ag éirġe as; an ṁeirg ag imṫeaċt de.

STEEL. cruaiḋ f.2 ; cruadaċ (C.U.)

STEEP. v. soak. a very s. hill. cnoc géarárd. the hill is very s. tá an cnoc anḟánaiḋ (going down), anéirġe (going up). the steepness and roughness of the road were hard on the horse. do ġoill airde ⁊ iomard an ḃóṫair ar an gcapall.

STEEPLE, cloigṫeaċ.

STEER, v. helm, direction. I s. south do stiúras, stiúirġeas, do ḋeineas stiúraḋ ó ḋeas.

STEM. gas m.1 (of plant). tosaċ m.1 (of ship).

STEP, céim m. f. 2; coiscéim m. f. 2. coiscéan m.1 (U). coisméig f.2 (C) it is a difficult step to take, a difficult pass. is céim cruaiḋ é. C. followed his father s. by s. do lean Conn cos ar ċois siuḃal a aṫar; do lean C. cos, cois ar ċois é. a false s. would kill him. do ṁarḃóċaḋ coiscéim anḟocair é. they all went off in s. do ġluaiseadar go léir ar aon ċoiscéim. for every s. you take. i n-aġaiḋ gaċ coiscéime dá dtiuḃrair. when he took the first s. from the right path. le linn é do ṫaḃairt an ċéad ċoiscéim i leaṫtaoiḃ. a halting s. coisceim bacaiġe. v. lame. I heard the steps. d'airiġeas an ċoisiḋeaċt. at one s., stride. d'aon aḋḃóig (C). he went over the hill at a s., stride. do ċuir sé an cnoc de ṫrioslóig de. a s. of stairs. streapa m.4; staiġre m.4. I cut the first s. on his heel, the second on his calf, etc. do ġearras an ċéad staiġre ar a ṡáil ⁊ an tarna staiġre ar ċolpa a ċoise. s. stones made on the ford. cloċán déanta san áṫ. the stepping stones are covered, tá an caḃar (m. 1) fuiliġṫe fán uisce. s. father. leasaṫair. s. mother. leasṁáṫair, etc.

STERILE, v. barren, fruit.

STERN, v. hard, sharp, anger. deireaḋ m.1 (of ship); tileaḋ m.1 (C.U) (id). s. seat. seas tilid (C)

STEW, v. boil.

STEWARD. maor m.1; reaċtaire m.4; fear tiġis.

STICK, maide m.4; bata m.4; cipín m.4. (twig, etc.); slat f.2 (rod, reed); smistín m.4 (club, bludgeon); cleaṫailpín m.4. (short s. with knob); camín m. 4 (with carved handle for walking); bata droiġin (blackthorn); cuaille f.4 (pole).

STICK, v. continue. it was stuck, sticking fast to the tree do ḃí sé ag greamuġaḋ go daingean den ċrann. he will s., get stuck in the chair. ceanglóċaiḋ sé san ċaṫaoir. your finger would s. to the iron. do ċeanglóċaḋ do ṁéar leis an iarann. the name s. to her. do lean an leasainm dí. the name S. na G. s. to him. do lean Seaán na Gealaiġe mar ainm air. I will s. to it, to my own opinion. leanfaḋsa de, dem ṫuairim féin. it is so sticky. tá sé ċoṁ ceangaltaċ, greamannaċ soin. the ship got s. in sand. do ċuaiḋ an long i n-aċrann i ngainiṁ v. catch. stuck in a hole. sáiṫte i bpoll.

STIFF, v. hard, affectation. righin, a s. stick. slat righin dolúbṫa (hard to bend). s. in manner. teann v. rough. his bones got s. do ċrapadar a ċnáma. he is s., bent up with rheumatism. tá sé crapuiġṫe le doiġṫeaċaiḃ v. bend. he is s., decrepit with age. tá sé go foirḃṫe. his legs were not s. ní raiḃ aon ṁairḃiṫiġe ins na cosaiḃ aige. v. numb. s. leg. cos gan lúṫ v. use.

STIFLE, v. choke, smother.

STILL, v. quiet, yet, nevertheless. s. more, less, etc. v. mention, even. it was a s. born child. gein ṁarḃ do b'eaḋ é.

STING, v. pain, prick. cealg f.2. the bee, etc., that remark s. him. do ċealg an beaċ, an ċainnt sin é. the bee pierced me with his s. do ġaiḃ an beaċ de ċeilg ionnam.

STINGY, v. niggardly.

STINK, v. smell.

STIPULATE, v. condition, arrange.

STIR, v. move, touch.

STIRRUP. stioróip f. 2. s. cup. deoċ an dorais.

STITCH, v. rag, sew, pain. a s. in sewing. greim m. 3. the last s. is in. tá an greim deiḋeannaċ curṫa. a s. in knitting. lúb f. 2. a dropped s. lúb ar lár.

STOCK, v. cattle, race, descend.

STOCKING. stoca m. 4; giosán m. 1 (U).

STOLE. stóil f. 2 (priest's).

STOMACH. goile m. f. 4; bolg m. 1; iogán m. 1 (bird's craw); méadal m 1 (paunch); bolg mór (id.); bruiṫlín (C.) m. 4 (id.); sceartán m. 1 (id.); imleacán m.1 (navel). pit of s. béal an ġoile (C); béal an scéiṫín. his s. turned. d'iompuiġ a ġoile, bolg. v. vomit. s. ache. tinneas goile; t. builg; doiġ imleacáin (colic); doiġ f. 2 (C). he (horse, etc.) has a white belly. tá tár bán aige. he has a big s. v. fat.

TONE, v. rock. cloċ f. 2; mionċloċ (pebble); méaróg f. 2 (large pebble); leac f. 2; (flag-s.); russóg f. 2. (sharp s. or rock.); mollċloċ (big, round s.); spalla (shingle); grean m. 1 (gravel. rough sand); grinneal m. 1 (id.); hearth-s. leac an teinteáin; s. mason. snoiġeadóir cloiċe; saor c. s. chat (bird.) caislín cloċ; caistín c.

STOOL, v. seat.

STOOP, v. bend.

STOP, v. prevent, delay, wait. stadaim; stopaim; coscaim; fastuiġim; ceapaim (U.) s.! (doing that, wait a moment, etc.) stad. she would not s. pricking me. ní stadfaḋ sí aċt am ṗriocaḋ. he s. coming, s. the work, etc. do stad sé de ṫeaċt, ón obair. I did not s., check my pace. níor stadas den triuḃal. they s. working, walking. do stadadar, ḋeineadar stad. he s. short on the road. do stad sé i na ċoilgseasaṁ ar an mbóṫar. I would not s. for my mother. ní stadfainn dom ṁáṫair. none of them used to s., take a rest. ní bíoḋ aoinne acu i na stad. to s. the boat. an bád do ċur i na s. it was time to s. do bí sé i n-am stad. I never s. (till) ... stad ná coṁnuiḋe níor ḋeinear nó go... ; níor stad cos liom ... ; níor stadas cos ... : níor stadas den réim, stáir, triuḃal soin ... ; stad marḃ ná coṁnuiḋe níor ḋeinear nó go ... he s. the talking. do ċoisc sé an ċainnt; do ċuir sé cosc ar an gc., leis an gc. s. the rowing. cosc an ramaḋ. he s. his horse. do ċoisc sé a ċapall. the music s., ceased. do ċ. an ceol. he did not s. his shouting till...níor ċ. sé dá liúġraiġ go... s. me from thinking such thoughts. dom ċosc ar na smuaintiḃ sin. he could not be s. roaring. níorḃ' ḟéidir é do ċ. ar a liúġraiġ. it did not s. ní raiḃ aon stop leis. that s. him, it. do ċuir sin s. leis. do not s., cease asking that. ná staon ón éileaṁ soin. the rain did not cease., s. níor staon ar an bfearṫainn; níor s. an ḟ. I had to s. it. give it up completely. do b'éigean dom scur de glan. he s. playing it. do scuir sé dá ṡeinneaṁaint. he did not s., leave off his prayers. níor s. sé ó na urnuiġṫiḃ. I did not s. remonstrating, etc. with him till ... níor stuireas leis, níor s. de go ... we s., halted, lay to there. do stuireamar san áit sin. they have s. work. táid siad ar stur. they gave up, s. talking to each other. do ċuireadar suas de labairt le céile. he gave it up, s. it. do ċuir sé suas de. they s., ceased the preparations. d'éiriġ-eadar as an ollṁúċán. s. the cow. ceap an bó (U.) a churn that would s. the cream from flowing. cuinneóg a ċeappfaḋ an t-uaċtar (U). crying, running, etc. without s., unceasingly. ag gol, riṫ gan stad, gan stad gan staonaḋ, gan sos gan staonaḋ, gan síṫ sos ná suaiṁneas. he s. me to talk. do ċuir sé stró orm. v. talk, delay. s. your tricks, talking, etc. cuir uait na clis, an ċainnt ; leig dom féin led ċuid cainnte, etc. v. let. s. quiet. v. quiet. s. raining. v. rain. fine.

STORE. v. provision. stór m.1. their money will be s., treasured up for them. cuirfear a n-airgead i dtaisce, i bfolaċ dóiḃ. the end, Heaven, etc., which is in s. for them. an deireaḋ, aoiḃneas na bflaiṫeas atá i n-áiriṫe dóiḃ. v. fate.

STORM, v. rough. stoirm f. 2 ; anfa m. 4 ; doineann f.2 (rough weather) ; gairbṡion f. 2 (id.) ; guairneán m.1 (whirlwind) ; gailḃeán báistiġe (sudden s. of wind and rain). v. rain. the noise of the s. foṫram na doininne. a s. came on. do ṫáinig suaṫaḋ mór sa bfairrge. the sea is stormy. ta an ḟairrge garḃ, suaiṫte : tá stoirm, suaṫaḋ sa bf., ar an bf.

STORY. v. tell. he told me a s. d'innis sé scéal (m. 1) dom. the s. will spread. leaṫfaiḋ an s. v. news. it is a s. at second hand. scéal scéil is eaḋ é. he has a lot of s. tá a lán de ṡeanaimsireaċt aige. she likes s. tá dúil aici i staruiḋeaċt, scéal-uiḋeaċt, seanaimsireaċt, bfianaiḋ-eaċt. I told my father the s. of, all about the boat, etc. d'innsear cúrsaí an ḃáid dom aṫair. v. affair, account. s. teller. seanċuiḋe m. 4. ; scéaluiḋe m. 4.

STOUT. v. strong, fat.

STRAIGHT, v. honest. a s. pole, tree, etc. cuaille, crann díreaċ. to go s. to ... dul díreaċ, caol d. go dtí ... he looked s. at the sun. d'ḟéaċ sé d. ar an ngréin. to say it out quite s. é do ráḋ lom d. you should look him s. in the face. ba ċeart duit féaċaint lom d. idir an dá ṡúil air. to look the thing, business s. in the face. féaċaint lom d. idir an dá ṡúil ar an scéal. he straightened his back. do ḋíriġ sé a ḋrom. I s. a horse-shoe out into a bar. díriġim cruḋ capaill i na ḃarra iarainn. the boat sat s. on the water. do ḃí an bád coṁṫrom, coṁṫromaċ ar an uisce. that put me s., level again. do ċuir sin ar coṁṫrom mé. I put a pole s. up, perpendicular in the ground. do ċuireas cuaille i na ċeartṡeasaṁ. he went s. ahead. do ċuaiḋ sé ceann ar aġaiḋ. I made s. for him. do ḋeineas ceann ar agaiḋ air.

STRAIN. v. sprain, anxiety. I s. (liquids, etc.) scagaim.

STRAND, v. shore.

STRAIT. v. difficulty.

STRANGE. v. queer, foreign. a s. cow, not one's own. bó ċoiṁṫiġeaċ, iasaċta. a s. man. not known. from another place. duine deorata, coiṁṫiġeaċ. iasaċta; deoruiḋe m.4; astránaċ m. 1 (C)

STRANGLE. v. choke. smother.

STRATAGEM, v. trick. cleas cogaiḋ; c. coṁraic.

STRAW. tuiġe f.4; coċán m. 1. (C); brob tuiġe. (single s.); sifín m. 4 (U) (id). broken rotten s. brioscar-naċ suip. strawberry. súġ talṁan.

STRAY, v. astray.

STREAK, v. line.

STREAM. v. rivulet. flow. current.

STREET. sráid f.2

STRENGTH, v. strong, energy, force. neart m.1 ; bríġ f. 2 ; fuinneaṁ m. 1. (force, energy) ; spreacaḋ m. 4 (Ar.) ; misneaċ m. 1 (U.) ; treis f.2 (U.); daingneaċt toile (s. of will). to give s., strengthen. etc. v. strong.

STRESS. v. accent, insist.

STRETCH, v. extend. his hand s., sticking out. a láṁ ag síneaḋ. I s., out my legs. do ṡíneas mo ċosa (amaċ uaim). I s. on the bed. do ṡíneas (ṫarm). do ḃaineas síneaḋ asam féin ar an leabaiḋ, sa leab-aiḋ. I was s. on the bed. do ḃíos sínte ar an l., sa l. to take a good s., yawn. etc. searraḋ. maiṫ do ḃaint as féin. I s. myself out to ... do ḟeargas mé féin ċun ...

STREW, v. scatter.

STRICT, v. exact, hard.

STRIDE, v. walk, step.

STRIFE, v. fight, argue.

STRIKE, v. beat, blow, hit.

STRING, sreang f.2.; téad f.2.

STRIP, v. peel, bare. we s. off our coats. do ḃaineamar dínn ár gcasóga. he s. himself, threw off his clothes. do ċaiṫ sé a ċuid éadaiġ de. s. yourself. caiṫ díot. he was s. to the shirt. do baineaḋ de go dtí an léine. he s. the guise of truth off that lie. do strac sé clóḋ na firinne den ḃréig sin.

STRIP, v. piece. stiall m.1. he cut it into s. do ġearr sé i na stiallaiḃ é. it took a s. of skin from my finger. do ḃain sé scealbóg den ċroiceann dem ṁéar. a strip of land. sraiṫ talaiṁ. v. piece.

STRIVE, v. attempt.

STROKE, v. blow. clock.

STROLL, v. walk.

STRONG. etc. daingean; láidir; neartṁar: foirtill: foirtill-eaċ; cumasaċ (powerful); fuinn-eaṁail (vigorous); tréan (vigorous, active); scolḃánta (s. and active) (C.); gaiscíḋeaċ (fir, etc.) (a big s. man); rábaire (fir, etc.) (id.); fuinte (well knit, actively built); fearrsadaċ (sinewy); féiṫleogaċ (id.); féiṫeannaċ (id.); curanta (vigorous); fáiscṫe (well knit); teann (stout, robust); téag-arṫa (id.); taṫacaċ (firmly knit); groiḋe (powerful, fine); talṁaiḋe (firmly built, athletic); fámaire (s., rough man). a s., firm man, hold. fear, greim daingean. a s. face showing character. gnúis d. a s., fortified place. áit d. tied s., firmly. ceangailte go d. he fortified the place. do ḋaingniġ sé an áit. a s., powerful man, hold. fear, greim láidir. a s., firm resolution. rún l., diongḃálta. he is not s., is weak in strength or health. ní ḟuil sé l.; ní ḟuil sé róstóinsiṫe. he grew s. with years. do neartuiġ sé i n-aois; do n. sé suas. the noise grew s. do n., ṁéaduiġ an fotram; do ṁ. ar an ḃfoṫram; do ḃí an f. ag dul i neart. that gave them greater s. of will. do ċuir sin breis nirt aigne ḋóiḃ. the force of custom was strength-ening the force of nature. do ḃí neart na taiṫiġe ag cur le neart an dúṫċais. the noise is getting s. tá an fotram ag borraḋ v. increase. he is a s.-er man than his father, when his father was at his strongest. is treise d'ḟear é ná a aṫair an lá is feárr a ḃí a aṫair. the strongest man of his race. an fear is treise ar a ċine. the sun was getting s. do ḃí taiṫneaṁ na gréine ag dul i dtreise, dtreis-eaċt. east wind is strong and shivering. gaoṫ anoir bíonn sí treis ⁊ cuireann sí feilc ar ḋaoinib (Cl). the good is s-er than, outweighs the bad. is treise ar an maiṫ ná ar an ndíoġḃáil. the wind grew s. d'éiriġ an ġaoṫ go briogṁar. a s., loud shout. liúġ briogṁar. he spoke s., vigorously about it. do laḃair sé go b. i na ṫaoḃ. v. energy. a s., thick set, muscular man. fear teann láidir féiṫeannaċ, etc. a stout, s. man, rope, etc. fear, téad téagarṫa. 6 feet high and s., stout in propor-tion. sé troiġṫe i n-áirde ⁊ téag-arṫa dá réir. he is a s., stout, sturdy beggar, rábaire de ḃacaċ is eaḋ é. you are so s., robust after what you have gone through. tá tú ċoṁ curanta tar éis ar ċuiris díot. his s., vigorous hand. a láṁ ċuranta láidir. s. in health curanta i na ṡláinte. that old man is yet s., lively. tá an seanḟear soin go seaḃraċ. he is getting s., vigorous (after sickness, etc.) tá sé ag dul i mis-neaṁlaċt. his limbs, however thin they had been, were getting s. do ḃí a géaga ag dul i ngairḃe dá ċaoile do ḃíodar. water rushing s., im-petuously, etc. uisce ag léim go lonnaċ lúṫṁar, etc. v. fierce. the beer was s. do ḃí an leann go borb ⁊ go láidir ⁊ go meisceaṁail. to put strength into his blow. v. force. his shouting, love, etc. grew s. v. increase. army 1,000 men s. v. number.

STRUGGLE, v. fight, wrestle.

unfairt; unḟairt f.2. it was useless for him to be s., wriggling, etc. kicking his legs about. ní raiḃ aon ṁaiṫ ḋó ḃeiṫ ag croṫaḋ a ċos 7 ag unfairt. dá u. féin 7 dá ċasaḋ féin. he s., plunged a few times. do ḃain sé cúpla u. as féin. his hat fell in the s. do ṫuit a hata leis an u. I heard the noise of s. d'airiġeas u. éigin. I was s., kicking about so as to free myself. do ḃíos ag spriútáil d'iarraiḋ mé féin do ḃogaḋ uaṫa. however he s., twisted. pé cor a ṫug sé ḋó féin v. twist. s. with each other. i n-aċrann le ċéile. they s. with each other. do ḃí gráscar láṁ acu. v. fight. s. with death. v. wrestle.

STUBBLE, connlaċ, coinnleaċ m.I.

STUBBORN, v. obstinate.

STUDENT, scoláire m.4; mac léiġinn.

STUDY, v. learn.

STUFF, etc. v. nonsense, material. s.-ing the meat into his mouth. ag stupaḋ na feola isteaċ i na ḃéal. a bird s-ed with straw. éan stupaiġṫe le tuiġe. a lot of straw is s., packed round the bottles. tá a lán tuiġe stupaiġṫe timċeall na mbuidéal. he s., packed the bag full. do ṫeann sé an mála. it is s.-ed full. tá sé teann. I could not s., pack it into the box. níor féadas é do ḋingeaḋ, ṗulcaḋ isteaċ sa ḃosca. the door was packed, wedged jammed with people coming in. do ḃí an doras pulcaiġṫe, dingṫe le daoiniḃ ag teaċt isteaċ. things packed together. rudaí teannṫuiġṫe, pulcaiġṫe le ċéile. he s. it into my pocket. do sop sé isteaċ im póca é.

STUMBLE, a single s. aon tuisleaḋ (m. 1). ḃarrṫuisleaḋ aṁáin. he s. fuair sé tuisleaḋ, etc.; do baineaḋ t., etc. as. he s., trod on something in the dark. do ḟatail, ḟaltair sé ar rud éigin sa doirċeaċt.

STUMP, v. lump. a s. of an oak, etc. smután (m.1), creaċail (f.2) daraiġe. a s. of a tree (standing). bun crainn. a s-y hard woman. creaċail de ṁnaoi ċruaiḋ. she was a s-y, stunted, fat-faced little woman. tuairgín beag mná cruinniġṫe plucaċ do b'eaḋ í. you wretched, stunted thing. a ċrúnnca ṁíáḋḃaraiġ.

STUNT, v. little, stump.

STUN, v. sense.

STUPEFY, v. sense, stupid.

STUPENDOUS. v. wonderful, extraordinary.

STUPID. v. foolish. neaṁṫuigsionaċ; dall; maol; maolaigeantaċ; gliúcaċ m. I (a dolt, etc.) s-ity. neaṁṫuigsint f. 3; daille f. 4; dúire f. 4. are you not s.! dense, etc. naċ neaṁṫuigsionaċ, dall, dallintinneaċ, etc., ataoi; naċ dall, etc., an duine tú. since he is so s. ó tá sé de neaṁṫuigsint air, aige. what made me so s. cad a ḋall mé. it would be s. of me to do it. ba ḋall an rud dom é do ḋ. it is the s.-est thing I ever saw. is é an rud is tuaṫalaiġe 7 is mó neaṁṫuigsint dá ḃfeacas riaṁ. a dull, s. mind. intinn smúiteaċ (C). they were awfully s. do ḃí an donas le dúire orra. long sleeping makes a s. child. codlaḋ fada spaideann leanḃ (C). a man who would be s., simple enough to do it. fear a ḃeaḋ maol a ḋóṫain ċun é do ḋ. s. fellow, blockhead. ceann cipín; ceann máinléid; ceann maide; gliúcaċ; dallaċán m. I. you s. blockhead. a ċeann puca ar maide; a ċeann cipín, etc. it would be s. of me if I did it. do b'olc uaim dá ndéanainn é. was it not s. of me not to notice it. naċ olc uaim nár ṫugas fá ndeara é. it will be s. of them if they do not come. is olc uaṫa mura dtigid. he made a s. mistake. do ḋein sé butún. you have made a fatal and s. mistake. do ḋeinis aiṁleas butúnta ḋuit féin. in a s., blundering way. go butúnaċ. v. foolish.

STUTTER, v. stammer.

STY, cró (m. 4) muice; muclaċ m. 1; fail f. 2.

STYLE, v. way, idiom, appear.

SUBDUE, v. conquer, defeat.

SUBJECT, v. matter, cause. gníoṁuiḋe m. 4 (gram.)

SUBJECTION, v. power, etc.

SUBMISSION, v. obedience.

SUBMIT, v. obey, yield. to s. to B. and be a provincial king. luiġe isteaċ fá Ḃrian i na ríġ ċúiġe. he s. to him and served him. do luiġ sé isteaċ i na ḟeirḃis.' it was his will to submit to that law. do b'é a ṫoil dul fán dliġe sin. to s., resign oneself to God's will. a ṫoil do ċur le toil Dé; é féin do ṫaḃairt suas do Ḋia.

SUBSTANCE, v. matter. that is the sum and s. of what he says. sin é bun ⁊ bárr, bun ⁊ éiseaċt a ċainnte; sin é bríġ a ċ. v. point.

SUBSTITUTE, v. change.

SUBTLE, clever. sharp.

SUCCEED, he s. to the throne. do ṫáiniġ sé i gcoróin. the kings who s. him. ríġṫe a ṫáiniġ i na ḋiaiḋ. the successor of Patrick, etc. comharba Ṗádraiġ.

SUCCEED, SUCCESS, etc. s. to you. go n-éiriġiḋ leat; go n-éiriġiḋ an t-áḋ leat; go n-é. áḋ leat; go mbuaiḋiḋ Dia leat, v. luck. s. to your journey. go n-éiriġiḋ do ḃótar leat. they prospering. ⁊ an saoġal ag éirġe leo. they are s. rapidly. tá ag éirġe leo go geal ⁊ go mear. she did not s., get on well. níor éiriġ léi. the men who did not s. in doing it. fir nár é. leo é do ḋ. if she did try, etc., she did not s., was not able. má ḋein níor ṫáiniġ léi. you have not s. in the fight, it went ill for you. is olc do ċuaiḋ an comrac duit. I s. in doing it, managed to do it. do ċuaiḋ liom é do ḋ. he s. in eating it. do ḟroiċ leis é d'iṫe. how did he s., get on. cionnus d'imṫiġ leis. I knew how the work s., got on. do ḃí a ḟios agam cionnus d'imṫiġ leis an obair. he will s., get on well yet. riṫfiḋ leis go maiṫ fós. I did not s. in stirring it. níor riṫ liom aon ċor do ċur de. if they had s., prospered in the world. dá mbeaḋ riṫ an ráis leo. how could he manage to do it, s. in doing it. cionnus ṫiocfaḋ sé ar é do ḋ. I cannot succeed in satisfying them. ní féidir liom teaċt ar iad go ṡásaṁ. how could I s. in bringing it. cionnus raġainn i gcóir a ṫaḃairt liom. to make the business s. an gnó do ċur ar aġaiḋ, ċun cinn, ċun tosaiġ. the work is s. tá an obair ag dul ċun cinn, tosaiġ, ar aġaiḋ. he has prospered in his undertaking. tá sé ar aġaiḋ go maiṫ leis an obair; is mór an dul ar aġaiḋ a ḋein sé. if it ever s., is accomplished. má ṫéiḋeann sé ċun cinn, etc. it was not given a chance to s. níor leigeaḋ ċun cinn é. whether he s. in the world or not. pé acu leis nó i na ċoinniḃ ġeoḃaiḋ an saoġal. the work, his affairs will s., prosper. beiḋ raṫ, raṫaṁnas, raṫaṁnaċas ar an obair, ar a ċuid; leanfaiḋ an raṫ ḋe. God prospered him. do ḃronn Dia raṫ, raṫaṁnas air. that God would prosper him more. go gcuirfeaḋ Dia níos mó den raṫ air. we shall never p. if ... ni ḃeiḋ (ní ná) raṫ orainn má ... v. luck. the 3rd request, success in play. an tríoṁad haṫċuinge buaiḋ imṫearta i ngaċ cleas. I stuck to the work and with some success. do ċlaoiḋeas leis an obair ⁊ ní gan ceart do ḃaint de. we were prospering (in business, etc.) do ḃí breis ag dul orainn.

SUCCESSIVE, v. continuous. after.

SUCH, v. like. s. and s. a one. so and so. a leiṫéid seo ⁊ a leiṫéid siúd. of s. and s. a place. dá leiṫéid sin d'áit. s. and s. a number of gallons an oiread soin galún. I never saw s. a man. ní ḟeaċas riaṁ a leiṫéid d'ḟear. did anyone ever hear s. a thing. ar airiġ aoinne riaṁ a l. s. a word exists. tá a l. d'ḟocal ann. s. an evil wish. a l. de ġuiḋe le holcas. I never saw s. a wet year. ní ḟeaċas riaṁ a l. de ḃliaḋain le fliċe. on s. a night as to-night. a l. na hoiḋċe anoċt. on such a day as this. l. an lá indiu. you never saw s. sport ... ní ḟeacais riaṁ aċt an spórt a ḃí ... v. much. Mr. So and So, s. and s. a one. Mac Uí Ruḋaiġe. Conn So and So. Conn Ó Ruḋaiġe úd. such a quantity, lot. v. much, money. such is the way with etc. v. way, case.

SUCK, SUCKLE, súġaim; súġraċaim; deolaim (generally of young); tálaim (yield milk). she s. the poison out of it. do ṡúġ sí an niṁ as. s. his tongue. ag súġraċ a ṫeangan. s. a pipe, bone, etc. ag cnáṁṫairt piopa, etc. s. sweets. ag blaistínteaċt milseáin. do not be s. at, sipping it, but take it off. leigiḋ do ḃur mblaistínteaċt air aċt tugaiḋ suas é ḃun ḃárr. s. the honey from the blossoms. ag deol na meala as na bláṫaiḃ. a lamb s. its mother. uan ag deol, diúl a ṁáṫar. blessed are the paps that gave you suck. is beannuiġṫe na cíoċa a ḋeolais. he who s. it in at his mother's breast. an t-é a ḋeol isteaċ é le cíċ a ṁáṫar. the children whom she suckled. an ċlann a dtug sí tál a ciċe ḋóiḃ. a goat, and she was s. a kid. minnseaċ ⁊ ḃí mionnán aici a raiḃ sí ag tál air. v. milk.

SUDDEN, SUDDENLY, v. quick, immediately. obann; tobann (U). he jumped so s. do léim sé ċoṁ hobann soin. he died, dropped dead s. d'éag sé as a ṡeasaṁ, go hobann. a s. death. bás o. she s. thought. do ċeap sé de ṗreib, d'aon ṗreib aṁáin. he jumped up s. do ṗreab sé i na ṡuiḋe. he s. ran up here. do ṗreab sé anios v. run. s., unexpectedly v. expect.

SUDS, sobal m.1.

SUFFER, v. pain. you should s. whatever trouble ... ba ċeart duit fulang le pé trioblóid a ḃeiḋ ... I cannot s. it, put up with it. ní féidir liom fulang leis. insufferable pains. pianta doḟulaingṫe. it is hard to s. him, put up with him. is deacair é do ṡeasaṁ. to s. the delay. an feiṫeaṁ do ṡeasaṁ. with the violence of the s. le neart an tinnis. none s. more than they owing to it. ní raiḃ aoinne ba ṫinne do ḟágaḋ ná iad. he will s. for that trick. is é cleas is tinne ḋó. all you have s., gone through. an méid ar ċuaḋais, a ndeaċais tríd; an méid ar ċuiris díot. s. from the gout. gaḃṫa ag an ngúta. I can s. cold so well. tá oiread acfuinn fuaiċt agam (U). they have been s., let go on a long time. ta scaoilte leo ⁊ curṫa suas leo le tamall maiṫ. v. let. to s. oneself to be insulted by them. cur suas le masla uaṫa I would not s. it from them. ní ġeoḃainn le na ais uaṫa é. I could s. it no longer. níor ḟéadas é d'ḟoiḋneaṁ níor sia. v. patience. I will not s. such talk, etc. v. permit. the last man will s., be at a loss. beiḋ an fear deirinneaċ díoġḃálaċ.

SUFFICIENT, v. enough.

SUFFOCATE, v. smother, choke.

SUGAR, siúicre m. 4; siúcra (U); siúcaire (C). s. stick. seotar m. 1

SUICIDE, he committed s. do ṁairḃ, d'idiġ sé é féin; do ḋein sé anide, anḃás air féin.

SUIT (clothes). culaiḋ m. f. 4; c. éadaiġ.

SUIT, SUITABLE. v. fit, right. oireaṁnaċ; feileaṁnaċ; foilleaṁnaċ (C); fóirstineaċ (U). that remark s., applies to him exactly. oireann an ċainnt sin dó go cruinn. the boot, name s. him exactly, splendidly. d'oir an ḃróg, ainm dó go cruinn, áluinn. it did not s. me as food. níor oir sé mar ḃiaḋ ḋom, orm. the hat does not s., fit him. ní oireaṁnuiġeann an hata é. he would catch cold and that would not s. him. ġeoḃaḋ sé slaġdán ⁊ ní oireaṁnóċaḋ soin é. she would s. me to perfection. d'oireaṁnóċaḋ sí go talaṁ mé. though I was not fit, able for the work. ⁊ gan mé oireaṁnaċ air. I am s., fit for that. táim o. ċuige sin, ċun é do ḋ. it was s. for exchanging. do ḃí sé o. le malartuġaḋ. that is a nice, s. occupation for him. is feiliminte an ċéard dó é. the food s. me. feileann an biaḋ ḋom (C.) as was fitting with one like him. mar do ḃí sé feileaṁnaċ do ḋéanaṁ le na ṁacsaṁail (C.) it would become him better to be silent... is feárr do ṫiocfaḋ ḋó a ḃéal d'éisteaċt ⁊ gan ... it would not s., become you to have a horse. ní róṁaiṫ do raġaḋ sé ḋuit capall do ḃeiṫ agat. it s. him perfectly that a law should be put in force against others. téiḋeann sé go maiṫ ḋó dliġe ḃeiṫ i ḃfeiḋm ar an ḃfear ṫall. seeing how ill it s. me to be there. ⁊ a olcas do ċuaiḋ sé ḋom ḃeiṫ ann it is not s., proper to say, do it. ní cuiḃe é do ráḋ, ḋéanaṁ. it was not a proper thing for him to do. níor ċuiḃe, ċuḃaiḋ ḋó soin do ḋ. as was s. and right for him. mar ba ċuiḃe ⁊ ba ċóir dó. the s., fitting prayer for me to say. guiḋe ba ċóir, ċuiḃe ḋom do ḋéanaṁ. it is proper to say that ... is ionċuḃaiḋ (ḋom) a ráḋ go ... (U.) it is a fitting question, etc. is ionċuir an ċeist. proper to be done, said, etc. inḋéanta, inráiḋte. the place s. me, my health. réiḋtiġeann an áit liom, lem ṡláinte. S. will s., do for going ... déanfaiḋ an Saṫarn an gnó ċun dul ... that will s. him. déanfaiḋ sin a ġnó; do ġéanaiḋ sin a ċúis (U); do ġéanaiḋ sin cúis dó (U). there was a dinner fit for any king on the table. do ḃí dinnéar inneaṁail d'aon ríġ ar an mbórd. he was buried in a proper decent way. do cuireaḋ é go galánta, geanaṁail (C.U.), dóiġeaṁail (U.) it will not do for us, will not s. us to forget ... ní healaḋa ḋúinn é do ḋearmad. it would not be fitting not to go there. ní healaḋa gan dul ann. it does not s. me to sicken myself by not taking my time at it. ní healaḋa mé féin do ḋéanaṁ breoiḋte trí gan aimsir mo ḋóṫain do ġlacaḋ ḋá iṫe. v. must. land suited for crops. talaṁ sreagarṫaċ d'arḃar. the boot s., fits me. v. fit. if it suits you. v. convenient.

SULLEN, v. gloomy, anger, impudent. they were s. do ḃíodar go dúr, doiṫiġeasaċ. he looked s. at her. d'ḟéaċ sé go dúr uirri.

SULPHUR, ruiḃ f. 2.

SULTRY, v. hot.

SUM, v. substance, amount, add.

SUMMER, Saṁraḋ m.1. mid-s. (June). Meiṫeaṁ an tSaṁraiḋ. in mid-s. i lár an tr. s. house. grianán m. I.

SUMMIT. v. top, point.

SUMMONS, seirḃeáil f. 3, proiséas (process) ; meamram (parchment, etc.) on whom am I to serve the s. cé atá le seirḃeáil agam. handing him the s. ag síneaḋ na seirḃeála ċuige. he issued a s. on him. do ṫug sé órduġaḋ seirḃeála air. he was s., processed for...do seirḃeálaḋ ċun na cúirte é le beiṫ ag...

SUN. the s. is setting. tá an ġrian (f. 2.) ag dul faoi. in the s. shine. fán ġréin; fá ṡolus na gréine. s. burnt. scólta ón ngréin. s.-rise, s.-set. éirġe, luiġe na gréine. v. morning, evening. a s. beam. ga gréine. the s. is beating down on the place. tá an ġrian ag taiṫneaṁ go tréan ar an áit. a s-ny day. lá gréine. he is warming himself in the s. tá sé ḋá ġrianaḋ ⁊ ḋá goraḋ féin; tá sé ag déanaṁ builgín le gréin. a s. fish. liomán m. 1; l. gréine. no one under the s. v. world.

SUNDAY, Doṁnaċ m. 1: lá na Sabóide. on S. Dia Doṁnaiġ.

SUPERCILIOUS. v. proud.

SUPERFICIAL. v. careless.

SUPERFLUOUS. v. too.

SUPERIOR, etc. v. governor, surpass, better, more. he has the s.-ity in comparison, etc. v. advantage.

SUPERLATIVE. s. degree (Gram.) an tsárċéim.

SUPERSTITION. superstitions, piseoga ; pisreoga ; gearsóga (U) ; deismireaċt f. 3. do not mind s. ná géill do ṗisreógaiḃ. you are a s. man. is pisreógaċ an duine ṫú. he is given to s. tá sé tugṫa do ṗiseógaiḃ ; duine piseógaċ, gearsógaċ (U.) is eaḋ é. it is a s. practice. nós gearsógaċ (U.), etc., is eaḋ é. the tree connected with s. and witchcraft. crann na deismireaċta ⁊ na bpiseóg. he took to s. d'iompuiġ sé ar na piseógaiḃ ⁊ ar an uile ṡaġas deismireaċta.

SUPPER. suipéar m. 1 ; cuid na hoiḋċe.

SUPPLE. v. bend.

SUPPLY. v. give. store. we can s. by penance what is wanting. is féidir ḋúinn a dteastuiġeann do ḋéanaṁ suas le haiṫriġe. to s. the want. an t-easnaṁ do leiġeas. s. his place. v. place, instead.

SUPPORT. v. keep. I will s. maintain him. coimeádfadsa (suas) é ; coṫóċadsa é. a wage that would s. him. tuarastal a ċoṫóċaḋ é, a déanfaḋ é do ċoṫugaḋ. he can s. himself. is féidir leis a ḃeaṫa do ṫuilleaṁ. v. livelihood. they are our s., we can depend on them. táid siad mar ṫaca againn ; is iad ár dtaca iad. it is that which s., props up English ways. is é is taca don ġalldaċt. I put a pole to s. the roof of the cave. do ċuireas cuaille mar ṫ. fán bpluais. he found a spot to s. him. fuair sé t. ar ḟéad sé seasaṁ air. we shall be a support to you, for you to fall back on if necessary. beimid mar ċúl dídin maiṫ agaiḃ. she had a stick to s. her. do ḃí bata i na teannta aici (W). I was able to walk home without s. do ḃí ionnam siuḃal a ḃaile gan teannta (W). I cannot s. that. v. suffer. I s. that resolution, etc. v. agree. come to his s. v. help. he s. himself on, etc. v. lean.

SUPPOSE, etc. v. think, likely. s. he is there. cuir i gcás go ḃfuil sé ann. s. he were there. cuir i gcás go mbeaḋ sé ann. to C., s. cuir i gcás go Corcaiġ. v. example. you did not make the supposition, assumption you should have made. níor ċuiris i gcás an rud ba ċeart duit a ċur i gcás. he did it I s., assume to annoy me. mar olc orm ar ndóiġ do ḋein sé é. v. course.

SURLY. v. rough, impudent.

SUPPRESS. v. restrain.

SURE. v. certain, guarantee.

SURETY. v. security.

SURFACE. v. top.

SURGE. v. wave, swell.

SURNAME. v. name.

SURPASS, to s. him in beauty. é do ṡáruġaḋ i mbreaġḋaċt, ar ḃ. that act can not be beaten for meanness. ní ḟéidir an ḃeart soin do ṡáruġaḋ i sprionnlaiġṫeaċt. it will be long before it is s. is fada an lá go ḃfeicfear a ṡ. I never heard a speech to s. it. a ṡ. de ċainnt níor airiġeas. each of your troubles was worse than the other. do ṡáruiġ an t-olc ar an olc agat. to work a miracle that would s. human power. mioruilt do ḋéanaṁ a ṡáróċaḋ ar aon tṡaġas nirt dá ḃfeacaṫas riaṁ i n-aon duine. he s. the G. S. for cleverness. do ḃuaiḋ sé i ngastaċt ar an nGobán Saor. her beauty s. that of her mother. do ḃuaiḋ a háilneaċt ar áilneaċt a máṫar. that s. all that happened to me. do ḃuaiḋ sin amuiġ 7 amaċ ar gaċ aoinni a ṫárla ḋoṁsa. I am beaten out by you. tá buaiḋte agat orm. that beats all I ever saw. tá buaiḋte ag an méid sin ar a ḃfeacas riaṁ; do ḃuaiḋ sin ar...he has s. everyone in that. tá an buaiḋ sin aige orra go léir. he would not let himself be beaten out in wickedness. ní leigfeaḋ sé leo é ar ṁalluiġṫeaċt. she s. the women of her age in beauty. do ċinn sí ar ṁnáib a coṁaimsire i scéiṁ. that s. my strength. do ċinn sin orm (C) he s. the kings of the earth in wisdom. do ṫóg sé bárr ó ríġṫib an doṁain ar ḟeabus tuigsiona. you beat the devil for cleverness. do bainis an bárr den diabal, do rugais an bárr ar an ndiabal leḋ ċlisteaċt. a better match than that, one that s. it. a bárr súd de ċleamnas. she s. them all in beauty. do rug sí bárr scéiṁe orra (C.U). none could s. her for making clothes ní raib a bárr le faġáil ċun éadaiġ do ḋéanaṁ. you will beat me out. beiḋ bárr agat uaim. he excelled in making boats. ba ċun bád do ḋéanaṁ rug sé an ċraob leis. he will s. all. beiḋ an ċraob aige. the advantage s., outweighs, counter-balances the harm. is treise ar an maiṫ ná ar an ndíoġḃáil.

SURPLUS, v. over, addition.

SURPRISE, v. wonder.

SURRENDER, v. yield.

SURROUND, v. around.

SUSPECT. SUSPICION, v. doubt, confidence. aṁras m.1; aiṁreas (C.U). I s. their honesty. do ḃí aṁras agam ar a macántaċt. he s. that...do ḃí a. aige go raib... I s. her. do ḃí droċaṁras agam uirri. I got s.-ous of the boy. do tógas droċaṁras don buaċaill; do baineas droċṫaitil as. my s. are fixed on him. tá m'aṁras caiṫte agam air. he attracted, excited s. do ṫarraing sé droċaṁras air féin. he was rather s. do ḃí sé leaṫaṁrasaċ. a suspicious looking person, a suspect. duine aṁrais-teaṁail. they s. the food (thought it might be bad, etc). do ṫógadar droċionntaoib as an mbiaḋ. v. confidence. he said it without disclosing any suspicions, etc. dubairt sé é go neaṁiongantaċ v. careless, indifferent. I put it in his pocket without his s. it. do ċuireas i na póca é i gan fios dó v. secretly. I should be ready to s. it of her. ní ḋéanfainn dabta dí; ní ċuirfinn ṫairste é.

SUSTAIN. v. suffer, support.

SWADDLING CLOTHES. falaing f. 2.

SWAGGER. v. boast.

SWALLOW (bird). (f)áinle f. 4; (f)áinleog f. 2; brúilín m. 4 (C); gablán gaoiṫe (C); geabróg f. 2 (C); (sea s.)

SWALLOW. v. eat, drink. she s. the bit. do ṡloig sí an greim. the earth s. them up. do ṡloig an talaṁ iad. s. it down. sloig síos é. to s. it. é do ṡlogaḋ.

SWAN. eala f. 4; géis f. 2; cosdub (C).

SWARM. v. crowd, full. s. of bees. saiṫe f. 4; scaiste beaċ (U); meaċán m. 1 (C).

SWAY. v. power, swing, rock, bend.

SWEAR. v. curse. mionnuiġim; móidim; dearbuiġim; deiṁniġim; do-beirim an leabar, etc. I s. it; do you s. it! on my, your oath. dar bríġ na mionn (m. 3). she vowed. s. to me that. do ṁionnuiġ sí, do ṫug sí na mionna móra, do ṫug sí móid (f. 2) ⁊ mionna, do ṫug sí bríġ gaċ mionna dom go ... promise ratified by solemn oath, sworn to. geallaṁaint daingean fá bríġ na mionn. he did it as he s. under solemn oath. do ḋein sé fá bríġ na mionn. I could s., take my oath on it, that... do ṫiubrainnse an leabar, bíobla air go ...; adéarfainnse leat fá bríġ an leabair go... I was not given the oath. níor cuireaḋ ar mo leabar mé. to s. falsely, take false oath. leabar éiṫiġ do ṫabairt. he would s. lies, perjure himself as fast as a horse would trot. do sṗalpfaḋ sé leabair éiṫiġ ċoṁ tiuġ is do ḋéanfaḋ capall sodar. you may well s., say it. tabair an leabar air, ann. he was asserting and s. that...do bí sé ag deiṁniuġaḋ ⁊ ag dearbuġaḋ go raib ... I s. against him. that... do ḋearbuiġeas air, go raib... to s. falsely against him. éiṫeaċ do ḋearbuġaḋ air. I s. he did the deed I had done. do ḋearbuiġeas air an gníoṁ a ḋeineas féin. I s., vowed that..., not to do it ... do ṁóidiġeas, do ṫugas mo ṁóid go..., gan é do ḋ. I have s., vowed not ... tá mo ṁóid tabarṫa agam gan... he s. terribly. do ṫug sé na móide duba. v. curse. a promise s. to under oath. geallaṁaint fá ċeangal. he s. by the sun and moon. do ċuir sé an ġrian is an ġealaċ air féin. I s., by Jove, etc. dar fiaḋ; dar m'ḟallaing; (dar) an nDoṁnaċ; dar so ⁊ súd.

SWEAT, etc. allus m. 1. a drop of s. braon alluis. he is s. tá sé ag allus: tá a. air; tá sé ag cur alluis de. he is s. profusely, etc. tá cubar alluis air; tá sé ag séidcaḋ a. as; tá sé ag cur cub-arnaíni a. de; tá na sruṫa a. (ag sileaḋ) leis; tá an t-allus ag séideaḋ amaċ tríd; tá sé ag cur an alluis de go fuiḋeaċ. I was in a cold s. do ḃí cubar fuaralluis ag sileaḋ, tuitim liom. to live by the s. of his brow. a beaṫa do baint le hallus a ġéag, a ċnáṁ, a ġruaḋa, a éadain.

SWEEP. v. clean, carry. scuabaim. he s. the room, s. the dirt out of it. do scuab sé an seomra; do s. sé an salaċar amaċ as.

SWEET, v. beautiful, gentle. milis; blasta, deaġ-b. a sweet apple, taste. music, etc. uball, blas, ceol milis. s., melodious (of music, etc.) binn, blasta, aoibinn, ceolṁar, binnġuṫaċ, binnġlóraċ, milis. the s-ness of the music. binneas, etc. an ċeoil. sweets, sweetmeats. milseán m. 1.

SWELL. v. increase, wave. rise. atáim; atuiġim. a swelling. at. m. 1. his arm is swollen. tá a láṁ atuiġṫe. the frog s.-ing himself out. an frog dá at féin suas. his eye is closed with the s. tá a ṡúil dúnta le hat. the money s. out his pocket. atann an t-airgead a ṗóca. it s. up. do borr air. music s. and sinking. ceol ag borraḋ ⁊ ag caoluġaḋ.

SWERVE, v. incline, turn.

SWIFT. v. quick.

SWIM. snáṁaim. can you s. an bfuil snáṁ agat. he is a good swimmer. tá s. maiṫ aige. he cannot s. a stroke. ní féidir leis aon buille aṁáin do ṡ. he s. to the shore. do bain sé an calaḋ amaċ de ṡ. he has gone for a s. tá sé tar éis dul ag s.

SWINDLE, v. deceit, cheat.

SWING, luascaim. s., oscillating to and fro. ag luascaḋ (anonn 7 anall). without my missing a single s., oscillation of the pendulum. gan aon ċor, luascaḋ den tromán do leigint uaim. s. his arms (as he walked). ag ruaṫaḋ a ḋá ċuislinn. v. wave. a s., swing-swong. carra lóċáin.

SWOON, v. weak, sense.

SWOOP, v. blow.

SWORD, claiḋeaṁ m. 1.

SYLLABLE, siolla m. 4.

SYMPATHISE, v. pity.

SYMPTOM, v. sign.

TABLE, bórd m. 1. to s. at t. suiḋe ċun an ḃúird; ċun cláir, ag an mbórd. seating them at t. ḋá gcur ċun búird. t. of contents. clár m.1.

TACK. he is t.-ing (in ship.) tá sé ag bórdáil. he t. up to it. do ṫug sé leaṫḃórd air. t., sailing up and down. ag taḃairt leaṫḃúird anonn 7 anall.

TACTICS, he displayed many t. do ṫaisbeáin sé a lán cleas cogaiḋ, comraic.

TACTFUL, v. gentle.

TAIL, earball m. 1; ruball (C.U.)

TAILOR, táilliúir m. 3; tailliúr m. 1 (U).

TAINT, v. fault, spot.

TAKE, v. accept, catch. t. a drop. tóg braon. to t. her out. í do ṫógaint amaċ. I took them out of it (the hole, etc.) do ṫógas as iad. I took them from her. do ṫógas uaiṫe iad. He takes away the sins of the world. tógann Sé peacaí an doṁain. he t. his stick. do ṫóg sé leis a ḃata. the road he took. an bóṫar a ġaiḃ sé. he is t., seized, arrested. tá sé gaḃṫa. he was arrested. do gaḃaḋ é. I got him taken up. do ċuireas gaḃáil air. to arrest and bind him. é do ṫaḃairt ċun láṁa gaḃṫa. seize him. gaḃ é. he caught a salmon in the net. do ġaiḃ sé bradán sa líon. he will accept her as wife. do ġeoḃaiḋ sé léi mar ṁnaoi ṗósta; tógfaiḋ sé í; glacfaiḋ sé í. v. accept. they t. to hurling. do ġaḃadar leis an gcamán. he took up the cause of I. do ġlac sé le cúis na Gaeḋilge; do ġlac sé ċuige cúis ... he adopted E. ways. do ġlac sé le béasaiḃ gallda. he t., accepted the money. do ġlac sé an t-airgead. t. it, accept it. cuir, glac ċúgat é. to t. the land. an tír do ġlacaḋ ċúċa féin. she took him up in her arms. do ġlac sí ċúiċi i na baclainn é. he t. it. put it in his pocket, etc. do ċuir sé ċuige é. we t. to shop-keeping. do ċuireamar siopa ċúġainn. take this from me. beir air seo uaim. he t. up, seized a shoe. do rug sé ar ḃróig. t. the sword in your hand. beir id láiṁ ar an gclaiḋeaṁ. let two of you t. her, seize her. beireaḋ beirt agaiḃ uirri. I wonder they do not t. him away. is iongnaḋ liom ná beirid siad leo é. t., lead me to the king. beir i láṫair an ríoġ mé. to take us home. sinn do ḃreiṫ a ḃaile. they would catch him. béarfaí air. the robber had been caught. do ḃí beirṫe ar an mbiṫeaṁnaċ. you are c. tá beirṫe ort. I will t. some more water home. taḃarfad tuilleaḋ uisce a ḃaile liom. he t. her there. do ṫug sé leis ann í. to t. to the hills. taḃairt fán gcnoc. to t. him out of the danger. é do ṫaḃairt as an gcontaḃairt. they t. it away. do ṫugadar ċun siuḃail, bóṫair, bealaiġ (C) leo é; d'árduiġeadar leo é. he t. the gun, plough. d'árduiġ sé an ċéaċta, gunna leis. a ship taking me off. long dom árduġaḋ léi. he seized, t., caught up a stick which was there. d'aimsiġ sé bata a ḃí ann. he t., usurped the kingship. d'ḟorláiṁiġ, d'ḟorláiṁsiġ sé an árdríġeaċt; do ṫóg sé ċuige féin í. that t. the pride out of her. do ḃain sin an ṁórdáil dí. I t. something from it, lessened it. do ḃaineas rud éigin uaiḋ. I will take your arm off at the shoulder. bainfead an láṁ ón nguaḷainn díot. they t. our boots from us. do ḃaineadar ár mbróga dínn. her feet were t. from under her. do baineaḋ an dá ċois uaiṫi. I t. off my coat, boots. do ḃaineas díom mo ċasóg, ḃróga. v. strip. he could not t. his eyes off her. níor ḟéad sé a ṡúile do ḃogaḋ ḋí. to take his child away from him. a leanḃ do ġearraḋ amaċ uaiḋ. v. separate. they t. the horse from the car. do scuireadar an capall. he t. up, caught up the change in the air, music. do ċuaiḋ sé ar an aṫarruġaḋ; do ḃí sé istiġ air. it t. her a week to learn it. do ḃain sé seaċtṁain dí ar é d'ḟoġluim. it takes me an hour to go from the city to that place. baineann sé uair an ċluig díom ón gcaṫair go dtí an áit sin, ón gcaṫair ċun dul go dtí...; tógann sé uair an ċluig uaim dul... I will t. two days to do it. tógfaiḋ mé dá lá dá déanaṁ (C). he t. a year at it. do ḃain sé bliaḋain as (U). t. up. v. adopt, turn. t. on oneself. v. assure, undertake. t. hold of. v. hold. t. pride in. v. proud. t. to pieces. v. piece. t. off. v. loosen, strip. t. long, short. v. long, soon. t. place. v. happen. t. after. v. like, inherit. t. food, drink. v. eat, drink.

TALE. v. story.

TALENT. v. clever.

TALK, TALKER, v. boast, argue. allude, address. cainnt f.2; cóṁráḋ m.1; seanċus m.1; iomráḋ m.1; caismirt f.2 (chat) (Ar.); cabaireaċt f.3 (prating, excessive t.); clabaireaċt f.3 (id); glagaireaċt f.3 (id); gleoisínteaċt f.3 (id); cadaráil f.3 (id); grabṡáil (cainnte) (id); plubaireaċt f.3 (voluble loud t.); breasaireaċt f.3 (prate, foolish, t.): seanċuiḋeaċt f.3 (story telling, chat). a talker. cainnteoir m.3; seanċuiḋe m.4 (storyteller); cabaire m.4 (an excessive talker); glagaire m.4 (id); clabaire m.4 (id); duine cabaranta (id); duine cabaċ (C) (id); plubaire (voluble loud) m.4; grabaire m.4 (affected t.); scaoṫaire m.4 (boastful t.); duine luaṫḃéalaċ (excessive t.); gleoisín m.4 (mná, etc). (id): duine gaoiṫe (senseless t.); bolgán gaoiṫe (id); glaigín m.4 (id); béal gan scoṫ (who cannot keep secrets); duine béalscaoilte (id); giobstaire (chattering mischievous girl); duine beidearánaċ (gossipy person). then he began to speak. annsoin do laḃair sé. he was t. to me. do ḃí sé ag laḃairt liom. I will speak to her. laḃarfadsa ċúiċi; cuirfeadsa cainnt, cóṁráḋ uirri v. address. to talk I. laḃairt a Gaeḋilg; l. i nGaeḋilg; l. Gaeḋilge. I. was being t. do ḃí an Ġaeḋealg dá laḃairt, spreagaḋ, steallaḋ acu; do ḃí an G. ar siuḃal acu. to go to speak with him, interview him. dul ċun cainnte leis. they got into t. with each other. do ṫuiteadar isteaċ ċun cainnte le na ċéile. that is how he spoke. sin í an ċainnt do ċaiṫ sé. t. of the war. ag cainnt, tráċt, laḃairt ar an gcogaḋ, (mar ġeall) ar an gcogaḋ, i dtaoḃ an ċogaiḋ. the t. turned on the war. do luiġ an ċainnt, cóṁráḋ, tráċt ar an gcogaḋ during their conversation. sa ċainnt dóiḃ. that is the right, proper talk, way to t. sin í an ċainnt. talkers, gossipers. luċt cainnte. I heard some t. of it. d'airiġeas tráċt air, teaċt ṫairis v. allude. it is not worth t. of, mentioning. is beag, suaraċ le ráḋ é. to pay attenton to anyone's t. aire do ṫaḃairt do ráiḋtiḃ aoinne. he was t., pouring out a lot of flattery to her. do ḃí sé ag steallaḋ, spreagaḋ plámáis di. I had a chat with him. do ḃí seanċus, seanaċuiḋeaċt agam leis; do bí s. againn. they were t., chattering (about it). do ḃíodar ag cadaráil, gearr-ċainnt, cóid-i-ḃfaid le ċéile (mar ġeall air). he is an awful prater. is uaṫḃásaċ an cabaire, etc., é. he is a wind-bag. ní ḟuil ann aċt bolgán gaoiṫe. etc. stop that chatter. caiṫiḋ uaiḃ an sioṫa seaṫa soin. v. noise. to stop my t. críoċ do ċur ar m'iomráḋ (U.) t. about, describing the race. ag cur síos ar an rás. v. describe, account. he joined in the conversation. do ċuir sé a ṫeanga isteaċ sa ċruadal (U). it had no bearing on the subject. ní raiḃ aon ḃaint aige leis an gcruadal (U). he was t. do ḃí sé ag cruadal (U). t. over things. ag cur an tsaoġail i dtoll a ċéile. v. argue. to t. about. v. describe, account. t. to. v. address. talk over things. v. argue, discuss. not to t. of, much less, etc. v. mention. only t. v. rumour.

TALL, v. high, big.
TALLOW, geir f. 2.
TAME, he t. the lion. do ṁiniġ, ċeannsuiġ (C) sé an leoṁan. the lion is growing t. tá an leoṁan ag dul i míne. I will t. you. mineoċad tú. a t., domestic pigeon, etc. colúr tiġis ; colúr cuideartha (W.)
TAN, leasuiġim. to t. leather. leaṫar do leasuġaḋ. t. sunburnt (face. etc). buiḋe.
TAP, v. blow. minḃuille ; buille beag
TAPER, v. torch. thin.
TAR, tearra m. 4.
TARES, cogal m. 1.
TASK, v. work.
TASTE, etc. a bitter, sweet, etc. t. blas géar, milis. tasty food. biaḋ deaġḃlasta, cumra. to t. the food. an biaḋ do ḃlaiseaḋ. he would not even t. it. v. bit. tasteless (of food, etc.) leaṁ.
TATTER, v. rag.
TATTLE. v. talk, reveal.
TAUNT, v. scoff. blame.
TAVERN, tiġ tabẋirne ; tiġ ósta ; ósta.
TAX, cáin f. 3, 5 ; sraiṫ f.2 ; cíos m. 3.
TEA, té m. 4.
TEACH, v. know. to t. I. Gaeḋealg do ṁúineaḋ. to t. boys. buaċailli do ṁ. to t. I. to boys. Gaeḋealg do ṁ. do ḃuaċailliḃ. he would t. her her religion. do ṫiubraḋ sé fios a creidiṁ ḋi. the teaching of I. múinteoireaċt na Gaeḋilge. the t. of the Church. teagasc na hEaglaise. a teacher. múinteoir m. 3 ; oide m. 4.
TEAM, v. full. seisreaċ f. 2 (horses for plough) ; fuireann f. 2 (for game etc.)
TEAR, v. cry. deor m. 1. and t. in his eyes. ⁊ na deora, deoraċa le na ṡúiliḃ ; ⁊ a ṡúile i na laċt. I saw her in t. do ċonnac deora léi. t. came to his eyes. do ṫáinig deora le na ṡúiliḃ. he was shedding t. do ḃí sé ag sileaḋ (deor) ; do ḃi ag tál na ndeor (go fras) ; do bi caise deor anuas ó na ṡúiliḃ ; do ṫuit na frasa deor leis ; do ḃí caisí deor leis ; do ḃi na deora anuas leis i na dtuille.
TEAR, v. pull. stracaim ; strócaim (U); réabaim; stollaim. they t. him, it to pieces. do stolladar, etc. (as a ċéile) é ; do s. etc. i na roileiṫeaċaiḃ é. I t. the branch from the tree. do stracas an ġéag den ċrann. I t. down the shelf. do stracas anuas an clár. her dress got t. do réabaḋ a gúna. the side of the boat was t. away. do r. cliaṫán an ḃáid. my heart was t. with grief. do ḃí mo ċroiḋe ḋá r. t. the skin off it. scrios an croiceann de.
TEAT. v. breast. ballán m. 1 ; sine f. 4. the cows t. swollen with milk. sini na mbó atuiġṫe le neart bainne.
TEDIOUS. v. tire.
TEENS. v. age.
TELL. v. talk, explain, describe. I t. it to her. d'innseas dí é. I t. her the story. d'innseas an scéal di. she t. me how he was...d'innis sí ḋom cionnus... she t. me about them. d'innis si ḋom i na dtaoḃ. I t. him you were there. d'innseas dó tusa do ḃeiṫ ann, go raḃais ann. he often t. it, related it. is minic d'ḟaisnéiḋ sé é. giving us information as to the way...ag tabairt faisnéise ḋúinn ar an sliġe... as he was telling about C. ag cur síos dó ar Ċonn. v. describe, account. he was t. us how he succeeded. do ḃi sé ag eaċtraiḋe ḋúinn cionnus mar éiriġ leis. I informed him that. do ċuireas i n-iúl dó go... ; d'ársuiġ mé dó go...(U). v. explain. I t. on him, informed on him. do scéiṫeas air. v. reveal.
TEMPER. v. angry. t. of sword. faġairt f. 3. bad-t. canncar m. 1 : canntal m. 1 (C) ; searbus m. 1, etc., v. anger. bad t-ed, peevish, cranky. canncraċ : canntalaċ (C) : canncalaċ (W) ; crosta ; goirgeaċ ; codalaċ (Aran) ; stuacaċ (boorish, sullen) ; teasuiḋe (hot-t.) v. anger, sullen. a cranky bad-t. old man. seanduine cas canncraċ, etc. he was in b. temper during the day. do ḃí sé stuacaċ crosta i riṫ an lae. they are in bad humour, temper with each other. táid siad searḃ dá ċéile. his bad t. would not let him answer. níor leig an searbus ⁊ an canncar dó aon ḟreagra do ṫaḃairt. whatever makes him so bad t. lately, pé

spáirne a ḃuail é le deirinnige (W). to be in good, bad t., humour. ḃeiṫ istiġ, amuiġ leis féin. the cranky old woman. seanḃean an drannṫáin. a peevish child or person. áinle (C). he is in bad t., noisy, quarrelsome, clamorous. tá sé callóideaċ, clamparaċ, goirgeaċ. v. angry.

TEMPERATE. v. restrain. temperance. measarḋaċt f. 3.

TEMPERATURE. v. heat, cold.

TEMPLE. v. church, forehead.

TEMPORAL. v. worldly.

TEMPT. TEMPTATION. v. urge. lead us not into temptation. ná leig sinn i gcaṫuġaḋ (m. 3). he was t. by the devil. do cuireaḋ caṫ (m. 3) air ón nDiaḃal. the devil t. him. do ċuir an diaḃal caṫuġaḋ, caṫ air; do spreag an d. é; do sprioc an d. ċuige é. v. urge. the 3 t. from the devil. na trí caṫanna ón nDiaḃal. misleading him with every kind of evil t., etc. dá dallaḋ le gaċ sórt droċṡmuainiṁ 7 le gaċ sórt droċspriocaḋ. t. him in every way to ruin his soul. ag séideaḋ faoi ar gaċ aon tsaġas cuma a ċuirfeaḋ ar aiṁleas a anama é. v. harm. do not t. the Lord thy God ná déin promaḋ ar do Ṫiġearna Dia.

TENANT. tionóntuiḋe m.4.

TEND, v. incline. care, nurse.

TENDENCY. v. inclination.

TENDER. v. soft. gentle.

TENSE. aimsear ċaiṫte, láiṫreaċ, ḟáistineaċ.

TENT. cabán m.1

TEPID, v. hot. bog. t. water. uisce bog, bog-te. t. in God's service v. careless.

TERM, v. time.

TERN. geaḃróg f.2 (C).

TERRIBLE. v. fearful.

TERRITORY. v. district, land.

TERROR. v. fear.

TEST. v. try.

THAN. ná.

THANK, THANKS. I t. him for it. do ḃeirim, gaḃaim a ḃuiḋeaċas leis. t. them for it. ag breiṫ, gaḃáil buiḋeaċas leo mar ġeall air, i na ṫaoḃ. she t. them because, for being, etc. do ṫug, ġaiḃ sí a ḃuiḋeaċas leo (toisc) go raḃadar .... mar ġeall air go raḃadar... t. gratitude for that deed. buiḋeaċas an ġníṁ sin. they were very t., grateful to him (for doing it.). do ḃí anḃuiḋeaċas acu air: do ḃíodar róḃuiḋeaċ dé (i dtaoḃ gur ḋein sé é). they are very t., grateful for it. is iad atá go buiḋeaċ beannaċtaċ i na ṫaoḃ, mar ġeall air, etc. t. God they woke. a ḃuiḋe le Dia gur ḋúisiġeadar; buiḋeaċas le Dia do ḋ. t. God! b., molaḋ le Dia dá ċionn soin. thanks to you I have it. is ortsa atá a ḃuiḋeaċas agam. no t. to me that he did not do it. ní ormsa atá a ḃ. nár ḋein sé é. I am not to be t. for it. ní ormsa is cóir a ḃ. do ḃeiṫ. that happened often t. to me. do b'ormsa a ḃ. gur ṁinic sin. small t. to him. ba ḃeag dá ḃ. a ḃí air. he got small t. from her for ... ní ḟuair sé aon ḃ. uaiṫi mar ġeall ar ... and indeed you are not thankful for it. 7 féaċ féin naċ móide do ḃ. é. I did it t. gratefully. do ḋeinear é go buiḋeaċ, macnaiseaċ. I gave him a look of gratitude. d'ḟéaċas air go buiḋeaċ, macnaiseaċ. thanks. táim buiḋeaċ díot; go raiḃ (míle) maiṫ agat. t. (ironically) ná raiḃ maiṫ agatsa. I am very well t. táim go maiṫ slán a ḃeir, slán go raḃair, slán go raiḃ an t-é ḟiafruiġeas. no thank you. I wont eat it. ní it eiteaċ é ní íosad é.

THAT. v. so, say, etc. go; gur. v. Grammar.

THAT. t. man. an fear soin, sin (C.U.) t. land. an tír sin. t. was the man. b'ṡin é an fear. t. is he. sin é é. t. is she. sin í í. that was he. b'ṡin é é. by this and t. dar so 7 súd. he is praising those who are there. tá sé dá molaḋ seo atá ann. it will not please those who are there. ní ṫaiṫneoċaiḋ sé leosoin atá ann. are not those who marry big fools. naċ iad na bréallóga iad soin a ṗósann.

THATCH. tuiġe f. 4. to thatch. t. do ċur suas. a t.-ed house. tiġ cinn t.; tiġ ceann t. thatcher. díonadóir m. 3.

THAW. v. melt.

THE, v. grammar. the shoe is the

softer for the grease. is boige de an ḃróg an smearaḋ. the shoe is the softer for putting grease on it. is boige de an ḃróg smearaḋ do ċur uirri. she is t. better for it. is feárr de í é. the danger for you will be t. less for having light. is luġa de an baoġal a ḃeiḋ ort solus do ḃeiṫ agat. your danger will be less for it. is luġa de an baoġal a ḃeiḋ ort é. your danger will be the less for the light. is luġa de an baoġal a ḃeiḋ ort an solus. but none t. less for that. aċt ní luġa de sin é. you will make the boat the more easily for the wood being cheap. is usa de ḋéanfair an bád an t-aḋmad do ḃeiṫ saor. you will make it the more easily for that. is usa de ḋéanfair é é. the danger is the greater for being hidden. is móide an baoġal a luiġead tuig-tear é. the worse the man, the heavier the punishment. dá olcas é an fear is eaḋ is mó an ṗian. is aṁlaiḋ is mó... the weaker he thinks us the more he does it. dá laige ṁeasann sé sinn do ḃeiṫ is eaḋ is mó ḋeineann sé é. the more gentry taking part in it the better. dá ṁéid de na huaislib a ḃeiḋ ag gaḃáil dó is eaḋ is feárr an scéal. the more knowledge he shows the better. dá ṁéid ṫaisbeánann sé eolus is eaḋ is feárr (é). the more you walk the more tired you get. dé (= i dtaoḃ) mar is mó ṡiuḃailfiḋ tú is eaḋ is mó ḃeiḋ tú ag teaċt corrṫa (W), is é is mó ḃeiḋ tú, etc. (W.) (v. Sean-Ċaint na nDéise, p. 133.) the quicker he does it t. better. dá luaiṫe, luaṫaċt ḋeineann sé é is eaḋ is feárr (é). t. more it seemed to me...the more I desired it. ni ḟuil dá ṁéid a saṁluiġeaḋ ḋom... ná gurab aṁlaiḋ is mó ċuaiḋ mo ḋúil ann, if we do not deserve it, is not that love the more wonderful. má's olc is fiú sinn é naċ ṡin mar is mó is iongantaċ an gráḋ soin.

THEN, v. during. after. annsoin ; annsin (C.U.) ; an uair sin. t. they attack each other, seo, siúd ċun a ċéile iad. then he went into the house. seo, siúd isteac sa tiġ é. t. he starts throwing water about. seo, siúd ag stealladh uisce é. t. some of them started looking for her. seo, siúd cuid acu dá cuardaċ. just t.. at that moment whom should they meet but C. annsoin díreaċ cé a casfaí ċúca aċt Conn ; uain ⁊ tráṫ cé ... v. time. stop t., therefore. stad má's ead. v. account.

THENCE, v. from.

THENCEFORWARD, as soin amaċ; as soin i leiṫ; as soin anuas ; ó ṡin suas, etc.

THEOLOGIAN, diaḋaire m. 4. theology. diaḋaċt f.3.

THERE, v. here, over, reason. annsoin ; annsin (C.U). annsúd. he is t. tá sé annsoin, annsúd ; tá sé annsoin ṫall. the man t. an fear soin. there it is for you. sin é agat é. t. he is now for you. sín é anois agat é. t. he is going down. sin é síos é. t. he is down there. sín é ṫíos é. t. they are t. siúd iad ann-súd, annsoin iad. t. is the horse up there for you. siúd é ṫuas an capall agat. that was the man b'ṡiúd é an fear.

THEREFORE, v. account.

THICK, etc. v. fat. strong, close reaṁar t. milk, bainne r. a thick stick. bata r. however t. they are. dá reiṁre iad. the grass, etc. is very t., close. tá an féar anṫiuġ. the fog is so t. tá an ceo ċoṁ tiuġ soin. he sowed the seed t. do ċuir sé an síol go tiuġ. the blood is t., all over him. tá an ḟuil go tiuġ air. how t. is the plank. cadé an tiuġaċt atá san ċlár. an inch t. órlaċ ar tiuġaċt, doiṁneaċt, tiuġas (U). a t., stout tree, leg, etc. crann, cos téagarṫa. an arm with stout well-developed forearm. láṁ ⁊ colpa teann uirri. owing to the thickness., stoutness of the branches mar ġeall ar ṫéagar na ngéag.

THIEF v. robber.

THIGH, v. hip. ceaṫraṁa f. 5; gorún m. 1 (thigh-bone at waist).

THIMBLE, méaraċán m.1.

THIN, caol ; tana ; tanaiḋe ; seang. he was t., slender. do ḃí sé go caol ⁊ go lom. t. limbs. géaga caola. t. threadbare clothes, etc. éadaċ caol. a t. stick. slat ċaol. however t. they are. dá ċaoile iad. a t., lean man. fear lom. a t. wiry man. fear lom láidir. he is t., raw-boned. tá a ċnáṁa lom. he is emaciated. tá sé lom snoiġte amaċ a big t., bony man. fear cnáṁaċ. he is getting t. tá sé ag dul as; tá sé ag dul i dtanaiḋeaċt; tá sé ag imṫeaċt as a ċreat. v. waste. a t., wretched, person. duine loim-risceaċ, caiṫte, claoiḋte; séacla fir etc.; cnáṁṫairt (f. 2) fir etc. a t. man, coat, etc. fear, casóg tana. they have very t. soles to their shoes. tá buinn na mbróg antanaiḋe fúṫa. a t. scanty beard. féasóg scáinte. t., threadbare, or not closely woven cloth. anairt scáinte. I made it t. (cord, etc.), stretched it out. do ḟeargas é. it is a t. pig, a skeleton of a pig, etc. creatlaċ muice atá innti. v. miserable. a t., lanky person. stracaire (fir, etc.)

THING. v. affair. small t., objects. giuirléidí; gréiṫre. the tea things. gléas té; na soiṫiġṫe. t. to sell, wares. earraí. queer, sad t. v. affair, queer.

THINK. saoilim; silim; ceapaim (most usual in C); measaim (most usual in U); is dóiġ liom (most usual in M), etc. I t., am of opinion that he is, etc. is dóiġ liom go...; is baraṁail dom go ... (C. U.); measaim, silim, saṁluiġim, etc., go...: is é a ṁeasaim, ċeapaim ná go bfuil... I t. it good, fine, bad, necessary, etc. (to do it). is maiṫ, breáġ, olc, gáḃaḋ liom é (do ḋ). I t., it is my (strong) opinion that...is é mo ṫuairim (láidir) go bfuil... they t., have the opinion that he was...tá tuairim acu go raiḃ sé ann. he is of that opinion. tá sé sán tuairim sin (W). I rather t. it will be wet. ní deirim ná go mbeiḋ sé fliuċ. I should rather t. it will be wet. ní déarfainn ná go mbeaḋ sé fliuċ. I rather t. it will not be wet. ní deirim go mbeiḋ, ní déarfainn go mbeaḋ sé fliuċ. v. likely. that is what I t., how it appeared to me. sin é mar ṡaṁluiġeas. as it appears to me. mar ṡaṁluiġeann dom. v. appear. I supposed, imagined I was in the water. do ċeapas, ṡíleas, ṁeasas go rabas san uisce. little did I t., imagine that he ... is lag do ṡíleas go mbeaḋ sé... the school that was thought suitable for them. an scoil a ċeapaḋ a ḃí oireaṁnaċ dóiḃ. you cannot easily imagine how weak I was. ní furiste a ṁeas a laige do ḃíos. who would t. of spoiling it. cé a ṁeasfaḋ é do loṫ. he t, wanted to do it. do ṁeas sé é do ḋéanaṁ. v. desire. do you not think it right for me to go. an dóiġ leat ná gur ceart dom dul ann. what do you t. of it. cad é do ṁeas air. he gives his opinion as to the value of the horse. cuireann sé a ṁeas ar an méid is fiu an capall. in that book he gives his o., an appreciation of the I. movement. san leaḃar soin breiṫniġeann sé an obair seo na Gaeḋilge. v. judge. he was not in my opinion, as I thought, etc. as sick as ... ní raiḃ sé dom ḋóiġse, dar liomsa ċoṁ breoiḋte le ... the talent which, as some people think, she has for doing it. éirim atá dar le daoiniḃ aici ċun é do ḋ. as he t., supposed. dar leis; aid leis (W.) he is angry I suppose. tá fearg air dar ndóiġ. it seems to me that ... dar liom go bfuil ... worse than I imagined. níos measa ná mar ċeapas, ḃeartuiġeas, etc. a thing which none ever imagined possible. rud nár ḟéad aigne an duine riaṁ fós cuiṁneaṁ i gceart air. little did I imagine that ... is róḃeag dá ċuiṁneaṁ a ḃí agam go ... no one ever thought, I never thought that he would ... níor ṫáinig aon ṗioc dá ċuiṁneaṁ ċun aoinne, ċúġam go mbeaḋ sé ...; níor ṫáinig lá dá ċuiṁneaṁ ċun aoinne, ċúġam go... I never reflected afterwards that I had thrown it away. níor ṫáinig lá ar a ċuiṁne dom aṁáin gur ċaiṫeas uaim é; níor ṫáinig lá dá ċuiṁne dom ... I never reflected, thought of how I could do it. níor ṫáinig lá ar a ċuiṁne dom conus do ḋéanfainn é. just t. imagine, that pig took it off. cad deire (deirir?) leis an muic sin nár ardaiġ sí léi é. he was t., pondering over things which ... do ḃí sé ag toiġeadaḋ ar neiṫiḃ a ḃí ... v. search. t. over them. ag breiṫniuġaḋ orra: ag cur ⁊ ag cúiteaṁ leis féin orra ; ag smuaineaṁ orra, etc. t., brooding over that statement. ag gor ar an ḃfocal soin. I began to consider whether he would be ... do ċuaḋas i gcoṁairle liom féin an mbeaḋ sé ... he meditated, pondered over it. do ṁarannuiġ sé air (W) ; do ḋein sé maċtnaṁ air. meditating on it. ag maċtnaṁ, marnaḋ (W) air. he is meditating, planning some evil deed. tá sé ag marnaḋ ar ḋroċġnó (W). v. plan. to meditate, reflect (profoundly) on what one should do. maċtnaṁ, dlúṫṁaċtnaṁ do ḋéanaṁ ar an rud is ceart do ḋéanaṁ. t. over that. ḋéin do ṁaċtnaṁ air sin. while he was pondering thus. sa ṁaċtnaṁ dó. I should never have imagined it was she. ní ṁarnóċainn go deo go b'í sin í (W). to t. nothing of. v. value, care. what one t. of. judges of. v. judge. I rather t.. fancy. v. likely. I t. to fall. v. nearly. point

THIRD. treas; tríoṁaḋ. a t. trian. nor a t. of it. ná a ṫrian. two t. ḋá dt.

THIRST. THIRSTY. tart m. 1, 3 ; íota f. 5; íota tarta. t. for the wine. tart an ḟíona. I am t-y. tá tart, íota orm. he was mad with t. do ḃí sé ar buile le tart, híotainn. to slake his t. a ṫart do ċosgaḋ. t. for knowledge, etc. v. desire.

THIS. v. here. so ; seo. v. Grammar.

THISTLE. feoċadán m. 1; fóṫanán m. 1 (C).

THITHER. v. there, towards, to.

THONG. iall f. 2.

THORN. dealg f. 2 ; spíon f. 2. thorny. dealgaċ; deilgneaċ. hawthorn tree. sceaċ f. 2; s. ġeal ; sceaċaċ f. 2 (C.) ; cossceaċ (C.) (fairy thorn). blackthorn tree. droiġean m. 1; d. duḃ; droiġneán m. 1. briar, bramble. drisleaċ m. 1, f. 2; dris. a bramble thicket. scairt driseaċa. I shall be a t. in his side. beadsa im ṫairnge i mbeo aige.

THOROUGH. v. complete.

THOUGH. v. although, if.

THOUGHT. v. idea, think, thoughtful. v. careful. think ... thoughtless. v. careless, foolish, forget.

THRASH. v. beat.

THREAD. snáṫ m. 3; snáiṫín m. 4. wax t. snáṫ céireaċ. to t. a needle. snáiṫín do ċur i snáṫaid. threadbare. v. thin.

THREATEN. v. anger. he t. them with death, a lawsuit, etc. do ḃagair sé an bás, an dliġe orra. I t. him with it (my stick). do ḃagras air é. he t. her that he would go... do ḃagair sé uirri go raġaḋ sé... to t. us with it. é do ḃagairt orainn. a t.-ing letter, notice, noise, etc. litir, fógraḋ, fotram bagarṫaċ. he has a t. look. tá droċsṫiúir air ; tá stiúir nimhe air. v. angry. the cows are t. to gore each other. tá na ba ag púiciuġaḋ ċun a ċéile. the cow looked t., fierce. do ċuir an ḃó púic uirri féin. trouble is t. v. brew. the danger t. v. danger.

THRESH. v. beat. buailim. threshing. ag súisteáil. a thresher. súisteoir m. 3; buailteoir m. 3

THRESHOLD. táirseaċ f. 2. he is standing on the t. tá sé i na ṡeasaṁ idir ḋá liġe an doruis. v. door.

THRIFT. v. economy.

THROAT. scórnaċ f. 2, m. 1; sclog m. 1 ; scóig f. 2 (C) ; piobán m. 1 (windpipe) ; píob f. 2 ; craos m. 1 (maw, gullet, inside of t.); diúlfaiḋeaċ f.2 (windpipe); bráġa f.5 (lower part of t. and upper part of breast): scrugal m. 1 (long thin throat, neck); spreiceall f. 2 (double chin). v. neck. they tore each other's throats out. do baineadar na piobáin as a ċéile. he caught him by the t. do rug sé ar a ṗiobán, ḋiúlfaidiġ, ḋúiliaḋ, ṗreicill air. to come behind us unexpectedly and seize us by the throat. teaċt aniar aduaiḋ orainn ⁊ dul sa ṗreicill againn. his t. wide open. a ċraos ar deargleaṫaḋ.

THROB. his heart is t. tá a ċroiḋe ag cur de, ag bualaḋ. my heart was t.. thumping. do ḃí mo ċroiḋe ag bioḋgarnaiġil ⁊ ag preabaḋ im ċliaḃ. his sore finger is t. tá a ṁéar tinn ag preabarnaiġ. the bird's craw is t. tá iogan an éin ag at ⁊ ag trágaḋ.

THRONE. caṫaoir uasal; c. ríoġḋa.

THRONG. v. crowd, crush, pack.

THROUGH. v. over. trí; tré ; tríd

(U) ṫrío (U). the arrow went right t. his body. do ċuaiḋ an ġainne trí na ċorp amaċ ⁊ amaċ. t. the chair, etc. tríd an gcaṫaoir. music running t. it (the sound, etc.) ceol aoiḃinn tríd. to tell a story right t. scéal d'innsint tríd síos. it is not t. love of you he did it. ní trí ġráḋ duit é. not t. jealousy did I say it. ní tri éad aduḃart é. v. account. the water did not soak t. níor ṫáinig an t-uisce faoi. there is cotton woof t. it. mixed with it. tá inneaċ faoi v. mix. water coming t. the floor. uisce ag teaċt ḟaoi. v. ooze, leak. up and down t. the country. ar fad na tíre; ar fud na tíre ṫríd síos ⁊ ṫríd suas (C); ó ċeann ceann na tíre; ó ṫaoḃ taoḃ na tíre v. over. t., throughout. v. during, over. t. to the end v. end.

THROW, caiṫim; teilgim; tligim (U); cligim (U); radaim. I t. stones at him. do ċaiṫeas cloċa leis. I t. it on the table. do ċ. ar an mbórd é. he t. off his idleness. do ċaiṫ sé uaiḋ a leisce. he t. the potatoes to the pigs. do raid sé na prátaí ċun na muc. t. the stones at him. raid na cloċa leis. to t. the knife away a good distance. an scian do ṫeilgean tamall maiṫ uaiḋ. he t. the water in her face. do steall sé an t-uisce fá na ceannaiġṫiḃ. he was driven away by boiling water t. at him. le steallaḋ uisce ḃeirḃṫe do cuireaḋ ón ndoras é. he began to t., pitch, dash money about seo ag steallaḋ airgid é. he was pitched out on his head into the sea. do sprúċaḋ ar ḃior a ċinn amaċ sán ḃfairrge. fire being t.. belched out of his mouth. teinnteaċa dá s. amaċ as a ḃéal. I was being dashed against the rock. do ḃíos im ṫuargain i gcoinniḃ na carraige. v. beat. she t. off her cloak, let it fall behind her. do scaoil sí a clóca siar síos di. he t. him out of the window. do scaoil sé an ḟuinneóg amaċ é. he threw himself into the work. do ṗreab sé isteaċ san obair. the pelting he gave me. an rúscaḋ a ṫug sé dom. he began to pelt them with stones. do ċrom sé ar iad do rúscaḋ le cloċaiḃ; do ċrom sé ar ċloċaiḋ do ruascaḋ anuas orra. to pelt mud, etc. at me. mé do ċrústuġaḋ, ċrústáil le laṫaig. to t. a weight (in contest, etc.) urċar do ċur. everything was t. about. do ḃí gaċ aoinni scartálta v. scatter. the cows t., tossed the hay about. do sproinn na ba an féar. to t. off clothes, etc. v. strip. to t., cast a thing in one's face. v. face. t. into confusion. v. confusion. to t. down v. knock.

THRUSH, smólaċ f.2; smólán (U). m.1; ceirseaċ f.2 (missel-t.).

THRUST, v. push. pierce, plunge. the t. he gave him with his left hand. an sáṫaḋ a ṫug sé dó leis an láiṁ ċlé.

THUMB, ordóg f. 2.

THUMP, v. blow.

THUNDER, toirneaċ f. 2. a great peal of t. pléasc mór toirniġe. rumbling of t. cogarnaċ toirniġe. low rumbling of t. gnúsaċt t. v. noise. the t. grew louder and deeper. do neartuiġ ar an dtoirnig ⁊ do ṫromuiġ uirri. it grew weaker. do ċiúnig uirri. t.-bolt. v. lightning.

THURSDAY, Dardaoin. on t. Dia ḋardaoine.

THUS, v. so, way.

TICK, v. beat.

TICKET, ticéad.

TICKLE, v. itch. screaming with the tickling he got. ag liúġaḋ leis an ngiglt. it is the t. that made me scream. is é an gigilear a ċuir ag liúirig mé. she t. him. do ċuir sí dinglis (Ar.), cugaidin (Ar.) ann.

TIDE, taoide f. 4; taoille (U.C.). spring flood t. taoide rabarta. neap flood t. tuile mallṁuir. low water in spring t. tráġaḋ rabarta. low water in neap t. tráġaḋ mallṁuir. the t. is going out. tá an taoide ag tráġaḋ, tráḋċaint. the t. is coming in. tá an taoide ag lionaḋ. the t. is out. tá sé tráġaḋ mara. at low t. le linn tráġaḋ mara. it it high t. tá sé lán mara; tá sé taoide tuile; tá an barrtaoide ann. ship coming in at full t. long ag teaċt isteaċ le lán mara, ar lán mara. to examine, etc. the ebb and flow of the t. tráġaḋ ⁊ lionaḋ na mara do ḃreiṫniuġaḋ;

teaċt ⁊ imṫeaċt na taoide do ḃ.

TIDY. v. neat, arrange

TIE. carabat.

TIE. ceanglaim; daingniġim (fasten). he t. the dog, rope, etc. do ċeangail sé an madra, téad. I t. it around me. do ċeanglas ṫarm aniar é. I t. him to the chair, wall, etc. do ċeanglas, ḋaingniġeas den ċaṫaoir, ḟalla é. it was t. to the staple. do ḃí sé ceangailte ar an mbacán. the chain that binds us to E. an slabra atá dár gceangal le Sasana. t. together. ceangailte le céile.

TIGHT, TIGHTEN, v. close, press. he t. the rope, his belt. d'ḟáisc sé an téad, a ċrios. his lips were t. set. do ḃí fáscaḋ i na ḃeal. his clothes are t. on him. tá a ċuid éadaiġ teann, fáiscte air, ar a ċabail. tied t. ceangailte go teann, daingean. a t., firm hold. greim diúid, dúid, docht. he filled the bag, bladder t. do ṫeann sé an mála, laṁnán.

TILL. v. until, plough. I t. the land. saoṫruiġim an talaṁ. the land was t., sown. do ḃí an talaṁ curṫa. tillage. curadóireaċt f. 3. to t. a fallow field. gort branair, páirc ḃán do ḃriseaḋ.

TIMBER. v. wood.

TIME. aimsear f. 2; am m. 3 (special t., point of t.); tráṫ m. 3 (point of t.); ré f. 4 (space of t.); uain f. 2 (id.); tréiṁse f. 4 (id); tamall m. 1 (id.); scaṫaṁ m. 1 (id.); seal m. 3 (id.); aċar m. 1 (C.) (id.); ionbaiḋ f. 2 (C.) (id.); greas m. 3) (space of t. bout, turn); dreas m. 3 (id.) a space of t. tamall, scaṫaṁ, etc. aimsire. during that t. ar feaḋ na haimsire sin. during a short, long t. ar feaḋ tamaill, tamaill ḟada, etc. some t. ago. tamall, etc. ó ṡin. v. ago. for some t. past. le t., etc. for a long t. past. le t.. etc. ḟada. it is a long time since I did it. is fada an lá, etc., nár ḋeineas é. it will grow in time. fásaiḋ sé le himṫeaċt na haimsire, le haimsir. the men of his t. luċt a ċóṁaimsire. the t. of his death. am a ḃáis. the h. will come for John to die. tiocfaiḋ an t-am do Ṡeaán go ḃfuiġiḋ sé bás. their h. came for going ... do ṫáinig an t-am dóiḃ ċun dul ... now is the hour for you to do it. anois an t-am agaiḃ ċun é do ḋ. the t. (of the marriage, etc.) was fixed. do ceapaḋ an t-am. from t. to t. ó am go ham. at the same t. san am gcéadna. it is t. to go to bed. tá sé i n-am dul do ċodlaḋ. it was t. for him to stop. do ḃí sé i na am stad. it is t. for us to do it. tá sé i n-am, i n-am tráṫa ḋúinn ċun é do ḋ. he is in t. for Mass. tá sé i n-am ċun an Aifrinn. whether the t. be late or early. pé moċ déiḋeannaċ an tráṫ. any t he wished. pé t. i nar ṁaiṫ leis é. once on a t. tráṫ, t. éigin. once on a t. he was able to do it. d'ḟéad sé é do ḋéanaṁ. t. dá raiḃ (sé). you have come and it is high t. do ṫángais ⁊ is é a ṫ. é. the t. you least expect it. an uair, an tráṫ etc. is luġa ḃeiḋ coinne agat leis. at the hour of our death. ar uair ár mbáis. at other times. uaireanta eile. v. sometimes. there remained over 12 times as much food as there was at first. do ḃí dá uair déag níos mó d'ḟuiġliġ ná mar raiḃ de ḃiaḋ ann ar dtúis. it is seven times bigger, worse ... tá sé seaċt n-uaire níos mó, measa ná ... he would seven times rather do it than... do ḃ'ḟeárr leis seaċt n-u. é do ḋéanaṁ ná ... it is ever so many t. worse off there than ... is seaċt measa é ṫall ná... he is ever so many t. worse off now. is seaċt measa an scéal aige anois. he would be ever so many times harder on them. do ḃeaḋ sé ní ba ṡeaċt nḋéine orra ná ... it is ever so many times truer for us. is seaċt mó ná soin is fíor dúinn é. he did it six t. do ḋein sé é sé huaire; do ḋein sé é fá sé. 9 t. 7 are 63. a naoi fá seaċt sin a trí ⁊ trí fiċid. how many t. does 5 go into 20. cé méid uair atá a cúig i ḃfiċid; an mó uairatá ...; cé méid cúig i ḃfiċid. it goes 4 t. ceiṫre huaire. they stayed sitting, talking a long t. d'ḟanadar i na suiḋe, d'ḟ. ag cainnt go ceann tamaill, sealaid, scaṫaim, etc. (ḟada), go ceann i ḃfad; d'ḟ. ar feaḋ tamaill, etc. ḟada, ar feaḋ i ḃfad: do ċaiṫeadar tréiṁse, tamall, etc. fada ag cainnt.

spending their term in the world. ag caiṫeaṁ a dtréimse ar an saoġal so. to sleep, etc., a short time. greas do ċodlaḋ. I will give him another spell, short period of fattening. do ḃéarfad dreas, greas, etc. eile reaṁruiġṫe dó. before he had t., opportunity to go. sul a raiḃ uain aige ar ḋul ann. he had not t., opportunity (to do it). ní raiḃ (sé) d'uain aige (é do ḋ.) he did not take t. enough to do it. níor ṫug sé uain dó féin ar é do ḋ. I have no t., opportunity, leisure to say more. ní ḟuil aga agam ċun a ṫuilleaḋ do ráḋ. where did he stay during the time that, while she was there. cár ḟan sé an aga do ḃí sí ann. they have the opportunity. tá an ionḃaiḋ acu (C.) you come at a bad t. is olc an ionḃaiḋ do ṫáinig tú (C.) take your t. glac t-ionḃaiḋ. many a thing have I seen, shall I see in my t., life. is mó rud a ċonnacas, a ċífead lem ré, lem linn. during that t. ar feaḋ na ré aimsire sin; le linn na haimsire sin. during the time of dinner. le linn an dinnéir. v. during. at all t. (not merely sometimes). gaċ (aon) ré soluis. v. always. this t. last year. bliaḋain an taca so. he would be here by this t., by now. do ḃeaḋ sé annso um an dtaca so, fá'n dtaca so. by the time Sunday came. um an dtaca a dtáinig an Doṁnaċ. till the same t. the next year. go dtí an taca soin arís. once on a t. I thought ... do ċeapas lá dem ṡaoġal go ... in t. and in eternity. ar an saoġal so ⁊ ar an s. eile. v. world. in the bad t., famine, etc. sa droċṡaoġal. they have a fine t. of it. tá saoġal breáġ acu; tá an ṡaoġal acu; is s. ṡoġanta atá acu. he would have a better t. of it. is fearr an s. a ḃeaḋ aige. it is high t. for you to go, etc. is miṫid, róṁiṫid duit dul ann. I think it t. to be ... is miṫid liom beit ag ... will it not be t. enough for you to do it when ... cá beag duit é do ḋéanaṁ nuair ... at such and such a t. ag a leiṫéid seo 'o ċlog v. clock. this t., turn. an turus so; de'n turus so; an cor so; den ċor so; den dul so; an ḟeaċt seo (U). keeping t. with the swinging of the stick. ag freagairt do luascaḋ an ḃata. keeping t. to the music. ag freagairt an ċeoil. give me 3 days t., respite. taḃair dom cáirde trí lá. v. respite. the first, next time. v. first, next. this time next, last year, etc. v. next, last. in t. past. v. past. at t. v. sometimes. for the t. being. v. present. time out of mind. v. memory. 3 t. as many, much, etc. v. many, much. every second t. v. alternate. t. o'clock v. clock. t. ago. v. ago. an awkward, convenient t. v. opportune. timely v. opportune.

TIMID, v. shy, fear.

TINKER, stanadóir m. 3; tincéar m. 1.

TINT, v. colour.

TINY, v. little.

TIP, v. top, blow, gift.

TIPPERARY, Conntae Ṫiobrad Árann.

TIPSY, v. drunk.

TIRED, etc. tuirseaċ; corṫa; taḃarṫa (amaċ); sáruiġṫe; traoċta (exhausted); tnáiṫte (id); caiṫte (id); claoiḋte (id); suaiḋte (id); tráiġte (id); silte (id); carnuiġṫe (all in a heap, worn out); meirḃ (weak, exhausted). he was t. do ḃí (an) tuirse (f. 4) air; do ḃí sé corṫa, etc. he got t. do ċuaiḋ sé, i dtuirse; do ṫáinig (an) t. air; do coraḋ é (amaċ). when one gets t. nuair ṫagann an tuirse. he is t. of it. tá sé tuirseaċ de, leis (U). he is t. from standing. tá sé t. ó ḃeit i na seasaṁ; tá sé corṫa de ḃeiṫ ..., ó ḃeiṫ ... t. of the war. corṫa den ċogaḋ. he was so t. exhausted. do ḃí sé ċoṁ taḃarṫa, claoiḋte, etc. I am t., listless from the heat. tá meirḃeaċt orm le teas na haimsire. owing to my t., exhausted state. toisc a ṫnáiṫte, etc. do ḃíos. it is a tiring, tiresome thing to be ... is corṫa an rud ḃeiṫ ... it is a t., wearisome work. is corṫa an obair í. it is a tedious affair. is liosta an gnó é. it would be tedious to mention them. ba liosta liom iad do luaḋ ⁊ a ḟlúirsiġe atáid; do ḃeaḋ sé liosta duit. a tiresome story. scéal an ċaipín deirg.

TIT, mionntán m. 1 (tomtit). t. for tat v. pay.
TITHE, deaċṁaḋ m.1.
TITLE, v. right. teideal m.1. the t. page. an clár teidil.
TITTLE, v. hit.
TO, go ; go dtí ; go nuig ; go ruig ; ċun ; 'un (C.U) ; 'uig (C) ; 'ug (C) ; (d)'ionnsuiḋe ar (U). to go to A. dul go, do dtí, go ruig, ionnsuiḋe ar, etc. Áṫa Luain. to go to him. dul ċuige, go dtí é, go ruig é, (d') ionnsuiḋe air. he is coming to us. seo ċúġainn é. compared to v. compare. to (= for purpose of, in order to) v. purpose. to (=until, till). v. until. to (= before) v. clock. to (=as far as). v. far. to (= over to) v. over. to and fro. v. back. give, do, leave to. v. give, etc.
TOBACCO, tobac m.4.
TO-DAY, v. day. indiu ; an lá indiu. until t. go dtí an lá atá indiu ann ; go dtí an lá indiu. t. is Sunday. i. an Doṁnaċ. is t. S. an i. an Doṁnaċ; an é an Doṁnaċ atá againn. what day is t. cadé an lá é seo i. againn. a week from t. seaċtṁain ó i. to-day's work. obair an lae i. a week t. v. ago.
TOE, méar (f. 2) coise. big t. ordóg na coise; laḋar mór. (C). small t. luġaidín na coise ; laḋraicín na coise (C). the toes laḋair na coise (C). on tip-t. ar mo, etc. ḃairrricíniḃ.
TOGETHER, v. company, presence. talking, etc., t. ag labairt le n-a ċéile. they are all t. táid siad ar aon láṫair aṁáin ; táid siad i n-aon láṫair aṁáin. to put, keep a house, etc. t. teaċ do ċur, ċoiméad i dtoll a ċéile. (C). school is better than a master, but both t. are best. is feárr scoil ná máiġistir aċt i dteannta a ċéile is feárr iad. they are doing it t. táid siad dá ḋéanaṁ i dteannta a ċéile, i gceann a ċéile (W). v. co-operate. to lift them all t. iad do ṫógaint d'aon iarraċt, i n-éinfeaċt v. effort. cry out t. v voice. gather, join t. v. gather, join. three days t. v. continuous.
TOIL, v. work, trouble.
TOLERABLE. v. suffer, middling.
TOMB, v. grave.
TO-MORROW, v. day. i mbáraċ ; i mbáireaċ. t. morning. ar maidin i mb. a year ago t. bliaḋain is lá i mb. t. week. seaċtṁain ó i mb. the day after t. aṫruġaḋ i mb. v. day. t. is rent day. is é an lá i mb. lá an ċíosa ; i mb. lá an ċíosa. a week (counting up to) t. seaċtṁain ċun an lae i mb.
TON, tonna m. 4.
TONE, v. voice, rough, gentle, sound.
TONGS, tluġ m. 1, f. 2 ; ursul m. 1.
TONGUE, teanga f. 5. were you t-tied. cadé an sreangán a bí fád ṫeangain. v. dumb, speech. hold your t. v. silence.
TO-NIGHT, anoċt.
TOO, v. besides. it is t. long, short, good, etc. tá sé rófada, róġearr, róṁaiṫ, etc. they are t. tired to follow. táid siad róṫuirseaċ ċun leanaṁaint, etc. I know him t. well to imagine that ... tuigim go róṁaiṫ é ċun a ṁeas go ... his head is t. big for much knowledge to be in it. tá a ċeann róṁór ċun puinn eoluis do ḃeiṫ ann. the land is t. extensive to be defended. tá an tír rófairsing le na cosaint. she is t. strong for him, more than his match. tá sí róláidir dó. that boot is t. good for C. (a worse one would do him). tá an bróg soin róṁaiṫ do Ċonn. his nose is t. big for the rest of his face. tá a srón róṁór don ċuid eile dá ċeannaiġṫiḃ. v. proportion. the slightly t. great length of his legs. an ḃreis ḃeag faide ins na cosaiḃ aige. without t. much trouble. gan (an) iomarca, (an) iomad trioblóide far t. much. an iomad ar fad. there are t. many people for them to get lodgings. tá an iomad, iomarca daoine ann ċun lóistín d'fáġáil. he ate t. much. d'iṫ sé (an) iomarca, (an) iomad bíḋ. he was too much astonished to ... do ḃí (an) iomarca iongnaḋ air ċun ... she had t. great a sense of self-respect to do it. do ḃí an iomad, iomarca measa aici uirri féin ċun a ráḋ go ndéanfaḋ sí é. a glass t. much. gloine ṫar ceal. you have a pound t. much. tá púnt agat ṫar an gceart. t. much grief, joy. brón, áṫas mí-ċuiḃeasaċ, neaṁċuiḃeasaċ. v. excessive. t. much of the cloth. barraiḋeaċt den éadaċ (U). it is

not t. much to say ... ní barraiḋeaċt a ráḋ go ... (U). it dried t. much. do ṫriomuiġ sé b. (U.) I do not think it t. much for him, etc. v. grudge.

TOOL, v. instrument.

TOOTH, etc. fiacail f. 2; déad m. 1 (row of t.); cior f. 2, 5 (id.) : dranndal m. 1 (t. exposed when snarling etc.); giarán m. 1 (molar t.); clárḟiacail (front t.); cúilḟiacail (back t.) he has long prominent t. tá starrḟiacla air; tá stránaí fiacal air. his t. are set. tá faobar ar a ḟiaclaiḃ. he bared, showed his t. in anger. do noċt sé a ḟiacla. his t. bared. a ḟiacla sciumṫa. a t. ache. doiġ ḟiacal; doiġṫeaċa fiacal (C); tinneas fiacal; galar f. (disease of); déideaḋ m. 1 (U.) t-less. manntaċ (some t. missing.) a t-less person. manntán m. 1.

TOP, (spinning.) caiseal m. 1; topa m. 4.

TOP. v. point. bárr m. 1; barra m. 4; mullaċ m. 1; buac m. 1, buaic f. 2 (pinnacle, summit); spuaic f. 2 (pinnacle); baic f. 2 (of open vessel, box, etc.); druim m. 3 (of fence, ditch); bruṫ m. 3 (W.) (scum on water, etc.); screaṁ m. 3 (id.) at the very t. of it (stick, etc.) amuiġ i na ḃárr. he came to the t. of the water. do ṫáiniġ sé ar ḃárr uaċtar an uisce. there is much sea-weed on the t. of the water. tá anċuid múir ar ḃárr taoide. on the t., edge of the cliff. ar ḃ., ṁullaċ na faille. on the tip of my tongue. ar ḃ. mo ṫeangan. the t. of the hill. b., mullaċ, fíorṁullaċ, maoileann, maoláird, faoiláird an ċnuic. full to the t., brim with water. lán d'uisce go bárr, baic. to fill it to the t. é do líonaḋ d'uisce go bárr, baic. he filled the box to the t. with meal. do líon sé an cóṁra go baic amaċ de ṁin. without t. or bottom, head nor tail. gan bun ná bárr. the apples are at the t. of the basket. tá na hubla i mbéal an ċliaḃáin. he reached the brow of the hill. do ṡrois sé fíoraḋ an ċnuic. he he went E. along the brow of the hill. do ġluais sé fabra an ċnuic soir. his bag on the t. of his back. a ṁealbóg ar ḟaoiláird a ḋroma.

standing on the t. of the wall. i na seasaṁ ar ḋrom an ċlaiḋe. the t. shelf, tooth, etc. an clár, ḟiacail uaċtarаċ, uaċtair. there is a t., cream on the milk. tá uaċtar ar an mbainne. there is a film, coating of blood on the water. tá uaċtar fola ar an uisce. there is a film, scum on the water. tá screaṁ ar an uisce. along the t., ridge of the roof. fan ḃuaic an tiġe. the t., pinnacle of the church. buaic, spuaic an teampuill. t. of a wave. buac, etc. toinne. they were tumbling on t. of each other. do ḃíodar ag tuitim ar muin mairc a ċéile. they ran downstairs on t. of each other. do ṫángadar an staiġre anuas ar muin mairc a ċéile. they came on, rushing on t. of each other. do ṫángadar ag bruġaḋ ar a ċéile, ag baint tosaċ sliġe dá ċéile, ag satailt ar ṡálaiḃ a ċéile. v. run. jump over the t. of, etc. v. over. on the t. of his head. v. head. t. coat. v. coat. t. to toe. v. head.

TOPSY-TURVY, v. turn.

TORCH, v. light. trillseán m. 1; lóċrann m. 1.

TORMENT, v. pain, trouble. cráḋaim; céasaim; ciapaim; ciapuiġim. we are t. by the men, rats. táimíd cráiḋte, ciapuiġṫe, céasta ag na fearaiḃ, francaċaiḃ. we are t. waiting for him. táimíd ite suas le cráiḋteaċt 7 le ciapṫaċt aige ó ḃeiṫ ag feiṫeaṁ annso.

TORPID, TORPOR. v. sleep, heavy, lazy. his soul is t. tá mairḃitiġe ar a ċroiḋe.

TORRENT. v. flow, rain, tear.

TORTURE. v. torment, pain.

TOSS. v. shake, throw, roll.

TOTAL. v. whole, complete.

TOTTER. v. fall.

TOUCH. where his finger t. the ground. an áit i nar ḃain a ṁéar leis an dtalaṁ. he leaped over it without t. it. do léim sé ṫairis gan baint leis. I thought his feet did not t. the ground (he ran so lightly). do ṁeasas ná raiḃ cos leis ag baint le talaṁ. don't t., go near that. ná bain leis sin. the place he t., rubbed the ground. an áit i nar ċuimil sé den talaṁ. almost t., reaching down to the grass. ag cuimilt naċ mór den ḃféar. v. rub. the place his finger t. it, met it. an áit i nar ṫeagṁuig a ṁéar leis. they were left there and no one t. them. is aṁlaiḋ do fágaḋ annsoin iad gan teagṁáil, teangaḃáil i n-aon ċor leo. immodest, etc., t. láiṁseáil (f. 3), láiṁsiuġaḋ (m. 4) miġeanmnuiḋe. not to t. them, to let them alone. v. let.

TOUCHY. v. sensitive, anger.

TOUGH. v. hard, stiff, strong. riġin. the meat is so t. a riġne atá an ḟeoil.

TOW. barraċ m. 1; b. lín; bonnaċ m. 1. to t. v. pull.

TOWARDS. v. direction, approach.

TOWER. túr m. 1

TOWN. baile mór; caṫair f. 5 (city).

TOY. gréagán, m. 1; bréagán, m. 1; bréagnaċ m. 1; áilleaċán m. 1; áilleagán. a t. sword. áilleagán claiḋiṁ.

TRACE. v. news.

TRACK. v. mark, pursuit. I put the dog on his t. do ċuireas an gaḋar ar a ḃaluiṫe (scent), lorg. on the t. of a man. ar lorg fir. on their t. ar a lorg; dá l. to t. them. ċun iad do lorg. he could t. the duck on the water. do ċuirfeaḋ sé rian na laċan ar an uisce. he t. them. do ċuir sé a rian.

TRADE. v. business. ceárd f. 2; céird f. 2. t. mark. coṁarṫa ceannuiḋeaċta. tradesman. ceárduiḋe m. 4; fear céirde. I was put to no t. níor cuireaḋ le haon ċéird mé. to adopt a t. luiġe, dul le céird.

TRADITION. v. memory. béal aiṫris; seanċus (m. 1) béil; cuiṁne f. 4 (memory). t. shows us that... taisbeánann seanċus béil na ndaoine go... traditional method. an seannós. traditional music. an seanċeol. v. old.

TRAFFIC. v. business, change.

TRAIL. v. track.

TRAIN, v. company, practise. a railway t. traen m.4, f.5.

TRAITOR, v. betray, deceive, spy.

TRAMP, v. walk, lazy. fear siuḃail; cóbaċ m.1; stróinse m.4; geocaċ (generally of woman); stangaire m.4 (C).

TRAMPLE. v. step. he t., trod on something in the dark. do ṡaltair, ṡatail sé ar rud éigin sa doirċeaċt. t., oppressing the poor. ag satailt ar na daoiniḃ boċta; ag gaḃáil de ċosaiḃ sna d. b. to t. on one's affections. gaḃáil de ċosaiḃ i na ċroiḋe féin. t. on one another in hurry. ag satailt ar ṡálaiḃ a ċéile ag riṫ, etc. v. run, top. the grass was t. down. do ḃí ar féar fá ċois; do ḃí sé i na ċosair easair. he t. on everything, knocked everything into confusion. do ḋein sé cosair easair de gaċ aoinní. t. through the snow. ag treaḃaḋ tríd an sneaċta.

TRANCE, v. sense.

TRANSACTION, v. affair.

TRANSCRIBE, aṫscríoḃaim.

TRANSFER. TRANSFORM, v. change.

TRANSGRESS, v. break, infringe.

TRANSLATE, aistriġim. I t. it into I. do ċuireas Gaeḋealg air.

TRANSPORT, v. sea.

TRAP, v. snare.

TRAVEL, v. go, journey.

TREACHERY, v. deceit.

TREAD, v. trample.

TREASON, v. rebel, rise. méirleaċas m. 1.

TREASURE, v. store, keep, care. seod m. 1; seoid f. 2. it is the greatest, most precious t. in the castle. is í an tseoid is fearr san ċaisleán í. it is he who has that t. is aige atá an tseoid sin.

TREAT, TREATMENT. v. talk, allude. the t. (beating, etc.) I gave them. an íde a ṫugas orra. to t. (beat, etc.) you as I t. the woman. íde na mná do ṫaḃairt ort. what t. did he get. cadé an íde fuair sé, d'imreaḋ air. v. beat. to give one bad t. droċúsáid do ṫaḃairt do ḋuine. v. use. he shall not have to complain of his t. ní ḃeiḋ aon ċúis gearáin ar a ċóir aige. you will be able to t. me as you please. féadfair do roġa cor (m.1) do ṫaḃairt dom; féadfair do ṫoil d'imirt orm. God knows how I shall be t. ní fios cadé an cor taḃarfar orm. the gentle, etc. way she t. them. a ċneastaċt, etc. do ġlac sí iad. she has t. me badly. is olc do ḋein sí orm é. he t. me too badly. do ḋein sé an beart ró-olc orm. you t. her quite rightly. níor ḋeinis uirri aċt corp an ċirt. they would not t. you thus if he were ... ní ḋéanfaidís amlaiḋ leat dá mbeaḋ sé ... how shall I t. you, what shall I do with you. cad a ḋéanfad leat

TREATISE, leaḃar m. 1; tráċtaḋ m. 1.

TREATY, v. peace.

TREE, crann m. 1; bile m. 4 (generally solitary).

TREMBLE, critim; criotaim; criotnaim; criotnuiġim. he was t. do ḃí sé ag crit (act of t.); do ḃí sé ar c. (state); do ḃí na creaṫa air; do ḃí sé ar ballċrit (le heagla, etc.); do ḃí criṫeagla air. I began to t. hand and foot for fear of it. do ṫáinig crit cos ⁊ láṁ orm roiṁe. I t. to my very soul. do ċriṫeas go smior. the music t. and vibrating. an ceol ag crit ⁊ ag luascaḋ. his finger was t. violently. do ḃí a ṁéar ag sineċrit. it would make you t., shudder. do ċuirfeaḋ sé fionnaḋċrit ort. he felt a shudder, his skin creep. do ṁotuiġ sé mar ḃeaḋ fionnaḋċrit i na ċroiceann. the continuous t., vibration got less. do laġaiġ ar an gcriotarnaċ. he was t., shuddering. do ḃí sé go creaṫánaċ; do ḃí creaṫán air. he is t. from the cold. tá creaṫán ón ḃfuaċt air; his fingers are t. tá c. i na ṁéarannaiḃ. his voice was t., quivering. do ḃí c. i na ġlóir. a shiver ran up my back. do ġluais codlaḋ grifín fan ċnáṁa mo ḋroma. I get a cold shiver when ... bionn fuairneiṁ orm nuair ... ; riṫeann fuairneiṁ trím ḟéiṫeannaiḃ nuair ... he restrained his t. do ḃrúiġ sé an ṗairiṫis faoi. he is t., nervous. tá an fallsaor ag gabáil dó. E. wind is strong and makes one shiver. gaoṫ anoir bíonn sí treis ⁊ cuireann sí feilc ar ḋaoiniḃ (Cl.)

TREMENDOUS, v. fearful, monster.

TRENCH, v, ditch.

TRESPASS, v. sin. what brings you t. on my field. cad a beir duit teaċt annso ag cuṁangar, ag braḋġail ar mo ṗáirce. the cows are, come t. on his land. tá, tagann na ba ṫar teorainn air.

TRESS, v. hair.

TRIAL, v. test, try. to stand her t. before him. a ṫriail do ṡeasaṁ i na láṫair.

TRIBE, v. race. treaḃ f. 2; treaḃċas m. 1; clann f. 2; cinéal m. 1.

TRICK, etc. v. deceive, fool. cleas m. 3; bob m. 1. t-ster. gleacuiḋe m. 4; cleasuiḋe m. 4; (also juggler); ailteoir m. 3 (a practical joker, etc.) I played the same t. on him. d'imreas an cleas céadna air; do ḃuaileas an bob céadna air. there was no limit to his tricking. ní raiḃ aon teora le na ċleasuiḋeaċt. he would like to play t. on me. ba ṁaiṫ leis bobanna do ḃualaḋ orm. the little rascals used to play t. on him. do ḃíoḋ na dailtíní ag imirt air. the weasel is very tricky, resourceful. tá an easóg animearṫa, animearṫaċ. he has tried every t. tá gaċ aon ċúig iompuiġṫe aige (W). v. plan. he has no t., is honest. ní ḟuil aon ċúig ann (W.) he has too many t. tá an iomad goiṫí aige. v. honest, deceit. he never lost the old t., knack of doing it. níor ċaill sé riaṁ an seanċiúta. no more of your foolish t., antics. ná faġmuis a ṫuilleaḋ ded ġáitsíḃ uait; leig dod ġáitsíḃ. he won his t. (in cards). do ġaiḃ sé a ḃeart. he took the t. with low clubs. do rug sé an beart le seandráḋ de ṫriuċ. he won the service t. do ḃuaiḋ sé a ċluice riarṫa; fuair sé cúig a láiṁe ḋéanta.

TRICKLE, v. flow, drop.

TRIFLE, v. little, nothing.

TRINITY, Trionóid f. 2.

TRINKET, v. ornament.

TRIP, v. stumble. he t. me. do ḃain sé tuisleaḋ, bárrṫuisle asam; do ṫug sé cos coise dom (in wrestling)

TRIPE, rioblóg f.2 (C).

TRIUMPH, v. victory, conquer.

TROOP, a small t. of horse. dírim (m.4), buiḋean (f.2) ḃeag marcaċ.

TROT, trotting. ag, ar sodar; ag déanaṁ sodair, sodairín v. imitate

TROUBLE, v. sorrow, difficulty, misery. he t. me, put me to t. do ċuir sé trioblóid (f. 2) orm. without going to so much t. gan dul fán méid sin trioblóide; gan dul fá ṫríoblóid ċoṁ mór soin. t. in doing good. duaḋ (m. 1). maiṫeasa. you have had too much t. in doing it, with it. tá an iomarca dá ḋuaḋ fagálta agat. the t. I had in making them. a ḃfuarar dá nd. after my t. in getting it. tar éis a ḃfuarar dá ḋ. not to take much t. about you. gan puinn ded ḋ. d'ḟagáil. you are going to much t. about doing evil. is mór de ḋ. an uilc atá agat dá ḟagáil. he had no need of taking much t. about urging her ... níor ġáḃaḋ ḋó puinn dá duaḋ. he need not have gone to such t. in urging the woman... níor ġáḃaḋ ḋó puinn de ḋuaḋ na mná ċun í dó ġrísaḋ...I had twice as much t. ba ḋá mó an d. ḋom é. only with much t. did I manage it. is le d. an doṁain do ḋeineas é. without much t. gan puinn duaiḋ; gan mórán stró (C). it is a t-some work. obair ḋuaiḋseaṁail is eaḋ í. v. difficult. that t. him much. do ċuir sin buaḋairt (f.3) (7 trí na ċéile) air; do ḃí buaḋairt aigne (7 trí na ċéile) air mar ġeall air; do ḃí sin ag déanaṁ buaḋarṫa ḋó; do ċuir sin trí ċéile aigne air. he was t. do ḃí buaḋairt, buairḋreaṁ (m. I) aigne air. v. confusion, sorrow. if you had an eye, the want of a tail would not t. you. dá mbeaḋ súil agat is róḃeag an ḃuaḋairt a ḋéanfaḋ earḃall ḋuit. to t., upset his mind. a aigne do ċur trí ċéile. his soul was much t. do ḃí a aigne go mór trí na ċéile; do ḃí trí ċeile aigne air; do ḃí a aigne suaiḋte. that change is a great nuisance. is mór an cur trí ċéile 7 an cur amuġa an t-aṫarruġaḋ soin. that did not t., upset, disturb her. níor ċuir sin aon ċorġuais, ġarḃuaic uirri. why should I t., bother about it. cad ċuiġe ḋom corġuais, etc. do ḃeiṫ orm i na ṫaoḃ. I do not like to t., inconvenience you. ní maiṫ liom ceataiġe do ḋéanaṁ ḋuit. it will t., inconvenience them. cuirfiḋ sé stró orra (C); déanfaiḋ sé ceataiġe ṁór dóiḃ. that thought is t., paining her. tá an smuaineaṁ soin ag goilleaṁaint air. v. pain. a tooth-ache is t. me. tá tinneas fiacal ag cur orm, ag gaḃáil dom. my t. came on me soon. do ṫáinig m'anacra go luaṫ. they put their t. out of their heads. do ċuireadar a ndeacrai féin as a gceann. v. difficulty, misfortune. she noticed the t. on his mind. do ṫug sí fá ndeara an sníoṁ a ḃí ar a ċroiḋe. v. anxiety. it is not worth t., worrying about. ní fiú ḃiorán (is) é. do not worry, t. about it. ná bac é, leis. do not t. about me. na bac mé, liom. to free me from my t. mé do ṫaḃairt as mo ġéarḃruid. v. misery. I am terribly worried, bothered by him. táim cráiḋte, ciapuiġṫe, liaṫ, boḋarṫa aige. do not be t., bothering me. ná bí im boḋraḋ. that was t., worrying him. do ḃí sin ḋá ċráḋaḋ. v. torment. ever so troublesome thoughts. smuainte dá ċráiḋteaċt. if it is not too much t. etc. v. convenient.

TROUGH, umar m. 1.

TROUSERS, bríste m. 4; triús m. 1.

TROUT, breac m. 1.

TRUCE, v. peace.

TRUE, v. truth, faithful, real.

TRUMP, he turned up t. (in cards). d'iompuiġ sé máḋ (m. 1). the best t. (the 5). an cíonaḋ m. 1; an máḋ mór.

TRUMPET, v. horn.

TRUTH, TRUE, v. real. it is t. is fíor é; tá soin fíor. he is a t. and honest man. is duine fíor macánta é. what you say is t. is f. ḋuit é. if the papers are telling the t. má's f. na páipéir. he spoke the t. do laḃair sé fírinne (f. 4); d'innis sé an ḟírinne; duḃairt sé fíor. I was counting on his truthfulness. is ar a ḟírinne do ḃíos ag braṫ. that is quite, perfectly t., the whole t. tá lom na fírinne, tá lár na f., tá corp (lár) na f., tá corp (7 anam) na f. (sa méid sin) agat. there is no t., foundation in what he says. ní ḟuil aon ḟírinne, ḃríġ, ḃunaḋas, éifeaċt le na ċainnt. whether there is any t. in what he says or not. pé acu tá fírinne leis an gcainnt nó ná fuil. he knows the t., the real t. of the business. tá fios fáṫ, fios bunaḋas an scéil aige; tá fírinne an scéil aige. t., genuine contrition. fíoraiṫriġe. a t., real I. fíor-Éireannach. a t-ful woman, confession, etc. bean, faoisidin ḟírinneach. a t. friend. fíorċara; cara dílis. the t. sense of the word. bríġ ḋílis an ḟocail. the more real, genuine the friendship. dá ḋílse é an caradas. the piece of money is genuine. tá an píosa airgid dílis, dleaġṫach. to come t. v. accomplish.

TRUST. v. hope, depend, confidence.

TRY, v. attempt, judge. t. on these shoes. tástáil (f. 3) na bróga so. t. to see which, etc. v. compete. test, t. it, make an experiment with it (sword, etc.) triail é; tástáil é; féach é. I will t. it (to see if it is good, true, etc.) bainfead triail (f. 2), tástáil as. he said it to t. him. dubairt sé an méid sin ag déanaṁ fromṫa air. to t.. tempt him. fromaḋ (m. 3) do ḋéanaṁ air. v. tempt.

TUB. tubán m. 1; dabaċ f. 2 (vat, etc.) my bath-t. mo ḋabaċ foṫraġṫa.

TUCK. v. gather

TUESDAY, Márt m. 1. on T. Dia Máirt

TUFT. v. bundle, grass. t. of grass. seamair féir. t. of wool. gas olann

TUMBLE, v. fall, turn, roll.

TUMULT, v. noise, confusion.

TUNE. v. play. fonn m. 1; port m. 1; streanncán m. 1

TURF. móin f. 2 a sod of t., peat. fód móna.

TURKEY. coileach francach; cearc f. (hen); francach f. 2 (C.)

TURN, casaim; iompuiġim; iontuiġim. he t. them round. do ċas sé iad. t. in the cows. cas ċúġam isteach na ba. to t. the water aside. an t-uisce do ċasaḋ i leaṫtaoib the man, wheel is revolving. tá an fear, roṫ ag casaḋ (timċeall). it is as well for you to t. home, in, back, etc. tá sé ċoṁ maiṫ agat casaḋ a baile, isteach, ṫar n-ais. they t. home. do ċasadar orra a baile. I t. to the right. do ċasas ar mo láiṁ ḋeis. he swung, t. round. do ċas sé ar a ċosaib, fáil; do bain sé casaḋ as féin; do ṫug sé casaḋ ḋó féin; d'iompuiġ, d'iontuiġ sé ar ṡálaib a bróg. he will t., be converted to God yet. casfaiḋ sé ar Dia fós. he t., was converted from his evil ways. do ċas sé ón ḋul amuġa. I t. across, diagonally across the stream. do ṫugas casaḋ fiarsceaṁ trearsna an tsroṫa. there is a t. in the road. tá cas, casaḋ, lúb, cor sa mbóṫar. in the t. of the road. i lúib an ḃóṫair. in a t. of the road. i lúib den ḃóṫar. every twist and t. in the music. gaċ casaḋ ⁊ iompáil, iontáil sa ċeol. on the t.-ing round of the horses. ar iompáil na n-eaċ. he t. from, gave up sinning. d'iompuiġ sé ó ṗeacaḋ. to t. him aside from the road to ruin. é d'iompáil ó na aiṁleas. he t. round to the men. d'iompuiġ. d'iontuiġ sé ar na fearaib. he t. his back to her. d'iontuiġ, d'iompuiġ sé a ċúl léi. he t. again to herding. d'iompuiġ, etc. sé arís ar an aoḋaireaċt. the day t. to lightning, etc. d'iompuiġ, etc. an lá ċun splanncaċa ⁊ ċun tóirniġe. the day is t. out wonderfully warm. tá an lá ag iompáil amaċ ċun broṫail go hiongantaċ. to t. the world upside down. an doṁan d'iompáil, d'iompód (an) taoḃ síos suas. he t. it upside down. d'iompuiġ sé síos suas é. it t. the boat upside down, capsized it. d'iompuiġ sé an bád ar a béal fúiṫi; do ḃuail sé béal an ḃáid fúiṫi. the car t. upside down d'iompuiġ an carr ar a ḃéal faoi. he hung it (bottle, etc.) up upside down. do ċroċ sé ar a ċeann é. everything t. upside down. gaċ aoinní taoḃ tuaṫail i n-áirde. the compass t., moved to the S. do ḋruid an tsnáṫad ó ḋeas. the conversation t. on the war. do luiġ an ċainnt ar an gcogaḋ. the house was whirling, spinning round him (when drunk, etc.) do ḃein an tiġ bulla báirín i na ṫimċeall air. I do not know if is my t. or the t. of the master to tell the first story. ní ḟeadar an orm féin nó ar ḟear an tiġe ṫéiḋeann an ċéad scéal; ní ḟeadar an orm féin nó airsean ba ċeart don ċéad scéal dul. it is my t. is é m'uainse é. my t. before you. tá an uain agam ort. you will have to take your t. beiḋ uain na ceardċan agat. trying to get their t. ag iarraiḋ uain ceardċan do ḃeit acu ar a ċéile. they took t. at the work. do ḋeineadar uainiġeaċt ar a ċéile. v. alternate. to t. conversation. v. change. t. to joy, sorrow, etc. v. change. t. one's religion, etc. v. change. this t. v. time. t. Catholic, traitor, etc. v. become. t. about, in t. v. alternate. t. to v. face, adopt. t. a rock, cape. v. around. t. inside out, etc. v. confusion. t. stomach v. vomit. t. one's back v. back. t. of speech v. idiom.

TURNER, deiladóir m.3.

TURNIP, turnapa m.4

TUSK, v. tooth

TWICE, v. double. he did it t. do ḋein sé é fá ḋó, ḋá uair. he is t. as clever as ... tá sé níos ḋá tuisgionaiġe ná ...; tá sé níos tuisgionaiġe fá ḋó, ḋá uair ná ... if I did t. as much for him. dá nḋéanainn niosa ḋá ṁó ar a ṡon. it was t as much trouble for me. ba ḋá ṁó an duaḋ ḋom é. if she advised that then, she gives the same advice t. as earnestly now. má's í sin coṁairle a ṫug sí an uair sin is ḋá ṁó ṫugann sí uaiṫe an ċoṁairle seo anois. the sorrow is t. as heavy ... is dá ḋeacra an brón. if he were t. as clever. dá mbeaḋ oiread eile gliocais ann. I will sell it for t its cost. díolfad é ar a ḋá oiread airgid ⁊ do ċosnuiġ sé. v. double, much, many

TWIG, v. stick. spreas m.1; sprios-án m. 1; brosna m. 4 (brushwood, broken wood). it is as dry as a t. tá sé ċoṁ tirm le sprios, spriosraḋ. v. dry.

TWILIGHT, v. evening

TWIN, your brother, the t. do ḋearbráṫair an leaṫċúpla. I am not a t. ní leaṫċúpla mé. she had t. v. birth.

TWINKLE, v. shine, glitter. a star t. réiltín ag crioṫ.

TWIST, v. turn. t. and turning to get away from, etc. ag casaḋ ⁊ ag camaḋ ⁊ ag lúbarnaiġ ċun dul as ... however he t. pé casaḋ a ḃain sé as féin; pé cor a ṫug sé ḋó féin. v. struggle. he was t. about. do ḃí sé ḋá ċasaḋ féin. his tail t., twitching. a earball ag snapċasaḋ. her mouth was t. back. do ḃí casaḋ i na béal siar. t. gold, rope, etc. ór casta; téad casta. he t. it round the point of the stick. do ċas sé ar ḃior an ḃata é. he t., made it crooked. do ċam sé é. she would not t. her mouth to speak E ní ċamfaḋ sí a béal le ḃéarla do laḃairt. v. crooked. with the t., wrench he gave himself. leis an gcor a ṫug sé ḋó féin. the rope is t. so tight. tá an téad fiġte ċoṁ doċt soin.

TWITCH, v. twist. his tail t. a earball ag preabarnaiġ.

TYPE, v. print. figure.

TYRANNICAL. TYRANNY, etc. v. oppression. hard. a tyrant. tioránaċ m. 1. t. only begets opposition. ní ḟaġann an ansmaċt aċt cur i na coinniḃ. he is a t. v. hard, etc.

TYRONE. Conntae Ṫír Eoġain.

UDDER, úṫ m. 3.

UGLY, gránna. an u. woman. bean ġ., urġránna (very u.), ṁísciaṁaċ, ṁíosair (C.U.) you u. fellow. a ḋuine ġránna, ṁíosair (C.U.) he is an ugly, shapeless horse. capall gan crot, deallraṁ is eaḋ é.

ULCER, neascóid f. 2; eascóid; oṫras m. 1; aḋḃar. the matter burst from the u., boil. do sceiṫ an t-anagar as an aḋḃar, etc.

ULSTER, Cúige Ulaḋ; Ulaiḋ (pl.)

UMBRELLA. scáṫadóir m. 3; dion doininne; cabán bóṫair; scáilín m. 4 (parasol).

UMPIRE, v. judge.

UN, v. positives of adjectives in un-, various prefixes. aiṁ-, aiṁréiḋ uneven; an-, i n-antráṫ. untimely; dí-, díomḃuiḋeaċ, unthankful; mí-, míriaġalta, unruly; neaṁ-, neaṁaibiḋ, unripe; éa-, éagcóir, unjust; droċ- (bad), droċḃéasaċ, unmannerly. unbaptized, unburied, etc. gan baisteaḋ, gan cur, etc.

UNANIMOUS, v. all, voice, accord

UNBROKEN, v. break, complete

UNBOUND. v. loosen

UNCEASINGLY, v. stop

UNCHASTE, v. impure

UNCLE, my u. dearbráṫair m'aṫar, mo ṁáṫar. he is an u. of M. dearbráṫair. aṫar, etc. do ṁáire is eaḋ é.

UNCONCERNED, v. careless

UNCONDITIONALLY, v. condition.

UNCONSCIOUS, v. sense

UNCOVER, v. bare, expose

UNDER, v. less, beneath. an u. steward, etc. fomaor

UNDERHAND, v. secret, plot

UNDERSTAND, v. mean. he u. the affair, man. do ṫuig sé an scéal, fear. I quite u., realise that ... tuigim i m'aigne go bfuil ... I gave them to clearly u. that ... do ṫugas le tuigsint go soiléir dóib go ... v. explain. he who does not u. the meaning of the story. an t-é ná beireann éifeaċt an scéil leis. to u., quite grasp the affair, etc. iomláine an scéil do ṫabairt leis. u. it exactly. beirre leat go cruinn é. they cannot u. a man being ... ní ḟuil aon rud ag dul os cionn meabraċ acu aċt fear ... everyone u. it in a different way. do ḃain gaċ aoinne bríġ fá leiṫ as. easily u. soṫuigsiona. I cannot u. it v. meaning. u-ing, v. clever, etc.

UNDERTAKE, v. guarantee, begin. I u. the work. do ṫógas orm féin é do ḋ.; do ġabas orm féin cúram, costas na hoibre; do ġabas do láiṁ é. I u. another task. do ġabas, ṫarrainġeas cúram eile orm féin. to u. a long journey. bóṫar fada do ṫabairt air féin v. begin.

UNDRESS, v. strip.

UNEASY, v. anxious, quiet.

UNEQUAL, v. different.

UNEVEN, v. rough. level.

UNEXPECTED, v. expect, sudden.

UNFAIR, v. just.

UNFASTEN, v. loosen.

UNFORTUNATE, v. misfortune.

UNFRIENDLY, v. enemy. hate.

UNGRACEFUL, v. ugly, awkard.

UNGRATEFUL. v. thank. díombuiḋeaċ.

UNHAPPY, v. sorrow, miserable, luck.

UNIMPORTANT, v. important, little, miserable.

UNINTENTIONAL, v. accident, purpose.

UNION, UNITE, v. co-operate, close. if we all u. dá gcuirimís go léir le na céile. we worked in u. d'oibriġeamar a láiṁ a céile. they want to u. ba ṁaiṫ leo dul i bpáirt a céile. to u. the I. na Gaeḋil do ṫabairt le céile. no strength like u. ní neart go cur le céile. he formed them into one u-d body. do ḋlúṫuiġ sé i n-aon buiḋin aṁáin iad. to keep them u. iad do ċoimeád dlúṫuiġṫe le na céile. so closely u. to the king. ċoṁ coṁṫáiṫte leis an ríġ. he u. joined them together. do ċuir, ḃuail sé le céile, i dteannta a céile iad. joined, pieced, welded together. táiṫte, dlúiṫte le céile; dlúiṫte ar a céile. two tables joined together, end to end, etc. dá ḃord curṫa ar a céile.

UNKIND, v. kind, hard.

UNKNOWN, v. know, secret.

UNLAWFUL, v. false, illegitimate, right. aindleaġṫaċ; neaṁdlisteanaċ. to do it u-ly. é do ḋéanaṁ go haindleaġṫaċ, etc.

UNLESS, v. except. u. he is there, muna, mura bfuil sé ann. u. it is wrong. muran bréag é.

UNLIKE, v. different.

UNLIKELY, v likely.

UNLIMITED, v. limit, bound.

UNLUCKY, v. misfortune, luck.

UNMANNERLY, v. impudent.

UNMERCIFUL. v. pity.

UNNECESSARY, v. necessary.

UNPLEASANT, v, pleasant.

UNPOPULAR, v. please. like, hate.

UNPROFITABLE, v. useless.

UNPUNCTUAL, v. late, lazy.

UNPUNISHED, v. free.

UNREALITY, v. hollowness.

UNREASONABLE, v. reason, foolish

UNSTEADY, v. changeable, loose.

UNTIL, go; go dtí go; nó go; ċun go; aċt go (C.) he waited till the night was spent. d'ḟan sé (ċun, go dtí) go raiḃ an oiḋċe istiġ. to do it u. you would think he is ... é do ḋéanaṁ ċun gur ḋóiġ leat go bfuil ... he did not come u. she asked ... níor ṫáinig sé nó gur, go dtí gur, ċun gur iarr sí ... till P's coming. go teaċt do Ṗeadar. till they reached the city. go sroisint na caṫraċ dóib. do not praise a man till he is dead. ní molaḋ go haḋlacaḋ. you cannot know a man till you live with him. ní haiṫeantar go haontiġeas. never was there proper, serious searching till then. ní cuardaċ go dtí é. he would not be satisfied u. he should go ... ní ḃéaḋ sé sásta gan dul ann ... I will stay there till night, day. fanfad ann go hoiḋċe, lá. he will not be 10 years old till May. ní ḃéiḋ sé deiċ mbliaḋna go Bealtaine. v. before.

u. then. go dtí sin; go nuige sin; go ruige sin. u. a week ago. go dtí a ḃfuil le seaċtṁain. u. very lately. go dtí a ḃfuil le síorḃeagán aimsire. v. lately.

UNTRUE, v. lie, false.

UNUSUAL, v. rare, extraordinary.

UNWILLING, v. will.

UNWITTINGLY, v. consciously.

UP, he is up (on the tree, etc.) tá sé ṫuas (sa ċrann, etc.) come u. tar aníos. go up. téiriġ suas. they rose far up in the sky. ⁊ seo fada suas sa spéir iad. he ran up the path. do riṫ sé an casán suas. he went up a tree. do ċuaiḋ sé suas crann. rising up in the air. ag éirġe i n-áirde sa spéir. to lift up his hand. a láṁ do ċur i n-áirde. her head up high. a ceann i n-áirde. he got up on the horse. do ċuaiḋ sé i n-áirde ar an gcapall. v. mount, rise, high, etc. the water is up to my knees. tá an t-uisce go glúinib orm. his arm was plunged in it up to the elbow. do ḃí a láṁ sáiṫte go huillinn ann. v. reach, plunge. he was up (out of bed, or after sickness). do ḃí sé in a ṡuiḋe. v. rise. moon is up. v. rise, moon, sun, etc. up and down. v. back. up at night. v. watch. time. etc., up. v. pass. up to, until. v. until.

UPPER. the u. shelf, etc. an clár uaċtarach. u. teeth. fiacla uaċtair. the u. hand. an láṁ uaċtair.

UPRIGHT. v. straight.

UPROAR. v. noise, confusion.

UPSET. v. turn, confusion, trouble.

UPSIDE-DOWN. v. turn.

URGE. gríosaim; spriocaim; spreagaim; brostuiġim; tafnaim. I was u. him to do it. do ḃíos ag tafaint, tóḃaint (C.) air é do ḋ., go ndéanfaḋ sé é. u. the people (to rebel, etc.) ag spriocaḋ, gríosaḋ, spreagaḋ na ndaoine (ċun éirġe amaċ). it was God who u. him, inspired him to it, to go... is é Dia a sprioc, ġríos ċuige é, é ċun dul... the devil u. tempted him to do it. do sprioc an diaḃal ċuige é. he was arguing and u. them to do it. do ḃí sé ag pléiḋe leo ⁊ dá ngríosaḋ ⁊ ag spíoduċán orra ċun é do ḋ. when he u. me to go with him. ag séideaḋ fúm dó dul leis. he was u. them on quicker. do ḃí sé ag brostuġaḋ orra, dá mbrostuġaḋ, dá mbroidiuġaḋ (U.) v. hurry. he kept constantly u. him, nagging at him. do ċongḃuiġ sé an teanga ḋeirg ar. he urged his petition on her so hard that...do ċuir sé a impiḋe ċoṁ dian soin uirri go raiḃ... v. beseech, press. an urgent message, business, etc. v. necessary.

URINE. fual m. 1.

USAGE. v. treat. habit.

USE. v. accustom. practise. to u. it, put it to u., make u. of it. úsáid (f. 2) do ḋéanaṁ de; úsáid do ḃaint as. make u. of that. déin úsáid de sin; bain feiḋm (f. 2, 3) as soin. u. it as you like. déin do roġa úsáide de. I, you have the u. of it (hand, etc.) to a sufficient extent. tá úsáid a dóṫain innti. I did not use any of the money. níor úsáideas aon ṗioc den airgead. he is u. it. tá sé dá úsáid. it is being u. tá sé dá ídiuġaḋ. the cloth, etc., was all u. up. do ḃí an t-éadaċ ídiġṫe. there was not a bit of wood that had not been used up. ní raiḃ pioc adṁaid gan ídeaċ. there is nothing to prevent him making use of that force, etc. ní ḟuil aon ḃac air an neart soin do ṫarrang ċuige v. adopt. I will u. my knowledge to ... imreoċadsa mo ċuid eoluis ċun ... we shall make, find some u. for it. do ġeoḃamuid gnó éigin de. if I could u., catch the proper words, sounds. dá mb'féidir liom na focail, fuaimeanna cearta do ṫabairt liom. to give him the u. of his feet, etc. lúṫ (m. 1, 3). a ċos do ṫabairt dó. he was born without the u. of his hands. gan lúṫ a láṁ do rugaḋ é. he has not the use of any of his limbs. ní ḟuil aon luaḋail i n-aon ḃall de. a man without the u. of his limbs. fear gan lúṫ (a ċos, láṁ, etc). the custom has gone out of u. tá an nós soin imṫiġṫe a feiḋm, a taiṫiġe v. practise. to u. money on him. airgead do ċaiṫeaṁ leis v. spend. my strength is u. up v. spend. u. a law, etc. v. effect. u. (profit, advantage) v. profit. it is useless. no u. for me to be ... ní haon tairḃe (m. f. 4). ḋom ḃeiṫ ... what u., advantage is it for us to have money. caḋé an t. ḋúinn airgeaḋ do ḃeiṫ againn. it will be of u. to me. raġaiḋ sé ċun t., maiṫeasa ḋom; beiḋ sé tairḃeaċ ḋom. v. profit. its u-fulness for bread, etc. a ṫairḃe ċun aráin, i gcóir aráin. he is a u-less thing, man. rud, duine neaṁṫairḃeaċ, gan tairḃe is eaḋ é; beag a ṁaiṫ is eaḋ é. there is no u. in my talk. ní ḟuil aon ṁaiṫ (f.2) im ċainnt. what u. is the hen that won't scratch for herself. caḋé an ṁaiṫ an ċearc ná scríobfaiḋ ḋí féin. it is u-less to have a priest without a server. beag a ṁaiṫ sagart gan cléireaċ. he was u-less down there. ba ḃeag an ṁaiṫ ṫíos é. she is no u. u-less. ní ḟuil aon ṁaiṫ innti. the land was of no u. to them ni raiḃ aon ṁaiṫ ḋóiḃ sa talaṁ. it was all no use. in vain for us (to be ...) ni raiḃ aon ṁaiṫ, ċaḃair ḋúinn ann; níorḃ aon ċaḃair ḋúinn é; ni raiḃ gar ḋúinn ḃeiṫ (C.U.); níorḃ aon ċaḃair ḋúinn ḃeiṫ ag ...; ba neaṁní ḋúinn ḃeiṫ ag...there is no u. in speaking of it, better not speak of it. ní fearr ḃeiṫ ag cainnt air. v. better. the most u-ful work for strengthening the mind. an obair is caḃruiġṫe ċun nirt aigne. u-less advice. coṁairle neaṁċongantaċ. the thing is u-ful, convenient to him. tá an rud áiseaċ ḋó. they were of little u. to me. ba ḃeag é a n-áise ḋom. we could be u-ful to each other in many ways. is mó cuma i na ndéanfaimis áise dá ċéile. v. convenient, it was all u-less for us while he was ... ba ḃeag an ḃríġ ḋúinn é an ḟaid 7 ḃí sé ... it is u-less for you to be trying to convince her, to heal her ... is beag an ḃríġ ḋuit ḃeiṫ léi. it is u-less as a protection compared to ... is neaṁní mar ċosaint é seaċas ... my efforts would be in vain, wasted except ... do raġaḋ m'iarracht ar neaṁní mura mbeaḋ ...; ní ḃeaḋ im ḟaoṫar aċt neaṁní mura ... all my work with the oar was in vain. níorḃ ḟiú biorán dom ar ḋeineas d'obair leis an maide ráṁa. your whining will not be of any u. to you, will avail you nothing. ní ḋéanfaiḋ an cnaḋán soin an gnó ḋuit. his work will be in vain. to no effect, wasted. beiḋ a obair i n-aistear ḋó. it is a pity if his work should not be of u. to us, avail us. is boċt an scéal má ṫeiḋeann a obair i n-aistear uainn. their journey, etc. all in vain, useless. a gcuairt i n-aistear acu. my work was in vain. do ċuaiḋ mo ḟaoṫar i n-aistear. my fishing was in vain, fruitless. do ḃíos ag iascaireaċt gan toraḋ. my efforts would have been in vain, had you not given the money. ba ġairid le dul mo ḋíċeall orra mura mbeaḋ tusa do ṫaḃairt an airgid ḋóiḃ. it is useless for him to be ... tá sé suas aige ḃeiṫ ag ... but all in vain. aċt gan ṁaiṫ ann; ní raiḃ ann go léir aċt fán fuar. my work is u-less ... is fánaċ faon m'obair mura ... it is waste of time to be talking to her (you will not persuade her). is fánaċ an gnó ḋuit ḃeiṫ léi. we shall be a u-full set if we cannot be ... is olc uainn é mura ḃfuilimid ... a u-ful thing. speech. etc. rud, cainnt etc. úsáideaċ, aḋsáideaċ, tairḃeaċ, acaraċ, foġanta, foġaintineaċ (C) v. convenient. the pleasures of this life are worthless, vain. pléisiúr gan ġus pléisiúr na beaṫaḋ so. a worthless thing is men's praise. rud gan ġus gan tairḃe molaḋ na ndaoine. worthless good deeds. deaġoibreaċa gan ġus. it is a useless, worthless reward. is neaṁġusaṁail an tuarastal é. it was all a vain beauty, strength. áilneaċt, neart amuġa, i n-aistear, ag dul ċun fáin do b'eaḋ é. a useless man, work. fear, obair gan áird, tairḃe, ċríċ, Michael making himself useful. Miċeál ag déanaṁ ċríċe. a useless, invalid, not binding promise, obligation, etc. geallaṁaint, ceangal gan ḃríġ, gan éifeaċt, gan ḃunaḋas. I made a useless, ineffectual effort to ... do ṫugas iarracht mí-éifeaċtaċ ċun...

USUAL. v. common.

USURER. úsaire; fear gaimbín. usury. úsaireaċt f. 3; gaimbín m. 4.

UTMOST. v. best, attempt.

UTTER. v. complete, word, etc.

VACANT. v. empty.
VACATION. v. holiday.
VAGABOND. v. tramp, lazy, wander.
VAGUE. v. exact. v. random talk will not suit. ní ḋéanfaiḋ cainnt ḟánaċ an gnó. leave off those v. generalities, that irrelevant talk. cuir uait an ḟánaiḋeaċt. I do not like vague generalities. ní ṫaiṫneann fánaiḋeaċt cainnte liom.
VAIN. v. use, proud, conceit.
VALLEY. gleann m. 1; gaorṫaḋ m. 1 (wooded and watered); cúm m. 1; cumar m. 1 (where rivers join).
VALUATE. v. judge, price.
VALUE, VALUABLE. v. worth, care, treasure. the v., precious chalice, jewel. an ċailís, ċloċ uasal, daor, luaċṁar, lóġṁar. anointing it with precious ointments. dá ċuimilt le sóiġní daora. they think nothing so valuable as a word of praise. ní ḟuil aon rud is mó acu ná focal molta. seeing he thinks so little of the beast. ⁊ a ḋroċṁeas atá aige ar an mbeiṫiḋeaċ. he does not v. his money. ní ḋeineann sé dá ċuid airgid aċt drabġail. v. refuse. he v., appreciates what I have done, etc. molann sé, is maiṫ leis a bfuil déanta agam; tá spéis aige ann; is mór é a ṡuim san obair; is mór é an tsuim, spéis a ċuireann sé san obair. I appreciated him very much after that. ba rómór agam é i na ḋiaiḋ soin. they are getting more than v. out of it. tá breis ⁊ a sceart acu dá ḟaġáil. he, it, etc., is very v. v. worth.
VAMP. buimpéis f. 2 (stoca).
VANISH. v. disappear.
VANITY. v. pride, affectation, foolish.
VANQUISH. v. conquer, defeat.
VAPOUR. v. steam. gal m. 1.
VARIABLE. v. change.
VARIOUS. v. many, different. of v. colours, appearance, etc. ioldaṫaċ, ilġnéiṫeaċ. cloth of v. kinds. éadaċ ilċineálaċ. a flock of all kinds, v. kinds of birds. scuaine éan n-ilċineálaċ.
VARY. v. change.
VAST. v. big wide.
VEGETABLES. glasraiḋ f. 2; lusraiḋ f. 2.
VEHEMENCE. v. energy, fierce.
VEIN. féiṫ f. 2; cuisle f. 5. the v. in his face could be seen. do bí radarc ar na féiṫeaċaiḃ.
VELOCITY. v. quick, pace.
VENERABLE. oirṁidneaċ.
VENERATE. v. honour.
VENGEANCE, díoġaltas m. 1; sásaṁ m. 1; diḃfeirg, f. 2. to inflict v. on him for it, to avenge it. díoġaltas do ḋéanaṁ, d'imirt, d'agairt air mar ġeall air. to avenge the insult, deed on the man who ... an tarcuisne, gníoṁ d'agairt, do ḋíoġailt ar an bfear a bí ... she took v. for his death. do bain sí sásaṁ i dtaoḃ a báis. I will inflict v. (on you) for it. bainfeadsa sásaṁ (díot) as. to avenge it. díoluiġeaċt do ḋéanaṁ ann. to put him to death by way of v. for the deed. é do ċur ċun báis i ndíol an ġníoṁa, tar ċeann an ġ. v. return. he will have v. on you, be even with you. beiḋ sé suas leat. v. quits.
VENIAL. v. sin. peacaḋ sologṫa(ċ)
VENISON, fiaḋ-ḟeoil f. 3.
VENOM. v. poison, etc.
VENTURE, v. dare, bold.
VERB, briaṫar m. 1, f. 2. transitive, intransitive, regular, irregular, autonomous v. b. aistreaċ, neaṁaistreaċ, riaġalta, neaṁriaġalta, saor.
VERBATIM, v. word.
VERDICT, v. judgment.
VERDIGRIS, v. mould.
VERDURE, v. green.
VERGE, v. edge.
VERIFY. v. true. accomplish.
VERSE, dán m. 3; rann m. 1; ceaṫramha f. 5.
VERSION. v. sidc. there are two v. to every story. tá ḋá innsint ar gaċ aon scéal. he gave his own v., account, explanation of the affair. do ṫug sé a i. féin ar an scéal. he had his own v. of it. do ṫug sé leis a i. féin ar an scéal. there is another v., form of the story. tá dul eile ar an scéal. it is only a Christian v. of the ... ní ḟuil ann aċt leiġint críostuiḋe ar an ...
VERY, v. wonderful, extraordinary. many intensive particles. an-, fíor-, ró-, sár-, lán-, úr-, dearg-, dian-, ádbal-, etc. cf. anmór, fíorḃeagán,

róḃeag, sárṫe, lántsásta, ur-ġránda, deargḃuile, dianṁaiṫ, rí-ṁaiṫ, áḋḃalṁór. a v. wet day. an-lá le fliċe. a v. good, noble deed. an-ġníoṁ le feaḃus, huaisleaċt. it is v. accurate. tá sé cruinn go maiṫ. the v. first time. an ċéad uair riaṁ. the song is v. simple. tá an t-aṁrán simpliḋe go héag (U).

VESSEL. v. ship. árṫraċ f. 2 (any table v.); soiṫeaċ m. 1 (id); mórnán m. 1 (porringer, pail, etc.); culán m. 1 (can for milking into); stópa m. 4 (U) (id.); cíléir, cíléar (C.) (broad milk-pan); báisín m. 4 (basin); canna (m. 4) (can); canna stáin (tin can); scála m. 4 (bowl); cuaċ f. 2 (id.); crúsca m. 4 (mug, jug); crúiscín m. 4 (small jug); feánaċ m. 1 (C.) (pail).

VIBRATE. v. tremble.

VEX, v. anger.

VICE. v. passion, bad. duḃáilce f. 4.

VICE- viceroy. fear ionaid ríoġ' vice-president, etc. leasuaċtarán.

VICTORY. v. conquer, defeat. buaḋ m. 3; buaiḋ f. 2. they won a v. over him. do ḃí (an) buaḋ, láṁ uaċtair acu air. that gave them v. over the ... do ṫug soin an buaḋ, etc., ḋóiḃ ar an... may God give him v., prosper him. go mbuaiḋiḋ Dia leis. v-ious. caiṫréimeaċ; buaḋaċ; caṫḃuaḋaċ.

VIEW. v. sight.

VIGILANT. v. watch, careful.

VIGOUR. v. energy, force.

VILLAGE. baile m. 4; sráid f. 2; sráid baile; sráig ḃaile (C).

VILLAIN. v. rascal.

VINDICATE. v. defend, excuse.

VINDICTIVE. v. vengeance.

VINE. fíneaṁain f. 3. v. yard. fíonġort m. 1.

VIOLATE. v. infringe.

VIOLENCE. v. oppression.

VIOLET. sailċuaċ (flower).

VIOLIN. ḃeiḋlín m. 4.

VIPER. v. serpent.

VIRGIN. maiġdean f. 2; óiġ f. 2.

VIRTUE. VIRTUOUS. v. good. suḃáilce f. 4. in v. of. v. account.

VIRULENT. v. fierce, energy.

VISIBLE, VISION. v. see, sight, dream. the v. head of the Church. ceann sofeicse, sofeicsionaċ na heaglaise.

VISIT. I paid a visit to C., to him, home, there. do ṫugas cuairt (f.2) go Corcaiġ; air, a ḃaile, ann. he is coming on a v. to her. tá sé ag teaċt ar cuairt ċúiċi; tá sé ag teaċt dá fios, fiosruġaḋ. v. the house. ag fiosruġaḋ an tiġe. her v. was over, she had made it. do ḃí a cuairt taḃarṫa. I paid a v. to the man. do ṫugas turus ar an ḃfear; do ṫug mé céiliḋe ḋó (U.) I was on a v. with them. do ḃíos ar cuairt, aoiḋeaċt acu. I was a visitor there. do ḃíos im aoiḋe ann. not a soul ever v. him. ní raiḃ triall duine ná daonnaiḋe air. a visit for having a chat, etc. scoruiḋeaċt; boṫántaċt; boṫántuiḋeaċt; sean-ċuiḋeaċt; cuartuiḋeaċt (U.); céiliḋe (C.U.)

VOCABULARY. foclóir m. 3.

VOCATION. glaoḋaċ m. 1; gairm f. 3. the blessed v. that God gave him. an ġairm, glaoḋaċ beannuiġṫe a ḃí ceapuiġṫe ag Dia ḋó.

VOCATIVE. v. case.

VOICE. glór m. 1; guṫ m. 3. a human v. glór duine, daonna. a man's, woman's v. glór fir, mná. his v. a ġlór (béil). anger in his v. fearg i na ġlór. the sound of her v. guṫ a cainnte. at the top of his voice. i n-árd a ċinn 7 a ġoṫa. v. loud. high-pitched v., high note of v. guṫ cinn. low notes of v. uċtaċ m 1. he has so strong and deep a v. tá a leiṫéid sin d'uċtaċ aige. he has a strong musical deep v. tá uċtaċ láidir ceolṁar binn aige. she has a fine singing v., a full clear v. is breáġ an scol (m. 1) atá aici. cried they all with one v. arsa na daoine i n-aon ḃéal. they all cried out with one v. do liuġadar go léir a béal a ċéile, d'aon ġuṫ aṁáin. v. sound, noise. active v. (Gram.) faoiḋ ġníoṁaċ.

VOID. v. empty.

VOLLEY. v. shoot.

VOLUBLE, v. talk.

VOLUNTARY, v. will.

VOMIT, it made me v. do cuir sé ag aiseag (m.1). mé; do ċuir sé ag urlacan (m. 1) mé; do ċuir sé urlacan, iompáil goile orm. I felt a desire to v. do ṫáinig fonn urlaiciġe, múisce (C) orm. after fearful v. tar éis urlacain go héactaċ ḋom. I had a terrible fit of v. do ṫáinig urlacan éactaċ orm. the dog returns to his v. filleann an madra ar a aiseag. it v., belches forth fire, etc. brúċtann, scéiṫeann sé teine.

VORACIOUS, v. greedy.

VOTE, v. choose. toil f.2 ; guṫ m.3.

VOW, v. swear. móid f. 2 ; ceangal m. 1. a monk's v. móid bráṫar. he took a v. do ċuir sé móid, ceangal air féin.

VOWEL, guṫaiḋe m. 4.

VOYAGE, v. sail, journey.

VULGAR, v. low, impudent.

WAFER, ablann f. 2.

WAG, v. shake, joke.

WAGE, v. war, hire, hay.

WAGER, v. bet.

WAGGON, v. cart.

WAGTAIL, caisnín, caistín cloċ ; caislín cloċ (C). glasóg f.2 ; siobáinín an ḃóṫair ; siobáinín an ċairn aoiliġ (U).

WAIL, v. cry.

WAIST, cum m.I. I put a rope round his w. do ċuireas téad fán gcum aige. he put his arm round her w. do ċuir sé a láṁ fá na caol. I took him by the w. do ṫógas ar ċaol é. I have him clasped by the w. tá barróg agam ar a ċaol. a cord round his w. corda aniar ṫar a ċabail ; corda aniar treasna fá na lár (C). he took hold of him round the w. do rug sé greim air timċeall a láir (C). waistcoat ḃeist.

WAIT, v. expect. w. a moment. fan (leat) go fóill, go fóillín, go sé (U). to w., stay at home, here, etc. fanaṁain, fanaṁaint, fuireaċ, feiṫeaṁ, fanaċ (U), fanaċt (C) sa mbaile, annso. w. for the man. ag fanaṁaint, ag tnúṫ, tnúṫán (C) leis an bfear. w. for me. fan liom. w-ing until he was. ag fanaṁaint, ag tnúṫ (C), ag tnúṫán (C) ċun go raiḃ sé ... she w. patiently till he should have done. do ḋein sí foiḋne ar an bfear nó go mbeaḋ deireaḋ ráiḋte aige. v. patience. after we had w. there some time. tar éis lonnuiġṫe annsoin dúinn. all good comes to those who w. tagann gaċ maiṫ le cáirde. w. for one's money. v. credit. to w. on. v. care, accompany, serve.

WAKE, v. awake. tórraṁ m. 1 ; faire m.4 (U). I was at the w. do ḃíos ar an dtórraṁ. to w. the man an fear do ṫórraṁ. he was w. do deineaḋ é do ṫórraṁ.

WALK, v. go. he is w. up and down. tá sé ag siuḃal anonn 7 anall, siar 7 aniar ; tá sé ag rástáil síos suas. he was w. the whole day. do ḃí sé ag siuḃal an ḃóṫair ar feaḋ an lae go léir. I am tired after the long walk I took. táim tuirseaċ ó ṡiuḃlóid ḟada aḋeineas. I was w. about for a week. do ḃíos ag siuḃlóid ar feaḋ seaċtṁaine. the best tree you would meet in a day's w. an crann is fearr ġeoḃtá id ṡiuḃal lae. he stopped his w., strolling, promenading. do stad sé dá spaisteoireaċt. when he had w. up and down a bit. nuair ḃí greas rástála déanta aige. he w., moved about among them. do ġluais sé eatorra. his dignified w., gait. a ġluaiseaċt stuamḋa. I heard the sound of their w. d'airiġeas coisiḋeaċt na bfear ... it left him the power to w. d'ḟág sé an ċoisiḋeaċt aige. he is a good strong w-er. tá anċoisiḋeaċt aige. anyone who could w. at all. aoinne a mbeaḋ ann siuḃal i n-aon ċor. he was w. at such a pace going to the ... do ḃí a leiṫéid sin de ċoisiḋeaċt faoi ag dul go dtí ... v. pace. I went there w. v. foot. I w., stepped on it. v. trample.

WALL. falla m. 4 ; balla (C) ; cloiḋe m. 4 (stone fence).

WALLOW, v. roll.

WANDER, he went off w. through the world. d'imṫiġ sé lé fán an tsaoġail ; d'imṫiġ sé ar a ċamċuairt ar fúd an doṁain. w. about. ag imṫeaċt ó áit go háit. he is off w. tá sé ar seaċrán. driving them off w. in the cold and abandonment. dá ndíbirt le fuaċt 7 le fán. a homeless w-er. fear gan treo ; fánuiḋe gan treoir. the w-ing Jew. Iúdaċ fáin. wherever he has w. off to. pé fán tire d'imṫiġ air. he is a great w-er, no sooner is he in one place than he is off for another fear siuḃlaċ é. ní luaiṫe ṫall ná aḃus é.

WANE, v. lessen.

WANT, v. necessity, desire, without. what do you w. cad atá (ag teastáil) uait. what did you w. to see when you came. cad a ḃí uaiḃ le feicsint nuair ṫángaḃar. I do not w. it. ní ḟuil sé (ag teastáil) uaim; ní ṫeastuiġeann sé uaim. I w. to know its cause. teastuiġeann uaim cadé a ċúis é. he w. money badly. t. an t-airgead uaiḋ go cruaiḋ. I can supply by penance what is deficient. is féidir liom a dt. do ḋéanaṁ suas le gníoṁarṫaiḃ aiṫriġe. what price does he w. for the horse. cad atá uaiḋ ar an gcapall. what do you w. (standing) there. cad do b'áil leat (id ṡeasaṁ) annsoin. what do you w. with me. cad do b'áil leat díom annso; cadé do ġnó liom, ḋíom; cad is gnó agat díom. he w. you, it for some purpose. tá gnó éigin aige ḋíotsa, ḋe. what does he w. here. cadé an gnó atá annso i leiṫ aige; cad is gnó ḋe annso; cadé a ġnó annso. through w. of money, breath, etc. le heasbaiḋ (f. 2), heasḃaiḋ (C.U.) airgid, análaċ, etc. he suffered from w. of clothes. do ḃí easbaiḋ éadaiġ air. it is w. of occupation that is amiss with you. is easbaiḋ, uireasḃaiḋ (pr. uireasa) gnóṫa atá ort. they are not in w. of worldly goods. ní ḟuil uireasḃaiḋ an tsaoġail orra. in w. of money. ar u. airgid. he is in w. of work. tá ceal (m. 3) oibre air. w., loss of health is afflicting him. tá ceal sláinte (ag imirt) air. he is perspiring for w. of a drink. tá sé ag cur alluis de de ċ. ḋiġe. for w. of foresight. de ċ. féaċaint róṁat. he is in w., need. tá práḋainn air. he is in w., need of it. tá sé i na ṗráḋainn. v. necessary. I w. it if ever anyone did. d'oirfeaḋ sé ḋom má oir sé d'aoinne riaṁ. I w. to say a word with you. d'oirfeaḋ ḋom focal do laḃairt leat. v. desire, you will not be in w. of, badly off for nails. ní beiḋ diṫ (f.2) ingne ort. they ask him for bread if they w. it. iarraid siad arán air má ḃíd in na ḋiṫ. the w. of them did no harm. níor ḋein a n-easnaṁ (m. 1) aon ḋioġḃáil. whatever scientific knowledge might be w., be deficient. pé easnaṁ a ḃeaḋ nó ná beaḋ ar aon tragar ealaḋan. nothing was left w. to our knowledge. níor fágaḋ aon easnaṁ ar ár n-eolus. to supply that w., deficiency. an t-e. soin do leiġeas. whatever is w. to the 3 years. pé e. atá ar na trí ḃliaḋnaiḃ. there is a cow missing in your herd. tá bó i n-e. ar do ċuid stuic. nothing was w. to it. ní raiḃ pioc i n-e. air. they were short by £3. do ḃí trí púnt i n-e. orra. he is deficient in knowledge. tá an t-eolus i n-e. air. nothing grieved him so much as the w. of money. níor ġoill aoinni ċoṁ mór air le h-e. airgid. did you w., think to kill me. an aṁlaiḋ do ṁeasais mé do ṁarḃaḋ. you surely do not w. me to laugh at him. an aṁlaiḋ do ṁeasfá ḋom beiṫ ag magaḋ faoi; an aṁlaiḋ do ṁeasfá go mbeinnse ag m. f. he surely would not w. me to say that... ní haṁlaiḋ do ṁeasfaḋ sé ḋom a ráḋ go ... all they w. is to be laughing at him. is cuma leo aċt beiṫ ag magaḋ faoi. v. care. he gets what he wants. do ġeiḃeann sé a ṫoil. that is what he wants, is at. is ċuige sin atá sé. v. means. he was able to get as much I. as he w. do b'ḟéidir leis lán a ċroiḋe den Ġaeḋilg d'ḟaġáil. all he w. is a hint, etc. v. enough. that is how he w. it done. v. desire, please. I feel the w. of. v. miss. I will not be w. to you. v. fail. I w. £1 for it. v. ask, price. he w. to, his wants. v. desire. for w. of. v. without. to be in dire w. v. necessity.

WAR, cogaḋ m.1. a fierce w. c. fuilteaċ, sraoċṁar, etc. it was w. between them. do ḃí sé i na ċogaḋ ḋearg, ċraorac eatorra. a w. horse, etc. eaċ cogaiḋ. to declare w. on him. cogaḋ do ċur air; c. d'ḟógairt air.

WARBLE, v. sing.

WARD, v. protect, etc. he w. off the blow. do ċoisc sé an buille.

WARES, v. things.

WARLIKE, v. courageous, fight.

WARM, etc. v. hot, heat. w. clothes,

house, etc. éadaċ, tiġ clutṁar. clothes for w.-th. éadaċ, eadaiġe ċun clutṁaireaċta. w. water. uisce clutṁar (U). uisce bog v. tepid.

WARN, WARNING, v. announce. I gave them a solemn w. to do it. do ṫugas forḟáileaṁ (m.1), foláireaṁ daingean dóiḃ é do ḋ. I gave them w., a word of w. do ṫugas an f. dóiḃ; do ṫugas rabaḋ (m.1) dóiḃ. w. me that he was there. ag taḃairt rabaiḋ dom go raiḃ sé ann. that was warning enough. níor ḃeag d' ḟógra é sin. I made a sign of w. to her not to .... do ḃagras uirri gan ... that warned me not to go. do ċuir sin ar mo ḟúiliḃ mé gan ... he was w. by that mishap. do cuireaḋ ar a ḟúiliḃ é de ḃárr an ḃárrṫain sin. v. guard.

WARRANT, v. guarantee. I had a w. of arrest for him. do ḃí barántas (m.1) agam i na ċoinniḃ.

WARREN, coiniġéar m. 1.

WARRIOR, v. soldier, courageous.

WART, faiṫne m.4; faḋarcán m. 1 (on hand); crannra m.4 (C. U). (id)

WASH, v. clean, bathe. she w. herself. do niġ sí í féin. he w. his foot. do niġ, ionnail sé a ċos. he w. his head. d'ḟoilc sé a ċeann. you should w., bathe your feet. ba ċóir duit do ċosa d'ḟoṫragaḋ, do niġe. he went to bathe in a bath of water. do ċuaiḋ sé ḋá ionnlaḋ, ḟoṫragaḋ féin i ḃfoṫraig uisce. the constant w. of the floor. niġeaċán an urláir. we shall be w. to-morrow. beimid ag n. i mbáraċ. to w., lay out a corpse. duine do ṫonnaċaḋ. I w. and laid him out. do ṫonnaċas é.

WASP. beaċ capaill; b. gabair.

WASTE v. spend, spendthrift. he was so wasted away (from work, from being ...) do ḃí sé ċoṁ snoiġte amaċ (ó obair, ó ḃeiṫ ag ...) she is w. away with a disease. tá sí ḋá snoiġe (amaċ) ag galar; tá sí ag dul as; tá sí ag meaṫaireaċt; tá sí ag dul ḋá neart i n-agaiḋ an lae. he has a w. withered appearance, face, etc. tá féaċaint, agaiḋ etc. ċaiṫte, ċnaoiḋte, ċlaoiḋte, ṫroċailte, ṡeirgṫe, ḋreoiġte, ṡeoiġte, ḟoirḃte air v. fade, a thin wasted away man. fear tanaiḋe, troċailte, etc. v. thin. I am w. myself away rearing children. táimse ag tuitim le cloinn v. spend. it would have been w. on me. do ḃeaḋ sé ar anaiste orm. do not w. any of that. ná déin aon anaiste air sin. I did not w. much of it. ní mór de a ċuaiḋ ar a. orm. don't let a bit of it go to w. ná himṫiġeaḋ aon ḃlúire de sin ar a. uait v. economy. it is easy to w. a day. is furus an lá do ṁeaṫaḋ v. spend. to w. money, etc. v. useless. a w-ful man v. spendthrift. w. energy, etc. v. useless. it is a great w., loss to do it v. loss, pity. w. ground. talaṁ gan tairḃe v. use. my gift was w. on him v. deserve.

WATCH v. look. they w him. d'ḟaireadar é. he will w. her. fairfiḋ sé í. to w. him. é d'ḟaire. to keep a w. on him. ḃeiṫ ag faire air; f. do ċoimeád air. on w., guard. ag déanaṁ na f. a w. word. focal na f. w. man, guard. fear f.; faraire. they were on the w. for him, his coming, etc. do ḃíodar ag f. ċuiġe, ag f. ar a ṫeaċt, etc. I am on the w., look out to see which etc. táim ag f. ċuige féaċaint cé acu, etc.; tá mo ṡúil i n-áirde agam (féaċaint ...) v. guard. however patient their w. dá ḟoiḋniġe a ḃfaireaċas 7 a ḃfaireaċán. he w. till he got a chan.e to hit him. d'ḟair sé go ḃfuair sé lom air. he was w for a chance to do it. do ḃí sé ag faire ar ċaoi ċun é do ḋ. v. opportunity. candles for w., staying up at night. coinnle áirneáin. he w., remained up during the night. d'ḟan sé ag áirneán, áirneál (U) na hoiḋċe, ag áirneán ar feaḋ na hoiḋċe, ag déanaṁ áirneáin; do ċaiṫ sé an oiḋċe ag áirneán. to w. over v. protect, care.

WATER v. tide. uisce m.4. w.-cress. biolar m. 1. w.-fall. easaċ m. 1; eas m. 3. w. falling down the w. fall. uisce ag tuitim le heasaċ. w. hen. cearc uisce.

WATERFORD, Conntae Ṗuirt Láirge.

WATTLE. cleaṫ f. 2; scolb m. 1 (for thatching).

WAVE, tonn f. 2; builg f. 2

(breaker on reef). big w. brúċ (C). the big waves. na tonntaċa móra. the white crests of the w. mongа bána na dtonn. there are white w., white horses on the sea. tá mongа bána ar an uisce. for fear of the breakers. ar eagla na maḋma. it caused big w., breakers on the point. do ḋein sé maiḋm ṁór mara ar an rinn. little w. breaking joyously on the pebbles taoscáin sáile ag damhas ⁊ ag gáire i measc mionċloċ na tráġa

WAVE. he used to w. his arms (when walking, etc.) do ṡuaiteaḋ sé a ḋá ċuislinn. the flag is w. (over us, in the breeze). tá an brat ag crit ⁊ ag lúbarnaiġ, ag foluaṁain, ag lúbad, ag luascaḋ os ár gcionn, san ġaoiṫ, etc. the pennons were w., fluttering gaily in the breeze. do ḃí na ribíní ag rince. damhsa leis an ngaoiṫ. w. sword over his head, etc. ag rampáil a ċlaiḋiṁ, v. shake.

WAVER. v. flinch. change. doubt.

WAX. céir f. 5. bees w. céir ḃeaċ. w. candle. coinneal ċéireaċ.

WAY. getting into a person's w. ag teaċt sa tslíġe (f.4) ar ḋuine. he is in my w. tá sé sa tslíġe orm; tá sé sa ṡlíġe ḋom. it stands in the w. of God's grace. tá sé sa tsl. ar ġrástaiḃ Dé. get out of my w. druid as mo ṡlíġe; déin s. ḋom. making w. before them ag osgailt na s. rómpa. he would not get out of the w. of the woman. ní ḋruidfeaḋ sé i leaṫtaoiḃ ón mnaoi. that kept C., accidents, etc. out of his w. do ċuir sin Conn, tionóiscí i leaṫtaoiḃ uaiḋ. to get to know the w., road, etc. eolus na slíġe do ċur. to show her the w., road. eolus na s. do ḋéanaṁ ḋí. to make her w. about the city. eolus na caṫraċ do ċur. asking the w. to C. ag iarraiḋ eoluis ar Ċeapaċ Ċuinn. how could she find her w. through the city. cionnus ġeoḃaḋ sí eolus tríd an gcaṫair. how did you find your w. to the ... cionnus fuarais eolus go dtí an ... they went off each his own w. d'imṫiġeadar gaċ n-aon acu ar a raon féin. everyone can not take the right w., path. ní ḃionnsuiḋeann gaċ aon an t-eanaċ cóir (prov.). anyone who comes that way. aoinne a ṫagann an treo. v. direction. what sent, put them in my w., path. cad a ċas, ċuir, ṡeol im ṫreo iad. he jumped out in his w., in front of him. do léim sé amaċ fá na ṫreo. half-w. to, etc. v. half. make w. for. v. room. give w. to. v. yield. give him his way. v. let, humour. by the w. a leiṫéid; a leiṫéid seo; trí gaċ scéal (W); mo ḋearṁad (W); ag tagairt don scéal é; ag tagairt dósoin é. v. about.

WAY. v. practise, state. in a good, brave, awkward w. go maiṫ; go dána; go ciotaċ. in a bold w. go dána; ⁊ imṫeaċt dána faoi. v. appearance. owing to the good, vigorous, awkward, bad way, manner you did it. trí a ḟeaḃus, ġéire, ċiotaiġe, olcas do ḋeinis é, mar ḋeinis é. on account of, etc., the good, etc., w. you did it. i dtaoḃ, etc., a ḟeaḃus, etc. (mar) ḋeinis... in some w., in a kind of w. ar ċuma éigin; ar ṡlíġe éigin. in any w. ar bealaċ ar biṫ (C.); ar ḋóiġ ar biṫ (U.) in another w. ar ċuma, ṡlíġe eile. in one w. it is like it. tá sé cosṁail leis ar aon ċuma, tslíġe aṁáin. in that w. ar an gcuma soin; ar an ndóiġ sin (U.) likewise, in the same w. ar an gcuma gcéadna. there is many a w. of making money. is mó cuma i na ndéinteas airgead. that is the w. he did it. sin é an ċuma ar ḋein sé é. there is no better w. of doing it than...ní ḟuil aon ċuma is feárr ċun é do ḋ. ná... without coming in any w. between him... gan teaċt i n-aon tsaġas ċuma idir é ⁊... in every possible w. ar gaċ aon tsaġas ċuma. by the w. you speak I should imagine that...ar an gcuma labrann tú ba ḋóiġ liom go... v. judge. I distributed it in other w. do roinneas ar ṡliġtiḃ eile é. in a w. it is like the...tá sé cosṁail ar ṡlíġe leis an... to give her her w. a slíġe féin do taḃairt ḋí. v. humour. any w., anyhow, at all events. ar aon ċuma; ar ċuma ar biṫ (C). v. events. this is how, the w. he wished to do it. seo mar ċeap sé a ḋ. that is how it would be best arranged, the best w. to arrange it. sin mar ab ḟeárr é. the right w. to kill it. an dóiġ (f. 2) ċeart le n-a ṁarḃaḋ (U.) he would like to have you in such a w., position, circumstances that you could not...ba ṁian leis tusa do ċur i dtreo ná féadfá... the w. we stood, our circumstances were almost the same. is beag nárḃ ionann treo ḋúinn araon. it is this, that w. that he, .etc. is mar seo, sin atá sé...v. so. in such a w., with the object that...go; ionnus go; i gcaoi go; i dtreo go; i sliġe go; i gcás go; le go; ċun go; ar ṡliġe go; i ndóiġ go (U). the foolish, etc., ways of the world. baoṫ-ḃearta an tsaoġail. v. foolish, deed, etc. that is the w. with me, etc. v. case. it is the same w. with me, etc. v. case. what w. are you. v. how. in any w. v. all. way of doing it. v. plan. in a bad, etc., way. v. state.

WEAK. lag; faon; fann; tláiṫ; féiġ. and I so w. ⁊ mé ċoṁ lag soin; ⁊ mé ċoṁ lagḃríoġaċ soin. however w. she is. dá laigeaċt í. the human will is w. and wavering. tá aigne an duine lag, guagaċ, neaṁṡeas-ṁaċ. w. hearted, faint hearted. lagspirideaċ ; lagċroiḋeaċ. w. spirits, dejection. lagspiridiġe. his voice is weak. tá a ġlór go fann lag. a dim, w. ray of light. léas fannṡoluis. the w-er set, party. an ċamṫa is fainne. his limbs are w., languid. tá mair-ḃitiġe, marḃántaċt i n-a ḃallaiḃ (ḃeaṫaḋ). I was very w., faint. do ḃíos antréiṫ, tréiṫlag. the w.-ness passed off. d'imṫiġ an taom laige. the fright w. me. do laguiġ an scann-raḋ mé. they are w-ening, wearing each other out (by fighting, etc.) táid siad ag lagusaḋ a ċéile. the noise grew w. do laguiġ ar an ḃfoṫrom. v. lessen. I fell in a w-ness. do ṫuiteas go faon lag; do ṫainiġ meirḃṫean orm. I got a little w. do ṫáinig iarraċt de laige orm. v. sense. w. sight. mallaċar raḋairc. v. sight. that small w. cat, child. an sionṫaiḋe cait, leinḃ sin. w., sickly. v. sick. w., worn out, enfeebled. v. waste. w., decrepit old man. seanḟear crannda. v. waste, old. he yielded weakly. v. soft, easy.

WEAL. v. mark.

WEALTH, etc. v. rich.

WEAN. she w. him. do coisc sí ó n-a ċíċ é. he was w. do ḃaineaḋ an ċíoċ de.

WEAPON. v. arm.

WEAR. I never w. it a single day. níor ċaiṫeas lá riaṁ de. worn out clothes. éadaċ caiṫte. v. rags. as they got worn out. fá mar ċuadar i gcaiṫeaṁ. his coat is getting threadbare. tá a ċasóg ag dul i gcaoile. v. thin. he w. a red coat. do ḃí casóg ḋearg air. she is w. away. v. fade, spend. a worn, exhausted look. v. waste.

WEARY. v. tire.

WEASEL. eas m. f. 3 ; easóg f. 2 (C.U.)

WEATHER. aimsear f. 2; uain f. 2; síon f. 2. wet, fine, showery, terrible w. aimsear ḟliuċ, ḃreáġ, ċeaṫanaċ, ċaillte. whether the w. be good or bad. pé olc maiṫ an a. misty, hot, etc., w. uain ċeoṁar, ḃroṫallaċ. v. hot, mist, etc. the w. does not look promising. ní ḟuil deallraṁ soġanta ar an aimsir, lá. v. appear. good w. soineann f. 2. bad w. doineann f. 2. during the fine, hot w., season. i gcaiṫeaṁ sine na soininne, an ḃroṫail. if the w. suits. má tá an tsíon oireaṁnaċ. to be out in bad w. ḃeiṫ leaṫsmuiġ i sín na doininne, na báistiġe; ḃeiṫ leaṫsmuiġ fán doininn. frosty w. is the worst of all, but constant rain is worse still. díoġa gaċ síne an sioc aċt is feárr sioc ná sírḟearṫainn. there is a change of w. for the better at hand. tá aṫarruġaḋ síne ar seaḃus ag teaċt. w. is getting fine, clearing, etc. v. fine.

WEAVE. v. twist. fiġim ; sníoṁaim (spin). a weaver. fiġeadóir m. 3.

WEB. v. spider.

WED, WEDDING. v. marry.

WEDGE. ding f. 2 ; geinn f. 2 (C.) a w. of wood. d. aḋmaid.

WEDNESDAY, Céadaoin f. 2. on w. dia Céadaoine.

WEE. v. little.

WEED, luiḃ f.2. weeds are growing

in it. tá fiaḋaile (f. 4), luibneaċa ag fás ann.

WEEK, seaċtṁain f.2. this day w. v. day, ago.

WEEP, v. cry.

WEIGH, WEIGHT. v. oppress, press, heavy. he w. the gold. do ṁeaḋ, ṁeaḋuiġ sé an t-ór. look into the affair and w. its importance. féaċ isteaċ sa scéal ⁊ breiṫniġ é ⁊ meaḋuiġ é. 12 stones in w. ḋá ċloiċ déag ar meaḋċaint (f.4). it is a ½ cwt. in w. tá leaṫċéad meaḋċainte ann. that increased the w. of his sorrow do ċuir sin tuilleaḋ meaḋċainte sa brón a bí air. I would not part with her for her w. in gold. ní leigfinn uaim í ar a cóṁṁeaḋaċan d'ór. put your own w. of sand in it. cuir do ċoṁṫrom féin de ġainiṁ ann. v. equal. her w. broke her (ship, etc.) asunder. do bris ṁéid a truime as a ċéile í. give me the scales that we may w. it. tabair ḋom an béim go dtoṁasamuid é (U). the boat had got under w. do bí an bád ar bogaḋ ċun gluaiste. v. more. w. of sorrow v. oppression, sorrow.

WEIR, cora f. 5.

WEIRD, v. haunt. w. music. ceol siḋe; c. aeraċ.

WELCOME, céad mile fáilte róṁat; Dia, Dé do beaṫa (annso); Dé beaṫasa. he was given a w. do bí na fáiltí geala roiṁis; do cuireaḋ na túrṫa fáilte roiṁis (W); do fearaḋ na túrṫa ... ; do fearaḋ na múrṫa ... (C); do cuireaḋ fáilte fíorċaoin roiṁis. I give him a hearty w. fearaimse fáilte ḟíorċaoin roiṁis. you are not w. nára Dé do beaṫa. she is not w. nára Dé 'na beaṫa.

WELL, tobar m.1 ; fuarán m.1 (U).

WELL, w. behaved, formed, etc. deaġbéasaċ, deaġċumṫa. to do it w. é do ḋ. go maiṫ. to do it w. enough. é do ḋ. maiṫ go leor, cuibeasaċ maiṫ, sáṫaċ maiṫ (C). she did w. to remain. is maiṫ do ḋein sí ⁊ fanaṁaint v. luck, prudent. you may as well go. tá sé ċoṁ maiṫ agat, ḋuit dul ann ; níor ṁiste ḋuit dul ann. you might as well be in the water as be ... ba ṁar a ċéile ḋuit beiṫ san uisce ⁊ beiṫ ... v. same. and so w. they might (be satisfied, etc). ⁊ ba ḋóiḃ nár ṁiste. v. wonder. seeing how. w. I did it. ⁊ a ḟeabus (mar) ḋeinear é. he is getting w. tá sé ag dul i bfeabus. v. improve. he acted w., was equal to the occasion and said ... ba ṁaiṫ an ṁaise aige é dubairt sé ... would it not be as w. for us to stay as to go. cár bfearra ḋúinn dul ann ná fanaṁaint sa baile. would it not be as well for us to go there as to stay at home. cár bfearra ḋúinn beiṫ sa baile ná dul ann. v. better. well! well then. seaḋ! má's eaḋ! tá go maiṫ; doile! (C); w. in health. v. health. w. off. v. rich. look w. v. beautiful. w. for him. v. luck. as w. v. besides. do, get on w. v. succeed. w. said, bravo! v. bravo.

WELT. v. mark, blow.

WEST. v. compass

WESTMEATH. Conntae na hIarṁiḋe.

WET, fliuċ; tais (damp) ; minḟliuċ (id.) ; fliċe f. 4; fliuċra f. 4; fliuċlaċ m. 1 ; mais f. 2 (C) ; taise f. 4 ; taiseaċt f. 3 ; taisriuġaḋ m. 4; úras m. 1 (W) ; úraiḋeaċt f. 3 ; úrṁaireaċt f. 3. it wetted the floor. d'ḟliuċ sé an t-urlár. it was destroyed in the w. do loiteaḋ sa bfliuċra é. he was w., drenched. do bí sé i na lipín báiḋte. soft, wet day. lá breáġ bog; lá bog braonaċ. a rather w. day. lá breacḟliuċ. w, damp sky, etc. spéir trom tais. the walls were not w., moist. ní raib na fallaí tais; ní raib taiseaċt. etc. orra. the w., dampness of the earth will rot the corn. dreoġfaiḋ úras (W), úraiḋeaċt an talaiṁ an t-arbar (W). it withered while growing as it had no wet, moisture. d'ḟeoġ sé sa bfás mar ní raib úrṁaireaċt aige. did the rain w. you through and through. ar ċuaiḋ an báisteaċ isteaċ ort. v. penetrate.

WETHER, molt m. 1 ; moltaċán m. I.

WEXFORD, Conntae Loċ gCarmáin; an C. riabaċ.

WHALE, míolmór ; míol mara.

WHAT, (interr.) cad ; cadé ; céard

(C) ; go cé (C) ; créad ; dé'rud (W,) w. shall I do. cad a ḋéanfadsa. of, w. did he make it. cad de ar ḋein sé é. cad de gur ḋ ... on w. did he make it. cad air ar ḋein sé é ; cad air gur ḋ ...w. is your name. cadé, cé an ainm atá ort ; cad is ainm duit. what is summer. dé rud é an samraḋ (W). what is nobility. cad is uaisleaċt ann. w. weather ! cadé mar aimsear ! w. conduct for for you to be going ... cad é mar obair duit beiṫ ag dul ann ... w. a fine day. naċ breáġ an lá é· w. talk you have. naċ ortsa atá an ċainnt ; murab ortsa atá an ċ. w. else. v. else.

WHAT (relat.) v. Grammar. I get w. is there. do ġeibim a bḟuil ann. it is wonderful w. money he got. is mór an iongnaḋ a bḟuair sé d'airgead. in w. you have said. sa ṁéid atá ráiḋte agat. w. I think is that he ... is é ṁeasaim ná go bḟuil sé ... he could not do more harm thon w. he did. ni ḟéadfaḋ sé níos mó de ḋíoġbáil do ḋéanaṁ ná mar rinne sé.

WHATEVER, v. any. cibé; pé. or w. name he has. nó pé ainm atá air. w. kind it is. pé saġas é. w. time he comes. pé tráṫ ṫiocfaiḋ sé. I will not take it from you w. it is. ní ṫógfad uait é pé rud é. or w. knocked out her eye. nó pé rud a bain an súil airti. in the hands of w. fool who ... i láiṁ pé amadáin atá ... for w. pay he wants. ar pé tuarastal atá uaiḋ. w. side victory is on. pé taob ar a mbeiḋ buaiḋ. w. place he usually is in. pé áit i na mbíonn sé. w. little food he had. pé beagán biḋ a bí aige. v. little. w. wealth he has or has not. pé saiḋbreas atá aige nó ná fuil. w. he had or had hot. pé rud a bí aige nó ná raib. w. sins you forgive are forgiven them. cibé peacaí, giḋ b'iad p. a ṁaiṫfiḋ sib táid siad maiṫte.

WHEAT, cruiṫneaċt f. 3 ; cruiṫneaċta f. 3.

WHEEDLE, v. coax, allure.

WHEEL, roṫ m. 3 ; roiṫ f. 3 ; roiṫleán m. I.

WHEN, v. while. when he was going. nuair bí sé ag imṫeaċt ; mar bí sé ag i. ; ag i. dó ; ⁊ é ag i. w. he had heard that ... ar a ċlos dó go raib sé ... w. he had gone in. ar ġabáil isteaċ dó. w. she was coming out. le linn teaċt amaċ dí. w. he was giving her the money. le linn an airgid do ṫabairt dí ḋó. w. Mass was beginning. ar linn ⁊ an t-aifreann ag tosnuġaḋ. w. he was getting it. ar linn ⁊ é a ḋ'faġáil v. while.

WHEN, (interr.) caṫain ; ca ċoin ; cá huair (U). w. was he here ? caṫain bí sé annso. I do not know w. ní ḟeadar caṫain. God knows w. ní fios caṫain.

WHENCE. w. are you. cad as duitse ; cad as tú ; cé'r b'as tú (C). w. have you come. cá dtángais ; cár ġabais ċúġainn.

WHERE. the place w. he is. an áit i na bfuil sé ; an áit a bfuil sé ann. the city w. he lived. an ċaṫair mar raib sé i na ċoṁnuiḋe. he remained w. he was. d'ḟan sé mar a raib sé ; d'ḟan sé mar a raib aige (as he was). it stays where it falls. fanann sé mar a dtuiteann. it remained where it fell. d'ḟan sé mar ar ṫuit sé.

WHERE (interr.) w. was he. cá raib sé. w. else would she be. cad eile cá mbeaḋ sí. w. would you like us to go. cár ṁaiṫ leat go raġmuis. to know w. he was seen. a ḟios do beiṫ aige canad do connacaṫas é. he did not know w. they were going. ní raib a ḟios aige cá raib a dtriall, cá rabadar ag dul, go cé raib siad ag dul (C).

WHEREVER. v. place. w. you wish. aon áit, pé áit is maiṫ leat. w. I should go. pé ait a raġainnse ; pé áit i na raġainnse. I will lead you where you w. to go. seolfad tú pé áit is maiṫ leat.

WHET. v. sharpen.

WHETHER. I cannot say w. she is alive or dead. ni ḟéadaim a ráḋ cé acu beo nó marb atá sí. I cannot say w. it is a man's or a woman's voice. ní féidir liom a ráḋ cé acu glór mná atá ann nó glór fir. I cared little w. I had it or not. ba ċuma liom cé acu agam nó uaim é. I care not whether it exists or not, whether it is open or shut. is cuma liom cé acu ann nó as é, cé acu dúnta nó oscailte é. I shall have it w. it is hard or easy. 'hot or cold, big or small, etc, beidh sé agam pé bog cruaidh é, pé fuar te é, pé beag mór é, má's fuar te é, bíodh sé beag nó mór. whether he is a fool or not. pé acu amadán é nó nach eadh. w. it was done or not. pé acu bhí sé déanta nó ná raibh. w. they cared or not pé acu ba chuma leo nó nár chuma. w. you are in joke or earnest what you say is right. ag magadh nó dáiríribh duit is maith í do chainnt. w. he had given security or not. pé acu bhí urradhas déanta ar dhuine eile nó ná raibh. he would marry the first woman he should meet w. she was young or old. do phósfadh sé an chéad bhean do chífeadh sé ⁊ a rogha aici beith óg nó críonna. w. it was right or wrong. aon rogha é do bheith i na cheart nó gan a bheith (W). w. he left it or not. aon rogha dhó é d'fhágaint nó gan é d'fhágaint (W). w. or not v. events.

WHETSTONE, v. cloch faobhair.

WHEY, meadhg m.1, f.2

WHICH v. Gram. which of you will be a priest. cé acu agaibh a bheidh i na shagart. w. of them will be, etc. cé acu acu a bheidh, etc. w. name (of two mentioned). cé acu ainm. w. of the two things will be ... cé acu den dá rud a bheidh ...

WHICHEVER, v. whatever.

WHILE, v. time. long, during. w. he was there. an fhaid (⁊) bhí sé ann; comh fada ⁊ bhí sé ann (C.U.); a fhad ⁊ bhí sé ann (U). w. she was saying these words. le linn na bhfocal soin do rádh dhí. w. she was going.... le linn dul ann dí. w. he was crying le linn dó beith ag gol. w. I was growing up. ar linn dom féin ag éirghe suas (W). w. I was falling back on him. ag tuitim dom siar i ndiaidh mo chúil air. w. he was urging me to go, etc. ag séideadh púm dó dul ann. a long, short w. v. time. worth w. v. worth.

WHIM, v. desire.

WHIP, v. beat. sciúirse f.4; lasc f.2

WHIRL, v. turn, throw.

WHIRLPOOL, cuilithe guarnáin.

WHIRLWIND, sidhe ghaoithe; sidhe chóra; gaoth ghuarnáin; torman gaoithe (C.); froman gaoithe (C); gaothfach timcheall (C.); sionnán cuafaidh (C.)

WHISKER, féasóg f 2. the whiskered man. an fear féasógach. the man with the w. fear na féasóige.

WHISKEY, biotáilte f. 4; uisce beathadh; beathuisce.

WHISPER, she w. to him. do thug sí cogar (m. 1) dó. I said in a w. to him that ... dubhart i gcogar leis go ... they spoke in a w. do labhradar i gcogar. she w. to him to do it. do chogruigh sí leis é do dh. (C.) she was w. to him. do bhí sí ag cogarnaigh leis. I heard their w. d'airigheas an chogarnach, an tsiosmarnach, an siosún cainnte, an luadhráil acu. there is some w. conspiring, going on among them. tá siosmarnach ar siubhal acu. the w. and muttering of prayers. cogarnaighil ⁊ siosma na n-urnuighthe. the w. of the wind. cogarnach, seothó, anál na gaoithe.

WHISTLE, feadán m. 1; feadóg f.2 (C.U.) he w. do chuir sé fead as. he w. at her. do leig, dein sé fead uirrí. he is w. tá sé ag feadghail. he is w. softly. tá sé ag bogfeadghail. I can w. my tune now. is féidir liom mo phort feadghaile do bheith agam anois. It is a poor hound that is not worth w. for. is olc an cú nach í fiú fead do leigint uirrí.

WHIT, v. bit.

WHITE, v. bright, pale, grey. bán. they grew w. do bhánuigheadar. as w. as snow, etc. comh geal le lítis. w. of the eye. gealán m. 1. w. of egg. gealacán m. 1. w. thorn. v. thorn. a w. washed house. tigh aoldathach.

WHITING, faoitín m. 4.

WHITLOW, cos fá iongain.

WHITSUNTIDE, Cincís f. 2.

WHO, v. Grammar. w. are you. cé hé thú féin. it does not matter w. I am. is cuma cé hé mé. w. was it. cé'rbh é sin. w. is this you are. cé seo thusa. who should it be but the man who ... cé bheadh ann acht an fear a bhí ...; cé hé an fear a bheadh ann acht an t-é a bhí ... he w. would be there would ... an t-é a ḃeaḋ ann do ḃeaḋ sé ... he is praising those w. are there. tá sé ḋá molaḋ so atá ann. v. that

WHOEVER, v. any.

WHOLE, v. complete, all, exact. to divide the w., total in two. dá leaṫ do ḋéanaṁ den iomláine. there is not a w. bone in my body. ní ḟuil cnáṁ slán im ċorp. v. safe.

WHOLESOME, v. healthy.

WHOOPING COUGH. triuċ m. 4.

WHORTLE BERRY. fraoċán m. 1.

WHY, v. reason. cad ċuige; ca na ṫaoḃ; cad uime; cad faoi; 'dé a ċúis (W.) w. so. cad ċuige, etc. sin. w. hang him. cad ċuige, etc. é do ċroċaḋ. w. do you say that he ... cad ċuige, etc. ḋuit a ráḋ go ḃfuil ...; cad ċuige, etc. a ndeir tú go...

WICK. buaiceas m 1.

WICKED, v. bad, spite, hate, impure. a w. attempt, woman, look, etc. iarraċt, bean, féaċaint ṁalluiġṫe, urċóideaċ, droċaiġeanta. the w., poisonous gnats. na mioltóga niṁe, aicideaċa. wickedness is rooted in his heart. tá an diablaiḋeaċt (f.3), ċuirpṫeaċt (rascality, impurity), t-olcas, urċóid, ṁalluiġṫeaċt go daingean i na ċroiḋe.

WIDE, v. spread, open. leaṫan; fairsing. a w., broad field, etc. páirc leaṫan, ḟairsing. making my room wider, broader. ag cur fairsingeaċta lem ṡeomra. how w., broad is the room. it is 10 ft. in width. cadé an leiṫead (m. 1) atá san seomra. deiċ dtroiġṫe ar leiṫead it is getting wider. tá sé ag dul (i leiṫe 7) i leiṫead. seeing it is so broad. 7 a leiṫe atá sé. his teaching spread far and w. do craoḃscaoileaḋ a ṫeagasc go foirleiṫeadaṁail. the criticism of them will spread far and w. is fada fairsing ḃeiḋ trácht 7 cáineaḋ orra. a w. shouldered man. fear slinneánaċ.

WIDOW, WIDOWER. baintreaḃaċ f. 2. to make a w. of him. b. do ḋéanaṁ ḋe.

WIELD. v. shake, handle.

WIFE. bean; b. ċéile; céile f. 4. my, your w. í féin. is your w. in. an ḃfuil sí féin istiġ. good w. to you. sonuaċar ċúġat.

WILD. fiaḋain; allta. w., savage, fierce men, animals. daoine, beiṫiḋiġ fiaḋaine, allta. w. flowers, geese. bláṫanna, géanna fiaḋaine, allta. there are flowers there, but they are growing w. tá bláṫanna ann, aċt is fás fiaḋain atá fúṫa. the land is growing w. tá an talaṁ ag dul i ḃfiaḋantas, ag dul ċun fiaḋantais. the w., rough character of the country. fiaḋantas, goirgeaċt na tíre. v. rough. a w. cat. fiaḋċat. he has a w., strange look. tá féaċaint ċoiṁṫiġeaċ air. a w., uncanny shriek. liúġ coiṁṫiġeaċ. a w., rakish, rash man, etc. fear dursamaċ (C.) v. fierce. a w., wet, cold night. oiḋċe ḟuar ḟliuċ ḟiais. a w. night. oiḋċe spéirlinge. to live wildly. v. spendthrift.

WILL (testament). uaḋaċt f. 3; tiomna m. 4; iomna (U). I w., bequeathed it to him. d'ḟágas le huaḋaċt aige é. I w. him some money. d'ḟágas roinnt airgid aige. I w., bequeath it to you. uaḋaċtaim (7 tiomnuiġim) duit é.

WILL, WILLING. v. heart, desire, obstinate, deliberate. his w., passions were opposed to his reason. do ḃí a ṫoil (f. 2, 3) bun os cionn le na aigne. v. passion. he could not do it by his own strength of w. níor ḟéad sé é do ḋéanaṁ ar neart a ṫoile. through the weakness of our w., character. trí laige ár n-aigne. man's w., character is weak and wavering. tá aigne an duine go lag guagaċ. to do the w. of the king. riar an ríoġ do ḋéanaṁ. v. obey. a thing he did, promised, etc., willingly. rud a dein, ġeall sé go sonnṁar, dúlṁar, toilteanaċ, toilṫeaṁail, tugṫa, le ró-ṫoil. he is (quite) willing for the marriage, to do it, that she should, etc. tá sé (lán) toilteanaċ, etc. don ċleaṁnas, ċun é do ḋéanaṁ, go raġaḋ sí ann, etc. the spirit is w. tá an spiorad tugṫa. v. obey. the better the master the more w, the obedience. dá ḟeaḃus é an máiġistir is eaḋ is tugṫa an géilleaḋ. he w., obeys every influence attracting or repelling him. géilleann sé go hollaṁ, go héascaiḋ go tugṫa do gaċ ṫarraing ⁊ do gaċ ṫiomáint. I give you leave w.-ly. do ḃeirim cead ó ċroiḋe ḋuit. she did it very w., with all her heart. do ḋein sí é de láinċroiḋe I did not do it of my own w. accord. ní huaim féin do ḋeinear é; níor ḋeinear é dem ḋeoin. she did not leave him w-ly. ní le haon deaġṫoil do scar sí leis. he went of his own accord, w. do ċuaiḋ sé ann ar a ċomairle féin, ar ḃiṫin a ṫoile féin, uaiḋ féin. he did not come of his free w., voluntarily. ní dá ḟaorṫoil féin, ní le na ṫoil ṁaċánta, ní le saorṫoil do ṫáinig sé. they arose with one w., accord. d'éiriġeadar go léir d'aon toil aṁáin. whether one wills or not, willy nilly. ar ais nó ar éigin; pé olc maiṫ leis é. what is not done w. often has to be done unwillingly. an rud na déintear ar ais is minic go ndéintear ar éigin é. through self-will. le corp dúile i na ṫoil ⁊ i na ṁeon. free w. saorṫoil.to do it wilfully v. deliberate. purpose. are you willing etc. v. agree. to yield one's w. to sin, etc, v. yield.

WILLOW, saileaċ f.2 ; saileóg f.2

WIN, v. get, conquer, surpass, succeed. which side won. cé acu taoḃ a ḃuaiḋ. to win the battle, game, etc. an caṫ, cluiċe do ḃuaḋċaint. I should like to win. ba ṁaiṫ liom an buaiḋ do ḃreiṫ liom, an báire do ḃeiṫ agam. he w. the book, prize. fuair sé an leaḃar, duais; do ġnóṫuiġ sé an leaḃar, etc. (C) v. conquer. get. that w. respect for her. do ṫarraing sin urraim ċúiċi. v. cause.

WIND. gáoṫ f.2. a wind is blowing. tá g. ag séideaḋ. the wind rose fresh. d'éiriġ an ġ. go scuabaċ. he had a favourable breeze coming back. do ḃí cúlġaoṫ, cóir gaoiṫe aige ag teaċt a ḃaile; do ḃí coṁṫrom na gaoiṫe aige; fuair sé cóir (gaoiṫe). the w is against us, tá an ġ. i n-ár mbéal, gcoinniḃ. an adverse (even when strong) gaoṫ ġann (C). the point where the wind is from is clear. tá bun na gaoiṫe glan. there came a strong w. do ṫáinig séideán (m. 1) gaoiṫe, séideóg (f. 2) g., séideaḋ g., gála g., sinneán g., gaoṫ ṁór, ruaḋġaoṫ (C). a cool, light breeze blew from the S. do ṡéid lóiṫne (f. 4). ḟionnḟuar andeas. it is not a storm, but a mere breeze of wind. ní anfa é aċt puṫ, gaoiṫe, puiṫín g., séideán g. there is not a breath of w. ní ḟuil puṫ, gal, cóṁaċ, seoiṫne (W) gaoiṫe ann. winding. v. crooked. w. mill. muilleann gaoiṫe.

WIND, (a reel. thread) v. roll, turn. toċrairim; toċairdim (U.C.)

WINDWARD. to keep the ship to the w. of them. an long do ċoimeád ar ṫaoḃ na gaoiṫe díoḃ (W.)

WINDOW. fuinneog f. 2.

WIND PIPE. v. throat.

WINDY. v. rough. gaoṫṁar, séideánac.

WINE. fíon m. 3.

WING. v. fly. sciaṫán m. I ; eite f.4.

WINK. sméidim ; caoċaim; caogaim. he is w. tá sé ag sméideaḋ; tá sé ag caoċaḋ a leaṫṡúile. not a w. v. sleep.

WINNOW. cáṫaim.

WINTER. geiṁreaḋ m. I; dubluaċair f. 3. the depth of w. dubluaċair na bliaḋna. the rough hard painful w. an geiṁreaḋ garḃ goiṁeaṁail.

WIPE. v. rub, dry, clean.

WIRE. téad (f 2), iarainn, óir, etc.

WIRY. v. strong.

WISDOM, WISE. v. learn, prudent.

WISH. v. desire, prefer, choice. he was wished a long life. do guiḋeaḋ fad saoġail ċuige, leis. I w. you luck. guiḋim sonas leat. v. luck. etc.

WISP. sop m. I.

WIT, WITTY. v. sense, clever. deisḃéiliġe f. 4; deisḃéalaċt f. 3: tagarṫaċt f. 3. he is a very witty man. fear deisḃéalaċ, tagarṫaċ, faoḃraċ (sharp), ollaṁ (quick, ready). géarċainnteaċ (C). gearrruballaċ (=gearr-earballaċ) (C), fileaṁail (W.) is eaḋ é v. sharp. there is w. in the book. tá deisḃéiliġe, tagarṫaċt, coṁgaraċt sa leaḃar. the witty sallies. coṁgaraċt cainnte ⁊ tagarṫaċt béil. he has a reputation for w. tá ainm an ġliocais béil amuiġ air. exchanging witticisms. ag tabairt gaċ ré seaḋ dá ċéile.

WITCH. bandraoi. w-craft v. charm.

WITH. le. w. (in company of) v. company, presence. w. (by means of) v. means w. (on account of). v. account. w. (in addition to). v. add, besides. agree, angry, etc. w. v. agree, etc, do w v. do, enough connection.

WITHDRAW. v. retreat, retract.

WITHER. v. fade.

WITHIN. v. in, inside, w. a year, etc. v. less. w. a mile, etc. v. around, distance.

WITHOUT. outside, exposed, out. w. food. gan biaḋ. w. doubt. gan amras, to leave them w. burial. iad d'ḟágaint gan cur. they should fast w. however harming their health. ba ċeart dóib trosgaḋ do ḋéanaṁ leaṫsmuig de ḋíoġbáil sláinte do ḋéanaṁ dóib féin. have something of your own or do w. it. bíoḋ rud agat féin nó bí i na éaġmuis. to do w. you, to put up with your absence, to dispense with you. déanaṁ it' ḟoirris (C). I cannot do w. it. ní ṫig liom beiṫ i na éaġmuis, déanaṁ ṫairis (C) no mischief went on w. his being in it. ní raib aon toirmeasc ar siubal ná raib sé sáitte ann he never sees me near him w. thinking that ... ní ḟuil uair ċionn sé i na ṫimċeall mé ná gur dóig leis go ... w. you I should have died, etc. v. except. I felt being w. them. v. miss. being w. them, etc. v. absence. I was a week w. them v. want.

WITHSTAND. v. resist.

WITNESS. v. swear. fiaḋnéiḋ m.4 (person). fiaḋnaise f. 4 (thing deposed); the three w. triúr fiaḋnéiḋṫe. I have no w. to the way... ní ḟuil aon ḟiaḋnéiḋ agam ar an gcuma ... there is a letter to w. to the crime. tá litir ann mar ḟiaḋnaise ar an gcoir. he w. that ... do ṫug sé f. gur ... we have A's w. to that. tá f. Airt againn leis an méid sin. I call on God to w. that. Dia i na ġeall go...; glaoḋaim ar Ḋia f. do ḋéanaṁ go bfuil ... he took God to w. that. do ṫug se Dia mar urraḋ leis go ... v. security.

WIZARD. draoi m. 4.

WOE. v. pity, alas.

WOLF. mactire; faolċú f. 5; mada allaiḋ.

WOMAN. bean f.; bantraċt f. 3 (women). a w. dancer, etc. rinnceoir mná. respect for w. urraim do ṁnáib, bantraċt. an old w. seanbean; cailleaċ f. 2.

WOMB. brú f. 5; broinn. the w. that bore you. an ḃroinn d'iomċuir tú.

WONDER WONDERFUL. v. extraordinary. I w. if he is, who is ... ní ḟeadar (an traoġal, an doṁan, ó ṫalaṁ an doṁain) an bfuil sé, cé atá ... I was w. if he was ... do ḃíos ag cur ceist orm féin an raib sé ... a w., marvel. iongantas m. 1; iongnaḋ m. 4; míorbuil, f. 2 míorbuilt (miracle). the wonders, marvels I saw there. na hiongnaiḋe (saoġail), hiongantaisí do ċonnac ann. I w., was astonished at it. do ṫáinig iongnaḋ orm mar ġeall air, i na ṫaob; do b'iongnaḋ liom é; ba ṁór an i. liom é; do ċuir sé i. orm; do ḋeinear i. de; ba ṁaċtnaḋ liom é; do ḋeinear iongantas de. I w., was (much) astonished. do bí iongnaḋ (mo ċroiḋe) orm. my w. ceased when ... d'imṫig an i ḋíom nuair ... no w. ní naċ i. he died and no w. fuair sé bás ní naċ i., ní nárb i. what w.! that is not astonishing. ċárb' i. soin. it is no w. he should go. ní haon i. é do ḋul...; ní haon i. go raġaḋ sé.... no one will be astonished at you and me being there. ní haon i. mise ⁊ tusa do beiṫ ann. I w. much, am greatly astonished that he should be ... is mór an i. liom (⁊) a ráḋ go mbeaḋ sé ... is it not astonishing that so rich a man should have so small a house. naċ mór an i. duine ċom saiḋbir a ráḋ go mbeaḋ tiġ ċom beag soin aige. the most astonishing thing of all is that he was ... is mó d'i. ná na hiongnaiḋe eile go léir a ráḋ go raib sé... how she would be astonished at it. caḋé an i. ḟaoġail a ḋéanfaḋ sí ḋe. he expressed astonishment at her being so young. do ḋein sé i. d'í beiṫ ċom hóg soin. with astonishment how he could have done it. le hi. cionnus ḟéadfaḋ sé é do ḋ. you are w. good, etc. is iongantaċ an fear tú le feabus. is it not therefore all the more w. that the man should be, etc. naċ ḟin mar is mó is iongantaċ an fear do ḃeiṫ ... I should be astonished if they were not ... is iongantaċ liom nó ḃíodar ... seeing the w., miraculous way I was saved. ⁊ a ṁíorḃuilṫiġe mar deineaḋ mé do ṡaoraḋ. owing to his being so astonished, thunderstruck, etc. leis an méid iongantais ⁊ alltaċta ⁊ uaṫḃáis, ⁊ áiḋḃéis croiḋe. it astounded him. do b'iongnaḋ ⁊ olltaċt leis é; do ċuir sin iongantas, olltaċt, alltaċt, uaṫḃás, áiḋḃéis croiḋe air. the bird puts w. strength into her song. is aiḋḃéil an fuinneaṁ a ċuireann an t-éan i na ċaintearaċt. it is a w. thing that ... is uaṫḃásaċ an scéal (⁊) a ráḋ go ...; is ait an scéal (⁊) a ráḋ go ... v. queer. is it not a w., extraordinary affair. naċ suaiṫeantas an scéal é. there is nothing w. about that. ni ḟuil aoinni suaiṫeantais annsoin. it is w. how many people etc. were... ni ḟuil aon iongnaḋ aċt a liaċt daoine a ḃí ...; níorḃ' ḃeag d'uaṫḃás a raiḃ de ḋaoiniḃ, de ḃiaḋ, d'airgead, etc. ann. v. much, many. you are getting w. fat, etc. is mór an seoḋ mar atá tú ag dul i mbeatuiḋteaċt. it is w. how we do it. ni ḟuil aon treoḋ aċt a ḃoige deinimid é. he has a w. amount, lot of gold. ní ḃeag de ṡeoḋ a ḃfuil d'ór aige; naċ seoiḋ a ḃfuil ...; ni ḟuil aon treoḋ aċt a ḃfuil ...; tá seoḋ óir aige. v. much, many. he opened his eyes with w. when ... do leaṫ a ṡúile air nuair ...; do ḃí bolgṡúile air nuair ... he was struck dumb, dazed with w. when ... do leaṫ a ṁeaḃair air nuair ... v. sense. what is most w., what astonishes me most is that it was the priest who did it, etc. aċt cadé an dioġḃáil aċt an sagart. v. care. no w. v. course.

WOOD, coill f. 2; aḋmad m. 1 (timber); aḋmad (C) (id); connaḋ m. 1 (shrubbery, firewood, etc.); brosna m. 4 (broken wood, firewood) a w. house. tiġ aḋmaid; tiġ maide w. shoes. bróga maide. there is much brushwood, shrubbery there. tá mórán connaiḋ ann (U). w. bine. féiṫleann m. 1; táiṫḟéiṫleann; féiṫleog f. 2. w. cock. creaḃar m. 1; c. caoċ (C); corr caoċ (C) coilleaċ feaḋa. wooded. coillteaċ.

WOOF, inneaċ m. 1.

WOOL, olann f. 3. w. cloth. éadaċ olna. looking for w. on a goat. ag iarraiḋ abrais (yarn) ar ṗocaide (C).

WORD, focal m. 1. a hard difficult. w. focal cruaiḋ. that w., saying. an focal, ráḋ soin. w. for w. as I heard it. f. ar ḟ. mar ċualas é. the devil himself could not get the last w. arguing with you. ní ḃainfeaḋ an diaḃal féin deireaḋ an ḟocail díot. he would break his w. for a penny. do ḃrisfeaḋ sé a ḟocal ar ṗinginn. soft w. butter no parsnips ní ḃeaṫuiġeann na briaṫra na bráiṫre. on my w. he is, etc. dar mo ḃriaṫar go ḃfuil sé ...; am briaṫar (ṁóide) go ḃfuil sé ...; v. assure. on my w. and it is the word of a king. dar mo ḃ. ⁊ tugaim b. ríoġ leis. I have your w., the w. of a king that he will ... tá do ḃ. ríoġ agam uait ċuige go mbeiḋ sé ... he did not let slip a w. about it. níor ḟleaṁnuiġ an smiog ba luġa uaiḋ. there was not a w., sound out of him. ní raiḃ gíocs ná miocs as, húm ná hám as; ní dubairt, níor laḃair sé focal, driod, gíog, smiog. he gave the army the w. to march. do ṫug sé don tsluaġ an focal (ċun) gluaiste v. order. I sent w. to them asking them to do it. do ċuireas scéala ċúċa dá iarraiḋ orra é do ḋ. to make good, break w. v. promise effect, etc I did not hear a w. about it v. hear. I got w. from him, etc. v. news.

WORK. saoṫar m. 1; obair f. 2. w.-man. fear oibre; céarduiḋe m. 4; 4; spailpín m. 4 (wandering workman); cáḃóg f. 2; meiṫeal f. 2 (band of w. for reaping, etc.) the day's w. obair an lae. it is a hard w. is cruaiḋ an obair í. he never did a day's w. níor dein sé aon lá oibre riaṁ. he is working hard. tá sé ag obair go dian. servile, manual, machine, needle w. obair ṡaoṫruiġṫeaċ, láṁ, innill, snáṫaide. a w. of art. o. ealaḋan. that is a nice w., business. is deas an obair í sin. v. affair. a piece of w. (fringe, lace, etc.) gnó abrais. they have literary, scientific, mechanical w. on hands. gnó léiġinn, ealaḋan, céirde atá acu. useless w. gnóṫaí gan tairḃe. important w. gnóṫaí móra. I w., cultivate the land. saoṫruiġim an talaṁ. I w. on the food (changing it to ...) oibriġim an biaḋ...he was w..plying his teeth. do ḃí sé ag oibriuġaḋ a ḟiacal. God w. in our souls. oibriġeann Dia i n-ár n-anamaiḃ. he is a hard-working man. fear saoṫraċ is eaḋ é. v. diligent. I spent the day in hard w. do ċuireas an lá ḋiom go saoṫraċ. unskilled w. sclábuiḋeaċt f. 3. an unskilled w.-man. sclábuiḋe. doing odd jobs about the country. ag cábóguideaċt, ag déanaṁ giúr-nála. to w. one's will on you, etc. v. practise. etc.

WORLD. doṁan m. 1; saoġal m. 1; cruinne f. 4. all the wisdom, etc., in the w. ciall an doṁain. more than all the men in the w. ṫar ḟearaiḃ an doṁain ṁóir ḃraonaiġ. the best man in the w. an fear is feárr fá luiġe na gréine, ar ḋruim talṁan. the riches of the w., worldly wealth. saiḋḃreas saoġalta. without any worldly advantage to himself. gan aon tairḃe ṡaoġalta ḋó féin. all the world thinks ... measann an saoġal mór go ... the world's criticism, etc. cainnt an tsaoġail ṁóir. the majority of the w. formór an ts. all that is done in the w. gaċ a mbíonn ḋá ḋéanaṁ ar an saoġal. all I have in the w. a ḃfuil an tsaoġal agam; a ḃfuil de ṡaiḋḃreas an tsaoġal agam. I do not know in the world. v. all. in this, the next world. v. life. belonging to this w. v human.

WORM, cruiṁ, cnuiṁ f. 2. wire-w. caoċ ruaḋ.

WORSE, v. best. and w. than that ... ⁊ rud ba ṁeasa ná soin ... it wiil be the w. for you. is duitse is measa. getting w. ag dul i n-olcas v. sick. you would not be the w. for it. níor ṁiste ḋuit é. getting the w. of it. v. conquer.

WORST, that is not the w. of the affair. ní hé sin an ċuid, ceann is measa den scéal. the w. of it is that he is... is é donas an scéil go ḃfuil sé ... ; aċt donasan scéil ar fad tá sé ... that is the w. of it. sin é aġar an scéil. v. point. do your w. déinse do ḋiċeall d'olc orm. the w. of a thing. v. refuse.

WORTH. v. value, deserve. take a pound's w. of the cloth. beir leat luaċ (m. 1) púint den éadaċ. it is a good pound's w. is maiṫ an l. púint é. £2 w. of bread would not give a bit to each. ní ḃeaḋ i l. ḋá ṗúnt de ḃulógaiḃ oiread ⁊ ṫiuḃraḋ blúire don duine acu. what is the w., value of I. cad is fiú an Ġaeḋealg. that horse is w. much money. is fiú mórán airgid an capall soin. it would be w. it. do b'fiú é é. it is w. nothing. ní fiú cianóg é; ní fiú bioran (is) é; ní fiú trompa gan teanga é. it is not w. talking of. ni fiú tráċt air é; ní fiú é tráċt air; ní fiú náid é. it is w. thinking of. is fiú an gnó maċtnaṁ do ḋéanaṁ air. they are not w. caring for. ní f. iad puinn suime do ċur ionnta. there are no more of them w. counting. ní ḟuil a ṫuilleaḋ ann gur fiú iad d'áireaṁ. most of us are not worth doing that for us, worthy that it should be done for us. ní fiú, is olc is fiú a lán againn an obair sin do ḋéanaṁ ar ár son. we are not w. it. is olc is f. sinn é. you are not w. saving. ní f. liom (ort é) ṫú do ṡaoraḋ. they are not w. feeding. is olc an coṫuġaḋ iad. such a man is w. much. is mór is f. fear dá ṡórt. I think it w. doing. is f. liom é do ḋ. I did not think it w. while going ... níorḃ f. liom dul ann. it is not w. your while to do it. ni f. duit é do ḋ. he said it would be w. one's while to go and see it. dubairt sé gur ṁór ab ḟ. dul ⁊ é d'ḟeicsint. worthless. v. use.

WORTHY, v. deserve. she is w. of him. is fiú é í. I am not w. to loose the latchet of his s. ní f. mise go scaoilfinn iall a ḃróige.

WOUND, v. hurt. cneaḋ f. 2; créaċt f. 3; goin f. 2; lot m. 1; gearraḋ m. 4 (cut); bruġaḋ m. 4 (bruise). I w. leonaim; leonuiġim; gonaim; géarġonaim; bascaim; bascuiġim; créaċtaim; gortuiġim (injure, hurt); martraim (cripple) w. were thick on him. do bí cneaḋaċa go tiuġ air. his w. were healed. do bí a loit cneasuiġṫe. since he got w. ó fuair sé an ġoin. his wounded hand, face, etc. a láṁ, aġaiḋ ċréaċtta. ċréaċtnuiġṫe, bascuiġṫe, ġortuiġṫe, etc. lying weak and w. sínte go lag leointe. he w. the man in the foot. do leoin sé an fear sa ċois. you will be hurt, wounded if you stay there. bascfar, gortóċar ṫú má ḟanann tú ann. there is no w., scar on anyone. ní ḟuil máċail ar aoinne v. disfigure, cripple.

WRANGLE. v. argue, fight.

WRAP. v. cover, roll.

WREAK. v. vengeance.

WRECK. v. sink. the ship was w. do báiḋeaḋ, briseaḋ, taoḃloiteaḋ an long. wreckage, drift wood. reaca f. 4.

WREN. dreolín m. 4.

WRENCH. v. twist, pull.

WREST. v. snatch, pull.

WRESTLE. v. struggle, fight. w. with the man, death, etc. ag iomrascáil leis an ḃfear, mbás.

WRETCH. v. rascal, miserable, poor, mean.

WRETCHED. v. sorrow, miserable.

WRIGGLE. v. struggle, equivocate, twist.

WRING. v. twist, press. w. clothes. ag fáscaḋ éadaiġ. w. her hands in grief. ag greadaḋ a dá bas.

WRINKLE. fáibre m. 4; roc m. 1. their w. skin. an croiceann cas, craptha, ruicíneaċ orra. w. up his nose. ag crapaḋ a ṡróna.

WRIST. caol (m.1.) na láiṁe; colpa m. 4 (forearm); ríġe m. 4 (forearm.) he caught her firmly by the w. do rug sé greim docht ar ċaol uirri. her w. caol a láiṁe.

WRIT. v. warrant.

WRITE. I w. to Cork, to him, etc. do scríoḃas go Corcaiġ, ċuige, etc. they used to w. to each other, correspond. do scríoḃaidís ċun a ċéile. to w. down his life. cunntas a ḃeaṫaḋ do ċur síos, etc. a writer, author. scríoḃnóir m. 3; ugdar m. 1; fear an scéil do scríoḃaḋ. I like writing, is maiṫ liom an scríoḃnóireaċt. that writing, manuscript. an scríḃinn (f.2) sin. I gave him an account of it in w. do ṫugas cunntas air i scríḃinn dó.

WRITHE. v. struggle, twist.

WRONG. v. right. míċeart; ainċeart; cearr (U.); éagcóir (unjust). that is w. ní ḟuil sin ceart. a w., improper look. féaċaint naċ ceart. that word is w. tá an focal soin míċeart, ainċeart. whether I am right or w. bíoḋ an ceart nó an t-ainċeart agam. to put them right if they are w. iad do ḟeolaḋ ceart má tá siad cearr (U.) everything went w. with him. do ċuaiḋ gaċ aoinní ar cearr leis (U). he is not w. in that. ní ḟuil sé (ar) cearr sa méid sin. you are doing a w., unjust thing. tá éagcóir agat dá déanaṁ. he was hanged in the w., unjustly. do crocaḋ san éagcóir é. do croċaḋ gan ċúis é. he was w., unjust, in taking it from you. do rug sé uait le héagcóir é. he is going w., to the bad. tá sé ag dul ar a aiṁleas. the thing that keeps one from going w. an rud a ċoisceann aiṁleas. v. harm. he had done nothing very w. ní raiḃ aoinní déanta as an sliġe aige. he thought naturally but w. that she was ... do ṡaoil sé cóir máireaċ, cóir máirneaċ go raiḃ sí ... to do everything altogether w. an tuaṫal do déanaṁ cóir cam díreaċ. he has it written w. tá sé ṡíos aige ar an dtuaṫal. to think the w. thing. an tuaṫal do ċeapaḋ. he never failed to do the w. thing. níor ṫeip an tuaṫal riaṁ air; tuaṫalán is eaḋ é. v. awkward. he began at the w. end of the thing. do ṫosnuiġ sé sa ċeann tuaṫail den obair; do bí sé dá ḋeanaṁ ón gceann tuaṫail. he turned his coat w. side out. d'iompuiġ sé an taoḃ tuaṫal dá ċasóig amaċ. I found nothing w. with the letter, work, etc. ní ḟuaras lúb ar lár san litir, obair. v. mistake. there is something w., amiss with the wheel. tá iomard éigin ar an roṫ. v. accident. something is w., amiss with him. tá rud éigin air; tá droċní éigin air. there is nothing w., amiss with the egg. ni ḟuil aoinní air mar uḃ. what is w., amiss with you. cad atá ort; cad é sin ort mar sin. what is w. with you, are you crazy, etc. cadé an miáḋ soin ort. the thing that was w. with him, ailed him, was that he had eaten no dinner. is é a ḃí ag déanam díṫe dó ná gan a ḋinnéar do ḃeiṫ iṫte aige. I do not know what is w. with her, what is coming over her (that she does not ...) ní ḟeadar cad atá ag éirġe fúiṫi, ḋi (ná deineann sí ...); ní ḟeadar cadé an donas atá ag gaḃáil dí (ná ...); ní ḟeadar cad atá ag gaḃáil dí (ná, etc.) he went w. in road, counting, etc. v. astray, mistake. do wrong to him. v. injustice.

WRY. v. crooked, twist, face.

YARD. otrann f. 2 (farm y.); mainreaċ m. 1 (id.); clós (id.); slat. f. 2 (measure).

YARN. v. story. abras m. 1 (of cloth).

YAWN. v. stretch. he y. do ḋein sé méanfaḋaċ, méanfaḋġail, mianartaġail.

YEAR. bliaḋain. f. 3. leap y. b ḃisiġ; b. reaṫa. last y. anuraiḋ. y. before last. aṫruġaḋ anuraiḋ. v. last. this y. i mbliaḋna. in the y. 1900. i mb. a naoi gcéad déag, a y. ago. v. ago. last, next, past y. v. last, etc.

YEAST. gabáil f. 3; braic f. 3 (malt).

YELL. v. cry.

YELLOW. buiḋe. y.-hammer. buiḋeóg f. 2 (U.C.); riaḃóg f. 2; diarmin riaḃaċ.

YELP. v. cry, bark.

YESTERDAY. v. day. inḋé. y. morning. ar maidin i. the day before y. aṫruġaḋ i. v. day. y. week. seaċtṁain is (an) lá i.

YET. v. nevertheless. fós; go fóill (C.U). he is not gone y. ní ḟuil sé imṫiġṫe fós, go dtí so, go sé (U). has he come yet. ar ṫáinig sé fós. is he there y., still, not y. gone. an ḃfuil sé ann fós. it is early y. tá sé luaṫ fós. he will be a great man y. déanfaiḋ sé rud maiṫ fós. wait y. a minute. fan go fóill, fóillín. it is raining still, y., tá sé ag cur báisṫiġe fós, go fóill (C.U.) I will not go y. ní raċad fós; ní raċaiḋ mé go fóill (C.U.) they saw and y. feared not. do ċonnacadar é 7 fós ní raiḃ eagla orra v. nevertheless.

YEW. iubar m. 1.

YIELD. géillim. he y. to them, obeyed them, gave in to them. do ġéill sé dóiḃ. he y., consented to to the evil thought. do ġéill sé, do ṫug sé toil don droċsmuaineaṁ. v. consent. neither side was y. ni raiḃ aon taoḃ ag déanaṁ aon ġéilleaḋ don taoḃ eile. his will is inclined to y. to sin. tá a ṫoil ollaṁ ar ġéilleaḋ don ṗeacaḋ. he, it y., is sensitive to every attraction or repulsion. géilleann sé go hollaṁ 7 go héascaiḋ do gaċ ṫarrang 7 do gaċ ṫiomáint. he would not y. his rights to anyone. ni leigfeaḋ sé a ċeart féin le haoinne. do not y., give them up. ná leig uait iad. v. let. I had to y. to him. do b'éigean dom a ṫoil féin do ṫaḃairt dó. v. way, let. I do not like to y. quail before him. ní maiṫ liom cúbaḋ roimis. he never yet y to a foe. níor staon sé roiṁ náṁaid fós riaṁ; níor stríoċ sé do náṁaid fós riaṁ. a firm unyielding will. toil daingean ná staonfaḋ, etc. v. obstinate. he y. himself up to his passions. do scaoil sé srian le na droċṁiantaiḃ. to y. oneself up to carnal desires. é féin do ṫaḃairt suas d'ainṁian na colna when that craving is yielded to too much. nuair tugtar an iomad sriain don dúil sin. it y. to his pull. do ġluais sé leis. the door y. to his push. do ḃog an doras roimis. it y. to his touch, was loose. do ḃog sé leis. his hold is y., relaxing. tá a ġreim ag bogaḋ v. loose. the stones are y. beneath his feet. tá na cloċa ag bogaḋ fá na ċosaiḃ. he would not y. an inch. ni ḃogfaḋ sé oiread 7 orlac.

YOUNG, YOUTH. v. child, boy, girl, etc., etc. y. woman. bean óg; óigḃean. v. girl. y. man, youth. fear óg; ógánaċ m. 1; macaoṁ m.-1; bioránaċ m. 1 (lad); scaoinse m. 4; stócaċ m. 1 (C.U.); gearr-ḃodaċ (C.); cúranaċ m. 1 (C.); corranaċ m. 1. the y. people are asleep. tá an ṁuinntear óg, an t-aos óg, an aois óg (U.), etc. i na gcodlaḋ. in my y. le linn m'óige. he knew I. from his y. do ḃí an Gaeḋealg ó na óige aige. the lion has a cub. tá coileán ag an leoṁan. a lion's cub. cat leoṁain. the fox has y. cubs. tá ál óg ag an mada ruaḋ. her litter of y. pigs. a hailḃ banḃan (U.) a clutch, brood (of hens. etc.) ál m. 1; lín. v. hen, dog, etc.

ZEAL. v. energy, fervent, desire.

Printed at the Munster Printing Works, 11 Rutland Street, Limerick.